高等职业教育铁道机车运用与维护专业系列教材

内燃机车柴油机

（第二版）

吴书锋◎主　编
仇多华◎副主编
李晓村◎主　审

中国铁道出版社有限公司

2025年·北　京

内容简介

本书是“高等职业教育铁道机车运用与维护专业系列教材”之一，全书以内燃机车柴油机基本知识为基础，以我国在用的 DF_{4B} 型、DF_{8B} 型、HXN_3 型、HXN_5 型、HXN_{3B} 型、HXN_{5B} 型内燃机车装配的 16V240ZJB 型、16V280ZJ 型、16V265H 型、GEVO16 型、12V265 型、R12V280ZJ 型柴油机为载体，对机车柴油机结构原理进行详细讲解。全书共分九章，分别为内燃机车柴油机基本知识，固定件，运动件，配气机构，进、排气系统，燃油的供给与燃烧，柴油机的调节与控制，机油系统，冷却水及预热系统。

本书可作为高等职业院校铁道机车运用与维护专业，中等职业院校内燃机车驾驶与检修专业的教材，也可作为机务系统相关岗位人员的参考用书。

图书在版编目(CIP)数据

内燃机车柴油机 / 吴书锋主编. -- 2 版. -- 北京 ：中国铁道出版社有限公司，2025. 7. --（高等职业教育铁道机车运用与维护专业系列教材）. -- ISBN 978-7-113-32170-3

Ⅰ. U262.11

中国国家版本馆 CIP 数据核字第 2025D3Q804 号

书　　名：**内燃机车柴油机**
作　　者：吴书锋

责任编辑：亢丽君　　**编辑部电话**：(010)51873205　　**电子邮箱**：67204751@qq.com
编辑助理：王　旭
封面设计：郑春鹏
责任校对：苗　丹
责任印制：高春晓

出版发行：中国铁道出版社有限公司(100054，北京市西城区右安门西街 8 号)
网　　址：https://www.tdpress.com
印　　刷：天津嘉恒印务有限公司
版　　次：2008 年 1 月第 1 版　2025 年 7 月第 2 版　2025 年 7 月第 1 次印刷
开　　本：787 mm×1 092 mm 1/16　**印张**：25.75　**字数**：659 千
书　　号：ISBN 978-7-113-32170-3
定　　价：66.00 元

第二版前言

随着国民经济的快速增长，铁路科技也迅猛发展，铁路牵引动力装备实现了从直流传动到交流传动的转型换代，推动了铁路技术装备的现代化进程。内燃牵引动力通过技术引进和自主研发，逐步建立了 HXN_3 型、HXN_5 型交流传动内燃机车技术体系和柴油机系列产品。为使读者及时了解、熟悉各种新型机车柴油机的构造、技术特征，本书在第一版基础上进行了再版修订。

本书按照专业培养要求，贯彻职业教育改革精神，根据高等职业教育铁道机车运用与维护专业教学标准要求，以适用、全面为编写原则进行编写。书中增加了 HXN_3 型内燃机车 16V265H 型柴油机、HXN_5 型内燃机车 GEVO16 型柴油机、HXN_{3B} 型内燃机车 12V265 型柴油机、HXN_{5B} 型内燃机车 R12V280ZJ 型柴油机的相关内容，适当增删修改了原 16V240ZJB、16V280 型柴油机的部分内容。涉及国家和铁路行业标准、规范之处，均按现行标准和规范进行修订，考虑到有些仍在继续使用的老旧产品部件是按照当时生产年代的标准进行命名的，故仍保留了少数旧标准。

本书由山东职业学院吴书锋任主编，中国铁路上海局集团有限公司职工培训中心蚌埠培训基地仇多华任副主编；苏州大学李晓村任主审。具体编写分工如下：吴书锋编写第一章，第二章第一节～第五节，第三章，第四章第一节～第五节，第五章第一节～第七节；苏州大学谢旭方编写第二章第六节、第四章第六节、第五章第八节、第六章第五节、第八章第五节、第九章第五节；山东职业学院张衍成编写第二章第七节和第九节，第四章第七节和第九节，第五章第九节和第十一节，第六章第六节和第八节，第八章第六节和第八节，第九章第六节和第八节；山东职业学院白志峰编写第二章第八节，第四章第八节，第五章第十节，第六章第七节，第八章第七节，第九章第七节；柳州铁道职业技术学院王杰华编写第二章第十节，第七章；仇多华编写第四章第十节，第五章第十二节，第六章第一节～第四节和第九节，第八章第九节，第九章第九节；郑州铁路职业技术学院李勇编写第八章第一节～第四节，第九章第一节～第四节。

本书在编写过程中参考借鉴了国内外有关著作、教材和文献资料，引用了有关工厂的技术资料和参考书，并得到了相关企业技术人员和兄弟院校同行专家的指导和帮助，在此一并表示感谢！

由于编者水平有限，书中难免有遗漏和不妥之处，恳请广大读者和同行批评指正。

编　者

2025 年 2 月

目　录

第一章

内燃机车柴油机基本知识

将某一种能量转变为机械能而驱动别的机械做功的机器，称为发动机或动力装置(动力机械)。按照能量转变的不同形式，发动机可区分为热力、风力、水力、太阳能及原子核裂变等动力装置。热力发动机是将燃料的化学能通过燃烧释放出热能，再通过机器本身将热能转变为机械能而输出的机器(简称为热机)。热机又区分为外燃机和内燃机两大类。燃料在发动机做功场所(如气缸)外部燃烧的热机称为外燃机，如蒸汽机和蒸汽轮机等；燃料在发动机做功场所内部燃烧而释放工质的内能，由工质的内能直接转变为机械能的热机称为内燃机，其中以所用燃料的不同又分为柴油机、汽油机及天然气机等。

1898年德国工程师鲁道夫·狄塞尔创制了世界上第一台往复活塞压燃式内燃机，后续，柴油机经历多次重大的变革，在技术上已达到相当完善的程度，因而在农业机械、工程机械、交通运输、铁路机车牵引、坦克、舰艇及渔船等动力装置方面得到广泛的应用。

第一节　柴油机的主要特点

柴油机与其他形式的热机相比有以下主要特点：

(1)工作时热效率高，具有显著的节能效果。

柴油机的工作热效率通常可达36%～41%，甚至还可达50%以上。在热机中以柴油机的工作经济性为最佳，其他热机的热效率都不如它，例如汽油机的热效率为30%，蒸汽轮机为30%～35%，固定式蒸汽机为16%，运输式蒸汽机的热效率则更低。作为铁路牵引用的机车，机车的总效率代表了机车的设计与制造的综合水平，它是在热机工作热效率的基础上打一个传动效率的折扣，例如蒸汽机车的总效率为6%～9%，内燃机车为27%～35%，后者为前者的4倍多，而且在机车启动前及停车后可做到不消耗燃料。实践的结果表明：在交通运输的动力装置中以内燃机车的工作经济性为最好。

(2)功率和转速范围宽广，能适应各种不同用途。

现代柴油机的输出功率大约在0.59 kW到40 440 kW之间。大型低速船用柴油机的转速仅为每分钟几十转到每分钟一二百转，而机车用柴油机的标定转速在850～1 600 r/min范围内。柴油机的品种规格繁多，能适应多种用途的需要。

(3)结构紧凑和轻巧，适合作水、陆交通工具的动力装置。

以每单位输出额定功率所耗用的材料质量及每升气缸容积的额定输出功率的指标来衡量柴油机结构的紧凑性和轻巧性。铁路机车用动力装置要求输出功率大和机组空间体积小，以满足在机车轴重限度内将它安置于车体内，并且还要兼顾到车体内进行检修工作的空间要求，这对有些动力装置来说相当困难，而柴油机能满足以上要求。对中等以上功率的机车柴油机来说，单位功率所耗用的材料重量一般在 5～8 kg/kW,有的还可降低到 4 kg/kW以下,单位气缸容积所输出的功率一般为 13～17 kW,柴油机的最大宽度不超过 1.8 m,最大高度不超过 3 m。

(4)启动迅速,操纵简便。

柴油机启动前的准备时间短,启动时间一般只要几秒钟,并能较快地达到全负荷运转。操作简便,柴油机能自动遥控,并设有多种安全保护装置。

(5)燃料、机油和冷却水的消耗量少。

内燃机车不需带几十吨燃料的专用车厢,通常只附挂 6～11 m^3 的燃油箱。加满一箱燃油时一般可供机车全功率运转 600～800 km。机油和水的损耗量不大,机油的损耗量为 1.5～5 g/(kW·h),机车换油里程通常在(5～15)×10^4 km之间;冷却水循环使用,所以对缺水和水质不良的地区特别适用。

(6)使用可靠,有较长的工作寿命。

柴油机的工作寿命是指两次大修间的工作时间或折合成机车行车里程数,机车柴油机的工作寿命一般为 15 000～30 000 h或(60～120)×10^4 km,少数能达(140～160)×10^4 km。

机车柴油机当前仍在不断地采用新技术、新工艺、新材料等,自动检测柴油机的工作状态,对故障进行预报,这一方面减少了检修工作量,另一方面还能进一步提高使用可靠性和延长大修里程数。

(7)对燃料的要求较蒸汽机、蒸汽轮机及燃气轮机高,所排出的废气和传播的噪声对环境有污染。

(8)结构复杂,对零部件的加工、装配、运用及维修保养等技术要求甚高。

第二节　柴油机的基本知识

机车用柴油机是一种往复活塞式、压缩燃烧式内燃机,图 1-2-1 为单缸柴油机的构造示意图。在一个圆筒形的气缸内,活塞做上下往复运动,连杆通过活塞销将活塞和曲轴连接起来,它们将活塞的往复运动转变为曲轴的旋转运动,以使气缸内工质的一部分能量以机械能的方式输出。在气缸顶部安装气缸盖,在气缸盖内部安装有喷油器、进排气门及气门驱动装置等零部件。气缸、气缸盖、曲轴及另外一些零部件安装在柴油机机体内。气缸和气缸盖等部件内部有冷却水流通,运动零部件间有机油润滑,以确保柴油机工作可靠和持久。

一、柴油机的一些术语

为进一步分析柴油机的工作循环,首先将柴油机的一些常用术语介绍如下。

1. 气缸直径

气缸是柴油机燃油燃烧做功的工作场所,通常设有气缸套,为使其冷却,气缸套外壁常套装有水套。气缸套为一薄壁圆形筒体,它的内圆孔直径称为缸径,以符号 D 表示,单位为 mm。

缸径也是活塞的公称直径,它决定了活塞顶的承压面积,而且在一定程度上决定了柴油机零部件的大小和重量,在其他条件相同的情况下也决定了柴油机输出功率的大小。

2. 止点

活塞在气缸内运动的极端位置称为止点,也称为死点。活塞在气缸内有两个极端位置:当活塞距曲轴中心线最远时的位置称为上止点;当活塞距曲轴中心线最近时的位置称为下止点。活塞在上、下止点时运动速度等于零,并即将改变运动方向。

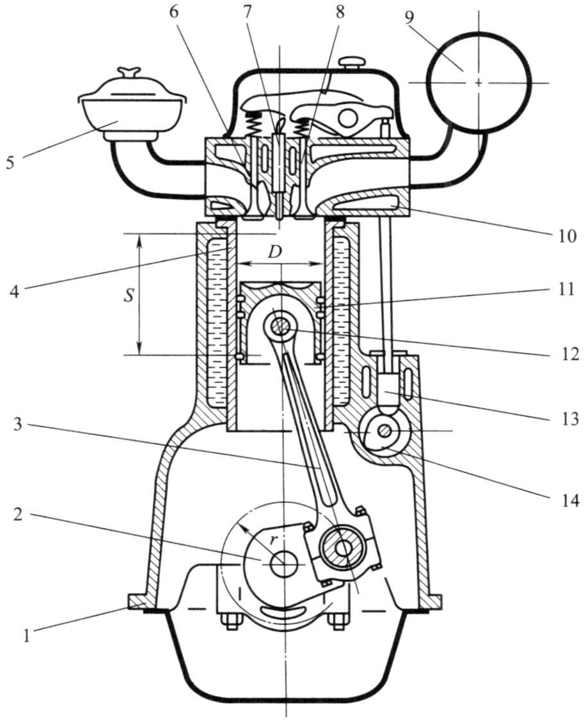

1—机体；2—曲轴；3—连杆；4—气缸套；5—进气滤清器；6—进气门；7—喷油器；
8—排气门；9—排气管；10—气缸盖；11—活塞；12—活塞销；13—挺柱；14—凸轮轴。

图 1-2-1　单缸柴油机

3. 活塞行程

活塞行程也称为活塞冲程，它是指上止点和下止点之间的距离，用符号 S 表示，单位为 mm。活塞移动一个行程时曲轴相应旋转 180°，行程值为曲柄半径 r 的一倍，即 $S=2r$。

4. 气缸容积

活塞位于上止点时，活塞顶、气缸套及气缸盖之间所包围的空间，称为气缸最小容积或压缩室容积，以符号 V_{min} 或 V_c 表示，单位为 L。

活塞从一个止点运动到另一个止点时所扫过的气缸容积，称为气缸工作容积，以符号 V_h 表示。V_h 由式(1-2-1)求得

$$V_h=\frac{\pi D^2}{4}S\times 10^{-6}\quad (\mathrm{L}) \tag{1-2-1}$$

活塞位于下止点时，活塞顶面以上的气缸容积称为气缸总容积或气缸最大容积，以符号 V_A 或 V_{max} 表示，单位为 L。

$$V_A=V_h+V_c\quad (\mathrm{L}) \tag{1-2-2}$$

或

$$V_{max}=V_h+V_{min}\quad (\mathrm{L})$$

V_h 代表单个活塞工作一次后的理论排气量，故又称为活塞排量。如柴油机有 i 个气缸，则全部气缸工作容积之和称为活塞总排量 V_H。

$$V_H=iV_h\quad (\mathrm{L}) \tag{1-2-3}$$

V_H 值愈大，柴油机的做功潜力通常也愈大，因此 V_h 及 i 皆为柴油机的重要结构参数。

5. 工质

在气缸内的工作介质，即参与燃烧、吸热并推动活塞膨胀做功的气体，它的物理状态和化

学成分随工作进程而有所变化。

6. 压缩比

气缸总容积与压缩室容积之比值,称为几何压缩比或名义压缩比,以符号 ε 表示。

$$\varepsilon=\frac{V_A}{V_c}=\frac{V_c+V_h}{V_c}=1+\frac{V_h}{V_c} \tag{1-2-4}$$

几何压缩比表示工质在气缸内被压缩的程度,它也是柴油机的重要结构和工作参数,对机器的运转可靠性和经济性有较大的影响。柴油机的几何压缩比一般为 12～22,机车用增压柴油机的几何压缩比为 12～14.5。

7. 工作循环

柴油机要维持正常而持续地工作,即曲轴连续地驱使从动机械运转,则在各气缸内必须顺次反复地完成进气、压缩、喷油-燃烧-膨胀及排气等几个过程,这样才能使燃油的化学能在气缸内连续不断地转为机械功。所以,完成这一整套不同状态的工作过程,即完成了一次能量转换过程,就称完成了一个工作循环。柴油机的连续运转,就是工作循环反复连续地进行的过程。

8. 四冲程柴油机和二冲程柴油机

根据气缸内完成工作循环的工作方式不同,柴油机可分为四冲程和二冲程两种形式。如果完成一个工作循环时,活塞的运动需要往返 4 个冲程(或曲轴相应转 2 转),则称为四冲程柴油机;如果活塞往返只需 2 个冲程(或曲轴相应转 1 转)就完成一个工作循环的柴油机,就称为二冲程柴油机。

二、柴油机的工作原理

柴油机的工作循环包括有进气、压缩、喷油-燃烧-膨胀及排气等几个过程,这些过程相互衔接,前后交错。

1. 四冲程柴油机的工作原理

图 1-2-2 为四冲程柴油机的工作过程示意图,图中表示出各个过程中活塞、连杆、曲轴及气门的相对位置,下部 p-V 坐标图表示气缸内工质的气压与气缸容积之间的变化关系。

(1)进气过程

柴油机气缸内的燃烧就是燃油与氧气化合的放热过程,因此首先要使新鲜空气充入(吸入)气缸,这是工作循环必需的第一步。

当活塞由上止点附近逐渐转向下止点方向运动时,进气门也逐渐由小开到大开,由于气缸容积的不断扩大而造成缸内低压状态,外界的新鲜空气源源不断地经进气门吸入缸内,此进气过程一直要延续到活塞过下止点之后进气门全闭而结束。

在进气过程中,新鲜空气以较高的速度流经管道及气门处而产生阻力,因此充入缸内的气压总是低于缸外供气源的气压值。

气门的启闭从开始到全开或全闭有一个时间过程。为使气缸内尽可能地多充气,使一开始充气时能减少活塞运动的阻力,在活塞开始下行时减少气流进入气缸的阻力,进气门的开启始点应提前于活塞上止点前某一角度。从进气门开启始点到活塞运动达上止点时的曲轴转角称为进气提前角 Θ_i。为利用进气流动惯性继续增加充气量,减少活塞在下止点前的运动阻力,进气门延迟到活塞下止点后某一角度时才完全关闭。从下止点到进气门全关时的曲轴转角称为进气滞后角 Θ'_i。进气过程相位及气压状态由图 1-2-2 中 a-b 线所示。

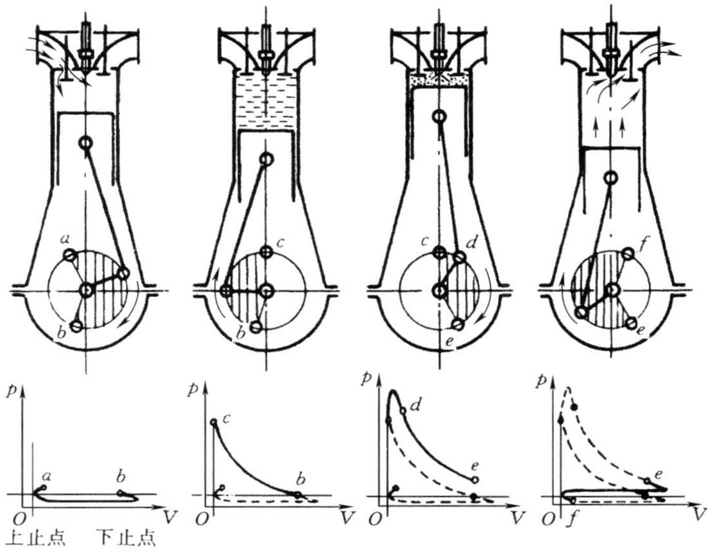

图 1-2-2　四冲程柴油机的工作过程

(2)压缩过程

进气过程结束时活塞已上行,此时进、排气门都处于关闭状态,气缸内工质的容积由于活塞上行而不断缩小,工质的压力和温度随之升高,这就是压缩。压缩过程在活塞到达上止点时结束,这时气缸的容积 V_c 仅为压缩初的十几分之一,在柴油机最低工作转速下,压缩终点工质的压力通常达到 2 500～3 500 kPa,压缩终点工质的温度达到 780～1 000 K。压缩过程(图 1-2-2 中 b-c 线)为燃油迅速着火,提高热效率及增加柴油机输出功率创造条件。

(3)喷油-燃烧-膨胀过程

在压缩过程后期活塞达上止点前,喷油器开始向气缸内喷入雾状燃油,不久油气混合物就开始着火燃烧,这时气缸内工质的气压和气温急剧地上升。在活塞过上止点后不久燃油停止喷射(图 1-2-2 中 d 点),以控制燃烧过程适时结束。由于燃烧初期气缸容积较小及活塞继续上行,使活塞在上止点稍后处达到工质气压最高值。在标定工况下机车柴油机的最高气压通常可达 10 000～14 000 kPa,这个气压值称为最高爆发压力(最高燃烧压力) p_z。气缸内工质的最高燃烧温度可达 1 700～2 100 K。

与燃油进行燃烧的同时,高温和高压的工质作用于活塞、气缸套及气缸盖上,由于此时进、排气门都密闭着,工质推动活塞下移,使气缸容积扩大,缸内工质的气压和气温相应下降,在这期间动力通过连杆传到曲轴,其中一部分动力由旋转着的曲轴输出,驱使从动机械工作,这就是工质的膨胀做功。这样,燃烧时燃油将其化学能转变成工质的热能,然后又通过活塞的运动转换为机械能,部分机械能通过曲轴对外输出,即柴油机对外界做功。

(4)排气过程

为了使柴油机连续做功,必须使膨胀后的工质排出气缸,打开排气门,为新的工质进入气缸创造条件。这些排出气缸的燃气,习惯上称为废气。

为了彻底清除废气,降低排气负功,排气门必须提前开启,即活塞下行到下止点前某一角度时排气门开始打开(图 1-2-2 中点 e),使尚有一定压力和温度的燃气迅速冲出气缸。从排气始点到活塞下止点为止的曲轴转角称为排气提前角 Θ_e。此后,活塞由下止点转向上行,气缸内的燃气由于与外界存在压差而继续外流,同时也借助于活塞上行的推力被驱赶出来。排气门在活塞过上止点后某一角度时完全关闭，排气过程结束(图 1-2-2 中点 f)。从活塞上止点到排气终点为止的曲轴转角称为排气滞后角 Θ'_e。

由此可见，四冲程柴油机的实际工作循环存在以下特点：

(1)进气过程和排气过程的持续时间皆超过一个冲程的时间；进气门和排气门的启闭皆有早开迟关的规律，其开启提前角和关闭滞后角的大小随机型不同而不同。在活塞上止点附近，由于进气门的早开和排气门的迟关而出现了同一气缸的进、排气门同时开启的情况，这段时间用曲轴转角 A_m 来度量，称为进、排气重叠角或气门重叠角。

进、排气门重叠开启使部分新鲜空气吹扫燃烧室，驱赶死角处的残余废气，降低排气温度，同时使气缸内部受热机件冷却，减少充入气缸的新鲜空气与热机件间的热交换量，因而对柴油机的工作有良好的影响。

(2)四冲程柴油机的工作循环正好是在四个活塞冲程的距离或当量的时间(曲轴转 2 转)内完成的，其中以进气、压缩及排气过程都是消耗能量的必要辅助过程，喷油-燃烧-膨胀是做功的过程，但前者都为做功做准备的阶段，后者是在前者的基础上释放、转化和输出能量的动力过程。曲轴所输出的能量只是从气缸内所释放出来的总能量中的一部分，另一部分还要克服零部件的运动阻力，提供辅助过程消耗，带动本身附件工作及热损失等能量消耗。

(3)既然辅助过程及本身附件的工作要消耗能量，所以柴油机一开始不能自身动作，而必须借助于外力来启动，例如借人力扭转摇手柄，或借电动机来驱动曲轴，或利用高压空气充入气缸推活塞运动之力等方法来启动柴油机。一旦柴油机曲轴运转达到发火转速时，气缸内工质的膨胀做功就可提供曲轴自身连续运转之动力。

(4)在柴油机一个工作循环中，进气门和排气门各启闭一次，向气缸内喷油一次，故控制进、排气门及喷油泵工作的凸轮轴的转速在四冲程柴油机上仅为曲轴转速的一半。

2. 曲轴转角和配气相位图

连杆的传动使活塞的往复运动与曲轴的转动相对应，气缸中一定的活塞位置与曲柄圆上一定的曲轴圆周位置(相位)对应。通常将曲轴转一圈时等分成360°，它的0°和360°皆与活塞上止点位置相对应。四冲程柴油机在一个工作循环中每一缸活塞有两个上止点，一个是压缩上止点或称发火上止点，曲轴转角通常作为0°，另一个是换气上止点，曲轴转角通常作为 360°。

配气相位图用以了解气缸内工质的工作过程。在直角坐标图上，活塞的上、下止点分别位于纵坐标的上方和下方，坐标的中心代表曲轴转动中心，按曲轴的转动方向标出进气门和排气门启闭位置的图形称为配气相位图，通常该图上还标出理论上向气缸提前供应燃油的相位——供油提前角 Θ。

对不同结构、不同转速范围、不同增压方式和增压度的柴油机有着不相同的配气相位，合适的配气相位是由多次实机试验后优选而来。列举的几种常见机车柴油机的配气相位见表 1-2-1，其中 16V240ZJB 型、7FDL-16 型柴油机配气相位如图 1-2-3 所示。

表 1-2-1　几种常见机车柴油机的配气相位

机型	进气		排气		$\Theta_i+\Theta'_e$	Θ
	Θ_i	Θ'_i	Θ_e	Θ'_e		
16V240ZJB	42°20′	42°20′	42°20′	42°20′	84°40′	21°
7FDL-16	65°	45°	55°	61°	126°	26°
16V280ZJ/16V280ZJA	59°	44°	69°	64°	123°	22°
16V265H/12V265	47°	39.3°	55.6°	60.7°	107.7°	18°
GEVO16	7°	9.3°	5.6°	0.7°	7.7°	18°

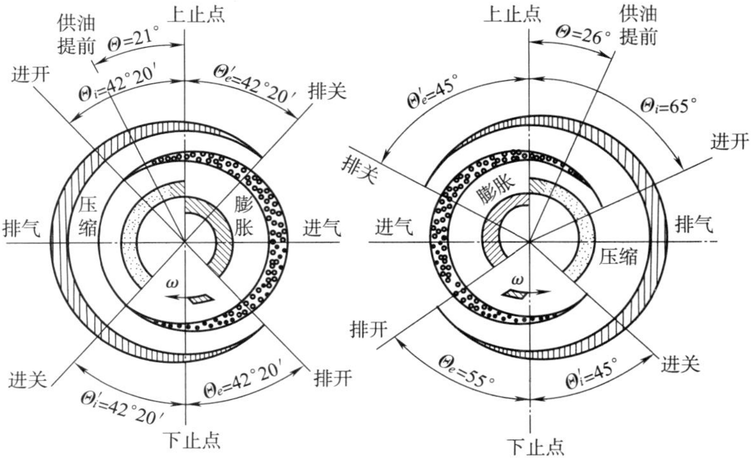

（a）16V240ZLB型柴油机配气相位　　（b）7FDL-16型柴油机配气相位

Θ_i—进气提前角；Θ'_i—进气滞后角；Θ_e—排气提前角；Θ'_e—排气滞后角；Θ—供油提前角。

图 1-2-3　四冲程柴油机的配气相位图

三、柴油机的基本组成

内燃机车上的动力装置是指以柴油机为主体的一整套联合工作的动力设备。各种不同的柴油机动力设备有不同的结构特点，但它们都是由下述部件组成的：

1. 固定件

固定件是柴油机安装和支承各种机件的基础，为柴油机提供燃烧做功的场所，它主要由机体、主轴承、气缸、气缸盖、油底壳及安装支承座等组成。

2. 运动件

运动件主要是指柴油机中做功、传递和输出功率的曲柄连杆机构，即由活塞组、连杆组和曲轴组等部件组成。

3. 配气机构

配气机构主要包括凸轮轴、挺柱、推杆、摇臂、气门及气门弹簧等机件，以正时地开闭气门，达到排出废气和充入新鲜空气的目的，为柴油机循环工作创造条件。

4. 进、排气系统

进气系统一般由空气滤清器、压气机、中冷器、储气室或稳压箱及进气管道等组成。排气系统一般由排气支管、排气总管、涡轮机及排气消声器等组成。

5. 燃油系统

燃油系统根据柴油机的运转工况，保证在适当的时机向气缸喷入一定量的雾状燃油。燃油系统一般由燃油箱、燃油输送泵、燃油滤清器、喷油泵、喷油器及有关管路等组成。

6. 调控系统

机车司机根据运行的需要，通过调控系统对柴油机进行调速及控制输出功率，并能自动防止柴油机发生过载及飞车等意外情况。调控系统主要有调速器或调节器，杠杆系统、超速保护装置及紧急停车装置等机件。

7. 机油系统

机油系统使相对运动零件的摩擦表面得到润滑和冷却，从而保证柴油机正常和可靠地工作。机油系统主要有启动机油泵、主机油泵、机油滤清器、热交换器及机油管道等部分。

8. 冷却水系统

冷却水系统保证柴油机各主要受热机件的冷却,例如对气缸、气缸盖、涡轮增压器、中冷器及机油的冷却等,以确保柴油机正常和持久地运转。冷却水系统一般由膨胀水箱,高、低温水泵,中冷器,机车散热器及管路部分组成,通常还随车安装有机油和水系统的预热设备。

第三节 柴油机的分类、型号及转向

一、柴油机的分类

由于柴油机具有广泛的用途,因而也具有不同的结构形式和工作特点,以机车用柴油机为例可大致分类如下:

1. 按气缸布置的形式分

(1)立式柴油机——单列直立式气缸,气缸中心线与地面垂直[图 1-3-1(a)]。

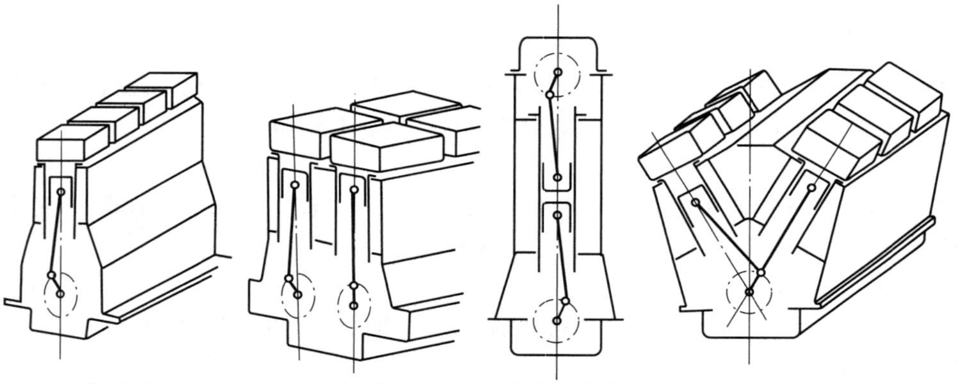

(a)立式　(b)U形　(c)对动活塞式　(d)V形

图 1-3-1　气缸的布置形式

(2)U 形柴油机——双列直立,两列气缸平行,每列有一根曲轴,两根曲轴的功率通过齿轮系合并集中输出[图 1-3-1(b)]。

(3)对动活塞式柴油机——单列直立,上下两曲轴平行且同步运转,每根曲轴驱动上下各一方的活塞连杆组,上下活塞对向运动,两轴功率由同步装置合并后集中于下轴输出[图 1-3-1(c)]。

(4)V 形柴油机——左右两列气缸中心线相交呈 V 形,在 V 形角中心处由一根曲轴输出功率[图 1-3-1(d)]。

此外,机车柴油机还有三角形、正方形、W 形及 X 形等气缸布置形式。通常 V 形柴油机为内燃机车所广泛采用,因为它的结构紧凑,长度缩短,高度降低,空间利用性好,在重量及功率强化指标方面有一定优势。

2. 按完成工作循环所需的冲程数分

(1)四冲程柴油机。

(2)二冲程柴油机。

3. 按曲轴转速及活塞平均速度分

按曲轴转速 n 可分为：

(1)低转速柴油机 $n \leqslant 300$ r/min。

(2)中转速柴油机 300 r/min $< n \leqslant$ 1 000 r/min。

(3)高转速柴油机 $n >$ 1 000 r/min。

柴油机活塞的运动速度也反映了转速大小的影响，又反映了行程大小的影响。活塞平均速度 C_m 可由式(1-3-1)计算：

$$C_m = 2S\frac{n}{60} = \frac{Sn}{30} \quad (\text{m/s}) \tag{1-3-1}$$

按活塞平均速度 C_m 可分为：

(1)低速柴油机 $C_m \leqslant 6$ m/s。

(2)中速柴油机 6 m/s $< C_m \leqslant$ 9 m/s。

(3)高速柴油机 9 m/s $< C_m \leqslant$ 13 m/s。

单一的 n 或 C_m 值都不能全面地反映柴油机特征，必须两者兼顾，综合评判。

机车柴油机的曲轴转速一般在 750～1 500 r/min之间，活塞平均速度在 7.5～11.5 m/s范围内，因此机车柴油机都属于中速或高速的类型，有的还为具有中、高速双重特性的中间类型。

4. 按进气状态分

(1)按空气进入气缸的状态分：

①非增压柴油机。新鲜空气未经预先压缩直接吸入气缸，或二冲程柴油机为驱废气而设扫气泵使低压空气进入气缸，这些皆属于非增压柴油机类型。

②增压柴油机。用专门设备将新鲜空气预先压缩而后送入气缸的柴油机为增压柴油机，它又具有带空气中间冷却器及不带中间冷却器两种。预压后的新鲜空气温度升高，在它进入气缸前的中间通路上用专门设备对空气进行冷却，这种中间空气冷却器简称为中冷器。

(2)按压气机的驱动方式分：

①机械增压柴油机。由柴油机自身曲轴驱动压气机而增压。

②废气涡轮增压柴油机。由柴油机自身排出的燃气驱动涡轮机-压气机而增压的柴油机。

(3)按空气被增压的程度分：

①低增压柴油机。增压空气压力 $p_K \leqslant$ 166.6 kPa的柴油机。

②中增压柴油机。增压空气压力 166.6 kPa $< p_K \leqslant$ 245 kPa的柴油机。

③高增压柴油机。增压空气压力 245 kPa $< p_K \leqslant$ 343 kPa的柴油机。

④超高增压柴油机。增压空气压力 $p_K >$ 343 kPa的柴油机。

5. 按燃烧室的结构特征分

(1)直接喷射燃烧室式柴油机。

(2)分隔燃烧室式柴油机。

二、柴油机的型号、气缸编号及曲轴转向

1. 柴油机的型号

《内燃机产品名称和型号编制规则》(GB/T 725—2008)规定：内燃机产品名称应符合 GB/T 1883.1 的规定，均按所采用的燃料命名，例如柴油机、汽油机、天然气机。

内燃机型号由阿拉伯数字、汉语拼音字母或国际通用的英文缩略字母组成,如图 1-3-2 所示。

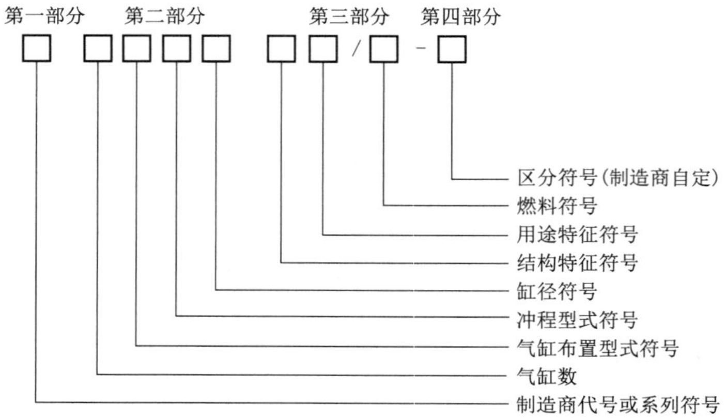

图 1-3-2　内燃机型号示意

第一部分:由制造商代号或系列符号组成,制造商根据需要选择相应 1～3 位字母表示。

第二部分:由气缸数、气缸布置型式符号、冲程型式符号、缸径符号组成。气缸数用 1～2 位数字表示;气缸布置型式符号按表 1-3-1 规定;冲程型式为四冲程时符号省略,二冲程用 E 表示;缸径符号一般用缸径或缸径/行程数字表示,宜可用发动机排量或功率数表示,其单位由制造商自定。

表 1-3-1　气缸布置型式符号

符　　号	含　　义
无符号	多缸直列及单缸
V	V 形
P	卧式
H	H 形
X	X 形

注:其他布置型式符号见 GB/T 1883.1。

第三部分:由结构特征符号、用途特征符号组成,其符号分别按表 1-3-2、表 1-3-3 的规定。

表 1-3-2　结构特征符号

符　　号	结构特征
无符号	冷却液冷却
F	风冷
N	凝气冷却
S	十字头式
Z	增压
ZL	增压中冷
DZ	可倒转

第四部分:区分符号。同系列产品需要区分时,允许制造商选用适当符号表示。第三部分与第四部分可用“-”分隔。

表 1-3-3　用途特征符号

符　　号	用　　途
无符号	通用型及固定动力(或制造商自定)
T	拖拉机
M	摩托车
G	工程机械
Q	汽车
J	铁路机车
D	发电机组
C	船用主机、右机基本型
CZ	船用主机、左机基本型
Y	农用三轮车(或其他农用车)
L	林业机械

注:内燃机左机和右机的定义按 GB/T 726 的规定。

铁路机车用柴油机型号示例如下:

16V240ZJB——16 缸、V 形、四冲程、缸径 240 mm、增压、铁路机车用柴油机、变型代号 B。

10E207J——10 缸、二冲程、缸径 207 mm、水冷、铁路机车用柴油机。

R12V280ZJ——R 系列、12 缸、V 形、四冲程、缸径 280 mm、增压、铁路机车用柴油机。

内燃机的型号应简明,第二部分规定的符号必须表示,但第一、第三、及第四部分符号允许制造商根据具体情况增减,同一产品的型号应一致,不得随意更改。

由国外引进的内燃机产品,允许保留原产品型号或在原型号基础上进行扩展,经国产化的产品宜按 GB/T 725—2008 的规定编制。

2. 气缸编号及曲轴转向

《往复式内燃机旋转方向、气缸和气缸盖上气门的标志及直列式内燃机右机、左机和发动机方位的定义》(GB/T 726—1994)规定:

(1)发动机方位

发动机各方位如图 1-3-3 所示。

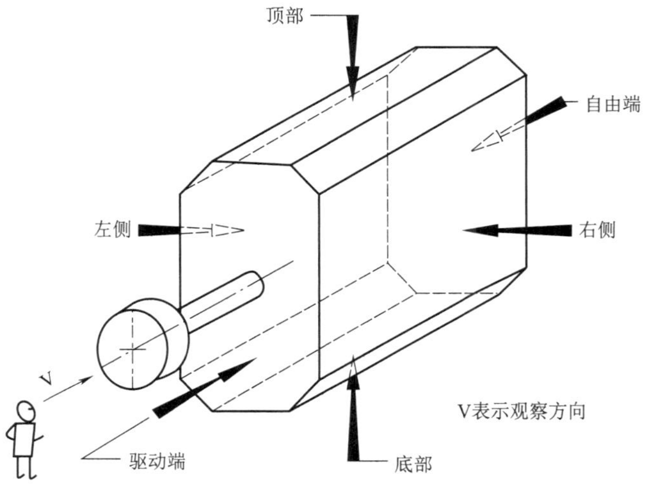

图 1-3-3　发动机各方位

(2)旋转方向

往复式内燃机旋转方向是指按图 1-3-3 所示观察者位置观察到的发动机驱动轴端轴的旋转方向,分顺时针、逆时针两种方向。

对多列气缸内燃机,观察者位置应根据相对于输出所有气缸总功率的机内主轴而定。如果发动机有一个以上的驱动轴,则制造厂应说明用以标明旋转方向、气缸编号、直列右机或左机及发动机方位的参考轴端。

(3)气缸编号及标志

内燃机每个气缸应用数字(顺序编号 1、2、3 等)或用大写字母(顺序字母 A、B、C 等)与数字的组合来标识。

直列(单列)内燃机的各个气缸仅用数字标志,从最靠近观察者的气缸开始以数字 1,以下各缸依次标以 2、3 等,如图 1-3-4 所示。

多列式内燃机的每个气缸应用一个大写字母后加上一个数字所组成的符号来标志,例如 A1、B1、C1 等。

取以驱动轴轴线为中心的一假设半平面(P)配置字母(假定曲轴处于水平位置),半平面假定以顺时针方向旋转。半平面的旋转开始位置应是水平的,并位于观察者的左侧(即时针在九点钟时的位置)。顺时针方向旋转的半平面,扫过的第一列或初始位置的一列标以字母 A,下一列标以字母 B 等,如图 1-3-5 所示。

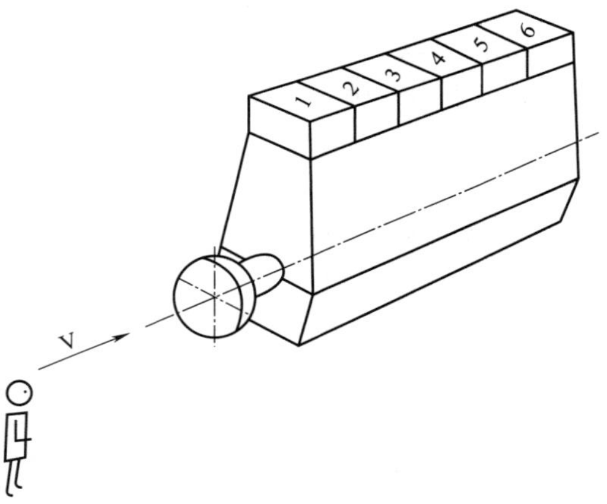

图 1-3-4　直列式内燃机

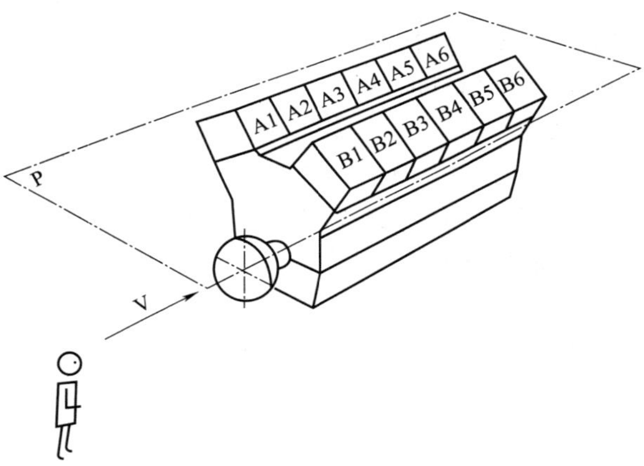

图 1-3-5　V 形内燃机

第四节　柴油机的技术经济指标

对于各种不同型号柴油机的工作情况,可从四个方面的指标加以客观的评价:

(1)动力性。考察柴油机发出多大功率,功率储备多大。

(2)经济性。考察柴油机在运转工况下单位功率单位时间内所耗用的燃油量。

(3)可靠性。考察柴油机在运用负荷及工作寿命内出现故障的次数及性质。

(4)耐久性。以柴油机两次大修之间的工作寿命来衡量。

在以上四个方面中,前两方面主要与柴油机工作过程进行的完善程度有关;后两方面主要与机器零部件的结构、材质、制造工艺、装配技术及保养等因素有关,随使用环境及工况变化而有所不同，需要长时间及多台次的考验。

在评价柴油机前两方面的技术经济指标时有两类指标：

(1)指示指标。以工质对活塞做功为计算基础，并不计入摩擦等机械损失，仅表示柴油机气缸内工作循环进行的情况。指示指标如 N_i、p_i 及 g_i 等，用符号右下角的 i 标明。

(2)有效指标。当动力由活塞传到曲轴，以曲轴的实际输出功率为计算基础的实效性指标，它表示柴油机克服内部各种消耗后对外做功的情况。有效指标如 N_e、p_e 及 g_e 等，用符号右下角的 e 标明。

一、柴油机的平均指示压力和指示功率

1. 指示功

气缸中的工质作用在活塞上的推力 P 所做的循环指示功 W_i 为

$$W_i = \int PS_1 = \int \frac{\pi}{4} D^2 PS_1 = \int PV \tag{1-4-1}$$

式中　P——气缸内气体压力；

V——气缸内变动着的工作容积；

S_1——活塞在缸内移动的距离。

W_i 可在直角坐标图上用图形表示，此种图形称为示功图。示功图有两种基本形式：p-V 示功图(图 1-4-1)和 p-α 示功图(图 1-4-2)。

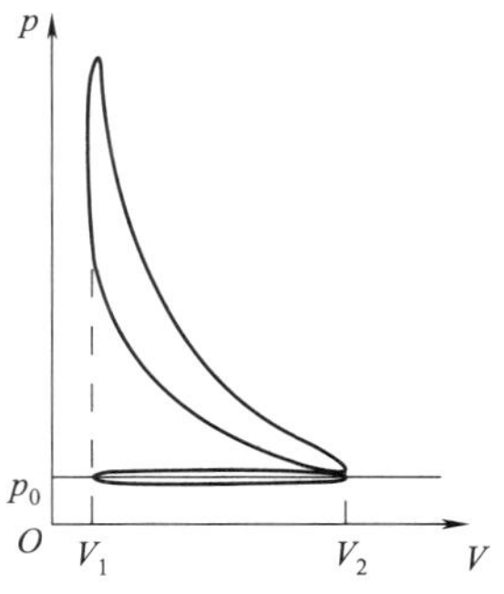

图 1-4-1　非增压柴油机的 p-V 示功图

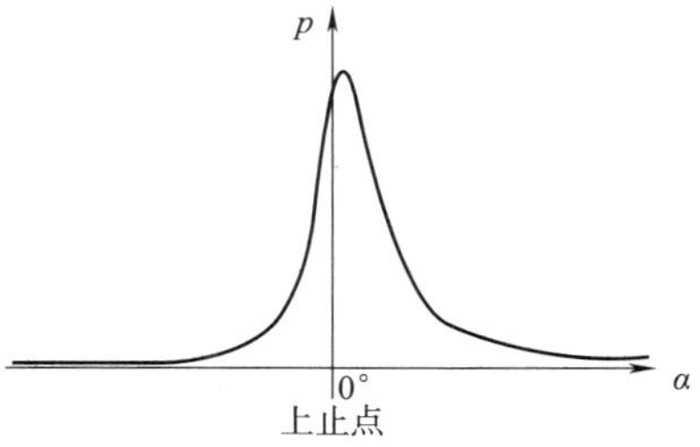

图 1-4-2　非增压柴油机的 p-α 示功图

以工质气压 p 作纵坐标，以变化着的气缸容积 V 作横坐标，在某一工作过程下气压随容积而变化的曲线图即为 p-V 示功图。图 1-4-1 中从曲线到大气压力 p_0 水平线间的面积为该工作过程所做出的或消耗的功。对各工作过程来讲，有的过程做正功，有的过程消耗功(负功)，正负相减后整个工作循环所剩余的功，就是由各过程曲线所包围的面积。非增压柴油机的 p-V 示功图上有两块面积，上部较大的一块面积为正功，下部较小的一块面积由进、排气过程曲线所包围为负功。

以工质气压 p 作纵坐标，以曲轴转角 α 作横坐标所测得的图形为另一种工作循环示功图。一定的曲轴转角 α 代表着一定的活塞位置，也代表着一定的容积值，所以 p-α 和 p-V 图形是示功图的两种不同表现形式。

2. 平均指示压力

工质对活塞所做的循环功 W_i 不能用来直接比较，必须转换成另一假想参数 p_i 后才能用来衡量不同缸径、不同行程柴油机的做功能力。

假定柴油机气缸内工质对活塞所做的循环功 W_i 等于某一不变气压在一个行程内所做的功,则此假想的不变气压即为平均指示压力,以符号 p_i 代表,单位为 kPa。

图 1-4-3 上方所示为四冲程柴油机 p-V 示功图,下方所示以气缸工作容积 V_h 为横坐标及以压力 p 为纵坐标所作的长方形,使长方形面积等于循环指示功 W_i,则此长方形的高即为平均指示压力 p_i 值。

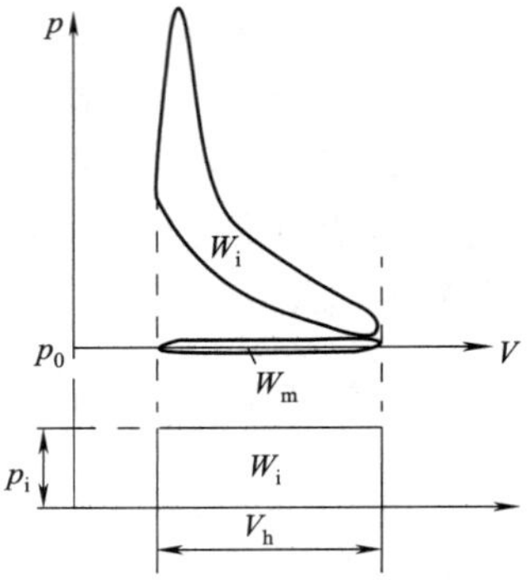

图 1-4-3 平均指示压力换算

如果 p_i 以 Pa 为单位,V_h 以 m^3 为单位,则

$$W_i = p_i V_h = p_i V_h \quad (J)$$

如果 p_i 以 kPa 为单位,V_h 以 L 为单位,则

$$W_i = 10^3 p_i \frac{V_h}{10^3} = p_i V_h \quad (J) \qquad (1\text{-}4\text{-}2)$$

$$p_i = \frac{W_i}{V_h} \quad (kPa) \qquad (1\text{-}4\text{-}3)$$

为计算简化起见,仅以示功图上做正功的大面积为 W_i 计算值,对于进、排气过程消耗功的小面积 W_m,因数值不大及情况复杂而不计在 W_i 值内,另在机械损失的一项内考虑。

p_i 是柴油机工作循环中一个十分重要的指标,对同一型柴油机而言,D 和 S 一定,所以 p_i 值就反映气缸内部循环指示功的大小;对不同型号的柴油机而言,p_i 值代表单位容积所做功的大小,反映了柴油机的强化程度。

3. 柴油机的指示功率

动力机械以单位时间内做功的多少来衡量其动力性。气缸内工质在单位时间内对活塞所做的指示功,称为指示功率,以符号 N_i 表示,单位为 kW。

假定柴油机有 i 个气缸,每个气缸内做的循环指示功相等,在曲轴转速 n 下,四冲程柴油机每秒进行的工作循环数为 $\frac{n}{2\times 60}$,则此柴油机的指示功率为

$$N_i = iW_i \frac{n}{2\times 60} \quad (J/s)$$

$$10^3 N_i = i p_i V_h \frac{n}{2\times 60} \quad (kW)$$

即

$$N_i = \frac{i p_i V_h n}{120\times 10^3} \quad (kW) \qquad (1\text{-}4\text{-}4)$$

二冲程多缸柴油机的做功周期为四冲程柴油机的 $\frac{1}{2}$,因此

$$N_i = \frac{i p_i V_h n}{60\times 10^3} \quad (kW) \qquad (1\text{-}4\text{-}5)$$

采用每循环冲程数 τ,可得柴油机指示功率的通用公式:

$$N_i = \frac{i p_i V_h n}{30\times 10^3 \tau} \quad (kW) \qquad (1\text{-}4\text{-}6)$$

式中,四冲程柴油机 $\tau=4$,二冲程柴油机的 $\tau=2$。

二、柴油机的平均有效压力和有效功率

1. 柴油机的有效功率

指示功率表示气缸中工质交给活塞的总能量,代表柴油机的总输入,因为柴油机内部还有

各种损失，所以对外不能全部输出。柴油机内部各种损失主要有：

(1)活塞组与气缸间往复运动摩擦损失。

(2)轴与轴承间滑动摩擦或滚动摩擦损失。

(3)齿轮传动中的冲击及摩擦损失。

(4)柴油机内各附件如机油泵、水泵、喷油泵、扫气泵及气门驱动机构等部件的驱动动力。

(5)进、排气过程中所消耗的功等。

所有这些动力损失的总和称为机械损失功率 N_m。运转的柴油机必然有机械损失功率，这些消耗为维持运转所必需，但可设法减少损耗。柴油机曲轴输出的有效功率为气缸内发出的指示功率与机械损失功率之差值：

$$N_e = N_i - N_m \quad (\text{kW}) \tag{1-4-7}$$

柴油机的有效功率 N_e 是气缸总能量中由曲轴输出的实用部分，它可通过柴油机实机运转由专门测功器测出 M_e 而算出：

$$N_e = M_e \frac{2\pi n}{60} \times 10^{-3} = \frac{M_e n}{9\,550} \quad (\text{kW}) \tag{1-4-8}$$

式中　M_e——曲轴输出的有效扭矩，N · m。

2. 机械效率

柴油机的机械损失功率 N_m 也可用一个假想的平均机械损失压力 p_m 来计算：

$$N_m = \frac{i p_m V_h n}{30 \times 10^3 \tau} \quad (\text{kW}) \tag{1-4-9}$$

$$p_m = \frac{30 \times 10^3 N_m \tau}{i V_h n} \quad (\text{kPa})$$

机械损失功率随柴油机的缸径、行程、工况(n 及 N_e)、环境(气温、气压及湿度)、冷却、润滑、结构设计、加工质量、装配及保养等不同而有差异。为了能清楚地比较损失的程度，引入了一个相对损失率——机械效率的指标，以符号 η_m 表示：

$$\eta_m = \frac{N_i - N_m}{N_i} = 1 - \frac{N_m}{N_i} = \frac{N_e}{N_i} \tag{1-4-10}$$

η_m 值的大小表示曲轴输出的有效功率占指示功率的百分数。η_m 值愈大，则表示柴油机内部损耗愈少，工作愈经济。

一般说来，相对运动零件间配合间隙恰当，加工精度高，加工表面粗糙度愈小，装配正确及保养良好时机械效率就高；润滑充分，造就一定的润滑油膜，则机械阻力就减小；配气相位选择合理，调整正确，则进、排气过程损失愈少，因而机械效率就愈高。

机械效率与柴油机的运转工况有密切关系。随着转速的提高，虽对润滑油膜的增厚有好处，但由于摩擦阻力与运动速度的平方成正比，而且进、排气损失也有所增加，使机械损失功率也随之增大，机械效率有所降低[图 1-4-4(a)]。如柴油机转速不变，随着功率的提高，则气缸内气压和气温均有增加，一方面使零件体温有所上升，机油温度提高，即机油黏度随功率的提高而下降，摩擦功率相应减少；另一方面由于缸内气压的提高，各摩擦面上的正压力增大，加上机油黏度的减小，导致机油油膜减薄，摩擦损失功率又相应加大。在上述两种不同的效应中，后者是主导的因素，因而机械损失总随柴油机功率的提高而缓慢地上升，也即 p_m 随 p_i 的增加而缓慢地提高[图 1-4-4(b)]。由于 N_m 或 p_m 随柴油机负荷上升的幅度不及 N_i 或 p_i 随负荷上升的幅度，故 η_m 仍随柴油机负荷的增加而连续上升，在负荷较低时增长得快些，负荷较高时增长得慢些[图 1-4-4(b)、(c)]。

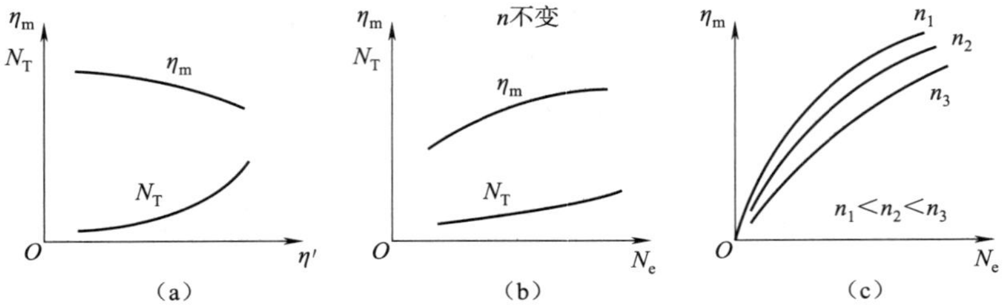

图 1-4-4　机械效率随柴油机运转工况的变化规律

当柴油机在空转时($N_e=0$),气缸内的指示功率全部用来克服柴油机内部的机械损失,此时 $p_i=p_m$,$N_i=N_m$,故该工况时 $\eta_m=0$。

代表柴油机机械效率公称值的工况是以额定负荷时的标定工况为准。通常四冲程柴油机的机械效率比二冲程柴油机的高;涡轮增压柴油机的机械效率比非增压柴油机的高。根据试验统计,柴油机在标定工况下的 η_m 值见表 1-4-1。

表 1-4-1　标定工况下的机械效率值 η_m

冲程数	非增压	增压
四冲程	0.75～0.85	0.80～0.92
二冲程	0.73～0.86	0.75～0.90

3. 平均有效压力

与平均指示压力一样,引入一个假想的平均有效压力的指标来评价柴油机对外部做功的能力。

假定柴油机曲轴输出的循环有效功等于某一等值压力在一个行程内对同一活塞所做的有效功,则此等值压力称为平均有效压力,以符号 p_e 表示。

按 p_i 与 N_i 之间的类似关系,p_e 与 N_e 之间也可得出下面类似的公式:

$$N_e=\frac{ip_eV_hn}{30\times10^3\tau}\quad(\text{kW})\tag{1-4-11}$$

$$p_e=\frac{30\times10^3\tau N_e}{iV_hn}\quad(\text{kPa})\tag{1-4-12}$$

$$p_e=3.141\tau\frac{M_e}{V_hi}\quad(\text{kPa})\tag{1-4-13}$$

N_e 和 N_m 都是 N_i 的一部分,p_e 和 p_m 也是 p_i 的一部分。N_i 与 p_i 成正比,N_e 与 p_e 成正比,故 η_m 也可写成平均压力之比值:

$$\eta_m=\frac{N_e}{N_i}=\frac{p_e}{p_i}\tag{1-4-14}$$

$$\eta_m=\frac{p_i-p_m}{p_i}=1-\frac{p_m}{p_i}\tag{1-4-15}$$

p_e 是柴油机对外作功能力有效性的一种重要指标,它不仅说明工作循环进行的情况,而且还包含机械损失的大小。对同一型柴油机的 p_e 值愈大,则意味着气缸内发出的有效功率愈多,柴油机的强化程度愈高。对不同型的柴油机来说 p_e 代表单位气缸工作容积中所发出扭矩值的大小,p_e 值大,则机器结构紧凑轻巧。

影响柴油机 p_e 值的主要因素有:

(1)换气过程的完善程度。

(2)机械损失的大小。

(3)柴油机结构设计的合理性。

(4)气缸内燃烧完全和燃烧及时的程度。

(5)热损失大小。

(6)所采用的增压技术水平等。

如 η_m 那样，柴油机的公称 p_e 值也是以标定工况下的数值为代表。较好的四冲程柴油机 p_e 值为 1 500～2 000 kPa，在试验室内 p_e 值达 2 500 kPa以上。

三、柴油机的经济性指标

1. 燃油消耗

内燃机车在运行中的燃油消耗费用占全部运用维修费用的 50% 左右。燃油消耗代表了柴油机工作的经济性。

柴油机工作时的燃油消耗有两个指标：

(1)柴油机每小时工作的燃油消耗量，以符号 G_f 表示，单位为 kg/h。

(2)柴油机每千瓦小时的燃油消耗率，以符号 g_i 及 g_e 表示，其中指示燃油消耗率为

$$g_i = \frac{G_f}{N_i} \times 10^3 \quad [\mathrm{g/(kW \cdot h)}] \tag{1-4-16}$$

有效燃油消耗率为

$$g_e = \frac{G_f}{N_e} \times 10^3 \quad [\mathrm{g/(kW \cdot h)}] \tag{1-4-17}$$

各型柴油机的燃油消耗量 G_f 随发出功率的大小而不同，相互之间对比并无意义。各型柴油机的燃油消耗率是相对指标，它说明工作循环的完善性，故可用来相互评比。由于在不同工况下燃油消耗率不相同，通常以标定工况下的 g_e 为代表。较优良的四冲程柴油机 g_e 值为 197～218 g/(kW · h)，二冲程柴油机的 g_e 为 211～224 g/(kW · h)。

2. 指示效率和有效效率

为了全面衡量柴油机对能源的利用程度，引入热效率的概念。柴油机对喷入气缸燃油的总热能转变成指示功的程度称为指示(热)效率 η_i；柴油机曲轴输出的机械能占喷入气缸燃油总热能的百分比称为有效(热)效率 η_e。

从热效率的观点看，喷入气缸的燃油发出的总热量为 $G_f H_m$，指示功率或输出有效功率换算成热当量为3 600 N_i或3 600 N_e，所以

$$\eta_i = \frac{3.6 \times 10^3 N_i}{G_f H_u} = \frac{3.6 \times 10^6}{g_i H_u} \tag{1-4-18}$$

$$\eta_e = \frac{3.6 \times 10^3 N_e}{G_f H_u} = \frac{3.6 \times 10^6}{g_e H_u} \tag{1-4-19}$$

式中　3.6×10^3——1 kW · h的功热当量，kJ/(kW · h)；

H_u——1 kg燃油完全燃烧时发出的热量，它并不计及燃烧产物中水蒸气的汽化潜热，因而称为低热值。一般轻柴油的 H_u 约为43 116 kJ/kg。

类比前面的公式可推出下列关系：

$$\eta_m = \frac{N_e}{N_i} = \frac{p_e}{p_i} = \frac{\eta_e}{\eta_i} \tag{1-4-20}$$

$$\eta_e = \eta_i \eta_m \tag{1-4-21}$$

$$g_e = \frac{g_i}{\eta_m} \tag{1-4-22}$$

$$\eta_e = \eta_i \frac{g_i}{g_e} \tag{1-4-23}$$

由此可见:有效效率是指示效率的一部分;热效率与燃油消耗率成反比,二者都是衡量柴油机经济性的重要指标。

较优良的机车柴油机 η_e 在 0.38～0.43 之间。

四、计算举例

【例 1】 16V240ZJB 型柴油机 $D=240$ mm,$S=275$ mm,$n=1\ 000$ r/min,求当功率 $N_e=$ 2 941 kW、2 647 kW及2 426.5 kW时的平均有效压力 p_e 值。

【解】 气缸工作容积

$$V_h = \frac{\pi}{4}D^2 S = \frac{\pi}{4}(240)^2 \times 275 = 12\ 440\ 706(\text{mm}^3) \approx 12.44\ (\text{L})$$

平均有效压力

$$p_e = \frac{30 \times 10^3 \tau N_e}{i V_h n}$$

三种功率时 p_e 分别为

$$p_{e1} = \frac{30\ 000 \times 4 \times 2\ 941}{16 \times 12.44 \times 1\ 000} = 1\ 773\ (\text{kPa})$$

$$p_{e2} = \frac{30\ 000 \times 4 \times 2\ 647}{16 \times 12.44 \times 1\ 000} = 1\ 595.8\ (\text{kPa})$$

$$p_{e3} = \frac{30\ 000 \times 4 \times 2\ 426.5}{16 \times 12.44 \times 1\ 000} = 1\ 462.8\ (\text{kPa})$$

【例 2】 上述柴油机当 $N_e=2\ 647$ kW时的燃油消耗率 $g_e=216$ g/(kW·h),所用燃油的低热值 $H_u=43\ 116$ kJ/kg,求柴油机的有效效率。当机械效率 η_m 为 0.84 时,求气缸内的指示功率、机械损失功率和指示效率。

【解】 有效效率

$$\eta_e = \frac{3.6 \times 10^6}{g_e H_u} = \frac{3.6 \times 10^6}{216 \times 43\ 116} = 0.386\ 6$$

指示功率

$$N_i = \frac{N_e}{\eta_m} = \frac{2\ 647}{0.84} = 3\ 151\ (\text{kW})$$

机械损失功率

$$N_m = N_i - N_e = 3\ 151 - 2\ 647 = 504\ (\text{kW})$$

指示效率

$$\eta_i = \frac{\eta_e}{\eta_m} = \frac{0.386\ 6}{0.84} = 0.460\ 2$$

【例 3】 采用低热值 H_u 为43 116 kJ/kg的轻柴油,如柴油机的有效效率 η_e 为 46%,求此时的燃油消耗率 g_e。

【解】

$$g_e = \frac{3.6 \times 10^6}{\eta_e H_u} = \frac{3.6 \times 10^6}{0.46 \times 43\ 116} = 181.5\ [\text{g/(kW·h)}]$$

复习思考题

1. 解释下列名词:止点、行程、缸径、活塞排量、几何压缩比、工作循环。

2. 什么是配气相位图？试分别画出 16V240ZJB 型、16V280ZJ 型、16V265H 型、GEVO16 型、12V265 型、R12V280ZJ 型柴油机的配气相位图。

3. 柴油机气缸内有哪两次能量转换过程？

4. 请以 16V240ZJB 型柴油机为例，说明四冲程柴油机的工作循环过程。

5. 柴油机的技术经济指标主要有哪几类？衡量柴油机工作经济性的指标主要有哪些？它们各有什么意义？

6. 气门重叠角是否越大越好？为什么？

第二章

固　定　件

柴油机的固定件通常由机体、主轴承、气缸结合组、气缸盖、机座(油底壳)、曲轴箱防爆安全装置等部件组成。

第一节　机　　体

柴油机机体是由气缸体和曲轴箱两部分构成的一个整体式刚性构架,其上安装柴油机的其他零部件,以保证各运动机件之间相互位置的正确性。在机体内部有气道、油道和水道,以满足柴油机进气、润滑及冷却的需求。它还承受气体压力、运动惯性力、惯性力矩、倾覆力矩及各部件紧固所需预紧力等各种载荷。柴油机对机体的基本要求是必须具备足够的强度和刚度,良好的加工工艺性及吸振性能,以减小变形和裂纹,提高柴油机的工作可靠性。

一、机体的结构形式

机车柴油机机体通常采用的结构形式有:

1. 隧道式机体

整体式主轴承孔为非剖分式的,各挡主轴承座孔排列成深长"隧道"形(图 2-1-1)。由于机体主轴承孔成全封闭,有利于增大机体的刚度,隧道式机体的曲轴主轴承一般采用滚动轴承。

2. 龙门式机体(半隧道式机体)

主轴承孔分为两半,一半在主轴承座内,另一半在轴承盖内,主轴承盖由螺栓紧固在主轴承座上,使曲轴悬挂在曲轴箱中。为了增大机体的刚度,将机体与机座(或油底壳)分开的底平面延伸到曲轴中心线以下。此种机体主轴承一般采用滑动轴承。

3. 气缸体与曲轴箱

气缸体与曲轴箱分为两个独立体,两者由螺栓联结在一起。安装气缸的气缸体可以是多缸整体式,也可以是各缸成单体式。安装与支承曲轴的曲轴箱为多缸整体式,但有的采用悬挂式轴承盖,有的采用上置式轴承盖。

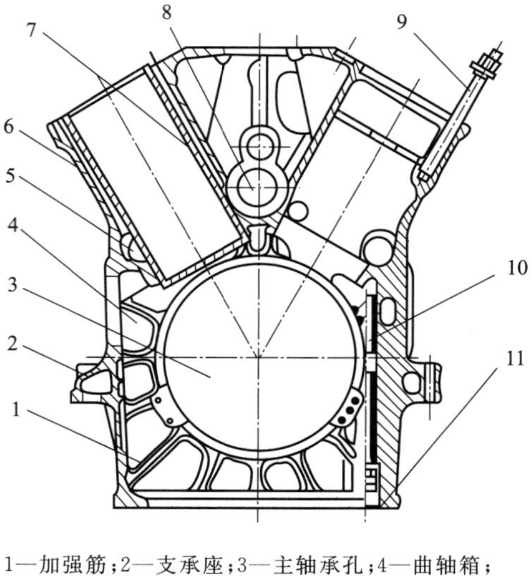

1—加强筋;2—支承座;3—主轴承孔;4—曲轴箱;5—冷却水腔;6—气缸体;7—气缸套;8—凸轮轴轴承孔;9—气缸盖螺栓;10—拉杆螺栓;11—机体底面。

图 2-1-1　隧道式机体

二、16V240ZJB 型柴油机机体

16V240ZJB 型柴油机机体(图 2-1-2)由整体铸钢的主轴承座和低合金钢板组焊而成，机体长3 594 mm，宽1 380 mm，高1 288 mm。

1. 机体顶板

机体上部顶板由中顶板及左右侧顶板组成，左右侧顶板上各有 8 个气缸安装孔，同一列相邻气缸孔中心距为400 mm，由于柴油机采用了并列连杆，因此左右列相邻气缸孔中心线前后错开74 mm。两列气缸孔的纵向中心线上刻有对准刻线，以便保证气缸安装位置准确。每个气缸孔的外周有 6 个紧固气缸盖的螺栓孔，外侧还有进气、排气和喷油泵挺柱的 3 个安装孔。左、右侧顶板自由端(控制端)开有一个长孔，以安装调控系统横轴的支承座。

2. 主轴承座

主轴承座采用框架式的整体铸钢结构，它的纵横筋板使 9 挡主轴承座板按一定的间隔连成一个整体，并成为端板、侧板及气缸箱体的焊接“胎具”，因此主轴承座相当于柴油机的一道龙骨。主轴承座的底面与油底壳相紧固，分界面在主轴承孔中心线以下450 mm处。在每个主轴承座板的两侧各有一个横拉螺栓孔。

3. 气缸箱体

气缸箱体由内侧板、中侧板、侧顶板、垂直板及水平板等组焊而成。左右气缸箱体是呈 V 形布置，V 形夹角为 50°。侧顶板和水平板的气缸孔构成了气缸安装时的上下定位面。垂直板与主轴承座板相焊，它是气缸箱体中主要受力件，在板中间开有切槽，以与其他板件嵌装相焊接。

4. 机体夹角的利用

机体的 V 形夹角空腔，由隔板隔成上下两层，上层为进气稳压箱的一部分，下层为主机油道。稳压箱的另一部分是用铸铁制成的长方形的空气箱，用螺栓紧固在中顶板上部。在机体中顶板上开设了 7 个长方形孔，使稳压箱上下两部分相互贯通。为了排出稳压箱底部的污液，在机体输出端板的左侧设有排污管接头。

机油从机体控制端垂直板右侧下方的总进油口引到主机油道，在每一个主轴承座中央钻有垂直孔与主机油道相通，孔内装有扩口油管，油管顶部高出主机油道底面，以防杂质进入各主轴承内。在主机油道两端有盖板密封，打开后可清洗主机油道。

5. 凸轮轴箱、挺柱箱和曲轴箱检查孔

机体外侧为凸轮轴箱和挺柱箱空间，每侧有 9 个焊在垂直板上的凸轮轴承座，轴承座孔为隧道式结构。在凸轮轴箱与曲轴箱之间焊有连通管，用来使泄漏在凸轮轴箱内的机油流回油底壳。在外侧板上部有 8 个凸轮轴检查孔，用来检查凸轮及拆装轴承。检查孔由铝质盖板密封。在机体主轴承座左右侧各有 8 个曲轴箱检查孔，用来拆装主轴承及检查曲轴、连杆及气缸等部件，检查孔由铝质盖板密封，其中左侧 8 个孔盖上设有 7 个防爆安全阀，在左右侧检查孔盖上各设有 1 个加油口，用来向油底壳添加机油。

在机体前后部左右两侧有弹性支承的安装螺栓孔，其中后部两侧为安装工艺支承座用。

6. 机体前后端及底面

机体前部第一垂直板与端板之间构成一个传动齿轮箱，供安装传动齿轮系及硅油簧片减振器之用。端板下方安装泵支承箱，左上方设有调控传动箱的连接法兰，右上方有转速表的安装孔。

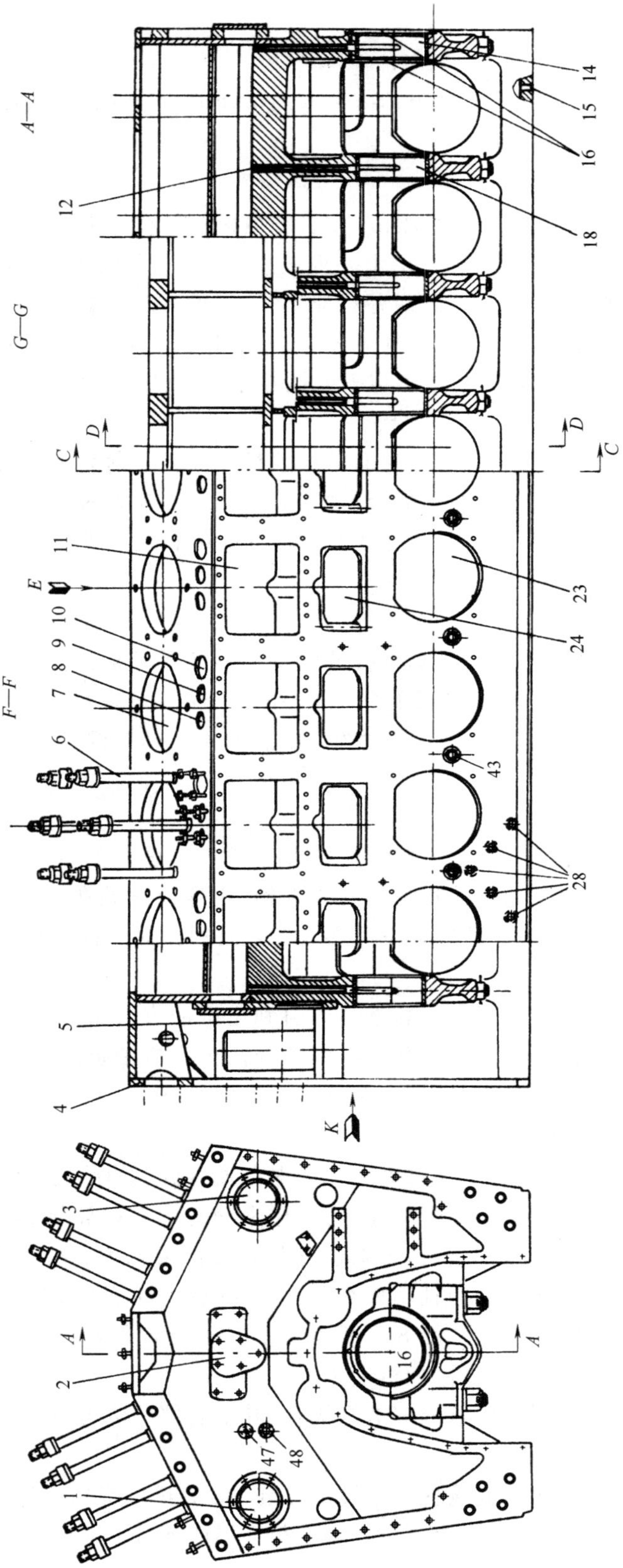

图 2-1-2

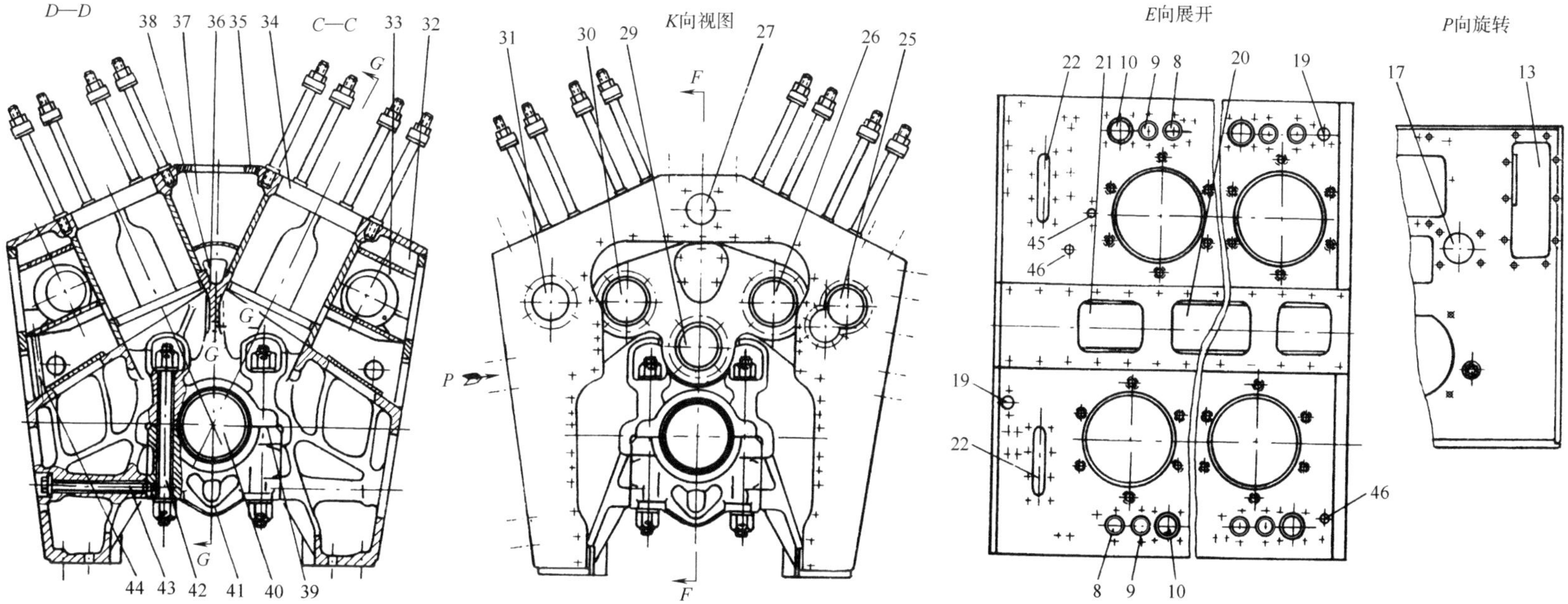

1—后端左凸轮轴孔；2—后端主机油道盖板；3—后端右凸轮轴孔；4—前端端板；5—传动齿轮箱；6—气缸盖螺栓；7—气缸孔；8—排气挺柱孔；9—进气挺柱孔；10—喷油泵挺柱孔；11—凸轮轴检查孔；12—油管；13—罩盖孔；14—止推主轴承；15—底面定位销孔；16—止推环；17—机油总进油口；18—主轴承；19—增压器排油管孔；20—稳压箱出气孔；21—稳压箱前端进气孔；22—横轴孔；23—曲轴箱检查孔；24—进水管箱；25—调控传动箱安装座孔；26—左侧介轮支架座；27—呼吸管孔；28—前弹性支承螺栓孔；29—中间齿轮支架座；30—右侧介轮支架座；31—转速表传动轴孔；32—挺柱箱；33—凸轮轴箱；34—侧顶板；35—中顶板；36—主轴承座；37—稳压箱；38—主机油道；39—主轴承盖结合面；40—曲轴孔；41—主轴承盖；42—主轴承螺栓；43—横拉螺栓；44—连通管；45—出油孔；46—增压器排气管接头孔；47—稳压箱排污管接头孔；48—机油管接头孔。

图 2-1-2　16V240ZJB 型柴油机机体

机体后端法兰与连接箱、曲轴密封盖、凸轮轴孔端盖、主机油道端盖和盘车机构等部件紧固。

机体底面与油底壳用 72 个螺栓紧固连接,为保证装配时准确定位,在两端对角方向设有 2 个锥形定位销。

三、16V280ZJ 型柴油机机体

16V280ZJ 型柴油机机体(图 2-1-3)主要由机体、气缸套、主轴承盖、主轴承与气缸盖螺柱、前油封、后油封、凸轮轴承和各种盖板等组成。

机体的材料为球墨铸铁,具有疲劳强度高、变形小、对微细的表面裂纹不敏感、水腔抗腐蚀性强、易切削和生产成本低等特点。

机体是一个大型铸铁件,长 3 960 mm、宽 1 478 mm、高 1 317 mm。

机体的气缸体和曲轴箱构成一个整体,使机体具有较高的整体刚度。机体的横截面呈六边形,其边长在柴油机界限内尽量加大,由此使机体的整体弯曲和扭转刚度增大。机体横隔板设置了加强筋,使截面模量增大,应力集中减小,有利于传递力和增强主轴承座的刚度,并尽可能地减少机体的重量。

机体采用半隧道式曲轴箱,由于适当增加了主轴承孔中心至机体底面的距离,以及采用水平螺栓拉紧主轴承盖,使机体的主轴承部分与机体成为一个整体,改善了机体主轴承处的受力状态。

在机体底面内侧和凸轮轴座处设置纵向通长的加强筋,以及在 V 形夹角内设置通长的主油道、水道和空气腔,加强了机体的纵向刚度。

左右两列气缸体呈 V 形 50°夹角,每列相邻两缸的缸心距为 455 mm,左右列对应气缸的错缸距为 86 mm。

气缸体上的各个气缸均设有冷却水腔,相邻气缸的冷却水腔之间有铸孔连通,且与冷却水道用两个进水孔连通,使各缸形成三面进水。每缸均有 4 个水孔通向气缸盖,用 4 个橡胶封水圈作为机体与气缸盖之间的密封。橡胶封水圈内孔装有钢质导管作为水的通道,其外圆装有钢质套管用于限制橡胶圈受压时的变形。每缸用 4 个合金钢制造的双头螺柱和螺母来紧固气缸盖。各缸内设有上下两个气缸套定位孔和气缸套凸缘的支承平面。

在两列气缸的 V 形夹角内,上部是空气腔,通过装在其上面的稳压箱与中冷器出气口和气缸盖进气口相通;中部是冷却水道,其进水口在机体前端;下部是主油道,其进油口在机体前端。每个主轴承孔均有钻孔与主油道相通,机油从此孔和主轴承孔的油槽经主轴瓦油孔进入主轴承的摩擦面,再流入柴油机的其他零部件中。

两列气缸体的外侧设置凸轮轴隔腔,用于布置凸轮轴座孔、进排气推杆孔和喷油泵下体座孔。该隔腔的底板设有供润滑油回入油底壳的铸孔。

凸轮轴的轴承采用锡青铜制造,过盈压入凸轮轴座孔内。其中,止推轴承设在机体后端。铸在机体后端横隔板上的钢管,使机体后端的凸轮轴座孔与主油道连通,把机油从主油道引入凸轮轴。机体后端的凸轮轴座孔外侧加工出一个十字形孔,该孔通往凸轮轴腔的一侧用接头与设置在机体内部的喷油泵推杆的机油总管相连接。

曲轴箱两侧观察孔盖上各装有 2 个防爆阀,它的设计开启压力为11.67 kPa。当活塞损坏,大量燃气窜出或曲轴箱内油气着火等异常事故发生,造成曲轴箱内压力骤增并达到此压力时,防爆阀便会在压力作用下迅速开启,排放掉高压气体,避免发生严重的机械人身事故。

曲轴箱每侧观察孔盖上装有 1 个机油加油器,它是柴油机日常运用维护时的加油口,由此加注机油,以保证油底壳的油位达到规定的油尺刻线。

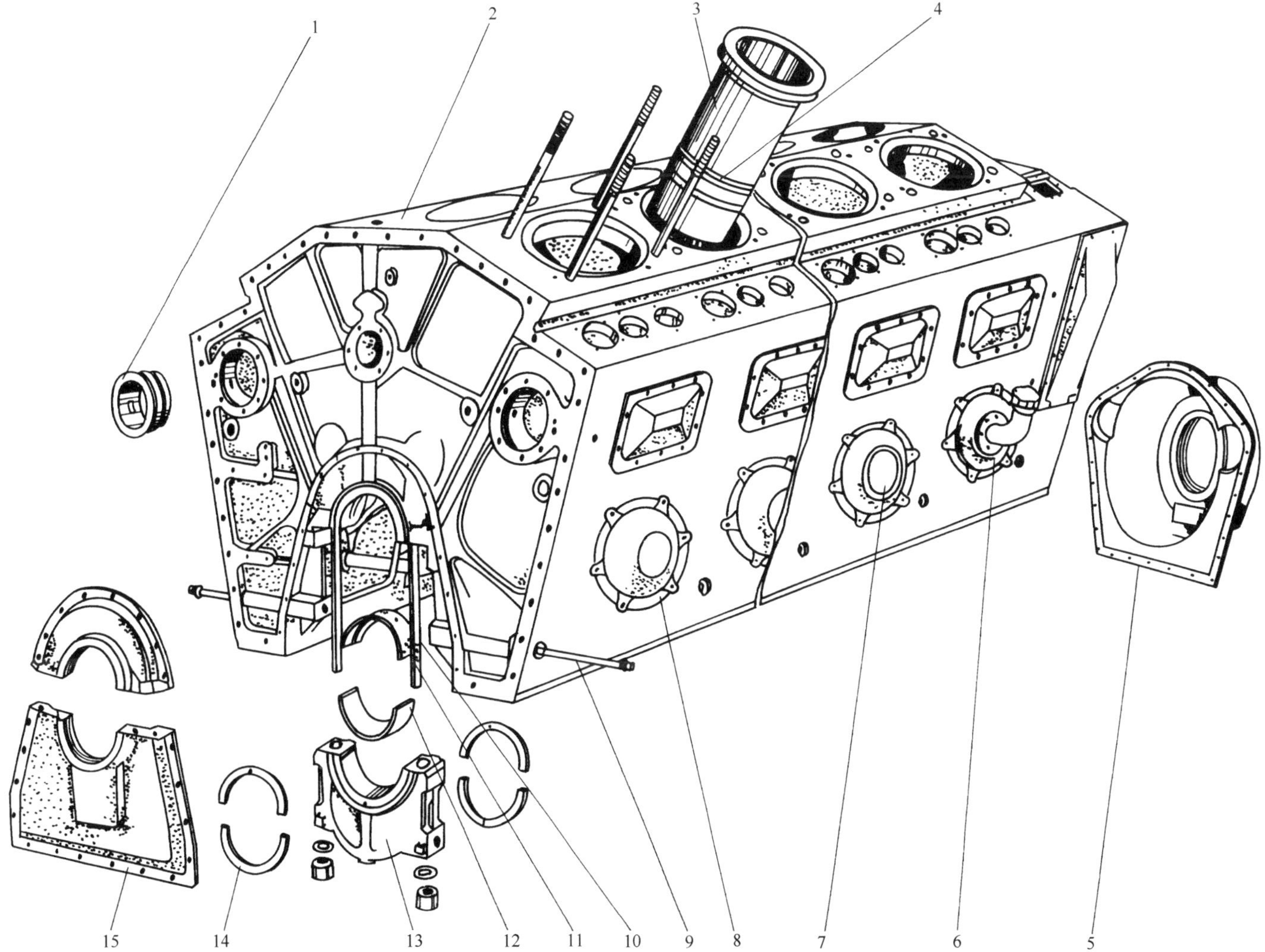

1—轴承;2—机体;3—气缸套;4—密封圈;5—前油封罩壳;6—机油加油器;7—防爆阀;8—曲轴箱观察孔盖;9—水平螺柱;10—垂直螺栓;11—主轴瓦上瓦;12—主轴瓦下瓦;13—主轴承盖;14—止推挡圈;15—后油封。

图 2-1-3 16V280ZJ 型柴油机机体

机体前端装有一个油气分离器，它可及时将曲轴箱内的油气经过分离器排出柴油机，以保证曲轴箱内压力在规定范围。曲轴箱内的油气是柴油机工作时曲轴箱内热的机油的飞溅和蒸发及活塞环不可避免的少量窜气形成的。油气压力的增大会成为一个不安全因素。在油气的浓度和温度达到一定值并且在曲轴箱内存在“热点”的情况下，就会发生曲轴箱的爆炸，造成严重的机械和人身事故。

在自由端与第 9 缸之间的气缸顶面上，有 2 个清砂孔与曲轴箱相通，其中一个孔用螺堵密封；另一孔装有一个接头，差示压力计通过管子与接头连接。当曲轴箱内气体压力与外界大气压力差达 0.588 kPa(60 mmH_2O)时，差示压力计作用，使 C 型联合调节器通过控制拉杆，将喷油泵齿条拉至停油位，迫使柴油机停车。

由于设置了差示压力计、防爆阀和油气分离器，因而可避免发生曲轴箱爆炸的事故，保证了柴油机的安全运转。

前油封罩壳安装于机体前端面，用于封闭卷簧减振器。在机车上，前油封罩壳的前端孔与橡胶弹性联轴节的主动轴相配，形成迷宫式密封，防止柴油机的机油从此处泄漏。后油封安装在机体后端面，其内孔结构与曲轴相配合，形成迷宫式密封，防止机油从曲轴输出端泄漏。

齿轮箱与机体铸成一体，布置于机体前端。它上面所设的各种孔，用于安装调控传动总成、油气分离器、高温水泵、中冷水泵和传动齿轮轴承等。

四、16V265H 型柴油机机体

16V265H 型柴油机机体(图 2-1-4)采用球墨铸铁整体铸造，为龙门式结构机体，为尽可能减小其外形尺寸，采用 V 形 45°夹角，机座支承及增压器支架均铸造在机体上。

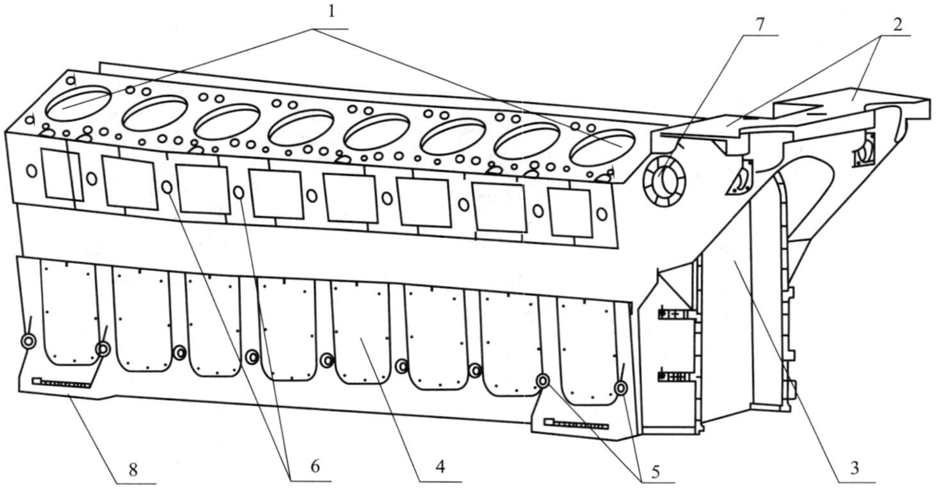

1—动力组安装位置(气缸孔)；2—增压器支座；3—配气齿轮箱；4—曲轴箱检查孔；5—主轴承盖横拉螺栓孔；
6—高温冷却水主水道铸造工艺孔；7—油气分离器座孔；8—柴油机机座支承。

图 2-1-4　16V265H 型柴油机机体

曲轴孔位于机体下部，主轴承盖与机体采用平面贴合，用两根主轴承螺栓将其紧固在机体上，并用两根横拉螺栓从两侧将主轴承盖与机体连成一体。

机体的自由端铸造面用于安装泵支承箱，输出端上部铸有安装增压器的支架，下部铸有配气齿轮腔，用于安装配气齿轮系提供曲轴至凸轮轴的传动。

主机油道位于机体中部，纵向贯穿整个机体，机油由柴油机前端进入。主机油道上部为凸轮轴承座的安装平面。

机体左右两侧为高温水(缸套冷却水)的通道，外侧上部是水腔，高温水由柴油机的前端进入通道，然后由机体两侧顶面上的通孔进入各气缸套和气缸盖，最后汇入高温出水总管。

机体两侧面上方为4个中冷器安装面，下方为曲轴箱检查窗口。在1、8位曲轴箱盖下方铸出4个安装座，用于安装整个柴油机，并与车底架刚性连接。

五、GEVO16 型柴油机机体

GEVO16 型柴油机机体(图 2-1-5)采用龙门式结构，下部为半隧道式曲轴箱，横截面为六边形。机体材质为球墨铸铁。机体底面与主轴承孔中心线间有较大的距离，并有整体加厚的底板，有很大的抗弯、抗扭刚度。

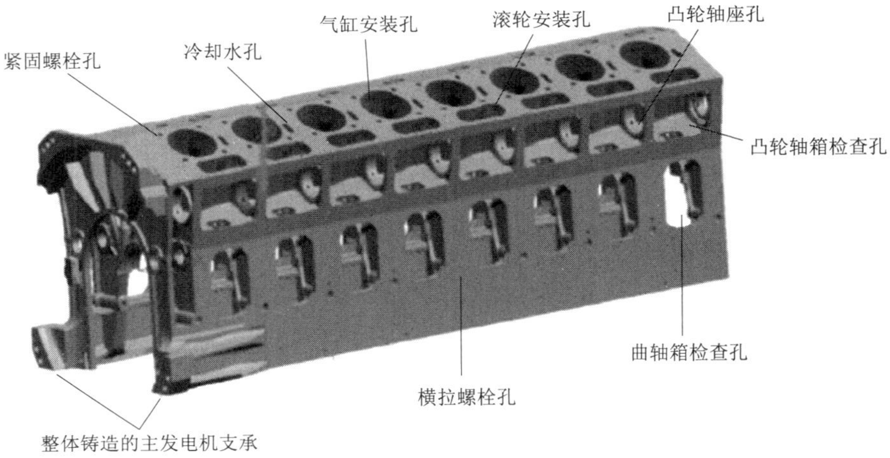

图 2-1-5 GEVO16 型柴油机机体

机体顶部有2个安装动力组的加工斜面，左右两列气缸中心线呈45°V形夹角，在斜面上还有紧固动力组组件的螺栓孔和出水孔，冷却水从机体V形夹角内纵向贯通的冷却水腔，经机体顶部斜面出水孔引入加强套和气缸套，以冷却气缸。柴油机V形夹角里，从下至上设置有柴油机总的进水腔、进气道和出水总管。

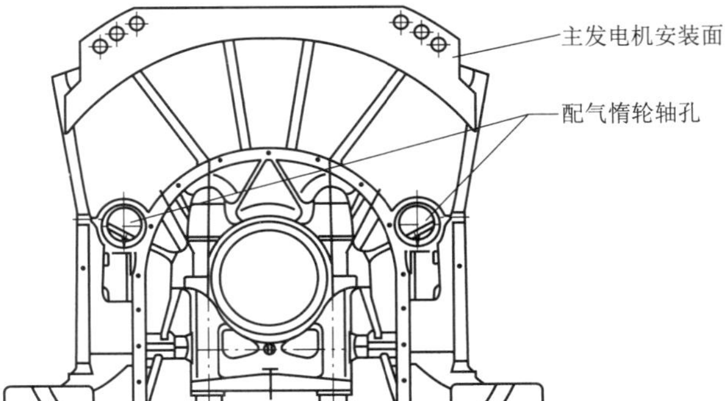

图 2-1-6 机体输出端面

在输出端(图 2-1-6)，机体由里向外有3个定位面。最里面的安装一个后油封盖(图 2-1-7)，与曲轴上的甩油盘和法兰盘共同构成曲轴输出端的迷宫式密封结构；中间在机体左侧的凸块上安装2个曲轴转速传感器；最外面是3个主发电机安装面，有定位销孔和螺孔，分别用于发动机的定位和紧固。

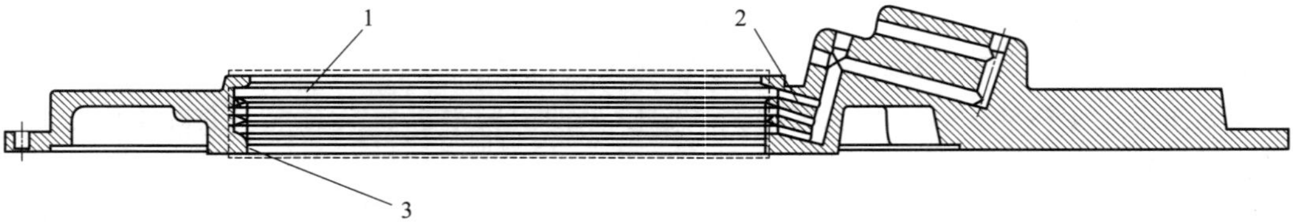

1—迷宫式油封的油槽;2—回油孔;3—与曲轴轴颈的配合面。

图 2-1-7 后油封盖

机体的每个横向构件的左右侧上部均布置有凸轮轴孔(图 2-1-8)用以支撑凸轮轴,9 挡凸轮轴孔中,仅自由端一挡孔径较小,其余各挡孔径均相同。一片凸轮轴止推轴承置于输出端,并用一个螺栓紧固于机体上。左右各挡凸轮轴孔均有钻孔通向主轴承孔,中空凸轮轴里的润滑油经凸轮轴孔和该钻孔流入主轴承孔。各凸轮轴孔还有一个钻孔通向机体的顶部斜面,将润滑油引入加强套,再流入气缸盖,去润滑气门摇臂机构,如图 2-1-9 所示。

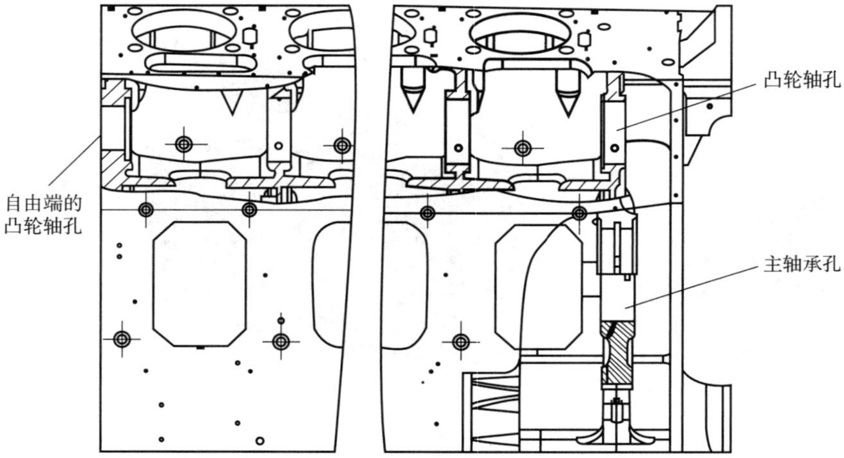

图 2-1-8 机体纵剖面

靠近输出端的右侧,安装有柴油机的盘车机构。油底壳装在机体的底面。柴油机的 4 个支承分别装于机体自由端底部两侧和主发电机底部两侧。

机体自由端面上设有定位销孔和螺孔,分别用于前端盖组件的定位和紧固。前端罩盖通过螺栓固定在前端集成箱体的外端面上,用于安装水泵和润滑油泵。

机体两侧有凸轮轴检查孔和曲轴箱检查孔,端面安装有对应的盖板。凸轮轴检查孔盖板为钢板冲压成型件,而曲轴检查孔盖板(图 2-1-10)为一个弹性组件,依靠弹簧压紧在机体检查孔端面上实现密封。当曲轴箱内的气体压力超过安全限值后,盖板将被顶开以释放压力。

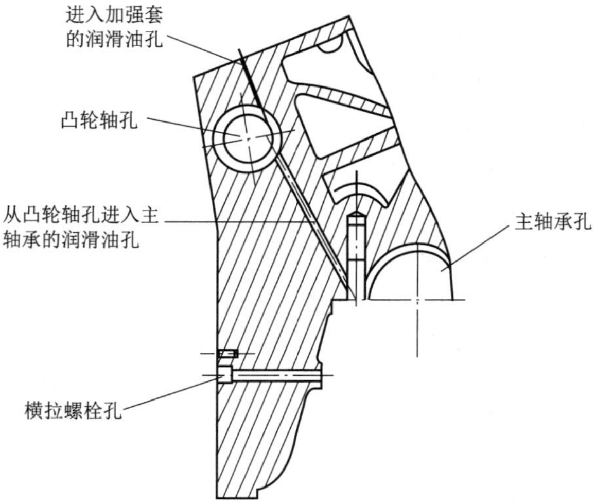

图 2-1-9 凸轮轴孔及通向其他部位的油孔

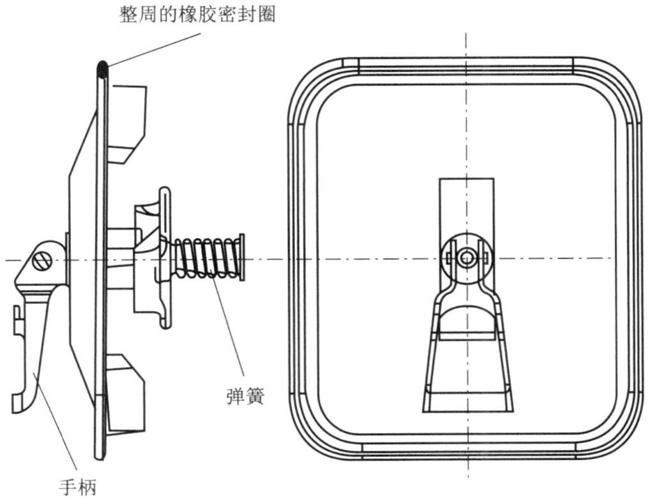

图 2-1-10 曲轴箱检查孔盖

六、12V265 型柴油机机体

12V265 型柴油机机体(图 2-1-11)为龙门式箱形结构,球墨铸铁整体铸造,横截面为六边形,结构上满足最大强度和刚度要求。12 个气缸孔呈 45°夹角 V 形左、右排列;主轴承孔位于机体的下部,设有 7 个主轴承座和主轴承盖,每个主轴承盖被两根主轴承螺柱和圆形主轴承螺母及两根横拉螺栓固定在机体上;主机油道位于机体中部,纵向贯穿整个机体;主机油道上部为凸轮轴承座的安装平面。机体左右两侧为高温水(缸套冷却水)的通道,高温水由柴油机的前端进入通道,再由机体两侧顶面上的 12 个通孔进入各气缸套和气缸盖,最后汇入高温出水总管。机体前端为泵驱动齿轮腔,后端为定时齿轮腔,后端顶部为增压器的安装座。

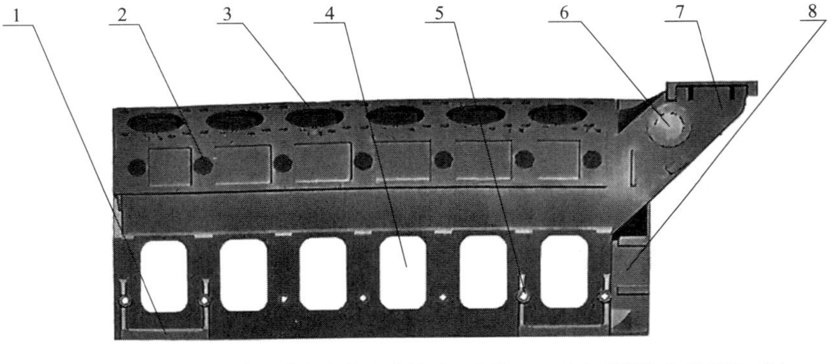

1—柴油机支承座;2—高温冷却水主水道铸造工艺孔;3—动力组安装位置(气缸孔);
4—曲轴箱检查孔;5—横拉螺栓孔;6—油气分离器座孔;7—增压器支座;8—配气齿轮箱。

图 2-1-11 12V265 型柴油机机体

七、R12V280ZJ 型柴油机的机体

R12V280ZJ 型柴油机机体(图 2-1-12)由球墨铸铁整体铸造而成,为龙门式机体(半隧道式机体)。机体左右各 6 个气缸呈 V 形 50°夹角布置,V 形夹角中部自下而上布置有主机油

道、冷却水腔和空气腔。近似于六边形的机体横截面有足够大的横向刚度。方形气缸水腔与顶板、侧板铸成一体,并与槽形结构的机体下底板一起,使机体具有良好的纵向刚度。

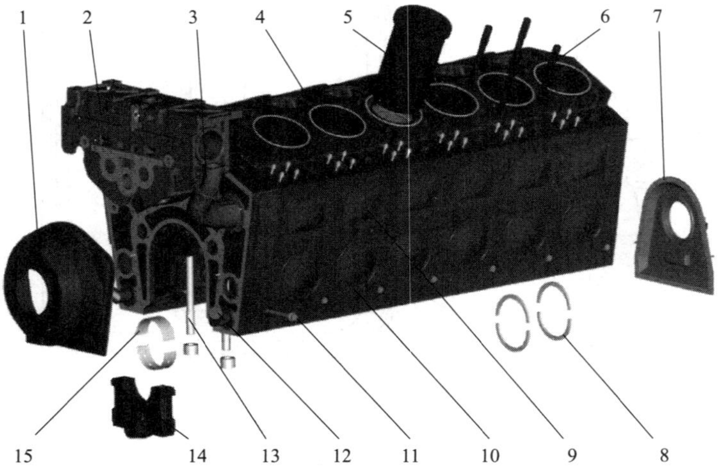

1—前油封装配;2—增压器支架装配;3—油气分离器支架;4—机体;5—气缸套装配;
6—气缸盖螺柱;7—后油封装配;8—止推挡圈装配;9—凸轮轴观察孔盖;10—曲轴箱观察孔盖;
11—水平螺栓;12—机油加油口;13—主轴承螺柱;14—主轴承盖;15—主轴瓦。

图 2-1-12　R12V280ZJ 型柴油机机体

机体共有 7 挡主轴承盖,第 1 挡在自由端(前端),第 7 挡在输出端(后端),为止推主轴承盖。每挡主轴承盖用两个主轴承螺栓和两个水平螺栓紧固在机体上,组成类似隧道式结构,保证曲轴和轴瓦可靠工作。

两排凸轮轴孔分别布置在左、右列气缸孔的外侧,在凸轮轴腔的顶面安装进、排气推杆和喷油泵,有利于配气机构和燃油系统的检修。凸轮轴轴承以过盈方式安装在凸轮轴座孔内,其中,止推轴承设在机体后端。机体两侧面安装凸轮轴观察盖板和曲轴箱观察盖板(防爆装置)。

机体自由端布置有增压器支架、前油封装配、油气分离器支架等。后端即输出端布置后油封和连接箱。前油封装配用于封闭卷簧减振器,后油封装配的内空结构与曲轴配合形成迷宫式油封。前、后油封装配与机体组装时配对调整,若无异常,不应进行更换。

第二节　主　轴　承

柴油机的主轴承用来支承曲轴,并使曲轴得到径向和轴向定位。按作用来分,主轴承可分为径向支承轴承及轴向止推轴承两种;按结构及工作特点,主轴承可分为滑动轴承和滚动轴承两种。

一、滑动轴承的润滑原理

两相对运动零件表面之间存在着不同的滑动摩擦状态:干摩擦、半干摩擦及液体摩擦。

干摩擦——两零件间无任何润滑剂,两表面直接接触,相对运动时摩擦阻力最大,表面金属磨损严重,发热量多,长期工作难以持久。

液体摩擦——两零件间有足够的润滑剂，两表面被润滑剂所隔开，相对运动时仅发生表面与润滑剂黏性分子间的摩擦，这时摩擦阻力最小，磨损和发热也最少，工作效能高并且持久。

半干摩擦(半液体摩擦)——两零件间有少量润滑剂存在，但两表面仍有局部直接接触，相对运动时发生的摩擦介于干摩擦和液体摩擦之间的状态。

工作时，在滑动轴承的轴颈与轴瓦之间应处于液体摩擦状态，即必须导致形成一层有足够厚度的油膜。

1. 相对运动平面间润滑油膜的形成

(1)油楔作用

如图 2-2-1(a)所示，作用力 P 使移动件与固定件表面直接接触，移动件前面加以机油。当移动件按 v 方向运动时，移动件前部的直角边棱将机油挡在外界，这时两零件的表面仍处于干摩擦运动状态。如图 2-2-1(b)所示，移动件前部底面具有斜面(斜楔)，后部平底与固定件直接接触，机油加在斜楔之前。当移动件按 v 方向运动时，机油相对进入移动件的斜楔和平底，并且上托移动件一定距离而形成一薄层油膜，两零件表面形成了半液体摩擦或液体摩擦状态。产生以上两种差异的原因是由于楔形空间的作用，此空间也称为油楔。

(2)油膜形成的三条件

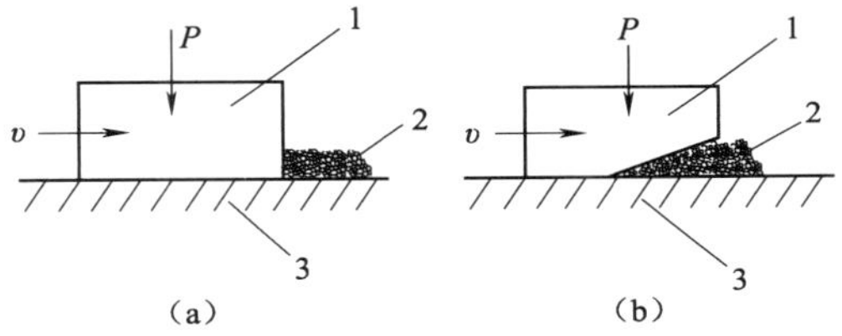

1—移动件；2—机油；3—固定件。

图 2-2-1 油楔作用

机油具有一定的黏性，它黏附于物体的表面。当移动件按图 2-2-1 所示方向运动时，一部分机油首先相对进入斜楔大端，而后通过斜楔小端，对不可压缩(在高压下只有极小压缩量)的油液来讲，在斜楔内可认为是符合连续流动的，即进入和流出斜楔的油量相等(假定没有泄漏)，于是在斜楔内产生一种流体动压力(油膜压力)，对抗移动件上部的压力 P，使移动件托起让机油通过平底。移动件在流体动压力作用下克服上部载荷 P 而托起的高度即为油膜厚度。综上所述，在零件表面形成油膜的三个基本条件是：零件表面具有油楔的几何形状；供应充足的具有一定黏度的机油；两零件相对运动，其运动方向应驱使机油从油楔大端流向小端。

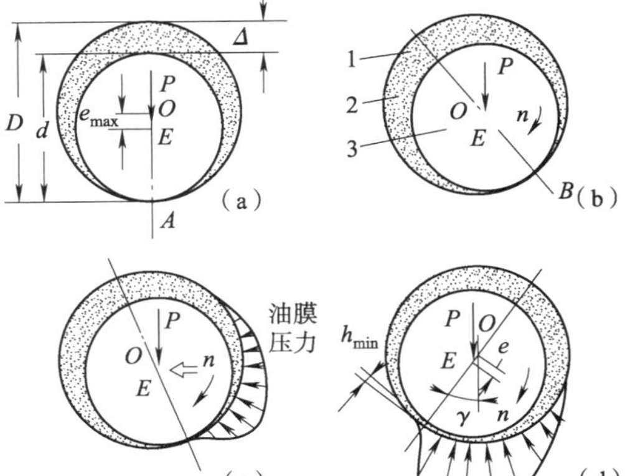

1—轴承内孔；2—机油；3—轴颈。

图 2-2-2 油膜的形成

2. 滑动轴承的润滑机理

(1)油膜形成的过程

轴颈和轴承构成了弧形油楔的几何形状，如机油充入油楔，轴颈转动时，在滑动轴承内也会产生流体动压力和一定厚度的油膜，以支承轴颈并实现液体摩擦。滑动轴承的油膜形成过程如图 2-2-2 所示。

设轴颈直径为 d，中心点为 E，轴承孔径为 D，孔中心点为 O，两者之间的直径差为 Δ。当停机时，在静载荷 P 的作用下，两者接触在 A 点，轴颈中心 E 相对孔中心 O 的最大偏心距为 e_{max}。这时在轴承中心线左右两侧各形成一个油楔，虽然在轴颈和轴承的间隙中充满机油，但因轴颈不转动，不能形成流体动压力[图 2-2-2(a)]。

当轴颈开始转动时,轴颈将沿轴承孔表面“爬坡”到图 2-2-2(b)所示的位置,由于此时轴颈转速较低,右侧的油楔尚不能建立足够的流体动压力,两者在 B 点处于半干摩擦状态。

随着轴颈转速的不断提高,右侧油楔内流体动压力逐渐增大,将轴颈向左方推动到图 2-2-2(c)所示位置。当轴颈达到一定转速时,油膜内流体动压力已达到一定值,抵抗动载荷 P 而将轴颈托起一定高度,使两者表面处于液体摩擦状态[图 2-2-2(d)]。轴颈在稳定工况运转时的偏心距为 e,偏心角为 γ,这个位置保证油楔内油膜动压力的合力大小和方向正好与轴颈动载荷 P 平衡。在工程上以轴颈与轴承表面最近处的最小油膜厚度 $h_{\min}$ 来衡量它们的工作状态,若这时最小油膜厚度 $h_{\min}$ 足够大,则两者表面完全脱离接触,滑动轴承处于液体摩擦状态。

(2)影响油膜厚度的因素

根据实践而归纳出最小油膜厚度 $h_{\min}$ 的近似经验公式为

$$h_{\min}=C\frac{\eta n}{P\Delta}\left(\frac{d^2}{1+\dfrac{d}{B}}\right) \tag{2-2-1}$$

式中 C——计算系数;

n——轴颈转速;

η——机油的动力黏度;

Δ——轴承间隙;

P——轴承平均载荷;

d——轴颈直径;

B——轴承宽度。

由式(2-2-1)可知,油膜厚度与机油动力黏度及轴颈转速成正比。随着机油黏度的减小,油膜厚度减薄;随着轴颈转速的升高越容易建立起足够厚度的油膜。因此,在柴油机启动过程中,油膜一时难于建立,此时滑动轴承处于半干摩擦状态。在其他条件相同时,由于机油被稀释或油温过高,轴承的工作也不可靠。

油膜厚度与轴承间隙及轴颈载荷成反比。随着轴承间隙增大,油膜厚度将变薄。轴承间隙是代表机器运转状态的一个重要结构因素,应该将它控制在一个最佳的范围内。柴油机的轴承载荷增加,则轴颈被“压下”,$h_{\min}$ 就减小,所以柴油机不宜在超载情况下工作。

在其他条件相同时,增大轴颈 d 是有利的,但 d 也受限于柴油机其他结构因素,在一定范围内增加轴承宽度 B 也有一定好处。

为了使滑动轴承可靠且持久地工作,最小油膜厚度必须大于轴颈和轴瓦工作表面圆柱度、圆度及微观不平波峰之和,这样才能实现液体摩擦的工作状态。

二、主轴承的工作条件及要求

1. 工作条件

(1)柴油机运转过程中主轴承承受着周期性交变的燃气压力和运动惯性力的作用,载荷具有冲击性。近代高增压的机车柴油机主轴承平均比压力可达20 000～30 000 kPa,由于载荷是周期性交变的,所以主轴承表面处于循环疲劳受力状态。

(2)主轴颈与轴承间的相对滑动摩擦速度可超过10 m/s,导致产生大量的摩擦热,轴承工作表面温度可达 100～150 ℃,这将降低轴承表面材质的强度、硬度和抗疲劳等性能。

(3)由于机体、连杆和曲轴等机件在制造和装配方面的误差及工作中的变形,造成主轴颈与轴承间产生局部载荷集中。

(4)轴承的表面会受到变质机油的腐蚀及机油中磨屑和砂粒的擦伤。

(5)在柴油机启动或停机过程中,轴承表面通常处于半干摩擦状态,造成较大的磨损。

机车柴油机的主轴承广泛采用滑动轴承。为了装拆、检查及更换的方便,把轴承制成两半剖分的薄壁结构,对向安装并撑紧在轴承座孔中,这种形式称为轴瓦。为了满足各种要求,轴瓦常由复合型的材质制成,瓦背(与座孔贴合的部分)采用一定强度的低碳钢,内表面复合一层具有减摩性能的轴承合金,为了进一步改善某些表面性能,在轴瓦内表面电镀一薄层软质保护性合金层。

2. 对减摩合金层的要求

对轴瓦内表面减摩合金层材质的性能提出如下要求:

(1)有足够的机械强度,以抵抗循环脉动载荷下的表层疲劳破坏。

(2)有良好的减摩性。在各种运转工况下,轴颈和轴瓦内表面不可避免地会发生金属直接接触的情况,要求轴瓦合金在发生干摩擦或半干摩擦时有较小的摩擦系数,以尽量减小摩擦功率,降低轴瓦温度,延长使用寿命。

(3)抗咬合性好。当轴瓦合金由于长时间的接触发热,或由于某种原因油膜遭到破坏时,致使轴瓦合金粘在轴颈上的现象称为咬合,抵抗或延缓咬合现象的能力称为抗咬合性。

(4)顺应性强。在各主轴颈及各挡轴承座孔加工精度不够,或由于轴和座孔的变形,或由于轴颈的非圆柱形,或由于安装不准确等原因而引起棱缘载荷的增大时,要求轴瓦内表面作相适应的塑性变形,使轴向各处载荷均匀,这种性能称为顺应性。

(5)良好的表层嵌藏性。嵌藏性是指机油中杂质或金属碎屑在轴颈的挤压下能嵌入合金表层的性能,这时合金表层产生微量塑性变形,杂质嵌入表层后不致划伤轴颈和瓦工作面,同时也可对机油的滤清要求有所降低。

(6)良好的导热性。

(7)对机油具有较强的吸附亲油性。

(8)良好的耐腐蚀性。

(9)合金层与瓦背具有足够的黏合强度,能抵抗由于两者热胀系数不同而造成的附加应力,这也有利于迅速散热和提高承载能力的要求。

(10)工艺简便,利于批量生产,成本低廉,储存耐久。

三、16V240ZJB 型柴油机主轴承

16V240ZJB 型柴油机主轴承(图 2-2-3)均采用滑动轴承,其中前 8 挡为径向支承主轴承,第 9 挡除起径向支承作用外,还起轴向止推作用。支承主轴承由主轴承座、主轴瓦、主轴承盖、主轴承螺栓、螺母及横拉螺栓等组成[图 2-2-3(a)];止推主轴承除上述组件外,还有止推环及定位销钉等零件[图 2-2-3(b)]。

1. 主轴承盖与横拉螺栓

主轴承盖(图 2-2-4)采用 42CrMo 钢模锻而成。主轴承盖与座的支承面由水平面和垂直面两部分组成。在主轴承盖两侧各有一根横拉螺栓将机体和轴承盖一起压紧,这样作用在主轴承盖上的水平分力可由主轴承座上的垂直支承面和横拉螺栓共同承受。

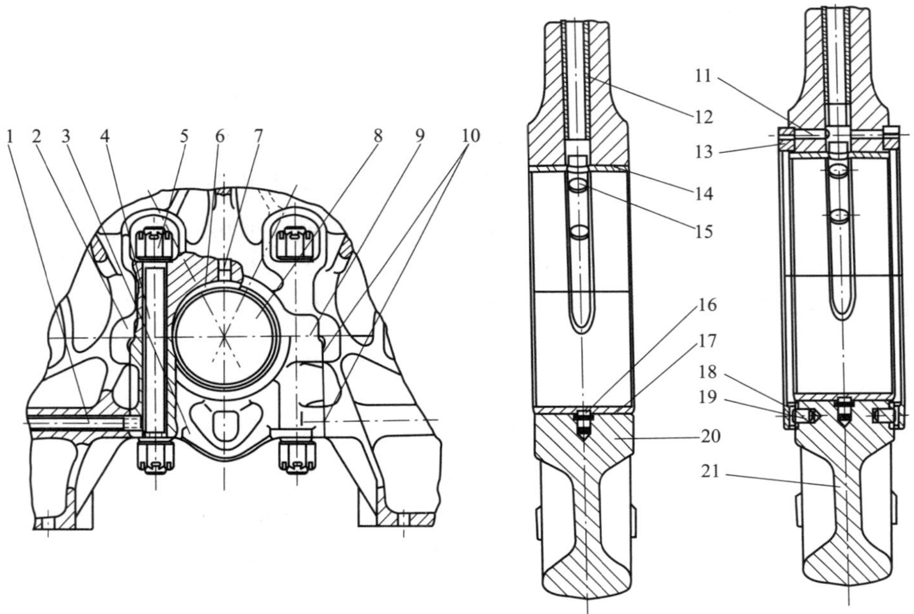

（a）支承主轴承　　（b）止推主轴承

1—横拉螺栓；2—主轴承座；3—主轴承盖；4—主轴承螺栓；5—螺母；6—油槽；7—进油道；8—主轴承孔；9—水平支承面；10—垂直支承面；11—油道；12—油管；13—上止推环；14—上主轴瓦；15—油孔；16—主轴瓦定位销钉；17—下主轴瓦；18—下止推环；19—止推环定位销钉；20—支承主轴承盖；21—止推主轴承盖。

图 2-2-3　16V240ZJB 型柴油机主轴承

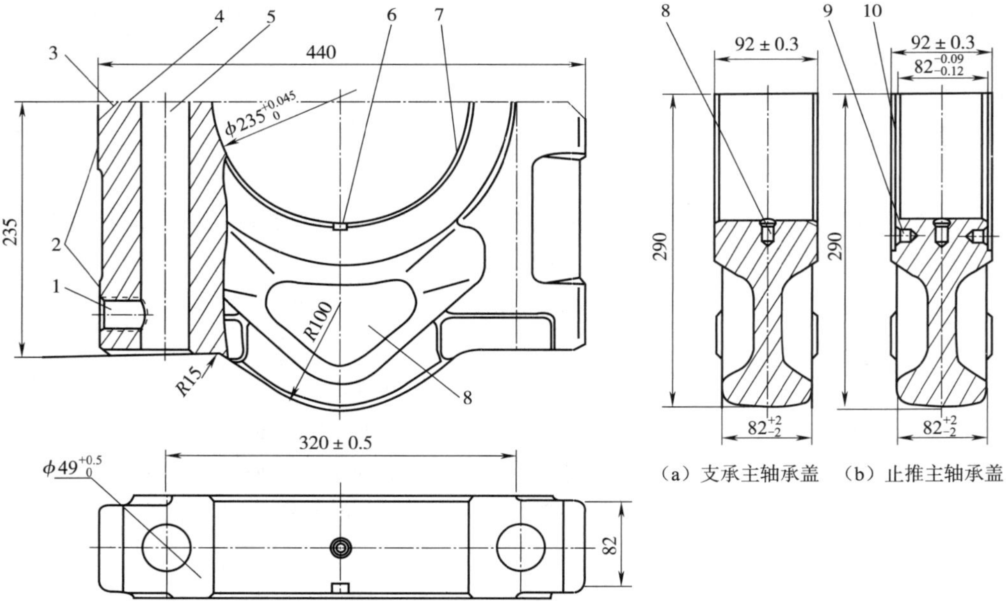

（a）支承主轴承盖　（b）止推主轴承盖

1—横拉螺栓螺纹孔；2—垂直支承面；3—斜面；4—水平支承面；5—主轴承螺栓孔；6—卸瓦槽；7—下主轴瓦座孔；8—主轴瓦定位销孔；9—止推环定位销孔；10—止推环环槽。

图 2-2-4　主轴承盖(单位：mm)

在轴承座水平支承面与垂直支承面转角处加工出半径为20 mm的圆角，在主轴承盖两面转角处加工出 20×45°的倒角，在轴瓦座孔的中部设有直径为12 mm的定位销孔，下部一侧边缘有宽为12 mm的卸瓦槽(止推轴承盖不设此槽)。在盖两侧的凹穴为减轻重量用，在盖垂直支承面的下部各有一个横拉螺栓螺纹孔。止推轴承盖在两侧还加工有止推环面和防环转动的2 个定位销孔。

主轴承盖和机体的垂直支承面加工研配，两者配合间隙为0～0.02 mm。用主轴承螺栓及横拉螺栓按正常装配要求将主轴承盖和主轴承座紧固，然后加工主轴承孔，所以在拆装时务必对号装配，以免各挡主轴承孔失圆及增大不同轴度。在各主轴承座孔的上方还设有弧形油槽，通过垂直油孔与主机油道相通。

横拉螺栓将机体下部与主轴承盖紧固成一体，使主轴承盖在受力时可将力直接传到机体两侧，在几乎不增加机体重量的情况下较多地增加机体的刚度，同时也增大了主轴承盖的抗弯刚度，减小主轴承座孔的变形失圆，改善主轴承座水平支承面与垂直支承面拐角处圆角的应力状态，减少此处疲劳裂纹的产生。因此，这种结构形式为现代中高速机车柴油机所广泛应用。

2. 主轴瓦与止推环

(1)主轴瓦

16V240ZJB 型柴油机主轴瓦(图 2-2-5)为钢背-高锡铝合金-电镀层等三层合金薄壁轴瓦，轴瓦厚度为7.38～7.42 mm，锡-铝减摩合金层厚度为0.4～0.9 mm，表面电镀厚度为0.01～0.02 mm的锡或铅-锡层。

薄壁瓦对孔座的密贴性要比厚壁瓦好，能提高导热和承载能力。

高锡铝基合金成分主要为：锡的质量分数为 17.5%～22.5%，铜的质量分数为 0.8%～1.2%，杂质<1.5%，其余为铝。高锡铝合金轴瓦具有较好的耐疲劳性、高的承载能力、良好的耐磨性和耐腐蚀性等优点。表面电镀锡或铅锡层有利于改善轴瓦的表面性能，增强耐蚀性。

由上下两半圆形轴衬组成一副轴瓦。主轴瓦下瓦为工作瓦或受力瓦，其内表面无油槽或油孔，仅在瓦口两端设过渡油槽，以保证它有足够的承载面积；上瓦为非受力瓦或非工作瓦，内表面中央有一条油槽，槽内设 5 个直径为20 mm的进油孔。下瓦背面有一定位销孔，与主轴承盖上定位销配合定位，在上下瓦瓦口端面设有定位销和销孔，以防轴瓦转动和移动，保证上下瓦不发生轴向错位。在安装主轴瓦时，定位销的一侧应靠柴油机的输出端。

为了使主轴瓦在工作中有良好的导热和承载能力，保证轴瓦内孔呈正圆形，这就要求瓦背与座孔表面良好的贴合。为此，在安装主轴瓦前，每块瓦必须留有一定的压装紧余量。紧余量的测定应在专用量具中进行，测量方法如图 2-2-5(b)所示：将主轴瓦置于直径为235 mm的标准量具内，使瓦口的一端顶在量具的固定凸肩上，另一端面上施加37.25 kN的均匀压力，这时测得瓦口高出标准量具半圆平面的量为紧余量(又称余面高度或半圆周长公差)，此值规定为0.08～0.12 mm。如紧余量过小，将使轴瓦与轴承座孔的接触面积减小，贴紧程度不足，造成导热不良及承载能力降低；由于轴瓦体温上升而导致油膜厚度下降；轴瓦过热可能造成轴瓦烧损；由于瓦的松动可能切断定位销，瓦背受冲击而发黑或粘连。如紧余量过大，易使座孔变形，瓦口产生严重的内缩变形，出现较大的椭圆度和锥度，造成轴颈拉伤，轴瓦偏磨和局部过热，同时紧固螺栓将承受不必要的高应力。

测量轴瓦的弹胀量，即是轴瓦在自由状态和安装状态时两者瓦口距离之差值，其值为0.5～2 mm。轴瓦弹胀量可保证瓦背对孔座有一定的压装弹力。

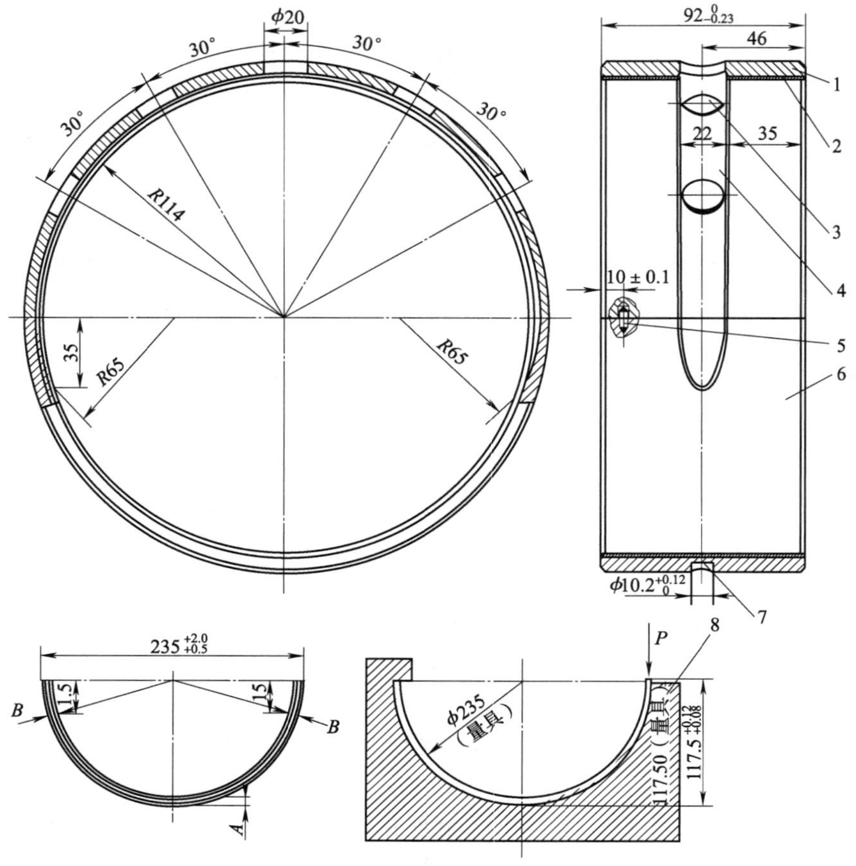

1—上主轴瓦瓦背;2—减摩合金层;3—进油孔;4—油槽;5—定位销;6—下主轴瓦;7—定位销孔;8—量具。

图 2-2-5 主轴瓦(单位:mm)

柴油机在工作时,为了使主轴瓦与主轴颈之间易形成油膜和防止瓦口向内凸起而造成轴颈擦伤,所以在离瓦口附近铣有弧形凹面。从瓦口以下,瓦的厚度逐渐减薄,在瓦口下15 mm处检查其壁厚 B,B 与轴瓦中部壁厚 A 的差值称为削薄量,$A-B=(0.05\sim0.08)$mm[图 2-2-5(a)]。削薄量应打印在轴瓦一侧端面上,以便装配时选用。

为了要建立适当厚度的油膜,必须使主轴瓦与主轴颈之间保持0.20～0.25 mm的间隙,同一台柴油机的轴瓦间隙差应不大于0.03 mm。若轴瓦间隙过小,润滑油的流动阻力增加,流量下降,使轴瓦温度升高,反而使油膜过薄,有时造成局部接触的偏磨现象。若轴瓦间隙过大,会使轴瓦两侧大量漏油,主油道油压降低,油膜厚度减薄,在高负荷下轴瓦不能可靠工作;减少活塞冷却供油;增大轴颈对轴瓦的冲击,轴瓦合金层容易疲劳剥离。若轴瓦间隙差过大,则分配给各瓦的机油流量相差过大,更易促使有的轴瓦不能可靠工作。

(2)止推环

轴承两侧装有止推环的轴承称为止推轴承。止推环由上下两个半圆环组成(图 2-2-6),采用铸造锡青铜 ZQSn10-1 材质,表面镀有厚度为0.015～0.025 mm的锡或铅-锡层。

上半环背面钻有 3 个油孔与浅油沟相通,并与止推轴承座上的油道连通,下半环背面设有定位销孔,用来防止环的转动,其止推面下部开有油沟及 3 个径向油槽,用来均匀布油以便更好润滑。

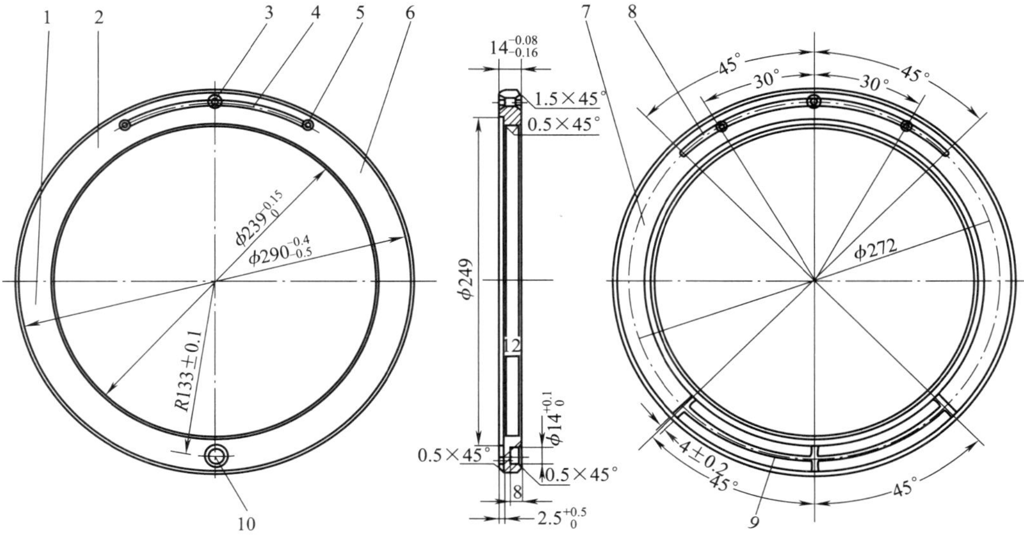

1—下半止推环;2—上半止推环;3—进油孔;4—油沟;5—油孔;6—止推环背面;7—止推面;8—上布油槽;9—下布油槽;10—定位销孔。

图 2-2-6 止推环(单位:mm)

止推轴承两侧止推环与曲轴止推肩之间的配合总间隙(即曲轴的轴向总移动量)为 0.25～0.35 mm,并在上下半环上打印原始厚度及记号,这样可通过选择不同厚度的止推环来调整轴向移动量。

3. 主轴承螺栓和横拉螺栓的构造

螺栓均采用 18CrNiWA 合金钢制成(图 2-2-7)。为了改善螺纹结合情况和提高螺纹的耐疲劳强度,均采用 1 级精度的细牙螺纹。螺栓成品应经探伤,不许有裂纹和缺陷。

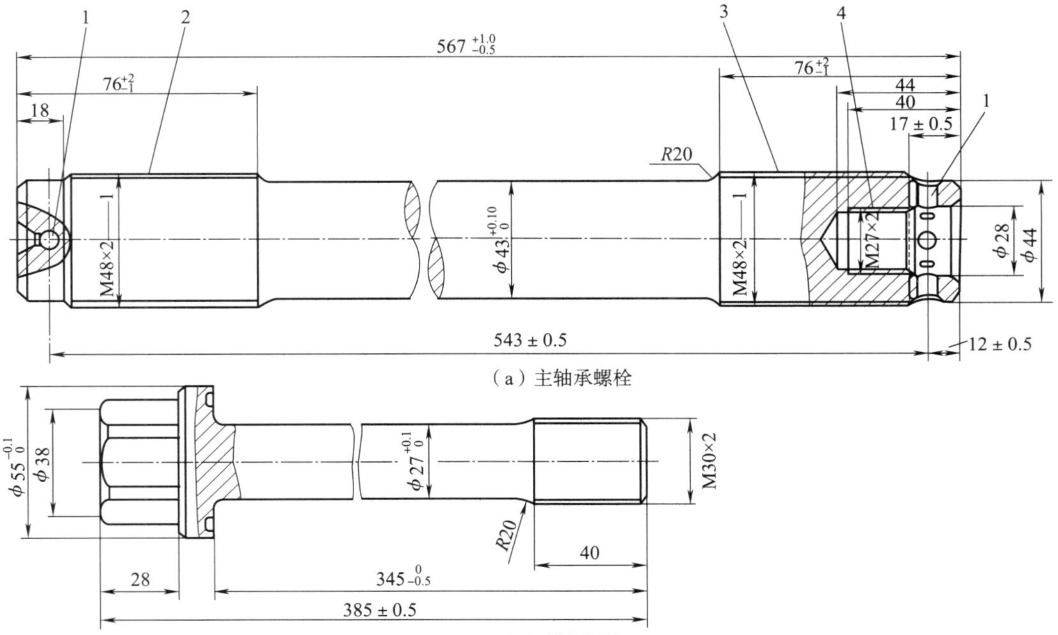

1—开口销孔;2—上段螺纹;3—下段螺纹;4—液压拉伸器安装螺孔。

图 2-2-7 主轴承螺栓和横拉螺栓(单位:mm)

在主轴承螺栓下端钻有 8 个孔,拧紧螺母后可选择合适位置的孔串入开口销,以防螺母松动。为了便于机械化安装,在螺栓一头设有安装液压拉伸器的内螺纹孔。在紧固主轴承螺栓时的安装预紧力矩为2 940 N·m,若采用液压拉伸器紧固螺栓时,螺栓拉伸量应保证为0.6~0.65 mm。

横拉螺栓表面整体镀铜(厚度为0.005~0.008 mm),以有利于螺纹紧密贴合,防止松动。横拉螺栓的安装紧固力矩为980 N·m。

四、16V280ZJ 型柴油机主轴承

16V280ZJ 型柴油机曲轴箱设有 9 挡主轴承,止推轴承设在输出端。

主轴承的主轴瓦为双金属板薄壁轴瓦,减摩合金层采用高锡铝合金。瓦壁厚 7.34~7.38 mm,宽98 mm,理论外径 ϕ245 mm。下瓦背面开有定位销孔,与主轴承盖用定位销定位。上瓦内圆面开有油槽,并钻有 5 个进油孔。下瓦为受力瓦,不开油槽。上下瓦的对口面以下一段范围有一定的减薄量,以消除轴瓦在座孔内由压紧力所产生的内涨量。上、下瓦的对口处均开有垃圾槽,便于机油沿轴向分布。为减少穴蚀和油流的冲蚀作用,在下瓦对口处的中部开有缓冲油槽,其截面在圆周上呈缓慢连续变化。

在止推挡的机体轴承座和轴承盖的主轴承轴孔两侧,加工出安放止推挡圈的止口。止推挡圈由锡青铜制造,表面镀锡铅合金。下止推圈的一个推力面用一个定位销与止推主轴承盖的止推面定位,其另一个推力面开有油沟,用于布油,以润滑曲轴止推面。上止推挡圈推力面的钻孔与机体主轴承孔止推面上的油孔接通,将机油引入挡圈两个推力面的油沟,以润滑曲轴和机体的止推面。

自由端的第一主轴承盖,其下部设有一个轴承孔,用于安装机油泵惰轮轴。

除上述结构外,各挡主轴承盖的结构基本相同,而中间的 7 挡主轴承盖则完全相同。主轴承盖的材料为球墨铸铁,以过盈与机体主轴承座侧面定位。每挡主轴承盖在垂直方向用两个合金钢制造的双头螺柱和螺母紧固,在两侧面各用 1 个水平螺栓与机体横向拉紧。

五、16V265H 型柴油机主轴承

16V265H 型柴油机机体中下部的曲轴孔内铸有 9 挡主轴承座,9 个主轴承盖悬吊在机体下方,与机体的平切剖分面正处于主轴承座孔中心线处。每个主轴承盖采用两根垂向主轴承螺栓和两根横拉螺栓紧固在机体上,主轴承螺栓采用液压拉伸方式进行紧固,横拉螺栓采用力矩方式紧固。

在 9 个主轴承座孔中均安装有完全相同的钢背铜铅合金薄壁轴瓦(图 2-2-8),采用三层合金设计,钢背上黏结一层青铜,青铜和白金属铅层之间有一层很薄的镍,以增加轴瓦强度,防止合金层剥离。上下轴瓦成对匹配安装,与主轴承座孔过盈配合。上下瓦的剖分处冲压出定位舌,与机体座孔上的定位槽配合,起轴向定位作用,同时还可防止轴瓦转动。轴向止推轴承安装在自由端(前端)起第 8 位主轴承座上(从自由端数起),两端设有止推面,其与曲轴止推面间两侧各装有一块半圆环形的片装止推轴承(图 2-2-9)。

图 2-2-8　16V265H 型柴油机主轴瓦

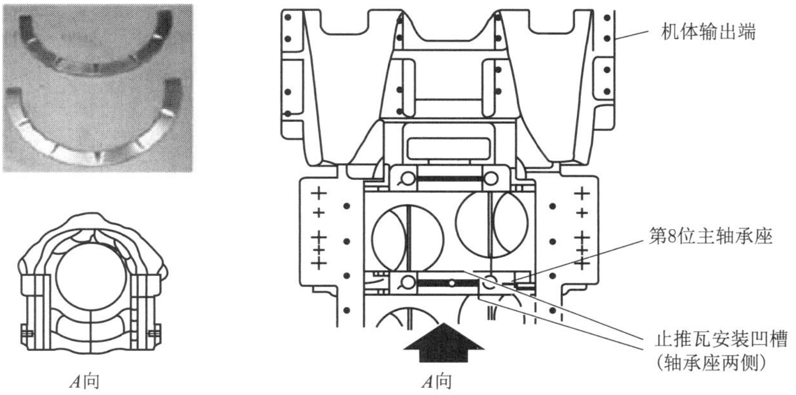

图 2-2-9　16V265H 型柴油机止推轴承

六、GEVO16 型柴油机主轴承

GEVO16 型柴油机机体下部的曲轴箱内设有 9 挡主轴承，主轴承座(图 2-2-10)位于机体下部的中间位置，球墨铸铁制成的 9 个主轴承盖(图 2-2-11)各自用两个垂向主轴承螺栓、螺母及两侧横拉螺栓安装在机体的每个横向构件上(图 2-2-12)，每个主轴承盖与机体结合面上还有两个定位销用来与机体定位。在输出端，机体和止推轴承盖的主轴承孔两侧各安装一片止推轴承。

图 2-2-10　GEVO16 型柴油机主轴承座

图 2-2-11　GEVO16 型柴油机主轴承盖

主轴瓦(图 2-2-13)采用钢背和铝锌合金构成的双金属板薄壁轴瓦。上瓦的内圆面开有进油孔和油槽，下瓦的对口处中部开有缓冲油槽，可减少由上下瓦间油槽截面的急剧变化而引起的穴蚀和油流冲蚀作用。上、下瓦均有定位唇分别与机体主轴承座和主轴承盖定位。

七、12V265 型柴油机主轴承

12V265 型柴油机主轴孔(曲轴安装孔)位于机体的下部中间位置，7 个主轴承盖(图 2-2-14)各自由两个垂直方向的主轴承螺柱和圆形主轴承螺母及两侧的横拉螺栓把紧在机体上。

主轴承采用钢背铜铅合金薄壁轴瓦(图 2-2-15)，每一位主轴承由上、下两个轴瓦组对构成，下瓦担负主要的承载任务，上瓦设置有储油槽。上、下瓦在轴孔中采用定位舌定位。

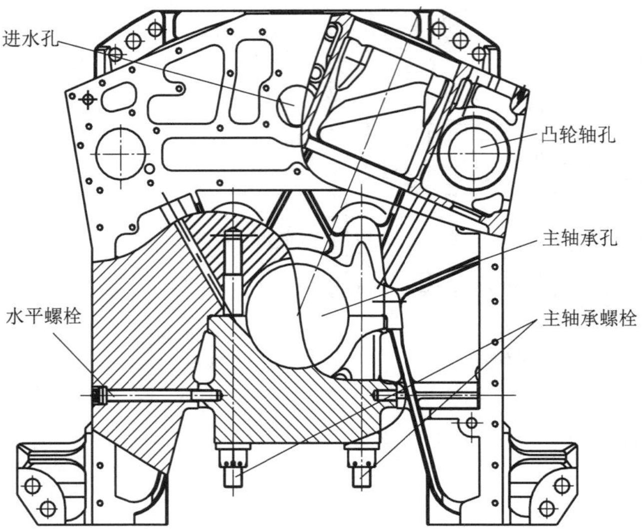

图 2-2-12　主轴承盖横剖面

图 2-2-13　GEVO16 型柴油机主轴瓦

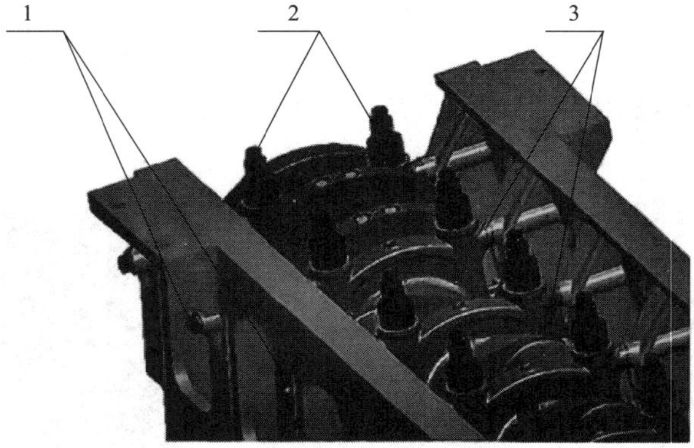

1—主轴承横拉螺栓;2—主轴承螺栓和螺母;3—主轴承盖。

图 2-2-14　12V265 型柴油机主轴承盖

图 2-2-15　12V265 型柴油机主轴瓦

12V265 型柴油机曲轴的轴向止推轴承(图 2-2-16)安装在自由端(前端)起第 6 位主轴承座上(自自由端数起)。在第 6 位主轴承座前后两侧各放置一块半圆环形的片状止推挡圈作为止推轴承。止推挡圈与曲轴止推面间的摩擦润滑利用的是主轴瓦油隙间渗漏的及曲轴箱中飞溅的机油。

八、R12V280ZJ 型柴油机主轴承

R12V280ZJ 型柴油机主轴承盖(图 2-2-17)采用球墨铸铁制造。机体共有 7 挡主轴承盖,第 1 挡在自由端(前端),第 7 挡在输出端(后端),为止推主轴承。每挡主轴承盖用两个 M52×3 mm 的主轴承螺栓和两

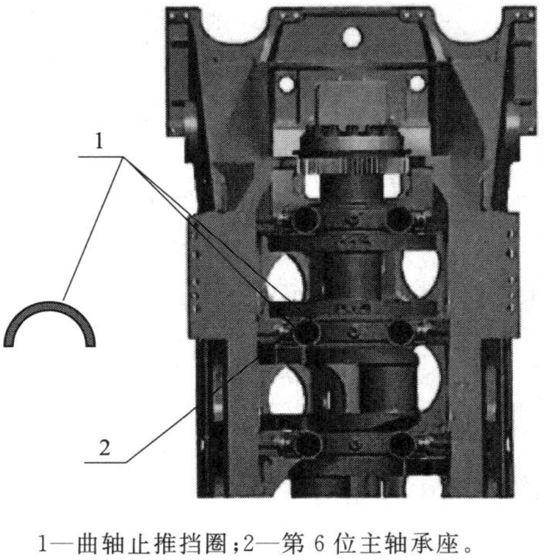

1—曲轴止推挡圈;2—第 6 位主轴承座。

图 2-2-16　12V265 型柴油机止推轴承

个 M33×2 mm 的水平螺栓紧固在机体上，组成类似隧道式结构，保证曲轴和轴瓦可靠工作。主轴瓦的下瓦背面开有定位唇，与主轴承盖用定位唇定位。上瓦内圆面开有油槽和 5 个进油孔。

一般情况下，主轴承盖螺柱不应从机体上拆下，以免引起机体螺纹孔的不必要损坏。在特殊情况需对机体维修或更换螺柱时，应对螺柱及机体螺纹孔仔细检查，不允许有断口、裂纹、毛刺、碰伤等，对有缺陷的螺柱拆下更换，组装前用汽油清洗。

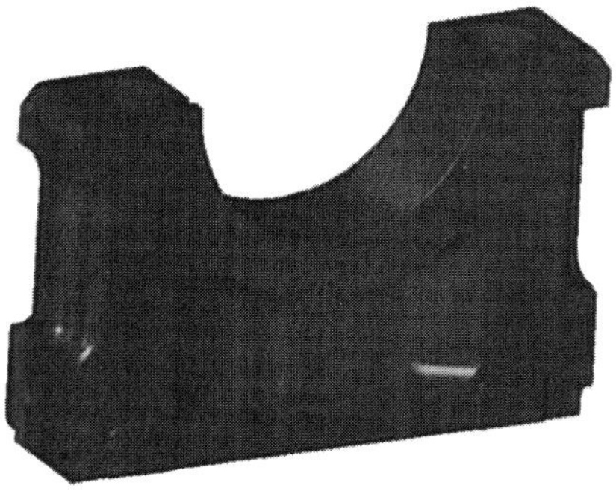

图 2-2-17 R12V280ZJ 型柴油机主轴承盖

第三节 气 缸

一、16V240ZJB 型柴油机气缸

16V240ZJB 型柴油机气缸由气缸套、水套和橡胶封水圈等组成。冷却水在水套与气缸套外壁之间的水腔内流通，与气缸套外壁直接接触，而不与机体内壁接触，这种形式称为带水套的湿式气缸套。

气缸装入机体气缸孔时，为了保证气缸套进水管孔对准机体的进水管，要求气缸套上定位刻线相对机体气缸孔纵向中心线的偏差在0.5 mm内。通过 6 根气缸盖螺栓将气缸盖、气缸套上部支承法兰压紧在机体上，而气缸套下部可自由伸缩，为气缸套提供热胀冷缩之余地。

气缸套内表面、活塞顶面及气缸盖底面共同组成柴油机燃烧室，缸套内表面还起到活塞作往复运动的导向作用。

在柴油机工作时，气缸套受到周期性变化的高温、高压气体的作用，承受活塞运动时交替变化的侧压力及摩擦力的作用，使气缸套发生振动和变形，导致了缸套外壁穴蚀破坏，冷却水的腐蚀及缸套内表面严重磨损，所以气缸套要求采用强度高、耐热、耐磨和耐腐蚀性能良好的特种合金铸铁材质。

气缸套(图 2-3-1)壁厚呈变截面形式，即上部较厚，下部减薄。内表面为圆筒形，缸径为 240 mm，表面进行激光淬火、磷化及珩磨加工，以提高防腐能力和抗磨性能。为组装时引导活塞环进入气缸，在气缸套内表面上方边缘加工出 3×30°倒角。

气缸套顶面凸肩与气缸盖底内凹面相互配合，用作装配时定位，其外围(支承法兰顶面)有高为1 mm、宽为6 mm的环形凸台，用来安装调整垫片，并传递气缸盖的安装预紧力。改变此调整垫的厚度可变更气体的压缩比。支承面上还有 12 个出水孔，孔内装有出水套管，管外套有橡胶密封垫圈，垫圈压在气缸盖与气缸套之间，这样冷却水经套管流至气缸盖内，并由垫圈防止了水流外泄。气缸套支承法兰边缘 6 个半圆形凹穴为避气缸盖螺栓而设。

气缸套外壁面铸有 6 头螺旋筋，它与水套内表面构成 6 条螺旋形冷却水道，使水自下而上地均匀流动，增加了冷却面积，并有增加气缸套的强度、刚度及减轻穴蚀的作用。为使活塞在上止点时第一气环得到良好的冷却，在气缸套支承法兰内的水腔高于此时气环的位置。

水套由 20 号钢的无缝钢管与法兰焊接而成。水套内圆上下定位面与气缸套外圆上下定位面间分别以0.03～0.06 mm和0.04～0.07 mm的过盈配合，并在气缸套下定位面上设置 3 道封水圈，在水套顶法兰面与气缸套之间安装 1 道封水圈，两面涂以密封胶，以防止冷却水外泄。水套在套装前应加热到100～120 ℃,在套装后水套的上下外定位面进行精加工,以保证与气缸孔同轴度,二者与机体气缸安装孔的配合间隙分别为0.07～0.175 mm和0.08～0.17 mm。

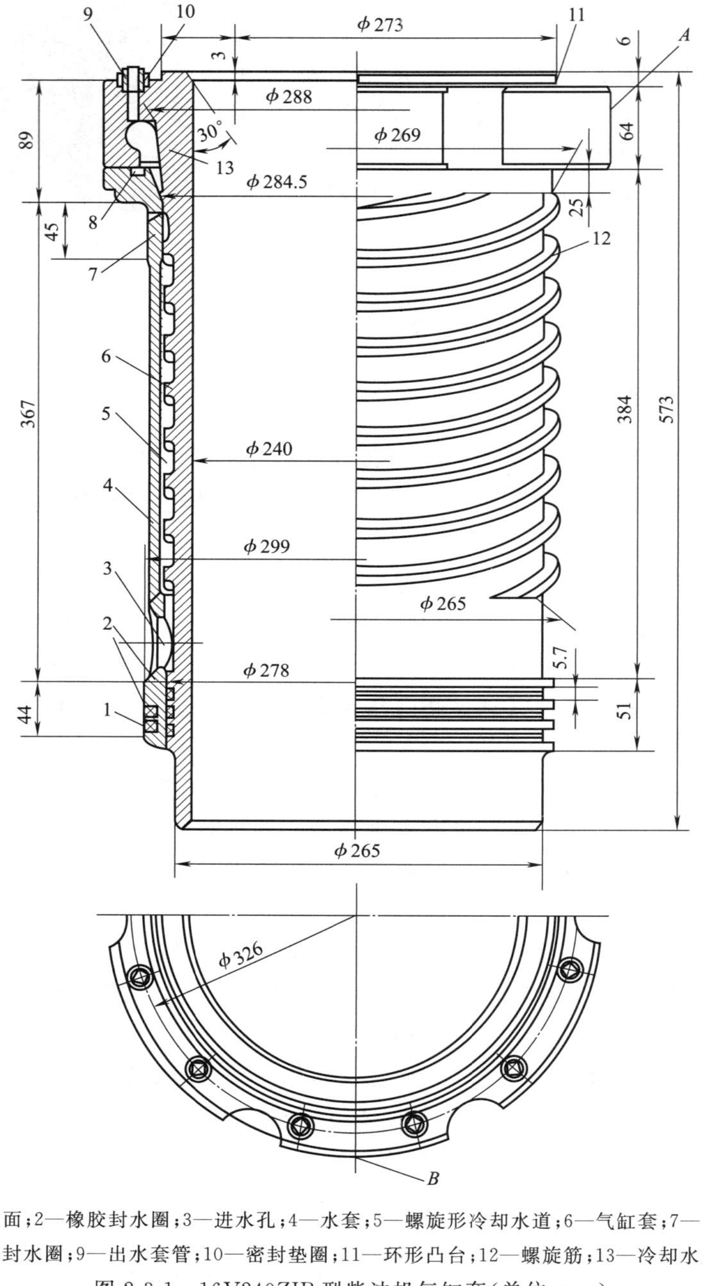

1—下定位面;2—橡胶封水圈;3—进水孔;4—水套;5—螺旋形冷却水道;6—气缸套;7—上定位面;8—封水圈;9—出水套管;10—密封垫圈;11—环形凸台;12—螺旋筋;13—冷却水腔。

图2-3-1　16V240ZJB型柴油机气缸套(单位:mm)

为保证气缸套的强度和密封性,每个气缸套在精加工前进行不同要求的水压试验:内表面全部长度范围内进行1 470 kPa的低压试验,顶部到120 mm长度内的燃烧室部分进行17 640 kPa的高压试验,在5 min内都不许有漏水或渗水现象。套装水套后的气缸冷却水腔进行392 kPa的水压试验,保压10 min,以检验水封圈部分的密封质量。

二、16V280ZJ 型柴油机气缸套

16V280ZJ 型柴油机采用圆筒湿式气缸套(图 2-3-2)，其顶部凸缘的下平面贴靠机体的气缸孔顶平面作为轴向定位，以缸套外圆柱面的上下定位带分别与机体气缸孔的上下孔相配，作为径向定位。气缸套凸缘与气缸盖之间装有镀铜的钢质垫圈，用以密封燃烧室气体。气缸套凸缘、钢质垫圈、气缸盖和机体四者间的贴合面处于同一个环带上，使凸缘只受挤压而无附加弯矩，从而避免缸套凸缘根部产生裂纹。凸缘的下平面制出一定的斜度，与机体气缸孔顶平面相贴合，组成一个密封环带，用以密封气缸上部水腔的冷却水。气缸套下定位圆开有三道环形槽，装入椭圆形截面的橡胶封水圈与机体的气缸孔下孔压装配合，以密封气缸水腔下部的冷却水。

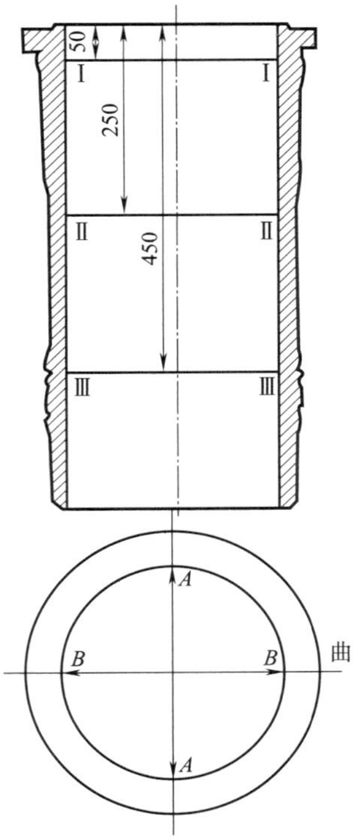

图 2-3-2　16V280ZJ 型柴油机气缸套(单位：mm)

气缸套内壁珩磨出具有一定规格的网纹，使摩擦面的润滑有良好的效果。

减少气缸振动和提高其抗穴蚀能力的主要措施有：气缸套有较大的壁厚，且从下部的 19 mm 增加到上部的 23 mm；由计算确定气缸套与机体气缸孔间的最小配合间隙；在机体的结构设计时，尽量缩短气缸套上、下定位面的跨距；气缸套外壁镀乳白铬等。

气缸套的材料为合金硼铸铁。硼铸铁具有片状的石墨和细片状的珠光体。片状石墨储油能力强，有利于缸套内壁的润滑；片状珠光体具有良好的耐磨性。加硼的铸铁在珠光体基体中析出高硬度的硼化物，可超出镀铬层的硬度，具有很高的耐磨性。硼铸铁还具有较高的强度和韧性，能满足气缸套强度方面的要求。

第四节　气　缸　盖

一、气缸盖的工作条件

气缸盖密封气缸顶面，并与气缸内表面及活塞顶部组成燃烧室。在气缸盖内部布置有进气、排气及冷却水道，安装有气门机构和喷油器等部件，侧壁装有进、排气管及示功阀(检爆阀)等部件，因此气缸盖是一个结构较复杂的构件。

在柴油机工作时，气缸盖承受较大的周期性交变的机械应力和热应力。气缸盖接触燃气的底面(又称火力面)直接承受周期性变化的燃气压力和温度，火力面上的薄弱部位经常出现疲劳裂纹。由于气缸盖各处的冷却情况不同，局部地区存在着较大的热应力和热变形。气缸盖上还作用有较大的螺栓预紧力及气门关闭时的高频冲击力，气门座与气门间的磨损，导致缸盖孔座向内凹陷。

二、16V240ZJB 型柴油机气缸盖

16V240ZJB 型柴油机的 16 个气缸盖为结构相同的单体式气缸盖(图 2-4-1)，由高强度蠕虫状石墨铸铁整体铸成。

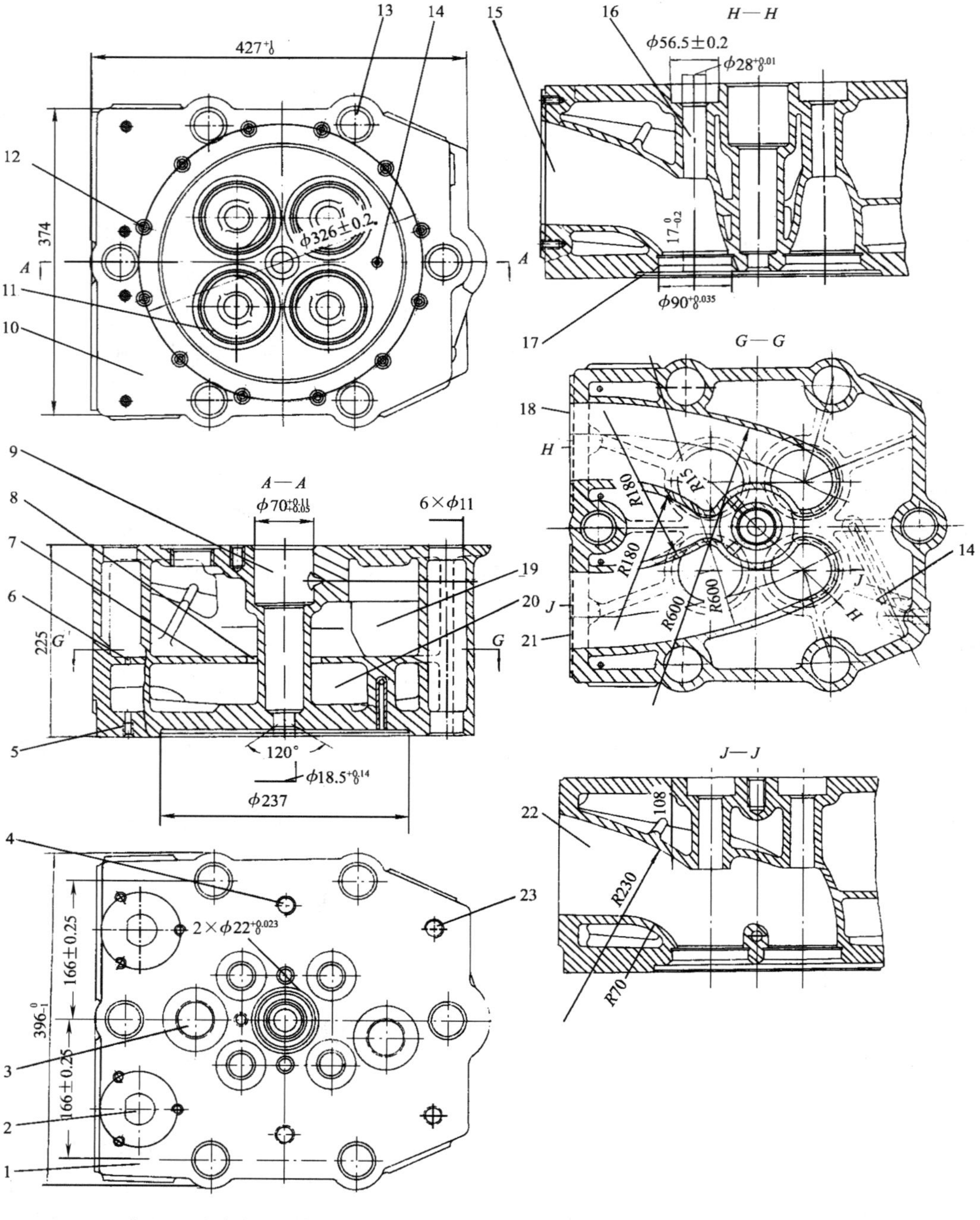

1—顶面;2—出水孔;3—清砂孔;4—缸盖罩安装螺孔;5—工艺螺孔;6—透气孔;7—水平隔板;
8—环形通道;9—喷油器座孔;10—底面;11—进气门座孔;12—进水孔;13—气缸盖螺检孔;
14—示功阀通孔;15—进气通道;16—进气门导管座孔;17—凹底面(火力面);18—进气道口;
19—上部水腔;20—下部水腔;21—排气道口;22—排气通道;23—摇臂轴座固定螺孔。

图 2-4-1　16V240ZJB 型柴油机气缸盖(单位:mm)

气缸盖中央为喷油器安装座孔，此孔四周分布有 2 个进气门座孔和 2 个排气门座孔，座孔外部制成 45°的斜面。进、排气门座孔中压装有气门座圈。气缸盖凹底面为一直径为 273 mm 的圆形底平面，凹入深度为5 mm凹圆肩面与气缸套顶部凸肩相配合定位。在气缸盖与气缸套之间由镀铜软钢环作压缩比调整垫，并传递安装紧固力及密封。在凹底面外周有 12 个进水孔与气缸套顶面的出水孔相对应。在凹底面上还有示功阀通孔，气缸盖侧壁上安装的示功阀与此通孔相通，用来测量工作时气缸内的压缩压力、爆发压力、示功图及甩车时排出缸内的积水和积油。

气缸盖中央为阶梯形的喷油器安装座孔，座孔上部有水平布置的喷油器进油管孔。对应于 4 个气门座孔中心，气缸盖的中上部设置 4 个气门导管座孔，气缸盖顶面还有 2 个横臂导杆压装孔。

气缸盖朝 V 形夹角的内侧有进、排气支管的安装法兰。在气道的顶面有 2 个出水孔，其中一个用盖板封住。在顶面和侧面共设置 11 个清砂孔堵，有的清砂孔墙上还镶嵌有锌块，利用锌的电极电位低而减轻水腔内铸件的化学腐蚀。

气缸盖内腔铸有水平隔板而分成上下两腔，冷却水从底面 12 个进水孔进入下水腔，然后由四周向中间流动，经水平隔板与喷油器孔座间环形通道进入上水腔，最后经出水口排出。由于 V 形柴油机气缸盖斜置，缸盖内侧高于外侧，为避免气泡聚积在内死角，特在进、排气道边缘钻 4 个小孔，将隔板钻通，并用螺堵封住底面螺孔，这可使死角处的气泡排至上方。

为了检验气缸盖底面的强度和气密性，对底面进行14 700 kPa的水压试验，保压10 min，其压降不应大于9.8 kPa；对内部水腔进行490 kPa的密封性水压试验，不应有渗漏或冒水珠等现象。

后期使用的气缸盖具有六边形的底面(图 2-4-2)，缸盖铸腔有所修改，加强了水冷却效果。

三、16V280ZJ 型柴油机气缸盖

16V280ZJ 型柴油机气缸盖(图 2-4-3)采用 4 个螺柱紧固在机体上，密封下部气缸。气缸盖内部装有喷油器和 4 个气门，并布置有串联式的进、排气道及冷却水腔，顶面装有气门驱动机构，侧面装有示功阀。

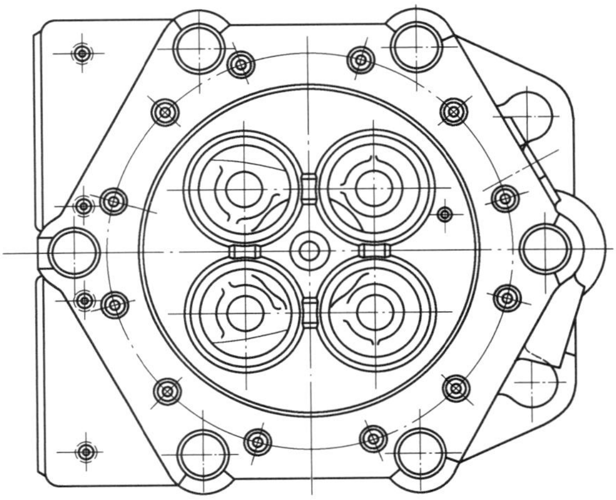

图 2-4-2　底面为六边形的气缸盖

图 2-4-3　16V280ZJ 型柴油机气缸盖

1. 气缸盖的结构及材料

16V280ZJ 型柴油机气缸盖装配如图 2-4-4 所示。为了使气缸盖具有较高的强度和刚度,采用双层箱形结构。位于柴油机内侧的侧壁上布置有进气口和排气口,面对柴油机侧面看,右侧为进气口,左侧为排气口。气缸盖内部分别设有进、排气道,气缸盖中间布置一个喷油器安装孔。

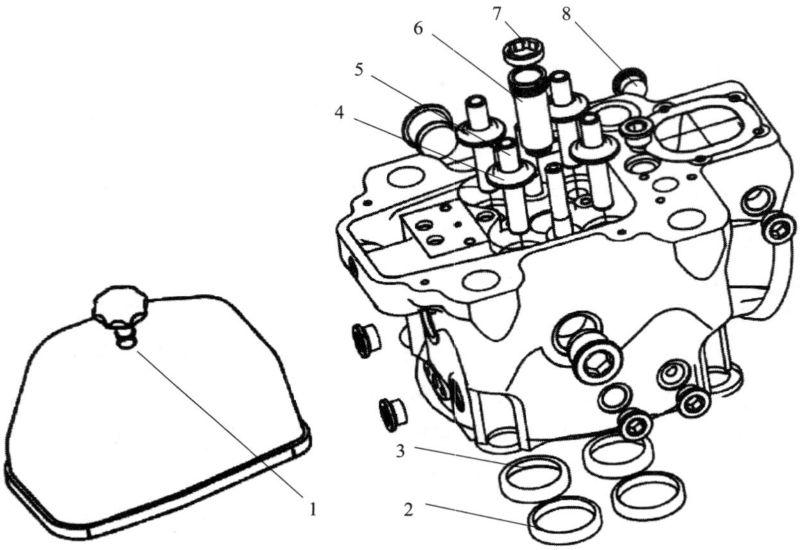

1—气缸盖罩手轮;2、3—气门座圈;4—气门弹簧下座;5—气门导管;6—喷油器套管;7—锁紧螺母;8—工艺孔芯堵。

图 2-4-4　16V280ZJ 型柴油机气缸盖装配

在喷油器安装孔周围有 4 个气门导管孔。同名气门导管孔之间,各有一个气门横臂导杆安装孔。气缸盖上部顶板上,靠柴油机内侧有 2 个孔,其中一个孔是气缸盖水腔的出水孔;另一个孔则用螺堵堵死。水孔法兰与出水支管用 3 个螺栓紧固。水孔处于气缸盖冷却水腔的最高位置,可减少流动阻力,有利于冷却水循环。

从气缸盖顶面到底面在其外边缘部位有 4 个直径为 ϕ52 mm 的贯通孔,用来安装气缸盖螺柱。采用 4 个螺柱紧固方式可使气缸盖结构紧凑,且使加工量减少,同时又减少了螺柱的数量。

在喷油器安装孔底部周围,有 4 个气门座孔,用于嵌入气门座。为使气缸盖与气缸套安装时相配合定位,在气缸盖底面设有圆形凹肩。在气缸盖底面外缘四周,有 4 个进水孔,通过水封圈导管与机体水腔出水孔相连,使从机体流来的水进入气缸盖冷却水腔,从而使气缸盖得到冷却。

气缸盖外侧面上还有安装示功阀的孔,用来检测气缸内工作时的压力。

气缸盖由蠕虫状石墨铸铁浇铸而成,它具有较高的抗拉强度和热疲劳性能,有利于提高气缸盖的使用寿命,同时还具有良好的铸造流动性和良好的加工性,使气缸盖加工质量容易得到保证,提高了成品率。

2. 气缸盖附件

(1)示功阀

示功阀安装在气缸盖侧面的示功阀孔内。示功阀座孔有一个专门的通道与气缸盖底面相通。如在示功阀上接上一个压力表,打开示功阀就可测得缸内压缩压力或爆发压力的数值。

如接上一个传感器，再配上示功图测试仪，那么就可测得缸内燃烧过程的示功图，以了解缸内燃烧的情况。

若柴油机停放较长时间未用，在启机前，应打开示功阀进行甩车，以排除气缸内积存的油和水，防止事故的发生，同时可根据排出物的情况来分析判断是否存在隐患，以保证柴油机正常工作。

示功阀由阀体、心轴组装、接头、调节垫片和手轮等组成，如图 2-4-5 所示。

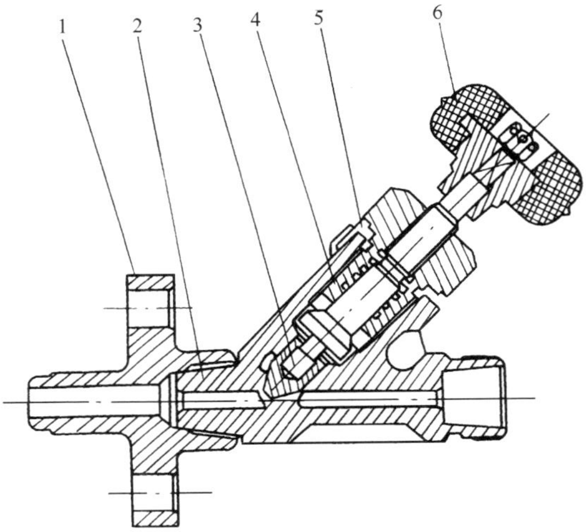

1—支承座；2—阀体；3—心轴组装；
4—接头；5—调节垫片；6—手轮。
图 2-4-5 示功阀

心轴组装由阀与轴组成。阀的锥角为 60°，与阀体相应的座面相配合，构成密封面。阀的尾部用铆边的方法整圆铆在心轴上，保证阀在心轴上有 0.3～0.6 mm的轴向间隙。

接头的内孔有密封沟槽，心轴与接头相匹配的密封面锥角为 90°。心轴组装在阀体内应有$3.8^{+0.50}_{-0.10}$ mm的行程，不符合时可用调整垫圈来调整。

阀体后端外圆柱上有一个 ϕ27 mm×10 mm 的螺纹，用来安装爆发压力表用。

(2)气缸盖罩

气缸盖罩装在气缸盖的顶面，用手轮拧在摇臂轴座的长螺柱上来紧固。它由铸铝浇铸而成，十分轻巧。为了加强其强度和刚度，在其内部侧壁设有加强筋，在它的底面一周，铣有凹槽，用来装入橡胶密封带，以防止气缸盖上部机油的泄漏。另外，它还起到保持气门驱动机构的工作安全性和防尘作用。

第五节 16V240ZJB 型柴油机其他固定件

一、机座

早期的 16V240ZJA 型柴油机机体坐落在机座上，通过机座和弹性支承将柴油机安装到车架上。

机座为一刚性或半刚性的构件，通常还兼作油底壳。机座用以支承机体，承受及传递柴油机的垂直载荷、弯曲力矩及由输出扭矩产生的倾覆力矩等载荷。柴油机要求机座重量轻、刚度大，并设有强固的支承座，所以机座常做成薄壳承载式焊接箱体。

二、油底壳

16V240ZJB 型柴油机机体增大了从主轴孔中心到底面的高度，增加了机体的横截面，因而具有较大的结构刚度，弹性支承上座用螺栓直接紧固到机体上，同时在机体的底部安装一个薄壁油底壳，用以储存及汇集由上方掉落的机油，并可收集掉落的金属碎块、检验油及排放污油等。

16V240ZJB 型柴油机油底壳为薄钢板焊成的盆状薄壳构件(图 2-5-1)。左右顶板较厚，板面上各钻有 36 个螺栓孔和 1 个定位销孔，以便与机体、泵支承箱及密封盖正确定位组装。为增加油底壳的刚度及减小机车运行时油液晃动对壳体的冲击力,在油底壳体内焊有 4 块横隔板。

在壳体的内上部铺设 18 块滤油网板,由双头螺栓紧固在滤网安装板上。滤油网板的作用是粉碎泡沫;阻挡上部掉落之杂物进入油内,以便于发现及分析故障处所。

在前端板下部中央焊有主机油泵吸油口法兰,左上方焊有机油回油管法兰。油底壳右前侧焊有启动机油泵吸油管法兰,左前侧焊有辅助机油泵吸油管法兰。主机油泵吸油管从油底壳的中部通向吸油口,从油底壳中部吸油,可以消除机车在运行时由于制动或坡道较大时对泵吸油的影响。吸油管端的进油口,其上方和两侧面由薄板覆盖,以防将上部油面的泡沫吸进主机油泵,端面及下方设有滤网,可防止粗大杂物吸进主机油泵。从纵向看,油底壳底面略向前下斜,底部前端焊有放油管。为检查油位,在油底壳中部两侧设有油尺,柴油机运转时的正常油位应保持在油尺上下刻线之间。

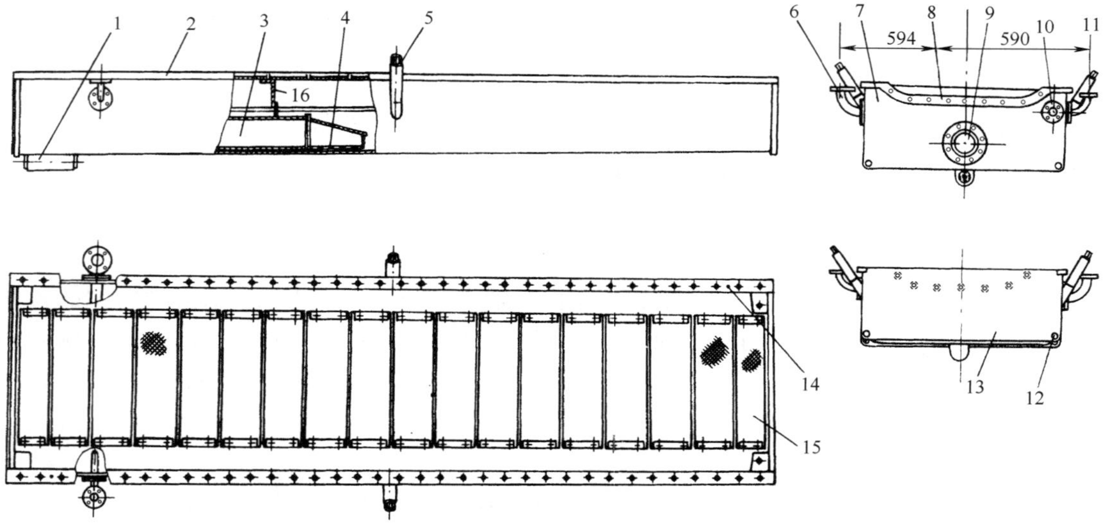

1—放油管;2—顶板;3—吸油管;4—滤网;5—油尺;6—启动机油泵吸油管;7—前端板;
8—泵支承箱安装法兰;9—主机油泵吸油管法兰;10—回油管法兰;11—辅助机油泵吸油管;12—吊装孔;
13—后端板;14—定位销孔;15—滤油网板;16—横隔板。

图 2-5-1　16V240ZJB 型柴油机油底壳(单位:mm)

三、泵支承箱

16V240ZJB 型柴油机泵支承箱由 ZG25 铸钢整体铸成,安装在机体的前端,用双头螺栓、定位销与机体前端板及油底壳前端板定位固定,其上方与端盖相连,如图 2-5-2 所示。

在泵支承箱的上部对称地布置有高、低温冷却水泵的安装座孔,中部为油封盖(俗称小油封)的座孔,下部为主机油泵的安装座孔。箱左侧为检查传动齿轮用的长方形检查孔,箱右侧有机油离心式精滤器安装支座及精滤后回油孔,顶部有燃油精滤器安装支座,箱内铸有主机油泵传动装置的安装支座。

端盖在泵支承箱的上方,与机体前端板及泵支承箱用螺栓紧固连接。为避免配气正时齿轮系统中的介轮支架轴的悬臂状态,特在端盖相应位置处设支承座孔,并可根据需要微调其支承的位置。

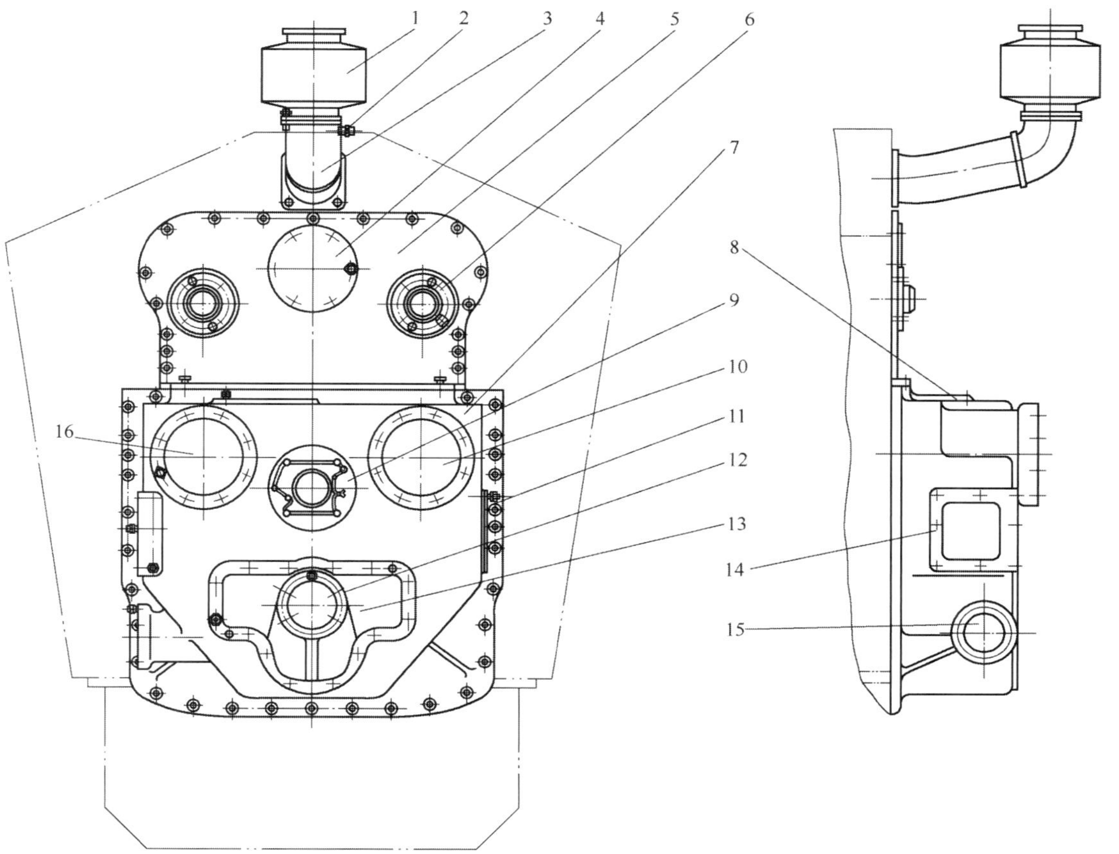

1—油气分离器；2—差示压力计管接头；3—呼吸管；4—观察孔盖；5—端盖；6—可调支承；
7—泵支承箱；8—燃油精滤器支架座；9—油封盖；10—高温水泵座孔；11—检查孔盖；12—支座；
13—主机油泵座孔；14—支架座；15—回油管孔；16—低温水泵座孔。

图 2-5-2 端盖及泵支承箱的安装

四、连接箱

连接箱位于机体和发电机之间，它是 ZG25 铸钢整体铸成的刚性构件，如图 2-5-3 所示。箱的一端用螺栓与机体后端相紧固，另一端与牵引发电机定子相连接，其后端面上有直径为 1 400 mm的环形凸肩为与发电机组装定位之用，以保证牵引发电机中心与曲轴中心对准。

连接箱顶部有后增压器及后中冷器的安装支座，左右两侧窗孔用以检查箱内机件的状态，右窗孔处可以伸入盘车套筒和检查盘车刻度。连接箱下部左右两侧设有柴油机-牵引发电机组后弹性支承的安装座，这样使得整个机组被前后左右 4 个弹性支承所承托。

五、弹性支承

柴油机-发电机组不宜直接刚性地安装在机车车架上，以避免车架的变形、机车的振动和动力机组的振动、变形互相影响，故通常用具有隔振或吸振性能，又能传递较大铅垂载荷的弹性支承作为中间支承。弹性元件一般有圆柱螺旋弹簧、锥形橡胶元件及钢板-橡胶堆等形式。

DF_4 型内燃机车用前弹性支承由支承上座、锥形橡胶元件、支承下座、支承座板、调整垫片、螺栓及限位挡圈等组成,如图 2-5-4(a)所示。

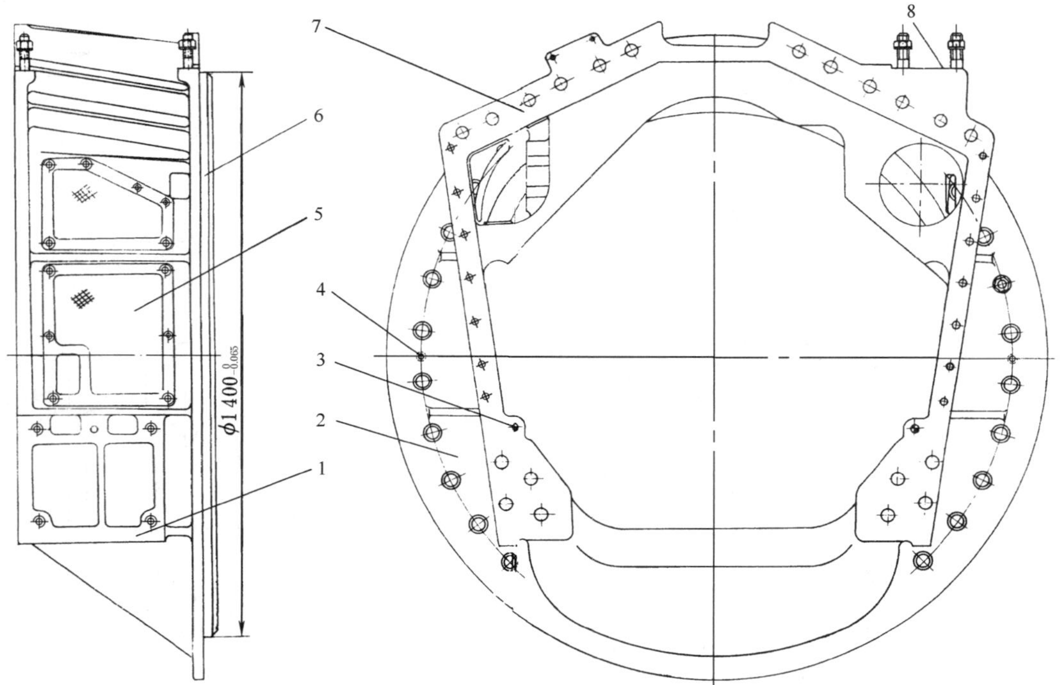

1—后弹性支承安装支座;2—圆形法兰;3—锥形定位销孔;4—工艺螺孔;
5—网盖;6—环形定位凸肩;7—与机体的安装面;8—后中冷器安装支座。

图 2-5-3 连接箱(单位:mm)

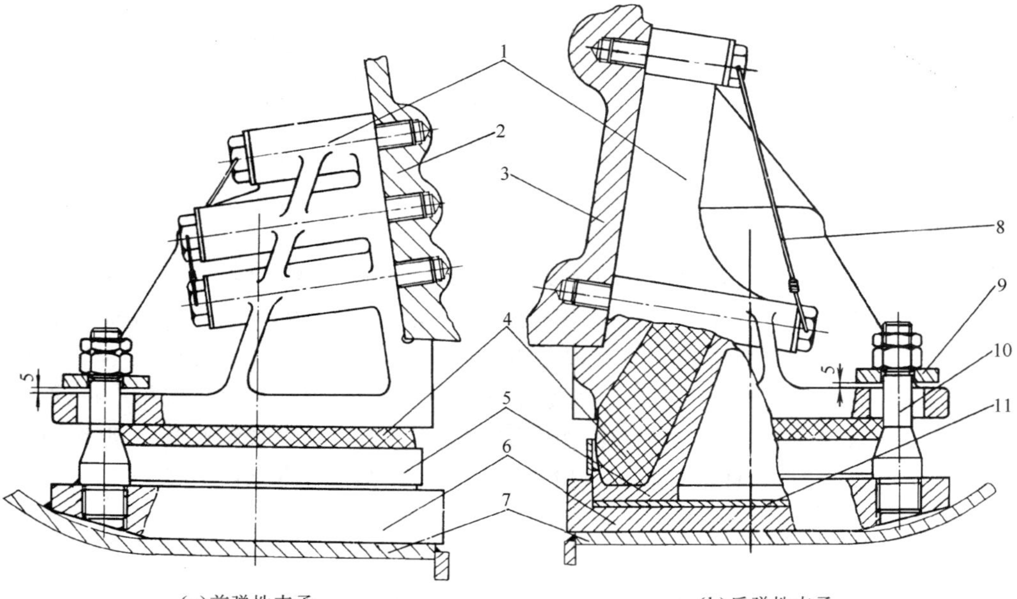

(a)前弹性支承　　(b)后弹性支承

1—支承上座;2—机体侧板;3—连接箱侧壁;4—锥形橡胶元件;5—支承下座;6—支承座板;
7—车架支座;8—防松铁丝;9—挡圈;10—螺栓;11—调整垫片。

图 2-5-4 弹性支承(单位:mm)

在支承上下座之间夹装一个锥形橡胶元件。支承上座由 5 个螺栓紧固于机体,支承下座安装在支承座板圆形凹槽中,两者之间有垫片调整同一台柴油发电机组的 4 个弹性支承的高度。支承座板组装定位后固焊在机车车架上。支承座板上的 2 个螺栓穿过支承上座螺孔,此螺栓并非紧固之用,而是在整机吊装时使支承下座、座板与支承上座挂在一起。在螺栓上有一个限位挡圈,当弹性支承受压后限位挡圈与支承上座的表面应留有5 mm的间隙,这样可避免由于振动而造成支承上座撞击挡圈及螺栓。

柴油发电机组的重量分别由 4 个弹性支承负担,每个弹性支承约负担垂直载荷为 68.65 kN,由支承上座经过锥形橡胶元件、支承下座、调整垫片及支承座板传递到车架上。

后弹性支承的构造如图 2-5-4(b)所示,它与前弹性支承相似。

六、曲轴箱防爆装置

柴油机工作时,经润滑后机油从上部掉落或从轴承间隙中甩出,遇转动的机件而飞溅到四周;由于汇集到油底壳的机油温度较高,机油中易挥发的成分蒸发出来等原因,形成颗粒细、温度高的油雾充满在整个曲轴箱。在柴油机运转时,通常总有少量的燃气通过活塞环泄漏到曲轴箱,特别是当活塞环密封性能差或活塞出现裂纹时,使燃烧室内燃气大量下泄,曲轴箱内气压急剧增高,从而引起曲轴箱爆炸事故。所以,一般柴油机都设有曲轴箱防爆安全装置。

1. 抽气装置和呼吸器

对曲轴箱进行抽气可以降低曲轴箱内气压,在柴油机正常运转时箱内出现一定的真空度(负压式曲轴箱),因此可防止曲轴箱内油雾外泄,降低对曲轴箱油封的技术要求,并在燃气较多地泄漏到曲轴箱时,可以抑制箱内压力升高的幅度。16V240ZJA 型柴油机早期曾采用抽气装置,由机体端盖上的呼吸管、油气分离器及引气管等接到增压器导流壳,利用增压器压气机工作时产生的吸气真空度对曲轴箱抽气。在油气分离器内气流曲折迂回,急速转弯使油滴离心分离,而后油滴漏回曲轴箱。运用实践证明该方式有较多缺点,如油气分离器效果较差,压气机叶轮被机油及尘埃沾污,反而降低压气机工作效果及中冷器的传热效果,因此这种抽气方式已停止作用。

16V240ZJB 型柴油机将抽气式改成“呼吸式”装置:从油气分离器出来的管道与机车排烟道相接,使曲轴箱变为正压状态,在柴油机正常工作时曲轴箱内的气压为0.049～0.196 MPa,略高于外界气压值。呼吸装置使曲轴箱与大气相通,可以减缓曲轴箱内升压的速率和幅度,起到一定的保护作用。

2. 差示压力计

在 16V240ZJB 型柴油机正常运转时,如果曲轴箱内压力超过一定范围而继续上升,这就说明潜伏着一定的危险性,必须提前自动采取措施,以防曲轴箱爆炸事故的发生,故在柴油机上设置差示压力计。差示压力计以一定的曲轴箱内气压与外界气压的差值作为控制动作的起点和信号,迫使柴油机自动停机。

差示压力计(图 2-5-5)用有机玻璃制成的压力计体,体内具有 U 形通道,通道内注入带颜色的导电液,通道的一端管接头与曲轴箱连通,另一端插入 2 根金属针并有通大气的接头,金属针端位于玻璃管内一定高度位置,其上端与机车有关控制电路连接。压力计中央刻度可表明液面的高度读数。

U 形通道两侧液柱高度差(图中 W),反映出大气压力与曲轴箱内气压差。当曲轴箱内窜入燃气时,差示压力计一侧通道的液面降低,另一侧液面则上升。当另一侧液面上升30 mm

时,即左、右侧液柱差达60 mmH_2O(相当于曲轴箱内气压与外界压力差达0.588 kPa)时,液面与金属针接触,导电液接通电路,通过电路中的中间继电器,切断联合调节器的电磁联锁 DLS 电源,迫使柴油机迅速停机。

差示压力计安装在 DF_4 型内燃机车动力室端墙上,其通大气的管接头本来与动力室内气压相通,由于冷却风扇运转时对动力室内大气的抽吸作用,使室内气压处于负压状态,且随百叶窗及冷却室侧门的开闭而波动,因此差示压力计会不规则地提早动作。为此将此处接头引到车架横梁的箱形空间内,并由此空间与大气相通(此箱形空间的气压不受机车行驶方向、机车速度、风向及风扇运转的影响)。

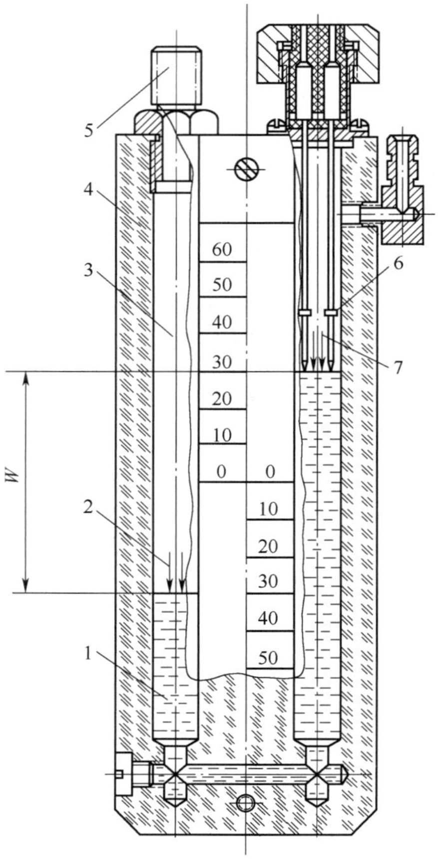

1—导电液;2—曲轴箱内气体压力;
3—U 形通道;4—压力计体;
5—管接头;6—导电针;7—大气压力。

图 2-5-5 差示压力计

3. 防爆安全阀

当曲轴箱内压力再继续上升超过一定值时,防爆安全阀即能自动打开,迅速排出压力空气,使曲轴箱内降压,从而防止曲轴箱爆炸。

16V240ZJB 型柴油机左曲轴箱检查孔盖中有 7 个带有防爆安全阀,如图 2-5-6 所示。

在铸铝的检查孔盖上铸出防爆安全阀的阀座,在座与阀之间有橡胶圈密封,阀杆拧紧在安全阀盖中,装在阀杆弹簧座与箱盖座间的弹簧将安全阀撑紧在阀座上。弹簧座与阀杆尾部以螺纹相配,由开口销使两者定位。弹簧被压缩的高度决定了预紧力的大小,即控制了安全阀开启的气压值。如果曲轴箱内气压作用到安全阀盖上的总力超过弹簧预紧力时,则安全阀盖顶开,使曲轴箱内压力迅速降低,降到小于弹簧预紧力时,安全阀盖自动关闭。

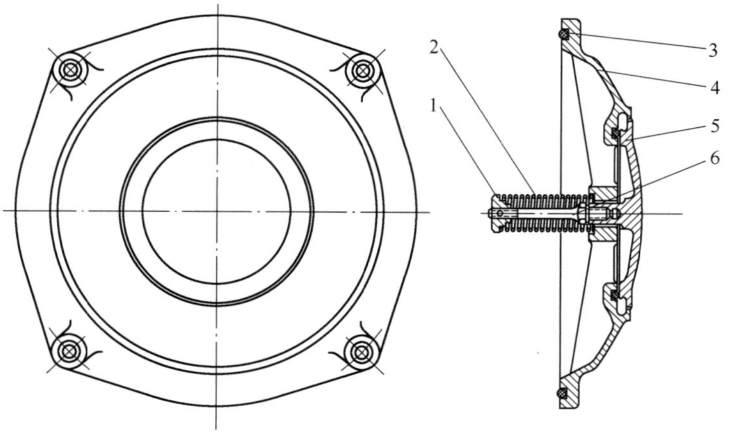

1—弹簧座;2—弹簧;3—橡胶圈;4—检查孔盖;5—防爆安全阀;6—阀杆。

图 2-5-6 16V240ZJB 型柴油机防爆安全阀

第六节　16V280ZJ 型柴油机其他固定件

一、油底壳

16V280ZJ 型柴油机采用湿式油底壳(图 2-6-1),用螺栓紧固于机体底面。

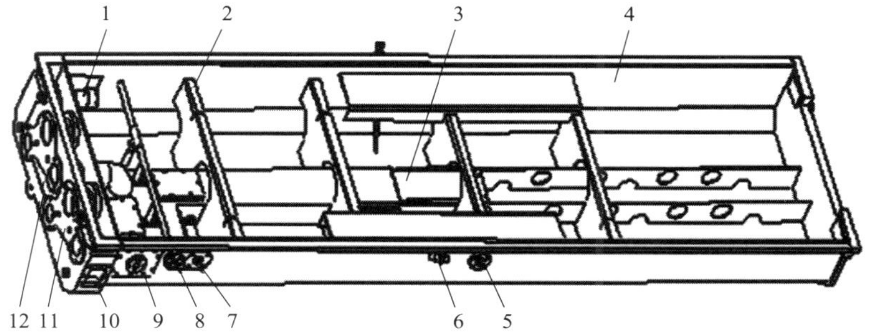

1—安全阀,2—中间滤网架;3—吸油口滤网;4—油底壳;5—辅助机油泵吸油口;6—油尺;
7—启动机油泵吸油口;8—离心精滤器接口;9—回油孔;10—出油总管垫片;11—主机油泵垫;12—放油螺堵。

图 2-6-1　16V280ZJ 型柴油机油底壳

油底壳用于接受柴油机各润滑部位的回油并储存机油,其滤网以下的总容积为1 200 L。油底壳由铸钢的自由端板、输出端板和由钢板压制成形的壳体及油道、横隔板、侧板等组焊而成。为防止杂质混入机油和消除泡沫,上层铺设滤网。左侧设有辅助油泵和启动油泵吸油管。油底壳中间两侧各设有油标尺,用于检查机油油位。

自由端板上设有机油泵安装孔。机油泵将机油注入铸在自由端板下部的储油腔内,通过柴油机右侧的出油口输出。自由端板内侧设有一个孔,用于安装安全阀,可打开油底壳侧面的盖板调整其压力,使机油泵最大出口压力为$0.8^{+0.05}_{0}$ MPa。自由端板最低部位设有放油口,供清洗油底壳时放油使用。

二、连接箱

连接箱(图 2-6-2)连接柴油机和同步主发电机,成为柴油机—发电机组。它承受同步主发电机的重量和反扭矩,需要有足够的强度和刚度。连接箱是个箱形结构,采用铸钢整体铸造。它的一端与机体相连,另一端以凸缘定位方式与同步主发电机连接。该定位止口的轴线对机体主轴承孔轴线的同轴度要求为0.18 mm,以保证同步主发电机转子与曲轴的同轴度。

连接箱上面的两个方孔,用于连接同步主发电机的排风道;连接箱两侧下部设有支承安装座;两侧中部开有观察孔,可在左侧观察孔处操作柴油机的盘车机构。

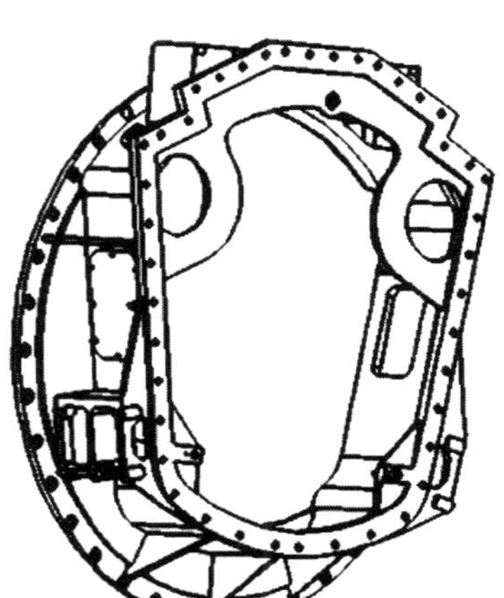

图 2-6-2　16V280ZJ 型柴油机连接箱

三、机体支承

机体支承结构如图 2-6-3 所示。

柴油机-发电机组通过 4 个支承安装于机车上,用于承受柴油机-发电机组的重量和减少柴油机振动对车架的影响。每个支承承受的垂直载荷为76 685 N。支承主要由支承、螺钉、橡胶减振器等组成。支承通过螺钉与机体、连接箱连接,又置于橡胶减振器上,柴油机-发电机组的重量由支承经橡胶减振器传到车体架上。

柴油机装上连接箱并装好同步主发电机后,用 2 个前端支承和 2 个后端支承,分别安装于机体第 2 曲轴箱观察孔位和连接箱侧面,以支承柴油机-发电机组。

以 4 个前端支承,分别安装于第 2、7 曲轴箱观察孔的机体侧面,以支承单独的柴油机。

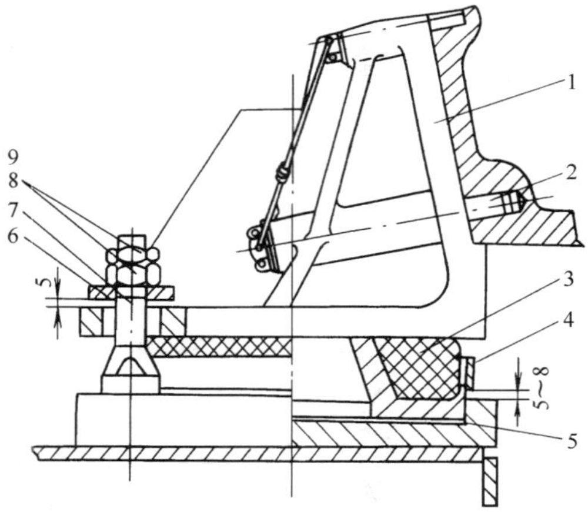

1—支承;2—螺钉;3—减振器;4—挡圈;
5—垫片;6—垫圈;7—螺柱;8、9—调整螺母。

图 2-6-3　机体支承(单位:mm)

第七节　16V265H 型柴油机其他固定件

一、凸轮轴箱

16V265H 型柴油机仅有一根凸轮轴,安装在机体中部 V 形夹角处,其上部采用一个铝合金焊接结构的箱体进行覆盖,被称为凸轮轴箱,如图 2-7-1 所示,其装配如图 2-7-2 所示。凸轮轴箱只在两端与其他零部件采用螺栓连接固定,下部与机体顶面之间采用橡胶密封条进行密封。箱体上部对应每个动力组位置开有挺柱孔,每个气缸的 3 个挺杆从该孔穿过,分别驱动进、排气门和喷油泵。箱体内部焊有隔板,以提高整体强度。箱体顶部被拉筋分割为 4 个矩形敞孔,分别采用盖板密封。在柴油机故障处理和维护时,可通过四个敞孔检查内部零部件,也可拆卸随动摇臂机构,但无法将凸轮轴取出。

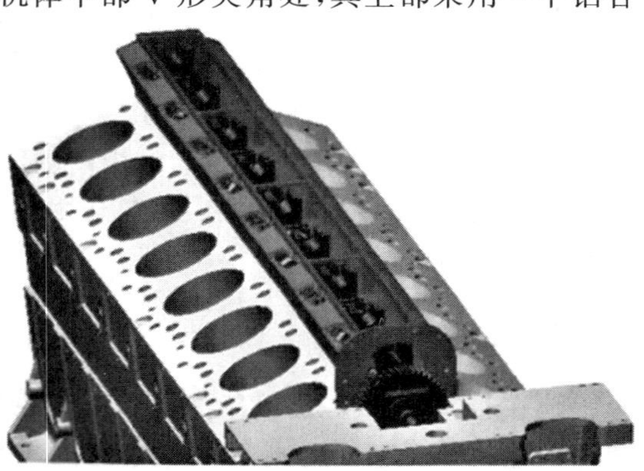

图 2-7-1　16V265H 型柴油机凸轮轴箱

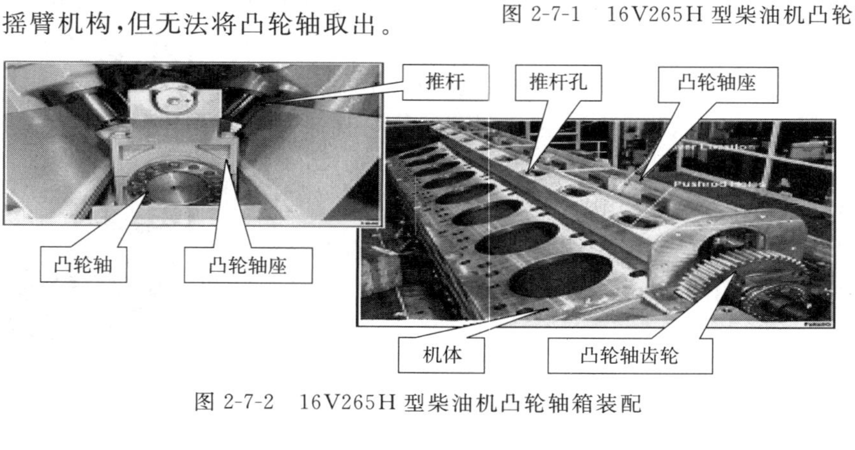

图 2-7-2　16V265H 型柴油机凸轮轴箱装配

在凸轮轴箱后部安装一个铸铝合金的凸轮轴齿轮盖，将定时齿轮罩住。该齿轮盖分别用两组螺栓与凸轮轴箱后端面和机体顶面连接固定，两个贴合面之间均采用橡胶密封条进行密封。为了检查核实定时齿轮的安装位置，在凸轮轴齿轮盖上设置观察孔。当曲轴位于0°位置时，通过此高位观察孔可以看到凸轮轴齿轮上的标记刻线应处于时钟12点位置。

二、油底壳

16V265H型柴油机油底壳(图2-7-3)为钢板焊接成的箱形结构，横截面为U形，由一组M12螺栓悬挂固定在机体底部。油底壳上法兰面加工有燕尾槽，槽内安装橡胶密封条，保证与机体结合面的密封。油底壳前端(自由端)板最低处设有放油口，便于排放机油。放油口的上部为主机油泵吸油口，其内侧的吸油管从自由端一直延伸到油底壳中部，且开孔向下接近底部，以防止坡停时产生“吸空”现象。油底壳内部焊有4个隔板，每个隔板上开设通孔。隔板有利于提高油底壳的结构强度，通孔则有利于减少油底壳内机油因振荡而产生泡沫。

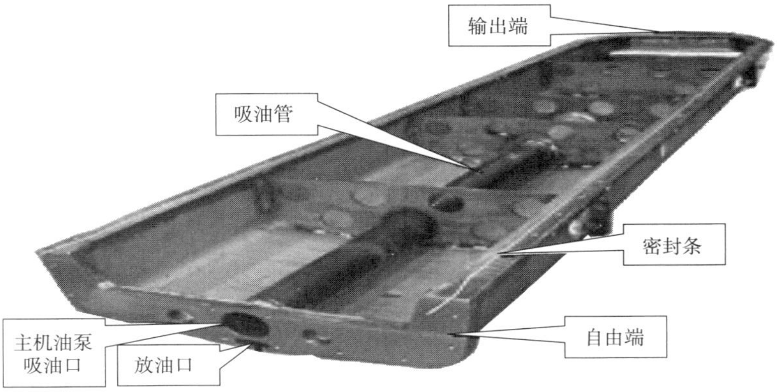

图2-7-3 16V265H型柴油机油底壳

三、盖罩装配

16V265H型柴油机盖罩装配主要包括后端齿轮箱盖、后端油封、曲轴箱检查孔盖、动力组盖罩等，为有效减轻柴油机重量，盖罩均采用铝合金材料。其中齿轮箱盖还兼有双联齿轮的支承作用，油封为迷宫式结构，阻止曲轴箱内飞溅的机油沿轴颈泄漏。柴油机日常维护和检修时经常需要拆卸的盖罩采用橡胶材料作为密封件，其余为无石棉垫片。

四、泵支承箱

泵支承箱为铝合金铸造箱体(图2-7-4)，主要功能是为主机油泵和高、低温水泵的安装提供安装位置支承。箱体内部为泵传动齿轮系，外部安装机油泵和高、低温水泵。此外，泵支承箱还为机油加油口、油标尺、机油粗滤器和机油系统减压阀提供安装接口。两个曲轴

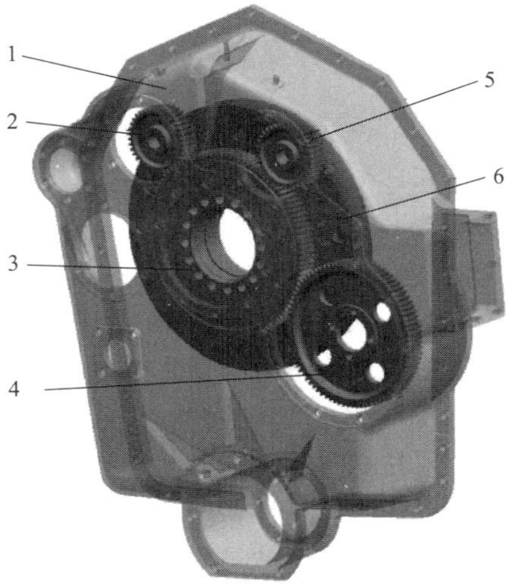

1—泵支承箱；2—高温水泵驱动齿轮；
3—辅助传动齿轮装配；4—机油泵驱动齿轮；
5—低温水泵驱动齿轮；6—减振器。

图2-7-4 16V265H型柴油机泵支承箱

箱压力传感器也安装在泵支承箱上。

安装时,一定要通过工艺措施使泵支承箱与曲轴中心对中,以保证泵传动齿轮系各齿轮间的齿隙控制在规定范围内,防止轮齿发生拉伤和黏合。

16V265H 型柴油机泵传动装置的核心部件为固定在曲轴上的辅助传动齿轮装配,高、低温水泵驱动齿轮和机油泵驱动齿轮分别安装在三个泵的驱动轴上。辅助传动齿轮装配(图 2-7-5)是一个具有缓冲作用的弹性齿轮机构,它由齿轮、轮毂、弹簧座、弹簧、圆柱销和前、后端板组成。辅助传动齿轮能有效地减少轴系的扭转振动对水泵和机油泵的影响,同时也将因油、水系统压力波动而产生的振动冲击与曲轴隔绝开来。

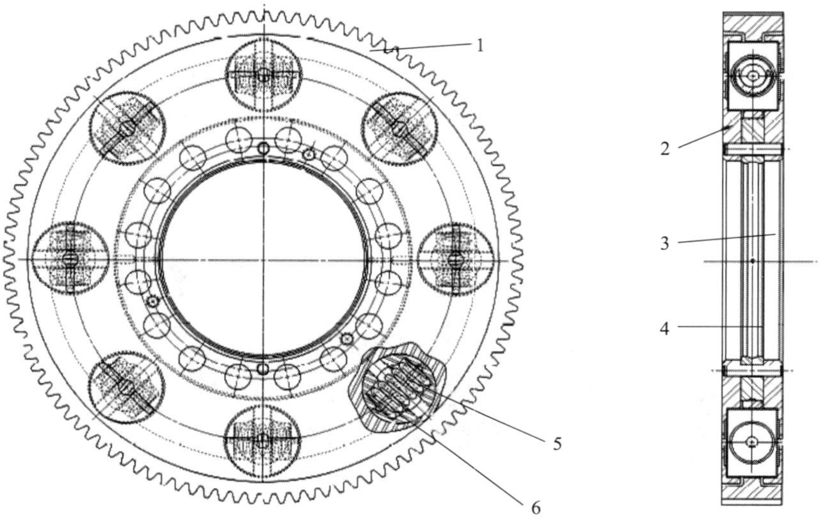

1—齿轮;2—后端板;3—前端板;4—轮毂;5—弹簧;6—弹簧座。

图 2-7-5　16V265H 型柴油机辅助传动齿轮

五、油气分离器

16V265H 型柴油机油气分离器(图 2-7-6)安装在柴油机左侧后部。油气分离器的壳体内部有金属网缠绕而成的滤芯,大部分机油颗粒会被刮除并流回曲轴箱。油气分离器上部的引射装置(图 2-7-7)主要由成喇叭形状的引射管及两根蛇形金属软管组成。两根软管的上端均与引射管后部的喷嘴相连,直径较粗的软管Ⅰ下端与增压器压气机的出气管相连,较细的软管Ⅱ下端则通过电磁阀连接到机车的总风缸上。

图 2-7-6　16V265H 型柴油机油气分离器

柴油机正常工作状态下曲轴箱保持负压状态(即低于外界大气压),负压可有效减少柴油机内部油气渗漏。负压的形成是在柴油机油气分离器出口处安装了引射装置,利用空气引射原理将曲轴箱中的油气强制抽出。在低转速工况时,由于柴油机转速较低,废气能量不足,增压器增压压力较低,EM2000 微机控制系统打开软管Ⅱ下端电磁阀，让空气系统总风缸的压缩空气和增压器压气机共同向引射装置供风，当机车主手柄达 8 位时，由 EM2000 微机控制系统关闭电磁阀，总风缸的辅助供风系统停止供风，单独由左侧增压器压缩空气引射，在高手柄位时使曲轴箱内同样建立起负压状态。

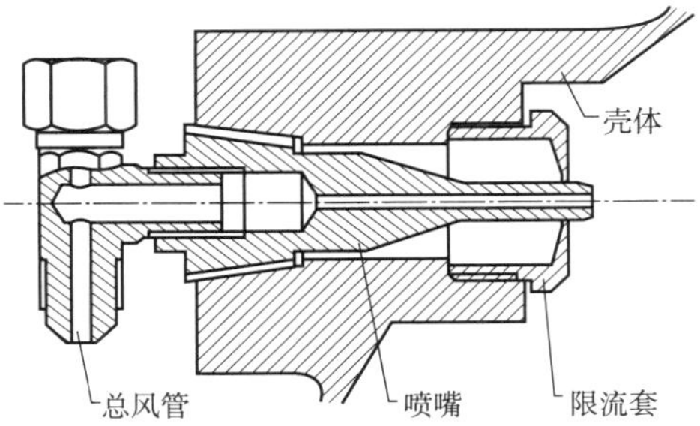

图 2-7-7　油气分离器引射装置剖面图

柴油机正常运转过程中，曲轴箱内的压力应控制在－16～1 英寸(1 英寸≈0.025 4 m)水柱范围内(－3.986～0.249 kPa)，负压过高或过低时，EM2000 微机控制系统向电喷控制软件发出停止柴油机供油的指令，切断燃油喷射，柴油机停止工作。

第八节　GEVO16 型柴油机其他固定件

一、油底壳

GEVO16 型柴油机油底壳(图 2-8-1)由前、后端板，中间横隔板和撑条，壳体及顶部周边厚钢板等焊接而成，油底壳内带孔的横隔板，既能加强油底壳的刚度又能在机车运行时减少壳内润滑油的晃动、稳定油位，避免润滑油泵吸空。

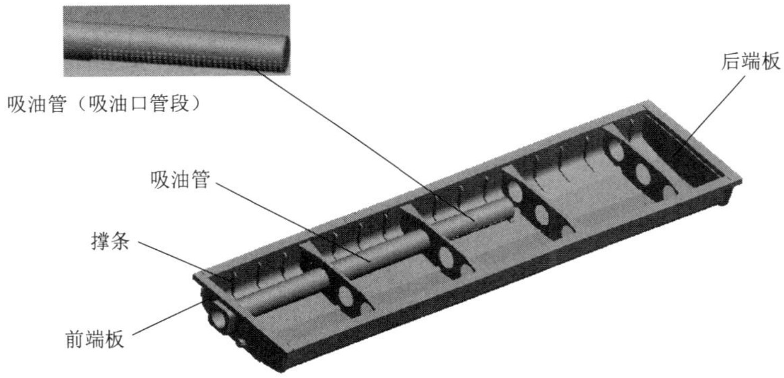

图 2-8-1　GEVO16 型柴油机油底壳

二、柴油机支承

柴油机发电机组通过两个位于第 2 曲轴箱观察孔位的柴油机支承和两个发电机支承安装在机车车体底架上，用于承受柴油机发电机组的质量和减少柴油机振动对车体的影响。柴油机支承(图 2-8-2)主要由支承、螺栓、橡胶堆和安装板等组成。支承通过螺栓与机体连接，又置于橡胶堆和安装板上，安装板用螺栓与车底架紧固。

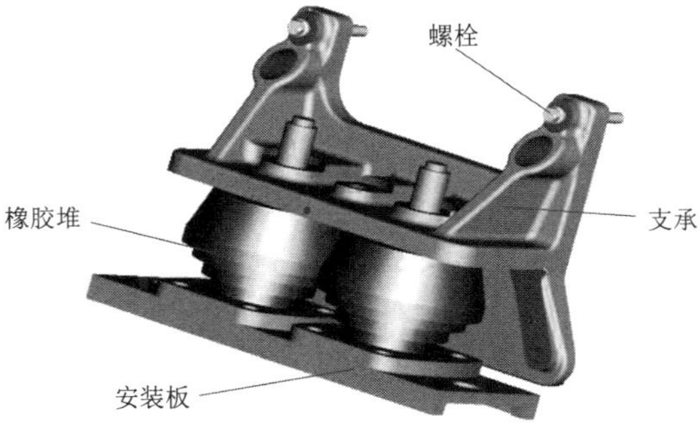

图 2-8-2　GEVO16 型柴油机支承

当单独支承柴油机时,4 个柴油机支承分别安装于机体两侧第 2、第 6 曲轴箱观察孔处。

三、前端集成箱体

GEVO16 型柴油机前端集成箱体(IFE)位于柴油机自由端,主要由前端盖箱体和前端罩盖组成。

前端盖箱体(图 2-8-3)为整体箱形球墨铸铁铸造件,用螺栓和定位销固定在机体上,外部安装有增压器、油气分离器、加油口和油尺等部件,内腔装有中冷器。其外端面设有润滑油和冷却水进口,通过其内部油道和水道送入机体;由中冷器来的冷却空气经前端盖箱体的气腔进入 V 形夹角上方的柴油机进气总管;中冷器安装箱下部设有警惕孔,用于检查中冷器是否泄漏。前端盖箱体还设有曲轴箱通气口,它将曲轴箱的油气混合气送入油气分离器,油气分离器分离后的润滑油经油管流回油底壳,气体则进入柴油机的排烟管。前端集成箱体内部气道、水腔和润滑油道,如图 2-8-4 所示。

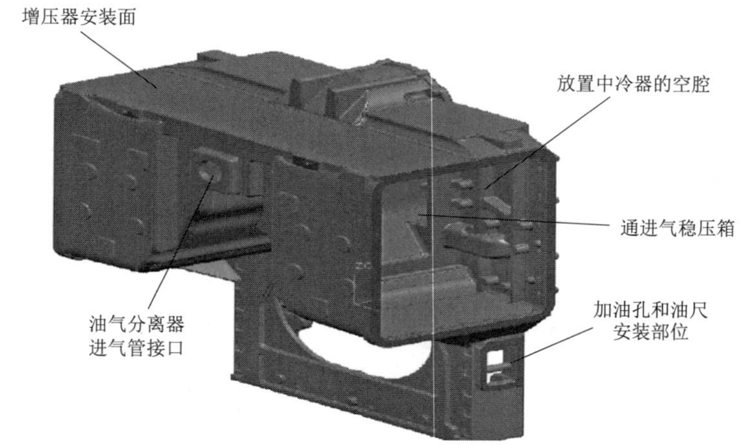

图 2-8-3　前端盖箱体

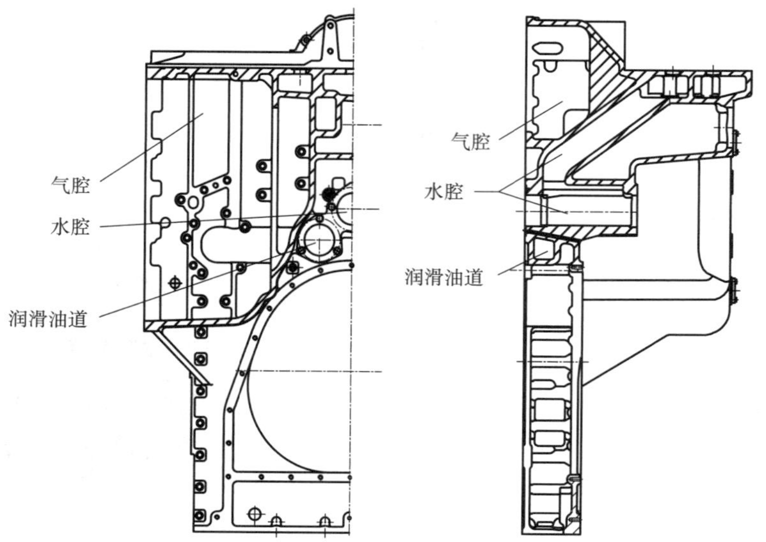

图 2-8-4　前端集成箱体内部气道、水腔和润滑油道

前端罩盖(图 2-8-5)也是一个铸铁件,安装与前端盖箱体的外端面。其端面安装有水泵和润滑油泵,内部设有润滑油喷嘴,它把润滑油喷洒到减振器上,使减振器得到冷却。上述润滑油所形成的油雾,用于水泵和润滑油泵的齿轮及其主动齿轮的润滑。

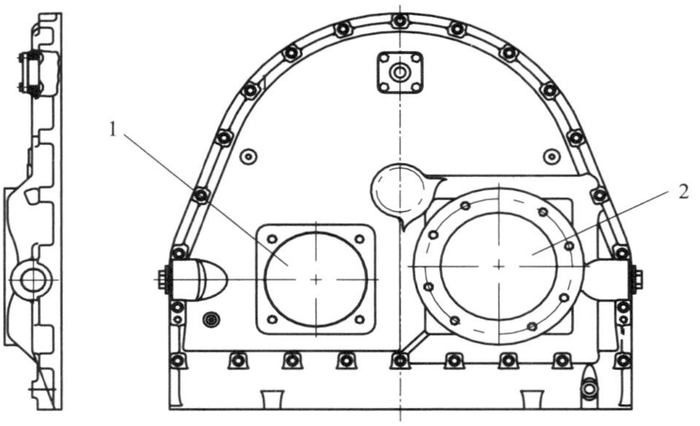

1—润滑油泵安装孔;2—水泵安装孔。

图 2-8-5 前端罩盖

第九节 12V265 型柴油机其他固定件

一、油底壳

12V265 型柴油机油底壳(图 2-9-1)为钢板焊接的槽形结构件,横截面为 U 形,采用一组 M12 螺栓紧固悬挂在机体的底部。

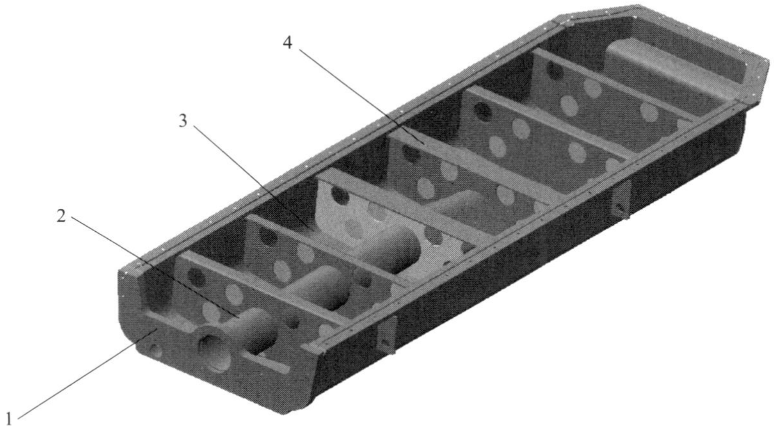

1—自由端端板;2—吸油管;3—吸油箱;4—隔板。

图 2-9-1 12V265 型柴油机油底壳

油底壳前端板的最低处设置有放油孔,便于将底壳内的污油排净。在放油孔的上部是机油泵的吸油孔,为了防止机车在坡道上运行和停置时发生机油泵“吸空”现象,在油底壳上机油泵吸油口的另一端,吸油管一直延伸到油底壳的中部,并且开孔向下接近油底壳的底部。油底壳的内部还焊有 6 个隔板,每个隔板上都开有通孔。隔板一方面有加强油底壳结构强度的作用,另一方面,隔板上的通孔有减少机油因振荡而产生泡沫的作用。油底壳上部的法兰面上加工有燕尾形槽,并安装橡胶密封条,以保证机体和油底壳贴合面的密封。

二、凸轮轴箱

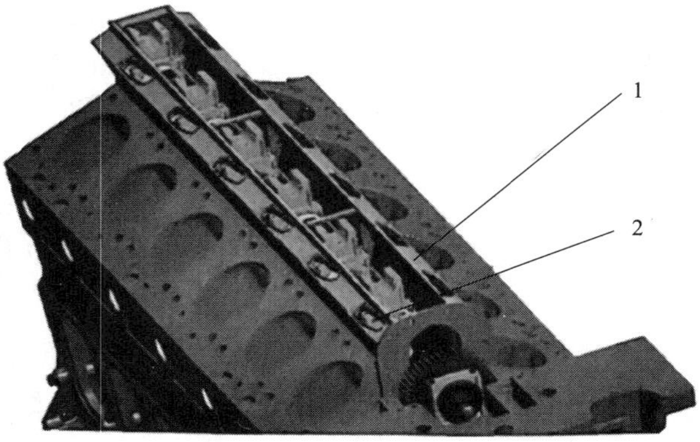

1—凸轮轴箱;2—摇臂顶杆孔。

图 2-9-2　12V265 型柴油机凸轮轴箱

12V265 型柴油机凸轮轴箱结构与 16V265H 型柴油机基本相同,具体参见前述 16V265H 型柴油机凸轮轴箱部分。图 2-9-2 和图 2-9-3 分别为 12V265 型柴油机凸轮轴箱和轴承座,图 2-9-4 为 12V265 型柴油机凸轮轴齿轮盖。

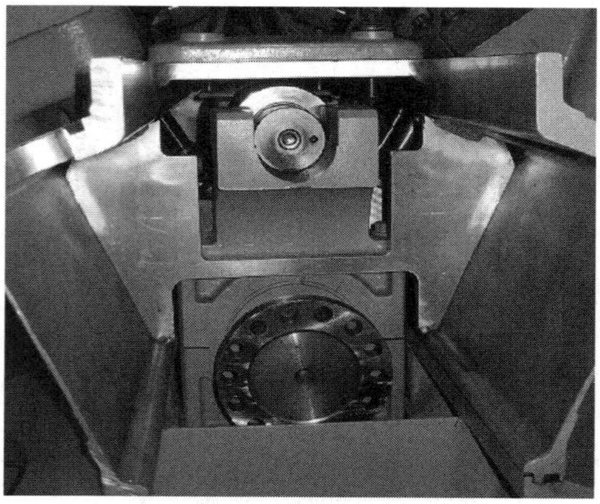
图 2-9-3　12V265 型柴油机凸轮轴承座

图 2-9-4　12V265 型柴油机凸轮轴齿轮盖

安装于柴油机 V 形夹角处的凸轮轴依靠 8 个凸轮轴承座支承,同时这些轴承座也作为随动摇臂的支承。凸轮轴承座装配共有三种类型,分别为前端轴承座装配(6 个)、后端轴承座装配(1 个)和末端轴承座装配(1 个)。前端轴承座和后端轴承座各有上、下两个轴孔,下部为凸轮轴孔,上部为随动摇臂轴孔。末端轴承座位于凸轮轴齿轮的外侧,仅有凸轮轴孔。每个轴承座用两个 M16 螺栓紧固在机体上。

所有轴承座均为剖分结构,分切面处于下部凸轮轴孔的轴线处。剖分工序被设定在轴孔精加工后,采用冲击剖断的方法。由于剖断面存在不规则的锯齿状茬口,因此能够保证上、下剖分件的组装配对正确。

三、盖罩装配

12V265 型柴油机盖罩装配主要包括后齿轮箱盖、油封、曲轴箱检查孔盖、动力组盖罩等。为了有效减轻柴油机的重量,盖罩均采用铝合金材料。柴油机日常维护和检修时经常需要拆卸的盖罩采用橡胶材料作为密封件,其余为非石棉垫片。

柴油机后端的定时齿轮箱密封盖(图 2-9-5)及油封均为铸铝合金材料。其中齿轮箱盖还对双联齿轮起到支承作用。油封为迷宫式结构,其作用是阻止曲轴箱内的飞溅机油沿输出轴颈泄漏。12 个矩形曲轴箱盖采用铝合金板材加工,在拆卸这些盖板时应严格按照操作规程执行,防止内部油位过高造成机油外溢。此外,当柴油机因曲轴箱压力过高而停机时,不能过早打开曲轴箱进行检查,否则可能造成失火甚至爆炸等严重事故。

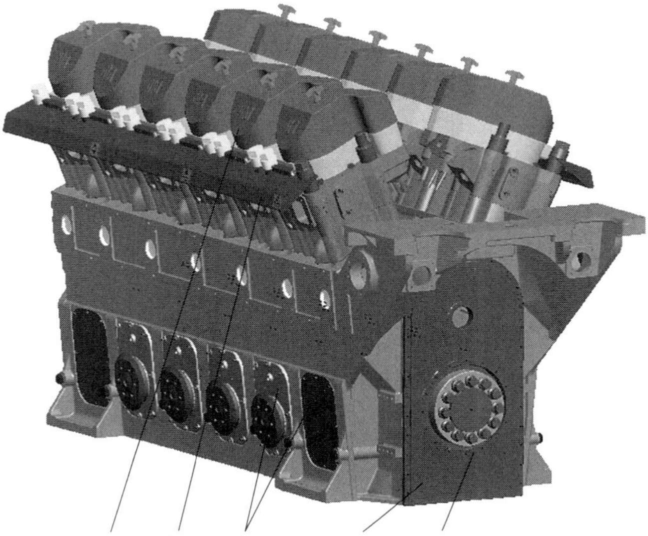

1—摇臂箱盖罩;2—防火罩装配;3—曲轴箱盖罩装配;4—后齿轮箱盖;5—油封。

图 2-9-5　12V265 型柴油机后端密封盖

四、泵支承箱

泵支承箱(图 2-9-6)又称辅助箱,是安装在机体前部的铝合金铸造箱体。它的主要功能是为主机油泵和高、低温水泵的安装提供位置支承的箱体。在泵支承箱的内部,曲轴通过辅助传动齿轮来驱动高、低温水泵和机油泵齿轮,同时机油减压阀也安装在泵支承箱的内部。在泵支承箱的外部,安装有高温水泵、低温水泵、主机油泵、燃油输送泵、机油粗滤器、机油油位尺、机油加油口等零部件。12V265 型柴油机除增压系统以外,柴油机的机油、燃油和冷却水的进、出口均布置在自由端。

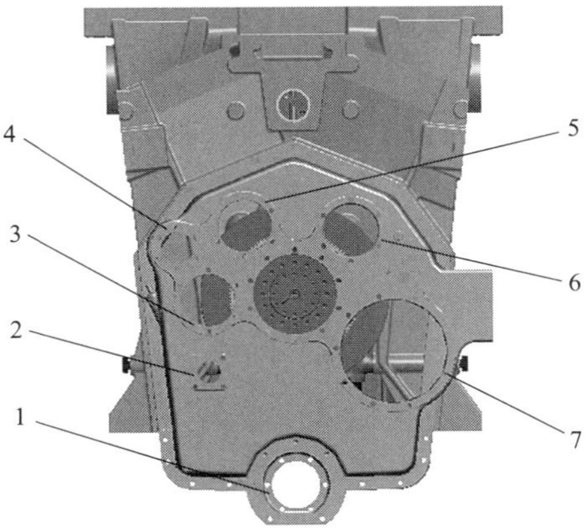

1—机油粗滤器安装孔;

2—金属颗粒探测器安装法兰孔;

3—离心精滤器连接安装孔;

4—加油口装配安装孔;5—高温水泵安装孔;

6—低温水泵安装孔;7—机油泵安装孔。

图 2-9-6　12V265 型柴油机泵支承箱

五、油气分离器

柴油机在正常工作状态下,虽然有活塞环的密封,但仍然会有少量的高温、高压燃气沿活塞与气缸套的侧壁间隙窜入曲轴箱,并与微小的机油颗粒混合后形成油气混合气。曲轴箱的油气混合气必须及时排出曲轴箱否则容易造成燃烧爆炸,但不经过滤直接排放将会污染大气,同时也会造成机油消耗量的上升,因此油气分离器是柴油机的必备部件之一。

正常运转状态下,12V265 型柴油机曲轴箱的压力保持为负值,即低于外界大气压,负压可以有效地减少柴油机内部油气渗漏的问题。负压的形成是由于该柴油机在油气分离器出口处安装了引射装置,利用空气引射原理将曲轴箱中的油气强制抽出。

12V265 型柴油机油气分离器(图 2-9-7)安装在柴油机左侧后部。曲轴箱内部的油气依次经过弯管、油气分离器和引射管,最后经过机车烟囱排入大气。油气分离器的壳体内部有金属网缠绕而成的滤芯,大部分机油颗粒会被刮除并流回曲轴箱。油气分离器上部的引射装置主要由喇叭形状的引射管及两根蛇形金属软管组成。直径较粗的软管Ⅰ和直径较细的软管Ⅱ的上端均与引射管后部的喷嘴相接,软管Ⅰ的下端与左中冷器进气管相连,软管Ⅱ的下端则通过电磁阀连接在机车风缸上。

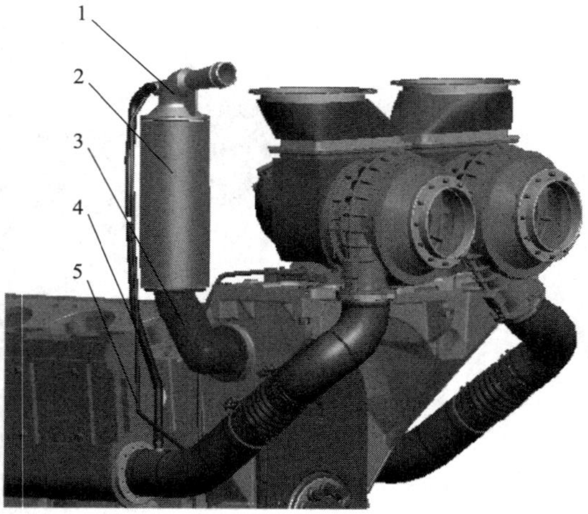

1—引射管;2—油气分离器;
3—曲轴箱弯管;4—软管(Ⅰ);5—软管(Ⅱ)。
图 2-9-7　12V265 型柴油机油气分离器

引射装置的工作原理是:两根软管分别从增压器的压气机出口和机车风缸引入高压空气,空气经过引射管后端的喷嘴后,在喇叭状的引射管中突然膨胀、流速加快,以此在油气分离器的出口处形成负压,将过滤后的油气快速抽出。当柴油机在低挡位运转时,由于增压器的转速较低,由软管Ⅰ从压气机出口引入的空气量不足以满足引射需要,车载微机此时将打开软管Ⅱ下端连接电磁阀,让一部分来自机车风缸的压缩空气参与到引射中;当柴油机在高挡位运转时,仅来自压气机出口的空气量就能够满足引射需要,车载微机则会关闭电磁阀,软管Ⅱ将不再提供高压空气。

柴油机正常运转时,曲轴箱内的压力应为－50.8～－203 mmH_2O(0.508～2.03 kPa)的负压,高于＋25.4 mmH_2O 或低于－406.4 mmH_2O 时,电喷控制系统将通过切断燃油喷射的方式迫使柴油机停机。

第十节　R12V280ZJ 型柴油机其他固定件

一、油底壳

R12V280ZJ 型柴油机采用湿式油底壳,用双头螺柱紧固于柴油机机体底面,油底壳滤网下总容积为 900 L,油底壳上装有机油压力安全阀,如图 2-10-1 所示。

油底壳整体结构为框架式铸焊结构,用于收集柴油机各润滑部位的回油并储存机油。它是由铸钢的自由端板、输出端板和由钢板压制成形的壳体及油道、横隔板、侧板组焊而成的。油底壳内的横隔板不仅增加了油底壳的刚度,而且可以防止机油在机车运用过程中的晃动。左侧设有辅助油泵和启动油泵吸油管。自由端板上设有机油主出油口。两侧中部各设有油尺,油尺的上刻线与下刻线分别标明油底壳内机油的最高油位和允许的最低油位。自由端板最低部位设有放油口。在油底壳油泵吸油口及上部均布置有滤网,以防止杂物进入机油,消除机油中的泡沫。

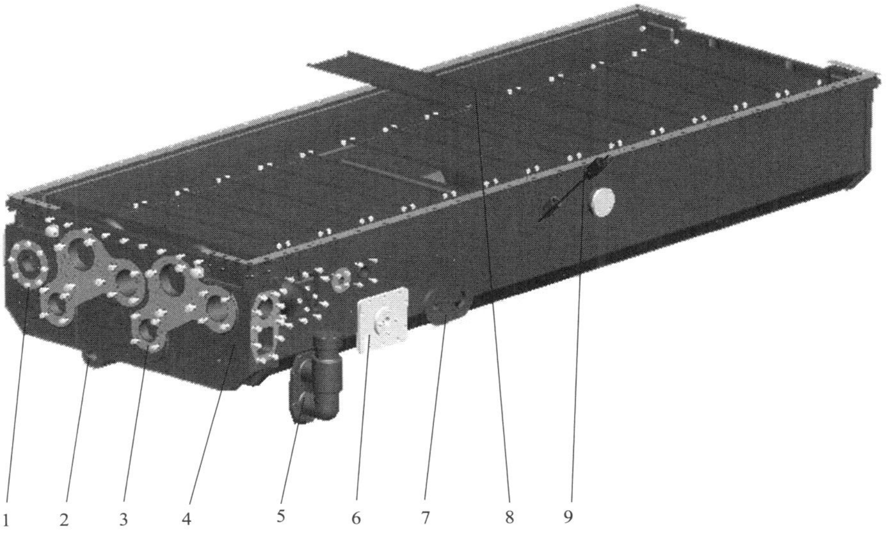

1—出油口;2—放油口;3—机油泵安装孔;4—自由端板;5—安全阀;
6—窥视孔法兰;7—二孔法兰;8—滤网;9—油尺。

图 2-10-1　R12V280ZJ 型柴油机油底壳

二、连接箱

R12V280ZJ 型柴油机连接箱(图 2-10-2)是个箱形结构,采用铸钢整体铸造。它的一端与机体相连,另一端以凸圆定位方式与同步主发电机相连。连接箱上面的长方孔,用于连接同步主发电机的排风道,连接箱两侧下部设有支承安装座,两侧中部开有观察孔,可在左侧观察孔处操作柴油机盘车机构。两侧观察孔盖采用钢丝网结构,底部开有两长方形孔,都起到排风口的作用。

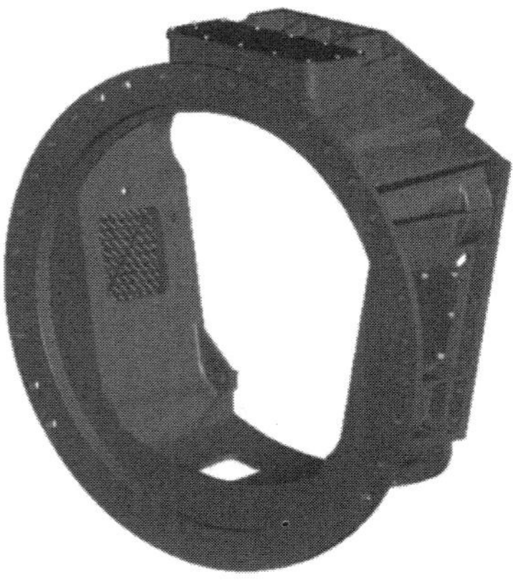

图 2-10-2　R12V280ZJ 型柴油机连接箱

三、柴油机支承

R12V280ZJ 型柴油发电机组通过前、后两端 4 个支承安装于机车上,用于承受柴油发电机组的重量,降低柴油发电机组运转过程产生的振动对机车车架的影响,如图 2-10-3 所示。机体支承主要由支承、螺钉、橡胶减振器等组成。支承通过螺钉与机体、连接箱连接,又置于橡胶减振器上,柴油发电机组的质量由支承经橡胶减振器传到车体架上。

柴油机四个支承分别安装于机体第 2 曲轴箱观察孔位和连接箱侧面,以支承柴油发电机组。柴油机单独支承时,以 4 个前端支承,分别安装于第 2、第 7 曲轴箱观察孔的机体侧面。

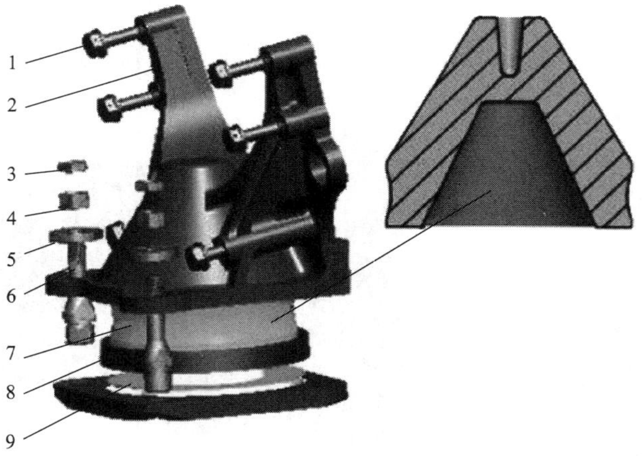

1—螺钉;2—支承体;3、4—调整螺母;5—垫圈;6—螺柱;7—橡胶减振器;8—挡圈;9—垫片。

图 2-10-3　R12V280ZJ 型柴油机支承

四、油气分离器

R12V280ZJ 型柴油机采用 YQF-1B-000 型油气分离器,安装在自由端左侧的油气分离器支座上,主要由壳体、上盖、内外滤芯、回油管等组成,如图 2-10-4 所示。

油气分离器采用内、外芯结构,外芯采用鱼鳞网状结构,使来自曲轴箱内的混合气体改变方向,并产生旋转,大的油滴在离心力作用下被甩到壳体上,然后在重力作用下落到油气分离器底部,最后进入回油管,流入油底壳;小直径油滴利用过滤材料内部流道形状和大小的改变,在惯性力的作用下聚结成为大油滴,并被过滤出来。因此大大降低了柴油机排放物中的含油量及润滑油的消耗。油气分离器净化效率达 95%以上,鱼鳞网状的外芯可以反复清洗,永久使用。吸附分离网组成的内芯属于易耗件,正常情况下使用 1 000 h 需进行更换。

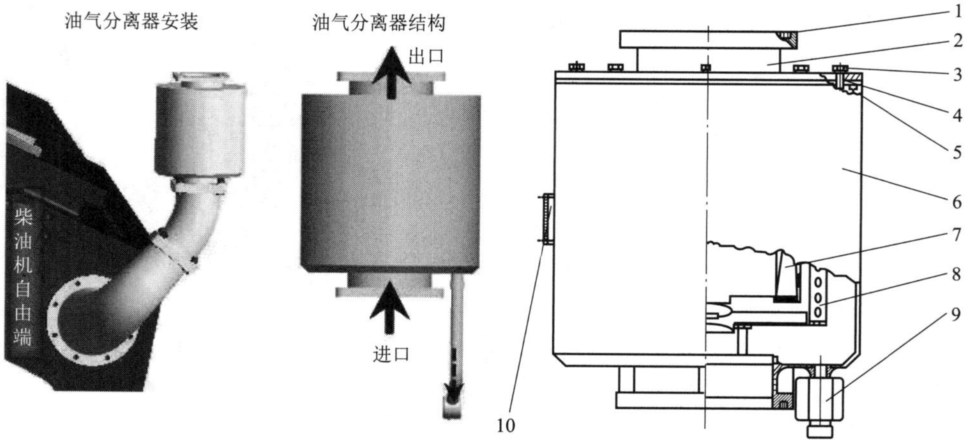

1、5—O 形圈;2—上盖;3—M6×20 mm 螺栓;4—耐油胶垫;6—壳体;
7—内芯;8—外芯;9—回油管;10—铭牌。

图 2-10-4　R12V280ZJ 型柴油机油气分离器

五、增压器支架

R12V280ZJ 型柴油机增压器支架(图 2-10-5)为球墨铸铁制造的整体式箱形结构，下部用定位销和螺栓紧固在机体前端增压器地脚安装面上；上部左右两侧内部布置有燃油精滤器，以及冷却水、中冷系统管路和机油管路。既减少了管路泄漏现象，又提高了整机的外观质量。

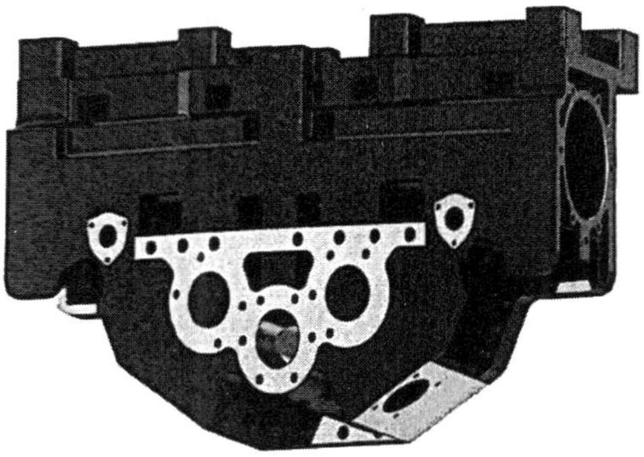

图 2-10-5　R12V280ZJ 型柴油机增压器支架

复习思考题

1. 机体的作用是什么？其结构形式分哪几种？
2. 龙门式机体主轴承盖为什么要采用横拉螺栓？有何好处？
3. 主轴承的作用是什么？有什么结构特点和要求？
4. 轴瓦瓦口为什么要削薄？什么是轴瓦的压装紧余量？压装紧余量和削薄量过大或过小有何害处？
5. 何谓湿式、干式气缸套？气缸套有何作用？
6. 16V265H 型柴油机为什么没有连接箱和弹性支承？
7. 试列表对比 16V240ZJB 型、16V280ZJ 型、16V265H 型、GEVO16 型、12V265 型、R12V280ZJ 型柴油机机体的结构特征，主要体现它们的异同点。

第三章

运 动 件

柴油机的运动件是指曲柄连杆机构，它是柴油机实现由热能转化成机械能的核心部件。

运动件工作时不仅受气体压力、运动质量的往复、回转及摆动惯性力等周期性变动负荷的作用，而且还受热负荷及轴系扭转振动等影响。运动件的工作正常与否，不仅涉及柴油机工作的可靠性和耐久性，而且还涉及柴油机工作的经济性。

第一节 活 塞 组

活塞组由活塞、气环、油环、活塞销、活塞销密封盖及活塞销挡圈等组成。

一、活塞组的作用和工作特点

活塞组与柴油机其他部件一起构成了内部燃烧做功的、可变容积的工作场所，活塞顶面的凹穴造型及容积对燃烧的经济性有较大影响；活塞组密封气缸的下部，使燃烧室与曲轴箱隔开。活塞组承受燃气压力，并传递给曲轴，使往复运动转换成旋转运动，将气缸内的热能转变为机械能。二冲程柴油机的活塞组还兼有控制配气相位的作用。

活塞组在柴油机中所处的位置和承担的任务决定了它如下的工作特点：

1. 在严重的热负荷下工作

活塞顶面接触高温气体，有很多热量通过活塞顶传入体内，其中一部分经活塞环及裙部散逸给气缸，另一部分通过活塞体内油道传给冷却油，其余的热量使活塞体温升高。当受热升温到一定程度时，活塞材质的机械强度明显下降，同时由于活塞各部存在较大的温度梯度，所以又形成温差应力(热应力)。温差应力过大，会在活塞顶部形成热裂纹。

第一道活塞环槽的温度状态是表征活塞热负荷的另一重要部位，如果此环槽的温度较高，则槽内机油就易结胶，使环失去活动性，导致燃气下窜，冲刷缸壁上的油膜。这些除使柴油机功率下降，出现拉缸故障外，还会使曲轴箱升温升压，甚至产生爆炸。

活塞的温度通常以顶面中央和燃烧室边缘外表面为最高，铝合金活塞可达 300～350 ℃，铸铁活塞可达 400～450 ℃，第一道活塞环槽表面可达180 ℃以上，顶与背最大温差(同一纵截面)可达 100～130 ℃。

2. 承受较大的机械负荷

随着缸径的加大和高增压技术的应用，气缸内最高爆发压力 p_z 值已达很高，运动零件的尺寸和重量相应增加，使得活塞承受巨大的气体力和往复惯性力的合力。

气体力和往复惯性力的合力为周期性瞬变作用力，具有冲击和交变性质，使活塞组的一些薄弱部位可能出现疲劳裂纹。活塞环对环槽的高频交变冲击，可能使活塞环与环岸折断。

3. 剧烈的摩擦与磨损

机车柴油机活塞组沿气缸镜面高速滑动，平均速度为 9～11.5 m/s，最大瞬时速度达 14～18.5 m/s，使柴油机消耗很多摩擦功率。

特别是第一、二道气环接触高温、高压燃气，缸壁上的油膜受燃气和燃油的冲刷而局部破裂，气缸壁面具有进气带入的尘埃及机油中的机械杂质等磨粒，因此在上止点附近的壁面高温少油，加上活塞环转换运动方向等情况，使气缸壁面、活塞环及环槽的磨损加速。在摩擦发热及缺油的情况下，活塞环和气缸壁面很容易产生表面熔黏磨损(即拉缸)现象。

二、活塞

1. 活塞的一般构造

机车柴油机的活塞有着多种多样的造型，它们之间既有不同的个性，又有一定的共性。图 3-1-1所示为活塞的结构组成。

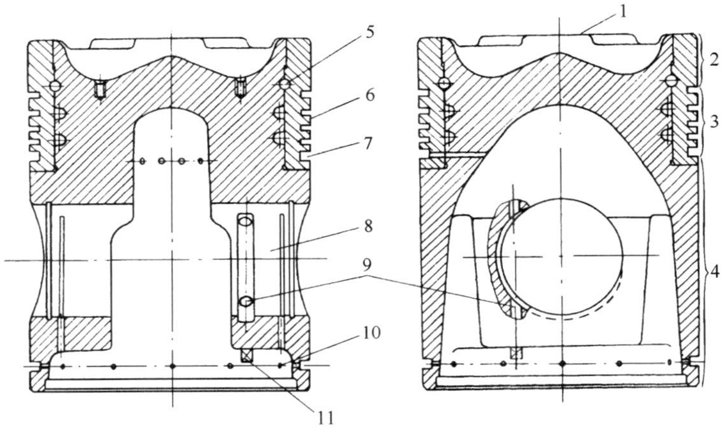

1—活塞顶面；2—火力岸；3—环槽区；4—活塞裙；5—冷却油道；6—环岸；7—环槽；8—活塞销座孔；9—进油槽及进油孔；10—泄油孔；11—螺堵。

图 3-1-1 活塞结构组成

(1)活塞头部

活塞头部位于筒体上部，它由活塞顶面、火力岸及环槽区等组成。

活塞顶面直接与高温、高压的燃气相接触，具有一定的曲面造型，曲形凹穴容积为柴油机主燃室的重要组成部分。曲形凹穴的形状及尺寸应与气流运动、喷射油束及压缩比等因素良好地配合，这对保证柴油机的良好燃烧有较大影响。

顶面从燃气中吸入的热量要求愈少愈好，顶面应耐热，材质应有较高的热强度，较强的抗蚀能力。因此，除了对活塞进行合理选材外，还对活塞顶面进行处理(如镀铬、喷镀陶瓷层、铝顶表面阳极氧化处理及钢顶抛光处理等)，以提高表面耐热性和耐蚀性，减少顶面碳烟，增加表面反射热量或增加传热热阻。

为防止活塞与开启的进、排气门相碰撞，活塞顶的相应部位处挖有一定深度的坑穴，称为避阀坑或气门穴。为便于吊装活塞-连杆组，有的活塞在顶面设吊装螺孔。

从第一道活塞环槽上边缘到活塞顶面的筒体表面称为火力岸。火力岸接近燃烧室，高温燃气能从火力岸与缸壁间的缝隙中流入,因而火力岸处于高温状态。为保证活塞头部不因受热膨胀而拉缸,火力岸与缸壁之间必须留有一定的冷装间隙。

火力岸以下到活塞销以上最后一道环槽的区间称为环槽区(槽部),通常安装 2～4 道气环,气环之下有 1～2 道油环。环槽和环槽之间的筒体称为环岸。环岸在工作温度状态下经受活塞环的高频冲击并发生磨损。环槽的编号自上而下排列。由于第一、二道环槽接近高温区,通常其环槽的高度比下部的环槽略高,以装配同一规格的气环而取得不同的间隙。对于温度较高的环槽来讲,留有较大的活动间隙,可减少因环受热、挠曲、碳粒卡滞、淤渣黏着等情况的影响,而且还便于环的统一生产,减少备品和简化组装工艺。

铝合金活塞的头部由大圆弧大截面逐渐过渡到下方较薄的筒壁,这样利于传力及将顶部热量导入环槽区。铸铁和组合式钢顶活塞的头部为减重而采用薄壁结构,热量主要靠内油道传出,顶部的支承筋和散热筋为增加刚度和扩大散热面积而设。

(2)活塞裙

环槽区以下为活塞裙部,用以传递侧压力,并给活塞运动导向,减小活塞在运动中的摇晃,减轻对缸壁的敲击。

活塞销座孔包含在裙部内。由于传力的需要销座孔周围金属材料较多,刚度较大,而裙部的左右两侧(柴油机左右侧)为薄壁状态,刚度较弱。当裙部在工作状态下受热膨胀时、活塞顶受燃气压力作用裙部下部张开时、裙部的左右两侧在传递侧压力给缸壁时,刚度较弱的地区被迫向内收缩,刚度较大的销座孔区则向外凸出,因而裙部变为椭圆锥筒形(图 3-1-2)。以上情况对裙部的工作是不利的,为改善裙部的传力和导向,通常在冷态下将裙部加工成椭圆锥体,使活塞销座孔附近的裙部表面削低一些,即销座孔轴线处为椭圆的短轴,裙部左右两侧相对为椭圆长轴,以达到在工作状态下裙部接近圆筒形,具有较大的承压面积并均匀承压。为使裙部实现良好的导向,活塞裙部要有一定的保证高度。

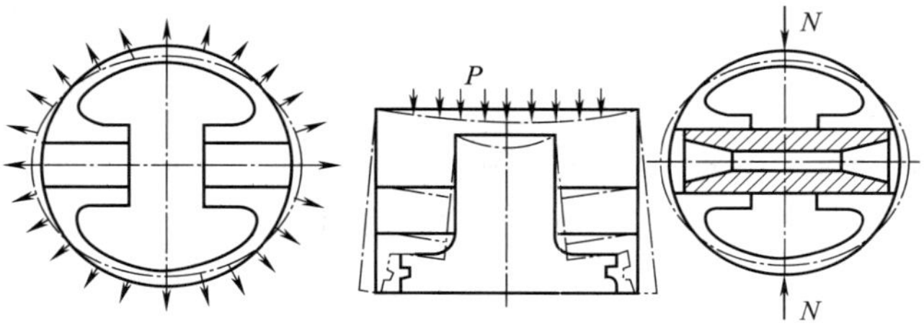

图 3-1-2　活塞裙部在工作状态下的变形

并不是所有活塞的裙部都要加工成椭圆形,只要使裙部在工作时椭圆变形的主要因素得到消除或改善,那么裙部在冷态下仍可加工成圆筒形(略带锥度)。例如采用弹性悬挂式活塞销座的 16V240ZJB 型柴油机球铁活塞等都是如此。

为保护裙部表面,改善其运动润滑状态和磨合性,通常在裙部表面喷涂固态润滑剂或电镀保护层,如喷涂二硫化钼润滑脂、涂石墨或镀锡等。

(3)活塞销座

活塞销座是属于活塞裙的一部分。活塞顶所承受的气体力及往复运动惯性力都通过活塞销座和活塞销传给连杆,因此活塞销座与活塞头部有强固的联系。由于受力较大,通常用增大活塞销孔直径的方法来增加支承面积,以降低单位面积上的受力。

根据活塞销座的受力状态，在柴油机工作循环内主要是承受自上而下的力，故要求销座孔的上半部面积大于下半部，所以一些负荷较重的活塞销座孔常采用上宽下窄的阶梯形支承面。

柴油机要求活塞销孔具有正圆的几何形状及高的加工精度，销孔与活塞销之间采用较小的润滑间隙，以减少磨损、冲击和应力集中现象。

为防止活塞销外窜，在销座孔的外端开有挡圈槽，槽内安装弹性挡圈。座孔外侧还开有弧形油槽，槽底钻有机油回油孔。

在不削弱活塞销座刚度和强度的情况下尽量减重，以减少活塞的往复运动质量和减小裙部椭圆变形，有的柴油机活塞销座区铣有减重穴。

(4)活塞筒体侧表面形状及配合间隙

考虑到活塞在气缸内运动稳定及良好密封的要求，活塞筒体侧表面与气缸套内圆之间必须留有间隙，并应具有较佳的纵向外表形状。如配合间隙过大，活塞运动时对缸壁的敲击作用加剧，运转噪声大，缸套水侧产生穴蚀破坏，机油消耗量增加，火力岸及环槽区温度上升，严重的会导致拉缸。如配合间隙过小，局部区段容易发生表面接触，轻则发生拉伤，重则使活塞在气缸中咬死。

由于沿活塞纵向各区段的体温不同，各处受热膨胀量也各不相同，因此在常温下各区段与缸套的配合间隙也应不同，以便在工作状态下活塞筒体与缸套能良好地配合。良好的活塞筒体外形对减轻缸套水侧穴蚀、避免拉缸及减少漏气漏油是十分有利的。通常活塞筒体由几段锥体、椭圆锥体或椭圆中凸裙部及圆柱体等区段组成。合适的配合间隙在实机试验后确定。表 3-1-1 列出了 16V240ZJB 型柴油机活塞与缸套的配合间隙值，这些间隙值通常在检修或新装时要检测。

表 3-1-1　16V240ZJB 型柴油机活塞筒体表面与气缸套冷态间隙　　单位：mm

部位	16V240ZJB 锻铝活塞	16V240ZJB 球铁活塞	部位	16V240ZJB 锻铝活塞	16V240ZJB 球铁活塞
头部(顶圆角下)	1.9～1.975	1.03～1.105	裙部上端	1～1.075	0.21～0.295
第一气环槽上边缘	1.55～1.625	0.62～0.695	第二油环槽上边缘	0.66～0.775	
第一油环槽上边缘	1.1～1.175	0.44～0.515	裙部下端	0.66～0.755	0.21～0.295

(5)油冷活塞

活塞顶从燃气中接受热量，然后通过活塞环将一部分热量向缸壁及通过冷却油道向油流散逸，留在体内的另一部分热量使体温升高。非油冷活塞要将其 65%～85%的热量通过活塞环向缸壁散逸，这里的传热面积有限，传热热阻较大，往往由于传热不良而使活塞体温上升。对于增压强化柴油机活塞来说，必须采用体内油冷的方式来散逸热量，才能确保活塞组的工作可靠性。

活塞组采用机油强制冷却有以下几种方式：

①喷射冷却。从连杆中引来的机油通过设置在连杆小头处的喷嘴向活塞顶背喷射散热，热油溅落入曲轴箱。例如 16V240ZJB 型、16V280ZJ 型等柴油机活塞用此作辅助冷却手段。

②蛇形管式或其他内油道冷却。在活塞体内设有螺旋形或环形内油道，冷却油从销座孔处引入，从另一销孔座附近的回油道活塞顶背部油孔掉入油底壳。活塞体内最上部的油道通常布置在接近并稍高于第一气环槽的位置处。油道的截面较小，全部充满机油并以一定流速通过。例如 16V240ZJB 型、16V280ZJ 型及 16V280ZJA 型柴油机的铝合金活塞用此作为主要

冷却手段。

③振荡式油冷。在活塞体内具有较大截面的储油空腔,冷却油不断地输入和回出,腔内仅保持$\frac{1}{3}\sim\frac{1}{2}$容积的油量。当活塞往复运动时,腔内的油随着运动,由于油的运动惯性力在腔内反复振荡,以及油流的高速冲击,形成紊流,使振荡冷却具有比蛇形管冷却更高的传热系数,从而使活塞顶部及环槽区得到十分良好的冷却。16V240ZJB 型柴油机球铁活塞、16V280ZJ 型及 16V280ZJA 型柴油机等活塞皆采用振荡式冷却。

(6)组合式活塞

随着增压强化程度的进一步提高,柴油机的平均有效压力或单位活塞面积上的功率提到相当高的程度,因而使活塞的机械负荷及热负荷更加严重。因此,强化度高的柴油机必须采用组合式活塞。

组合式活塞是根据活塞各部位的不同要求,采取最佳的冷却方式,用不同的材质组合而成,达到顶部高强度、高耐热、抗腐蚀、环槽磨损小及重量轻等要求。例如钢顶铝裙组合式活塞,通常用耐热合金钢制成活塞头部,它具有较薄的顶壁,顶面温度虽稍高,但在热强度的许用值内,且对减少蓝烟和积碳有利。薄壁降低了内、外壁温差,同时又减轻了重量。钢质环槽耐磨性好,使检修寿命增长。通常采用振荡式冷却,使活塞头部和环槽部具有良好的冷却,提高了活塞环的工作可靠性。钢的热膨胀系数比铝合金小,因此头部与缸套的配合间隙可减小,能减小油、气漏泄及对缸壁的敲击力。

2. 16V240ZJB 型柴油机活塞结构的典型实例

(1)锻铝活塞

16V240ZJB 型柴油机前期采用锻铝活塞(图 3-1-1)。活塞由活塞套及活塞体两部分组合而成。活塞套为采用 LD7 锻铝合金环形套,包括火力岸及环槽部在内,套上分布有 4 道气环槽及 1 道油环槽。第一、二道气环槽的高度为$5.1^{+0.02}_{0}$ mm,第三、四道气环槽的高度为$5^{+0.08}_{+0.05}$ mm,油环槽的高度为$8^{+0.10}_{+0.07}$ mm。活塞体采用 LD8 锻铝,包括中央活塞顶及裙部等部分。活塞体与活塞套两者采用过盈套装,过盈量选配为0.2 mm。为防止脱落,采取上下不同直径的两配合面,上配合面的直径比下配合面大0.7 mm。活塞顶面呈浅 ω 形,在气门对应的部位设 4 个避阀坑,顶部还设 2 个吊装螺孔。顶面及火力岸区进行阳极氧化处理。

冷却油道在套装前由机械加工制出,在套装后合成。在其一的销座孔中开设进油槽和钻进油孔,孔的下端部用螺堵封住。冷却油由活塞销中引入,通过进油槽及进油孔输往上部第一油道。冷却油道为圆环形,上下共 3 圈平行的圆环油道,每圈之间有垂直槽沟通,相邻垂直槽相隔半个圆周。冷却油在环形油道内分两路流动,汇合后向下到另一油道,在最后一道环形道内汇合后的机油从另一销座附近回油孔泄入油底壳。

第一油环槽的后背在连杆摆动方向的两侧各钻有 4 个回油孔。裙部下端设第二油环槽,槽的后背均布 12 个回油孔。

活塞筒体由 3 个圆锥体、1 个椭圆锥体及 1 个圆柱体组成。裙部为椭圆锥体,裙部下端为圆柱体,裙部外表喷涂 0.02～0.05 mm厚的二硫化钼润滑脂。

(2)薄壁整体球墨铸铁(球铁)活塞

薄壁整体球铁活塞适应柴油机进一步强化的要求,以取代可靠性降低的锻铝活塞。图 3-1-3为用于 16V240ZJB 型柴油机的球铁活塞。

球铁在常温下的抗拉强度为锻铝合金的 1.85 倍。球铁有优良的耐热性,其熔点比铝合金将近高一倍，在热力学温度573 K下的抗拉强度为锻铝合金的 3.5 倍。虽然球铁的导热性比铝合金差，因而球铁活塞的体温比铝合金活塞高，但能减少燃烧时的蓝烟，这有利于提高柴油机的工作热效率。

球铁的密度约为锻铝合金的 2.6 倍，但借助于高的机械强度及合理的薄壁结构，以克服密度大的难关。球铁活塞组比锻铝活塞组相对增重2.25 kg，对柴油机的运转平稳性影响不大。

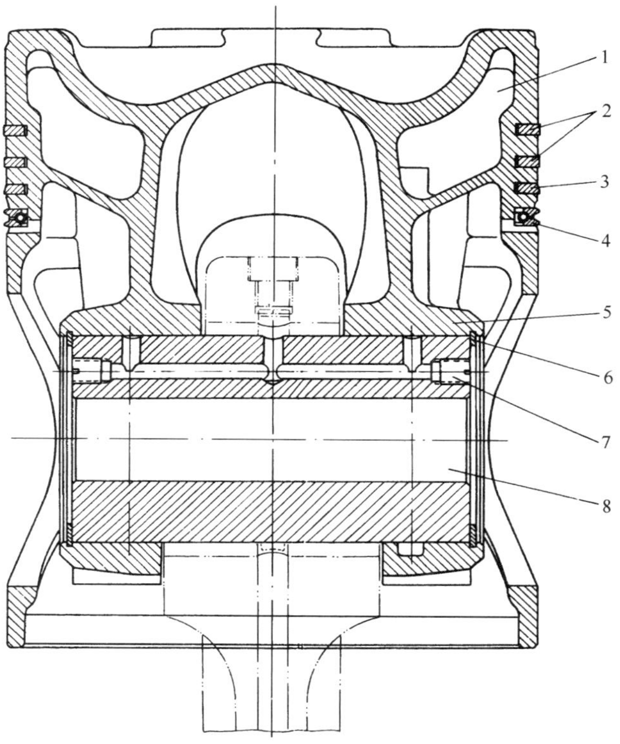

1—振荡式油腔；2—矩形气环；3—锥面气环；4—组合式油环；
5—悬挂式弹性活塞销座；6—挡圈；7—密封堵；8—活塞销。

图 3-1-3 薄壁整体球铁活塞

球铁的线膨胀系数仅为铝合金的 54%～60%，因此活塞筒体与缸套的配合间隙可减小，这一方面有利于气密和减少机油损耗，另一方面又可减轻活塞对缸壁的敲击作用及缸套水侧的穴蚀，降低柴油机的振动和噪声。

球铁活塞组减少了活塞环的数量，降低了摩擦阻力，同时由于取消了裙部的油环，改善了裙部与缸套间的润滑状态，这对消除球铁的咬缸倾向有一定的作用。

球铁的耐磨性能优良，实测表明球铁活塞第一气环槽的磨损率仅为锻铝活塞的$\frac{1}{7}$～$\frac{1}{6}$。

活塞头外缘呈箱形薄壳结构，提高了头部的刚度，同时又构成了振荡油腔。活塞销座靠较强的垂直支撑筋及斜支承筋悬挂起来，销座周围多余的材料被挖除，减轻了重量，同时也消除了裙部椭圆变形的一些因素，因而可采用圆柱形裙部。由于铸铁的抗压强度高，销座孔的支承长度可缩短，这也降低了活塞销的弯曲应力。

活塞顶面具有与锻铝活塞相仿的浅 ω 形燃烧室、4 个避阀坑，但无吊装螺孔，靠撑紧于避阀坑斜面的吊具吊装。活塞顶面及火力岸镀铬。采用振荡式冷却及喷射冷却，第一气环槽的热负荷有较大的下降。

(3)钢顶铝裙组合式活塞

钢顶铝裙组合式活塞是现代大功率强化柴油机活塞普遍采用的形式,16V280ZJ 型、16V240ZJB 型、16V240ZJC 型、16V240ZJD 型均采用此活塞。

图 3-1-4(a)为 16V240ZJ 型柴油机用活塞组。活塞头部采用 4Cr10Si2Mo 耐热合金钢,顶面具有浅 ω 形燃烧室、4 个避阀坑,头部布置有 3 道气环。裙部采用 LD7 锻铝合金,有 1 道油环在活塞销座孔的上方。活塞头与活塞裙之间为过盈套装,并通过活塞头顶背中央伸下的螺杆用螺母和蝶形弹簧等将两部分紧固。活塞采用振荡冷却方式,冷却油由专用的机油泵通过装在气缸下部的喷嘴喷射供油,从裙部一侧的纵向孔中喷入,在环槽部后背及中央顶背的环形空腔中振荡,两腔之间有油路相通,然后由小孔进入螺管最后泄入油底壳。

图 3-1-4(b)为另一类型钢顶铝裙组合活塞,活塞头部与裙部之间由 4～8 个螺栓紧固,螺栓有从活塞顶向下拧入的,也有从裙部向上拧装的,后者使顶面燃烧室保持完整,螺栓的结构尺寸受限较少,适合于较大缸径的组合式活塞。考虑到紧固螺栓的受热伸长,要求采用特殊的锁紧防松设施。

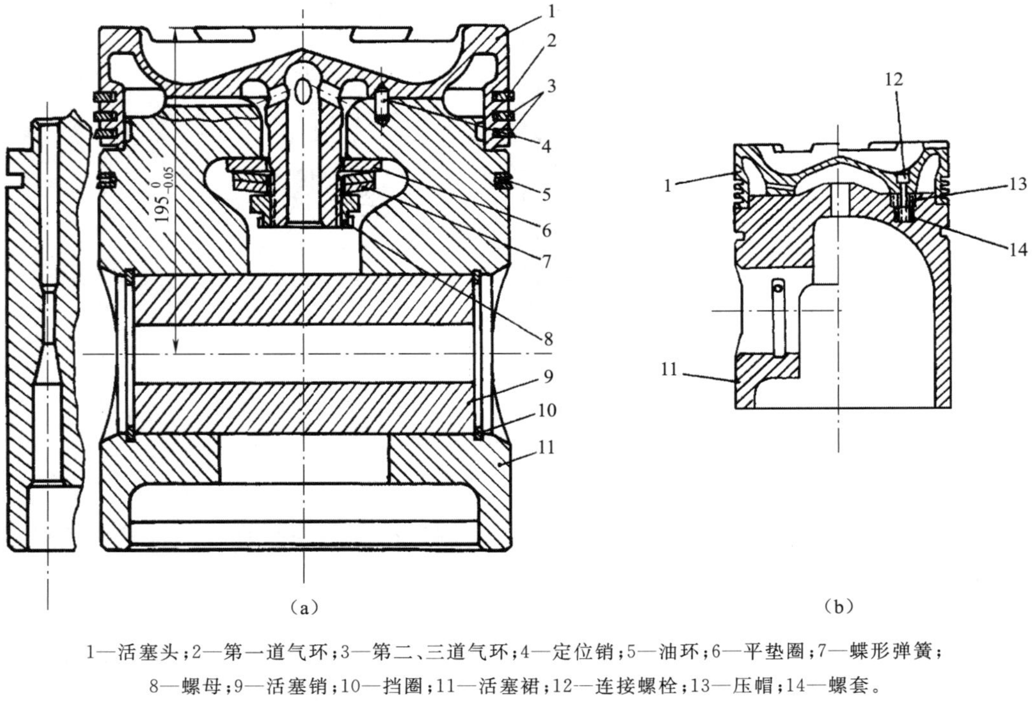

1—活塞头;2—第一道气环;3—第二、三道气环;4—定位销;5—油环;6—平垫圈;7—蝶形弹簧;8—螺母;9—活塞销;10—挡圈;11—活塞裙;12—连接螺栓;13—压帽;14—螺套。

图 3-1-4　钢顶铝裙组合式活塞(单位:mm)

三、活塞环

1. 活塞环的作用

(1)密封作用。活塞组对气缸燃烧室的密封作用是由活塞、活塞环和机油油膜共同完成的,活塞环对密封起主导作用。

(2)传热作用。活塞环槽与活塞环接触,又通过活塞与气缸接触而传热,导出活塞体内一部分热量，从而使体温下降。

(3)布油作用。气缸中活塞的往复运动速度甚快，为减少运动阻力和磨损，必须使气缸壁上保持一薄层油膜，这也有利于气密、减小敲击噪声及避免拉缸。在气缸套下部有许多飞溅的机油，通过运动的活塞环将机油自下而上地输送到气缸的中上部，这就是活塞环的泵油作用，另外也通过活塞环控制泵油量，刮下多余的机油。

(4)支承作用。由于活塞直径比缸径小，当它在气缸中往复运动时，活塞头尾会出现左右摇晃的不稳定运动状态，当活塞环安装到活塞环槽后，活塞的摇晃程度和对缸壁的撞击作用得以减轻，减少了活塞与缸壁的摩擦和磨损。

2. 活塞环的结构和工作特点

(1)活塞环在环槽内的运动状态(图 3-1-5)

活塞环不仅随活塞作往复运动，而且还有微量的回转运动、径向运动和振动。环的回转运动和上下运动可以防止偏磨和卡滞，减轻因环槽内机油结胶积碳使环可能粘住或卡住的现象，但也增加了环对环槽的冲击和磨损。

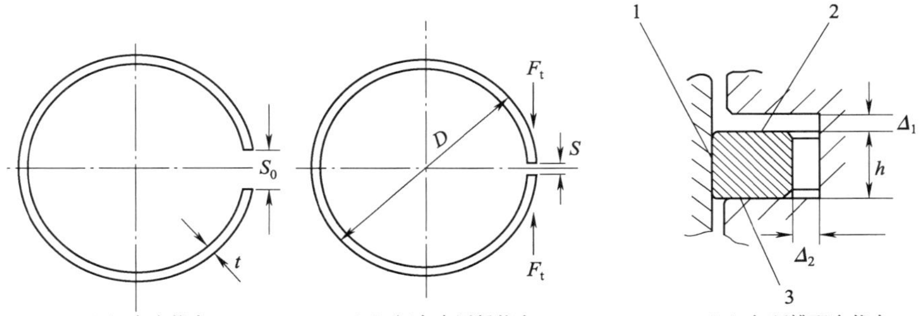

(a) 自由状态　(b) 切向力压紧状态　(c) 与环槽配合状态

1—工作面；2—上侧面；3—下侧面；Δ_1—侧隙；Δ_2—背隙；h—环高；t—径向厚度。

图 3-1-5　活塞环的运动状态

(2)活塞环的切口和弹性

为造成一定的弹力，活塞环铣有切口。活塞环的切口两端在不受外力作用下的开度称为自由开口 S_0。活塞环压装到气缸中受缸壁的约束，这时切口两端被迫收缩后的开度 S 称为闭口间隙(工作开口或工作间隙)。从自由状态强制收缩到工作状态时的活塞环对缸壁有一种反抗力，力图恢复原来的自由状态，这种反抗力就是环的弹力。在检测时，通常以切口处的切向力 F_t 来衡量弹力的大小。

活塞环的工作面为外圆面，外圆面与缸壁贴紧，且随活塞运动而在气缸镜面上滑行。自由开口的大小表征着活塞环对气缸镜面弹力的大小。自由开口过大，即环对镜面的弹力大，造成工作面过快的磨损或有轻微的拉痕。自由开口过小，即环对镜面的弹力不足，环的密封作用差，刮油能力弱，易造成窜气、窜机油及降低压缩压力，使柴油机的工作受到影响。

活塞环闭口间隙的大小表征着气体泄漏通道的大小。为减少泄漏，通常采用较小的闭口间隙值，但也不宜过小，因活塞环受热膨胀量大于气缸膨胀量，环的切口两端会因膨胀而顶住，产生附加应力，反而破坏环的密封作用，而且使环丧失活动性。

在长期使用过程中，由于活塞环受高温影响而弹性逐渐降低，自由开口逐渐减小，当它减小到一定程度时应换新环。活塞环也会因工作面的磨损而使闭口间隙逐渐加大，当闭口间隙增大到一定程度时也应更换。闭口间隙的增长速率反映了环的磨损速率。

(3)活塞环与环槽的配合间隙

环槽与活塞环两侧面间隙之和称为侧面间隙。侧面间隙根据活塞的热负荷、环槽的材质及环的位置等因素而定,间隙不宜过大或过小。如间隙过大,则环对环槽的冲击增大,漏气漏油的通道加宽,环槽区温度上升,机油窜入燃烧室的量增加,环槽中的堆积物增多;如间隙过小,则环易因挠曲变形、胶状物质粘住或碳粒所卡住失去活动性,因而削弱了环的密封作用,易发生窜气和拉缸现象。活塞组在装入气缸前应检查侧隙大小。表 3-1-2 列出了部分机车柴油机活塞环与环槽间的侧隙数据。

(4)活塞环的切口与漏气

活塞环切口和与环槽的间隙为燃气泄漏提供了通道,但一般闭口间隙仅为缸径的$\frac{1}{300}$～$\frac{1}{200}$,活塞侧表面与缸壁间、环与环槽间的侧隙都较小,且多道气环形成迷宫式密封及各间隙中机油的阻挡,在正常情况下,从气缸泄漏到曲轴箱的气体量仅为进气量的 0.2%～1%。

表 3-1-2　部分机车柴油机的活塞环与环槽间的侧隙值　单位:mm

位　置	16V240ZJB 锻铝活塞	16V240ZJB 球铁活塞	16V280ZJ 钢顶铝裙
第一道气环	0.11～0.17	0.10～0.17	0.105～0.155
第二道气环	0.11～0.17	0.04～0.12	0.085～0.135
第三道气环	0.06～0.13	0.04～0.12	0.085～0.135
第四道气环	0.06～0.13	—	—
第一道油环	0.05～0.13	0.04～0.12	0.085～0.135
第二道油环	0.05～0.13	—	—

为尽可能地减少泄漏损失,要求各部间隙不超限,并在活塞组吊装入气缸前,使相邻各环的切口相互错开 90°～180°。

活塞环的切口形式有直切口、斜切口和搭接口三种(图 3-1-6)。实验证明,在其他条件相同时,环的切口形式对漏气量影响不大。因此,加工简便的直切口环得到广泛的应用。

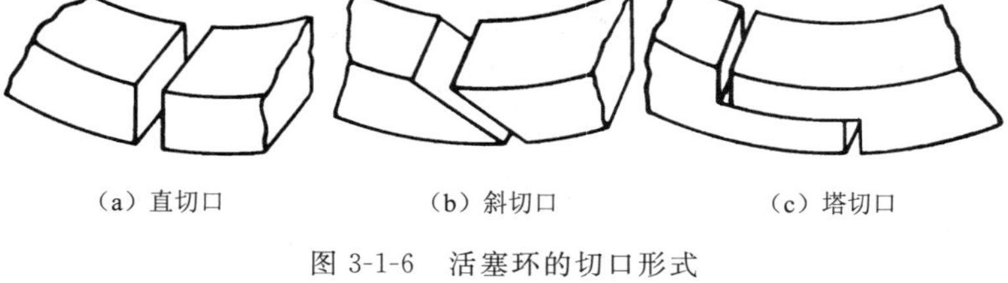

(a) 直切口　　(b) 斜切口　　(c) 塔切口

图 3-1-6　活塞环的切口形式

(5)气环的密封面

气环的密封作用靠环的外圆面与缸壁贴紧,外圆面对缸壁的密封压力由环本身的弹力及泄入背隙的气体推力合成,气环的外圆面为第一密封面。由于活塞运动使环与环槽的上平面或下平面相贴靠,或由于泄入侧隙的气体压力使环与环槽的下平面相贴靠,少量的气体只能通过闭口间隙而泄至下一道环槽,在漏泄的过程中气体经节流和膨胀使压力下降,多道气环组成迷宫式气封,使最后泄出的燃气量大为减少,故与环槽贴靠的气环侧面为第二密封面。以气环的密封效果来讲,头两道气环阻拦了大部分的燃气下泄。活塞环槽区气体压力变化如图 3-1-7 所示。

(6)活塞环的泵油现象及限油措施

在气缸下部的机油由于环的泵油作用而上升。若不考虑气体压力的影响,当活塞下行时,活塞环因惯性作用而贴靠在环槽的上平面,由外圆面刮下的机油积聚在背隙、侧隙及环岸与缸壁之间。当活塞上行时,活塞环又贴靠于环槽的下平面,此时机油被挤压到该环的上部空间。活塞不断地往复运动,使机油逐级上升,因此形成了机油从缸壁下方升级到上方的泵油现象(图 3-1-8)。若考虑气体压力的影响,则在膨胀过程中,头几道环在活塞下行时仍靠环槽下平面,泵油作用有所抑制,但在进、排气过程中,泵油现象仍然存在。

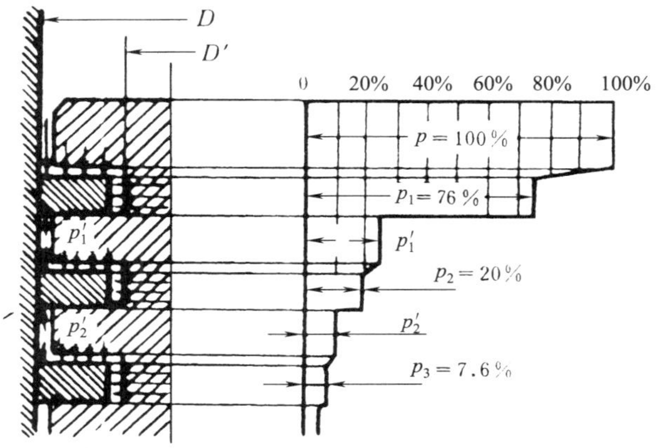

图 3-1-7 活塞环槽区气体压力的变化

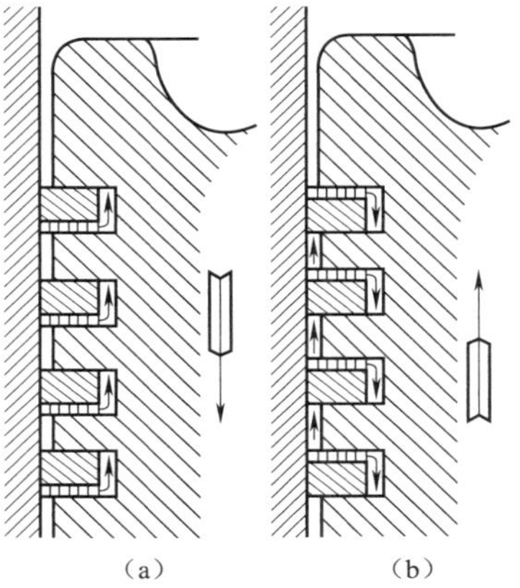

图 3-1-8 活塞环的泵油现象

泵油作用过强,则机油消耗量增加,机油进入燃烧室后扰乱了整个燃烧过程,在活塞组及增压器中机油结胶积碳会造成许多危害;泵油作用过弱,则在气缸上部缺少润滑剂,磨损增加,严重时促成拉缸的发生。

活塞组安装油环来节制泵油作用。油环安装在气环之下,环槽的温度及气压比较低。油环的任务主要为刮掉缸壁上多余的机油及使机油膜均布,它具有特殊的截面形状及排油措施,在其外圆面上具有一圈或两圈刮油刃,刀刃锐边向下,上部是圆角或斜角(截面呈单鼻、双鼻或钳式),以使油环下行时刮油,上行时构成油楔利于布油;刃边较狭,以提高单位接触面上的密封压力;油环与环槽配合的侧隙较小,闭口间隙小,以控制油气泄漏量;截面中央有多条排油槽(集油槽或漏油缝),环槽后背或环岸钻有回油孔,以减弱泵油作用,并将所刮下的机油通畅地泄回曲轴箱,如图 3-1-9 所示。

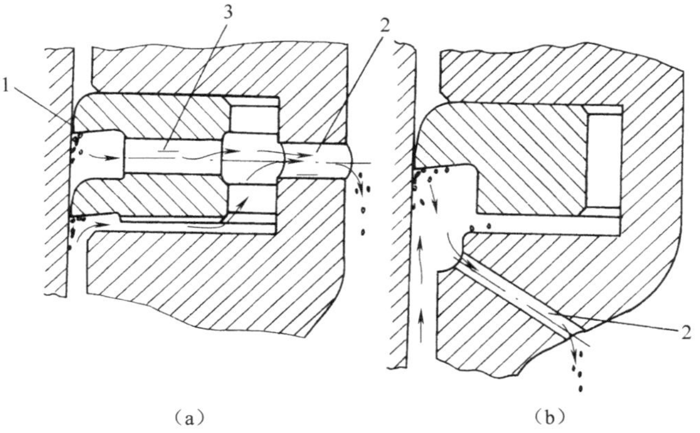

1—刮油刃;2—回油孔;3—排油槽。

图 3-1-9 油环的刮油及回油

(7)常见的活塞环

常见的气环有矩形环、锥面环、梯形环、桶面环及开槽填料环等。常见的油环有单鼻式、双鼻式、开槽钳式及螺旋撑簧组合式环等,如图 3-1-10 所示。

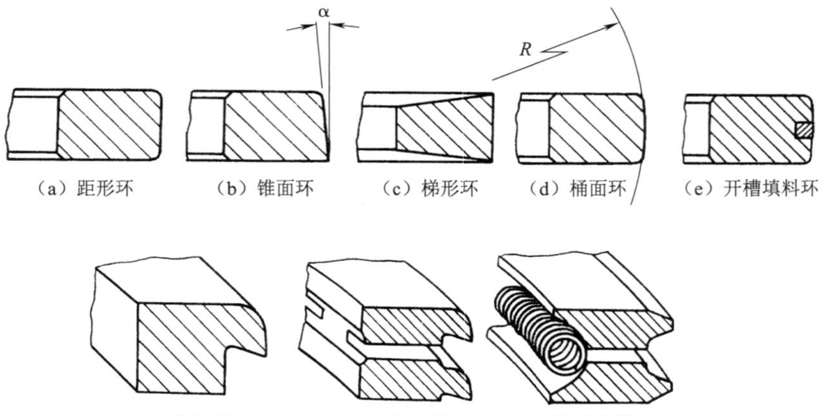

(a) 距形环　(b) 锥面环　(c) 梯形环　(d) 桶面环　(e) 开槽填料环

(f) 单鼻油环　(g) 双鼻油环　(h) 螺旋撑簧式组合油环

图 3-1-10　活塞环的截面形状

矩形截面是气环的基本形状,它易加工,传热面积大,但单位接触面积上密封压力较小,尖锐的边棱对油膜的形成不利,一般仅用于活塞组的头几道气环。

锥面环上部为一个斜面,斜角 α 在 $30'\sim75'$之间,下部形成一圈与气缸镜面相贴合的窄圆柱面,环的下侧保留锐边,起到密封及刮油作用,故此窄圆柱面又称为密封边或刮油边。密封边具有较大的单位接触面积密封压力,有利于加速磨合和减少机油损耗。新环密封边的宽度为 0.3～0.5 mm,使用磨损到一定限度时应更换。锥面环上行时锥面具有布油作用,但锥面上气压的径向分力有抵消一部分密封压力的作用,故锥角不宜过大,通常安装在第二道以下的气环槽内。在组装时要防止锥面倒装,否则使大量机油刮入燃烧室。为防止倒装,国产锥面环在切口处上侧面刻有“上”字。

梯形环与环槽的侧隙能随环作径向运动而变化,因而能将环槽侧隙中的淤渣挤出,增大了活塞环的抗黏着能力。

桶面环的工作面呈凸圆弧形,与镜面的接触面较小,有利于磨合及密封,在环上行或下行时皆能形成油膜,使拉缸的可能性降低,故桶面环在强化型柴油机上使用。

开槽填料环在工作面上开有浅槽并镶填入其他材料,如紫铜条、石墨、四氧化三铁或喷钼等,以达到改善磨合性、自润性、减少熔着及减少缸壁面拉毛等作用。

鼻形油环通常具有单一的安装方向,其鼻朝下,密封边上不许有缺口或拉痕,密封边的宽度与刮油效果有密切关系。梯形油环密封边的两面都是斜面,安装时无方向性。

由于活塞下部环槽内气压较低,油环本身由于中间集油槽的存在而弹力不足,故常借其他弹性件的力量提高密封面上单位压力,例如环内衬以波形簧片或圆柱螺旋撑簧等。圆柱螺旋撑簧式油环是在环的内圆面上加工出半圆槽,槽内安装螺旋弹簧,弹簧两端由弧形弹性杆串联,弧形弹性杆放置在油环切口的对面。组合后环的自由开口和弹力皆增大,且密封压力比较均匀和稳定。

(8)活塞环的表面处理

为使活塞环工作面具有耐磨、易磨合、储油和抗咬合等优良性能,通常都对活塞环进行表面处理。例如镀锡、镀镉或磷化等可以防锈及改善磨合性;渗硫、软氮化、镀锡及喷钼等可提高抗咬合性,延迟熔黏磨损的产生;松孔镀铬、喷钼等可提高耐磨性及储油性。

国内外广泛采用松孔镀铬和喷钼处理。镀铬环常用于非镀铬气缸中第一、二道气环及油环，铬层具有较高的硬度和熔点，动摩擦系数小，耐磨和耐腐蚀。松孔镀铬改善铬层表面性能，镀铬层总厚度一般为 0.08～0.12 mm，松孔铬层厚 0.04～0.06 mm。据国外试验资料：第一道镀铬气环的使用寿命比普通气环长 3～5 倍，气缸磨损量也可减少$\frac{1}{2}$，同时还延长了第二、三道气环的使用寿命。喷钼环有不易拉伤气缸的优异性能，钼层较硬，表层具有多孔性，熔点更高，不易摩擦熔化，这些因素使它有较好的耐摩擦和抗咬合性能。钼层通常喷涂在浅槽中，厚度为 0.1～0.2 mm。为改善镀硬铬和喷钼环的磨合性，在环的外表面电镀 0.005～0.01 mm 的锡层。

(9)机车柴油机活塞环结构及参数

机车柴油机活塞环的结构及参数见表 3-1-3。

表 3-1-3 机车柴油机活塞环结构及参数

<table>
<tr><th colspan="2" rowspan="2">机 型</th><th colspan="3">气 环</th><th colspan="3">油 环</th></tr>
<tr><th>自由开口/mm</th><th>闭口间隙/mm</th><th>切向弹力/N</th><th>自由开口/mm</th><th>闭口间隙/mm</th><th>切向弹力/N</th></tr>
<tr><td rowspan="3">16V240ZJB（球铁活塞）</td><td>第一、二道喷钼矩形气环</td><td>28～32</td><td>$1^{+0.3}_{0}$</td><td>44～64</td><td>—</td><td>—</td><td>—</td></tr>
<tr><td>第三道锥面气环</td><td>28～32</td><td>$1^{+0.3}_{0}$</td><td>44～64</td><td>—</td><td>—</td><td>—</td></tr>
<tr><td>一道螺旋撑簧组合式油环</td><td>—</td><td>—</td><td>—</td><td>组合前
16～20
组合后
28～32</td><td>$1^{+0.1}_{-0.2}$</td><td>组合前
4.9～9.8
组合后
157～196</td></tr>
<tr><td rowspan="3">16V280ZJ</td><td>第一、二道喷钼矩形气环</td><td>35±2</td><td>$1.3^{+0.2}_{0}$</td><td>74～82</td><td>—</td><td>—</td><td>—</td></tr>
<tr><td>第三道锥面气环</td><td>35±2</td><td>$1.3^{+0.2}_{0}$</td><td>74～82</td><td>—</td><td>—</td><td>—</td></tr>
<tr><td>一道螺旋撑簧组合式油环</td><td>—</td><td>—</td><td>—</td><td>组合前
16～20
组合后
36±2</td><td>$1^{+0.2}_{0}$</td><td>组合前
13～18
组合后
167～196</td></tr>
</table>

四、活塞销

1. 作用和工作特点

活塞销用以连接活塞和连杆，并将活塞顶面所受的气体力与往复运动惯性力的合力传给连杆。合力大小和方向随曲轴转角变化而循环变化，当合力向上时，活塞销呈下凹状弯曲变形；当合力向下时，活塞销呈上凸弯曲变形。四冲程柴油机活塞销在一个工作循环内凹凸变形各一次。在工作中活塞销仅有缓慢微量的转动，故润滑油膜的形成比较困难，造成销座孔和活塞销外圆面偏磨。由于活塞销座受热受压变形易使两者在局部区段应力集中。

根据活塞销的工作特点，要求尽可能增大直径，减轻重量，提高抗弯刚度；采用优质材料进行表面硬化处理，使活塞销具有内韧外硬、耐磨及耐冲击的性能；保证严格的几何形状，油孔边棱磨圆抛光，以减少应力集中和疲劳裂纹的产生。

2. 活塞销的构造

按活塞销与销座孔的安装状态可分为：

(1)固定式。活塞销夹紧的销座孔中不能转动,也不用润滑,如 10E207J 型柴油机用的活塞销。

(2)浮动式。活塞销与销座孔有适当的配合间隙。由于连杆的摆动使活塞销有微小转动,因而使销减轻偏磨现象及使圆周均匀承载。

活塞销通常呈中空圆柱体形,其外径为气缸直径的 35%～42%。活塞销采用优质低碳合金钢(如 12CrNi3A),外圆表面渗碳淬火处理,内圆面不渗碳,保持一定的韧性。通常,活塞销芯部的内圆孔兼作机油通道,这时两端需用挡盖密封。为解决挡盖松、裂、漏等毛病,采用如图 3-1-3所示的结构,芯部内孔不作机油通道,在截面中另钻 3～4 条纵向平行小油道,圆周均布,油道两端用涂有厌氧密封胶的螺堵密封。油道中部的径向油孔为进油孔,两头的径向油孔为出油孔,后者供应活塞销座孔润滑油及活塞体内冷却油。

浮动式活塞销与销座孔的配合间隙(表 3-1-4),对工作有较大的影响。如间隙过大,则工作中冲击大,油膜厚度减小,运转噪声增大;如间隙过小,则易使活塞销运动卡滞,对销座孔的供油困难。由于活塞销的转动速度慢,工作中销座孔会因受热而胀大,因此选用较小的冷态间隙。

表 3-1-4　机车柴油机活塞销配合间隙　　单位:mm

机　　型		活　塞　销　与　销　座　孔			销与连杆衬套
		活塞销直径	销座孔直径	浮动间隙	配合间隙
16V240ZJB	锻铝活塞	$100_{-0.03}^{-0.01}$	$100_{0}^{+0.021}$	0.01～0.051	0.09～0.17
	球铁活塞	$100_{-0.03}^{-0.01}$	$100_{+0.04}^{+0.06}$	0.02～0.09	0.09～0.17
16V280ZJ		$110_{-0.009}^{+0.006}$	$110_{0}^{+0.022}$	−0.006～0.031	0.115～0.165

连杆小头衬套与活塞销的配合间隙选用较大的数值,这是因为两者相对运动速度稍高,且衬套在受热后向内收缩的缘故。

活塞销外圆面及油孔周边抛光,不允许有划痕及其他缺陷。成品需经电磁探伤检验,不允许有裂纹存在。

五、16V280ZJ 型柴油机活塞组

16V280ZJ 型柴油机活塞组由活塞、活塞销和活塞环等组成,如图 3-1-11 所示。

1. 活塞的结构

早期曾用过上穿式的钢顶铝裙活塞,即活塞头和活塞体由 8 个从活塞头拧入活塞体的螺栓连接。由于这种连接的可靠性较差,后来改用下穿式活塞。以下只介绍下穿式活塞。

钢顶铝裙组合活塞的锻钢活塞头 2 和铝活塞体 12 由 4 个螺柱 1 连接。螺柱的一头栽入活塞头;另一头穿过活塞体和弹性套 10 并用螺母 11 拧紧,使活塞头与体紧固连接。螺母通过弹簧卡销防松。

(1)活塞头

活塞顶为浅 ω 形状,作为直接喷射的燃烧室,其形状是由计算和试验确定的,以便与喷油器的多孔喷嘴所喷射的油束相配合,使气缸内的空气与燃油充分接触和燃烧。为了避免活塞在排气过程上止点附近与开启着的进、排气门相碰,在活塞顶对应于气门位置铣出 4 个避阀坑。

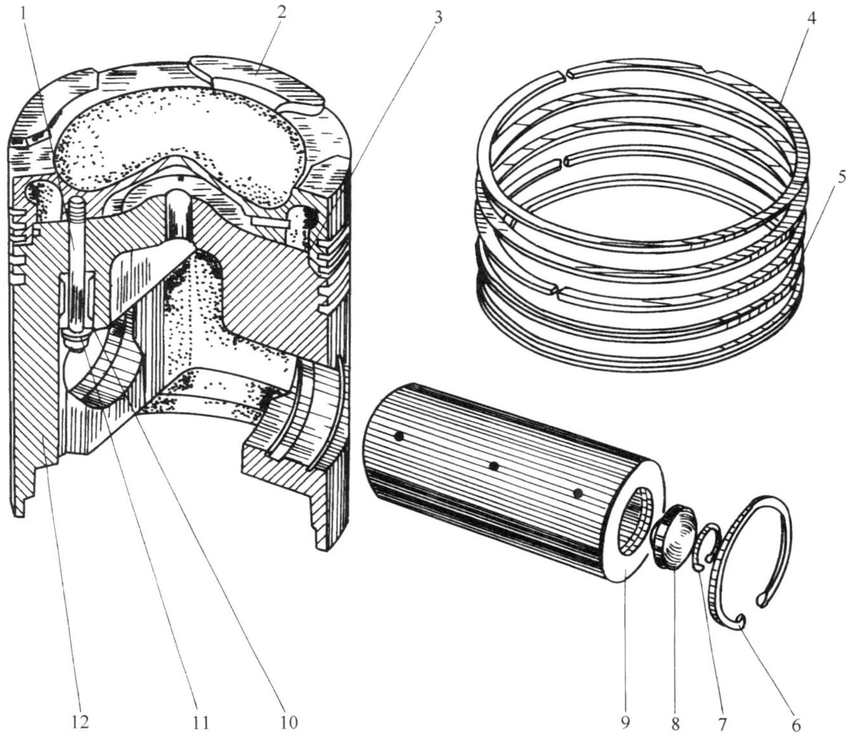

1—螺柱；2—活塞头；3—O形圈；4—气环；5—油环；6、7—挡圈；
8—油堵；9—活塞销；10—弹性套；11—螺母；12—活塞体。

图 3-1-11 16V280ZJ 型柴油机活塞组

活塞顶内腔的外周是一个环形冷却油腔，用压力油去冷却活塞顶和活塞环槽区。活塞顶内腔中央与活塞体顶面形成一个较大冷却油腔和冷却表面，用进入此油腔的冷却油去冷却活塞顶中部。上述两个冷却油腔的出油孔流通截面均比进油孔大，由此，机油在冷却腔形成了具有较好冷却效果的振荡冷却。环形冷却油腔与中部油腔之间形成一个环形凸台，凸台的下平面与活塞体贴靠，在此凸台平面上设有螺孔，用以栽入螺柱。

活塞头下部是一个圆柱体，为活塞环槽区，有 3 道环槽，安装 3 道气环。活塞头上部为火力岸，是一个圆锥体。

活塞头采用合金钢材料，允许的最高工作温度为500 ℃，能够满足活塞顶的工作条件。由于钢与作为气缸套材料的铸铁的热膨胀系数较接近，可以使活塞头与气缸套的间隙设计得比较小，以减少传入活塞的热量。较小的间隙还可以减小活塞运动时产生的冲击和振动。另外，钢的耐磨性能也比铝好，故能减少环槽的磨损，提高使用寿命。钢具有比铝材高得多的机械强度，因此可使活塞头各部分的壁厚做得比较薄，以便减少钢顶活塞头的重量，使得钢顶铝裙活塞的重量接近于铝活塞的重量。活塞顶较薄的壁厚，有利于提高油的冷却效果，降低迎热壁面的温度。第一道气环的环槽，其冷却面壁厚也仅为7.5 mm，传热条件很好，可以有效地降低第一道活塞环和环槽的工作温度，从而减小活塞环及环槽的磨损，避免活塞环弹性松弛和黏结等故障的产生。

(2)活塞体

活塞体由裙部、环槽部和顶部组成。

裙部外形是一个中凸椭圆体。若裙部横截面为一个圆形,在侧压力和热膨胀的共同作用下,会使该截面成为椭圆形,其长轴在活塞销座轴线方向。为使裙部截面在工作时成为圆形,以利于与气缸套内孔的配合,把椭圆的短轴设计在活塞销座轴线方向,使该方向的活塞直径比长轴方向小。裙部设计成母线为中部凸起的鼓形,可以在裙部与气缸套之间形成一个活塞上下运动时的双向楔形油膜,改善两者间的润滑条件和减少活塞换向运动时对气缸套的撞击。裙部外圆面喷涂二硫化钼,用以改善初期磨合性能和提高耐磨性。

裙部设有活塞销座,活塞销座孔直径为 ϕ110 mm。活塞销座内侧间的跨距为上部小(80 mm)、下部大(116 mm)。上部支撑活塞顶的跨距较小,可减小活塞销座与顶部连接处的应力;下部跨距较大,便于加大连杆小头轴承承压面的宽度,且与连杆小头两侧成间隙配合,作为连杆在柴油机上的纵向定位。另外,在柴油机的一个工作循环中,活塞销座孔上部承受的比压较之下部大得多,故上述上宽下狭的活塞销座,有利于减小活塞销座的比压。活塞销座孔内侧在孔的两边设有沿活塞轴向由三段孔径组成的阶梯孔,便于安装螺柱、弹性套和螺母。在活塞销座孔的外侧开有 3.2 mm 宽的环形槽,槽里安装挡圈,用于限制活塞销的轴向窜动。

裙部的上方是一个圆柱体,开有 2 道环槽,用于安装油环。在环槽下平面开有 16 个回油孔,用作油环刮油的回路。

活塞体顶部与活塞头下部构成活塞的冷却油腔。在活塞体头部的外圆周面上开有一道环形槽,槽内安装 O 形圈,用于密封油腔的冷却油。活塞体顶平面与活塞头下部环形平面,虽然由于螺柱的紧固而密贴配合,但燃气压力会引起二者间的相对滑动,导致支承面的微振磨损。另外,在热负荷作用下,环形接触面内侧会翘曲脱开而产生楔形缝隙。为使支承面在工作中保持良好的贴合,将活塞体顶部平面做成从里往外向下倾斜的碟形面。由变形计算确定了活塞环岸顶平面与活塞头外圆支承面间的间隙,以保证活塞头的顶部和油腔内壁在热负荷和燃气压力作用下不产生过大的应力。

活塞体的毛坯为锻铝棒料,内腔用挤压成形,免去了机加工量。硅铝合金的热膨胀系数小,耐磨性好。锻铝的强度和韧性高,金相组织细密,避免了铸造缺陷,以适应活塞体的受力条件。

2. 活塞销

活塞销外圆直径较大(ϕ110 mm),以便将支承活塞销的活塞销座孔和连杆小头衬套孔的比压控制在许可的范围。活塞销 ϕ40 mm 的中空油道可减少重量和活塞组的往复惯性力。在活塞销相应于连杆小头孔和两个活塞销座孔的部位上,各开有 3 个周向均布的横向油孔。活塞销中空油道两端用铝制油堵密封机油,油堵与内孔采用过盈配合。活塞销中空油道两端设有2.2 mm宽的环形槽,槽内安装挡圈,用以防止油堵松出。

活塞销采用合金钢制造,其外圈和内孔经渗碳淬火,是为了获得高的疲劳强度和足够的刚度和耐磨性,承受作用在活塞销上的交变弯曲载荷和剪切力,减低由上述负荷引起的内孔变形。活塞销外圆经精磨以减少磨损。横向油孔孔口的抛光,中空油道孔的磨削,都可以提高疲劳强度。

3. 活塞环

(1)气环

3 道气环安装在活塞头上。第一、二道气环为合金铸铁单体铸造的矩形截面环,直切口。环的环高、径向厚度和自由开口尺寸,由气环的切向弹力和强度计算来确定。活塞环外圆面喷涂钼合金,以提高气环的耐磨性。钼合金层储油性好,具有延迟熔着磨损发生等良好特性。另外,在活塞环外表面镀锡,可以改善初期磨合性能并防锈。第三道气环为锥面环,在环的外圆面上加工出一个 1°30′斜角，锐角朝向活塞的下部，以提高接触压力，有利于磨合和气密性，还可起到刮油作用。环的外圆面没有钼合金层。第三道气环与第一、二道气环的区别仅为上述两项。

(2)油环

2 道油环安装在活塞体上。油环为弹簧涨圈油环，在环体内圆凹槽内，装设螺旋弹簧涨圈，以钢丝制成的闩销插入螺旋弹簧接口的内径里。油环依靠弹簧加强弹力，即使油环外圆面磨损时，其弹力也不会下降太多。而且，这种形式的油环压力比较均匀，因此具有刮油能力强和工作耐久的特点。

油环环体采用合金铸铁单体铸造，截面成双刮油舌结构。两刮油舌之间在圆周上布置 12 个高2 mm的泄油槽。活塞下行时，刮油舌从气缸内壁刮下的机油，由泄油槽经活塞体环槽下平面的 16 个回油孔流入油底壳。油环高度、最大径向厚度和自由开口尺寸由环体的强度、切向弹力和贴合性计算确定。影响刮油能力的两个重要因素是单位压力和贴合性。单位压力主要决定于弹簧力，而贴合性则主要决定于环体的刚性。设计时，在满足结构和强度要求下，尽可能减小环体的刚性，以提高油环的贴合性。环体表面镀锡以提高初期磨合性并可防锈。

4. 活塞油路

机油从连杆小头衬套的油槽经活塞销中部的 3 个油孔进入中空油道，由活塞销两端各 3 个油孔流入活塞销座孔起润滑作用。销座孔里对应于活塞销两端油孔位置开有油槽，活塞体顶面 2 个油孔与此槽钻通，机油从活塞销油孔经此槽和活塞顶油孔进入活塞顶的环形冷却油腔，再经 6 个油孔进入活塞顶中央冷却油腔，并由油腔下部中央的出油孔流回油底壳。

第二节 连 杆 组

连杆组(也称连杆)由连杆体、连杆衬套、连杆轴瓦、连杆螺栓、螺母及其他附件组成，如图 3-2-1所示。

一、连杆组的作用和工作特点

连杆组将活塞组和曲轴组连接起来，在膨胀做功过程中把气体力和往复运动惯性力的合力传给曲轴，使活塞的往复运动转换成曲轴的旋转运动。在其余工作过程中，由旋转着的曲轴通过连杆组带着活塞组运动，从而完成进气、压缩及排气等过程。

四冲程柴油机连杆组主要载荷是向下的合力 $\sum P$，使连杆受压的峰值较大。刚度不足时，连杆可能产生弯曲变形，造成连杆轴瓦及连杆衬套的不均匀磨损，使活塞歪斜，活塞与气缸局部地区接触，轻则增加附加磨损，重则导致拉缸。连杆组还受有时间不长和数值不大的拉力，但由于方向改变，对连杆组构成循环疲劳载荷，使某些薄弱地区如连杆螺栓、连杆盖或杆身应力集中区产生裂纹或断裂。

另外，连杆组的摆动还产生摆动惯性力，使连杆产生横向弯曲变形。

连杆组处于复杂的交变受力状态下，它的故障影响到整机安全。为此，要求连杆组在不过分增加重量的前提下，具有足够的疲劳强度和结构刚度，从材料、设计及制造工艺方面保证安全可靠。

二、连杆体的一般构造

连杆体由连杆小头、杆身及连杆大头(包括连杆盖)等组成。

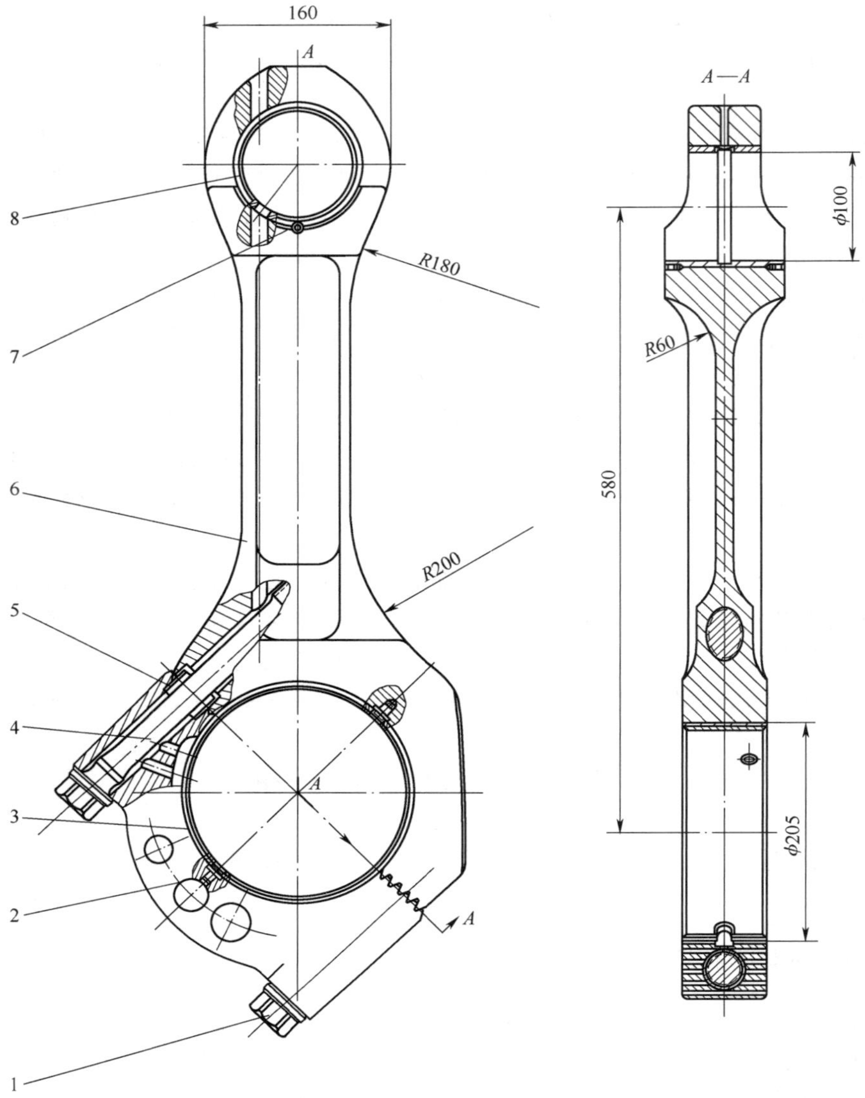

1、4—连杆螺栓;2—定位销;3—连杆轴瓦;5—定位套;6—连杆体;7—骑缝销;8—连杆衬套。

图 3-2-1　连杆组(单位:mm)

1. 连杆小头

连杆小头与活塞销相联系。小头一般为整体圆环或椭圆环外形,内圆孔中压装连杆衬套作为减摩轴承。连杆小头承受拉伸力或压缩力,它在活塞销上左右摆动,同时又参与活塞的往复运动,因而要求它有足够的强度、较大的承载面积和较轻的重量。由于所受的压缩力大于拉伸力,连杆小头下半部支承面往往较上半部大,即支承面呈阶梯形。

2. 杆身

连杆杆身为连接小头与大头之间的一段杆体。大、小头座孔中心线间的距离 L 称为连杆长度。连杆长度愈短,则柴油机总高度愈低,连杆的运动质量减小,受压时弯曲变形小,但对气缸的侧压力增大。

为尽量减轻重量及在相同截面积下具有较大的抗弯断面模数,杆身广泛采用工字形截面。

为克服摆动惯性力对杆身的弯曲作用，特使工字截面的长轴置于摆动平面内。根据摆动惯性力的弯矩从小头向大头逐渐加大，故一般工字截面尺寸也由小头朝大头方向逐渐加大。

连杆大、小头与杆身相接处，由于该截面剧变而造成应力集中，一般用大圆弧光滑过渡来减小应力峰值。

杆身中央或稍偏位置处钻有深长油孔，以供应连杆衬套及活塞销座的润滑用油，并输送到活塞体内作冷却用油。

3. 连杆大头及大头盖

连杆大头与曲柄销联结，该处是柴油机中最重要的结合部之一。为便于装拆，连杆大头孔为剖分式，由连杆大头与大头盖组合成大头圆孔，孔内安装连杆轴瓦，用连杆螺栓使盖和连杆大头紧固。

连杆大头的剖分形式有平切口和斜切口式(图 3-2-2)。剖分面垂直于连杆中心平面，并处于大头孔直径平面上者为平切口式；剖分面与连杆中心平面斜交者为斜切口式。斜切角为 30°～60°，通常为 45°，平切口大头加工简便，刚性大，连杆螺栓不受剪切力，但大头横向宽度大，如从气缸中吊装活塞-连杆组时，则曲柄销的最大直径仅为缸径的 60%～67%。斜切口大头刚性稍差，受拉时在切面方向出现切向分力 P_1。为满足从气缸中吊装活塞-连杆组，减小了大头的横向宽度，此时，曲柄销直径增加到缸径的 80%左右，用以提高曲轴刚度，增大轴瓦的承载面积。

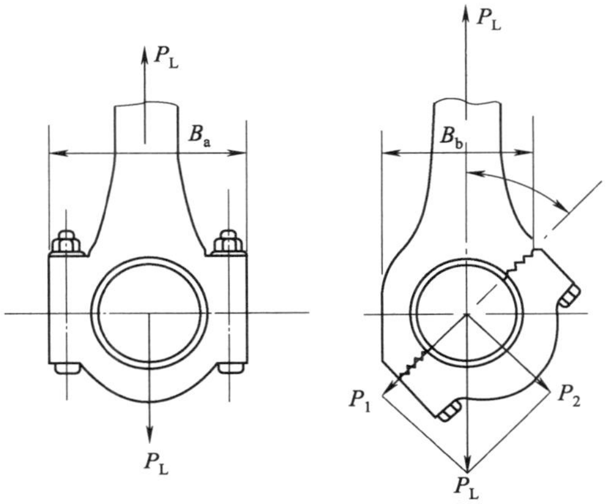

(a) 平切口　(b) 斜切口

图 3-2-2　连杆大头的剖分形式

连杆大头孔在杆身与盖紧固后加工，为保证拆卸后正确重装，要求两者对号入座，并有良好定位措施。一般大头盖定位方式有：销定位、止口定位、锯齿定位、套筒定位及螺栓中部圆柱体定位等(图 3-2-3)。由于斜切面上作用着切向分力，斜切口连杆常用较强的锯齿定位方式，以免使连杆螺栓在工作中受剪切。

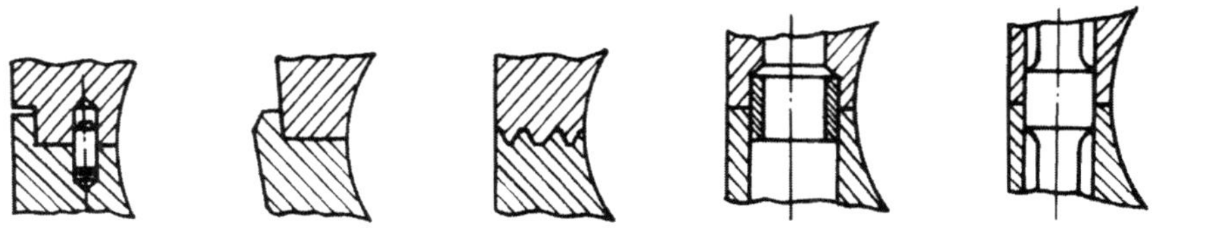
(a) 销定位　(b) 止口定位　(c) 锯齿定位　(d) 套筒定位　(e) 螺栓中部圆柱体定位

图 3-2-3　连杆大头盖的定位方式

三、连杆轴承

1. 连杆衬套

连杆衬套一般采用锡青铜材质，衬套的外圆面与小头孔过盈配合，内圆孔与活塞销相配合，具有较小的配合间隙，用以减少在受力方向改变时对衬套的冲击力，降低连杆小头过渡圆弧处的应力。为良好地供油润滑，内圆面设环形油槽及进油孔，从连杆杆身来的机油进入衬套环形内油槽。

2. 连杆轴瓦

连杆轴瓦承受气体力及活塞-连杆组往复运动惯性力合力的循环交变载荷,工作负荷大。连杆轴瓦普遍采用承载能力较高的锡铝合金瓦、铜铅合金瓦或铅青铜三种合金瓦。

连杆轴瓦的上半瓦为工作瓦,内表面一般不开油槽,有的仅在瓦口处设过渡油槽及出油孔。下半瓦为非工作瓦,其内表面开油槽及出油孔,以将部分机油引入大头盖油槽内。连杆轴瓦具有一定的弹胀量、紧余量和削薄量,紧余量的测量胎具和测定法与主轴瓦相似。

连杆轴瓦与曲柄销的配合间隙对柴油机工作可靠性与耐久性有较大的影响,为保证轴瓦内表面有一定的油膜厚度和机油流量,连杆轴瓦间隙值应小于主轴瓦间隙,对同一台柴油机各连杆轴瓦间隙差通常不应超过0.05 mm,以免引起供油不匀的弊病。

四、连杆螺栓

1. 受力概况

四冲程柴油机连杆螺栓在工作时承受两种拉伸力:紧固大头盖时的螺栓预紧力;活塞-连杆组往复惯性力与离心力的合力,以换气上止点时拉力最大。在大头盖支承面与螺孔不垂直时,螺栓头部或螺母支承面与螺孔中心不垂直时,螺母或螺栓松动时,螺栓预紧力不足及柴油机超速运转或抱缸时,连杆螺栓还受弯曲、冲击及强制拉伸等附加力。

2. 连杆螺栓的结构特点

连杆螺栓通常采用高屈服极限和高冲击韧性的优质合金钢。连杆螺栓的数量及尺寸受连杆大头宽度的严格限制,一般为 2 根或 4 根对称布置,数量多的每根截面可缩小。这样,预紧时对瓦的压紧力可均匀些,但也提高了对各螺栓均匀承载的要求。在最大的受力情况下,连杆螺栓总承载面上的应力与材质屈服极限之间,应有足够的安全系数。

为减小应力集中和提高疲劳强度,通常采用一级螺纹精度,牙根以光滑圆角相连,采用细牙螺纹。根据各部螺牙受力不匀的特点,往往采用削去螺牙部分高度的办法。杆身直径通常为螺纹内径的 80%~90%,以增加螺栓的柔度及达到等强度的目的。杆身与螺牙部及头部连接处尽可能采用光滑大圆弧过渡,并采用其他强化措施来提高疲劳强度。为防止在组装时摩擦面擦伤,组装前一般在螺纹部及头部支承面处涂润滑脂或机油。为防止螺栓锈蚀和松动,连杆螺栓应镀铜或发蓝。

3. 连杆螺栓的预紧

连杆螺栓的预紧力要保证轴瓦余面高度的“压平”,在任何运转工况下保证连杆大头结合面不分离,同时顾及螺栓的安全可靠,因此对连杆螺栓的预紧力必须严加控制。测量螺栓的预紧力通常有扭力扳手法、螺栓伸量法及螺栓头转角法等几种。扭力扳手法一般用于直径较小或扭矩不大的螺栓预紧,使用简便,但受到工具精度、螺纹精度及摩擦面摩擦阻力变化等影响而准确度较低。转角法是在螺栓头与连杆盖支承面贴靠之后再扭转一定角度来计量,这不需专用工具,使用简便,准确度较高。螺栓伸长量法利用预紧力与螺栓伸长变形之间一定关系,将预紧力折算成一定的伸长量,组装时保证达到此伸长量。对于栽入式连杆螺栓的伸长量法往往借助于专用工艺套和工艺螺栓来进行,工艺稍繁复,但比较可靠。为方便拆卸后重装要求连杆体和连杆大头盖、螺栓与螺孔对号入座,并在组装后在螺栓头及大头盖侧面划对准刻线,在一定次数内重装时只要使刻线对齐,而不必再校正伸长量值。

4. 连杆螺栓的折损

疲劳裂损是连杆螺栓通常的破坏形式。发生疲劳裂损的一般原因为:由于循环交变的拉、压动载荷而疲劳破坏;材料内部或表面毛细裂纹引起疲劳裂损;由于表面粗糙及加工精度低,特别是螺纹根部、头部支承面连接圆弧等处,受载后产生裂纹;杆身或过渡圆弧处表面划痕或碰伤;螺栓松动或预紧不足而受附加冲击;螺栓受力不匀,个别螺栓预紧力过大或过小,导致螺栓相继折断等。

连杆螺栓的折断导致柴油机严重的损坏,要确保其工作可靠,必须严格地控制设计、材质处理、加工工艺、组装规范及检验措施等主要因素,从检修和运用方面的因素来讲,正确的充分的螺栓预紧力是保证连杆轴瓦和连杆螺栓工作能力的重要措施。

五、V 形柴油机的连杆组

V 形柴油机左右两列气缸共用一根曲轴,在同一曲柄销上连接着两组连杆,连杆的结构特点影响到活塞行程、气缸位置及整机长度。V 形柴油机的连杆组有以下几种形式:

1. 并列连杆组

左右两列气缸的连杆组结构相同,且左、右相邻气缸的连杆组并排地安装在同一曲柄销上,这使左、右相邻气缸的中心错开某一距离,如图 3-2-4 所示。

并列连杆组的优点是:各连杆组的结构、受力和运动规律皆相同,制造工艺简单,有利于批量生产、维修及简化备品。并列连杆组的不足是:每组连杆轴瓦需一定的承载面积,承载面互不重叠,因而曲柄销较长,曲轴刚度有所削弱,机体造型和受力较复杂。

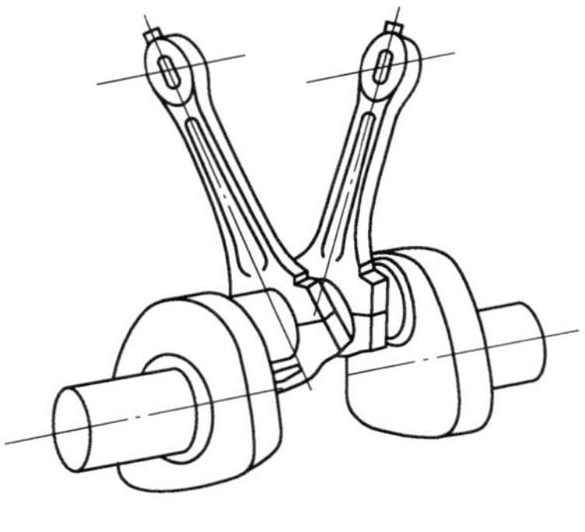

图 3-2-4 并列连杆组

2. 叉片式连杆组

安装在同一曲柄销上左、右气缸的连杆组不相同,其中有着叉形开挡的连杆大头者称为叉式连杆,另一较薄的连杆大头插装在叉形开挡内者称为片式连杆如图 3-2-5 所示。

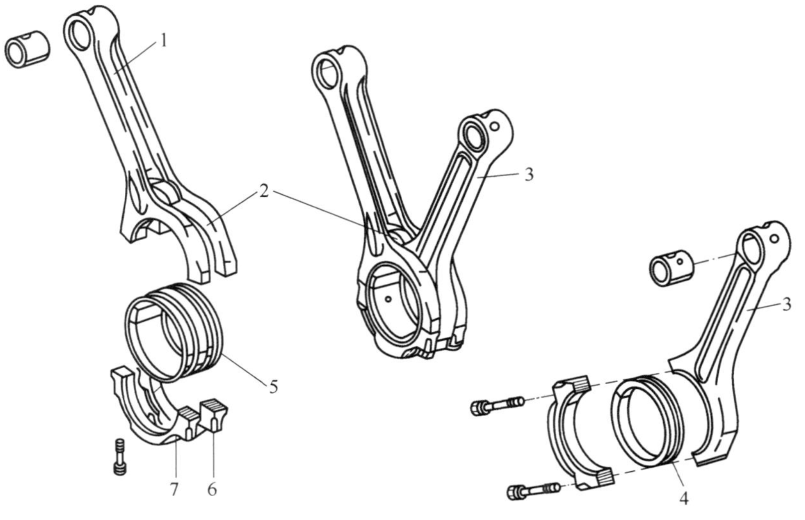

1—叉式连杆;2—叉式开挡;3—片式连杆;
4—片式连杆轴瓦;5—叉式连杆轴瓦;6、7—叉式连杆盖。

图 3-2-5 叉片式连杆组

片式连杆轴瓦较狭,它环箍在叉式轴瓦的外圆面上。叉式连杆轴瓦较宽,安装在整个曲柄销上。由于两组轴瓦承载面的重叠和借用,缩短了机体和曲轴的长度,并使左、右气缸中心不错开,对机体和曲轴的受力有利,但缺点是两种连杆结构不同增加了品种;轴瓦的加工技术要求高;叉式连杆大头刚度往往不足;叉式轴瓦在连杆盖紧固后易变形等。

3. 主副连杆组

安装在同一曲柄销上两缸的连杆组不同,一列气缸的连杆组连接于另一列气缸连杆组的大头上,前者称为副连杆,后者称为主连杆。主连杆与曲柄销相连接,副连杆通过副连杆销借主连杆的大头与曲柄销相联系。例如 12V240ZJ 型柴油机副连杆销设置于主连杆盖上,7FDL-16型柴油机副连杆销设置于主连杆大头体上(图 3-2-6)。

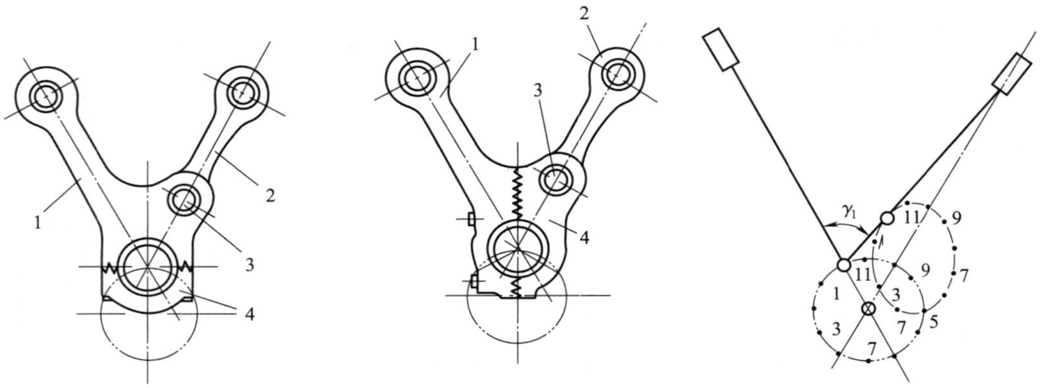

(a)副连杆销在主连杆大头体上　　(b)副连杆销在主连杆盖上　　(c)副连杆销与曲柄销运动轨迹

1—主连杆;2—副连杆;3—副连杆销;4—主连杆盖。

图 3-2-6　主副连杆组

主连杆的大头刚度较大,在同样的条件下,主连杆轴瓦的宽度也小于并列两连杆瓦的总宽度,同时左右相邻气缸中心一致,这些皆利于使机体和曲轴长度缩短,提高曲轴刚度。但是,主副连杆结构复杂;左右两活塞-连杆组的运动规律不同,活塞行程也不相同;两种连杆组受力不同,副连杆传力到主连杆大头,使主连杆及主缸活塞的侧表面受附加力。

六、连杆组构造实例

1. 并列连杆组

大多数机车柴油机如 12V180ZJ 型、16V280ZJ 型及 16V240ZJB 型柴油机皆采用并列连杆组。

16V240ZJB 型柴油机的连杆组曾用过多种结构方案。图 3-2-7 为现用方案中的一种。连杆体和连杆盖采用 42CrMo 合金钢模锻成形,为消除表面毛细裂纹的影响,提高疲劳强度,连杆体和连杆盖表面喷丸强化,除减重穴等凹面外,其余表面进行机械加工。

连杆小头的外形为椭圆环形,活塞销孔座为上窄下宽的阶梯形。连杆衬套采用铸造锡青铜材质,外圆面以0.045～0.069 mm的过盈量压入座孔内,并用骑缝销固定防松。连杆大头采用 45°斜剖分面,使曲柄销直径扩大到缸径的 81.25%。剖分面由锯齿定位,锯齿为 60°梯形齿,齿距6 mm,齿根部以圆角相连。杆身为工字形截面,为便于机械加工,工字截面上下不变。连杆盖中部为工字形拱背。连杆螺栓支承面左右对称,支承面与拱背以R10 mm的光滑圆角连接。盖与连杆体大头的锯齿面上另有定位销，以免重装时轴向错位。

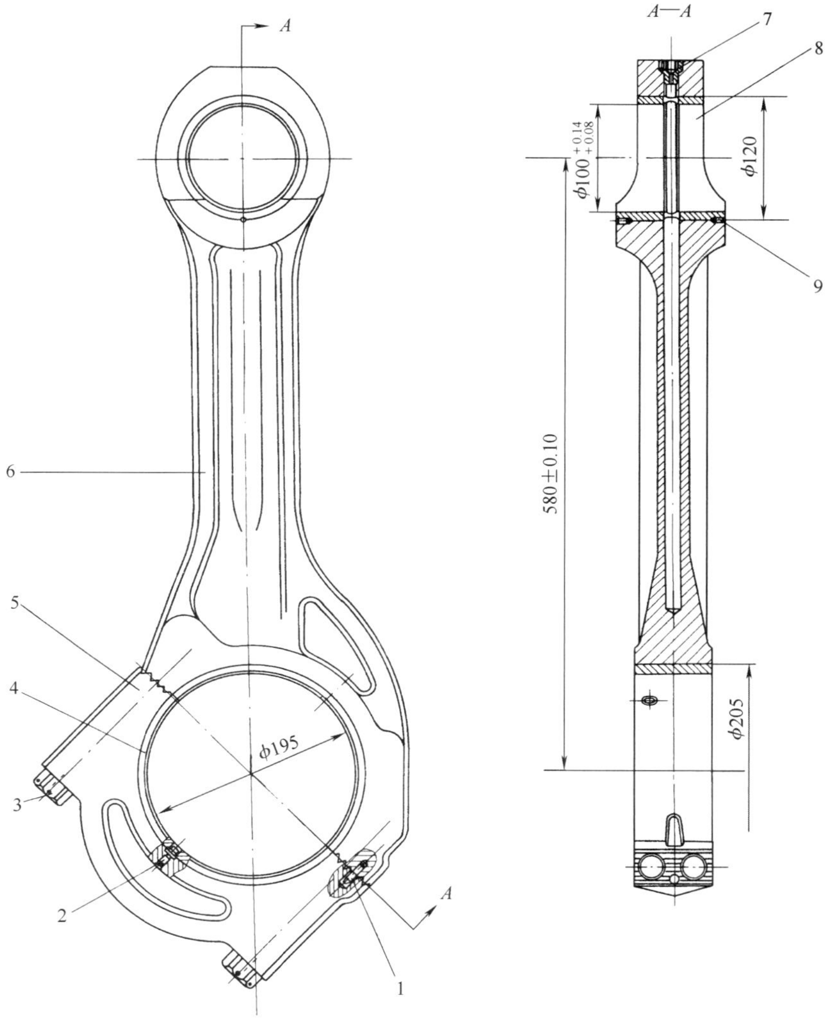

1—定位销；2—定位销；3—连杆螺栓；4—连杆轴瓦；5—连杆盖；6—连杆体；

7—喷嘴；8—连杆衬套；9—骑缝销。

图 3-2-7 16V240ZJ 型柴油机连杆组(单位：mm)

连杆轴瓦(图 3-2-8)采用 20 高锡铝合金薄壁瓦，瓦的厚度为4.91～4.94 mm。连杆上瓦的内表面无油槽，瓦口附近设过渡油槽及椭圆形出油口。连杆下瓦内表面有油槽，槽内分布 10 个出油孔，连杆盖相应内圆面设弧形油槽，通过连杆体大头处的斜油孔接通杆身中央的深长油孔。连杆小头顶部安装喷嘴，其供油孔与连杆衬套油槽相通。连杆轴瓦的弹胀量为2～3 mm，紧余量在标准胎具中测量，一端施力 $P=22\ 554$ N，余面高度值应为0.20～0.24 mm。距瓦口15 mm处测量瓦厚 B，其削薄量 $A-B$ 应为 0.05～0.08 mm。连杆轴瓦与曲柄销之间的轴瓦间隙为0.15～0.24 mm。

4 根等长的连杆螺栓(图 3-2-9)采用 18CrNiWA 优质合金钢，调质处理。螺纹 M22×2-1 按一级精度加工，采用滚压成形工艺，以提高螺牙的疲劳强度。靠近杆身的 3 个牙削成斜角

7°。杆身、头部及过渡圆角处的表面皆滚压强化。为不削弱头部的支承面,杆身与头部采用多圆弧过渡。连杆螺栓整体镀铜。连杆螺栓的预紧采用伸长量法,按一定的工艺规程拧紧到螺栓伸长0.50～0.52 mm为止。

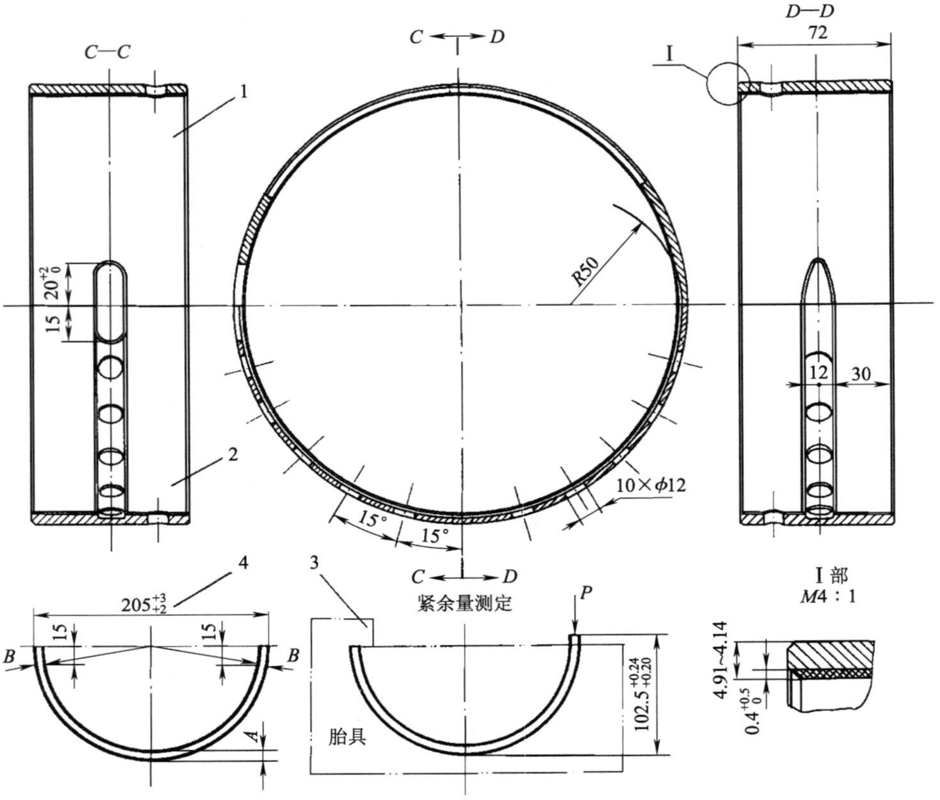

1—上瓦;2—下瓦;3—紧余量测定;4—自由状态和削薄量检查。

图 3-2-8　连杆轴瓦(单位:mm)

2. 主副连杆组

12V240ZJ 型柴油机采用图 3-2-10 主副连杆组,主连杆安装在柴油机的右列缸内。主副连杆的小头皆为薄壁圆环形,顶部有油槽,槽内钻有相隔 60°的 2 个油孔。连杆小头座孔采用上窄下宽的阶梯形截面。主连杆长度为(570±0.05)mm,大头采用斜剖分面。为避开最大轴承负荷区和便于从气缸中吊装活塞-连杆组,主连杆大头剖分面与主连杆中心线成 20°斜角。连杆盖上安装副连杆销,副连杆长度为(395±0.02)mm,从曲柄销中心到副连杆销中心的距离(关节半径)为(175±0.02)mm。连杆盖与主连杆大头为锯齿定位,通过 2 个 M30×2-1 螺栓和 4 个 M24×2-1 螺钉以一定的力矩紧固。副连杆销衬套的润滑油由连杆盖从连杆轴瓦油槽油孔通过盖内油道引来,连杆杆身无通油孔,小头衬套的润滑供油是由活塞冷却油从中央螺管回落,然后从小头顶部油槽和油孔处进入。连杆小头衬套和副连杆销衬套采用三层合金材质,连杆轴瓦采用薄壁高锡铝瓦,轴瓦间隙为0.14～0.22 mm。

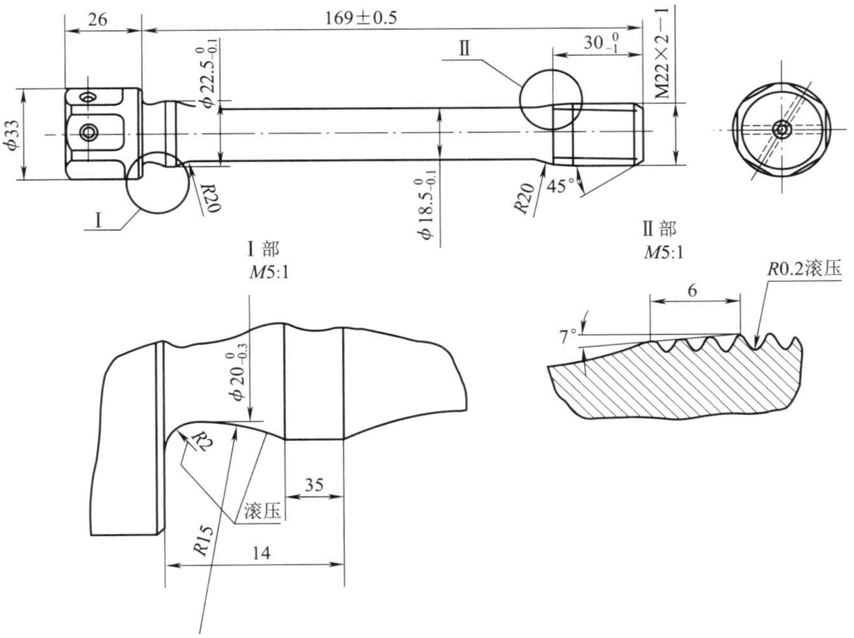

图 3-2-9　连杆螺栓(单位:mm)

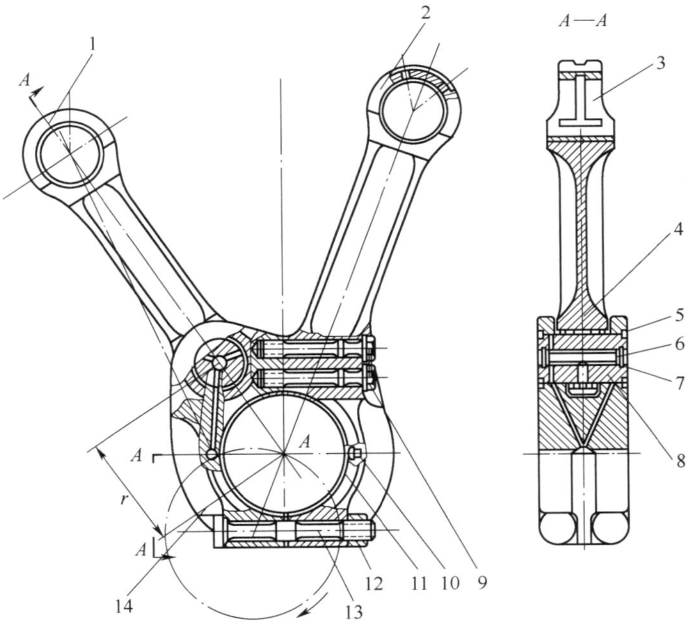

1—副连杆;2—主连杆;3—连杆衬套;4—副连杆销衬套;5、6—挡圈;
7—油塞;8—副连杆销;9—连杆螺钉;10—定位销;11—连杆轴瓦;
12—螺母;13—连杆螺栓;14—连杆盖。

图 3-2-10　12V240ZJ 型柴油机连杆组

七、16V280ZJ 型柴油机连杆组

16V280ZJ 型柴油机连杆组由连杆体、连杆盖、连杆瓦、连杆衬套、连杆螺栓等组成，如图 3-2-11所示。

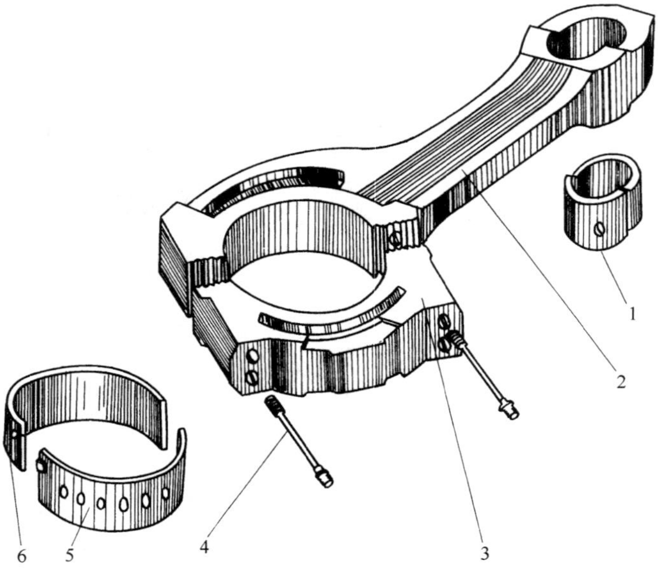

1—连杆衬套;2—连杆体;3—连杆盖;4—连杆螺栓;5—连杆下瓦;6—连杆上瓦。

图 3-2-11 连杆组

1. 连杆的结构

连杆可分成连杆大头、杆身和连杆小头三部分。

(1)连杆大头

连杆大头包括连杆体的大头部分、连杆盖、连杆瓦和连杆螺栓等。16V280ZJ 型柴油机采用过的三种连杆，其区别均在连杆大头上。早期的连杆体大头部分与盖的结合面(即连杆大头剖分接合面)上，采用 60°齿形夹角、6 mm齿距。后来采用的两种连杆都是 90°齿形夹角、8 mm 齿距，但两者油孔位置不同，一种油孔设在连杆体大头短臂上；另一种油孔却设在长臂上。

连杆大头剖分面为斜切口，剖分面与连杆中心线的夹角为 40°，更加便于把活塞连杆组从气缸中抽出来。切口(剖分接合面)采用齿形定位，并依靠齿面承受往复惯性力在切口方向的分力，避免连杆螺栓承受剪切负荷。齿形夹角和齿距的选取及切口上齿形总啮合面积、连杆大头的刚度，都直接影响切口上各部分齿形的齿根应力及其幅值的大小。两种改型连杆都是着眼于提高齿形强度，降低齿根应力，力图消除齿形裂纹，以提高连杆的可靠性和使用寿命。在剖分面上设有一个定位套，定位套的内孔作为连杆体与盖间的机油通道。连杆体在剖分面上有 4 个 M27×2 mm 螺孔，孔底钻 ϕ7 mm 的通孔，用于测量连杆螺栓伸长量时插入测量棒。连杆大头孔为 ϕ220 mm。

在连杆体与盖上均开有一个唇形定位槽，大头孔的连杆盖上开有环形油槽，而连杆体上安装连杆上瓦的部位，因负荷较高则不开槽，以减小比压。

连杆大头与杆身采用较大的过渡圆弧，尽量缩短连杆螺栓之间的跨距，连杆大头要有足够

的厚度和宽度，以保证连杆大头有足够的刚度。在燃气压力、惯性力和装配预紧力的作用下，连杆大头刚度不足，会产生大头孔变形，将影响连杆瓦和连杆螺栓的可靠性。

连杆体与盖由4个连杆螺栓紧固。螺栓采用合金钢制造。油孔设在连杆体短臂上时，4根连杆螺栓长度均相同；油孔设在连杆体长臂上时，连杆螺栓的长度则不同，在长臂侧的螺栓短，在短臂侧的螺栓长。连杆螺栓镀铜以防松和防锈。连杆螺栓承受由活塞连杆组的往复惯性力和离心惯性力所形成的交变负荷，杆身较为细长，可以降低螺栓在运用中的应力幅，以提高其疲劳强度。

连杆盖下部截面成“工”字形，以保证足够的刚度和强度并有较小的重量。在连杆盖内圆面，开有环形油槽，并由斜油孔与在剖分面上钻出的油孔连通。对连杆体大头油孔分别设在短臂和长臂上的两种连杆，其连杆盖除了油槽和油孔的尺寸有所区别外，其余部分的尺寸和结构大体相同。

连杆瓦为双金属板薄壁轴瓦，减摩合金层采用高锡铝合金。瓦壁厚4.875～4.90 mm，宽84 mm，理论外径 ϕ220 mm。上下瓦均由定位唇分别与连杆体和盖定位。下瓦内圆面开有油槽，并钻有9个进油孔。上瓦为受力瓦，不开油槽。如同主轴瓦，上下瓦的对口面以下一段范围内有一定的减薄量；上下瓦的对口处均开有垃圾槽和防止穴蚀和冲蚀作用的缓冲油槽。

(2)连杆杆身

连杆杆身为“工”字形截面，其长轴处于连杆摆动平面，使杆身截面具有较大的高度，加上适当宽度，使连杆在摆动平面方向有较大的刚度，以减小连杆的弯曲，避免由此产生活塞与气缸套及连杆瓦与曲轴连杆颈的偏磨。该种截面的杆身有利于承受由压缩力和拉伸力所引起的纵弯曲和由连杆力矩所引起的附加弯曲。另外，这种杆身有较小的重量，因此可减小连杆的惯性力。在杆身“工”字形的一边里设有通长油孔，与连杆小头和连杆大头油孔相通。

(3)连杆小头

由于燃气压力和往复惯性力的作用，活塞销对连杆小头孔的不同部位有大小不同的比压，孔的下部比上部的比压大，因此将连杆小头孔宽度做成上部窄而下部宽的结构。连杆小头孔的宽度上窄下宽正符合了连杆小头孔内压力合理分布的要求。

连杆小头孔衬套的材料采用铸造锡青铜，可满足连杆小头轴承承载能力的要求。衬套与连杆小头孔过盈配合，并在端面上设骑缝销以防衬套松转。

连杆小头在连杆摆动平面内有较大的宽度，与杆身的过渡圆角半径也较大，以保证连杆小头的强度和刚度。在连杆小头部分，连杆小头与杆身过渡处的应力及其变化幅度最大，采用较大的过渡圆角半径，对提高连杆小头的强度尤为重要。

2. 连杆材料

连杆体与盖采用合金钢整体模锻，并经调质热处理，使连杆有较高的综合机械性能。机加工时，沿斜切口剖分面将连杆体与盖切开。为减少应力集中和提高连杆的疲劳强度，连杆外形面全部经机械加工并抛光。齿形为成形磨削，以提高齿形的配合精度，使切口上各齿面的受力分布较为均匀，保证连杆大头孔的圆度和改善齿形的应力。

3. 连杆油路

机油从曲轴连杆颈的横向油孔流进连杆大头孔的轴承，一部分布入轴承油隙；另一部分进入连杆下瓦内孔上的油槽，经9个穿过瓦壁的油孔流入连杆盖内孔的环形槽及与该槽相通的油孔，再经设在连杆体与盖的剖分面上的定位套内孔进入连杆体大头的油孔。对于油孔在短臂的连杆，机油由此直接进入杆身油孔；而对油孔在长臂的连杆，机油由此流进连杆体大头孔的油槽,再由长臂内一对相交油孔进入杆身油孔。机油从杆身油孔进入连杆小头孔,由连杆小头孔衬套上一个穿透壁厚的油槽流入连杆衬套内孔的环形油槽。一部分机油从油槽布入连杆小头轴承油隙,另一部分机油由该油槽进入活塞销中部3个径向油孔,再经由活塞销中空油道流向活塞。

第三节 曲 轴 组

柴油机曲轴组通常包括曲轴、正时齿轮、联轴节、减振器及一些附件。

一、曲轴组的作用和工作特点

曲轴组将活塞的往复运动转变为自身的旋转运动,使作用于活塞上的气体力和往复惯性力的合力的一部分转换为扭转力矩,对外输出功率以驱动牵引发电机(或液力传动装置)及一些辅助装置,对内带动柴油机自身的一些附件,如凸轮轴、配气机构、喷油泵、调速器、水泵及主机油泵等机件运转。

曲轴受到气体力、往复惯性力及旋转惯性力等联合作用,这些力都是周期性瞬变的,使曲轴出现弯曲、扭转、剪切及拉压等复杂交变应力,同时使轴系出现扭转振动和弯曲振动。

曲轴的结构尺寸与柴油机整机尺寸有密切关系,轴颈的大小尤其受空间及回转惯性力的限制。曲轴为一根细而长的弹性轴,由于形状和截面尺寸的剧变,有些部位产生了严重的应力集中现象。在某些工作转速下,曲轴轴系会发生扭转振动,严重时出现扭转疲劳破坏。在长期交变载荷作用下可能出现弯曲疲劳破坏。由于尺寸的受限制,轴瓦单位面积上具有较大的载荷,并与高速旋转的轴颈之间发生强烈的摩擦磨损现象。曲轴的工作可靠性对柴油机整机有重大影响。

曲轴是柴油机中加工周期长、技术要求高、较精密的大部件之一,其造价也较昂贵。

二、曲轴的基本结构

1. 曲柄

曲柄也称曲拐,它是构成曲轴的基本单元。多缸柴油机的曲轴由多个相同的曲柄按一定规则排列组成。

曲柄为由主轴颈、曲柄销(连杆颈)及曲柄臂等组成的曲轴轴段,其数量与气缸数有关,V形柴油机的曲柄数为气缸数之半。

主轴颈为曲轴的支承轴颈及转动中心。V形柴油机的主轴颈数通常为$\left(\frac{1}{2}\text{缸数}+1\right)$。单排立式柴油机的主轴颈数通常为(缸数+1)。所有主轴颈皆位于同一中心线上。曲柄销与连杆大头相连接,曲柄销的直径与长度对曲轴刚度、旋转质量、轴瓦承载面积及连杆大头从气缸中吊装等有相当影响。曲柄销中心与主轴颈中心的距离为曲柄半径r,其数值为行程S的一半。主轴颈和曲柄销大多制成空心轴颈,以减轻旋转运动质量,有利于减少惯性力,提高曲轴扭转和弯曲疲劳强度,并为机油提供了通道。

2. 曲柄臂

曲柄臂为主轴颈与曲柄销之间的连接部分,它是合力由曲柄销到主轴颈的传力要道,受力情况较为复杂,成为曲轴中薄弱环节之一。曲柄臂的形状及尺寸对曲轴的强度和刚度有较大的影响。曲柄臂的形状通常有菱形、椭圆形和圆形等几种，如图 3-3-1 所示。机车柴油机大多数采用椭圆形或圆形曲柄臂，前者对材料的利用较为合理，具有较好的抗弯和扭转刚度，后者对危险截面同样有所加强，加工简便，但对材料利用不如前者，旋转质量稍大。

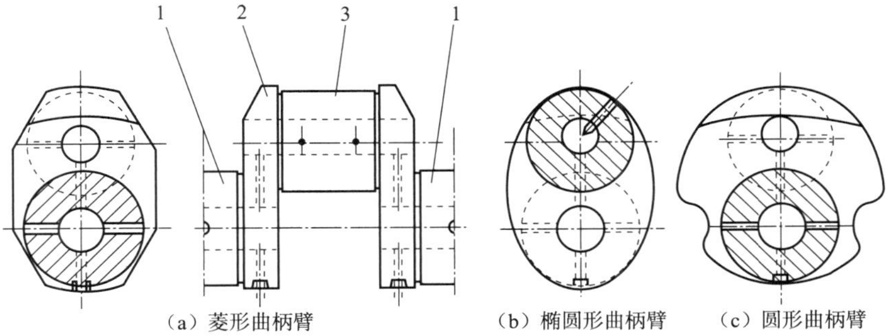

（a）菱形曲柄臂　（b）椭圆形曲柄臂　（c）圆形曲柄臂

1—主轴颈；2—曲柄臂；3—曲柄销。

图 3-3-1　曲柄及曲柄臂的形状

主轴颈与曲柄臂及曲柄臂与曲柄销的连接处加工成圆弧，由于此处截面形状有急剧变化，连接处应力集中现象特别严重。实践表明：曲轴受弯曲疲劳破坏，其疲劳裂纹起始于连接圆弧表面，而后向曲柄臂约 45°方向逐渐延伸，最终导致曲柄臂折断。加大连接圆弧的半径可使应力峰值下降；光洁的圆弧表面可减少磨削印痕，减少以至消除疲劳裂纹源。如圆弧表面滚压硬化或氮化处理，则连接圆弧处的弯曲疲劳强度有显著提高。但是，在曲柄长度不变的条件下，连接圆弧半径愈大，则轴颈的有效支承长度就缩短，使轴瓦的承载面积减小；如果要保持一定的轴瓦承载面积，则轴颈应予加长，这就使曲柄以至曲轴整体加大，因而带来许多弊病。通常采用以下措施来缓和矛盾：使圆弧部分地凹入曲柄臂；双圆弧过渡；采用变曲率圆弧过渡，以得到较大的圆角。一般对圆弧进行精细加工，最后抛光。图 3-3-2(a)、(b)分别为 16V240ZJB 型和 16V200ZJ-2 型柴油机曲轴所采用的内圆弧连接方案。

增加曲柄臂厚度比加大宽度对抗弯强度的提高更有效，它能使连接圆弧处的应力分布趋于均匀，但曲柄臂厚度受柴油机的限制更多。

3. 轴颈的重叠度

在某一曲柄半径下，主轴颈与曲柄销在曲柄臂处重叠的距离（图 3-3-3 中 e）称为轴颈的重叠度。由曲柄销到主轴颈的传力途径上，增大轴颈的重叠度，则曲轴刚度增加，曲轴的受力状态得到改善。

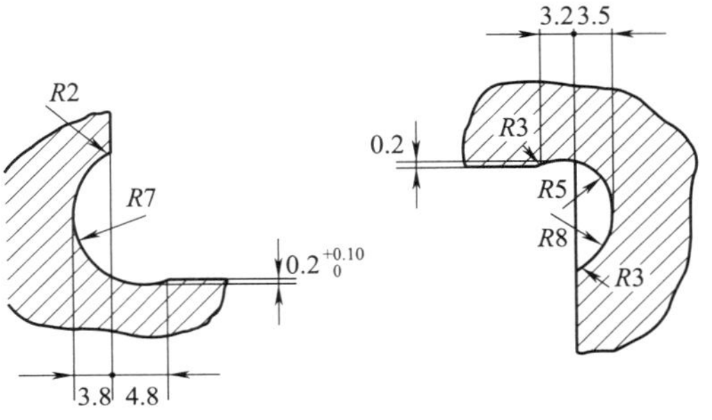

（a）单圆弧连接　（b）双圆弧连接

图 3-3-2　连接圆弧（单位：mm）

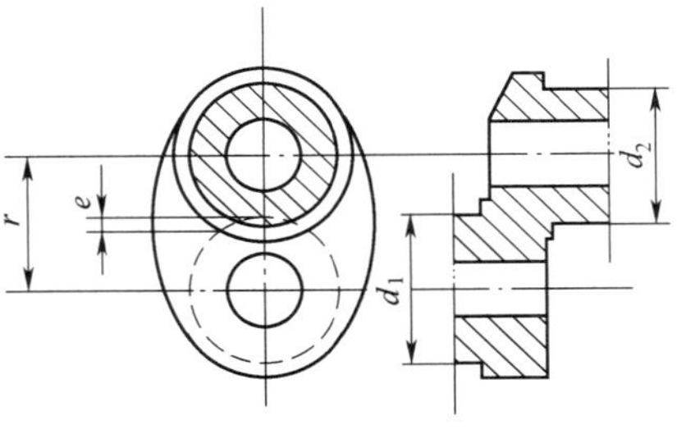

图 3-3-3　轴颈的重叠度

4. 曲柄排列与曲轴平衡

曲柄排列是指多缸柴油机曲柄按一定规律、一定角度位置的周密布置。曲柄排列与柴油机动力平衡、发火顺序及扭转振动等有密切关系，必须多因素综合考虑。

多缸曲轴的曲柄排列方案有许多种，以 V 形四冲程柴油机为例，为达到对外平衡及均衡发火，16 缸柴油机通常采用十字形镜面对称的曲柄排列方案，12 缸柴油机采用三等叉镜面对称的曲柄排列方案，如图 3-3-4 所示。

所谓曲柄镜面对称排列，是指曲轴前半段曲柄排列在镜中的成像即为后半段曲柄排列，即曲轴前后两半段的曲柄排列对称于中间挡主轴颈。镜面对称的排列对平衡有利：在每个活塞-连杆-曲柄组的运动质量和重心都相同时，则不论气缸夹角多大，柴油机运转时作用在曲轴上的往复惯性力、离心惯性力及它们的力矩的矢量和等于零，即在任何曲轴相位下对外部都完全平衡。16V240ZJB 型及 16V280ZJ 型柴油机都是 16 缸 V 形四冲程柴油机，V 形夹角皆为 50°，曲柄排列方案如图 3-3-4(a)、(b)所示。12V240ZJ 型柴油机 V 形夹角 45°，它采用图 3-3-4(c)的曲柄排列方案。

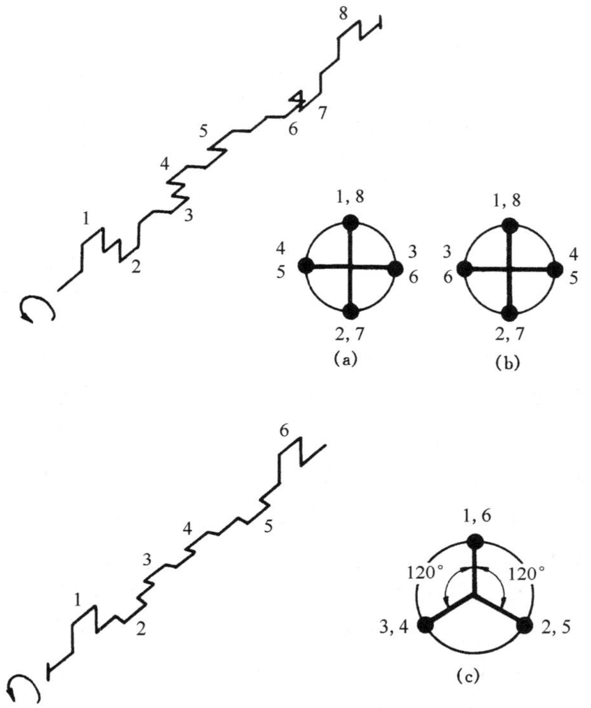

图 3-3-4　V 形四冲程柴油机 16 缸及 12 缸曲柄排列方案

曲轴对外平衡并不等于内部不受力，作用在中间挡轴颈上的力矩虽相平衡，但其仍受有很大的内力矩和弯曲变形，这仍将使曲轴、机体及主轴承等件受损。为改善曲轴内部的平衡性，通常在曲柄臂下部增设平衡重，用以平衡惯性力和力矩，减轻主轴承负荷，改善轴瓦工作条件，减小曲轴内力矩，降低曲轴和机体的受力和振动。但是平衡重使曲轴运转质量增大，曲轴的自振频率降低，而且也增加了加工、组装和检修的麻烦，因而也不一定要在每个曲柄臂下都装平衡重，对单个曲柄离心力的平衡率往往也只有 60%～80%。例如 16V240ZJB 型柴油机铸造曲轴 16 块平衡重与曲柄臂同体铸出，平衡率约 60%；12V240ZJ 型柴油机锻造曲轴在每个曲柄臂下安装平衡重等。

5. 润滑油道

主轴颈和曲柄销承受很大的负荷，因此必须保证可靠的压力润滑。机油由主机油道送到各主轴瓦工作面处，除了轴瓦两侧流失的部分，大部分机油经曲轴内油腔而供应连杆瓦润滑。为保证供油的畅通及保持轴颈高负荷面上的油膜承载能力，必须使轴颈上进、出油孔的位置处于低负荷区。为减少油腔中杂质的危害，还必须使出油孔的位置起到离心净化的效果。油孔处应力集中严重，油孔边缘的毛细裂纹往往成为扭转疲劳破坏的起因，所以要求油孔边缘具有较大圆角并加以抛光。

6. 曲轴的两端及曲轴的止推

一根完整的曲轴,除了有按一定相位排列的各曲柄以外,在其两端还有一些不同的要求。曲轴的首部也称自由端,此处为扭振振幅最大的部位,安装着扭转振动减振器,通常还设置配气正时齿轮及泵传动齿轮。曲轴尾部也称功率输出端,通常设置弹性或刚性联轴节及盘车机构等件。由于曲轴受热伸长及曲轴上斜齿轮及锥齿轮在传动时产生轴向推力,故需对曲轴实施轴向定位(轴向止推)。轴向定位面常布置在曲轴输出端,少数在中央主轴承处。轴向定位由曲轴止推肩、止推轴瓦及机体止推轴承座等组成,推力通过止推轴瓦传给机体。轴瓦止推面与曲轴止推肩之间有一定的间隙,此间隙称为止推间隙或轴向间隙。曲轴的两端通常都伸出机外,为防止曲轴箱内机油外泄,机体或有关端盖处设置油封。曲轴两头也有相应的结构措施。

三、四冲程柴油机的发火顺序

多缸柴油机均衡地发火燃烧是实现机器平稳运转的必要条件。优选柴油机的发火顺序可使各主轴承负荷均匀,负荷峰值减小,有利于曲轴轴系动力平衡和减小扭转振动,同时在柴油机采用脉冲增压时有利于排气管分支,使换气质量提高及有效地利用燃气能量。

为实现均衡发火,i 缸柴油机的每缸发火间隔角应为$\frac{720°}{i}$,即 16 缸为 45°,12 缸为 60°,8 缸为 90°。发火顺序及发火间隔角和曲柄排列有密切关系。对四冲程单列 8 缸柴油机来说,曲柄十字形排列时发火间隔角正好为 90°;对 V 形 16 缸采用并列连杆或叉片式连杆的柴油机,曲柄十字形排列及 V 形夹角 45°时能得均匀发火;对单列 6 缸及 V 形夹角 60°的 12 缸柴油机来说,采用三等叉曲柄排列时能实现均匀发火。由于主副连杆的结构特殊性,即使柴油机采用上述曲柄排列也较难得到均匀的发火间隔角,但可设法使发火比较均匀。

V 形柴油机常见的发火顺序为交叉式,即左右两列气缸交替发火,通常使每列气缸的发火顺序相同。以 16V240ZJB 型柴油机为例,曲柄排列为十字形,轴向镜面对称,V 形夹角 γ 为 50°,曲轴顺时针转向(图 3-3-5),当第 1、8 曲柄平面转到与右列气缸中心线重合时,第 1、8 两缸中的活塞同时到达上止点,假定此时使第 1 缸处于发火期;当曲柄再顺转向转到第 3、6 曲柄平面与左列气缸中心线重合时,第 11、14 两缸中活塞都达上止点,此时可选择(创造条件)第 14 缸发火;曲柄继续顺转,依此类推可得发火顺序如下:

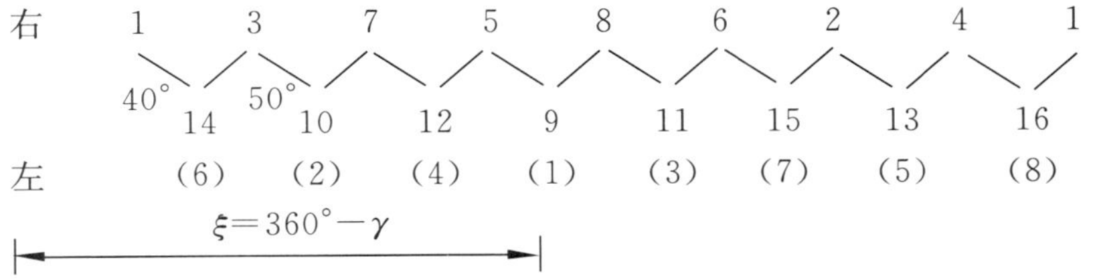

交叉式发火通常有两种类型:以左右同号气缸的发火间隔角 $\xi\approx\gamma$ 者称为连续发火;以左右同号气缸发火间隔角 $\xi\approx360°-\gamma$ 者称为间隔发火。间隔发火能使前后左右相邻气缸发火时间错开较长,有利于降低主轴承负荷,连续发火和间隔发火分别能使不同谐次的扭振干扰功减小,具有不同的减振作用,究竟着眼于主轴承负荷还是扭振干扰功,不同机型应根据需解决的突出问题来灵活选择发火顺序。

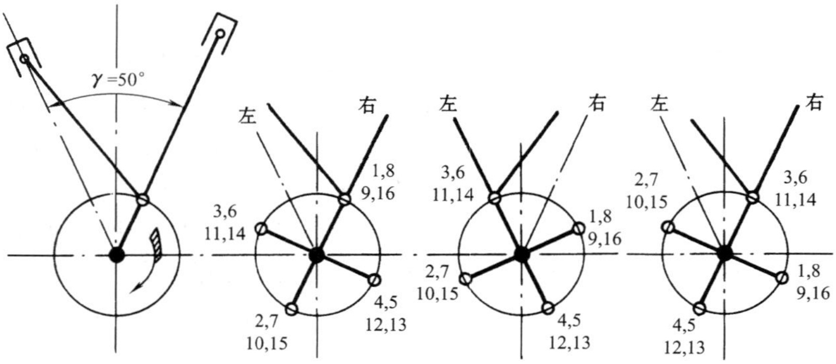

图 3-3-5　四冲程 V 形柴油机的发火顺序

四、16V240ZJB 型柴油机曲轴

16V240ZJB 型柴油机采用稀土铜钼合金球墨铸铁曲轴(图 3-3-6)。曲轴全长3 775 mm，净重1 730 kg。曲轴中部排列 8 个曲柄，9 个主轴颈直径$220_{-0.03}^{\ 0}$ mm，8 个曲柄销直径为$195_{-0.03}^{\ 0}$ mm，曲柄半径为(137.5±0.2)mm，轴颈重叠度为70 mm。曲柄臂为椭圆形，厚度和宽度分别为$69_{-2}^{\ 0}$ mm及380_{-2}^{+3} mm。轴颈与曲柄臂的连接圆弧采用单半径内圆弧。

所有轴颈芯部皆铸孔，兼作机油通道，孔的两端向外翘起，以便于机械加工。为使主轴颈与曲柄销的铸孔连通，在每个曲柄臂上钻有直径为20 mm的垂直油孔。铸孔两端加工面过盈装配铝质密封堵，过盈量为 0.08～0.12 mm，装配时先在液氧或液氮中冷缩。密封堵外侧装有弹性挡圈，以防掉落。

每个主轴颈上有进油孔 1 组，油孔直径为20 mm，油孔的位置除第 3、7 主轴颈进油孔与相应曲柄平面相交 45°外，其余主轴颈进油孔与相应曲柄平面呈 90°交角。每个曲柄销上有出油孔 2 组，油孔直径为14 mm，油孔与各自的曲柄平面垂直，对油腔中机油杂质具有离心净化作用。为消除孔边缘的疲劳裂纹源，孔口圆角经抛光处理。

曲轴的首部装有扭转振动减振器及曲轴正时齿轮，减振器轮毂上装有泵传动主动齿轮，曲轴尾部的法兰与弹性联轴节相紧固。曲轴第 9 主轴颈处加工有止推轴肩，轴向推力通过第 16 曲柄臂或止推肩传给止推环。曲轴后端头拧装螺堵，堵中央小孔控制流入弹性联轴节内的机油量。曲轴前端头拧装内、外螺纹的螺堵，其内螺孔拧装有长螺栓(图 3-3-7)，以紧固叉形接头，叉形接头通过万向十字头传动静压变速箱。

为提高曲轴的疲劳性能及耐磨性，轴颈表面进行氮化处理。

五、16V280ZJ 型柴油机曲轴组

1.曲轴组的组成

曲轴组由曲轴、平衡块、平衡块螺钉、定位销和油封等组成，如图 3-3-8 所示。曲轴组总重2 520 kg，曲轴全长4 314 mm。

曲轴由 8 个曲柄、自由端轴段和输出端轴段组成，采用全支承形式。曲轴以 9 个主轴颈支承于机体的主轴承内。每个连杆颈与 V 形机体里左右两个气缸的活塞连杆组连接。曲轴自由端的轴颈上装有曲轴齿轮和卷簧减振器。曲轴经曲轴齿轮驱动齿轮传动装置的各个齿轮，从而带动配气机构、喷油泵、调控传动装置、C 型联合调节器、水泵和机油泵等部件工作。曲轴输出端的法兰与联轴节连接，输出柴油机的功率。

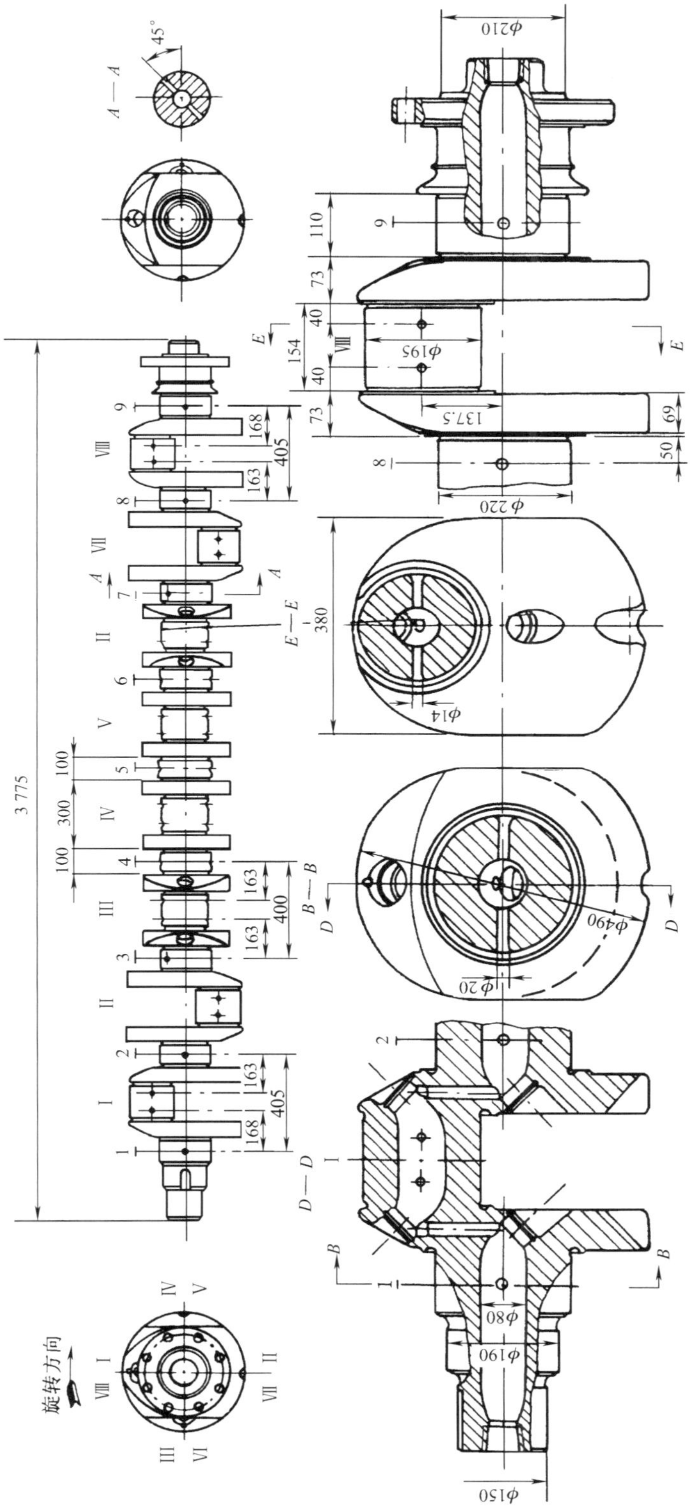

图 3-3-6 16V240ZJB 型柴油机曲轴(单位:mm)

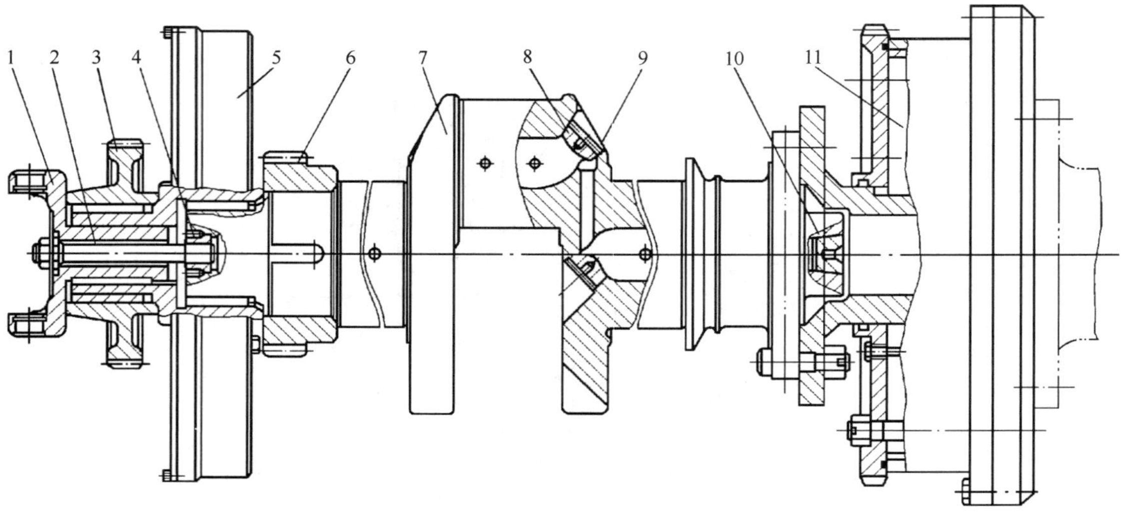

1—叉形接头;2—螺栓;3—泵传动主动齿轮;4、10—螺堵;5—减振器;6—曲轴正时齿轮;
7—曲轴;8—密封堵;9—挡圈;11—弹性联轴节。

图 3-3-7 16V240ZJB 型柴油机曲轴组

16 个由碳钢制成的平衡块安装于曲轴每个曲柄的 2 个曲柄臂上,用 2 根平衡块螺钉与曲柄臂紧固,并由穿过平衡块和平衡块螺钉头部的弹性销防松,用 2 个定位销定位。中部的一个定位销 4 除作定位外,还用于承受柴油机变速时平衡块的切向惯性力;另一个定位销 5 为弹性销作定位用。

头部为圆柱内六角的平衡块螺钉由合金钢制造,表面镀铜,起防松和防锈作用。

具有锥面的钢质油封用来密封曲轴各挡主轴颈内孔的两端,并用一根穿过油封的螺栓将油封与曲轴紧固。螺栓头部及螺母与油封的贴合面间用铜垫圈密封。螺栓与螺母用开口销防松。但是,曲轴输出端轴头上的油封相应于两种联轴节有不同的结构:当采用大圆薄板联轴节时,此处油封与其他油封的结构一样,油封起密封作用;当采用弹性联轴节时,该钢质油封的锥面上开有 3 条油沟,机油从主轴颈内孔经此 3 条油沟进入弹性联轴节,其结构如图 3-3-9 所示。

2. 曲柄排列和发火顺序

曲轴的 8 个曲柄在轴向成镜面对称,从曲轴自由端观看,曲柄排列如图 3-3-10 所示。在平衡块重量相同情况下,与其他曲柄排列方式相比,这种曲柄排列使柴油机具有最小的内力矩和轴承负荷。

一种曲柄排列方式,对于一列气缸可以有 8 种发火顺序。兼顾轴承负荷、增压系统的配套和柴油机轴系扭转振动等的要求,选用 1—5—7—3—8—4—2—6 的发火顺序。综合考虑对轴承负荷、轴承油膜厚度和扭转振动的影响,V 形两列气缸采用交错发火方式,故柴油机的发火顺序是:

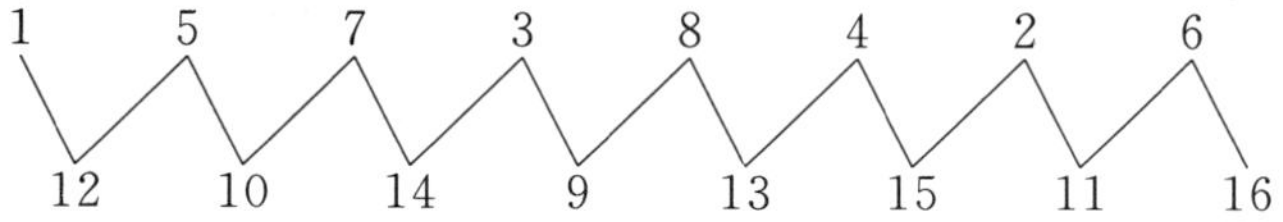

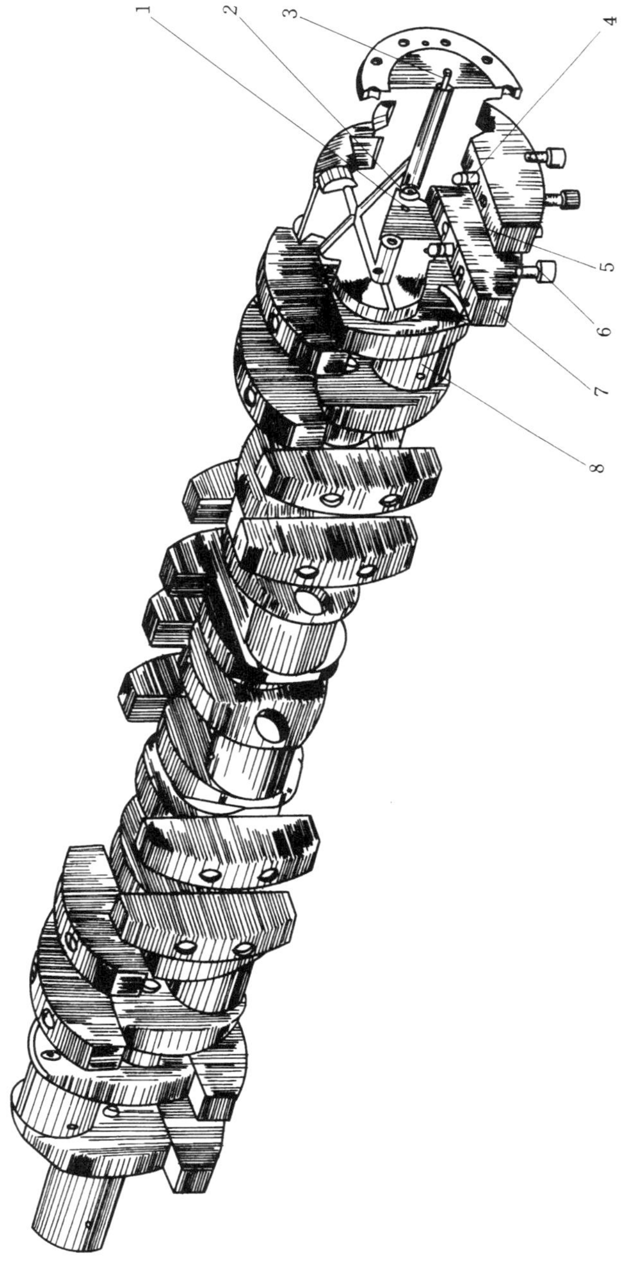

1—螺母;2—主轴颈油封;3—拉紧螺栓;4—定位销;5—弹性圆柱销;6—平衡块螺钉;7—平衡块;8—曲轴。

图 3-3-8 16V280ZJ 型柴油机曲轴组

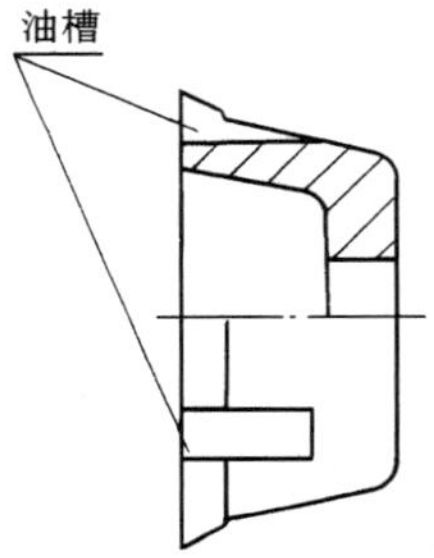

图 3-3-9　配弹性联轴节时曲轴的钢质油封

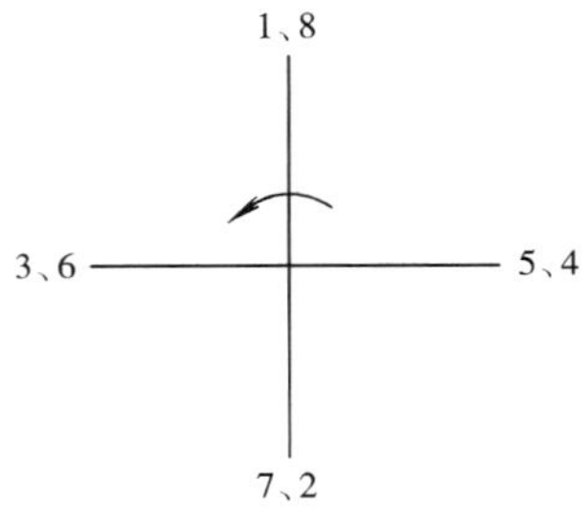

图 3-3-10　曲柄端

3. 曲轴各部结构

(1)曲柄

曲柄由主轴颈、连杆颈和曲柄臂构成。主轴颈直径 D_1 为 ϕ230 mm,连杆颈直径 D_2 为 ϕ210 mm,主轴颈中心与连杆颈中心的距离即曲柄回转半径 R 为142.5 mm,重叠度 S 为77.5 mm。柴油机曲轴以较大的轴颈和重叠度及合适的轴颈长度,获得必要的弯曲刚度、扭转刚度、足够的强度和承压面积,以及良好的润滑。连杆颈与曲柄臂的连接处采用外圆角,便于加工并获得较小的粗糙度,以增加曲轴的疲劳强度。内圆角沉入主轴颈并凹入曲柄臂,可以在主轴颈限定长度下增加轴颈的配合长度,减低主轴承压比,以增加主轴瓦的承载能力。曲柄臂为椭圆形,能充分利用材料,也有利于曲轴的挤压加工。曲柄臂的厚度,除靠输出端的一个曲柄臂外,其余曲柄臂都是一样的。曲柄臂在连杆颈一端有一个削角并开有一个减重孔,以减小重量和离心惯性力;曲柄臂在主轴颈一端是一个平行于曲轴轴线的平面,用于安装平衡块,该平面设有 2 个定位销孔和 2 个安装平衡块螺钉的螺孔。

(2)曲轴两端轴段

曲轴自由端轴段设有一段锥面,用于安装曲轴齿轮和卷簧减振器。曲轴输出端轴段上有一整体法兰。法兰外圆上相应于第一缸上止点位置刻有一条纵向刻线,安装联轴节时,使联轴节刻度盘上的通长刻线与此刻线相对。法兰外端有定位凸肩,用于与联轴节的配合。输出法兰由 10 个合金钢螺栓与联轴节连接。曲轴的止推面设在靠输出端的主轴颈两侧。在止推轴颈与输出法兰之间有一段 $\phi230^{-0.022}_{-0.052}$ mm 轴颈,该轴颈中部设有一个小凸缘,这段轴颈与机体后油封相配合,用于密封从输出端主轴颈流出的机油。

(3)曲轴润滑油道

主轴颈设有中心内孔。孔的两端加工出锥面,与钢质油封的锥面配合,以实现密封。主轴颈上设有 2 个对开的油孔与内孔相通,该对开直油孔与包含主轴颈轴线和连杆颈轴线的曲柄平面垂直,孔口处于轴承低负荷区。机油从机体主油道经主轴瓦上瓦油槽进入主轴承间隙和主轴颈的对开油孔,并由此进入主轴颈内孔。

每一曲柄有 2 个斜油孔,它们在连杆颈内相交。每个孔的一端开在曲柄臂的减重孔底部,并用螺堵密封。孔的另一端与主轴颈内孔联通。在连杆颈内,2 个斜油孔分别与连杆颈上的 2 个对开油孔相通。机油从主轴颈油道经曲柄臂上的斜油孔和连杆颈上的对开油孔进入连杆轴承间隙,并经连杆下瓦的油槽及孔进入连杆油路,去润滑和冷却活塞。连杆颈上的对开直油孔垂直于曲柄平面,处于连杆颈弯曲的中性层,因此不削弱连杆颈的弯曲强度。而且,油孔的孔口处于轴承低负荷区域,避免油孔对轴承负荷的不利影响。

在自由端轴颈锥面上有一个油孔与主轴颈油道相通,把机油引入卷簧减振器。

4. 曲轴材料与热处理

曲轴采用合金钢材料,有高的综合机械性能。曲轴钢材经锻打成棒料,将棒料加工出作为主轴颈和连杆颈的毛坯轴段及相当于曲柄臂体积的轴段。经超声波探伤剔除不合格品后,进行全纤维挤压。全纤维挤压的曲轴具有比一般锻造曲轴有高的疲劳强度。曲轴毛坯经粗加工后进行调质处理,以获得所要求的机械性能。轴颈精磨后进行气体氮化处理。合金钢具有良好的氮化性能,故经氮化的曲轴,其轴颈的氮化层厚且表面硬度高。运用表明,经过一个大修期的曲轴,其主轴颈和连杆颈的磨损量很小,不必磨修仍可继续使用。氮化曲轴,不仅轴颈耐磨,而且经氮化的轴颈圆角表面形成压应力,大大提高了曲轴的疲劳强度。

六、16V265H 型柴油机曲轴组

16V265H 型柴油机的曲轴组由曲轴、曲轴齿轮、减振器、辅助驱动齿轮,以及两端的甩油盘等零部件组成,如图 3-3-11 所示。

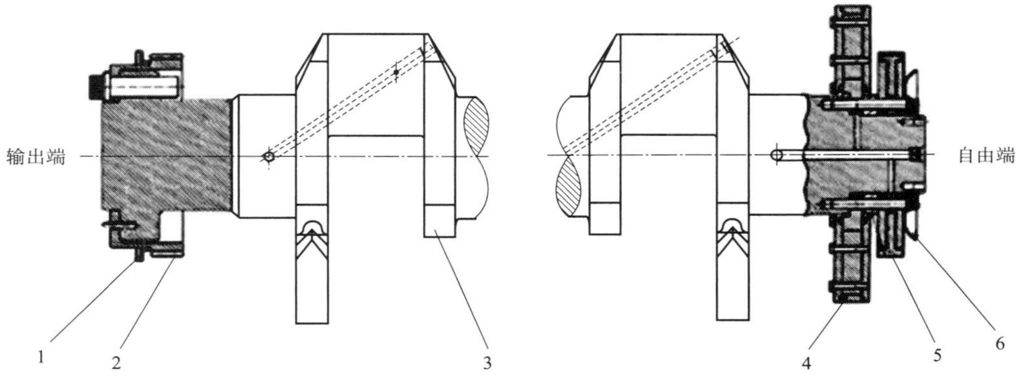

1—输出端甩油盘;2—曲轴齿轮;3—曲轴;4 —减振器;5 —辅助驱动齿轮;6—自由端甩油盘。

图 3-3-11 16V265H 型柴油机曲轴装配

该型柴油机采用全纤维锻钢曲轴(图 3-3-12),在曲轴内部钻有机油通道,所有轴颈表面和圆根部位均采用感应淬火处理,主轴颈圆角喷丸强化,强度远高于铸造曲轴。曲轴共有 8 块平衡块,分别焊接在 1、4、5、8、9、12、13 和 16 位曲柄臂下端。甩油盘用于防止曲轴箱中飞溅的机油沿曲轴两端的端盖或油封泄漏。

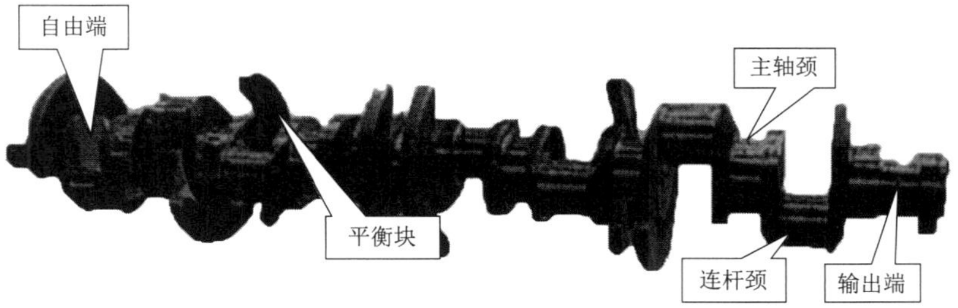

图 3-3-12 16V265H 型柴油机曲轴组

七、GEVO16 型柴油机曲轴组

GEVO16 型柴油机曲轴组主要由曲轴、锥套、甩油盘和飞轮法兰等组成。飞轮法兰通过

锥套压配于曲轴输出端的轴颈上,装配一个 89 齿(另加一个缺口齿)的齿圈。曲轴转速传感器通过检测齿圈上的齿来确定曲轴在旋转过程中的位置,提供给柴油机的电子燃油控制系统,确定供油时刻。甩油盘与飞轮法兰及后油封盖共同构成曲轴输出端的迷宫式密封结构,如图 3-3-13所示。飞轮法兰与主发电机转子法兰之间用螺栓紧固连接。

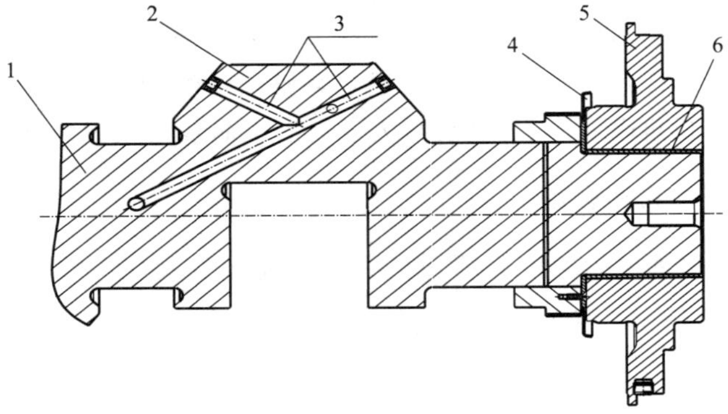

1—曲轴主轴颈;2—连杆颈;3—斜油孔;4—甩油盘;5—飞轮法兰;6—锥套。

图 3-3-13　GEVO16 型柴油机曲轴组输出端结构及曲柄内斜油孔

曲轴为合金钢全纤维整体锻造,再经热处理来改善其机械性能;轴颈表面通过氮化处理以提高硬度,最后精磨;曲轴上的油孔和圆角经抛光处理,提高曲轴的疲劳强度和使用寿命。

主轴颈和连杆颈均为实心结构,为使润滑油通过主轴颈到连杆颈去润滑连杆轴承,在主轴颈和连杆轴颈上,垂直于曲轴中心线方向均钻有贯通的油孔,并由斜油孔把主轴颈油道与连杆轴颈油道相连。曲轴上的斜油孔从曲柄臂的斜面上钻入,钻口处用油堵封堵。在曲轴的自由端,由一个钻孔与曲轴上的斜油孔连通,此钻孔对着装在曲轴自由端法兰上的减振器油槽,润滑油由此进入减振器内腔(图 3-3-14)。

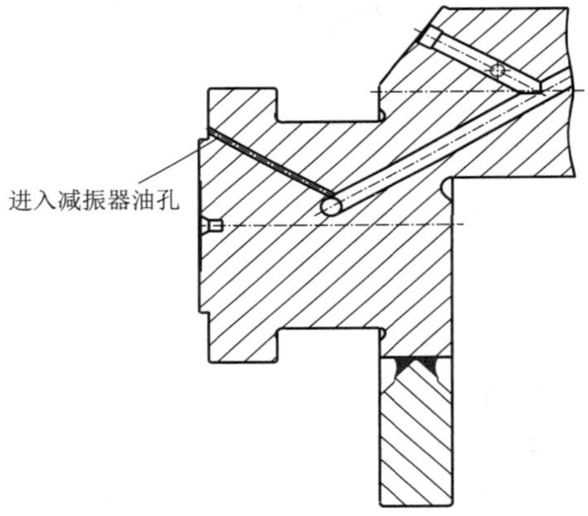

图 3-3-14　GEVO16 型柴油机曲轴自由端油孔(通向减振器)

曲轴上设置 8 块平衡块,平衡块通过焊接形式连接于曲柄臂上的。平衡块在曲轴上成镜面对称布置(图 3-3-15)。各对平衡块的大小和位置均有差别。其中第 1、8、9、16 位属正置平衡块,采用大平衡块;第 4、5、12、13 位属偏置平衡块,采用小平衡块。

八、12V265 型柴油机曲轴组

12V265 型柴油机曲轴组主要由曲轴、曲轴齿轮、减振器、辅助传动齿轮及两端甩油盘等部件组成,如图 3-3-16 所示。

曲轴为合金钢全纤维锻造(图 3-3-17),在曲轴内部钻有机油通道。12 块平衡块采用螺栓紧固在曲柄臂下端,所有曲轴装机前均要进行动平衡检查。曲轴的自由端安装有盖斯林格扭振减振器,曲轴输出端装有曲轴齿轮和单片式联轴节。曲轴齿轮呈钟形,通过双联齿轮和惰轮驱动凸轮轴齿轮。为防止曲轴箱中飞溅的机油沿柴油机两端的端盖或油封泄漏,在曲轴的两端分别安装了甩油盘。

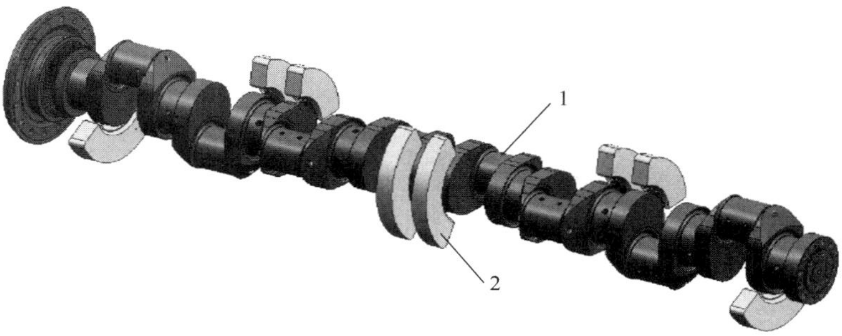

1—曲轴;2—平衡块。

图 3-3-15 GEVO16 型柴油机曲轴组

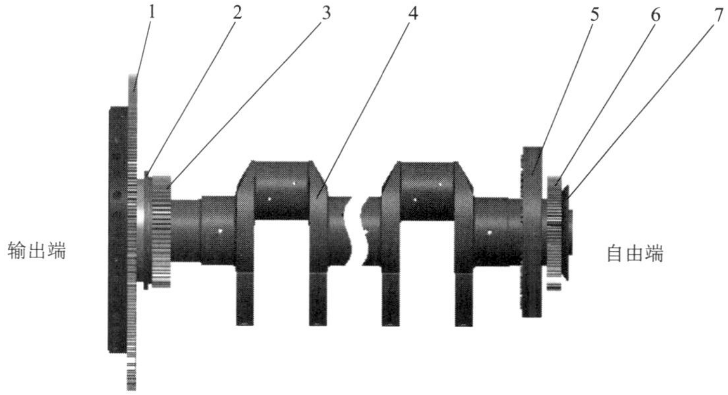

1—联轴节装配;2—输出端甩油盘;3—曲轴齿轮;4—曲轴;5—减振器;
6—辅助传动齿轮;7—自由端甩油盘。

图 3-3-16 12V265 型柴油机曲轴装配

在柴油机输出端,曲轴通过单片式联轴节与主发电机的转子连接,驱动电机旋转。同时,紧固在联轴节上的齿圈可以与空气启动马达啮合,用以启动柴油机。主发电机壳体(定子)与柴油机不直接连接,它们通过螺栓固定在机车底架上。

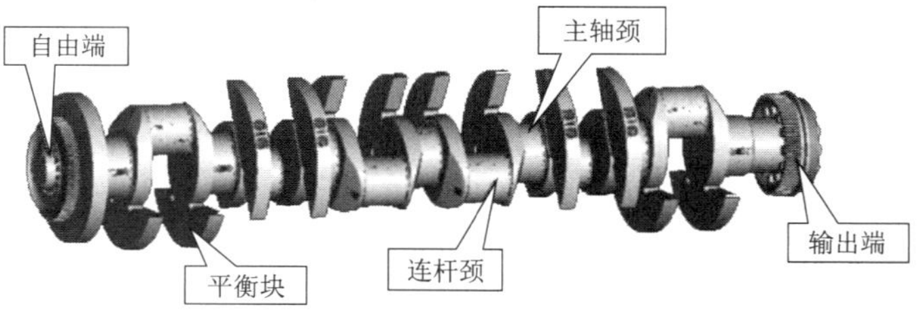

图 3-3-17 12V265 型柴油机曲轴组

九、R12V280ZJ 型柴油机曲轴组

R12V280ZJ 型柴油机曲轴组主要由曲轴、平衡块、平衡块螺钉、定位销和油堵等部件组成,如图 3-3-18 所示,总重 2 213 kg,全长 3 414 mm。

曲轴采用优质的合金钢全纤维挤压成形工艺,提高了其疲劳强度,轴颈表面氮化处理则大大提高了轴颈表面硬度及耐磨性。

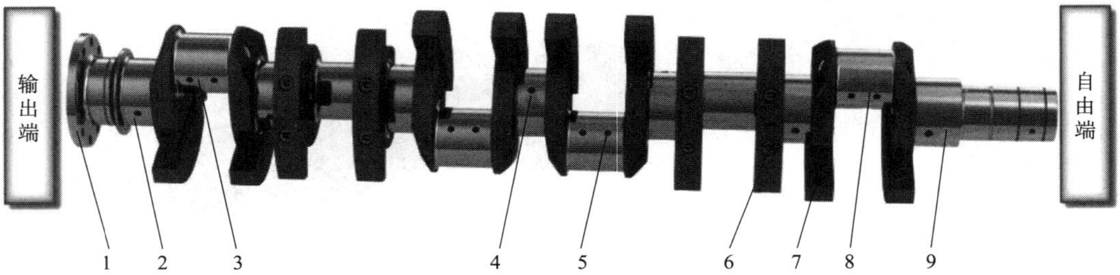

1—输出端法兰;2—第 7 挡主轴颈;3—第 6 挡连杆颈;4—主轴颈油孔;
5—连杆颈油孔;6—平衡块螺钉;7—平衡块;8—第一挡连杆颈;9—第一挡主轴颈。

图 3-3-18　R12V280ZJ 型柴油机曲轴组

第四节　扭转振动及减振器

一、曲轴轴系的扭转振动

物体在其平衡位置附近作快速往返运动的现象就称为振动。如果一根受弯曲的轴,其弯曲方向快速相继交变,则该运动形态属弯曲振动;如果一根受扭转的转轴,在其自身转动的基础上又有瞬间不同方向的附加扭转,附加扭转也是快速相继交变的话,则该运动形态属扭转振动。

扭转振动是柴油机运转中不可避免的现象。柴油机的曲轴轴系为包括曲轴组及与之相连的运动机件在内的弹性体系。由于柴油机各气缸内间歇性的发火燃烧,使曲轴轴系受周期性的强制扭转振动,这种强制扭转力在一定条件下会激起曲轴轴系的扭转振动。由于曲轴的扭转刚度较小,扭转时自振频率较低,因而常在柴油机工作转速范围内出现强迫振动频率与自由振动频率合拍的共振现象,使曲轴承受很大的扭振应力,它使某些零件出现加速磨损,传动齿轮齿面的冲击剥落,键旷动,运转噪声增大及曲轴扭断等故障。

二、减振器的结构和原理

在曲轴轴系内加装减振器是常用的减振方法,这可达到基本上不改变轴系的结构而较有效地改变轴系的扭振特性。

各类减振器皆应安装在柴油机曲轴自由端,此处扭振振幅最大而能发挥其减振能力,同时还便于安装和检查。

常见的减振器有硅油减振器、硅油弹簧减振器、卷簧减振器等。

1. 硅油减振器

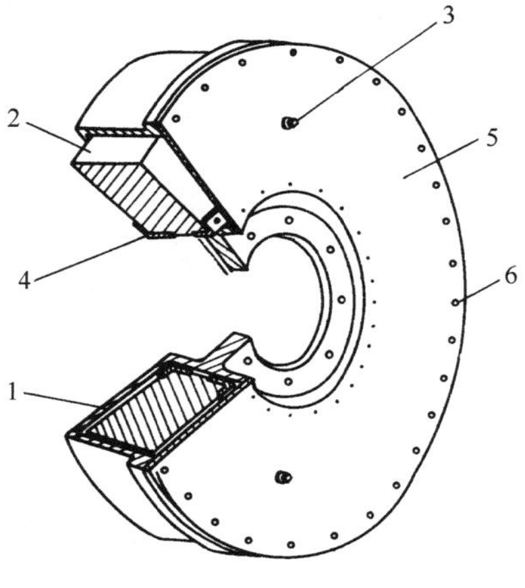

1—减振器壳体;2—惯性体;3—加油堵;
4—减摩环;5—盖板;6—紧固螺栓孔。

图 3-4-1　硅油减振器

硅油减振器即液阻式减振器(图 3-4-1)。在密封的壳体内自由浮装有较大转动惯量的环形惯性体,惯性体与壳体之间具有一定的间隙,其间充满一种黏度极大的甲基硅油。甲基硅油在常温下的运动黏度达 0.10～0.25 m^2/s。惯性体的内圆面安装有青铜材质的减摩环，安装后减摩环的外表面高出于惯性体的内圆面及侧面，以承受惯性体径向和侧向的摩擦。为保证一定的间隙限度，磨损后的减摩环可拆卸更换。减振器的壳体与曲轴相紧固，当曲轴驱动减振器壳体旋转时，高黏度的硅油随壳体一起运动，硅油带惯性体逐渐转动而后与壳体同步运转。当曲轴发生扭振时，减振器壳体随曲轴一边转动，一边快速扭摆，而惯性体仍维持匀速惯性转动，因此惯性体相对壳体位移，位移大小及方向瞬间变更，使高黏度硅油受剪切和产生层间滑移，分子间发生摩擦发热而消耗扭振的能量，因而扭振振幅减小。

液阻式减振器结构简单，工作可靠，黏性阻尼减振范围广，使用寿命长，但径向尺寸大，减振效果一般。

2. 硅油弹簧减振器

硅油弹簧减振器又称为液阻弹性式减振器，它是在硅油减振器的惯性体与壳体之间增设弹性元件，如径向板簧或卷形簧等弹性元件。

图 3-4-2 所示为 16V240ZJB 型柴油机用硅油弹簧减振器，它是由减振器体、外壳、端盖、滚柱、簧片、减摩环、惯性体及硅油等组成。

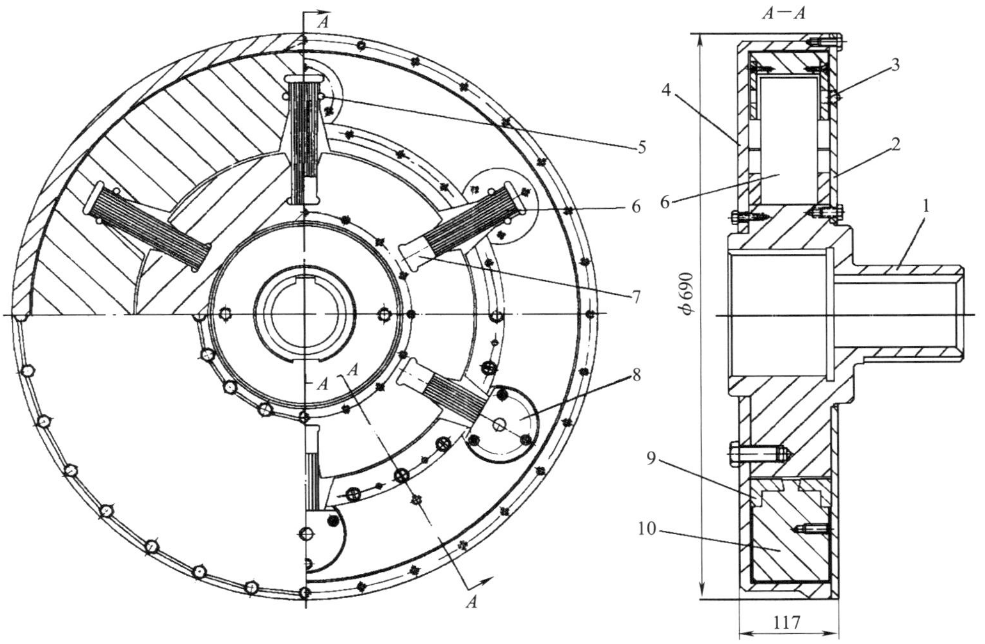

1—减振器体；2—端盖；3—密封堵；4—外壳；5—滚柱；
6—弹簧片；7—挡块；8—盖板；9—减摩环；10—惯性体。

图 3-4-2 硅油弹簧减振器(单位：mm)

减振器体、外壳及端盖三者用螺栓紧固成空心密封腔，减振器体的内圆孔与曲轴以0.03～0.06 mm的过盈装配，为防止扭振而松动，内圆孔还以平键配合传动，组装时减振器体应加热到 120～150 ℃后套装。外壳和端盖构成薄壁壳体，内腔与惯性体间的间隙中充以硅油。端盖有灌注硅油用的上、下孔，注油时向一孔内压油，另一孔就排气，注满后用堵密封。

惯性体安置在空心密封腔内，它与减振器体的相应位置上均布 6 个径向槽，槽内插装有 15 片厚度为2 mm的弹簧片，板面发蓝并喷涂 MoS_2。弹簧片组与减振器槽间有 0～0.03 mm

间隙,弹簧片组的两侧边用挡块塞住,防止簧片轴向移位。弹簧片组另一端插在惯性体槽内,由 2 个淬火的滚柱夹持,滚柱与簧片组之间有 0.03～0.05 mm间隙。为防滚柱轴向脱出,惯性体两侧用盖板封住。在惯性体内圆面及两侧面上也安装有 12 块青铜减摩环,每块环用销定位和螺钉紧固。

减振器密封腔内注有运动黏度为0.20 m^2/s的甲基硅油。减振器各部间隙和硅油的黏度大小对减振效果有影响,应按设计要求调整:惯性体外圆面与壳体间的径向总间隙为 1.24～1.35 mm;惯性体两侧与密封腔内侧轴向总间隙为 1.34～1.52 mm;减摩环内圆面与减振器体间径向总间隙为 0.23～0.33 mm;减摩环与密封腔内侧轴向总间隙为 0.20～0.35 mm。

硅油弹簧减振器与硅油减振器的不同是由于弹性元件的介入,使惯性体并非完全自由,而是与减振器体之间有一定程度的联系,因而使轴系的自振频率有一定程度的变化。当曲轴轴系发生扭振时,减振器壳体部分相对于惯性体快速扭摆,弹性元件变形而产生弹性反力矩(图 3-4-3)及弹簧片间相对位移产生摩擦阻尼力,使扭振干扰力矩受到抵制。此外,硅油的黏性阻尼消耗部分干扰功,使之化为热量从壳体表面散发,这使轴系的各阶次扭振振幅减小。

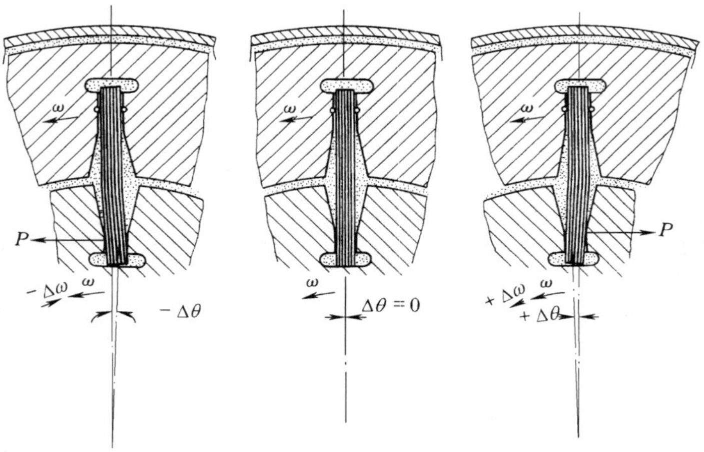

图 3-4-3　簧片组变形时的弹性反力矩

一般来说,硅油弹簧减振器的减振效果比硅油减振器好,径向尺寸较小。

3. 卷簧减振器

16V280ZJ 型柴油机采用的是卷簧减振器,卷簧减振器属于阻尼弹性减振器,通过调整减振器的转动惯量和刚度来改变轴系的自振频率,以求减弱简谐力矩对轴系的作用,与减振器的阻尼一道起着降低扭振振幅和应力的作用,与其他形式的减振器相比,在同样的刚度下,卷簧减振器外径可较小,结构比较紧凑。

卷簧减振器装在曲轴自由端的曲轴齿轮外侧,主要由主动圈、被动圈、簧片组、限制块、盖板和甩油盘等组成(图 3-4-4)。

16V280ZJ 型柴油机的减振器和 16V280ZJA 型柴油机的减振器结构相似,只是减振器的大小、簧片组的数量、簧片的直径和厚度不同。

如图 3-4-4 所示,主动圈 1 中部外圈柱以动配合装入被动圈 4 内孔,沿主动圈和被动圈配合的圆周上均布 8 个孔,并在各孔的主动圈上加工出安装限制块的直槽。每个孔装一个限制块 2,并沿轴向叠放 3 个簧片组 3。主动圈与被动圈配合圆柱的两端齐平,并用盖板 5 密封。

主动圈中部配合圆柱两旁的圆柱面作为盖板内孔的支承。盖板的内孔镶有铜套,铜套内孔与主动圈侧面的轴颈作动配合。盖板的外圆以被动圈上的止口定位,并用16个螺钉将其紧固在被动圈的侧面。在主动圈与曲轴相配的安装孔的一端头加工出一段直孔,作为在机车上安装橡胶弹性联轴节主动件之用。在该侧还加工出一个小凸肩作为甩油盘内孔的定位。在此侧的端面上有8个螺孔,用螺栓分别连接甩油盘和机车上的橡胶弹性联轴节。主动圈内孔以1∶50的锥度与曲轴自由端安装轴颈过盈配合,内孔中部设有环形槽,其轴向位置与曲轴上的油孔相对应。机油由此槽经主动圈上的钻孔去润滑各簧片组,再流入主动圈和被动圈两侧与盖板的间隙中,最后由盖板内孔与主动圈两侧轴颈之间的间隙流出减振器。机油充满簧片组各簧片之间的间隙及主动圈和被动圈两侧的间隙,产生阻尼。

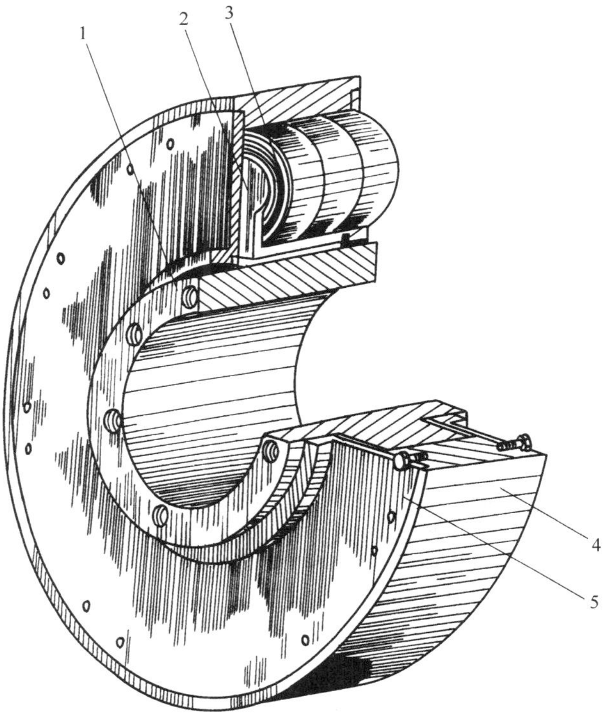

1—主动圈;2—限制块;3—弹簧组;4—被动圈;5—盖板组。

图 3-4-4　卷簧减振器

三、16V265H 型柴油机减振器

16V265H 型柴油机采用液力减振器(图 3-4-5),通过挤压由内、外圈分离的油腔中的机油,来吸收曲轴的扭转脉冲。机油来自曲轴上的油孔,扭力将油腔中的机油从通孔中挤出,从而使振动衰减。

图 3-4-5　16V265H 型柴油机减振器

四、GEVO16 型柴油机减振器

GEVO16 型柴油机采用板簧式弹性阻尼减振器(图 3-4-6),它主要由内圈、外圈、中部的限制块和板簧、两侧板及连接侧板的螺栓等组成。内圈由螺栓紧固于曲轴自由端的法兰上,由曲轴来的润滑油经内圈的油孔流入减振器内腔,用于板簧间的润滑和增加阻尼的作用。侧板与内、外圈之间用橡胶圈密封,侧板上还设有放气孔。

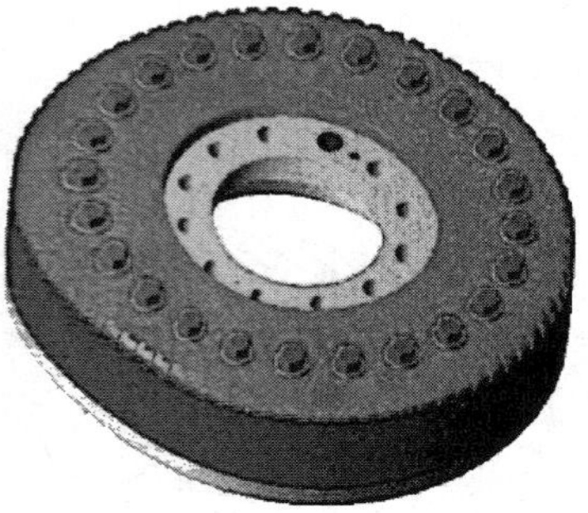
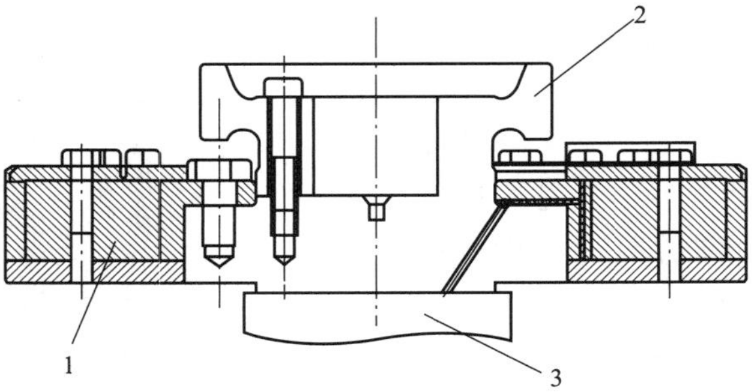

1—减振器;2—泵驱动齿轮;3—曲轴。

图 3-4-6 GEVO16 型柴油机减振器

五、12V265 型柴油机减振器

12V265 型柴油机采用与 16V265H 型柴油机相同的液力减振器,此减振器也称为盖斯林格扭振减振器,用 16 个螺栓与泵传动齿轮一同固定在曲轴自由端法兰上。由曲轴第 1 位主轴颈的机油沿着垂直于曲轴自由端(前端)面的油孔流向扭振减振器和泵传动齿轮装配中的弹性齿轮,如图 3-4-7 所示。

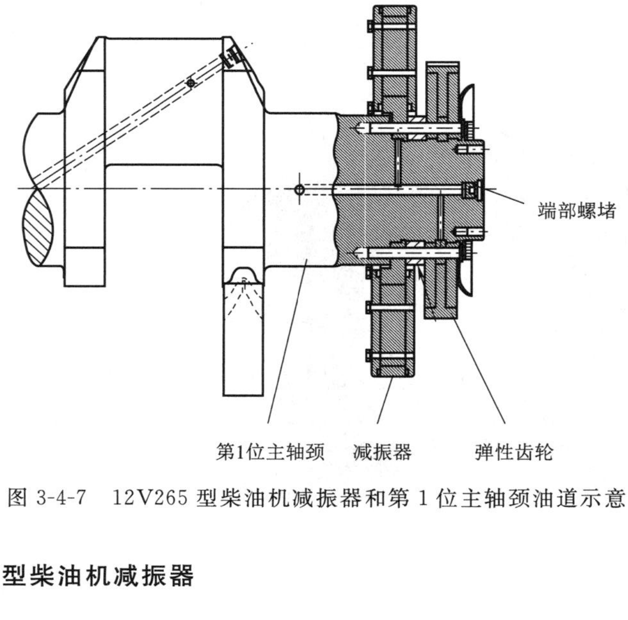

图 3-4-7 12V265 型柴油机减振器和第 1 位主轴颈油道示意

六、R12V280ZJ 型柴油机减振器

R12V280ZJ 型柴油机采用卷簧减振器,属阻尼弹性减振器,安装在曲轴前端的曲轴齿轮

外侧，主要由被动圈、簧片组、限制块、主动圈、盖板组和甩油盘等组成，如图 3-4-8 所示。

卷簧减振器的减振核心部件是沿径向 8 列均布的簧片组，每列 4 组共计 32 组簧片组。减振器的外形尺寸为 ϕ655 mm×278 mm，总重 449 kg。

卷簧减振器通过调整减振器的转动惯量和刚度来改变轴系的自振频率，以求减弱简谐力矩对轴系的作用，与减振器的阻尼一道起着降低扭振振幅和应力的作用。与其他形式的减振器相比，在同样的刚度下，卷簧减振器的外径较小，结构比较紧凑。

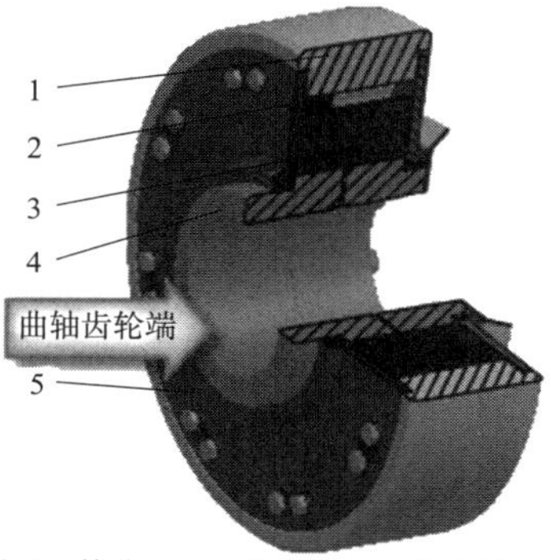

1—被动圈；2—簧片组；3—限制块；4—主动圈；5—盖板组。

图 3-4-8　R12V280ZJ 型柴油机减振器

第五节　联轴节及盘车机构

一、联　轴　节

1. 联轴节的作用和类型

柴油机曲轴的功率输出端与从动装置之间通过联轴节相连接。在柴油机运转时它起到如下作用：

(1)传递扭矩，并起惯性飞轮作用。

(2)减小两连接轴安装时微量不同轴度的影响。

(3)在启动、变速及停机过程中缓和对柴油机及从动装置的冲击作用。

(4)改变曲轴轴系的扭振动力特性，利用联轴节来消振及避振。

联轴节的类型通常有刚性、半刚性及弹性联轴节之分。弹性联轴节有金属弹簧、钢套-橡胶黏合元件及径向板簧等弹性元件之分。16V240ZJA 型柴油机装有半刚性联轴节；12V180ZJ 型及 12V240ZJ 型柴油机装有钢套-橡胶黏结弹性联轴节；16V240ZJB 型柴油机装有径向簧片式弹性联轴节；16V280ZJA 型柴油机则采用了类似刚性的大圆薄板联轴节。

2. 径向簧片式弹性联轴节

(1)结构

径向簧片式弹性联轴节又称盖斯林格联轴节，它由主动件、弹性传动组件及从动件等组成。主动件是一个带有花键的传动轴；弹性传动组件由径向簧片组、支承块、弹性锥套及刚性锥套等构成；从动件由齿轮盘、主动盘、从动盘及油封盖等组成，如图 3-5-1 所示。

花键轴采用合金钢材质，表面进行氮化处理，以提高耐磨性和疲劳强度。轴端的法兰与曲轴输出端法兰通过 8 个铰孔螺栓相连接。法兰的外圆面上有盘车刻度。轴的中段有 12 个花键槽，槽的侧面为传递扭矩的受力面。轴的前段为滚动轴承支承轴颈。花键轴内部为空心油腔部，由曲轴轴端螺堵小孔引来压力机油，前端部由油封法兰封住，油封法兰上开有油槽，将压力机油引入滚动轴承内。

弹性传动组件将花键传来的扭矩弹性地传给从动件。径向放射形地均匀布置 12 个簧片组，每组由长短不等的 9 个簧片组成，最长的 2 片为主片，同时顺曲轴转向侧设置 5 个副片，逆曲轴转向侧设置 2 个副片。因为曲轴并不逆向运转，所以主片两侧的副片非对称布置。簧片由 50CrV 钢制成，表面喷涂 MoS_2 润滑脂并在片间衬以黄铜薄片，以减少簧片变形时的内阻尼和防止表面擦伤。9个簧片由2个圆柱销串联在一起,以保持各片间的相对关系。簧片组的小端插在花键槽内;簧片组的大端被弹性锥套、刚性锥套及支承块等夹紧在联轴节的外缘。刚性锥套为厚壁套,其内表面具有1∶15的锥度。弹性锥套实际上为一个开口式薄壁环,其外表面也有1∶15的锥度。如果将弹性锥套压装入刚性锥套中,则随着压入深度的增加,弹性锥套的内径及开口逐渐收缩。支承块和簧片组间隔布置,它们皆安放在弹性锥套的内孔中,当弹性锥套内径收缩时,各簧片组和支承块的大端就相互挤紧,即被两个锥套箍紧着。支承块起隔开簧片组、传递力矩及构成油腔的作用。它具有一定的外形,用以限制簧片组小端在柴油机过载时的变形;它与簧片组的间隙还构成机油流通空间。它通过螺栓将齿轮盘及主动盘等紧固在一起,以传递由簧片组传来的力矩。

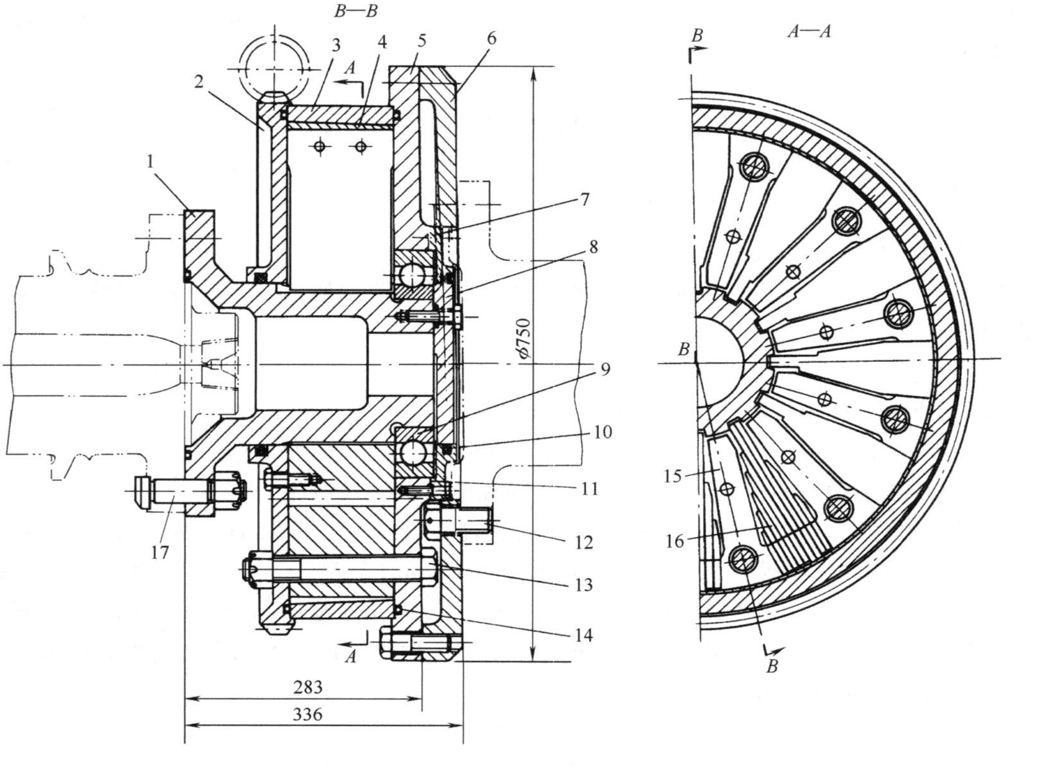

1—花键轴;2—齿轮盘;3—刚性锥套;4—弹性锥套;5—主动盘;6—从动盘;7—油封;
8—油封法兰;9—滚动轴承;10、14—橡胶圈;11—纸垫;12、13、17—螺栓;15—支承块;16—簧片组。

图3-5-1 径向簧片式弹性联轴节(单位:mm)

齿轮盘与主动盘分置于弹性传动组件的前后部。齿轮盘具有102个轮齿,以供柴油机曲轴盘车之用。主动盘坐落在滚动轴承的外圆面上,通过螺栓与从动盘相连。从动盘的内圆孔与牵引发电机转子轴凸肩相定位,侧面与转子轴相紧固,使曲轴的扭矩最终传到发电机。发电机转子的后部设滚动轴承,转子前部通过从动盘、主动盘等支承在联轴节的滚动轴承上。簧片组与齿轮盘及主动盘之间两侧面留有0.10～0.30 mm的总间隙。

为防止各面可能泄油,在有关地方均安装有橡胶密封圈。另外,在从动盘外圆面上有2个警告孔,当机油从此孔中泄出时,说明主动盘处密封不良。

(2)弹性联轴节的工作特点

径向簧片式弹性联轴节由于簧片组大端被弹性锥套、刚性锥套及支承块等紧固与从动件相联系，而簧片组的小端呈自由状态。在柴油机曲轴传递正常扭矩时，花键轴受曲轴驱动使键槽侧面压迫主簧片下端，主片及顺转向5个副片一起挠曲变形，因而使扭矩通过弹性传动组件及主动盘传到电机转子。虽然柴油机不可能逆向运转，但在启动和紧急停机的瞬间主片受到反向的力矩，2个副片为防止主片应力过大而设。由于簧片的弹性，在转速变化时起到缓和冲击及减小振动的作用，同时弹性联轴节还能允许曲轴与电机转子间微量的不同轴度。

由于联轴节的高弹性及主动件较小的惯量改变了轴系的扭振特性，使轴系的自振频率大幅度地降低，调节联轴节的弹性和惯量，可使轴系得到合适的自振频率，实现对危险的扭振阶次避振的目的。

弹性联轴节还具有高阻尼，当曲轴-花键轴发生扭转振动时，簧片组快速交变弯曲变形，使簧片组两侧油腔体积一边缩小，另一边增大，缩小的油腔则将机油迅速地通过簧片组两端面微小间隙泵压到体积增大的腔内。这种泵吸作用使机油反复变向高速流动，微小的间隙使机油流动时产生较大的阻尼；同时，变形的簧片在小端处产生弹性反力矩，消耗及抵制着扭振的干扰力矩，使径向簧片式弹性联轴节又具有良好的消振作用。

二、盘车机构

盘车机构是特设的盘转曲轴的机构，它可以人力或人控机械慢速转动曲轴，达到对柴油机进行总组装、调整及检查之用。

16V240ZJB 型柴油机的盘车机构由支座、滑动支架、定位销、滑动轴、蜗杆、蜗杆轴、锥齿轮对、轴承体及轴承、行程开关及指示针等组成，如图3-5-2所示。

盘车机构安装于柴油机机体输出端的端板右侧，通过螺栓和定位销将垫板紧固于机体上。垫板上面安装支座，支座上设置2根平行的滑动轴。滑动支架底部的2个凸环套装在滑动轴上，滑动支架上部带着蜗杆及锥齿轮对等件，在滑动支架沿着滑动轴移动时，蜗杆接近或离开弹性联轴节的齿轮盘(即蜗轮)。蜗杆为由铝青铜制成的双头蜗杆，轮齿的法向模数为6.5，螺旋角为10°42′，它套装并用销铆在蜗杆轴上。蜗杆轴一端安装锥齿轮，另一端安装注油嘴，压入润滑脂供支架轴承润滑之用。

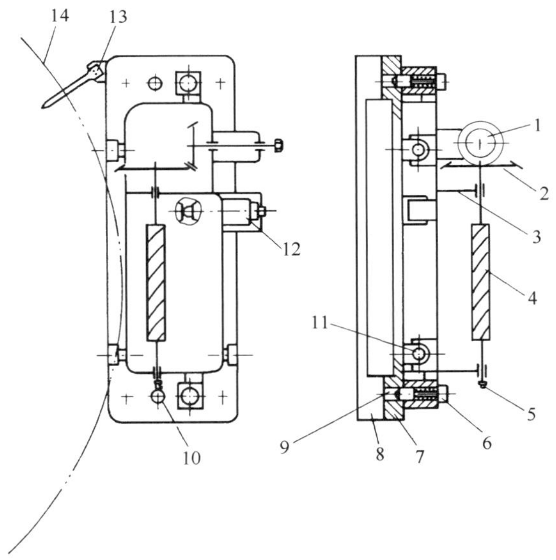

1—小锥齿轮；2—大锥齿轮；3—滑动支架；4—蜗杆；5—注油嘴；6—弹性定位销；7—支座；8—垫板；9—右定位销孔；10—左定位销孔；11—滑动轴；12—行程开关；13—指示针；14—齿轮盘位置。

图 3-5-2　盘车机构

滑动支架与支架座由2个弹性定位销定位，定位销孔左右各2个。当柴油机处于非盘车状态时，即蜗杆与齿轮盘轮齿脱开，这时滑动支架由2个弹性定位销锁闭在右定位销孔中，行程开关的触头与滑动支架相压合，柴油机的启动电路接通，这表示柴油机不在检修状态并随时皆可启动运转。拔出弹性定位销，并使滑动支架左移一段距离，将定位销锁闭在左定位销孔中，则盘车机构处于盘车状态，蜗杆与蜗轮盘轮齿啮合，行程开关的触头与滑动支架相脱开,柴油机启动电路断开,表示柴油机需要或正在检修,此时不能启动柴油机,以确保人身及机器的安全。

盘车锥齿轮对安装在滑动支架上,随支架移动确保齿轮对始终啮合。轴承体用螺栓紧固在滑动支架上,体内安装2个滚动轴承和锥齿轮轴,通过轴承体与支架间的垫片或蜗杆轴的调整环可调节锥齿轮对的侧隙。

弹性联轴节花键轴法兰外圆面上均匀刻有360°分度线,每10°刻一长线,并标出角度值。角度值以第1气缸活塞位置的曲轴转角值为准,由指示针指示读数,其余各缸活塞相应位置可按曲柄排列及发火顺序推算。为方便工作,在法兰面上也标出各气缸活塞上止点相对于第1缸上止点的位置,例如在0°线之下刻有1:8字样,在310°线之下刻有9:16等字样。其中靠近齿轮盘一侧的数字,代表顺转向盘转第1圈中活塞处于发火上止点时的某气缸号。靠近曲轴一侧的数字,表示顺转向盘转第2圈中活塞处于发火上止点时的气缸号,它的实际夹角值应再加360°。例如第9缸在第1圈的310°为发火上止点,第16缸在第2圈310°+360°=670°时为发火上止点(图3-5-3)。表3-5-1列出各缸活塞的上止点相对于第1缸活塞发火上止点时的曲轴转角值,标有*号的气缸为曲轴转到第2圈时活塞处于上止点的位置。

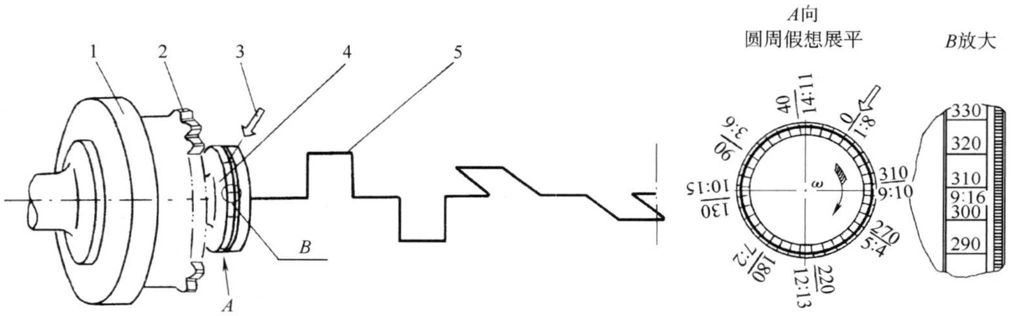

1—弹性联轴节;2—盘车齿轮;3—指示针方向;4—花键轴法兰;5—第8曲柄。

图3-5-3 盘车刻度

表3-5-1 各缸活塞发火上止点的曲轴转角

气缸号	1	14	3	10	7	12	5	9	8*	11*	6*	15*	2*	13*	4*	16
刻线分度/(°)	0	40	90	130	180	220	270	310	0	40	90	130	180	220	270	310
发火上止点转角/(°)	0	40	90	130	180	220	270	310	360	400	450	490	540	580	630	670

三、16V280ZJ型柴油机联轴节与盘车机构

16V280柴油机采用两种形式的联轴节,其中16V280ZJ型柴油机装用盖斯林格弹性联轴节,而16V280ZJA型柴油机装用大圆薄板联轴节。

1. 联轴节

(1)盖斯林格弹性联轴节

16V280ZJ型柴油机装用BC72/10/85盖斯林格弹性联轴节,它能传递该柴油机的最大输出扭矩并满足柴油机-发电机组扭振性能的要求。

联轴节主要由花键轴、簧片组、中间块、中间圈、紧固圈、侧板、法兰板、轴承、盖板、密封圈座、螺栓和O形圈等组成,如图3-5-4所示。

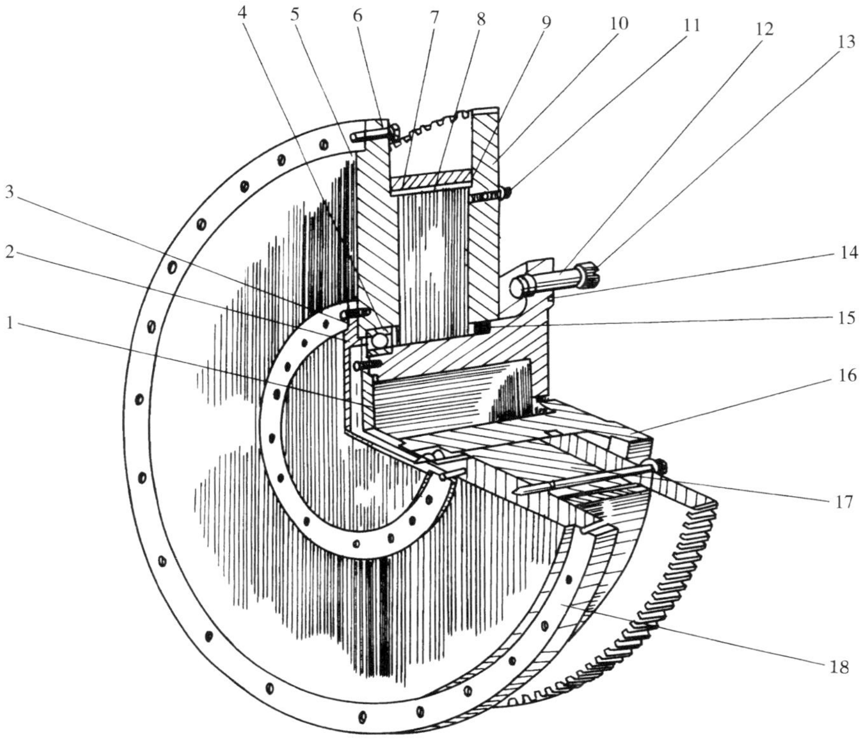

1—密封圈座；2—盖板；3、9、14、15—O形圈；4—滚动轴承；5—簧片组；
6、12—螺栓；7—紧固圈；8—中间圈；10—侧板；11—放气螺堵；
13—螺母；16—花键轴；17—中间块；18—法兰。

图 3-5-4 BC72/10/85 盖斯林格弹性联轴节

花键轴16为联轴节传动的主动部分，其余零件组成圆盘为被动部分。花键轴法兰与曲轴法兰用10个螺栓12和螺母13紧固。圆盘的法兰18与同步主发电机转子轴端面用24个螺栓6紧固。上述的连接面均设有凸缘定位，花键轴与圆盘之间由花键槽和簧片传动。

柴油机工作时，机油从曲轴油封的油槽经花键轴法兰端油孔进入花键轴内孔，再经花键轴上的6个钻孔流向各组簧片5的间隙。当曲轴中机油压力下降或停机时，联轴节的部分机油会流向曲轴的中空油道。

花键轴法兰端面的环形槽装有O形圈14，用于与曲轴法兰端面间的密封，以防止机油由此泄漏。花键轴法兰外圆面上刻有表示曲轴转角的刻线和角度值。其轴上的环形槽装有O形圈15，与圆盘的侧板10内孔相配，防止圆盘内的机油沿轴面向外泄漏。它的尾端装有密封圈座1，用于封闭花键轴内孔并作轴承4的轴向止挡。

圆盘芯部装12个簧片组5和12个中间块17，外圆用中间圈8和紧固圈7箍紧，芯部两侧装侧板10和法兰板18，用12个螺栓将上述两板与圆盘芯部紧固。侧板和法兰板与紧固圈端面用O形圈9密封，以防止机油从芯部侧面泄漏。圆盘的法兰板内孔经滚动轴承4支承在花键轴的尾部，以承受联轴节和同步主发电机转子的部分重量。法兰内孔端面装有盖板2，并以O形圈3密封，防止机油从圆盘后端泄漏。侧板外圆加工出齿轮，作为柴油机盘车之用。侧板端面上还设有联轴节充油时的放气螺堵11。

(2)大圆薄板联轴节

在DF_8型内燃机车用柴油机上大量装用盖斯林格联轴节的同时，还设计装用了一种“大圆薄板”联轴节。这种大圆薄板联轴节属于刚性联轴节,具有结构简单、重量小、制造成本低、维修方便的特点。它能传递16V280ZJ型柴油机的最大输出功率。与弹性联轴节相比,它不能改善柴油机的扭振性能,故须设计与之相匹配的卷簧减振器,使轴系扭振性能参数仍在许可范围之内。另外,它对两个连接轴的同轴度要求比弹性联轴节要高。

大圆薄板联轴节现一般用于运用功率更高的16V280ZJA型柴油机,分别装用于DF_9型和DF_{11}型内燃机车上。

大圆薄板联轴节由大圆薄板、过渡盘和螺栓等组成,如图3-5-5所示。

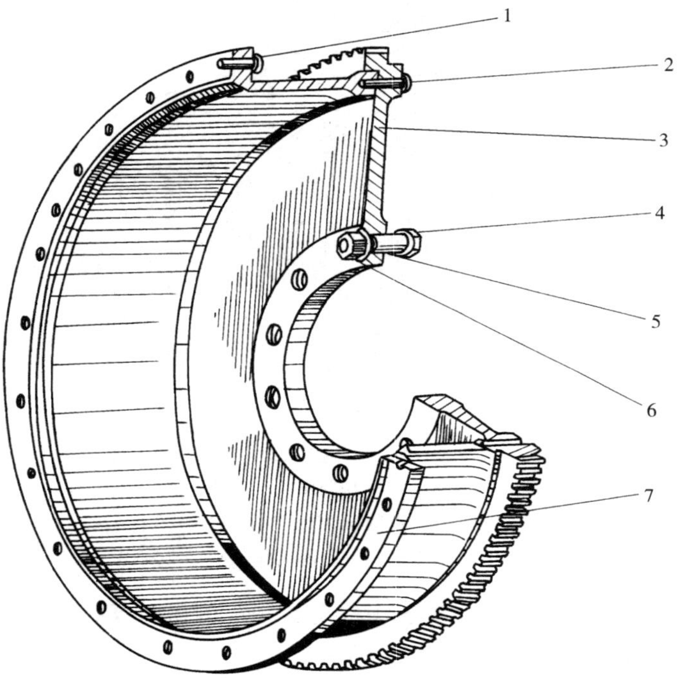

1、2—螺栓;3—大圆薄板;4—曲轴连接螺栓;
5—垫圈;6—螺母;7—过渡盘。
图3-5-5 大圆薄板联轴节

大圆薄板3的法兰平面与曲轴输出法兰用10个螺栓4和螺母6紧固,拧紧力矩为1 569 N·m。大圆薄板的外圆平面与过渡盘7的一端以24个螺栓2紧固,过渡盘的另一端法兰与同步主发电机转子轴端面以24个螺栓1紧固。这48个螺栓是同一个品种,而且螺栓的拧紧力矩均为314 N·m。上述各个连接面均设有凸缘定位。大圆薄板的外圆面上打印有表示曲轴转角的刻线和角度值,并在其外缘加工出轮齿,作为柴油机盘车之用。大圆薄板由合金钢制造,具有较高的韧性,整个圆板都做得较薄,而且其厚度从内圆向外圆逐渐减小,故轴向弹性较好。

大圆薄板、过渡盘和螺栓均须探伤,不得有裂纹。联轴节上的螺栓、螺母和垫圈在材料和机械性能等方面均有明确的要求,不得随意代换。

2. 盘车机构

盘车机构属于手动盘车形式,它装在机体的输出端左侧,用于柴油机组装、调整和观察时带动联轴节上的齿轮,使曲轴缓慢转动。当柴油机运转时,则脱离其传动位置。柴油机装用弹性联轴节或大圆薄板联轴节时,需配相应的盘车机构。这两种盘车机构结构相似,只是主要在外观上长短不同。

盘车机构主要由轴承座、铜套、齿轮轴、挡板、行程开关、限位机构和指针等组成,其结构如图 3-5-6所示。

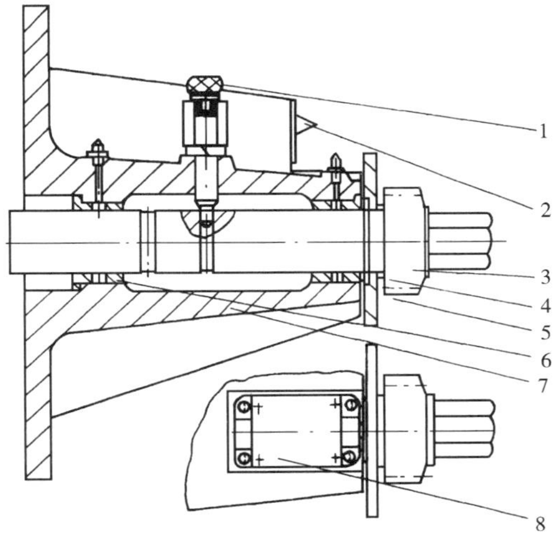

1—限位机构;2—指针;3—齿轮轴;4—挡圈;5—挡板;6—衬套;7—轴承座;8—行程开关。

图 3-5-6 盘车机构

齿轮轴上设有 2 道环形槽,其中的一个槽内有一个径向钻孔。齿轮轴由轴承座里的 2 个铜套支承,与齿轮贴靠的挡板用挡圈与轴定位,并可避免其轴向窜动。在盘车机构的锁紧位,限位机构的销子头部落入齿轮轴中部一个环形槽的钻孔里,使轴不能窜动;行程开关的触头压着挡板,并有 2～3 mm的压缩量,此时行程开关使控制电路接通,让启动马达得电,可启动柴油机。当挡板与行程开关的触头脱开时,控制电路断开,使启动马达失电而无法启动柴油机。设置此联锁装置,可避免在盘车位启动柴油机,从而避免造成人身或机械事故。

当柴油机需盘车时,应先将限位机构顶部的手把提起,使其上的扁台离开体上的槽,此时限位机构的销子头部离开了轴上的孔和槽,便可将轴往外拉。当轴拉出10 mm左右时应放开手把,之后轴继续外拉,直至不能拉动为止。此时,限位机构的销子头部已落入轴上的另一条环槽里,该槽可避免盘车时齿轮窜动。此时齿轮已处于啮合位,便可将专用扳手套进齿轮端部的六角头进行盘车。当盘车结束后,再将限位机构顶部的手把提起,将齿轮轴往里推并转动齿轮轴直至不能转动为止,便又回到锁紧位,即限位机构销子的头部已插入齿轮轴环形槽中的孔内。

轴承座上的 2 个油杯供使用前向轴承压入润滑脂用。轴承座上还装有指示曲轴转角用的指针。

四、16V265H 型柴油机联轴节

16V265H 型柴油机采用单片式联轴节(图 3-5-7)将曲轴与主发电机的转子相连,以节省轴向空间。联轴节装配由联轴节、定时盘、启动齿轮盘及连接螺栓等组成,有较大的轴向柔度。

1—联轴节;2—定时盘;3—齿轮盘。

图 3-5-7 16V265H 型柴油机联轴节

联轴节外圈法兰的外圆柱面上刻有 360°的角度标识线,角度和上止点刻线刻印在联轴节的外缘上,这些刻线与安装在柴油机后端的盘车指针配合,便于在柴油机组装和检修时判定曲轴的相位。通过盘车工具可盘动曲轴至需要的相位,联轴节周边的孔用来插入盘车杆,实现手动盘车。

与联轴节固定在一起的定时盘上有 36 个等距的方齿,齿间距为 10°。当定时盘随联轴节

一起旋转时,这些方齿与安装在柴油机后端的转速传感器配合,向电喷控制系统传递曲轴的转速信号。

联轴节最外圈装配的齿轮盘用螺栓与联轴节紧固连接在一起,主要有两个作用:一是在柴油机检修时与专用的盘车配合,用来转动曲轴;二是当柴油机启动时,与左、右两侧的风动马达小齿轮配合,驱动柴油机发火。为保护齿轮盘与启动马达的齿轮啮合面,在齿轮盘的齿面上要敷涂开放型齿轮润滑脂。

五、GEVO16 型柴油机联轴节与盘车机构

1. 联轴节

GEVO16 型柴油机联轴节(亦称飞轮),如图 3-5-8 所示,其安装定位法兰通过锥套压装在曲轴输出端轴颈上,并通过螺栓与主发电机转子连接,将柴油机功率传给主发电机。曲轴齿轮压装在飞轮内侧轴颈上,通过惰轮带动凸轮轴齿轮,驱动凸轮轴转动。

2. 盘车机构(图 3-5-9)

GEVO16 型柴油机在输出端右侧设有盘车机构的接口,属于手动盘车型式,使用气动或电动盘车装置进行盘车。

图 3-5-8 GEVO16 型柴油机联轴节

图 3-5-9 GEVO16 型柴油机盘车机构

六、12V265 型柴油机联轴节与盘车机构

12V265 型柴油机采用单片式联轴节,是连接曲轴与主发电机转子并输出功率的重要连接件。联轴节装配主要由联轴节和启动齿轮盘组成,如图 3-5-10 所示。

联轴节的中间法兰通过螺栓固定在曲轴的输出端,外圈的法兰则固定在主发电机的转子上(电机的定子则直接固定在机车底座上)。联轴节的辐板厚度仅有 6.5 mm,为轴向柔度较大的盘状结构,用以缓冲机车制动时主发电机转子对柴油机的冲击。

在机车制动等情况下主发电机转子的惯量会对曲轴系产生冲击,联轴节的轴向柔度将会

有效地起到缓冲作用。联轴节外圈法兰的外圆柱面上刻有360°的角度标识线,与盘车指针配合,便于在柴油机组装和检修时判定曲轴的相位。

联轴节装配最外圈的齿轮盘采用螺栓与联轴节固定在一起,主要有两项作用:一是与专用的盘车机构(图3-5-11)配合,用来转动曲轴;二是当柴油机启动时,机体后端两个空气启动马达的小齿轮在压缩空气的作用下伸出,并与齿轮盘啮合,同时马达在压缩空气的驱动下高速旋转并带动曲轴旋转。当柴油机达到发火转速并启动成功后,压缩空气被断开,马达的小齿轮在弹簧力的作用下自动缩回。为保护齿轮盘与启动马达的齿轮啮合面,在齿轮盘的齿面上要涂开放型齿轮润滑脂。

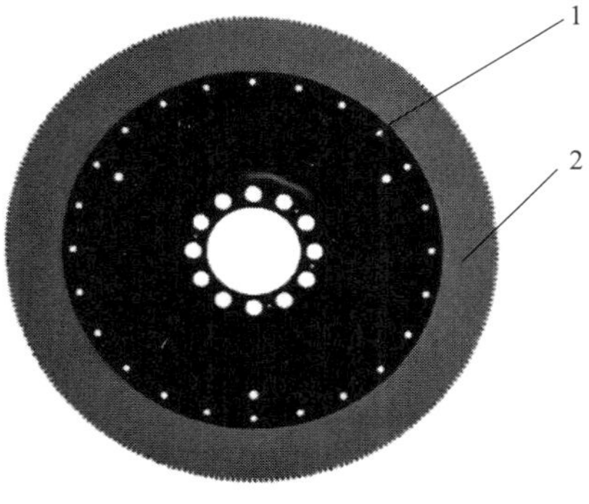

1—联轴节;2—齿轮盘。

图3-5-10 12V265型柴油机联轴节

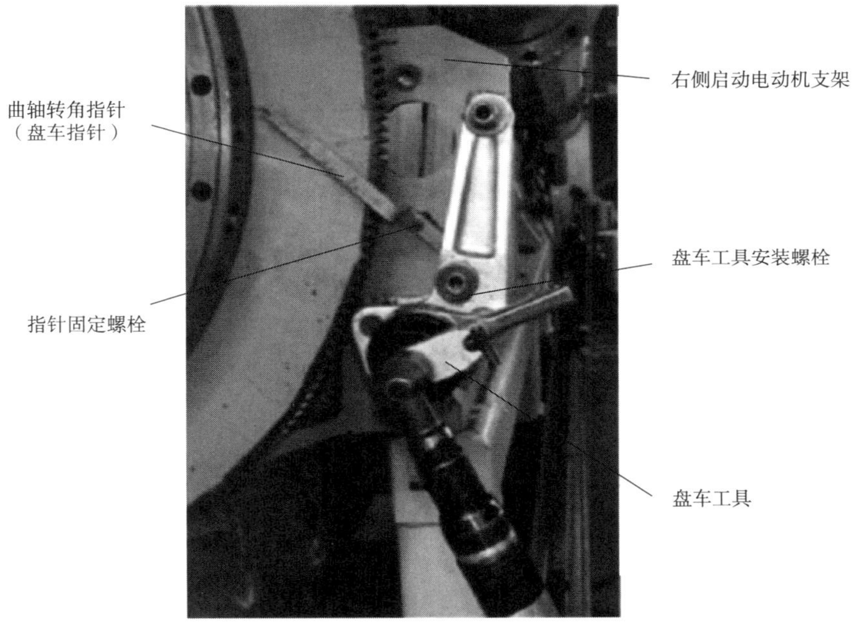

图3-5-11 12V265型柴油机盘车机构

七、R12V280ZJ型柴油机联轴节与盘车机构

1. 联轴节

R12V280ZJ型柴油机采用大圆薄板联轴节(图3-5-12),一端用螺栓与曲轴的输出法兰相连,另一端与发电机的输入法兰相连,将曲轴的扭矩传递给发电机的转子。大圆薄板联轴节由大圆薄板、过渡盘和螺栓等组成。

联轴节上的螺栓、螺母和垫圈在材料和机械性能等方面均有明确的要求,不能随意代换。

2. 盘车机构

R12V280ZJ型柴油机盘车机构属于手动盘车型式,装在机体输出端左侧,用于柴油机检修、组装和调整时通过联轴节上的齿轮带动曲轴缓慢转动。而当柴油机正常运转时,则脱离其传动位置。它主要由轴承座、铜套、齿轮轴、挡板、行程开关、限位机构和指针等组成,如图 3-5-13 所示。

其齿轮轴上设有 2 道环形槽,其中一个槽内有一个径向钻孔。齿轮轴由轴承座里的 2 个铜套支承,与齿轮贴靠的挡板用挡圈与轴定位,并可避免其轴向窜动。盘车机构锁紧位时,限位机构的销子头部落入齿轮轴中部的一个环形槽的钻孔里,使轴不窜动;行程开关的触头压着挡板,并有 2～3 mm 的压缩量,此时行程开关使控制电路接通,让启动马达得电,可启动柴油机。

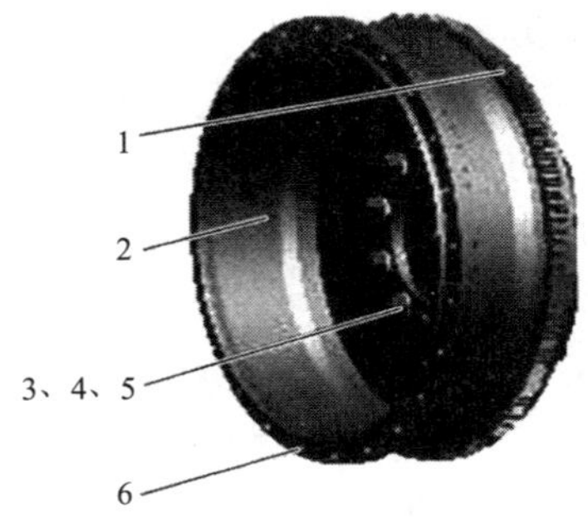

1—大圆薄板;2—过渡盘;
3、4、5—与曲轴连接螺栓、螺母与垫圈;
6—与主发转子连接螺栓孔。
图 3-5-12　R12V280ZJ 型柴油机联轴节

当柴油机需盘车时,应先将限位机构顶部的手把提起,此时限位机构的销子头部已离开齿轮轴上的孔和槽,便可将轴往外拉。当齿轮轴拉出 10 mm 左右时应放开手把,之后轴继续外拉,直至不能拉动为止,此时限位机构的销子头部已落入齿轮轴上的另一条环槽里,该槽可避免盘车时齿轮窜动。此时齿轮已处于啮合位,便可将专用扳手套进齿轮轴端部的六角头进行盘车。此时,挡板与行程开关的触头脱开,控制电路断开,使启动马达失电而无法启动柴油机。当回到锁紧位时,应转动齿轮轴直至不能转动为止。此时限位机构手把落回,限位机构的销子头部已落入齿轮轴环形槽中的孔内,轴已不能拉动。设置此联锁装置,可避免在盘车位启动柴油机,造成人身或机械故障。

轴承座上的 2 个油环,供使用前向轴承压入润滑脂用。轴承座上还装有指示曲轴转角用的指针。

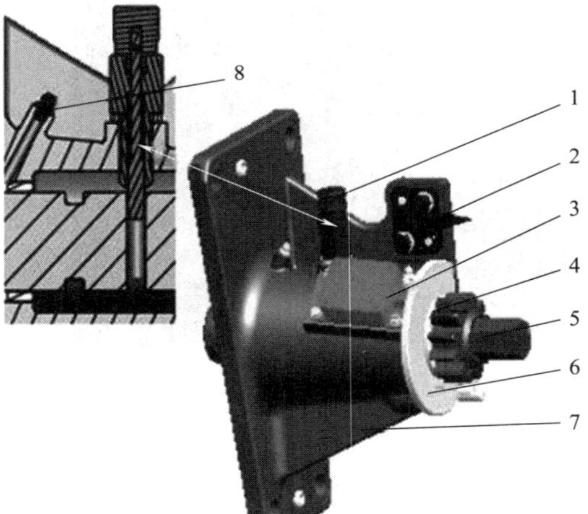

1—限位机构;2—指针;3—行程开关;4—挡圈;5—齿轮轴;6—挡板;7—轴承座;8—加油杯。
图 3-5-13　R12V280ZJ 型柴油机盘车机构

复习思考题

1. 柴油机中活塞组有何使命?连杆组的作用又如何?

2. 活塞筒体侧表面与气缸套之间的配合间隙过大或过小有什么坏处?

3. 为什么要限制气环的泵油现象?油环节制泵油作用的结构特点是怎样的?

4. 假如取消气环,全部装用油环行不行?为什么?取消油环,全部装用气环又怎样呢?

5. V形柴油机的连杆主要有哪几种形式?各有何优缺点?为什么要严格控制连杆螺栓的安装预紧力?

6. 试对比分析16V240ZJB型、16V280ZJ型、16V265H型、GEVO16型、12V265型、R12V280ZJ型柴油机从机体主油道输送至活塞体内的机油润滑通路。

7. 试对比分析16V240ZJB型、16V280ZJ型、16V265H型、GEVO16型、12V265型、R12V280ZJ型柴油机曲轴组的结构特征及异同点。

第四章
配 气 机 构

第一节　配气机构总体布置

一、配气机构的任务和工作要求

柴油机的进气过程与排气过程不仅有着紧密联系，而且对柴油机的性能起着重要影响。排气过程和进气过程通常合称为换气过程。换气过程必须按照柴油机配气相位的要求，准时地使气缸内的废气排除干净，使新鲜空气进得充足。充足的新鲜空气是燃油充分和完全燃烧的必要条件，只有换气过程进行得比较完善，柴油机的动力性和经济性才能提高；良好的换气过程还能降低受热零部件的热负荷，提高柴油机工作的可靠性。

配气机构用来控制柴油机的换气过程，按照规定的配气正时和气缸发火顺序，准时地、正确地控制各个气缸进、排气门的开启和关闭，以保证换气过程的顺利进行。由于进气和排气所占的时间极为短促，因此配气机构的零部件是在急剧变速运动下工作的，其中有些零件还受着高温影响，所以它们受有较大的惯性力和热应力，加之润滑条件较差，使零件的磨损增加，甚至破坏配气正时。柴油机对配气机构的要求是：进、排气门的启闭严格按照配气正时和发火顺序，保证换气过程准时进行；气门开度大小和气门启闭过程符合换气过程的要求；气门关闭时有良好的密封性；机件的惯性冲击小，振动和噪声小；结构简单，工作可靠，便于调整和维修。

二、配气机构的组成与动作过程

四冲程柴油机广泛采用气门式配气机构(图 4-1-1)，配气机构包括气门机构和气门驱动机构两个部分。气门机构主要由气门、气门导管、气门座、气门弹簧、气门锁夹和气门锁夹套等组成；气门驱动机构主要由齿轮传动装置、凸轮轴、气门挺柱(俗称推杆)、气门推杆(俗称挺杆)、气门摇臂及气门横臂等组成。

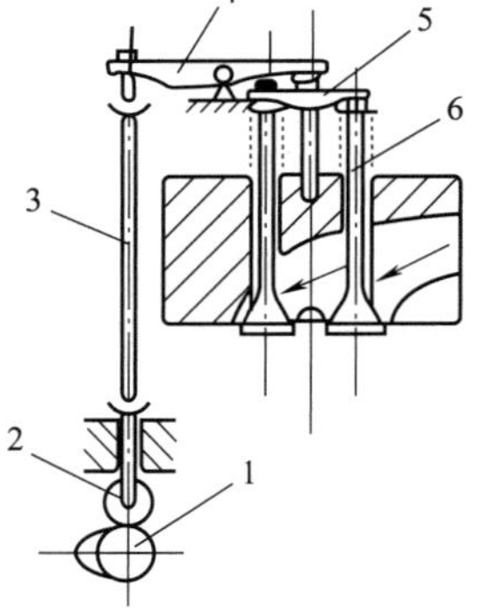

1—凸轮轴；2—气门挺柱；3—气门推杆；4—气门摇臂；5—气门横臂；6—气门。

图 4-1-1　四冲程柴油机的配气机构

配气机构的动作过程如下：

曲轴旋转，通过曲轴正时齿轮和齿轮传动装置带动凸轮轴转动。挺柱滚轮贴紧于凸轮型面，当挺柱由凸轮型面推动上升时，气门推杆及摇臂及推杆接触的一端也被顶上移，摇臂绕摇臂轴摆动，摇臂的另一端压气门横臂向下，气门横臂压在两个同名气门上，使气门弹簧压缩，气门下降而离开气门座孔，气门因此逐渐开启。当挺柱滚轮与凸轮在型面顶端接触时，气门弹簧压缩量达最大值，气门开度最大。当凸轮型面的顶端转过之后,气门挺柱和气门推杆逐渐下移,摇臂回摆,摇臂对横臂和气门弹簧的压力减小,在气门弹簧复原力作用下,气门随之上升,气门逐渐与气门座接近,即气门开度逐渐减小,最后达到气门全闭——气门与气门座贴紧密闭气缸。当气门全闭时,气门横臂与摇臂脱离接触。

三、气门和凸轮轴的布置

四冲程柴油机的进、排气门一般都布置在缸盖上,向下运动为气门开启,向上运动为气门关闭,这种布置称为顶置式。中小型柴油机一般采用双气门机构,即每个气缸有 1 个进气门和 1 个排气门。机车柴油机广泛采用四气门机构,即每个气缸有 2 个进气门和 2 个排气门。相同作用的气门称为同名气门。四气门机构与双气门机构相比,在同样气缸直径下,四气门机构可以获得较大的气门通流截面,进气和排气阻力减小,充量系数提高,还由于气门数量的增加,气门散热面积增大,从而降低了气门的热负荷。

四气门机构的气道有串联和并联两种布置方式。图 4-1-2(a)为气道串联布置,2 个同名气门先后布置在气道中,如 12V240ZJ 型和 16V240ZJB 型柴油机都采用串联布置。图 4-1-2(b)为气道并联布置,2 个同名气门并列布置在气道中,如 12V180ZJ 型和 16V200ZJ 型柴油机都采用上述方案。为了用 1 个气门摇臂启闭 2 个同名气门,当采用气道串联布置时,需要通过气门横臂来传动,以保证 2 个同名气门同步动作。采用并联气道时可以用几个气门摇臂直接启闭同名气门。

V 形柴油机左、右两列气缸,其凸轮轴有两种布置方案:图 4-1-3(a)所示用 1 根凸轮轴布置在 V 形夹角中间,如 12V180ZJ 型柴油机所采用的方案;图 4-1-3(b)所示由 2 根凸轮轴分别布置在柴油机两侧,以驱动左、右两列气缸的进、排气门,12V240ZJ 型和 16V240ZJB 型柴油机采用这种方案。凸轮轴上除设有进、排气凸轮外,还有喷油泵凸轮,用以控制喷油泵正时地向各个气缸供应燃油。

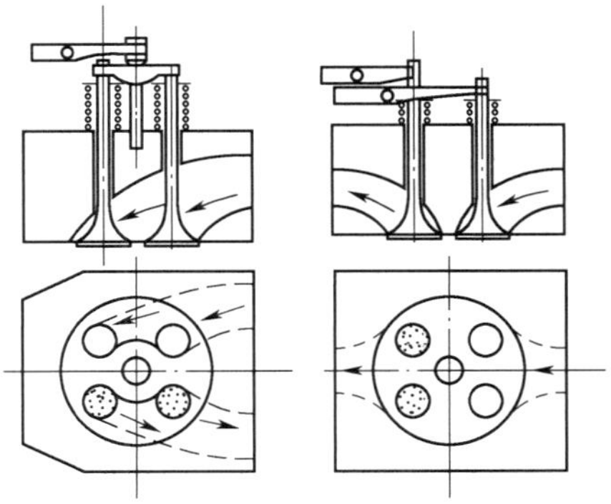

(a)　(b)

图 4-1-2　气门布置

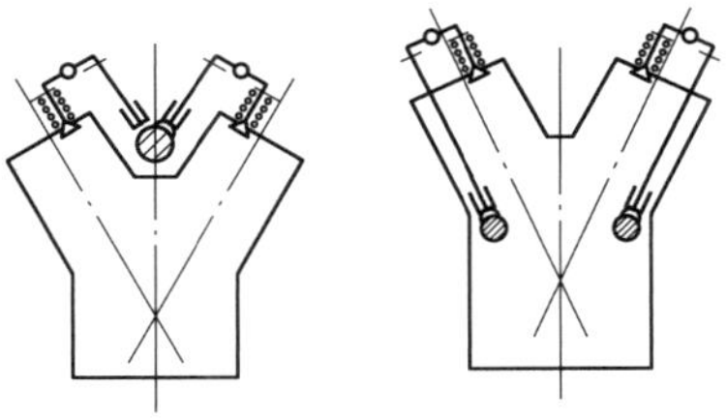

(a)　(b)

图 4-1-3　凸轮轴位置

四、16V240ZJB 型柴油机配气机构总体布置

16V240ZJB 型柴油机采用顶置式四气门机构(图 4-1-4、图 4-1-5)。由于进、排气管道均布置在 V 形夹角中间,因此进、排同名气门排成两列,气缸盖内的气道采用串联方案。在 4 个气门中央部设置喷油器,气门驱动机构安装在柴油机两侧和气缸盖上。气门安装在气门导管内,

用以定位和导向。每个气门尾部装有内外2圈气门弹簧,弹簧的底面坐落在气门导管的凸台上,顶面顶住气门杆尾部的锁夹套。锁夹套即气门弹簧上座,通过锁夹与气门杆相联系。靠气门弹簧的预紧力将气门压靠在气门座上,以达到燃烧室的密封。每个气缸盖上的进气摇臂和排气摇臂安装在同一根摇臂轴上,摇臂可绕摇臂轴摆动。摇臂的外侧安装有气门间隙调整螺钉,通过它与气门推杆、气门挺柱与凸轮轴上相应的凸轮相联系;摇臂内侧通过压球座和气门横臂同时控制2个同名气门。气门横臂上下运动由压装在气缸盖上的横臂导杆导向。气门挺柱与气门推杆、气门推杆与摇臂、气门摇臂与压球座之间均采用球面关节式连接,用以在摇臂摆动时减少推杆及横臂连接处的滑动摩擦。由摇臂的气门间隙调节螺钉中心到压球中心间的距离为摇臂总长,它正好与气缸中心到凸轮轴中心的距离相等,使气门推杆与气缸纵向轴线平行,可改善气门推杆的受力状态和实现气门启闭的准时性。摇臂通过压球座将力传给横臂,压球座与横臂间为平面活动接触,在此可用量具测量气门间隙。为保证气门横臂的两臂同时与同名气门接触,在横臂的一个臂上装有可调高度的调整螺钉。气门摇臂上的气门间隙调整螺钉,上下旋动可以调节气门间隙,调整完毕后用锥面自锁螺母锁紧。气门挺柱在挺柱导筒内上下滑动,挺柱导筒安装在机体两侧的气门挺柱箱内,气门挺柱下部设置挺柱滚轮,靠挺柱弹簧的压紧力使滚轮与凸轮贴紧。

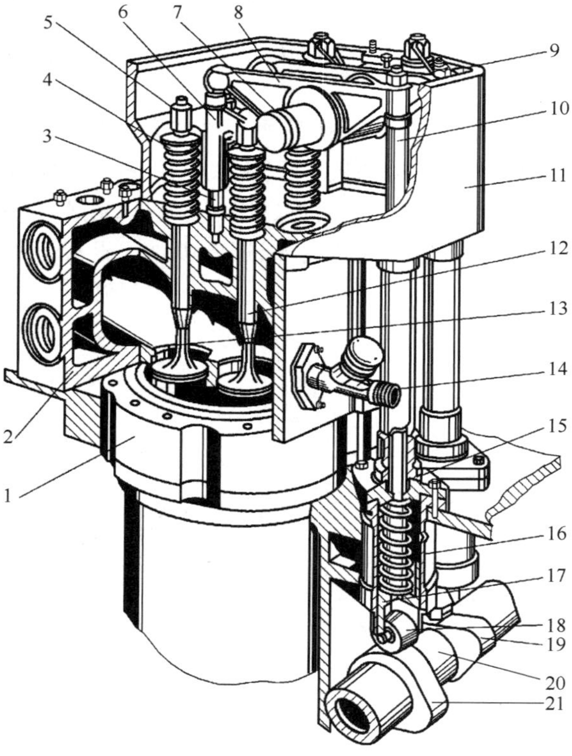

1—气缸;2—气缸盖;3—横臂导杆;4—气门弹簧;5—横臂调整螺钉;6—气门横臂;
7—摇臂轴;8—气门摇臂;9—气门间隙调整螺钉;10—气门推杆;11—摇臂轴座;
12—气门导管;13—气门;14—示功阀;15—挺柱盖;16—挺柱导筒;17—气门挺柱;
18—挺柱滚轮;19—进气凸轮;20—凸轮轴;21—排气凸轮。

图4-1-4 配气机构外形

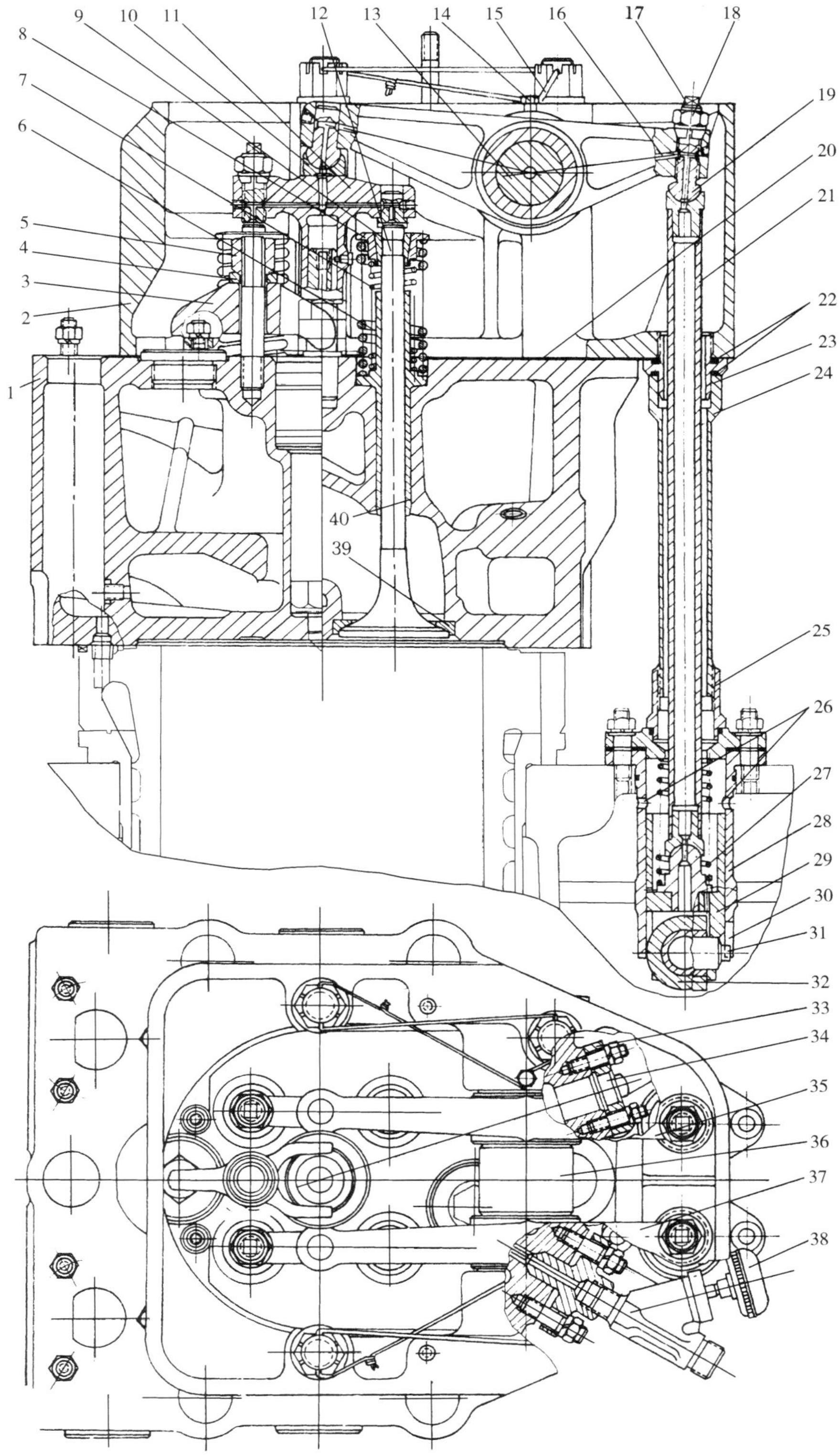

1—气缸盖；
2—摇臂轴座；
3—喷油器压块；
4—压垫；
5—螺母；
6—气门外弹簧；
7—气门内弹簧；
8—气门锁夹套；
9—气门锁夹；
10—压球座；
11—气门横臂；
12—排气门；
13—摇臂轴；
14—螺钉；
15—钢丝；
16—摇臂内油道；
17—气门间隙调整螺钉；
18—锁紧螺母；
19—螺钉球头；
20—石棉垫片；
21—气门推杆；
22—橡胶密封圈；
23—接头；
24—推杆套；
25—压紧螺母；
26—通气孔；
27—挺柱弹簧；
28—挺柱导筒；
29—气门挺柱；
30—导向槽；
31—导向轴段；
32—挺柱滚轮；
33—压板；
34—喷油器进油管孔道；
35—进气摇臂；
36—摇臂隔套；
37—排气摇臂；
38—示功阀；
39—气门座圈；
40—气门导管。

图 4-1-5　16V240ZJB 型柴油机配气机构

第二节 16V240ZJB 型柴油机气门机构

一、气门

16V240ZJB 型柴油机气门机构如图 4-2-1 所示，其进、排气门机构相似。

气门由头部和杆部组成。气门头部呈圆盘形，它直接与燃烧室的高温燃气接触，处于高温条件下工作。由于气门对气门座及气门对气门导管之间的传热条件较差，当柴油机在全负荷下工作时，排气门的最高温度可达 870～1 070 K，进气门因受新鲜空气冷却，温度稍低，但其最高温度仍在 570～670 K。气门在高温下工作强度降低，容易挠曲变形，影响使用寿命和密封性能。气门杆与气门导管、气门盘与气门座之间的润滑条件较差，加上受高温高压燃气的作用，使润滑条件更加恶化。气门还受到燃气压力、气门弹簧力、运动惯性力等综合作用，在气门关闭时对气门座具有较大的冲击力。因此，柴油机要求气门材质有良好的耐热性和耐磨性；关闭时密封性好；结构刚度大、重量轻；开启时对气流阻力小等。

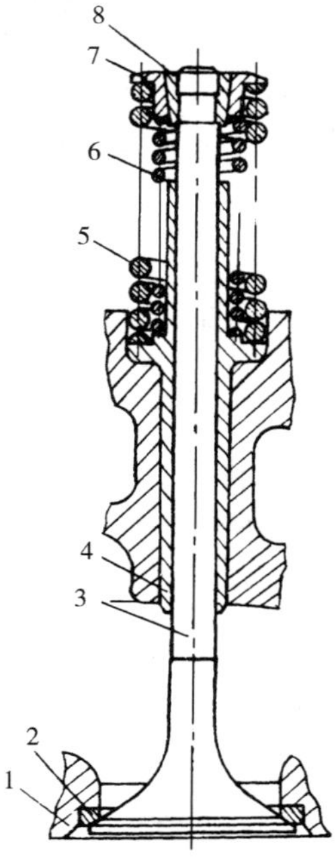

1—气缸盖；2—气门座圈；
3—气门；4—气门导管；
5—气门外弹簧；6—气门内弹簧；
7—气门锁夹套；8—气门锁夹。
图 4-2-1 16V240ZJB 型
柴油机气门机构

气门头部的一般结构形式如图 4-2-2 所示。平顶气门结构简单，制造方便，受热面小，重量轻。凹顶气门重量更轻，刚度大，进气性能好，但受热面积大。凸顶气门刚度大，排气性能好，但运动质量大。在通常情况下，机车柴油机大都采用平顶气门。图 4-2-2(d)为金属液体冷却气门，气门体为中空，空腔容积的一半充入熔点较低的金属钠，钠的熔点为370 K，沸点为1 153 K，工作状态下呈液态的金属钠随气门上下运动而强烈晃动，并有部分钠蒸气上升到气门杆部，通过气门杆部向外散热，降低气门盘的温度，所以热负荷特别大的排气门可采用这种结构，但其结构复杂，制造有一定难度。

气门与气门座的密封，一般都采用锥面接触配合的方式，它能保证气门位置正确对中，接触良好防止漏气。配合面的锥角一般有 15°、30°及 45°等几种。锥角大，可以增强气门头部的刚度，减小翘曲和防止漏气，增大与气门座的相对滑移量及座合力。座合力大对碾碎积碳、消除座合面上的杂质及提高气密性有利，滑移量大使气门锥面磨损增大，但能减少排气阻力，故一般采用于排气门。锥角小，对气门座的相对滑移量减小，能显著降低气门及气门座的磨损；在气门开启初期及局部关闭期间能获得较大的通流截面，有提高充量系数的功效，故采用于进气门。通常，气门座锥角与气门锥角并不相同，气门座锥角要大 0.5°～1°，使相互接触的密封带落在气门座口。气门与气门座之间，除了锥面单独磨光以外，还要使两者配对研磨，直到密封锥面上出现一条均匀、连续的接触环带(密封带)为止。机车柴油机气门的密封环带宽度一般为 2～2.8 mm，接触环带宽度太小，不利于气门传热，并使气门容易挠曲变形而漏气；接触环带宽度太大，则单位密封压力减小，气门座面上的炭粒不易碾碎，密封性能也较差。气门和气门座使用日久，密封环带会变宽和凹陷，影响气门的密封，必须定期对气门磨削和对气门座铣铰加工，重新配对研磨，以恢复合适的接触环带宽度(图 4-2-3)。

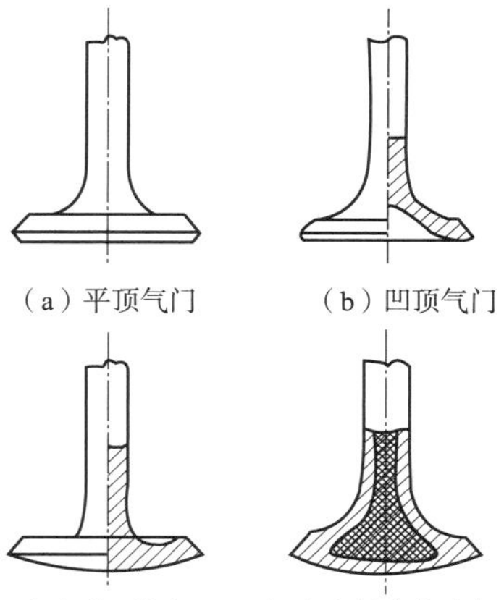
(a) 平顶气门　(b) 凹顶气门

(c) 凸顶气门　(d) 金属液体冷却气门

图 4-2-2　气门头部的典型形状

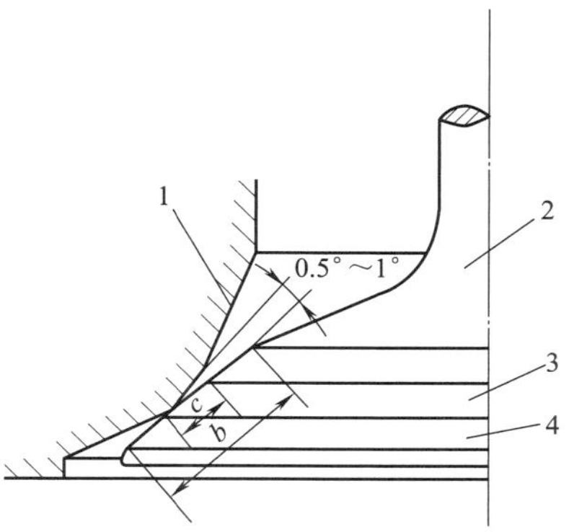

1—气门座；2—气门；3—接触环带；4—密封锥面。

图 4-2-3　气门密封锥面的实际接触情况

气门杆呈圆柱形，为提高配合精度，对表面进行磨削。气门杆与气门导管之间要有适当的配合间隙，保证两者相对运动时有良好的导向，使机油和燃气不发生窜流，保证气门与气门座的正确落座，保证气门杆对气门导管有良好的传热效果。气门杆端部的形状决定于气门弹簧的固定方式，一般气门杆尾部设有环形槽，用以安装气门锁夹。气门杆端面是气门开启时传力的处所，端面磨损使气门间隙增大，影响配气正时。因此，通常采用堆焊硬质合金以增加耐磨性。

16V240ZJB 型柴油机进、排气门的材料均采用 4Cr14Ni14W2Mo 奥氏体耐热合金钢，进气门锥角为 30°，排气门锥角为 45°，两种气门的其他结构尺寸相同。图 4-2-4 为进、排气门的结构图，气门头部采用结构简单、传热面小的平顶方式，为减小气流阻力和保证一定的刚度，气门头部用半径35 mm的大圆弧向杆身过渡，气门密封锥面处用等离子堆焊一层钴铬钨合金，可

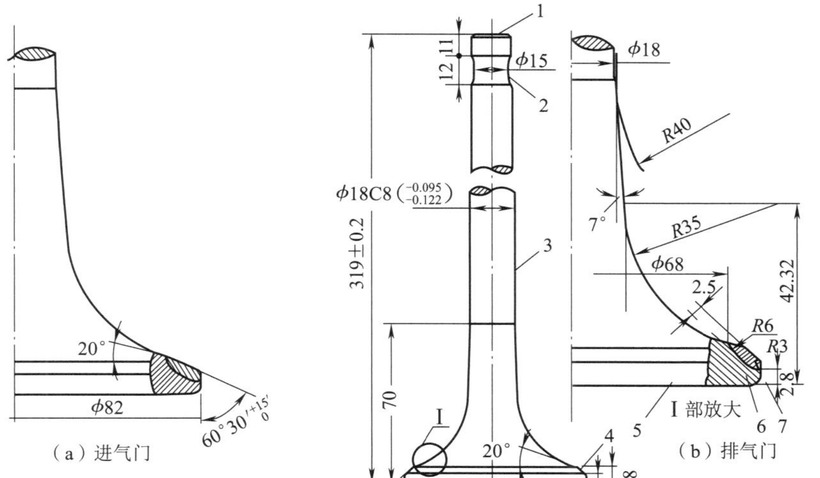

(a) 进气门　(b) 排气门

1—气门杆尾端面；2—锁夹槽；3—杆身；4—密封锥面；5—气门底面；6—气门头部；7—合金堆焊层。

图 4-2-4　16V240ZJB 型柴油机的气门(单位：mm)

以提高气门在高温下的耐磨性及抗腐蚀性。密封锥面上部的盘面与过渡圆弧之间有20°的过渡锥角。气门与气门座接触环带的宽度要求为2～25 mm,配对研磨后的气门要对号入座。为提高气门杆的疲劳强度和耐磨性,气门杆经抛光后进行辉光离子氮化处理,氮化层深度不小于0.025 mm。由于气门横臂的频繁撞击,气门杆尾端面会出现磨损和变形,因此在此端面用高铬铸铁焊条堆焊高度为3 mm的硬化层,以提高其耐磨性。气门杆尾部有宽12 mm、深1.5 mm的环形槽,用以安装气门锁夹。气门锁夹是分成两半的锥面夹块,内表面有一凸环与气门杆锁夹槽相配装,外表为锥面与气门锁夹套相配装。当锁夹套向上时锥面压紧,通过锁夹的内凸环使气门向上;当气门被压向下时,由锁夹传递压力和运动,锁夹和锁夹套锥面压紧,使气门弹簧压缩,气门开启。

二、气门座

气门座是气缸盖上气门座合的部位,它与气门相配合,对气缸起密封作用,并对气门头部起散热作用。气门座在气缸盖上可以与盖同体,也可由其他材质的座圈过盈镶嵌在座孔处。单件制造的气门座圈镶入气缸盖,一方面可按不同要求合理地选用材料,有利于提高气门座的密封性和耐磨性;另一方面具有更换方便,用以延长气缸盖的使用寿命。但是,镶入的气门座不如同体的气门座传热性能好,此外,气门座圈的加工和装配工艺要求较高,若装配不当,工作时脱落入气缸将造成机破事故。强化柴油机大都采用镶气门座圈的办法。有的柴油机只镶进气门座圈,这是因为进气门与气门座之间缺乏起润滑作用的机油,而且进气门座处具有较多的进气尘埃及磨粒容易磨损下陷的缘故。

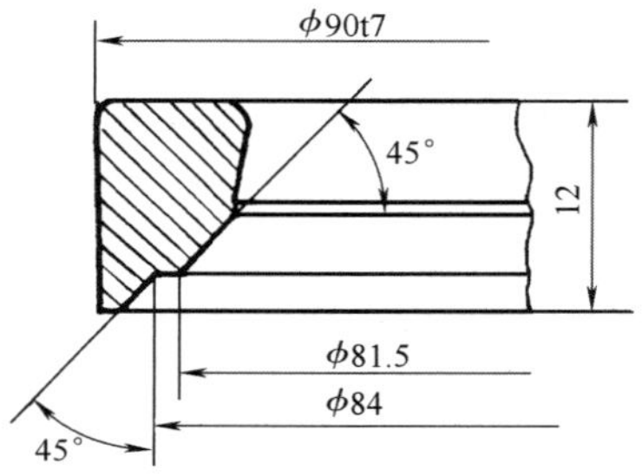

图 4-2-5　排气门座圈(单位:mm)

16V240ZJB型柴油机进、排气门座均采用镶嵌式气门座圈的结构(图4-2-5)。气门座圈采用耐热耐磨的模具钢Cr12MoV制造。气门座圈与气缸盖座孔间的过盈配合量为0.08～0.10 mm,装配时将气门座圈先在液氮中冷却到零下150～180 ℃,然后迅速放在气门座孔内。装配后气门座圈的锥面对气门导管的内表面的不同轴度不大于0.04 mm。

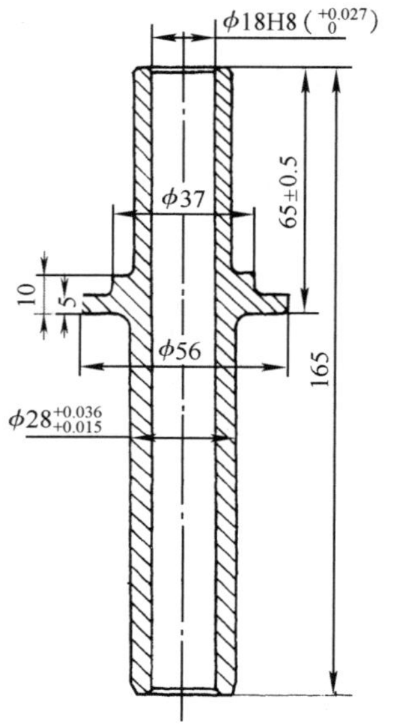

图 4-2-6　气门导管(单位:mm)

三、气门导管

气门导管压装在气缸盖上,对气门起导向和传热作用,并保证气门与气门座正确配合。16V240ZJB型柴油机的气门导管(图4-2-6)由蠕虫状石墨铸铁或合金铸铁制成,管的下半部的外圆面以0.01～0.025 mm的过盈量压入气缸盖导管孔中,然后再进行精铰,以保证内圆面的加工质量。气门导管中部有两个支承凸肩,用来支承气门内弹簧和气门外弹簧。气门杆与气门导管之间的配合间隙影响气门工作的可靠性,配合间隙过小,气门杆会因受热膨胀而卡死在导管中;配合间隙过大,会出现窜气、漏油、积碳及内表面偏磨等现象。传热不良使气门温度升高，气门盘挠曲变形及落座不正会使气门关闭不严，造成气门烧损事故。16V240ZJB 型柴油机的气门与气门导管之间的配合间隙为 0.095～0.157 mm。

四、气门弹簧

气门弹簧的作用是保证气门和气门座在关闭时的密封，防止在气门启闭过程中因气门、推杆、挺柱等运动体的惯性力而产生彼此脱离及挺柱滚轮脱离凸轮的现象，还可免除气门落座时产生弹跳现象。气门弹簧如果损坏，不仅影响柴油机的配气规律和使配气机构出现冲击和噪声，甚至会造成气门落入气缸，出现活塞等破损的重大事故。因此，气门弹簧应具有适当的弹力，以克服配气机构的惯性力影响。气门弹簧的弹力也不宜过大，否则会使气门落座时产生过大的冲击力和噪声，气门机构的受力增大，加快气门下陷。气门弹簧在安装时要有一定的预紧力，以免柴油机振动时气门发生跳动，破坏气门的密封性。

气门弹簧由弹性极限和疲劳强度较高的弹簧钢或合金结构钢制成。为提高其疲劳强度，钢丝表面采用抛光或磨光，再加喷丸处理或软氮化处理。为了防止钢丝锈蚀而损坏，表面进行镀锌、发蓝或烤黑等处理。

气门弹簧多为圆柱螺旋弹簧，机车柴油机普遍采用每一个气门安装两个同心弹簧的形式，这样可减小弹簧的高度，提高弹簧的弹力，防止共振和提高工作的可靠性。气门内、外圈弹簧绕向相反，以防止在工作中或折断时簧圈卡住。

16V240ZJB 型柴油机的气门内，外弹簧由 50CrVA 抛光钢丝制成，外表面进行软氮化处理或喷丸处理，软氮化时氮化层深度 0.01～0.03 mm。气门内弹簧有效圈数为 10.5，总圈数为 12.5，旋向左，安装预紧力为136.7 N；气门外弹簧有效圈数为 8.5，总圈数为 10.5，旋向右，安装预紧力为582 N。

第三节　正时齿轮传动装置

正时齿轮传动装置是控制柴油机配气相位与燃油喷射的核心关键部件，通过齿轮啮合传递动力，确保气门启闭、喷油泵供油等动作与活塞运动严格同步，以实现精准的配气定时和供油定时。其结构安装与调整直接影响到燃烧效率与动力输出的稳定性。

一、16V240ZJB 型柴油机正时齿轮传动装置

正时齿轮传动装置将曲轴的运动及动力传递到凸轮轴，使两者按一定的速比对应工作。

图 4-3-1 为 16V240ZJB 型柴油机正时齿轮传动装置，它由 8 个大小不同的齿轮组成，对称布置在柴油机机体前端的传动齿轮箱里。全部齿轮皆为优质合金钢的直齿圆柱齿轮，模数为 7 mm，齿形角为 20°，所有齿轮均采用移距修正。曲轴正时齿轮安装在曲轴的自由端。凸轮轴正时齿轮分别安装在左右凸轮轴的自由端。中间齿轮和大小介轮均通过滚动轴承分别安装在齿轮支架轴上，大小介轮同轴安装，齿轮支架固定于机体前端板上。

四冲程柴油机的凸轮轴转速应为曲轴转速的一半。图 4-3-1 所示小介轮的齿数为 23，凸轮轴正时齿轮的齿数为 46，其他齿轮的齿数为 40(调控传动齿轮除外)，故正时齿轮系的传动比为 0.5，即当曲轴转速为1 000 r/min时，凸轮轴转速为500 r/min。

凸轮轴正时齿轮上的腰形螺栓孔用来调整凸轮轴与曲轴间的相对位置的，调整完毕后固定和钻铰锥销定位孔，然后将曲轴转到第 1 缸上止点前 25°，在齿轮系相关轮齿上刻上 B、C、D、E 及 F 等啮合标记，以便在检修后重装对准。

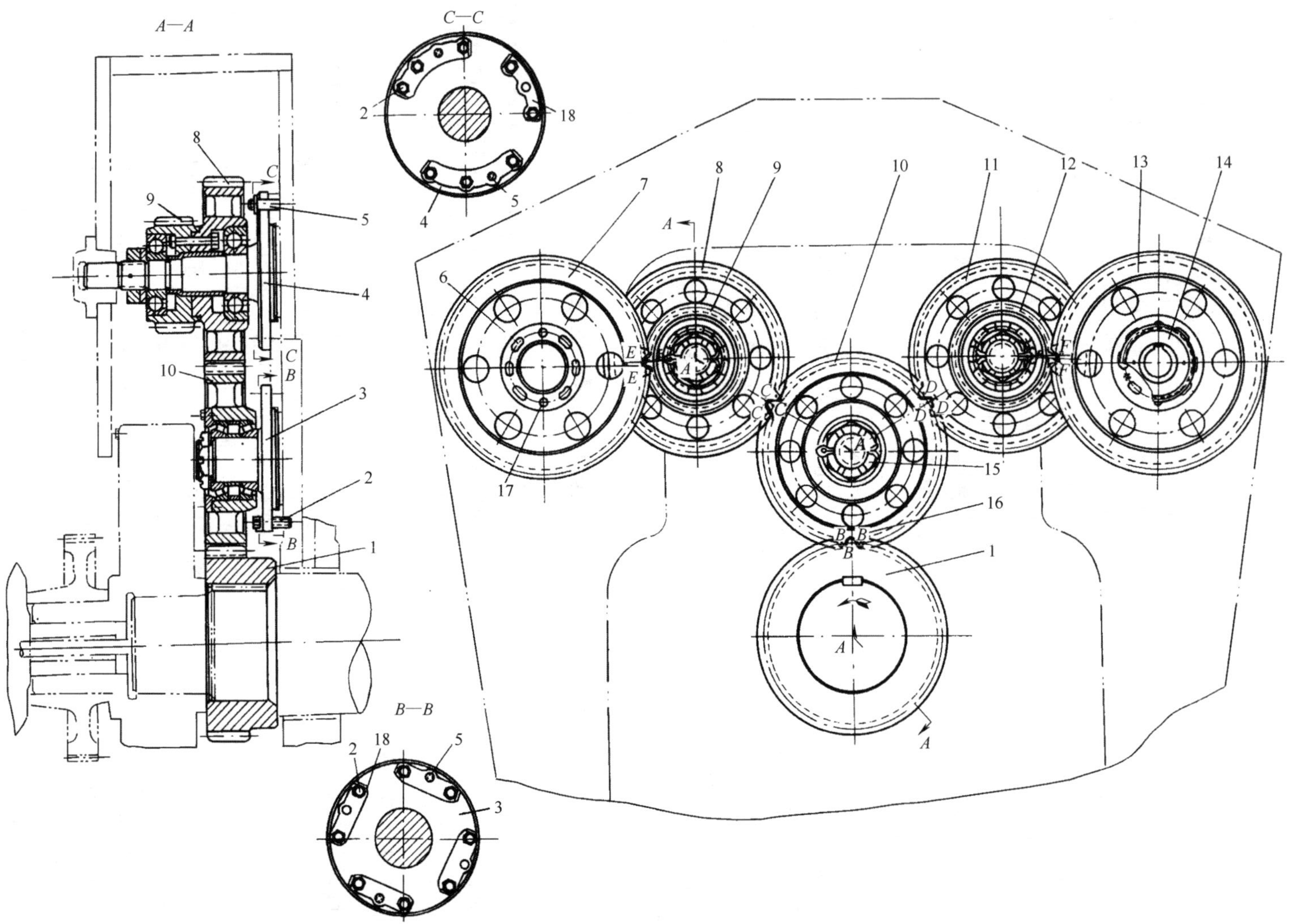

1—曲轴正时齿轮;2—螺栓;3—中间齿轮支架;4—介轮支架;5—定位销;6—腰形螺栓孔;7—右凸轮轴正时齿轮;8—右大介轮;9—右小介轮;10—中间齿轮;11—左大介轮;12—左小介轮;13—左凸轮轴正时齿轮;14—调控传动齿轮;15—锁紧螺母;16—齿轮啮合记号;17—锥形定位销;18—垫片。

图 4-3-1　16V240ZJB 型柴油机正时齿轮传动装置

二、16V280ZJ 型柴油机正时齿轮传动装置

1. 齿轮传动装置的功用和布置

齿轮传动装置用于驱动凸轮轴、高温水泵、中冷水泵、机油泵、调速器、超速停车装置和柴油机转速表等部件。由齿轮之间的传动比，使上述部件达到规定的工作转速；由齿轮的正确安装，实现准确的配气定时和供油定时。该装置的齿轮布置如图 4-3-2 所示。

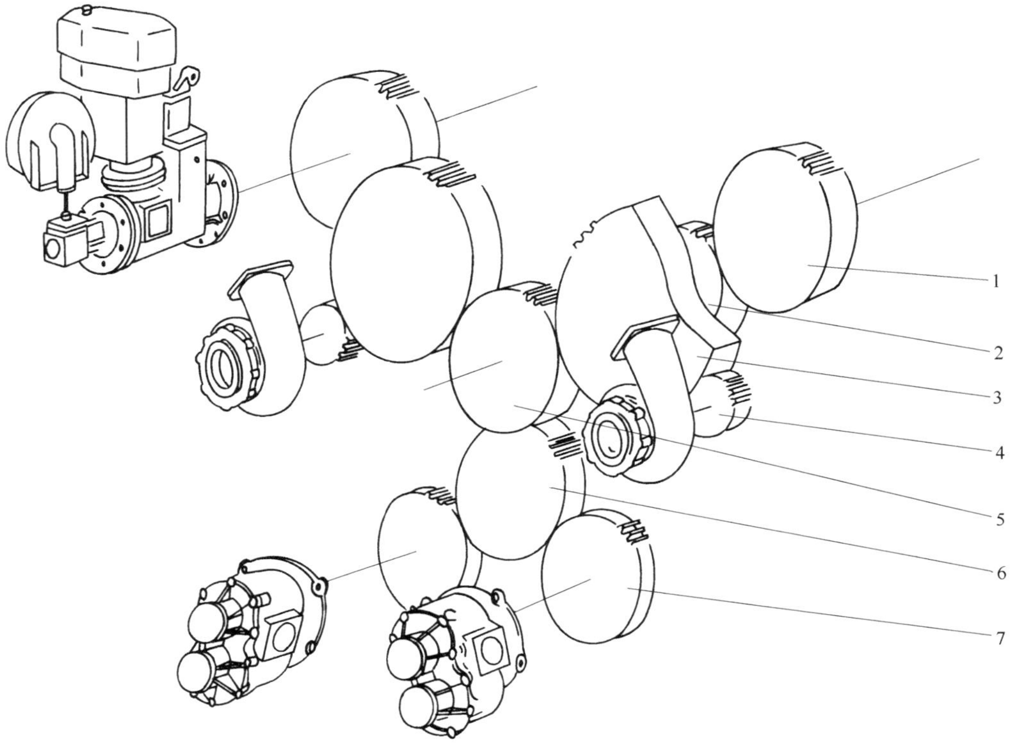

1—凸轮轴齿轮；2—配气小惰轮；3—配气大惰轮；4—水泵齿轮；5—曲轴齿轮；6—机油泵惰轮；7—机油泵传动齿轮。

图 4-3-2　16V280ZJ 型柴油机正时齿轮传动装置

全部齿轮均由曲轴齿轮带动。曲轴齿轮经左右侧的配气大小惰轮分别传动两个凸轮轴齿轮，经配气大惰轮传动两个水泵齿轮，经机油泵惰轮带动机油泵传动齿轮。其中水泵齿轮分别装在高温水泵和中冷水泵上。各齿轮轴的支承孔有精确的坐标位置，能保证齿轮的正确啮合，因此在齿轮装配时，不必经过调整便可方便地安装。各齿轮的齿数、转速及与曲轴齿轮的传动比见表 4-3-1。

表 4-3-1　齿轮的齿数、转速和传动比

项　目	齿　轮*							调速器
	1	2	3	4	5	6	7	
齿　数	50	40	64	17	40	42	36	—
标定转速/(r/min)	500	—	—	2 353	1 000	—	1 111	900
传动比	0.5	—	—	2.35	1	—	1.11	0.9

* 齿轮编号与图 4-3-2 的齿轮编号相同。

2. 齿轮传动装置的各部结构

全部齿轮采用直齿，以避免由此产生的轴向力，便于简化轴承结构。所有齿轮均有同样的模数、齿形角和齿轮精度等级，均采用合金钢制造，齿面经氮化处理。

(1)曲轴齿轮

曲轴齿轮的结构如图 4-3-3 所示。

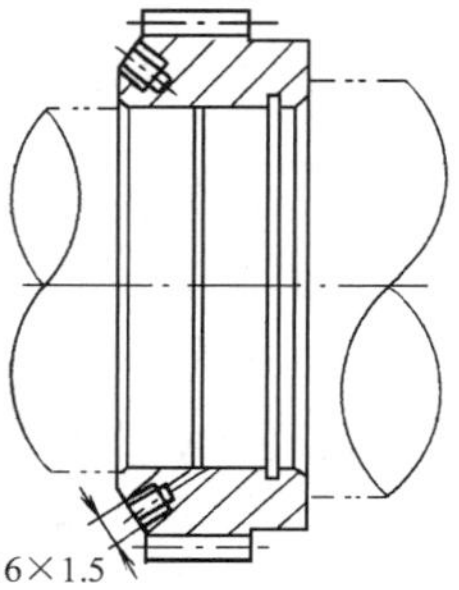

图 4-3-3　曲轴齿轮
(单位：mm)

曲轴齿轮的内孔以 1∶50 锥度与曲轴自由端轴段上的安装颈过盈配合。轮毂上设斜油孔和 M16×1.5 mm 的螺孔，内孔的环形槽与斜孔相接。装、拆齿轮时，高压油经斜油孔和环形槽进入齿轮内孔与曲轴之间的间隙扩张内孔，使齿轮压入或退出曲轴时不损伤配合面。内孔的内侧铣出一段轴向直槽，其与曲轴上的定位销相配，用于确定曲轴齿轮与凸轮轴齿轮的装配关系。

(2)凸轮轴齿轮的装配结构

凸轮轴齿轮与花键套的组成结构如图 4-3-4 所示。

凸轮轴齿轮的内孔分别与凸轮轴端面的凸肩和内孔设有花键槽的花键套相配合。此花键槽与调控传动总成的传动轴花键相联结，用以传动调速器、超速停车装置和柴油机转速表。用 8 个螺栓将花键套和齿轮与凸轮轴端面相连接，并以 2 个定位销与凸轮轴定位，用于确定凸轮轴齿轮与曲轴齿轮间的装配关系。齿轮轮毂端面沿圆周均布 8 个腰形孔，它使紧固螺栓与孔之间有较多的回转间隙，以便于调整凸轮轴与凸轮轴齿轮的相对位置，满足凸轮相位的要求。

(3)配气惰轮的装配结构

配气惰轮与配气惰轮轴及两者间的轴承的组成结构如图 4-3-5 所示。

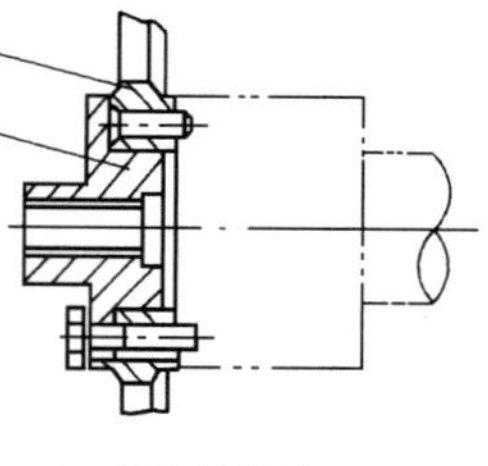

1—凸轮轴齿轮；
2—花键套。
图 4-3-4　凸轮轴齿轮与花键套组成

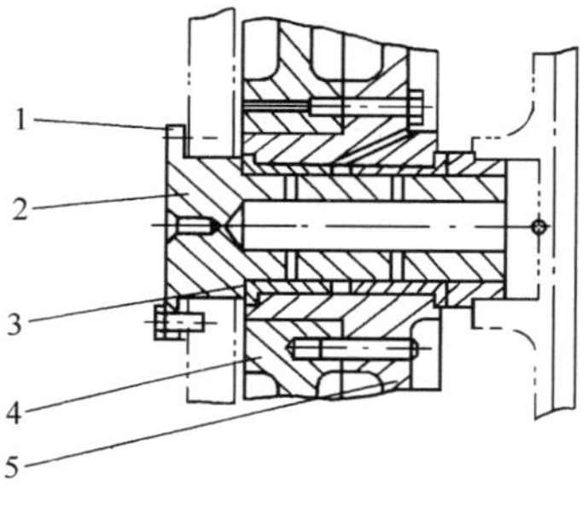

1—调整垫片；2—配气惰轮轴；3—轴承；
4—配气大惰轮；5—配气小惰轮。
图 4-3-5　配气惰轮装配结构

配气大惰轮内孔与配气小惰轮轮毂外圆以过盈 0.02～0.04 mm相配合，两者的轮毂端面相贴合，以 8 个 M16×1.5 mm螺栓紧固，其扭紧力矩为176.5 N·m，并用 1 个定位销定位。配气大惰轮的轮毂上设有一个斜孔，其孔口为 M16×1.5 mm螺孔。配气大惰轮内孔的环形槽与斜孔相接。装拆时，用油管接头拧入 M16×1.5 mm螺孔，高压油经斜孔和环形槽进入配合面间隙使内孔扩张，以便于大小惰轮间的装拆。带有凸肩的铜套从配气小惰轮的两端压入其内孔，两者间的过盈量为 0.04～0.07 mm，以铜套的凸肩作为齿轮的轴向定位。

配气惰轮轴的两端分别以机体端板孔和机体齿轮箱内侧的衬套孔为支承。该衬套以过盈压入机体轴承孔内。轴的中部与齿轮铜套内孔滑动配合，其径向间隙为 0.08～0.12 mm，用 4 个螺栓把轴外端凸肩固定于机体端面，并用装于端面的调整垫来调整配气惰轮轴与配气惰轮轴承的轴向间隙，其值为 0.2～0.4 mm。

机油从机体齿轮箱内侧轴承孔经惰轮轴尾端进入轴的内孔，再由 2 个径向油孔分别进入 2 个铜套内孔的环形槽。铜套内孔有 2 个轴向油槽与环形槽相通，将机油分布于整个配合面起润滑作用。机油一方面润滑铜套止推面并经端面上的 2 条油槽流出，另一方面从铜套内侧流入两铜套间的空间，经配气小惰轮上的斜孔流出齿轮，同时带走轴承工作时产生的热量。

(4)机油泵惰轮的装配结构

机油泵惰轮与机油泵惰轮轴及二者间的滚动轴承、内外圆隔圈，以及内外压板等的组成结构如图 4-3-6 所示。

机油泵惰轮内孔通过两个滚动轴承支承在机油泵惰轮轴上，靠外侧的为圆柱滚子轴承，靠内侧的为球轴承。滚动轴承外圈的轴向止推以齿轮孔内侧的止口、两个轴承之间的外隔圈和用螺栓与齿轮外端面紧固的外压板与轴承外圈的端面贴靠来实现。滚动轴承内圈的轴向止推以轴的中部凸肩、两个轴承之间的内圆隔圈和用螺栓与轴端面紧固的内压板与轴承内圈的端面贴靠来实现。

油泵惰轮轴的后部支承于机体第一轴承盖下部的孔内，轴的中部凸肩贴靠该孔的端面，依靠与轴尾部螺孔连接的螺栓将轴与轴承盖紧固连接。

滚动轴承依靠机体齿轮箱内的机油飞溅润滑。

(5)机油泵传动齿轮的装配结构

机油泵传动齿轮与空心轴、轴套和滚动轴承等的组成结构如图4-3-7 所示。

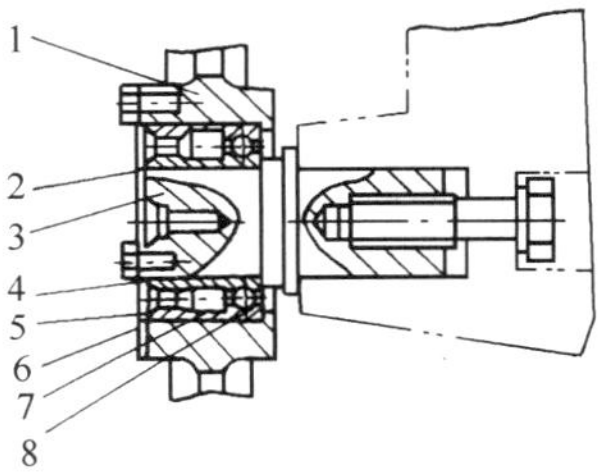

1—机油泵惰轮；2—内隔圈；3—机油泵惰轮轴；4—内压板；
5—滚动轴承；6—外压板；7—外隔圈；8—滚动轴承。

图 4-3-6　机油泵惰轮装配结构

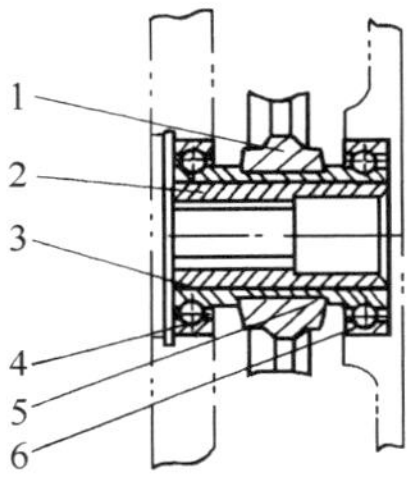

1—机油泵传动齿轮；2—空心轴；3—轴套；
4—挡圈；5—隔套；6—滚动轴承。

图 4-3-7　机油泵传动齿轮装配结构

机油泵传动齿轮的内孔与轴以花键联结，轴的两端由滚动轴承支承。两个滚动轴承分别置于油底壳齿轮箱的两个轴承孔里。由轴中部的齿轮二侧压入的轴套、油底壳内侧轴承孔底部和油底壳外侧孔内的挡圈等三件与滚动轴承的端面贴靠，起轴承的轴向定位作用。轴内孔的一段花键槽与机油泵上的花键轴相联结，用以带动机油泵工作。

滚动轴承依靠油底壳齿轮箱里的机油飞溅润滑。

三、16V265H 型柴油机正时齿轮传动装置

16V265H 型柴油机的正时齿轮传动装置安装在机体输出端(后端)的齿轮箱中，由曲轴齿轮、双联齿轮、惰轮及凸轮轴齿轮及支承轴、连接螺栓等部件组成，如图 4-3-8 所示。

正时齿轮传动装置的运动及动力传递过程为：曲轴齿轮随曲轴同步旋转，并驱动双联齿轮的大齿轮，双联齿轮的大、小齿轮由螺栓和定位销固定在一起，同速旋转；双联齿轮的小齿轮驱动惰轮，惰轮再驱动凸轮轴齿轮，从而带动凸轮轴旋转。整个齿轮系的转速比为 2∶1，即凸轮轴的转速为曲轴转速的一半。面对输出端曲轴逆时针旋转，而凸轮轴顺时针旋转。

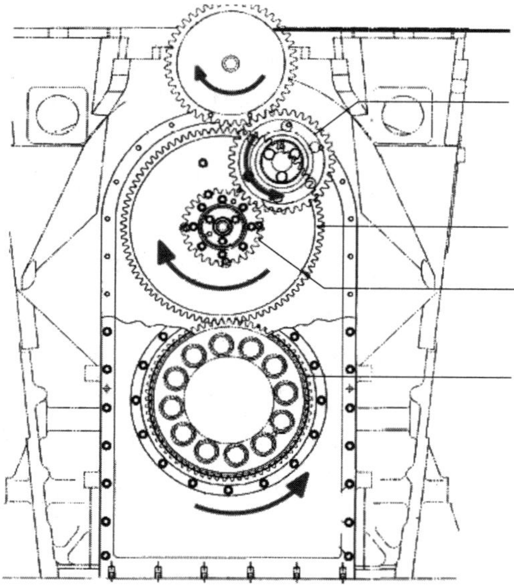

图 4-3-8　16V265H 型柴油机正时齿轮传动装置

16V265H 型柴油机的所有正时齿轮均为渐开线直齿圆柱齿轮，并在固定的轮齿端面上分别刻写 E、D 或 M 字母，作为啮合标识。正时齿轮传动装置组装时应将啮合标识相关字母对应。同时，为了检查和校核正时齿轮传动装置的安装是否正确，在凸轮轴齿轮的一个固定齿的顶面沿轴向加工出一个 V 形浅槽，当柴油机盘车指针与联轴节刻度盘的 0°位置对齐时(即第 1 缸活塞位于压缩冲程的上止点)，该 V 形槽应处于时钟 12 点方向位置处。

四、GEVO16 型柴油机正时齿轮传动装置

GEVO16 型柴油机齿轮传动装置(图 4-3-9)主要由安装于输出端的曲轴齿轮、左右配气大小惰轮、惰轮轴和左右凸轮轴齿轮等组成。

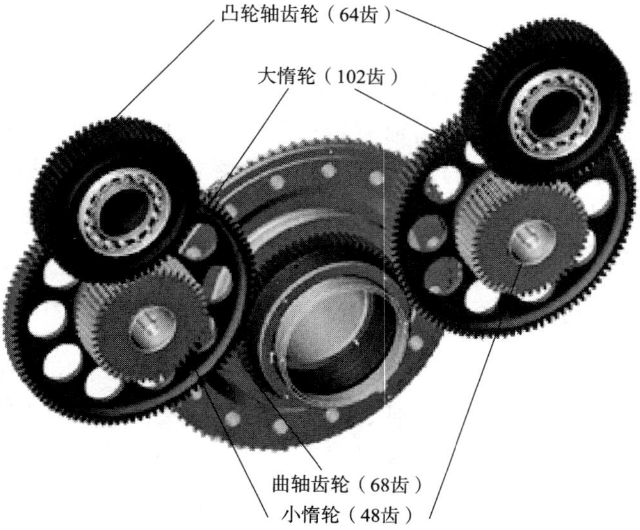

图 4-3-9　GEVO16 型柴油机正时齿轮传动装置

正时齿轮传动装置的运动及动力传递过程为：压装在飞轮内侧曲轴轴颈上的曲轴齿轮驱动大惰轮，大小惰轮同轴安装、同步旋转，再通过小惰轮带动凸轮轴齿轮，从而驱动凸轮轴转动。

五、12V265 型柴油机正时齿轮传动装置

12V265 型柴油机正时齿轮传动装置由曲轴齿轮、双联齿轮、惰轮及凸轮轴齿轮及支承轴、连接螺栓等部件组成，如图 4-3-10 所示。齿轮均为渐开线直齿圆柱齿轮。面对输出端，曲轴为逆时针旋转，凸轮轴为顺时针旋转。

曲轴齿轮和凸轮轴齿轮分别被螺栓紧固在曲轴和凸轮轴上，双联齿轮和惰轮的支承轴固定在机体上。支承轴和齿轮内孔之间安装有薄壁轴套，机体主机油道末端的盖板兼有盖板、支架和油道三项功能，润滑机油通过盖板中油道进入齿轮支承轴的内孔，然后进入轴套。齿轮系的工作过程为：曲轴齿轮随曲轴旋转，并驱动双联齿轮的大齿轮；双联齿轮的大、小齿轮被连接螺栓和定位销固定在一起，按同一转速旋转；双联齿轮的小齿轮驱动惰轮，最后由惰轮驱动凸轮轴齿轮并带动凸轮轴旋转。面对柴油机的输出端，当曲轴沿逆时针旋转时，凸轮轴的转向为顺时针。整个齿轮系的转速比为 2∶1，即凸轮轴的转速为曲轴转速的一半。

为保证柴油机配气相位的正确，曲轴齿轮与曲轴之间、凸轮轴齿轮与凸轮轴之间、双联齿轮的大小齿轮之间都采用定位销固定。

六、R12V280ZJ 型柴油机正时齿轮传动装置

R12V280ZJ 型柴油机正时齿轮传动装置（图 4-3-11）用于驱动凸轮轴、高温水泵、中冷水泵及机油泵等部件。由齿轮之间的传动比使这些运动部件达到规定的转速，齿轮的正确安装准确地实现了柴油机配气正时和供油正时。

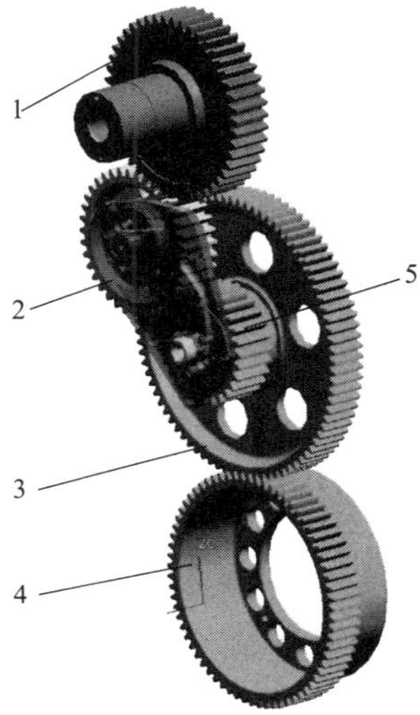

1—凸轮轴齿轮；2—惰轮；3—双联齿轮的大齿轮；
4—曲轴齿轮；5—双联齿轮的小齿轮。

图 4-3-10　12V265 型柴油机正时齿轮传动装置

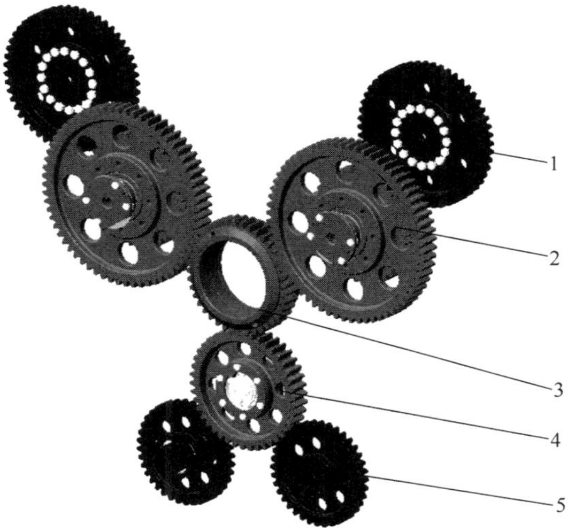

1—凸轮轴齿轮；2—配气惰轮；3—曲轴齿轮；
4—机油泵惰轮；5—机油泵齿轮。

图 4-3-11　R12V280ZJ 型柴油机正时齿轮传动装置

齿轮传动装置中各齿轮均为渐开线直齿轮，其运动及动力传递顺序为：由压装于曲轴自由端轴颈上的曲轴齿轮，驱动左、右配气惰轮装配，由配气小惰轮传递扭矩给凸轮轴齿轮带动凸轮轴旋转。由配气大惰轮驱动高温、中冷水泵齿轮，进而保证柴油机冷却。由曲轴齿轮驱动机油泵惰轮，进而传递扭矩给两个机油泵齿轮，从而保证柴油机有效的润滑。各传动齿轮均依靠

飞溅润滑。齿轮传动装置的安装如图 4-3-12 所示。

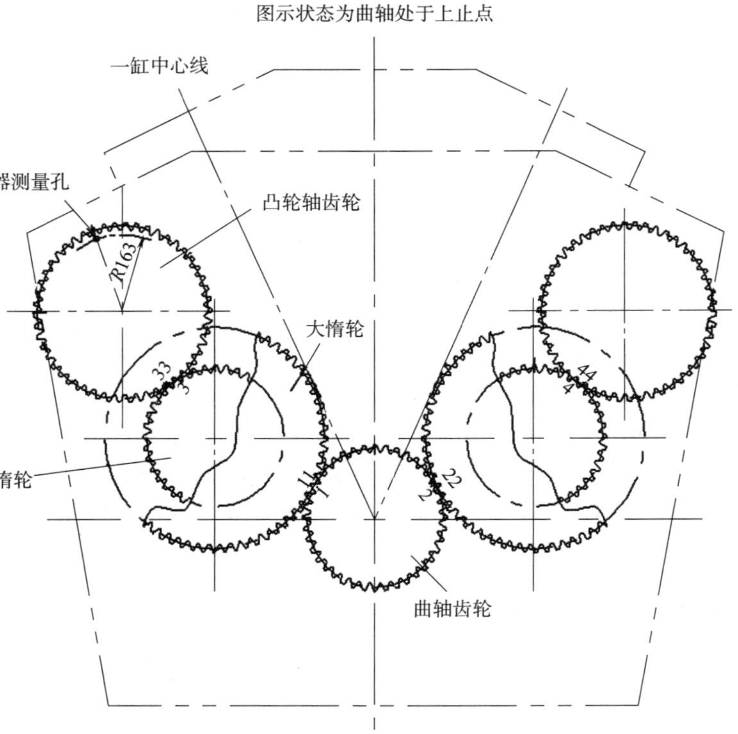

图 4-3-12 R12V280ZJ 型柴油机正时齿轮传动装置安装图

第四节 16V240ZJB 型柴油机气门驱动机构

气门驱动机构是气门机构的传动机件,柴油机的曲轴通过正时齿轮传动装置作用力传到气门驱动机构,之后再传到气门,借以按配气相位要求准时启闭气门。

一、凸轮轴和凸轮轴承

1. 凸轮轴

凸轮轴的任务是靠不同相位凸轮的特殊形状控制各缸进、排气门的升降规律,决定气门开启的时-面值,控制合适的供油提前角等。

16V240ZJB 型柴油机的凸轮轴如图 4-4-1 所示。左右两根凸轮轴安装在机体上部两侧的凸轮轴箱内,由于凸轮轴长3 475 mm,所以分成 4 段制造。每一段凸轮轴上配置有 6 个凸轮,控制着相邻两缸的进、排气和供油工作。各段凸轮轴靠法兰处的凸肩与内定位孔相连及定位,保证它们之间的同轴度,在调整好凸轮间的圆周相位后,在连接法兰上分两批同铰 6 个螺栓孔,用铰孔螺栓及锁紧垫紧固防松。每一根凸轮轴控制着同一列 8 个气缸的凸轮工作,各缸同名凸轮之间的相对位置由柴油机发火顺序决定;同一气缸的进、排气及供油凸轮之间的相对位置由柴油机的配气相位图决定。为保证柴油机各个气缸工作过程的正常进行,凸轮的形状和相对位置必须严格检查。凸轮轴正时齿轮与凸轮轴前端法兰用 6 个螺栓连接。左侧凸轮轴前端装有调控传动齿轮,通过它将曲轴的转速变化反映给调节器;右侧凸轮轴前端装有传动轴,通过它驱动测速发电机,以实现电测柴油机转速。

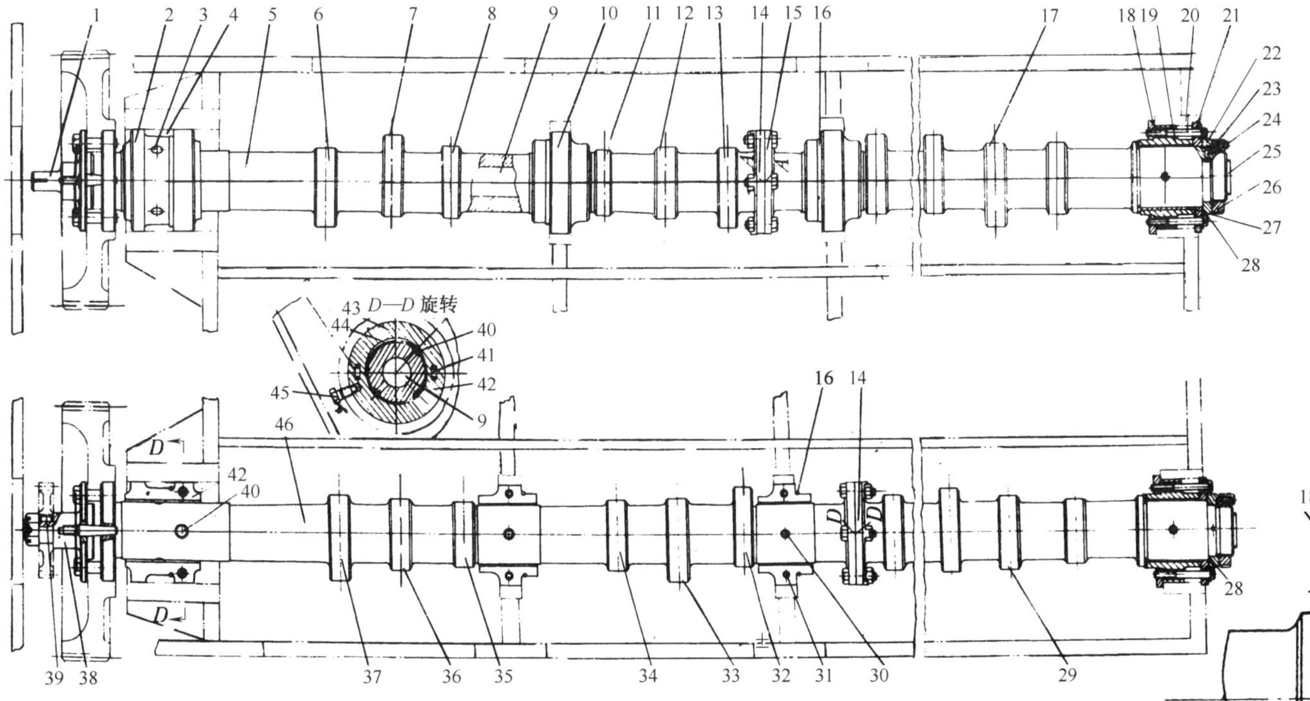

(a)凸轮轴总貌

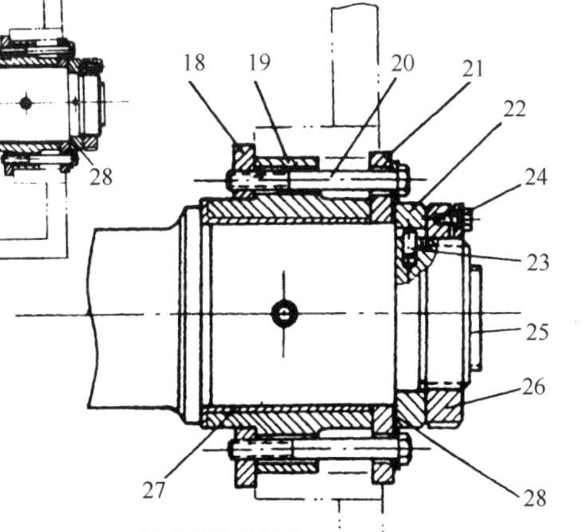

(b)止推轴承组装

1—电测转速表传动轴；2—前端凸轮轴轴瓦；3—进油孔；4—进油槽；5—右凸轮轴；6—第 1 缸供油凸轮；7—第 1 缸进气凸轮；8—第 1 缸排气凸轮；9—内油道；10—中间挡凸轮轴瓦；11—第 2 缸供油凸轮；12—第 2 缸进气凸轮；13—第 2 缸排气凸轮；14—安装记号；15—连接法兰；16—弹簧卡环；17—第 8 缸进气凸轮；18—压紧圈；19—止推轴承；20—螺栓；21—止推法兰；22—挡圈；23—销钉；24—锁紧螺钉；25—螺堵；26—开槽螺母；27—减摩合金层；28—轴向间隙；29—第 16 缸进气凸轮；30—出油孔；31、41—定位销；32—第 10 缸供油凸轮；33—第 10 缸进气凸轮；34—第 10 缸排气凸轮；35—第 9 缸供油凸轮；36—第 9 缸进气凸轮；37—第 9 缸排气凸轮；38—调控传动齿轮轴；39—平键；40—进油孔；42—前端凸轮下轴瓦；43—前端凸轮上轴瓦；44—油槽；45—锁紧螺钉；46—左凸轮轴。

图 4-4-1　凸轮轴

由于凸轮受到因气门间歇性开启产生的周期性冲击载荷,因此要求凸轮表面耐磨和凸轮轴有足够的刚度。16V240ZJB 型柴油机的凸轮轴采用 50Mn 合金调质钢材质,凸轮型面淬火,深度为 2～5 mm,轴颈表面淬火深度 1.5～4 mm。

进、排气凸轮的型面相同,均采用高次方函数对称凸轮型线,使运转时具有连续的加速度曲线,改善了配气机构动力学性能。凸轮宽30 mm,进、排气凸轮的基圆半径为(50±0.05) mm,凸轮的最大升程为15.5 mm。基圆以外的凸轮作用角为 145°,而在冷态下气门开启的持续角为 132°20′凸轮转角,相当于曲轴 264°40′转角。基圆的正下方为基点 J,正上方顶点为 T(图 4-4-2)。当挺柱滚轮与凸轮型面接触于作用角范围内时,滚轮底圆面与凸轮基圆之间的间隙为滚轮升程 h_i(可换算成滚轮中心上升的距离)。如以作用角右边界线为基准,当进、排气凸轮回转角 β_i 时挺柱滚轮升程 h_i 见表 4-4-1。

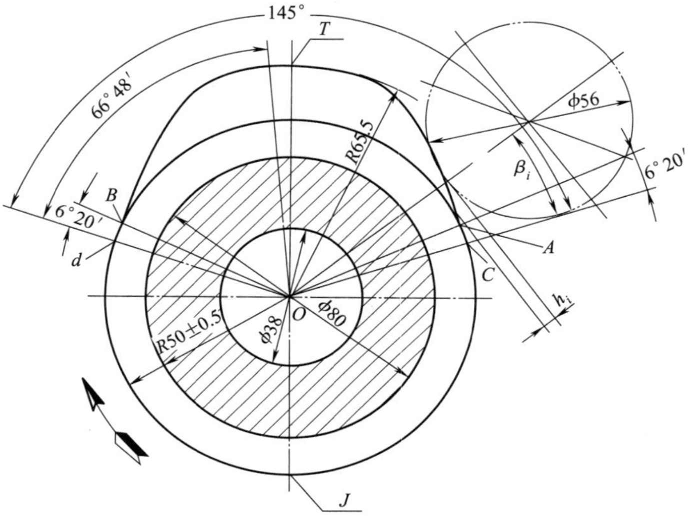

图 4-4-2　进、排气凸轮型面(单位:mm)

表 4-4-1　进、排气凸轮回转角 β_i 与滚轮升程 h_i 的关系

β_i/(°)	0°	3°	6°20′	7°30′	9°	12°	15°	18°	21°	24°	27°	30°	33°	36°
h_i/mm	0°	0.10	0.38	0.50	0.66	1.06	1.64	2.45	3.50	4.74	6.12	7.58	9.03	10.42
β_i/(°)	39°	42°	45°	48°	51°	54°	57°	60°	63°	66°48′	69°	72°	72°30′	—
h_i/mm	11.69	12.79	13.69	14.39	14.89	15.21	15.39	15.47	15.497	15.50	15.50	15.50	15.50	—

2. 凸轮轴承(图 4-4-3)

每根凸轮轴有 9 个轴颈及 9 个滑动轴承,其中 8 个为径向支承式轴承,最后端的 1 个为径向支承加轴向止推式轴承。前 8 个滑动轴承为厚壁钢背锡锑白合金剖分式轴瓦,上下瓦间由定位销定位,并用弹簧卡环箍紧装在机体凸轮轴座孔内,为防轴瓦转动采用螺管定位。前端第 1 位轴瓦较宽,其外缘的两个凸肩与座孔面间构成油腔,通过油管从主机油道引入机油。中间 7 对轴瓦宽度较小,只有 1 个凸肩,无进油孔,它们之间的结构尺寸皆相同。凸轮轴的止推轴承为整体式的轴承套,其内圆面及一个端面上浇有白合金,此端面作为承受推力的一个面,另

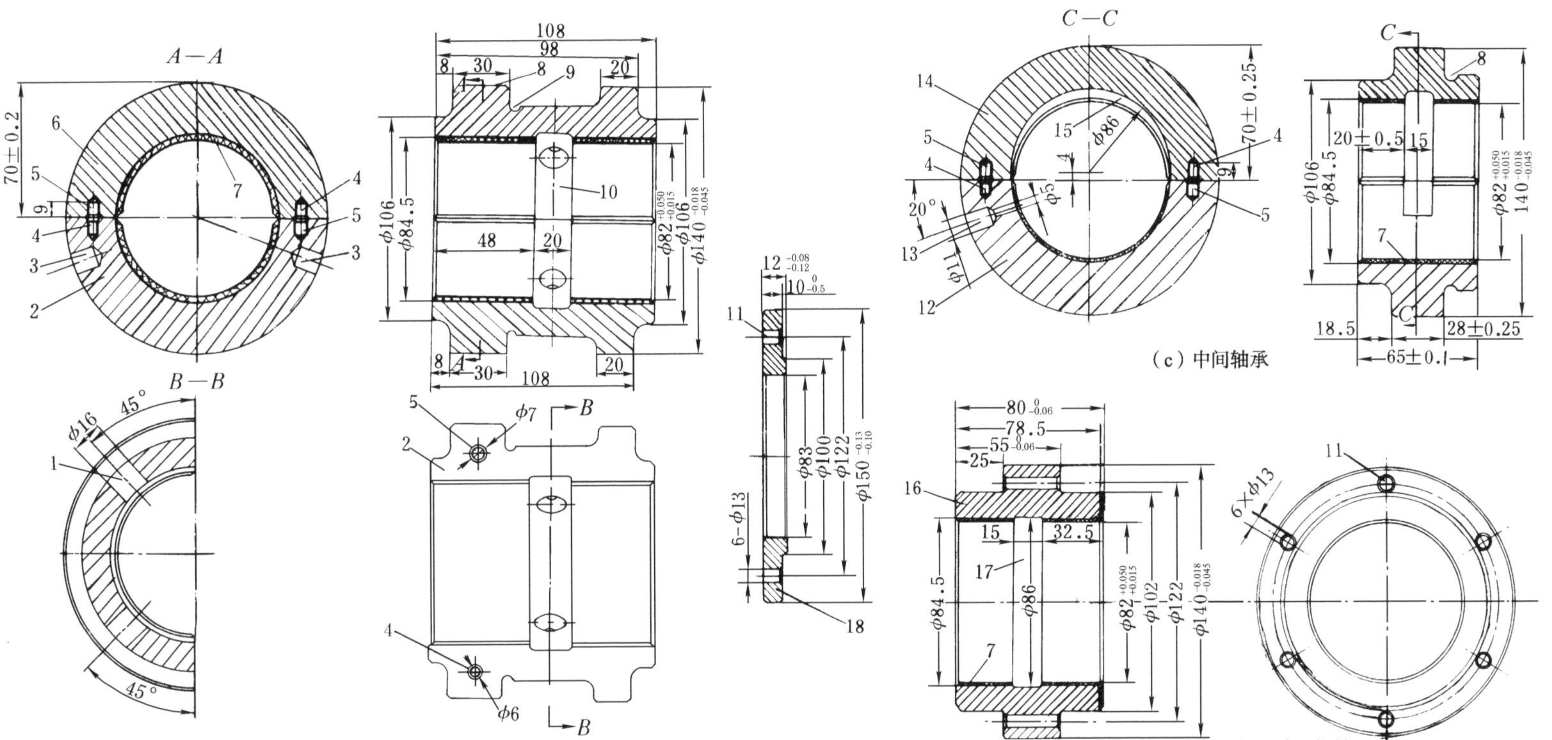

（a）前端第一轴承　（b）止推轴承法兰　（c）中间轴承　（d）后端止推轴承

1—进油孔；2—第一轴承下轴瓦；3—定位孔；4—定位销；5—销孔；6—第一轴承上轴瓦；7—白合金；8—凸肩；9—弹簧卡环槽；10—油槽；11—螺栓孔；12—中间轴承下轴瓦；13—定位及出油孔；14—中间轴承上轴瓦；15—弧形油槽；16—止推轴承；17—环形油槽；18—止推法兰。

图 4-4-3　凸轮轴承（单位：mm）

一个止推面由止推法兰的端面构成,止推法兰用锡青铜耐磨材料制成。止推法兰与压紧圈间通过 6 个螺栓将止推轴承夹装在机体的止推轴承座孔内,构成一个双向止推的组件。凸轮轴后部有止推凸肩,另一止推肩由挡圈担负,组装时挡圈可轴向移动。凸轮轴上 4 个定位销带挡圈与凸轮轴同转动,挡圈由开槽螺母轴向压紧在凸轮轴轴颈一端。止推轴承组件与以上两个止推凸肩之间的间隙为轴向止推间隙,调整止推法兰的厚度可得合适的止推间隙,然后拧紧开槽螺母上 2 个锁紧螺钉,以防松脱。滑动轴承与轴颈间径向配合间隙为 0.095～0.175 mm,轴向止推间隙为 0.10～0.25 mm。

凸轮轴中心制成直径为38 mm的内油道,各个轴颈上均设有油孔,机油自前端第一轴颈上进油孔引入内油道,然后从其他各轴颈处油孔流出,在各个轴承中进行润滑。通过凸轮轴承座处的定位螺管将一部分机油由小油管引到喷油泵下体。

二、气门挺柱和气门推杆

1. 气门挺柱

气门挺柱传递凸轮的运动和推力,将凸轮的回转运动变成往复运动,并将这种运动传给摇臂。气门挺柱有滑动式、滚动式和滚轮摇臂式三种结构形式,机车柴油机广泛采用滚动式,以减少气门挺柱与凸轮间的摩擦和磨损。

16V240ZJB 型柴油机采用滚动式气门挺柱(图 4-4-4),它主要由挺柱、挺柱头、挺柱滚轮、挺柱导筒、挺柱弹簧等组成。挺柱导筒用铸铁制成,其上部法兰与挺柱盖用螺栓紧固在机体侧顶板上。在挺柱导筒的外圆面有上下安装定位面与机体气门挺柱孔相配合。为防止机油泄出机体,安装定位面上的环槽内装有橡胶密封圈。合金钢制成的挺柱(又称导块)在挺柱导筒中上下滑动。挺柱上部压装有挺柱头,挺柱头的球头面与气门推杆相配装。挺柱下部制成叉形开挡,在叉挡内装有滚轮销、轴承套和滚轮。挺柱弹簧安装在挺柱盖与挺柱之间,其间一定的弹力将滚轮压紧在凸轮型面上。

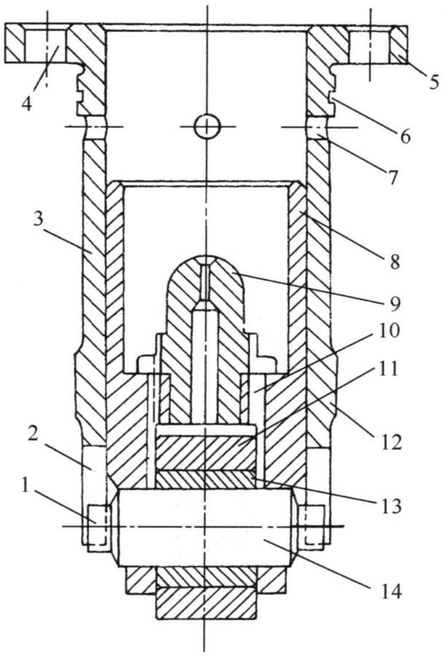

1—导向轴段;2—导向槽;3—挺柱导筒;4—螺栓孔;5—法兰;6—环槽;7—通气孔;8—气门挺柱;9—挺柱头;10—回油孔;11—挺柱滚轮;12—安装定位面;13—轴承套;14—滚轮销。

图 4-4-4 气门挺柱组件

为使与凸轮接触的挺柱滚轮在工作时呈转动状态,必须使凸轮轴与滚轮销相平行并在同一垂直面内,在工作中还必须防止挺柱滚轮相对于挺柱导筒的转位,为此在挺柱导筒的裙部铣出 2 条宽10.5 mm的导向槽,在挺柱滚轮销两端制成长8.5 mm、宽10 mm的导向轴段。组装时,滚轮销两端的导向轴段插入挺柱导筒裙部的导向槽中。挺柱导筒与挺柱之间的配合间隙为 0.03～0.09 mm,挺柱导筒与机体安装孔之间的配合间隙为 0.03～0.09 mm。

挺柱滚轮轴承套采用锡青铜材质,其内、外表面均有螺旋斜油槽,内圆面与滚轮销的配合间隙为 0.04～0.089 mm,外圆面与滚轮内孔的配合间隙为 0.025～0.077 mm。轴承套与滚轮销、轴承套与滚轮、滚轮与凸轮及挺柱与挺柱导筒之间的润滑都是靠推杆油道和推杆套回流下来的机油供应的。

2. 气门推杆

气门推杆一般由无缝钢管制成，以减轻运动质量和增大刚度。气门推杆用来传递凸轮轴经过气门挺柱传来的运动和推力。推杆两端常制成凹球面或球头，与摇臂和挺柱头形成球面关节，以保证对中和增大接触面积。

16V240ZJB 型柴油机的气门推杆由 42CrMo 无缝钢管制成，两端装有 20Cr 钢制成的硬化球面座，上端与摇臂的气门间隙调整螺钉球头相配装，下端与气门挺柱的挺柱头相配装。气门推杆外围设推杆套，套装在摇臂轴座与挺柱盖之间，并用压紧螺母连接。推杆套与推杆之间的环形空间形成配气机构的回油通道，气缸盖顶面的机油沿推杆套、挺柱导筒和挺柱回油孔掉到滚轮和凸轮上，然后流回油底壳。

三、摇臂和气门横臂

1. 摇臂

摇臂实际上是一个杠杆，它将气门推杆传来的力改变方向和位置，传递给气门横臂或直接压在气门尾端。为减轻重量和增加刚度，通常采用 T 字形或 I 字形断面模锻工艺。

16V240ZJB 型柴油机的摇臂由 42CrMo 合金钢模锻而成（图 4-4-5）。每个气缸盖上有一个进气摇臂和一个排气摇臂，两者装在同一根摇臂轴上，其间由隔套定位。摇臂内端设压球，以过盈压入摇臂孔中。压球球头与气门横臂上部的压球座相配装。摇臂外端拧入气门间隙调整螺钉，螺钉上拧装带切槽的锥面锁紧螺母，以防松动。在摇臂中部的轴孔中过盈压入锡青铜衬套，它与摇臂轴的配合间隙为 0.025～0.085 mm。摇臂轴座（俗称围墙）是一个框形铸铁箱体，用来支承摇臂和摇臂轴，并使其定位。摇臂轴座用螺栓紧固在气缸盖顶部。

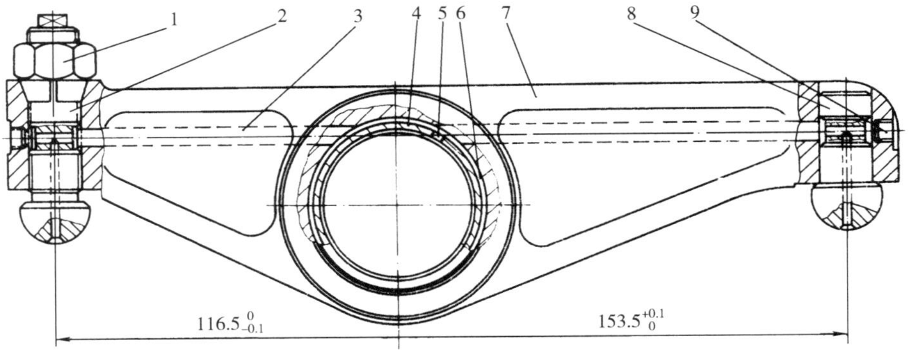

1—锁紧螺母；2—气门间隙调整螺钉；3—油道；4—摇臂衬套；
5—油孔；6—油槽；7—摇臂；8—压球；9—螺堵。

图 4-4-5　摇臂（单位：mm）

摇臂轴由 42CrMo 钢制成，它是摇臂的摆动支点。为防止摇臂轴转动和轴向移动，特采用摇臂轴座的 2 个紧固螺栓穿过摇臂轴两端缺口的办法。气门摇臂轴是空心轴，内孔形成润滑油道，机油自摇臂轴座盖板上的进油管导入轴内，先润滑摇臂衬套，再经衬套油孔及摇臂体内的油道，分两路润滑摇臂两端的球面关节。

2. 气门横臂

气门横臂传递摇臂的作用力，驱使 2 个同名气门同步开启。16V240ZJB 型柴油机进、排气摇臂的压球下各有1个横臂,2个气门横臂的结构尺寸相同(图4-4-6)。气门横臂由42CrMo钢模锻而成,外形呈T字形。在气门横臂的上端自由放置压球座,压球座与摇臂上的压球球头相配合,在两者未压紧时,压球座可自由转动,并可在压球座与横臂之间测到间隙。气门横臂的下部呈套管状,套装在横臂导杆上。横臂导杆以过盈压装在气缸盖上,导杆上部开有垂直导向槽,横臂下部设置1个定位销,定位销的头部插入横臂导杆的导向槽内,以防气门横臂在工作时绕横臂导杆转动而脱离气门尾端。气门横臂的一个臂上装有调整螺钉,压在靠柴油机内侧的气门杆尾端,另一个臂上压装有平面压销,它压在靠柴油机外侧气门杆的尾端。设置气门横臂调整螺钉,可以使横臂的两臂同时与2个同名气门相接触,保证同名气门同步启闭。

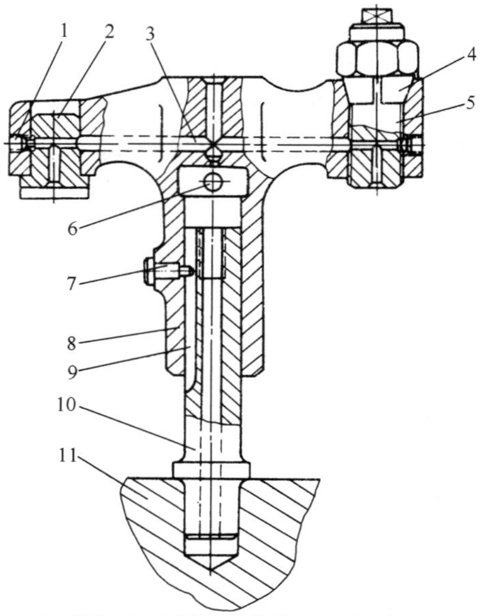

1—螺堵;2—压销;3—油道;4—锁紧螺母;5—调整螺钉;6—排油孔;7—定位销;8—气门横臂;9—导向槽;10—横臂导杆;11—气缸盖。

图4-4-6 气门横臂

气门横臂内部钻有十字形油道,机油从摇臂压球上油孔经压球座引入气门横臂,通过十字形内油道,分别润滑两臂上的工作面和气门横臂与横臂导杆之间的导向面。

第五节 16V240ZJB型柴油机气门间隙和配气正时调整

为保证柴油机工作过程的正常进行,在制造、检修和使用柴油机时必须对配气机构进行调整或校核。配气机构的调整通常包括冷态气门间隙调整和配气正时调整,本节仅叙述调整的原理和基本方法。

一、气门间隙调整

在冷态下的柴油机,当气门处于关闭状态时,气门驱动机构与气门之间必须有一定的间隙,这个间隙通常称为气门间隙。所谓柴油机的冷机状态,通常是指其机内的油、水温度不高于40 ℃而言。气门间隙是在组装调整配气机构时预先留定的,柴油机的结构不同,气门间隙的数值也不相同。

柴油机为什么要预留一定的气门间隙呢?因为柴油机运转时工作条件有较大的变化,气门和气门驱动机构都会因受热膨胀而伸长;气门机构会出现下陷现象;配气机构各机件会因振动而脱离原定位置。如果不留气门间隙或气门间隙留得太小,则必将导致气门关闭不严而漏气,影响气缸中工质的作功能量,造成柴油机动力性和经济性下降;还可能由于高温燃气的漏泄而出现气门杆卡住及气门烧损等事故。如果气门间隙留得太大,虽然不会出现上述弊端,但配气机构各个零件之间的冲击和噪声加大,加速机件间的磨损,并将造成气门的晚开和早关,使实际开启时间缩短,影响充量系数。另外,预留一定的气门间隙还可使气门落座时产生的冲击力不会直接传给气门驱动机构。所以,柴油机预留一定的气门间隙,保证了工作循环的正常进行,对柴油机是十分必要的。

16V240ZJB 型柴油机进气门间隙为 0.40～0.45 mm，排气门间隙为 0.50～0.55 mm。

正确调整或校核气门间隙的前提是：柴油机必须处于冷机状态；气门处于关闭状态，即气门挺柱滚轮与凸轮基圆相接触之时。如配气机构有气门横臂，则气门横臂的 2 个臂必须调整到与两个同名气门尾端同时接触。在测量调整前，以上条件必须同时满足。

调整和校核气门间隙的基本方法，通常是根据各缸进、排气凸轮基圆位置与曲轴转角的关系，选择某几个特定位置，然后松开被测气门的摇臂锁紧螺母，拧松气门间隙调整螺钉使间隙增大，并用塞尺放在气门横臂顶端与压球座底面之间(无横臂的气门驱动机构在摇臂压球或调节螺钉头与气门尾端面之间)，逐渐拧紧气门间隙调整螺钉使间隙减小，拉动塞尺使得到合适的松紧程度时保持螺钉的高度位置，然后拧紧锁紧螺母，最后用塞尺复试松紧程度，此时调整气门间隙即告完成。

当某一气缸的活塞处于压缩上止点时，不仅该缸的进、排气门处于关闭状态，而且按发火顺序与其相近的前后几个气缸都处于压缩或膨胀过程中，因此这些气缸的进、排气门都处于关闭状态，它们的进、排气门间隙均可同时调整或校核。

根据四冲程柴油机的曲柄排列、V 形夹角、发火顺序及配气相位等情况，对十字形曲柄排列的柴油机气缸按发火顺序分成 4 组，首先确认第 1 缸活塞处于压缩上止点，测量调整组内各缸的进、排气门间隙，然后顺曲轴转向每转 180°曲轴转角时测量其他组内各缸的进、排气门间隙。这样，只要顺转 4 次，就可完成全部气缸气门间隙的调整工作。对于 12 缸采用三等叉曲柄排列的柴油机，可以按发火顺序分成 3 组，顺转每隔 240°曲轴转角时，测调同组内各缸的进、排气门间隙，所以 3 次完成全部气缸进、排气门间隙的测调工作。以 16V240ZJB 型柴油机各缸测量调整气门间隙和分组情况如图 4-5-1 所示，图中虚线框内为测量时同组气缸，带 * 号的气缸处于测量盘车位时压缩上止点。

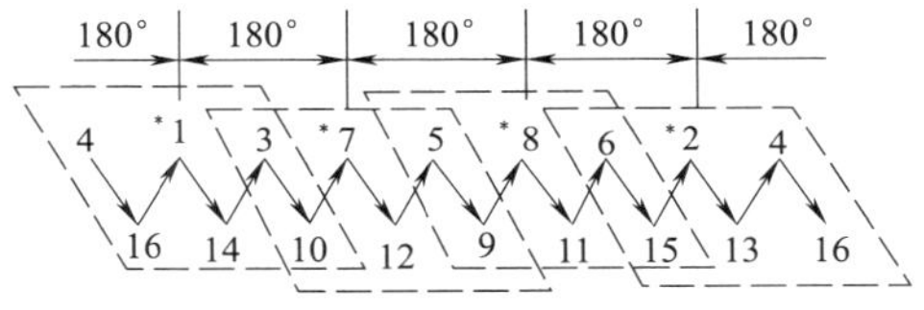

图 4-5-1　16V240ZJB 型柴油机进、排气门间隙测调顺序

二、配气正时调整

配气正时是指柴油机每个气缸的进、排气门的启闭符合配气相位图的要求，各个气缸同名气门的开启和关闭顺序，均按柴油机发火顺序的规定。如果柴油机配气不正时，不但动力性和经济性明显下降，甚至会使柴油机不能启动或造成活塞撞击气门的严重事故。配气正时调整的目的就是调整配气机构使其同时满足上述两个要求，以保证柴油机工作过程的正常进行。

各缸进、排气门的开启和关闭决定于凸轮轴有关凸轮的控制，控制的次序决定于凸轮轴上各凸轮间的相位。所谓柴油机的配气正时，也就是凸轮相对于活塞在气缸中所处的位置而处于对应相位，以便准时地控制气门的启闭。凸轮轴通过正时齿轮传动装置与曲轴联系，要达到以上的要求，必须使凸轮轴与曲轴之间符合一定的相位关系，所以柴油机配气正时的调整和校验，归根到底就是准确调整凸轮轴相对于曲轴的相位。

检验柴油机的配气正时，首先要从各凸轮之间的相位关系开始。

同一气缸的凸轮相位由配气相位图和凸轮轴与曲轴的齿轮传动比决定，例如 16V240ZJB 型柴油机的进、排气凸轮相位差为 90°凸轮转角，这已由设计和加工来保证。

对于有几个轴段组装成的凸轮轴而言，要检验各段组装后相位的正确性。根据单列气缸的发火顺序及发火间隔角可以推算出同名凸轮间相位差，例如16V240ZJB型柴油机单列发火间隔角为90°曲轴转角，如折算成凸轮转角为45°，因此各缸同名凸轮的中心线相对于第1缸或第9缸凸轮的中心线间的夹角为：

右列气缸发火顺序	1—3—7—5—8—6—2—4
同名凸轮相对凸轮转角	0°—45°—90°—135°—180°—225°—270°—315°
左列气缸发火顺序	9—11—15—13—16—14—10—12
同名凸轮相对凸轮转角	0°—45°—90°—135°—180°—225°—270°—315°

对具有2根凸轮轴的V形柴油机而言，需要调整或检验左右凸轮轴与曲轴间的相位关系，如每根凸轮轴凸轮间的相位差已单独检验过，则只需抽验各轴中任一个凸轮的配气是否正时，如这个凸轮的配气正时，则这根凸轮轴的其余凸轮配气也必然正时，说明该轴安装调整正确。

以16V240ZJB型柴油机左、右凸轮轴的调整为例，通常以第1缸的进气门开启始点来确定右凸轮轴的位置；以第16缸的进气门开启始点来确定左凸轮轴的位置。调整时，首先应把凸轮轴正时齿轮与凸轮轴脱开，切断凸轮轴与曲轴的联系，然后转动曲轴，使第1缸(或第16缸)的活塞处于进气上止点前42°20′转角位置，即盘车机构指针指示刻度为360°－42°20′＝317°40′(16缸相应为360°－50°－42°20′＝267°40′曲轴转角)。接着再单独转动凸轮轴，使第1缸(或第16缸)的进气门处于开启始点位置。由于气门的启闭状态是由驱动气门下行的凸轮(或挺柱)升程所决定的，在设计16V240ZJB型柴油机凸轮型面时，已定出为消除气门冷态间隙所需进、排气凸轮升程为0.38 mm。根据以上情况，在调整柴油机配气正时时，取出气门推杆和推杆套，将带百分表的0.38专用工具装到被测气门挺柱头上，以挺柱滚轮与凸轮基圆接触为基准，转动凸轮轴到升程0.38 mm时，这就是凸轮轴使该气门处于开启始点时的位置。这样，凸轮轴、曲轴和活塞三者的相应位置，都满足了工作过程的要求。然后装上左右凸轮轴正时齿轮与正时齿轮系相啮合，钻铰该齿轮与凸轮轴的定位锥销孔并定位紧固，至此配气正时调整完毕。按照有关规定，将正时齿轮系盘到第1缸上止点前25°处，在各齿轮啮合齿的端面刻印啮合标记，以便今后拆检时重装。

校核柴油机的配气正时，其基本方法是用专用工具测气门开启始点，由凸轮升程值和曲轴转角值来判定相位的准时性。

必须指出，凸轮升程0.38 mm时气门开始开启，这是16V240ZJB型柴油机的设计数据，它是气门启闭的名义始点或终点。因为该型柴油机进、排气门摇臂比(内侧与外侧的臂长之比值)为1.317∶1，所以当凸轮升程为0.38 mm时，气门横臂将下降0.38×1.317＝0.5 mm，正好消除冷态排气门间隙，而比冷态进气门间隙大，而且在热机运转工况下，进、排气门热态间隙比冷态间隙还有所减小，故柴油机的实际配气相位要稍大于名义配气相位。

第六节　16V280ZJ型柴油机配气机构

16V280ZJ型柴油机配气机构由气门驱动机构、气门组件(气门机构)等组成，其结构如图4-6-1所示。

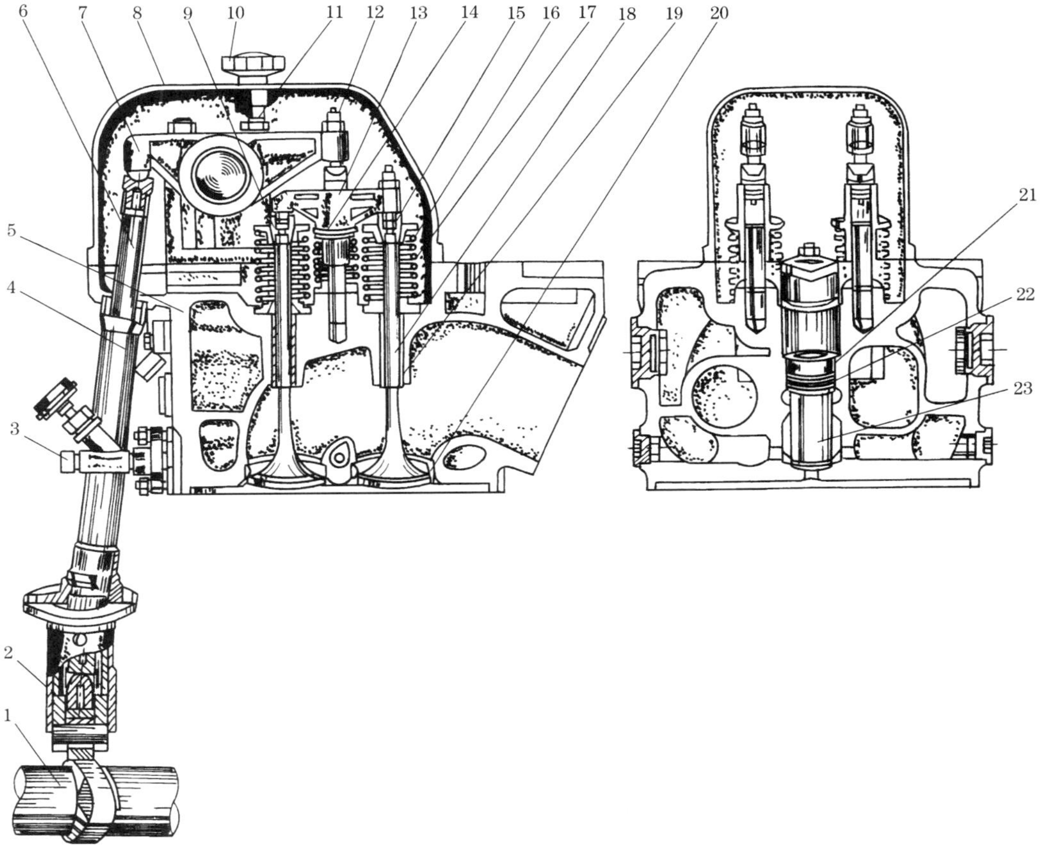

1—凸轮轴；2—挺柱组件；3—示功阀；4—推杆套管；5—气缸盖；6—推杆组件；7—摇臂；8—气缸盖罩；9—锁夹；10—手轮；11—摇臂轴座长螺栓；12—摇臂调速螺钉；13—气门横臂；14—横臂弹簧；15—横臂导杆；16—气门外弹簧；17—气门内弹簧；18—气门；19—气门导管；20—气门座；21—锁紧螺母；22—O形圈；23—喷油器套管。

图 4-6-1　16V280ZJ 型柴油机配气机构

气缸盖在气缸的上部。气缸盖顶面装有气门组件、摇臂轴座、摇臂轴、摇臂、横臂弹簧、气门横臂和横臂导杆等。在柴油机两侧布置有下置式的凸轮轴及由其驱动的挺柱组件和推杆组件，以便对维修保养提供较好的接近性。

凸轮轴的每个配气凸轮上方都对应有一个滚轮式配气挺柱，用来推动推杆经摇臂和气门横臂开启气门。另外，由供油凸轮推动喷油泵下体的滚轮，从而使喷油泵供油。

气门横臂是摇臂与气门之间的传动件。每个气缸盖上的进、排气门都各由一个气门横臂来驱动，以保证两个同名气门动作的一致性。摇臂的摆动带动气门横臂作上下运动。

为了增加气缸盖的气流通道截面，采用了四气门结构，使其具有较大的气流通过能力、较大的充气系数和良好的换气性能。

四气门结构的气门布置有同名气门排成两列和同名气门排成一列的两种。16V280ZJ 型柴油机的 V 形夹角空间较大，可以将进、排气管路布置在夹角中间，根据总体布置要求，气缸盖采用同名气门排成两列的串联式气道。

一、气门驱动机构

气门驱动机构由凸轮轴、挺柱组件、推杆组件、摇臂、摇臂轴和摇臂轴座、气门横臂、横臂导杆、横臂弹簧等组成。

左右两根凸轮轴布置在柴油机两侧,分别驱动左右两排气缸的进、排气门和单体式喷油泵。

摇臂安装在摇臂轴上,摇臂轴安装在摇臂轴座上。为了便于调整气门横臂与气门的间隙,在气门横臂和摇臂的一端都设有调整螺钉。

气门横臂安装在同名气门的横臂导杆上,借助于导杆的导向作用,使气门横臂作上下运动,从而控制气门的启闭。

推杆和推杆套管安装在摇臂和挺柱之间。挺柱滚轮安装在挺柱的开挡中,挺柱安装在机体两侧。

气门横臂、摇臂、摇臂轴、摇臂轴座及球头和调整螺钉等的内部都设有油路,以便引入润滑油润滑各摩擦表面。气门机构和部分气门传动机构的零件均安装在气缸盖上。

1. 凸轮轴

每根凸轮轴分为 4 个单节,即每两缸一节。各单节间用法兰和螺钉连接。两根凸轮轴分别安装在机体左右两侧的 9 挡滑动轴承中,止推轴承置于机体输出端。由于轴承孔内径大于凸轮轴各部分的外径,所以,凸轮轴可以从柴油机输出端插入或抽出机体凸轮轴孔。

凸轮轴上的凸轮采用整体式结构,以保证在受冲击力时凸轮能安全可靠地工作。

凸轮轴的中空部分作为油道,润滑油可通过径向油孔润滑各挡轴承。鉴于机体布置要求,两根凸轮轴都是由最后一挡轴颈处的油孔注入润滑油。凸轮轴的端部都设有螺堵用来密封。

各节轴段的连接处均设有装配时用的凸肩和法兰,装配时需精确调整各节轴段的相对位置,以保证各个凸轮的正确相位,最后用一个定位销定位,并用 8 个螺钉紧固。

(1)配气凸轮

气门开关的快慢和开度的大小主要取决于凸轮的外形。同时,凸轮外形与柴油机的油耗、工作可靠性、使用寿命和排放指标都有密切关系。

配气凸轮外形的型线主要分为几何型线和函数型线两种。国内外柴油机多应用函数型线的凸轮。函数型线是由函数来表达的。当凸轮运动时,其加速度曲线完全保持数学上的连续性,从而避免了由于凸轮速度和加速度曲线不连续带来的冲击和不平稳性。同时,函数凸轮可以较为方便地得到预想的充气性能,这也是其被广泛应用的原因之一。目前,函数凸轮的形式较多,一般有多项式高次方凸轮、复合摆线凸轮、复合正弦凸轮等。

早期的 16V280 型柴油机进、排气凸轮均采用高次方型线,在实际运用过程中收到了较好的效果。1982 年,要求柴油机单缸功率比原来有较大的提高,相应的就需要更大的充气量。为此,经过多方案的选优和试验,确定了进气凸轮型线为复合摆线型,排气凸轮型线为高次方型。采用新凸轮后,经过动力学测试表明,其配气机构动力学性能较好,具有较小的加速度,气门弹簧承受的惯性力较小,并在任何工况下,凸轮始终与滚轮相接触,配气机构有着良好的刚度。同时,这种型线的凸轮有着较大的"时间-断面"值,能满足柴油机工作的充气量要求,使柴油机的热力性能有明显的改善,燃油消耗和排气温度都有一定程度的下降。进、排气凸轮的型线都为非对称性型线,其柴油机配气相位如图 4-6-2 所示。

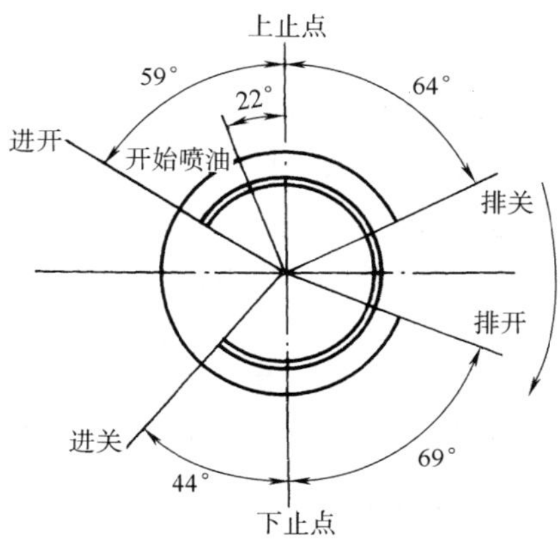

图 4-6-2 配气相位

(2)凸轮轴材料

凸轮轴不但要有足够的强度和刚度来保证工作的可靠性，而且还得有合适的硬度和较好的耐磨性，采用经渗碳和淬硬处理的 20Cr 合金钢作为凸轮轴的材料，经过实际运用，情况良好。

2. 挺柱、推杆、摇臂与横臂

(1)挺柱组件

挺柱组件是凸轮的从动件，它把凸轮的推动力传递给推杆和摇臂，使气门按一定的规律运动。

挺柱组件由挺柱盖、挺柱体、挺柱、挺柱头、滚轮轴、滚轮、销钉和衬套等组成，如图 4-6-3 所示。

挺柱用合金钢制造，经氮化处理。

挺柱内压装有挺柱头，它是一个球状头，与推杆端部凹球座以球面相接触。挺柱下面为叉形(开挡)结构，在叉口内装有滚轮。滚轮用合金钢制造，并经淬火处理。

在挺柱和挺柱头内部均钻有润滑用的油孔，以润滑滚轮与凸轮接触的表面。

在滚轮和滚轮轴之间装有铜衬套。

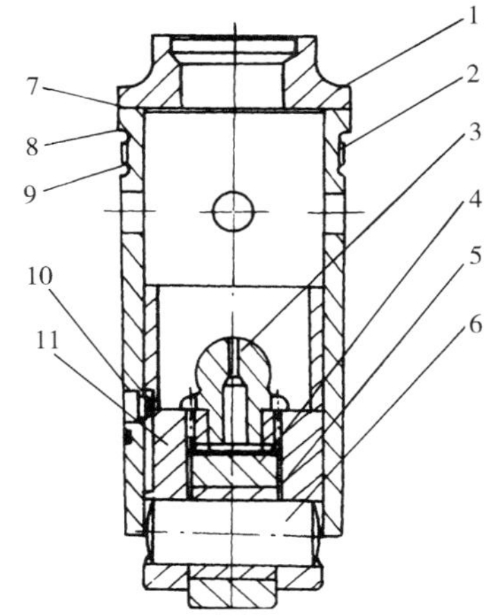

1—挺柱盖；2—挺柱体；3—挺柱头；4—滚轮；5—滚轮衬套；6—滚轮轴；7—密封垫；8—支承法兰；9—密封圈；10—销钉；11—挺柱。

图 4-6-3　挺柱组件

(2)推杆组件

推杆组件由推杆和推杆头组成。

推杆用无缝钢管制成，杆的两端均装有推杆头。推杆安装在摇臂与挺柱组件之间，分别与摇臂调整螺钉上的压球和挺柱头相作用。

推杆外部设有推杆套，套的上方与气缸盖之间用橡胶密封圈密封；套的下方与推杆盖之间也用橡胶密封圈密封，并用压紧螺母压紧，使推杆套固定在气缸盖与挺杆盖之间。

(3)气门横臂及横臂导杆

驱动气门的气门横臂由合金钢制造。在气门横臂一端压装一个用合金钢制造的横臂压头，压在气门杆上部。在另一端装有调节螺钉，用来调整横臂的水平位置。其端面压在另一根同名气门杆顶上。调整螺钉的上部用锁紧螺母锁紧，以防止松动。在气门横臂中间压装有横臂压块，与摇臂调整螺钉的球形关节外部的下平面相接触，并在横臂导向部分钻有油孔，以便排油和避免上下运动时形成的唧筒作用。在其顶部和导向部分两端，分别钻有油孔，以润滑气门杆和横臂导杆。

横臂导杆用合金钢制成，表面渗碳淬火，以增加其耐磨性。

(4)摇臂、摇臂轴及摇臂轴座

①摇臂

摇臂处于推杆与气门横臂之间，它是挺柱与气门之间的传动件元件之一。进、排气摇臂结构尺寸完全相同，摇臂内侧臂长为134.14 mm，外侧臂长为95 mm，其杠杆比 i 为 1.412。摇臂采用合金钢制造，并经热处理。摇臂在与推杆相接触的一端装有以过盈配合的压球；另一端装有带球头的调整螺钉，用来调整气门间隙。

②摇臂轴

摇臂轴采用合金钢制造，经调质和氮化处理，安装在摇臂轴座上。

③摇臂轴座

摇臂轴座用球铁制成，用两个短双头螺柱和一个长双头螺柱紧固在气缸盖上。长双头螺柱还将气缸盖罩紧固在气缸盖上。

二、气门组件(气门机构)

气门组件由气门、气门座、气门导管、气门弹簧、气门锁夹和气门弹簧上下座等组成。

1. 气门

气门的作用是控制进、排气道的开启和关闭,是保证柴油机工作性能、可靠性和耐久性的重要零件之一。气门的形状和尺寸要保证气体流动的阻力最小,关闭时能在任何情况下保证燃烧室的气密性。

气门的工作条件十分恶劣。在工作时,直接与高温燃气相接触的气门阀盘底面,经常受到高温燃气的周期性高速冲刷,加上气门的传热条件又很差,因此它承受着很高的热负荷,使气门阀盘的机械强度降低。另外,它还承受冲击性的机械负荷及燃气腐蚀。为了确保气门工作的可靠性,对气门材料、工艺和结构形状都提出了特殊的要求。

气门可分为气门杆和气门阀盘两部分。气门杆上部有锁夹槽,用于安装气门锁夹。锁夹与气门弹簧上座一起用来固定气门内外弹簧。气门杆下部与气门阀盘用圆弧连成一体,以增强气门杆与气门阀盘的连接,减少应力集中,增加气门阀盘的强度和刚度。

气门阀盘的形状决定了它的工作稳定性,设计时应注意减小进、排气的流通阻力。16V280ZJ 型柴油机采用了平顶结构的气门。该结构形状较简单,受热面积较小,因此有利于制造,同时还具备工作可靠和重量较轻的特点。

为使气门可靠地与气门座紧密贴合,进、排气门座面处均设有锥角。进气门采用 30°锥角,使进气门有较大的流通“时间-断面”值,以利于增加充气量和提高功率,并减小磨损。由于排气门的流通“时间-断面”值容易得到保证,但热负荷较大,为了增强气门阀盘的刚度,减少阀盘的变形,以防止漏气,排气门采用 45°的锥角。

由于柴油机运转时,气门阀盘与气门阀座承受的惯性力和气门弹簧力相当大,并有频繁的冲击性,而且在高温下,一般金属材料的机械性能会明显下降,容易引起气门阀盘的变形,造成阀盘与阀座不能密贴,同时在高温下会使金属的耐腐蚀和耐磨性下降,因此气门采用了具有良好高温机械强度、耐腐蚀性和耐磨性的气门钢制造。为了提高气门阀盘座面的高温耐磨性能和抗腐蚀能力,在阀面上堆焊一层钴铬钨合金。堆焊层在高温下仍保持有较高的硬度。为防止气门断裂引起的严重事故,气门的加工要求相当高,且加工后还须经荧光探伤,防止微细裂纹存在。

气门杆进行辉光离子氮化处理,以增加表面硬度,提高气门杆的耐磨性和疲劳强度。气门杆顶面堆焊一层高铬铸铁,以增强其耐磨性。

2. 气门座

安装在气缸盖上的嵌入式气门座为环形结构,它以冷冻的方式装入气缸盖的气门座孔内。采用嵌入式的气门座是为了增加气缸盖的使用寿命。当气门座面磨损超过限度时,只需要更换气门座。

气门座用合金钢制造,并经热处理,其硬度稍低于气门阀盘锥面硬度,以便保护气门。气门座经受着高温和高压燃气的作用,因此材料必须具有在高温下塑性变形小而硬度高的性能。由于气门座材料与气缸盖材料不同,因此气门座嵌入气缸盖的过盈量选择很重要,否则会引起气门座松动和脱落,由此造成严重事故。

气门阀盘与气门座的锥面经相互研磨,形成一道接触带,其宽度对气门的散热和密封性有很大影响。由于气门头部的热量大部分通过密封锥面传出,因此希望接触带能宽一些,以利散热。但接触带过宽又会使工作面的比压下降，使杂物和硬粒卡在座面上而不能很好研碎，从而妨碍密封。由此可见，接触带的宽度选择必须恰当。

3. 气门导管

气门杆在气门导管中上下滑动，气门导管起着导向作用，同时还传导从气门阀盘带到气门杆的热量。由于气门导管下部受增压空气和燃气作用，其润滑条件较差，因此对气门导管的材料有着严格的要求，必须在较差的工作条件下具有良好的耐磨性。

气门导管采用特种铸铁制成，以过盈压入气缸盖的导管孔内。气门杆与气门导管间的配合间隙是保证气门可靠工作的重要条件，过小的间隙会使气门卡滞，过大的间隙又会使气门杆的热量散发受到影响，同时还会使气门杆在导管内摆动过大，导致严重偏磨而发生漏气、漏油和积碳，因此选择一个合适的间隙是十分重要的。

4. 气门弹簧

气门弹簧应有足够的弹力，它一方面要保证气门阀盘与气门座的密封，同时要保证在气门工作时不因运动产生的惯性力使各零件在接触处有分离现象，从而保证正常的配气规律和配气机构工作的可靠性。

气门弹簧包括内外弹簧，用弹簧钢丝制造，表面经喷丸处理。这种双弹簧结构工作可靠，尺寸较小，弹簧特性也较平缓。内外弹簧的旋向采取相反的绕法，即使一个弹簧断裂，气门也不会落入气缸内，从而避免造成事故。由于内外弹簧有着各自的自振频率，工作时它们之间会发生互相干扰，从而减少了因弹簧共振而发生的断裂。内外弹簧下端支承在弹簧座上，上端顶在气门杆上部的弹簧上座的下面。

弹簧制作时需经磁力探伤，不许有裂纹和发纹存在。

第七节　16V265H 型柴油机动力组与配气机构

动力组是由连杆、活塞销、活塞装配、气缸套、气缸盖及配气机构等组成的一个独立部件单元，是柴油机的主要工作单元。动力组各自独立，分别拥有自己的阀门机构、摇臂室盖，进、排气管路和冷却水路。在活塞连杆组配重相同的情况下单元之间是可以完全互换的，并且其中所有部件随动力组一同拆卸。

16V265H 型柴油机动力组总成主要包括：连杆装配、活塞及活塞环、活塞销、气缸套、气缸盖、气缸盖螺柱、动力组螺母、配气机构(推杆、气门摇臂装配、气门横臂装配)、摇臂箱和摇臂箱盖罩等部件，如图 4-7-1 所示。动力组由各自独立的压紧系统(4 个螺栓和螺母)紧固在机体上，紧固螺栓采用专用的胀紧装置实施液压力胀紧方式，确保施加精确的压紧力将缸头、缸套与曲轴箱之间压紧，当达到规定的液压时，紧固螺母被拧紧并与气缸盖相接触。液压消失后，紧固螺母

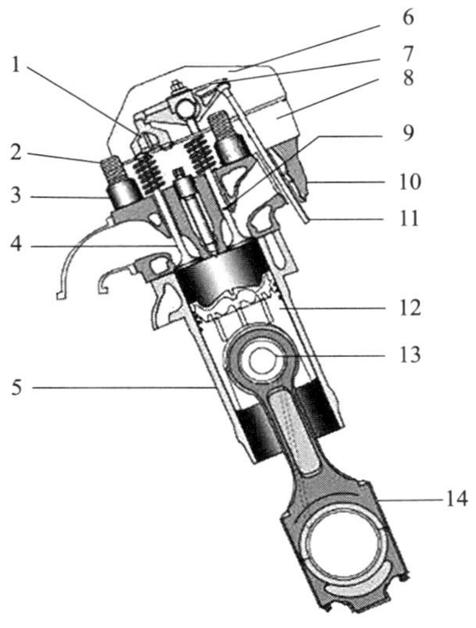

1—气门横臂装配；2—气缸盖螺柱；3—动力组螺母；4—进气门；5—气缸套；6—摇臂箱盖罩；7—气门摇臂装配；8—摇臂箱；9—排气门；10—气缸盖；11—推杆；12—活塞及活塞环；13—活塞销；14—连杆装配。

图 4-7-1　16V265H 型柴油机动力组总成

将维持所得的压紧力。

一、连杆组

16V265H 型柴油机的连杆（图 4-7-2）为一个锻钢部件，由大、小端孔，杆身等组成的直切口、并列连杆，连杆盖用 4 个螺栓、垫片及螺母与连杆体紧固连成一体。大小端孔端部呈圆弧形，大端外侧面有一个凸起的缓冲台，与曲柄推力面配合。连杆大头轴承孔为一体加工并进行喷丸处理，杆身和盖是配对件，并分别在杆身和盖上打印相同的系列号。

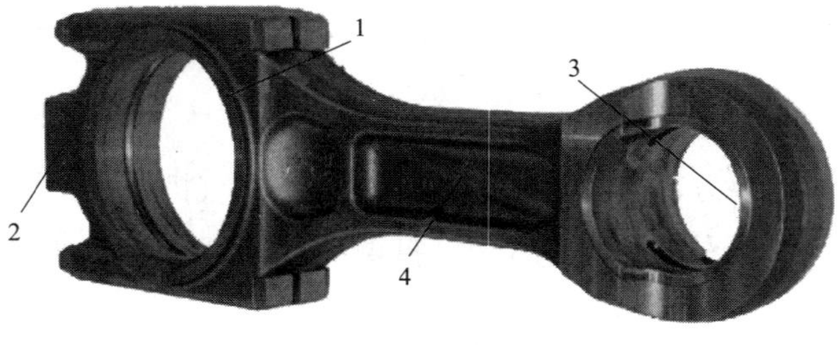

1—连杆大头轴瓦；2—缓冲台；3—连杆小头衬套；4—连杆杆身。

图 4-7-2　16V265H 型柴油机连杆

连杆大头轴瓦类似于主轴瓦，均为三层合金瓦、不同的是上下半瓦的受力情况正好相反。连杆小头端孔装有青铜合金材料的活塞销衬套，衬套中带有油道通到表面，通过连杆杆身内部深长钻孔将润滑油从曲柄销通向活塞销，用于润滑和冷却。16V265H 型柴油机活塞连杆组如图 4-7-3 所示。

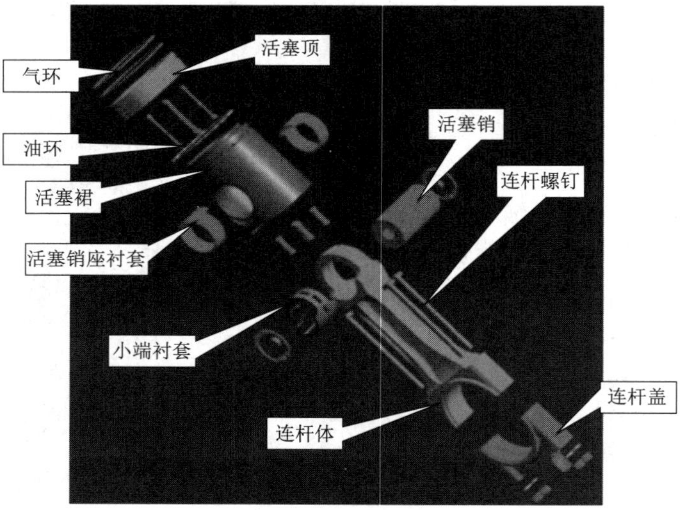

图 4-7-3　16V265H 型柴油机活塞连杆组

二、活塞组

16V265H 型柴油机活塞装配为钢顶铝裙结构，由活塞裙、活塞顶、活塞顶紧固螺栓及弹性套、活塞顶密封圈、活塞环等零部件组成如图 4-7-4 所示。

钢顶铝裙组合活塞的结构(图 4-7-5)特点是:采用振荡冷却,钢制活塞顶用 4 个螺栓及弹性套紧固在活塞裙上,螺栓采用初始扭矩+转角法预紧组装。一个 O 形圈装在活塞裙与活塞顶之间,防止机油泄漏到活塞环和燃烧区域。

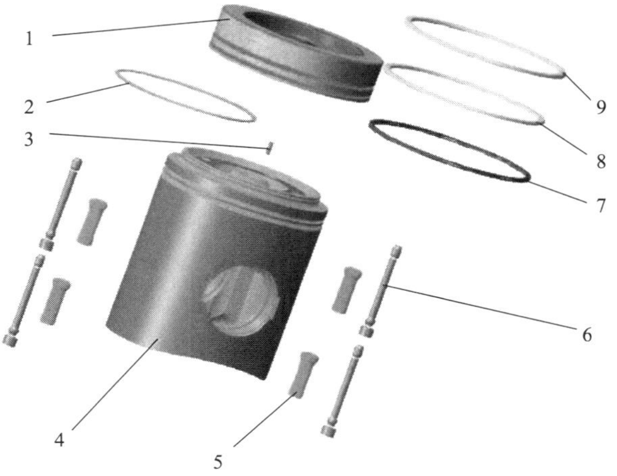

1—活塞顶;2—活塞顶密封圈;3—定位销;
4—活塞裙;5—弹性套;6—活塞顶紧固螺栓;
7—油环;8—气环Ⅱ;9—气环Ⅰ。

图 4-7-4　16V265H 型柴油机活塞组装配

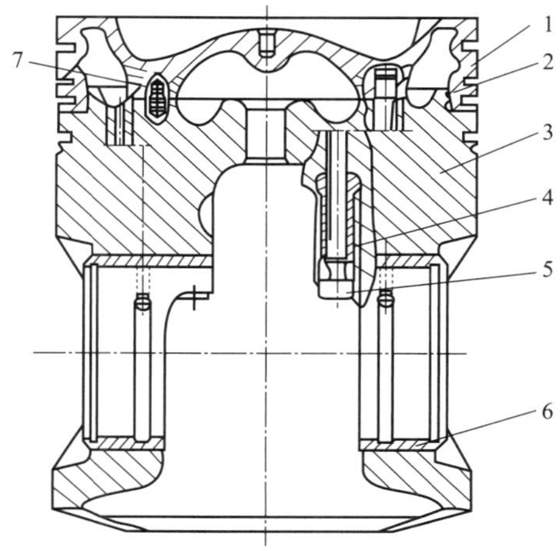

1—活塞头;2—O 形圈;
3—活塞裙;4—弹性套;5—螺栓;
6—活塞销座孔衬套;7—定位销。

图 4-7-5　16V265H 型柴油机活塞结构

活塞头部为薄壁结构,采用耐热顶的新型专利设计;头部环槽进行淬火强化处理,以提高环槽的耐磨性。

活塞裙部由锻铝合金制造,采用中凸椭圆形线、表面喷涂石墨,提高初期磨合性。活塞销座孔采用异形销孔且孔内镶有铜合金衬套,以提高活塞销座的疲劳寿命。采用全浮动式、钢制活塞销,活塞销内部加工有油道,使机油由连杆衬套流入活塞销衬套,大型的弹性挡圈将活塞销保持在销座孔内。

16V265H 型柴油机活塞采用 3 道活塞环来密封燃气并控制机油回流。上面的两道气环布置在活塞顶上的环槽里,第一道气环Ⅰ采用强化的不锈钢环,外表面镀铬处理;第二道气环Ⅱ采用可锻铸铁环,表面镀铬。下部油环截面设计成扇形,中间装有涨紧弹簧。活塞裙部的油道使过量的机油流回曲轴箱。来自于活塞销衬套的机油通过活塞裙装配内的通道,直达活塞顶下面的空腔内,腔内机油吸收活塞顶热量后经活塞裙底面的孔流回曲轴箱。

图 4-7-6　16V265H 型柴油机气缸套

三、气缸套

气缸套为整体铸铁结构(图 4-7-6),属不带水套的湿式气缸套,其最小壁厚为 15 mm,总长度 630 mm。气缸套内壁进行网纹研磨和软淡化处理,顶部为中空厚法兰,厚度 140 mm,内部铸有环形水腔。气缸套桶体部分共有两道支承环与机体配合,缸套外面没有下部水套,冷却液从机体传上来后,流经缸套上部的水腔进入气缸盖。气缸套内孔顶部装有减摩环,可起到降低机油消耗和减少燃烧室内积碳的作用,可满足排放标准。气缸套下部承载面和机体之间装有一个冲压成型的钢制垫片,为冷却液和机油回油通道提供密封;气缸套和缸盖之间采用定位销方式对齐。

图 4-7-7 16V265H 型柴油机气缸盖

四、气缸盖(图 4-7-7)

16V265H 型柴油机的气缸盖装配(图 4-7-8)为铸铁件,是动力组单元中最复杂的部件。气缸盖用 6 个螺栓紧固在气缸套上,两者之间由定位销来对正,并用硅橡胶 O 形圈和气缸垫片进行密封。它们作为一个装配单元在工厂组装,不能在现场进行维修。

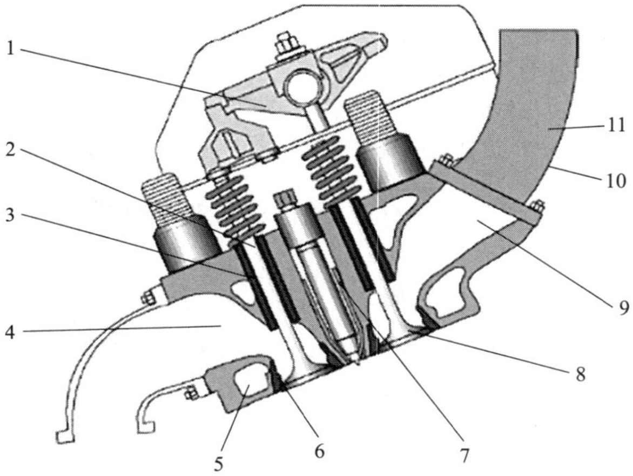

1—配气机构;2—进气门;3—气门导管;4—进气道;5—冷却水进入腔;6—气门阀座;
7—喷油器护套;8—排气门;9—排气道;10—冷却水出口(在排气管后面);11—排气管。

图 4-7-8 16V265H 型柴油机气缸盖装配

该柴油机气缸盖采用蠕虫状石墨铸铁整体铸造,气缸盖上装有 2 个进气门、2 个排气门及压装的氮化气门导管,进、排气门还设置了气门旋转机构和气门间隙调整器。进、排气道布置在气缸盖的两侧,采取并联气道结构,进气口在外右侧,排气口在内左侧。气缸盖中央有喷油器护套,内侧有喷油泵孔,喷油器从顶部进油,高压油管在摇臂箱盖罩内。

五、凸轮轴装配

16V265H 型柴油机采用单根内置式凸轮轴(图 4-7-9),布置在左、右两列气缸之间。凸轮轴装配由 4 个单节组成,用螺栓和定位销连接紧固。每个单节有 12 个凸轮,按照欧ⅢA 排放等级设计凸轮型线角度,对应每个气缸有喷油泵、进气、排气三个凸轮,控制左右列各 2 个共 4 个气缸,分别控制左右两列缸的配气和供油定时。

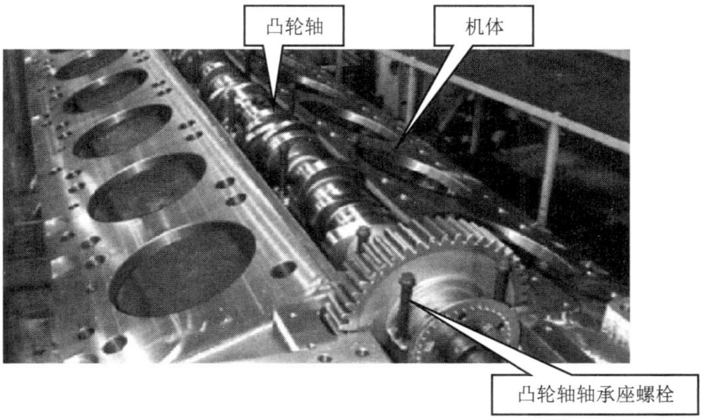

图 4-7-9　16V265H 型柴油机凸轮轴

凸轮轴通过 10 个凸轮轴承座支承被固定在机体 V 形夹角中间主机油道上方，这 10 个轴承座上部的轴孔也兼作随动摇臂轴的支承，每个轴承座中分别安装一对钢背铜铅合金材料的薄壁轴瓦。轴承座又分为三种，第一种前端 8 个轴承座和第二种的 1 个后端轴承座各有上下两个轴孔，下部为凸轮轴孔，上部为随动摇臂轴孔；第三种的 1 个末端轴承座位于凸轮轴齿轮的外侧，仅有凸轮轴孔。每个轴承座均为剖分结构，分切面位于凸轮轴孔的中心线处，由 2 个M16 螺栓紧固在机体上。凸轮轴的轴向止推轴承安装在末端轴承座的前后两侧，各自为一片半圆环状的钢背铜铅合金薄壁轴瓦。16V265H 型柴油机凸轮轴和配气机构如图 4-7-10 所示。

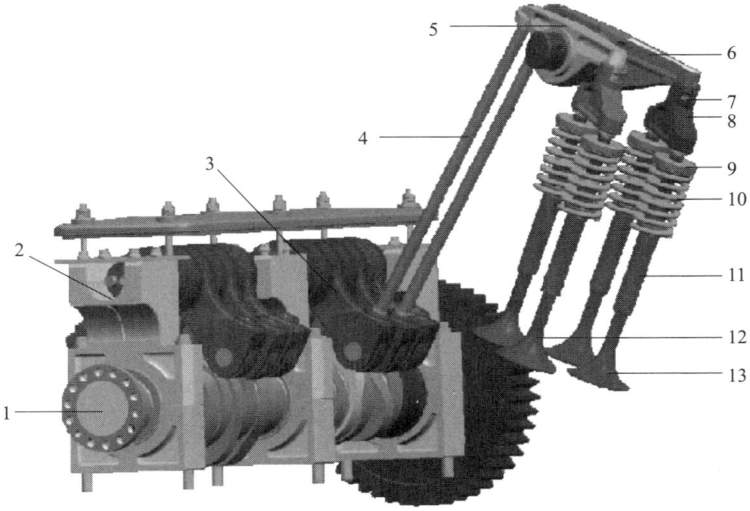

1—凸轮轴；2—凸轮轴座；3—随动摇臂；4—气门推杆；5—排气摇臂(短)；6—进气摇臂(长)；
7—气门间隙调整器；8—横臂；9—气门旋转机构；10—气门弹簧；11—气门导管；12—排气门；13—进气门。

图 4-7-10　16V265H 型柴油机凸轮轴和配气机构

六、随动摇臂装配

16V265H 型柴油机采用 8 个完全相同的随动摇臂装配(图 4-7-11)，每个随动摇臂控制同一连杆颈上的左右两个气缸。凸轮轴承座上部的油孔也兼作随动摇臂、轴的支承。随动摇臂为叉形连杆机构,上端孔嵌入钢背铜铅合金薄壁轴套,并套在随动摇臂轴上。下端的叉口为滚轮,通过销轴悬挂在随动摇臂上。销轴与随动摇臂两侧的销孔为过盈配合,而与滚轮内孔则为间隙配合。所以销轴与随动摇臂没有相对运动,而滚轮则围绕销轴在凸轮型面上滚动。因随动摇臂轴在工作时并不旋转,故而在随动摇臂轴孔中不安装轴承。

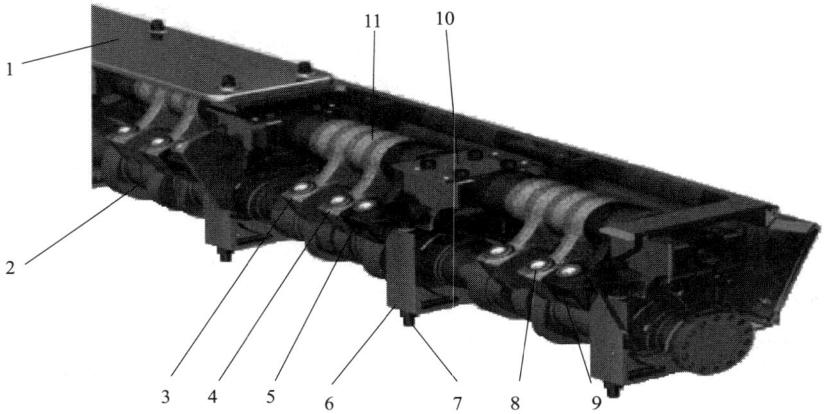

1—凸轮轴箱;2—凸轮轴;3—排气随动摇臂;4—进气随动摇臂;5—供油随动摇臂;
6—凸轮轴座;7—凸轮轴座(连接机体);8—推杆球座;9—随动摇臂滚轮;10—凸轮轴箱压盖;11—随动摇臂轴。

图 4-7-11　16V265H 型柴油机随动摇臂装配

为保证随动摇臂装配各零部件的润滑与安全可靠工作,在安装到柴油机之前,要使用专门的工装设备向油道内注入机油。装配时,随动摇臂轴上的弹性销的另一端插入轴孔的油道中,弹性销起限制随动摇臂轴旋转作用,同时其中间通孔也是机油通路。弹性销安装孔如图 4-7-12 所示。来自机体 V 形夹角下方的主机油道的机油沿钻孔进入凸轮轴座孔,一部分经垂直钻孔进入凸轮轴轴承,为凸轮轴进行润滑;另一部分经凸轮轴座孔中的环形油槽进入随动摇臂轴中心孔,进而为滚轮和随动摇臂轴套提供润滑;同时机油也经过球座中间的油孔上升进入推杆,继而为气缸盖上部的进、排气摇臂等气门驱动机构提供润滑,使各运动零部件均可实现充分润滑。

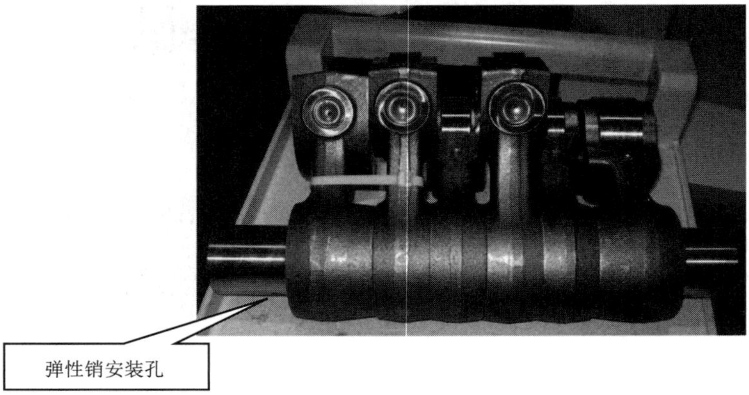

图 4-7-12　16V265H 型柴油机随动摇臂弹性销安装孔

七、配气机构

16V265H 型柴油机配气机构(图 4-7-13)亦称动力组阀系,它由进气门、排气门、气门导管、气门弹簧、气门旋转机构、气门间隙调整器、气门横臂装配、气门摇臂装配和气门推杆等组成,用于将凸轮的运动传递到气门和喷油泵柱塞,其结构十分复杂。

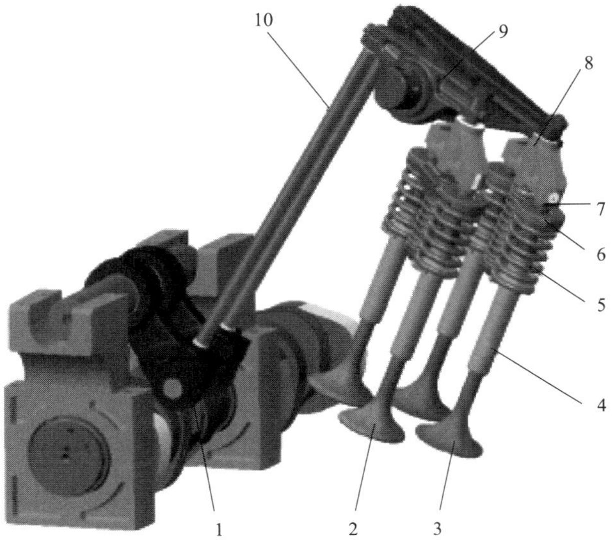

1—凸轮轴及随动机构;2—排气门;3—进气门;4—气门导管;5—气门弹簧;
6—气门旋转机构;7—气门间隙调整器;8—气门横臂装配;9—摇臂机构;10—气门推杆。

图 4-7-13　16V265H 型柴油机配气机构

动力组阀系各部件的动力来自凸轮轴和随动机构,通过气门推杆推动气门机构,实现进、排气门的开闭。随动摇臂通过滚轮将凸轮的旋转运动转换成垂直运动。凸轮布置在凸轮轴轴承座下方,而随动摇臂则在凸轮轴轴承座上方。气门摇臂装配固定在摇臂箱上,每个摇臂下方连接气门横臂装配,可同时控制 2 个同名气门的开闭。进、排气摇臂不一样,进气摇臂长,而排气摇臂短。

1. 气门驱动机构

(1)气门摇臂装配

气门摇臂装配由进、排气摇臂,摇臂轴,压块,调整螺钉,衬套等组成。摇臂机构在组装柴油机前需进行预组装,装机时通过压块将摇臂机构整体压装在摇臂箱的轴座上。进排气摇臂为锻钢件,两端进行高精度加工。其中钻有通孔的一侧安装调整螺钉,该螺钉上部装有螺母,用于调节螺钉半球座与气门横臂的接触高度;摇臂另一侧加工成半球形座,用于安装气门推杆。摇臂轴为渗碳淬火钢件,全部精加工,在安装摇臂的位置钻有机油通孔。轴两侧有安装螺纹孔,用来安装压块。压块轴向两内端面精加工,端面与摇臂轴孔端面接触,起止推作用;使摇臂既能在压块两端面间自由转动,又不至于产生窜动。润滑机油从摇臂的推杆端进入,经摇臂分流至摇臂轴和调整螺钉,调整螺钉中的机油随后进入气门横臂进行润滑;摇臂轴上的机油润滑摇臂轴后,流入摇臂箱,经气缸盖回油孔流回机体油底壳。

(2)气门横臂装配

气门横臂装配主要功能是直接控制进排气门的开启和关闭,并具有一定的自身调节能力。气门横臂装配由气门横臂、气门横臂导杆、气门间隙调整器、气门横臂弹簧、铜球座、防转片和卡环组成,如图 4-7-14 所示。

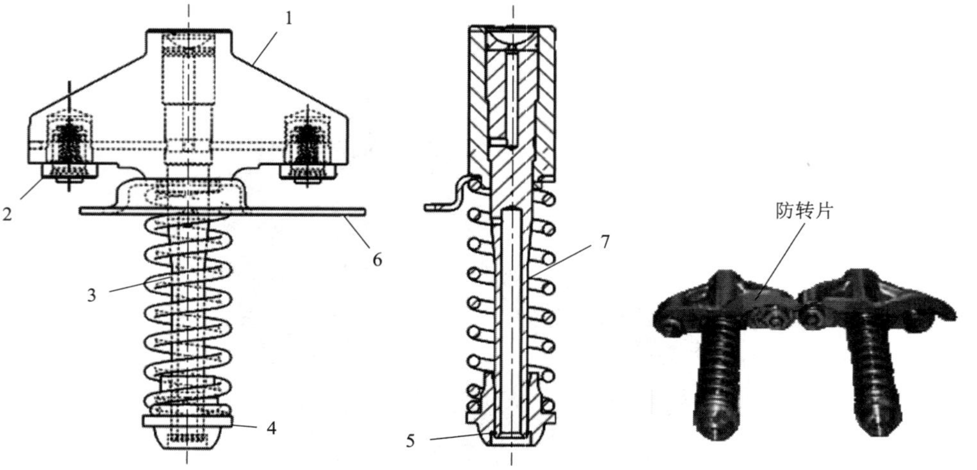

1—气门横臂;2—气门间隙调整器;3—气门横臂弹簧;
4—铜球座;5—卡环;6—防转片;7—气门横臂导杆。
图 4-7-14　16V265H 型柴油机气门横臂装配

气门横臂两端孔内各安装 1 个气门间隙调整器,气门间隙调整器与气门杆尾端面接触。气门间隙调整器能够保证柴油机在冷态和热态均为“零”间隙,所以取消了传统柴油机的冷态气门间隙调整要求。在组装气门横臂时,应用塞尺测量气门间隙调整器与气门杆尾端面的间隙,达不到 1.5～3.5 mm 范围要求时,应调节摇臂上的调整螺钉,直至间隙达到要求为止。

气门横臂装配上带有防转片,防转片是碳钢压型件,依靠两端钢板将横臂固定在进、排气门周围。以减小横臂的横向转动和摆动,对横臂的上下运动起到导向作用;也使气门具有较小的横向活动空间。横臂下端装有弹簧座(铜球座),弹簧座下方为半球形精加工面,安装在气缸盖座孔中,以减小气门横臂的侧向偏移量。气门横臂导杆在装配时应在导杆表面涂抹二硫化钼,以防止铜球座卡在导杆时造成卡簧。

横臂装配有两个功能:一是在一个摇臂驱动下能同时启闭两个同名气门,二是利用横臂中的气门间隙调整器自动控制气门间隙;不再需要人工调整气门间隙,而可以使气阀机构总是运行在“零”间隙状态。两个横臂中的一个用来控制 2 个进气门,另一个去控制 2 个排气门。进排气门上都装有气门旋转机构,用来改善气门与座孔的密封性、磨合性及碾碎积碳等。

在使用维护保养时要注意:摇臂上装有调整螺钉,其调整要在最初动力组安装时或更换气门机构部件时进行。在使用寿命期间,不需要重新调整气门间隙,但必须要对气门间隙调整器进行定期检查,确保其正常工作。

(3)气门推杆装配

气门推杆(亦称顶杆)与喷油泵基本相同,只是长度不同。推杆装配的杆体中间钻有油孔,两端安装有球头。气门推杆安装在进排气摇臂和随动摇臂之间,随动摇臂通过推杆和进排气摇臂控制气门的开启和关闭，同时机油也通过推杆进入阀系，为阀系各部件通过润滑机油。而喷油泵推杆安装在喷油泵和随动摇臂之间，用来控制燃油的供给。

2. 气门机构

进、排气门作为阀系的重要部分，需在柴油机总组装前与气门弹簧、气门导管、旋转机构及气门座等零部件一起预先组装在气缸盖上，并由气门锁夹进行固定。排气门的气门座与阀杆选用不同材料通过摩擦焊焊接成为一体；进气门则采用同一种材料制造。进、排气门座压入气缸盖后，要重新磨削阀口，使进、排气门与气门座间达到初期的最佳接触角度。

第八节　GEVO16 型柴油机动力组与配气机构

动力组是 GEVO16 型柴油机的核心部件之一，如图 4-8-1 所示，它主要由摇臂箱盖、气缸盖、加强套、气缸套、活塞和连杆等部件构成一个独立的动力组单元，整体安装于半隧道式曲轴箱上。通过卸去最少数量的紧固件，取下气门推杆后，即可将包括气缸盖、加强套、气缸套、活塞、连杆、电喷泵和气门挺杆的动力组整体从柴油机中取出。这种结构有利于缩短检修周期，方便维护保养，避免冷却水对润滑油的影响。

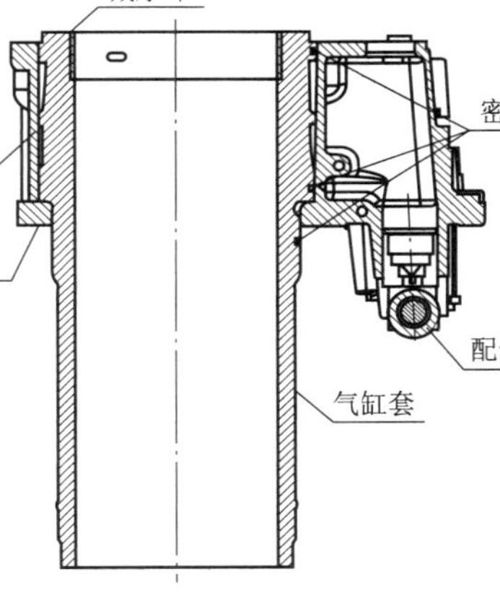

图 4-8-1　GEVO16 型柴油机动力组

两列气缸呈 V 形 45°布置，以便于将较大缸径的柴油机封装在较窄的宽度内。整个动力组用液力胀紧方式紧固，整体为长动力组；摇臂箱盖、气缸盖、缸套、加强套（也称气缸定位座或缸套定位装置）为短动力组，日常维修时可根据需要，分别吊装长动力组和短动力组。

一、活塞组

GEVO16 型柴油机活塞组（图 4-8-2）主要由钢质活塞顶、球铁活塞销座和铝活塞裙组成的铰接式组合活塞及活塞销、活塞环等组成，如图 4-8-3 所示。活塞头设有 3 道活塞环，全部装在活塞销以上部位。上面两道为表面覆有铬和陶瓷复合镀层的气环，下面一道为弹簧涨圈式油环。活塞裙与活塞销为分体式，活塞裙部只起导向作用，动力由活塞销座承载。活塞销置于活塞销座和活塞裙的销孔里，属浮动式活塞销，在活塞裙的销孔两侧装有挡圈，用于限制活塞销的轴向窜动。

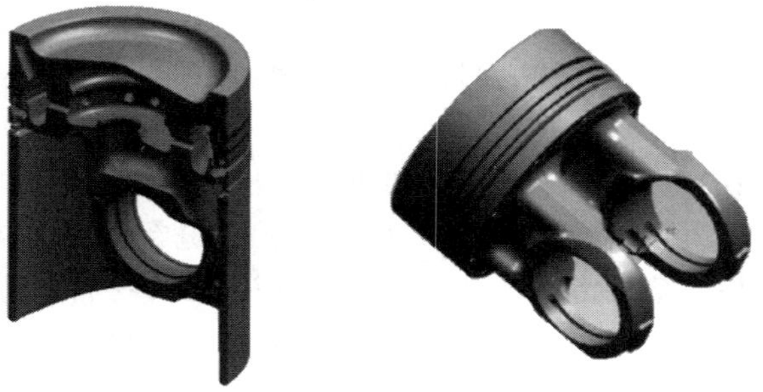

图 4-8-2　GEVO16 型柴油机活塞组

1. 活塞头

活塞顶部呈浅 ω 形状,与多孔喷油器的喷射油束相配合,使气缸内的空气与燃油充分混合燃烧。活塞头内腔的外周是一个环形冷却油腔,油腔的外周还设有许多油孔通向活塞顶内壁,压力油经上述油腔和油孔去冷却活塞环槽和活塞顶。油腔紧靠活塞环槽,可有效地降低活塞环和环槽的工作温度,从而减小活塞环及环槽的磨损,避免活塞环弹性松弛和黏结等故障的产生。冷却油腔内设置的向上斜油孔,可有效冷却活塞头的顶部和上部圆柱面,避免顶部过热而出现裂纹和由于圆柱面受热膨胀而产生抱缸故障。活塞头内腔中央与活塞体顶面形成一个较大冷却油腔和冷却表面,用进入此油腔的油去冷却活塞顶中部。环形油腔与中部油腔之间有一个环形凸台,它上面设有螺纹孔和定位销孔,通过螺栓和垫圈把活塞体与活塞头连接起来,活塞体与活塞头之间用定位销定位。

1—活塞头;2—油环;3—活塞裙;4—活塞销;5—活塞体;6—气环。

图 4-8-3　GEVO16 型柴油机活塞组总成

2. 活塞体

活塞体由球墨铸铁制成,主要用于支撑活塞头和活塞销。

球墨铸铁活塞体相对于铝活塞体,其活塞销孔可承受更高的压比,对高强化柴油机具有较大的优势。活塞体上部与活塞头下部共同组成中间和外周两个冷却油腔。由连杆来的润滑油一路经活塞销孔内的油孔进入外周油腔,用于冷却活塞环槽和活塞顶;另一路则通过活塞体上的横向油孔流入中间油腔,去冷却活塞顶中部。在外周油腔,活塞体和活塞头之间用橡胶圈密封。

二、连杆组

GEVO16 型柴油机采用并列连杆,连杆组主要由连杆体、连杆盖、连杆螺栓、连杆瓦、连杆小头衬套等组成,如图 4-8-4 所示。连杆体和盖采用合金钢整体模锻,并经调质、喷丸处理,具有较高的综合机械性能。由 4 根 M24×2 mm 合金钢制成的高强度连杆螺栓,使连杆体与盖可靠结合。连杆组可分成连杆大头、连杆杆身和连杆小头三个组成部分,连杆大头剖分面为斜切口,剖分面与连杆中心线夹角为 50°,斜切口采用齿形定位,防止上下结合面发生窜动。连杆杆身为工字形截面,连杆体内设有钻孔,从曲轴流出的润滑油经连杆内部钻孔对活塞进行润滑和冷却。

连杆小头有一可更换的活塞销衬套，由钢背和铜铅锡合金制成。连杆大头的连杆瓦为钢背和铝铅合金构成的双金属板薄壁轴瓦，如图 4-8-5 所示。下瓦内圆开有油槽和油孔，上瓦在对口处的中间开有缓冲油槽并有进油孔，可减少因上下瓦间油槽截面急速变化引起的穴蚀和油流冲蚀作用。上、下瓦均有定位唇用于连杆体和连杆盖定位。

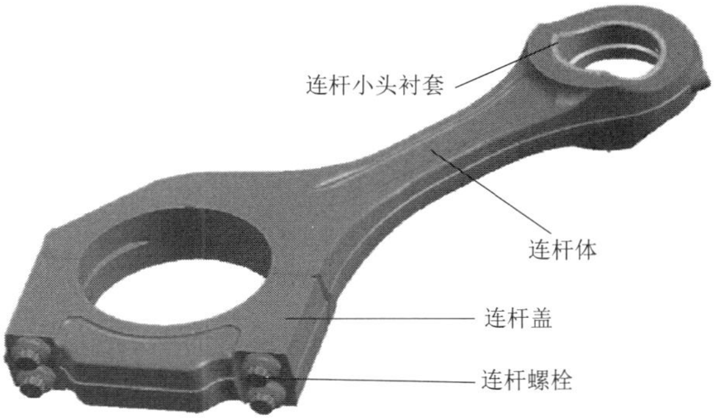

图 4-8-4　GEVO16 型柴油机连杆组

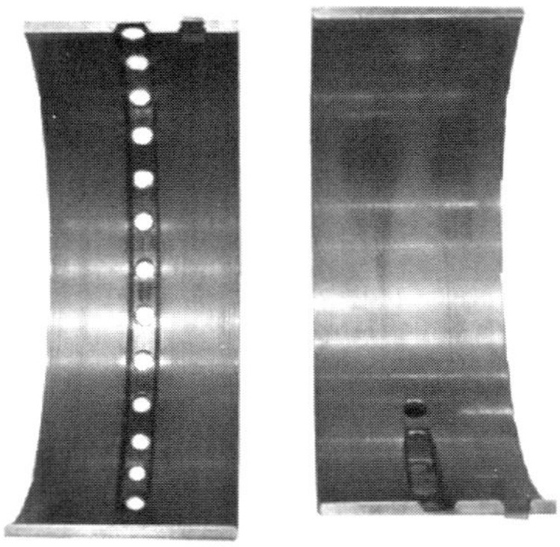

图 4-8-5　GEVO16 型柴油机连杆瓦

三、气缸套

气缸套由合金铸铁制成，如图 4-8-6 所示，其内壁面加工有平台网纹（网纹珩磨技术），用于存储润滑油，以减少气缸套和活塞的磨损。气缸套外圆的 4 个定位圆，从上至下分别与加强套的上、下定位孔和机体的上、下气缸孔相配合。其中在气缸套上部的 3 个定位圆上均设有橡胶密封圈，第一道密封圈用于防止上部水腔的冷却水漏泄到柴油机外面，第二、三道密封圈分别用于防止下部水腔的冷却水漏入机体的曲轴箱，以及曲轴箱的润滑油窜入上述水腔。气缸套中部凸缘的平面，支撑于加强套下定位孔的上端面。气缸套凸缘顶面与气缸盖之间装有钢质垫片，用于密封燃烧室气体。气缸套底面设有安装活塞保持架的螺孔，用于吊装动力组时托住活塞，使活塞保持在气缸中不致脱落。气缸套内孔上部还安装一个减摩环，以减少气缸中积碳的形成和刮去活塞头部的积碳。

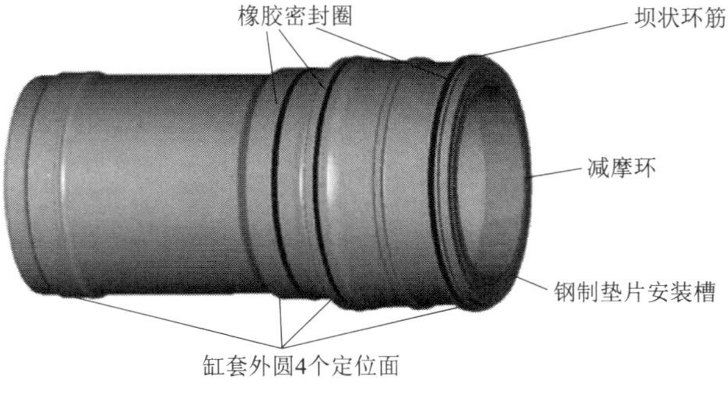

图 4-8-6　GEVO16 柴油机气缸套

四、加强套

加强套（图 4-8-7）由灰铸铁制成，外侧设置气门推杆体、电喷泵的安装孔和放置气门挺杆的空腔。

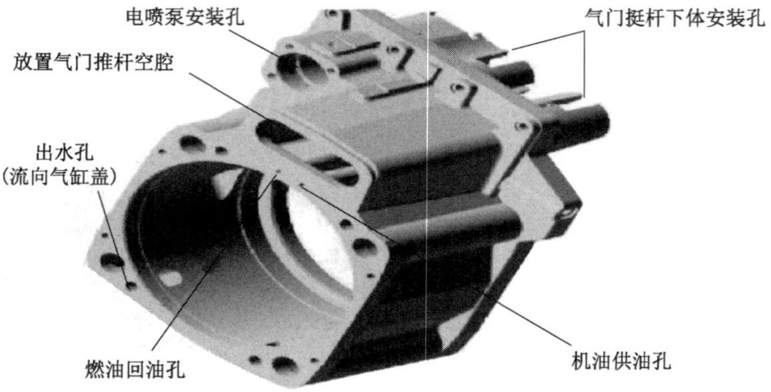

图 4-8-7 GEVO16 型柴油机加强套

加强套设有上、下两个气缸套定位孔,下定位孔的上平面用于支撑气缸套。气缸套上部与加强套之间形成气缸的冷却水腔分为上、下两部分,来自机体的冷却水经加强套底部进入下部水腔后,经气缸套中部外圆面上的坝状环筋和加强套内圆组成的限制带后,被强制沿圆周均匀流向上部水腔,然后通过加强套上部出水孔进入气缸盖内。

加强套的气缸套安装孔外面均匀布置 4 个动力组紧固螺栓通孔,与气缸盖紧固;下部用 7 个螺栓与机体紧固。加强套内部还有许多油孔。机体上与凸轮轴孔钻通的润滑油,从加强套底部流入,其中一路经油孔进入各挺杆孔,去润滑挺杆的外圆和滚轮,另一路从加强套顶部油孔进入气缸盖,去润滑气门机构;从气缸盖油孔过来的喷油器回油,进入加强套顶部油孔后,经内部油孔由高压油泵安装孔外侧流入设在柴油机侧面的燃油回油管。另外,加强套与气缸盖及机体之间均设有密封垫,作为它们之间油、水的密封。

五、气缸盖

气缸盖(图 4-8-8)采用蠕墨铸铁浇铸而成,与加强套一起用 4 个长螺栓紧固在机体上。在其内部安装有喷油器和气门及其驱动机构,同时布置有串联式的进、排气道及冷却水腔。

图 4-8-8 GEVO16 型柴油机气缸盖总成

气缸盖采用双层箱形结构,其底面与顶面如图 4-8-9 所示。在气缸盖的内部(图 4-8-10)设置有中隔板,将内部冷却水腔(图 4-8-11)分成上水腔和下水腔,中央设有用于喷油器安装的空心圆柱并与中隔板连成一体,以增强中间部位的刚度。中隔板设计采用了合理锥度的盆形结构,并尽量接近底板,这样使气缸内的爆发压力能够合理地传递到四周侧壁上,有利于增强中间部位的刚度和底板的冷却,减小火力面的机械负荷和底板变形,又具有合适的下冷却水腔容积,从而避免了铸造和清砂的困难。

在气缸盖靠近柴油机 V 形夹角内侧的顶面上布置排气口,在内侧的侧壁上布置有进气口,面对柴油机侧面看,右侧为排气口,左侧为进气口。气缸盖内部分别设有进、排气道,在其中间布置有喷油器安装孔。

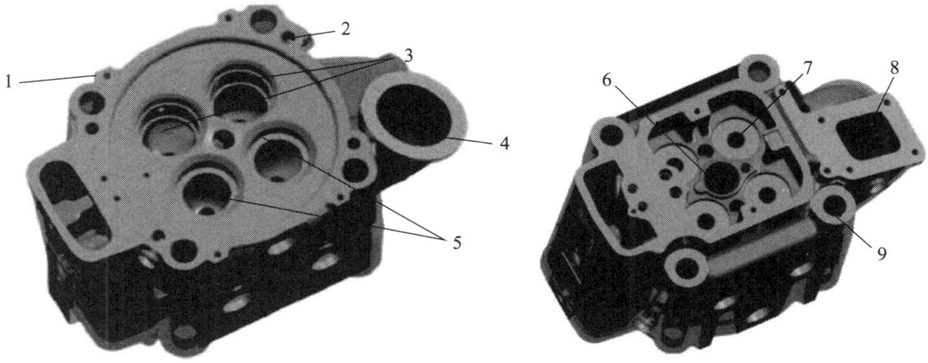

（a）缸盖底面　　（b）缸盖顶面

1—螺栓孔（与加强套）；2—进水孔；3—排气门座孔；4—进气口；5—进气门座孔；
6—喷油器安装孔；7—气门导管孔；8—排气口；9—气缸盖螺栓安装孔。

图 4-8-9　气缸盖底面与顶面

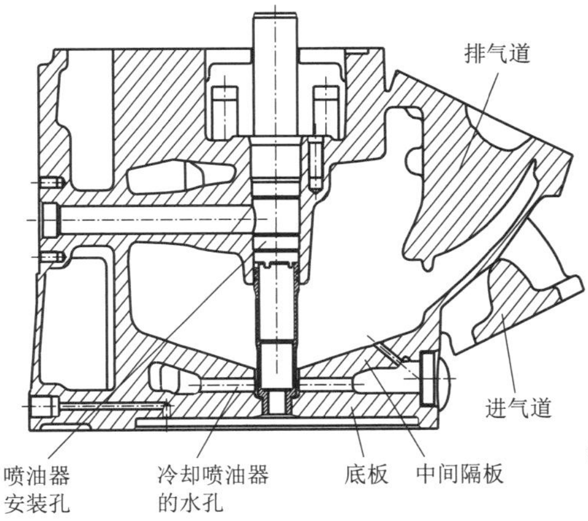

图 4-8-10　气缸盖内部结构

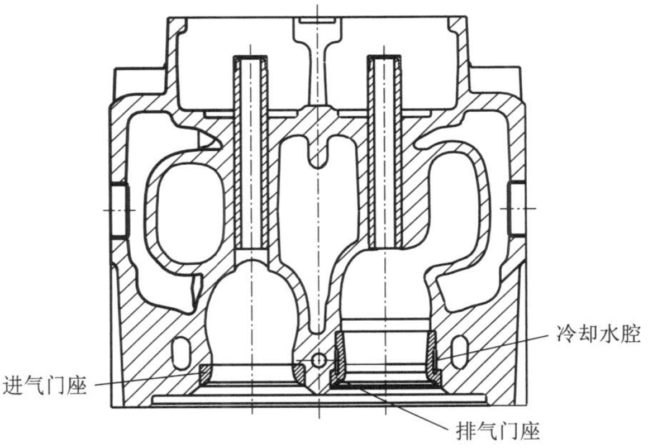

图 4-8-11　气缸盖的冷却结构

在喷油器安装孔周围有 4 个气门导管孔，同名气门导管孔之间，各有一个横臂导杆安装孔。在气缸盖内侧上部设有气缸盖的出水孔，水孔处于冷却水腔的最高位，可减小阻力，有利于冷却水的循环。

在喷油器安装孔底部周围有 4 个气门座孔，用于嵌入气门座。在气缸盖底面设有圆形凹肩，用于在气缸盖与气缸套安装时与气缸套的上部外圆配合定位。气缸盖底面外缘四周，有 4 个进水孔与加强套的出水孔相连，从机体水道流来的水经过加强套后进入气缸盖冷却水腔，冷却气缸盖。为提高排气门的运用可靠性，排气门阀座采用了水冷结构以加强排气门的冷却。

六、配气机构

GEVO16 型柴油机配气机构（图 4-8-12）由气门驱动机构、气门组件、凸轮轴装配、气缸盖及附件等组成。气缸盖顶面装有气门组件、摇臂轴座、摇臂轴、摇臂、横臂弹簧、气门横臂、气门旋转机构和横臂导杆等。在柴油机两侧布置有下置式的凸轮轴及其驱动的挺杆组件和推杆组件。凸轮轴的每个配气凸轮上方都对应有一个滚轮式配气挺杆，用来推动推杆，再经摇臂和横臂来驱动气门的启闭。

1. 凸轮轴

GEVO16 型柴油机左右两根凸轮轴分别安装在柴油机机体左右两侧的 9 挡滑动轴承中，每根凸轮轴分为 8 个单节，即每缸一节，如图 4-8-13 所示。每两节凸轮轴之间安装一凸轮轴颈，其中左右两侧的输出端(左右第 9 位)为止推凸轮轴颈，以控制凸轮轴的轴向推力；左右两侧自由端(左右第 1 位)为末端凸轮轴颈；其余左右的 2～8 位为凸轮轴支承轴颈。各节凸轮轴和轴颈之间采用螺栓连接并采用空心定位套定位。凸轮轴能够从柴油机机体侧面的凸轮轴观察孔安装和拆卸，具有很好的可维护性和可接近性。

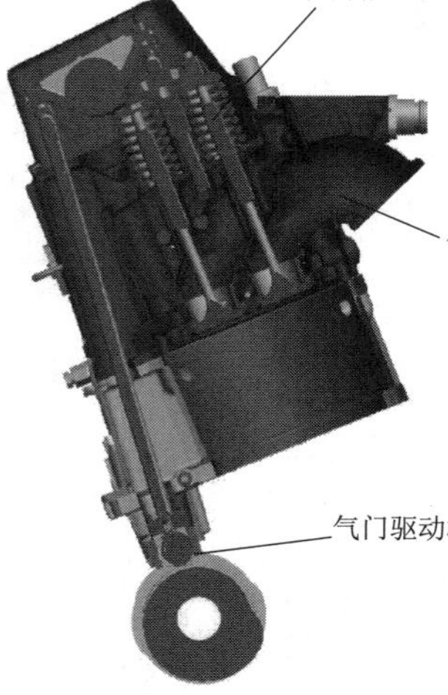

图 4-8-12　GEVO16 型柴油机配气机构

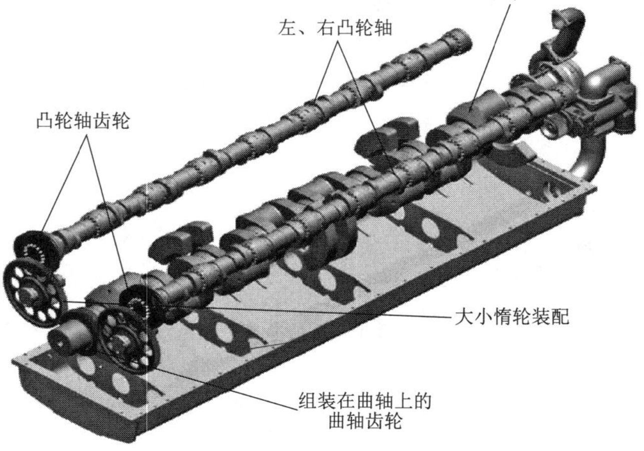

图 4-8-13　GEVO16 型柴油机凸轮轴

凸轮轴上的进气、排气和供油 3 个凸轮采用整体式结构，凸轮轴段由合金钢制成，凸轮表面进行淬火硬化处理，提高凸轮的耐磨性，以保证在受冲击力时凸轮能安全可靠地工作。凸轮轴采用传统的一缸一节结构，但凸轮轴段和凸轮轴颈为组装式组合结构，通过凸轮轴颈上定位套的调整使每侧的各节凸轮轴完全一样，实现完全互换。

左右两根凸轮轴的中空部分分别形成柴油机的左右主油道，润滑油通过径向油孔润滑各挡凸轮轴承，同时又通过凸轮轴承上的贯穿钻孔使润滑油从凸轮轴中流向机体的各挡主轴瓦。

2. 气门驱动机构

气门驱动机构主要由凸轮轴、凸轮从动机构(挺杆组件)、推杆组件、摇臂、摇臂轴、摇臂轴座、气门横臂、横臂导杆等组成，如图 4-8-14 所示。

左右两根凸轮轴布置在柴油机的两侧，分别驱动左右两排气缸的进气门、排气门和单体式电控喷油泵。气门驱动机构的动作过程：凸轮轴→凸轮→滚轮装配→挺杆→推杆→摇臂→横臂→气门机构，实现气门的启闭。

每个气缸采用两个挺杆组件，安装在柴油机的加强套的孔内。每组主要由挺杆体、球座、滚轮、滚轮销、销和衬套组成。挺杆内压装有球座，与推杆的球头以球面相匹配，挺杆体下部为叉形结构，在叉口头内装有滚轮。挺杆体和滚轮销均设有润滑油孔，作为挺杆体和滚轮的润滑之用。

推杆组件由推杆导管和推杆头组成，推杆导管采用无缝钢管制成，在杆的两端分别装有推杆头。推杆置于加强套和气缸盖内，位于摇臂与挺杆组件之间，两头分别与摇臂上的压球和挺杆球座相作用。两推杆头加工有贯穿孔，和中空的无缝钢管一起形成了润滑油道，与摇臂的油孔相接。

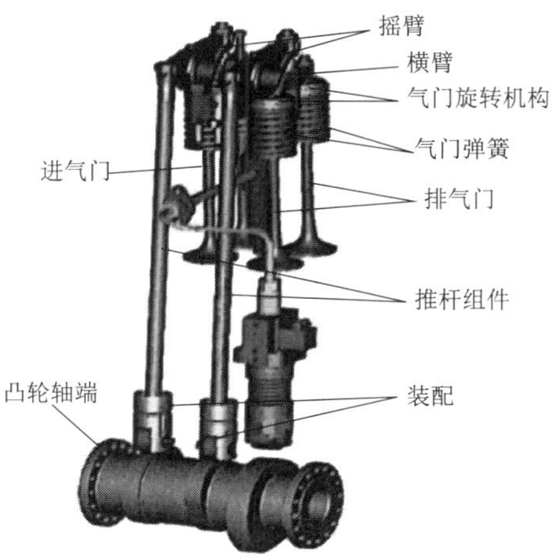

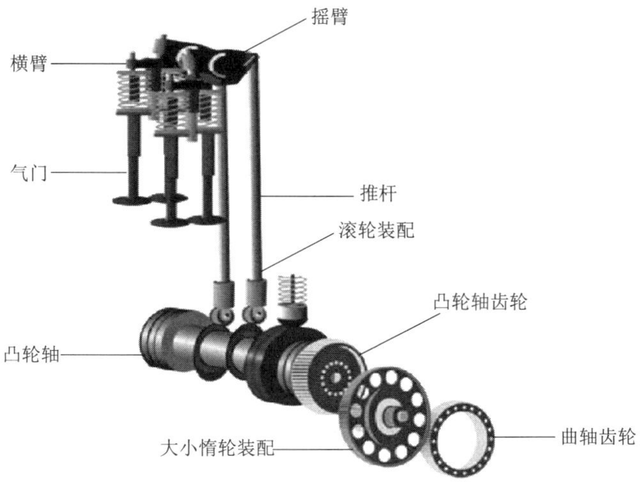

图 4-8-14　GEVO16 型柴油机气门驱动机构

摇臂组件由气门摇臂、摇臂轴和摇臂轴座组成，摇臂处于推杆和横臂之间，是推杆和气门之间的传动元件之一。进、排气门摇臂结构尺寸完全相同。摇臂与推杆相接触的一端，装有以过盈配合的压球，另一端装有带球头的调整螺钉，用来调整气门间隙。摇臂轴采用合金钢制造，安装在摇臂轴座上。摇臂轴座采用球铁铸造，并用 4 个螺栓安装固定在气缸盖上。

横臂安装在横臂导杆中上下运动。在横臂的一端安装有调整螺钉压块，另一端则加工出凹台，这样避免了横臂在柴油机运用中的转动。在横臂导向部分的上部有斜孔，以便排油和避免上下运动时形成唧筒作用。横臂导杆的下部压装在气缸盖的安装孔内，采用合金钢制造，表面进行硬化处理，以增加其耐磨性。

横臂、摇臂轴座、摇臂轴、摇臂及球头和调整螺钉等的内部都设有润滑油道，以便引入润滑油润滑各摩擦表面。

3. 气门机构

GEVO16 型柴油机采用四气门结构，同名气门串联布置，以保证其良好的充气能力、较大的充气系数和良好的换气能力。气门机构主要由气门、气门座、气门导管、气门弹簧、气门旋转机构、气门杆密封圈等组成，如图 4-8-15 所示。

进、排气门阀盘采用结构形状简单、受热面积小的平顶结构，座面角均磨削成 30°锥角，使气门与气门阀座(图 4-8-16)紧密贴合并有较大的流通时面值。

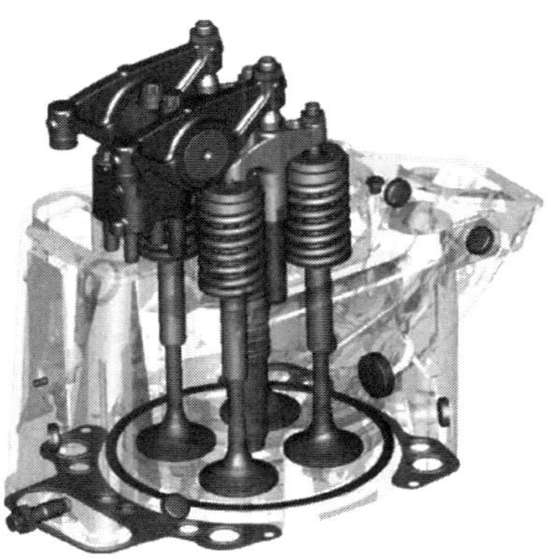

图 4-8-15　GEVO16 型柴油机气门机构

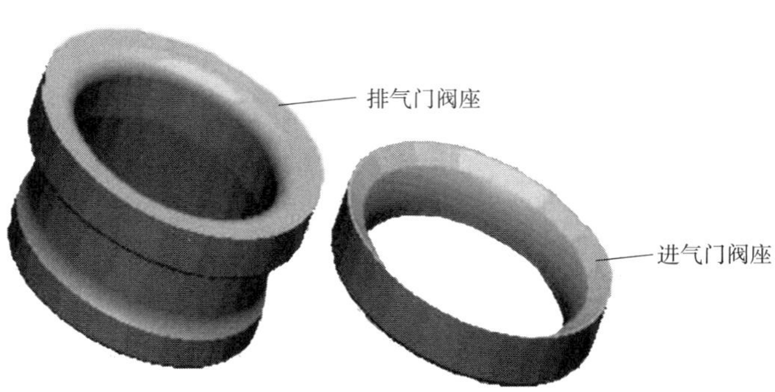

图 4-8-16　气门阀座

在进气门的阀盘上和排气门座圈的密封面上分别堆焊钴铬钨合金,该堆焊层在高温下能保持较高的硬度。而在气门杆部采用镀铬处理,以提高杆部的表面硬度。气门杆的上部设有锁夹槽,用于安装气门锁夹,锁夹与气门旋转机构体一起用来固定气门弹簧。

气门弹簧采用单弹簧结构,变弹簧刚度设计。气门阀座采用合金钢制造,并经热处理。进气门阀座材料为Cr12MoV,排气门阀座材料为45Cr9Si3,具有高温下塑性变形小且硬度高的特点。

气门导管采用特种铸铁HT250制成,以过盈压入气缸盖的导管孔内。气门杆与气门导管的间隙是保证气门可靠工作的重要条件。GEVO16型柴油机在选择合适的配合间隙基础上又增加了气门杆密封圈,从而严格控制了润滑油进入运动配合面之间的间隙,即减少进入气缸燃烧的可能,对降低润滑油消耗很有好处。

GEVO16型柴油机采用上置式气门旋转机构(图4-8-17)。使气门在工作中能相对于气门座缓慢旋转,一方面可使阀盘沿圆周温度均匀,减少了阀盘受热变形的可能性;另一方面气门旋转时,在锥面上产生的轻微摩擦力能够清除密封锥面上的沉积物,使气门与气门座保持良好的接触,以便散热和密封,也有利于提高二者的使用寿命。气门旋转机构在气门上的装配如图4-8-18所示。

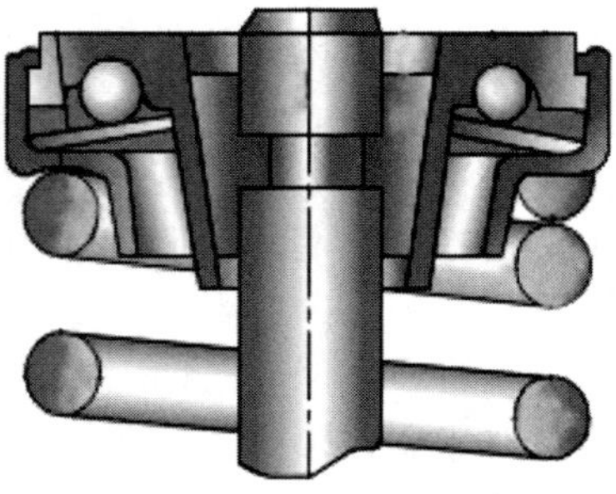

图4-8-17　气门旋转机构

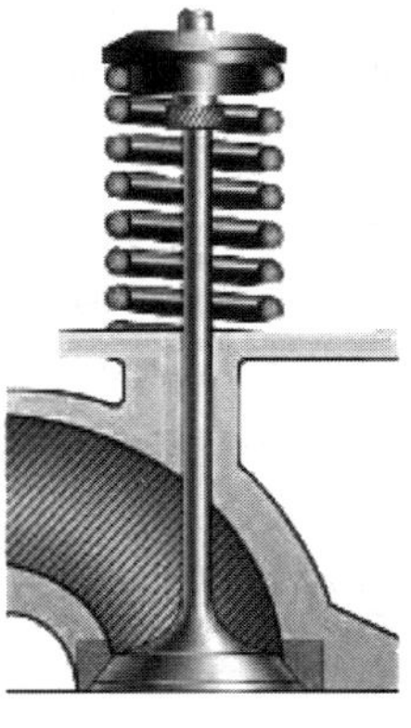

图4-8-18　气门旋转机构在气门上的装配

第九节　12V265型柴油机动力组与配气机构

12V265型柴油机动力组作为柴油机的主要工作单元,是可以完全互换的,其中的所有部件可随动力组一同拆卸。它主要由连杆装配、活塞及活塞环、活塞销、气缸套、气缸盖、气缸盖螺柱、动力组螺母、配气机构(顶杆、气门摇臂装配、气门横臂装配)、摇臂箱和摇臂箱盖罩等部件组成。

一、连杆组

12V265型柴油机连杆组与16V265H型柴油机相同,为锻钢部件,直切口并列连杆,用4个M24螺栓、垫片及螺母将连杆体与盖连成一体。螺栓头部为方形,与连杆上铣出的凹肩配合。连杆大头轴承孔一体加工后喷丸处理,杆身和盖为配对件,并分别在杆身和盖上打印相同的序列号,如图4-9-1所示。

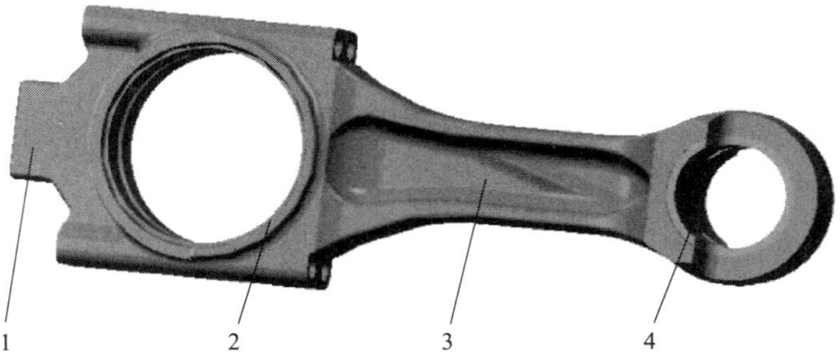

1—连杆盖;2—凸台;3—连杆体;4—钢背铜合金衬套。

图 4-9-1　12V265 型柴油机连杆组

连杆大端轴瓦为三元合金瓦,类似于主轴承瓦。大端轴瓦带有定位舌,以防止在孔中转动。连杆小端装有钢背铜合金衬套,并带有与小端孔配合的油道。在杆身内部的钻孔,使润滑油从曲轴的曲柄销经连杆通向活塞销、活塞顶冷却腔进行润滑和冷却。

二、活塞组

12V265 型柴油机活塞组与 16V265H 型柴油机相同,为钢顶铝裙结构,主要由活塞环组、活塞顶、活塞裙、连接螺栓等部件组成,如图 4-9-2 所示。

用 4 个连接螺栓及弹性套将活塞顶与活塞裙紧固在一起。顶裙之间装有橡胶密封圈,防止机油泄漏。两道气环槽布置在活塞顶上,环槽的上下表面进行了硬化处理,更加耐磨。一道油环槽布置在紧靠活塞顶的裙上,其下部还有一条环形油道,钻有回油孔,使油环刮下的过量润滑油回到曲轴箱。靠近顶部的第一道气环材料为球墨铸铁,第二道气环材料是合金铸铁。油环设计成齿条形,其内部装有涨紧弹簧。所有活塞环的外圆表面都经过镀铬处理,以提高耐磨性。润滑油通过活塞裙内部通道,直达活塞顶冷却腔内,用以吸收活塞顶的热量,然后经过裙部中央的回油孔流回曲轴箱。

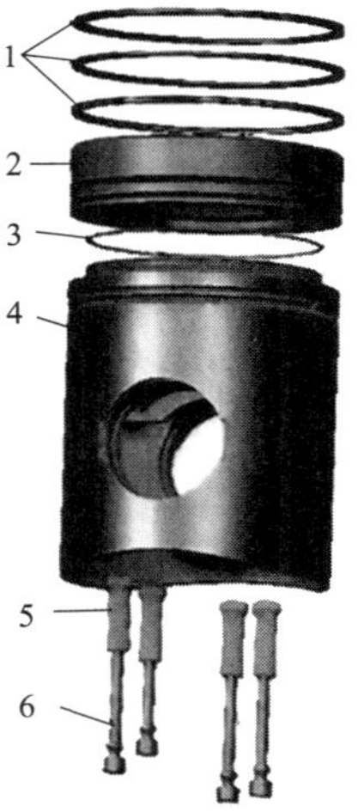

1—活塞环组;2—活塞顶;3—密封圈
4—活塞裙;5—弹性套;6—连接螺栓。

图 4-9-2　活塞及活塞环

12V265 型柴油机采用全浮动式活塞销(图 4-9-3),活塞销内部有加工的油道,使润滑油从连杆小端衬套流入活塞销,之后经活塞裙上的油道进入活塞顶冷却腔。活塞销两侧有弹性挡圈,使活塞销不会从销孔窜出。

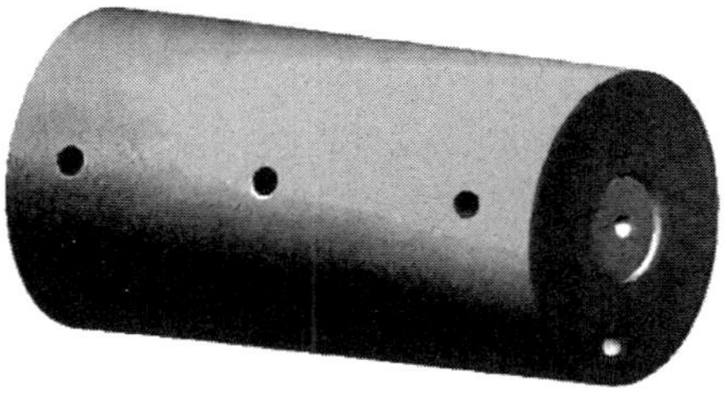

图 4-9-3　活塞销

三、气缸套

12V265 型柴油机气缸套与 16V265H 型柴油机相同,为合金铸铁整体铸造结构,如图 4-9-4 所示。气缸套内孔采用平台网纹珩磨及软氮化处理,顶部装有圆形薄壁减摩环,减摩环材料与气缸套相同。

气缸套顶部为中空厚法兰,轴向厚度 140 mm,内部铸有环形水腔。气缸套桶体部分共有 2 道支承环与机体配合。缸套没有下部水套,冷却液从机体传上来后,流经缸套上部的水腔进入气缸盖。气缸盖和气缸套之间采用定位销的方式对齐。

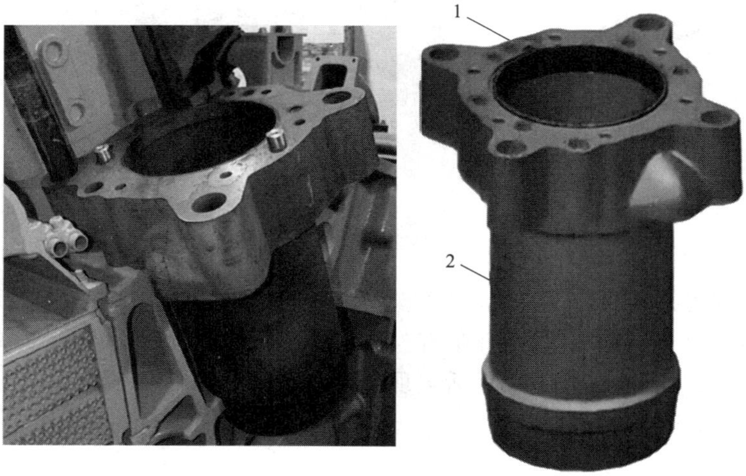

1—减摩环;2—气缸套。

图 4-9-4　12V265 型柴油机气缸套

四、气缸盖

12V265 型柴油机气缸盖与 16V265H 型柴油机相同,为铸铁整体结构,进排气道布置在气缸盖两侧,采取并联气道结构(进气口在外右侧,排气口在内左侧);同时进、排气门还设置了气门旋转机构和气门间隙调整器。气缸盖中央有喷油器护套,内侧有喷油泵孔,喷油器从顶部进油,高压油管在摇臂箱盖罩内,如图 4-9-5 所示。

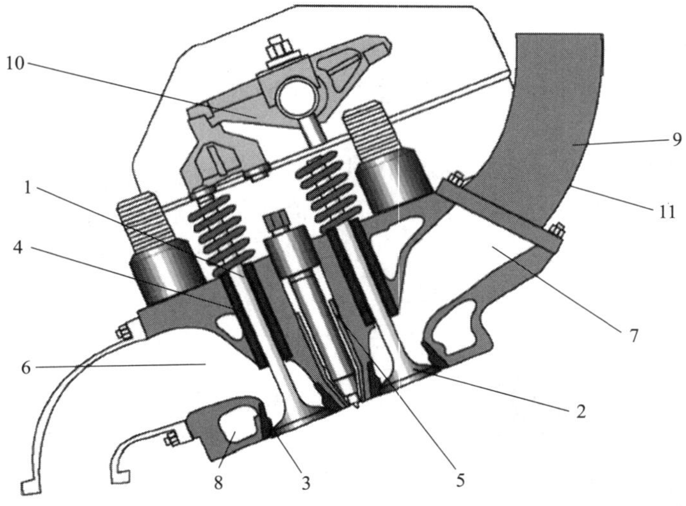

1—进气阀;2—排气阀;3—气门阀座;4—气门导管;5—喷油器护套;6—进气道;7—排气道;8—冷却水进入腔;9—排气管;10—配气机构;11—冷却水出口(在排气管后面)。

图 4-9-5　12V265 型柴油机气缸盖

气缸盖用 6 个螺栓把紧在气缸套上，二者间通过使用硅橡胶 O 形圈和气缸盖垫片将气缸盖和气缸套间的所有通道进行密封。

五、凸轮轴装配

12V265 型柴油机采用单根凸轮轴来控制左、右两排气缸的进、排气阀的开闭及喷油泵的供油。凸轮轴安装于两排气缸的中间，通过 8 个凸轮轴承座支承被固定在机体 V 形夹角的上部，如图 4-9-6 所示。每个凸轮轴承座中分别安装一对钢背铜铅合金材料的薄壁轴瓦。

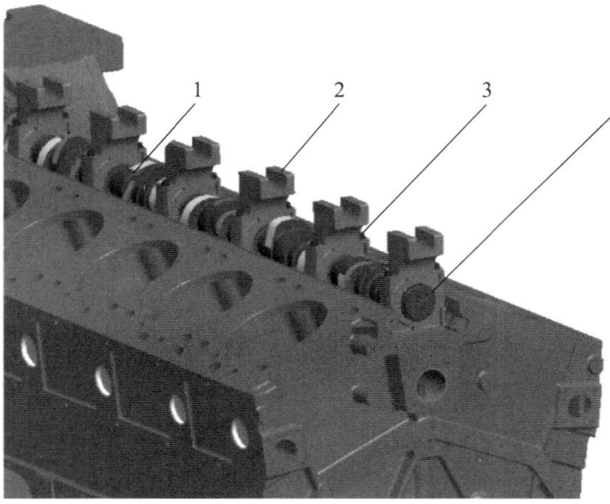

1—凸轮轴；2—前端轴承座；3—轴承座螺栓；4—凸轮轴轴承。

图 4-9-6　12V265 型柴油机凸轮轴安装

不同的是 12V265 型柴油机凸轮轴由 3 个单节构成，单节之间采用螺栓连接。凸轮轴的后端拧入一根螺柱，通过隔套将凸轮轴齿轮套装在螺柱端部，螺柱采用液压拉伸的方式与螺母配合将齿轮固定。凸轮轴齿轮与凸轮轴之间，以及各凸轮轴单节之间，均安装圆柱定位销，以保证凸轮相位正确。每个凸轮轴单节分别控制左、右共 4 个气缸的配气机构，每个气缸设置进、排气和供油 3 个凸轮，如图 4-9-7 所示。

图 4-9-7　12V265 型柴油机凸轮轴

六、随动摇臂装配

12V265 型柴油机共有 6 个完全相同的随动摇臂装配，每个随动摇臂装配控制同一连杆颈上的左右两个气缸，其主要构成部件如图 4-9-8 所示。组装时，摇臂轴上弹性销的另一端将插入轴孔的油道中，弹性销除限制随动摇臂轴旋转外，其中间的通孔也是机油的通路，机油来自机体的主机油道，并依次经过凸轮轴承座、弹性销、随动摇臂轴中心孔后，最终通过各随动摇臂中的油孔为滚轮及随动摇臂轴承提供润滑，同时机油也经过球座中间的油孔上升进入顶杆，继而为气缸盖上部的进、排气摇臂等运动件提供润滑。

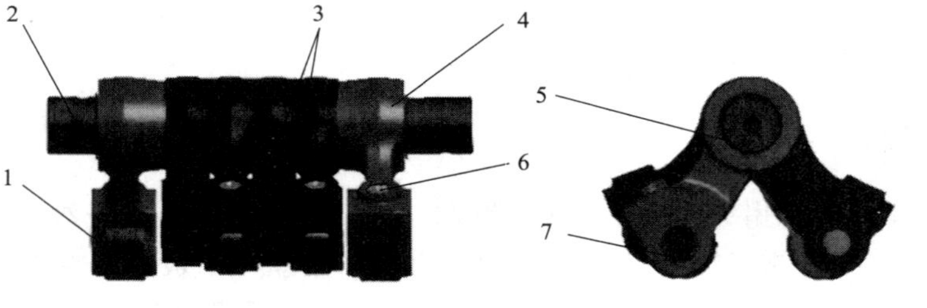

1—滚轮;2—随动轴;3—配气随动摇臂装配;4—供油随动摇臂装配;5—衬套;6—气门顶杆球座;7—滚轮销。

图 4-9-8 12V265 型柴油机随动摇臂装配

随动摇臂为叉形连杆结构,上端孔嵌入钢背铜铅合金材料的薄壁轴套,并套装在随动摇臂轴上。下端的叉口处为滚轮,通过销轴悬挂在摇臂上。销轴与摇臂两侧的销孔为过盈配合,与滚轮内孔为间隙配合。因此销轴与摇臂没有相对运动,而滚轮则围绕销轴在凸轮型面上滚动。

七、配气机构

12V265 型柴油机配气机构与 16V265H 型柴油机基本一样,由进、排气门,气门导管,气门弹簧,气门旋转机构,气门间隙调整器,横臂装配,摇臂装配,气门顶杆和喷油泵顶杆组成。

1. 气门驱动机构

(1)气门摇臂装配

摇臂装配由进、排气摇臂,摇臂轴,压块,调整螺钉和衬套组成(图 4-9-9)。在柴油机总组装前摇臂机构需进行预组装,装机时通过压块将摇臂机构整体压装在摇臂箱的轴座上。

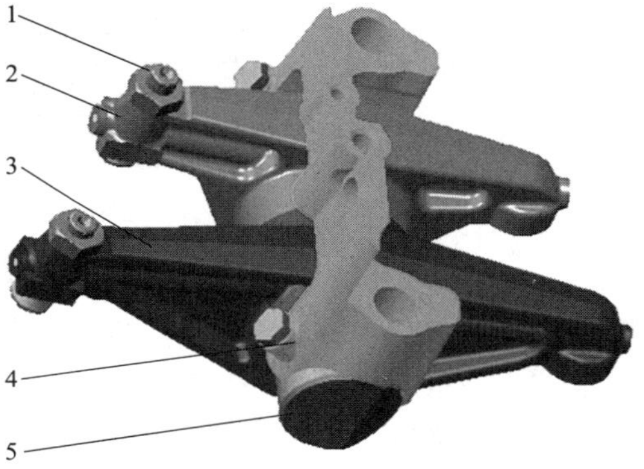

1—调整螺钉;2—排气摇臂;
3—进气摇臂;4—压块;5—摇臂轴。

图 4-9-9 摇臂装配

进、排气摇臂为锻钢件,两端加工精度较高。其中钻有通孔的一侧安装调整螺钉,该螺钉上部装有螺母,用于调节螺钉半球座与气门横臂的接触高度;摇臂另一侧加工成半球形座,用于安装气门顶杆。

摇臂轴为渗碳淬火钢件,全部精加工,安装摇臂的位置上钻有机油油路通孔。轴两侧有安装螺纹孔,用于安装压块。

柴油机运行时,机油从摇臂的顶杆端进入,经摇臂分流至摇臂轴和调整螺钉,调整螺钉中的机油随后进入气门横臂进行润滑,摇臂轴上的机油润滑摇臂轴后,流入摇臂箱,经气缸盖回油孔流回机体。

(2)气门横臂装配

12V265 型柴油机气门横臂装配与 16V265H 型柴油机相同,也是由气门横臂、气门横臂导杆、气门间隙调整器、气门横臂弹簧、铜球座、防转片和卡环等组成。

气门横臂为锻钢件,因其运动频率较高,为保证运动平衡性,对部件质量有所要求。气门横臂两端孔内各安装 1 个气门间隙调整器。气门间隙调整器与气门端部接触,内部安装有弹簧,具有一定的伸缩性(图 4-9-12)。该自动气门间隙调整器能够保证柴油机在冷态和热态均为"零"间隙,所以取消了传统柴油机的冷态气门间隙调整要求。在安装气门横臂装配时,应用塞尺测量气门间隙调整器与气门阀杆端的间隙,间隙不能满足要求时,应调节摇臂上的调整螺钉，直至间隙达到要求为止。

防转片是碳钢压型件，该件依靠两端钢板将气门横臂固定在进、排气门周围，使气门横臂具有较小的活动空间(图 4-9-11)。柴油机工作时，气门横臂波动频繁，防转片受力较大，柴油机例行检查中，可以在 325 r/min 工况拆下摇臂箱盖罩，观察防转片情况。如发现防转片损坏应及时更换，以免造成动力组损伤。

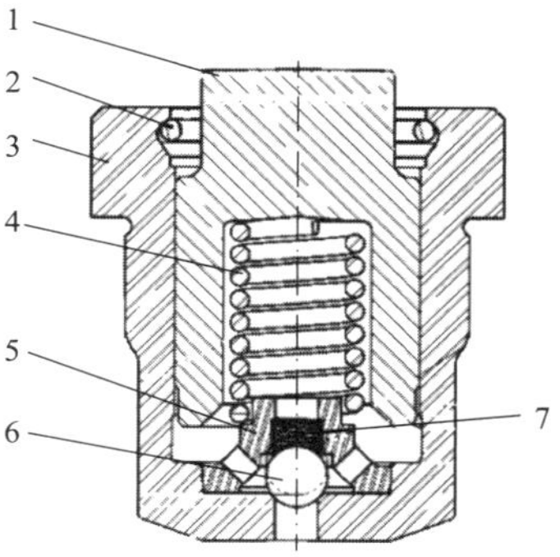

1—柱塞；2—卡环；3—体；4—柱塞弹簧；5—弹簧座；6—球；7—弹簧。

图 4-9-10　气门间隙调整器

图 4-9-11　防转片安装

(3)气门推杆装配

气门顶杆和喷油泵顶杆极其相似，仅是长度不同。顶杆装配的杆体中间钻有油孔，杆体两端安装气门顶杆球头。喷油泵顶杆安装在喷油泵和随动摇臂之间，气门顶杆安装在进排气摇臂和随动摇臂之间，同时机油也通过气门顶杆进入阀系，为阀系各部件提供润滑。

2. 气门机构

12V265 型柴油机气门机构与 16V265H 型柴油机相同，参见 16V265H 型柴油机气门机构有关内容。

第十节　R12V280ZJ 型柴油机机体总成与配气机构

R12V280ZJ 柴油机机体总成主要包括气缸套、气缸盖，活塞、连杆装配及配气机构等部件。

一、气缸套

R12V280ZJ 型柴油机气缸套采用合金硼铸铁离心浇铸的湿式气缸套，内壁进行平台珩磨，以改善润滑效果和耐磨性。缸套上法兰的下安装平面加工成 0°35′的斜面，机体座面接触密封冷却水。此缸套安装有减摩环，减少气缸中积碳的形成，在活塞行程中刮去活塞上的积碳。缸套下部装有 3 道橡胶密封圈封水，其中，上面两道为黑色的三元乙丙橡胶圈，下面一道是红色的氟硅橡胶水封圈，如图 4-10-1 所示。

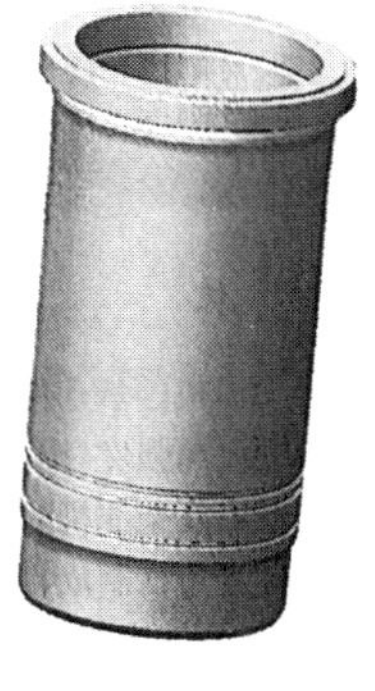

图 4-10-1　R12V280ZJ 型柴油机气缸套

二、气缸盖组件

气缸盖组件(也称气缸盖总成)，属于 R12V280ZJ 型柴油机配气机构的重要组成部分。它主要由气缸盖装配、气门组件、示功阀及座、气缸盖罩装配、高压油管法兰、喷油器压紧法兰、喷油器球面垫圈、挺杆套管装配,以及排气管安装螺柱等组成,如图 4-10-2 所示。

1—示功阀;2—气门座圈;3—喷油器进油管法兰;4—气缸盖装配;
5—摇臂轴座;6—摇臂装配;7—气缸盖罩装配;8—摇臂装配。

图 4-10-2　R12V280ZJ 型柴油机气缸盖总成

气缸盖采用综合性能良好的蠕墨铸铁浇铸而成(图 4-10-3),既有较高的抗拉强度,又有良好的热疲劳性能,有利于提高气缸盖的使用寿命,同时具有良好的铸造流动性和加工性能。其具体结构与 GEVO16 型柴油机基本一致,参见 GEVO16 型柴油机气缸盖部分。

另外,气缸盖顶面还安装有铸铝制造的气缸盖罩盖,采用螺栓安装在气缸盖上。在其内部侧壁设有加强筋,在它的底面有一圈用来安装空心密封圈的凹槽,以防止气缸盖上部润滑油的泄漏,同时还起到保持气门驱动机构的工作安全性和防尘作用。

图 4-10-3　R12V280ZJ 型柴油机气缸盖

三、活塞组

R12V280ZJ 型柴油机活塞组主要由活塞头、活塞体、活塞销和活塞环等零部件组成,采用钢活塞顶、球铁活塞销座和铝活塞裙的铰接式组合结构,如图 4-10-4 所示。

R12V280ZJ 型柴油机的钢顶铝裙组合活塞,采用 4 个螺柱、弹性套及螺母将活塞头与活塞体可靠地连接在一起。活塞头采用合金钢,允许的最高工作温度为 500 ℃左右。活塞体由裙部、环槽部和顶部组成。活塞裙部外形是一个中凸椭圆体。活塞体的毛坯为锻铝棒料,内腔挤压成型。活塞销材料采用低碳合金钢经渗碳淬火处理,以获得良好的疲劳强度、足够的刚度和耐磨性,能够承受作用在活塞销上的交变弯曲载荷和剪切力,降低上述负荷引起的内孔变形。活塞组共有 3 道气环,第一道为铬陶瓷桶面环,第二道为镀铬桶面环,第三道为锥面环,油环采用弹簧涨圈结构。

活塞销置于活塞销座和活塞裙的活塞销孔里，属浮动式活塞销，在活塞裙的活塞销孔两侧装有挡圈，用于限制活塞销的轴向窜动。

注意：检修时活塞组不允许解体，若发生故障进行整体更换。

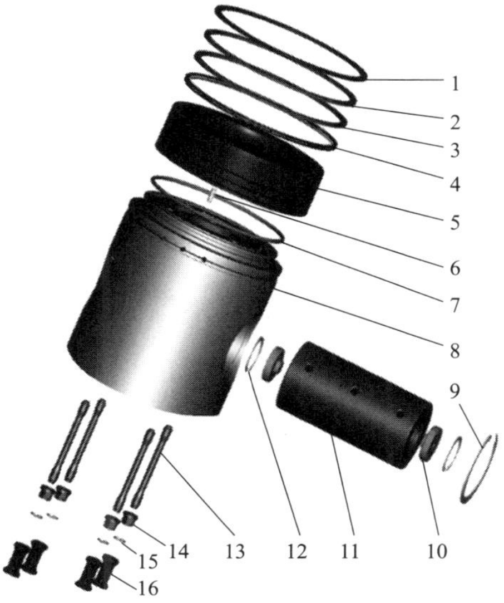

1—第一道气环；2—第二道气环；3—第三道气环；4—油环；5—活塞头；6—定位销；7—O形圈；8—活塞体；9、12—挡圈；10—油堵；11—活塞销；13—活塞螺柱；14—螺母；15—弹簧卡销；16—弹性套。

图 4-10-4　R12V280ZJ 型柴油机活塞组

四、连杆组

R12V280ZJ 型柴油机连杆组（连杆总成）主要由连杆体、连杆盖、连杆小头衬套、连杆瓦、连杆螺栓等零件组成，如图 4-10-5 所示。连杆体与连杆盖采用 40°夹角齿形结合面，由 4 个合金钢连杆螺栓将体与盖紧固。连杆瓦的上、下瓦由定位唇分别与连杆体和盖定位。上瓦不开油槽，下瓦内圆面开有油槽和进油孔。连杆小头衬套与小头孔过盈配合。连杆大头孔径 $\phi225^{+0.029}_{0}$ mm，连杆小头衬套孔径 $\phi136^{+0.025}_{0}$ mm。

五、配气机构

R12V280ZJ 型柴油机配气机构主要由气门驱动机构、气门组件、凸轮轴、气缸盖及其附件组成，如图 4-10-6 所示。

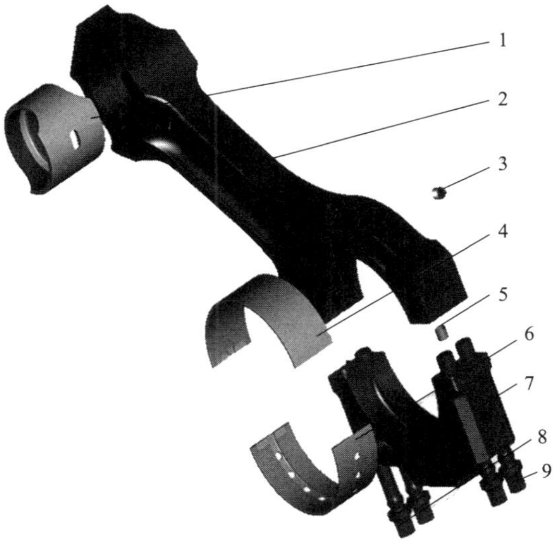

1—连杆小头衬套；2—连杆体；3—螺堵；4—连杆上瓦；5—油孔销套；6—连杆下瓦；7—连杆盖；8—连杆螺栓（Ⅰ）；9-连杆螺栓（Ⅱ）。

图 4-10-5　R12V280ZJ 型柴油机连杆组

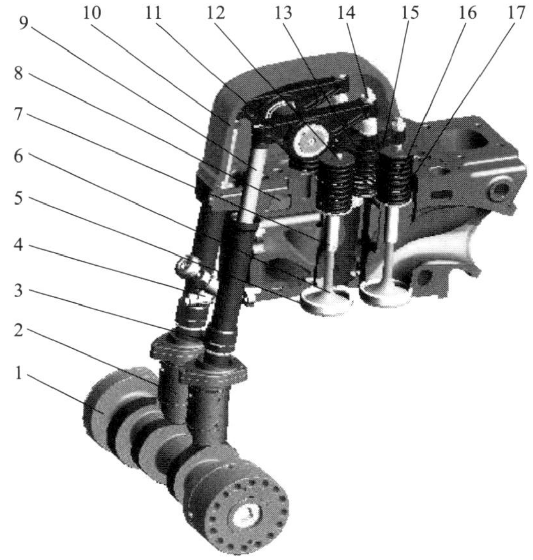

1—凸轮轴总成；2—推杆装配；3—挺杆套管；4—示功阀；5—气门座圈；6—气门；7—气门导杆；8—气缸盖；9—挺杆装配；10—气缸盖罩；11—摇臂；12—气门锁夹；13—横臂弹簧；14—摇臂调整螺钉；15—横臂；16—气门外弹簧；17—气门内弹簧。

图 4-10-6　R12V280ZJ 型柴油机配气机构

1. 气门驱动机构

R12V280ZJ 型柴油机气门驱动机构由凸轮轴、推杆装配、挺杆装配、摇臂、摇臂轴和摇臂轴座、气门横臂、横臂导杆、横臂弹簧等零部件组成,如图 4-10-7 所示。

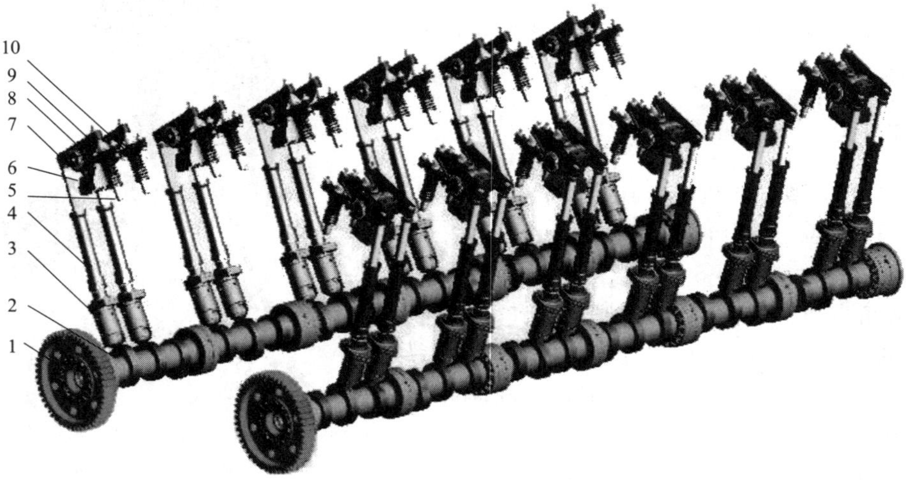

1—凸轮轴齿轮;2—凸轮轴;3—推杆装配;4—挺杆装配;5—横臂导杆;6—摇臂轴座;
7—摇臂轴;8—横臂;9—摇臂;10—横臂弹簧。

图 4-10-7　R12V280ZJ 型柴油机气门驱动机构

左、右两根凸轮轴布置在柴油机两侧,分别驱动左右两排气缸的进、排气门和单体式电控泵。摇臂通过摇臂轴安装在摇臂轴座上,在气门横臂和摇臂的一端安装有气门间隙调整螺钉。气门横臂安装在同名气门的横臂导杆上,借助气门导杆的作用使气门横臂做上、下运动,从而控制气门的关、闭。挺杆和挺杆套管安装在摇臂和推杆之间。推杆滚轮安装在推杆的叉口中,推杆安装在机体两侧。各运动部件均设计有润滑油路。

2. 凸轮轴装配

R12V280ZJ 型柴油机凸轮轴总成由凸轮轴、推杆组件、挺杆组件构成,用于驱动进、排气门和喷油泵,如图 4-10-8 所示。凸轮轴采用锻钢件,并经过渗碳、淬火热处理。柴油机左、右两根凸轮轴分装在机体左右两侧的滑动轴承中,每根凸轮轴分为 3 个单节和 1 个止推轴颈,即每两缸一节。每节凸轮轴均打有编号。

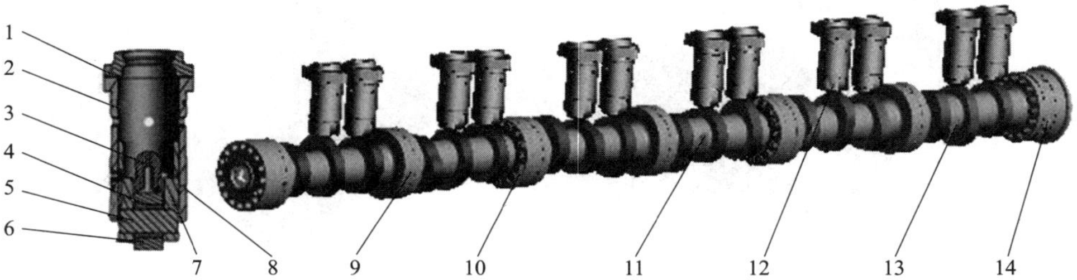

1—推杆盖;2—推杆体;3—推杆头;4—滚轮衬套;5—滚轮轴;6—滚轮;7—推杆;8—密封圈;
9—左凸轮轴第 1 节;10—连接螺钉;11—左凸轮轴第 2 节;12—推杆装配;13—左凸轮轴第 3 节;14-止推轴颈。

图 4-10-8　R12V280ZJ 型柴油机凸轮轴及推杆装配

推杆组件是凸轮的从动件，它把凸轮的推动力传递给挺杆和摇臂，使气门按一定的规律运动。推杆组件由推杆盖、推杆体、推杆、推杆头、滚轮轴、滚轮及销钉等组成。

挺杆装配由挺杆和挺杆头等组成。驱动气门的气门横臂由合金钢制造。横臂导杆用合金钢制造，表面渗碳淬火，以增加其耐磨性。

3. 气门机构

气门组件主要由进、排气门，进、排气门座，气门导管、气门内、外弹簧，气门锁夹，气门弹簧下座及气门旋转机构等组成，如图 4-10-9 和图 4-10-10 所示。

进气门采用 30°锥角，排气门采用 45°锥角，气门杆上部有锁夹槽，用于安装气门锁夹。锁夹与气门旋转机构一起用来固定气门内、外弹簧。进、排气门座面处均做成与气门相对应的锥角。

1—气门旋转机构；2—气门锁夹；3—气门外弹簧；
4—气门内弹簧；5—气门弹簧下座；6—气门导管；
7—排气门；8—排气门座；9—进气门；10—进气门座。

图 4-10-9 气门组件

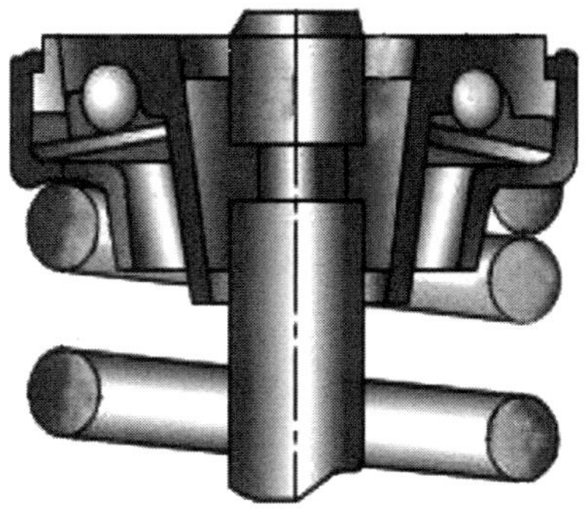

图 4-10-10 气门旋转机构

复习思考题

1. 16V240ZJB 型柴油机的气门机构由哪些零部件组成？试比较其与 16V280ZJ 型、16V265H 型、GEVO16 型、12V265 型、R12V280ZJ 型柴油机气门机构的异同点。

2. 16V240ZJB 型柴油机的气门驱动机构由哪些零部件组成？试比较其与 16V280ZJ 型、16V265H 型、GEVO16 型、12V265 型、R12V280ZJ 型柴油机气门驱动机构的异同点。

3. 试比较 16V265H 型、GEVO16 型、12V265 型柴油机动力组单元的异同点。

4. 简述气门旋转机构的作用原理。

5. 试对比分析 16V240ZJB 型、16V280ZJ 型、16V265H 型、GEVO16 型、12V265 型、R12V280ZJ 型柴油机凸轮轴的布置与结构特点。

6. 对气门驱动机构中的挺柱(滚轮装配)和推杆为什么要采取导向措施？

7. 为什么要预留一定的气门间隙？其过大或过小会对柴油机造成什么危害？

第五章

进、排气系统

柴油机进、排气系统向气缸提供清洁的充足的新鲜空气，排除做功后的废气。增压柴油机还要进一步利用排出气缸之燃气能量，使进入气缸的空气预先增压和冷却，从而来增加气缸的进气密度，达到提高柴油机动力性和经济性的目的。由于增压技术在机车柴油机上广泛应用，所以进、排气系统通常也称为增压系统。

柴油机对进、排气系统一般有如下要求：

(1)尽量减小进气的气流阻力，以提高气缸的进气充量。

(2)在所允许的气流阻力条件下，尽量提高空气的滤清效果，以减少磨损，延长机件的工作寿命。

(3)降低气缸的进气温度，以增大进气充量密度和降低柴油机的热负荷。

(4)合理设置排气管道，有效利用排出气缸之燃气能量。

(5)采用高效率的涡轮增压器，改善性能，使之更符合机车的运用要求。

(6)注意环境保护，减少排气污染和降低噪声。

(7)布置紧凑，结构简单，便于维修。

第一节　柴油机增压概述

提高柴油机的输出功率向来是人们十分重视的问题，增加机车柴油机的单机功率对提高铁路运输能力尤为重要。要有效地提高柴油机的输出功率，只有增加参与燃烧的燃油和新鲜空气的数量才能达到目的。增加气缸中进气的数量是燃烧更多燃油，产生热能和多输出机械功的先决条件。

由公式(1-4-11)，即

$$N_e=\frac{ip_eV_hn}{30\times10^3\tau}$$

的分析可知：增加气缸数 i；加大气缸直径 D；增大活塞冲程 S；提高柴油机的转速 n 及提高进气充量密度等皆可增大气缸进气量。对于 i、D 和 S 的增加虽有其可能，但有一定的限度，这会使柴油机相应的体积和重量也增大，受到机车轴重的限制。由于柴油机宽度和高度的增加，车体内检修活动空间缩小，而且机器结构复杂，加工技术要求提高，各部分故障的可能性增多，维修工作量增加。提高柴油机的转速，虽能增多单位时间内气缸的进气量而提高输出功率，但是柴油机热负荷和机械负荷增加较多，机件磨损严重，气缸充量系数下降及燃烧过程恶化等因素，限制了柴油机转速的提高。如果采取措施增大柴油机的进气密度，会使气缸内每一工作循环的进气量增多，柴油机在同一工作循环中就可能燃烧更多的燃油，这就可在 i、D、S 及 n 等条件不变的情况下使平均有效压力 p_e 值提高，即增加柴油机的输出功率。可见，在增加柴油机输出功率的许多办法中，增大气缸进气的密度是为实践所证实的更为有效的方法。

将进入气缸的新鲜空气预先压缩，使进气压力提高，这种方法称为柴油机增压。增压后的空气，压力的提高伴随着气温的升高，如果在进入气缸之前将增压空气降低温度，则称为增压空气中间冷却，简称中冷。采用中冷技术后使进气密度进一步提高，增压效果更为显著，因此大多数增压柴油机都采用中冷技术。

实践证明，增压是提高柴油机输出功率和经济性的有效途径。在柴油机结构和零部件尺寸基本不变的条件下，加装增压装置后可使功率提高 30%～50%。考虑到增压以后柴油机热负荷和机械负荷的增大，如果在零部件结构和尺寸上作相应的变动，可以使柴油机的平均有效压力 p_e 达到1 600～2 000 kPa，输出功率提高100%～200%。如果柴油机采用涡轮增压系统，不但可以有效地增加柴油机的输出功率，同时由于燃气能量的进一步利用，还可以降低燃油消耗率，使柴油机的经济性提高5%～15%，使柴油机单位功率的重量（比重量）下降30%～35%。因此，在内燃机车单机功率不断提高，而柴油机外形尺寸又受到机车限界严格限制的情况下，机车柴油机采用增压更为必要，涡轮增压技术已在大功率柴油机上普遍应用。

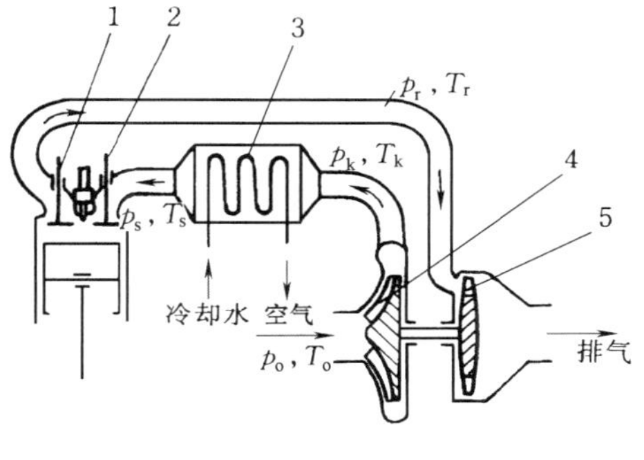

1—排气门；2—进气门；3—空气中间冷却器；
4—离心式压气机；5—涡轮机。

图 5-1-1　涡轮增压柴油机的工作系统

涡轮增压柴油机的工作系统如图 5-1-1 所示。从柴油机气缸排出的燃气（即废气）具有一定的温度（500～650 ℃）和压力（150～300 kPa），燃气进入涡轮机继续膨胀做功，由涡轮带动同轴的压气机旋转，空气经压气机压缩，压力和温度随之升高，再经中冷器使温度降低，然后进入柴油机气缸。涡轮机和压气机连成一体，联合工作，这种机组就是涡轮增压器（废气涡轮增压器）。

第二节　涡轮增压柴油机的进、排气系统

一、柴油机的涡轮增压系统

柴油机的涡轮增压系统除包括涡轮增压器外，还包括排气管道和进气管道。排气管道的结构和布置形式对燃气能量的利用程度、涡轮的性能和效率，以及对柴油机的工作过程都有很大影响。

涡轮增压系统有三种基本类型：定压涡轮增压系统、脉冲涡轮增压系统和脉冲转换涡轮增压系统。

1. 定压涡轮增压系统

定压涡轮增压系统中，向一台涡轮增压器供气的各个气缸的排气管接到同一根排气总管上。排气总管粗而长，有较大的容积，相当于一个稳压管。各个气缸排出的燃气在排气总管中得到膨胀和扩散，在总管中燃气的压力、温度和流动速度的波动较小，并基本上以稳定的压力状态进入涡轮机，这种增压称为定压涡轮增压。

柴油机采用定压涡轮增压系统，排气管道的结构简单，对涡轮布置的限制较少，高增压时涡轮效率较高，对增压压力在250 kPa以上，并经常在高负荷下工作的柴油机比较适合定压涡轮增压系统。16V240ZJB 型柴油机即采用定压涡轮增压系统。

2. 脉冲涡轮增压系统

对柴油机各气缸的排气管进行分组,每组气缸的排气管连接在一根排气歧管上,几根排气歧管同时接到涡轮的进气壳上。由于排气歧管细而短,管内容积较小,燃气流过时膨胀和扩散的损失较少,因此在歧管内保留较大的排气压力波。压力波呈周期性脉动状态,涡轮在有较大波动的情况下工作,故此种系统称为脉冲涡轮增压系统。

脉冲涡轮增压系统中,排气管分组的原则是:连接在同一根排气歧管上的各气缸排气相位,必须互不重叠或很少重叠。由于四冲程柴油机的排气持续角为 240°曲轴转角以上,因此每根排气歧管连接的气缸数最多为 3 个。2 或 3 个气缸的排气管接到同一根排气歧管上,不但可避免进气及排气过程相互干扰,还可利用排气脉冲形成扫气压差(排气压力波的波谷低于进气压力时),得到良好的扫气效果,能降低排气温度,对提高涡轮叶片工作耐久性有良好作用。排气管的分组由柴油机的发火顺序、曲柄排列、V 形夹角及气缸数等因素而定。图 5-2-1 所示为 12V240ZJ 型及 12V180ZJ 型柴油机排气管分组示意图。

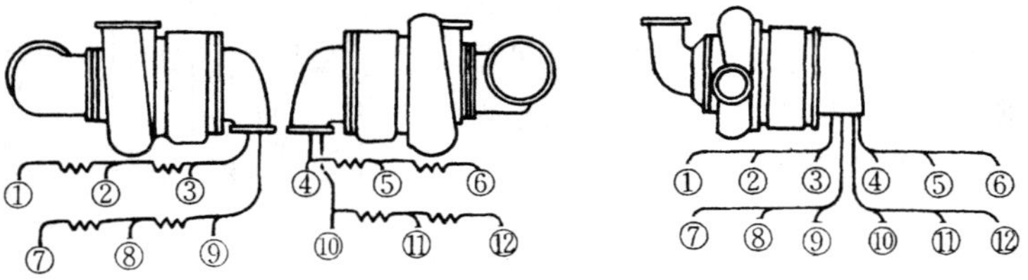

(a) 12V240ZJ型柴油机排气管分组　　(b) 12V180ZJ型柴油机排气管分组

图 5-2-1　脉冲涡轮增压系统的排气管分组

柴油机采用脉冲涡轮增压时对燃气能量的利用程度较高,在增压压力不高(250 kPa以下)时效果较为显著,对变负荷的适应性好,加速性好,即使在低负荷时也会很好地改善柴油机的换气过程。但是,脉冲涡轮增压柴油机的排气歧管和涡轮的布置都比较复杂,适合于增压压力不高,并经常在变负荷下工作的柴油机。

3. 脉冲转换涡轮增压系统

每组 3 个气缸是脉冲涡轮增压的最佳分组方案,因为 3 个气缸相间隔 240°角发火,每一工作循环内在排气歧管中出现连续均衡的 3 个排气脉冲波,即保证同一歧管中各缸排气互不干扰,又能使涡轮实现连续进气,达到一定的涡轮效率。当柴油机的气缸数为 6、9、12 及 18 时,采用脉冲涡轮增压系统可满足排气管最佳分组方案。如柴油机的气缸数为 4、8、V8 及 V16 等时,采用脉冲涡轮增压系统就不理想,因为要使每一排气歧管上,各缸的排气不发生干扰,只有将发火间隔角为 360°的两个气缸分在一组。这样,在每一工作循环中进入涡轮的脉冲波将是间歇的,造成流动阻力大,涡轮工作效率低。对于气缸数为 5、7、V10、V14 及 V20 的柴油机来说,采用脉冲涡轮增压系统就更为不利。为了保留脉冲增压及定压增压两者的优点,克服由于燃气间歇进入而带来涡轮效率下降的缺点,在排气管道中装设脉冲转换器。柴油机气缸排气管仍按脉冲增压的原则进行分组,排气歧管接在脉冲转换器上,燃气在脉冲转换器里实现压力能和动能之间的转换,这种增压系统称为脉冲转换涡轮增压系统。

脉冲转换器由引射管、混合管、扩压管和稳压管组成(图 5-2-2)。在脉冲转换器中,从一根排气歧管来的排气脉冲流过截面渐缩的引射管时,压力能转换成动能。这股高速气流对另一引射管产生引射和抽吸作用,如果此时连接在另一引射管中的某一缸正处于扫气阶段,那么可使该缸具有较低的排气背压，达到对燃烧室高质量的扫气效果。在混合管中不同流速的气流相互混合，气流而后进入扩压管，又将动能转换成压力能，最后经稳压管的稳压作用，使进入涡轮的气流状态得到稳定。

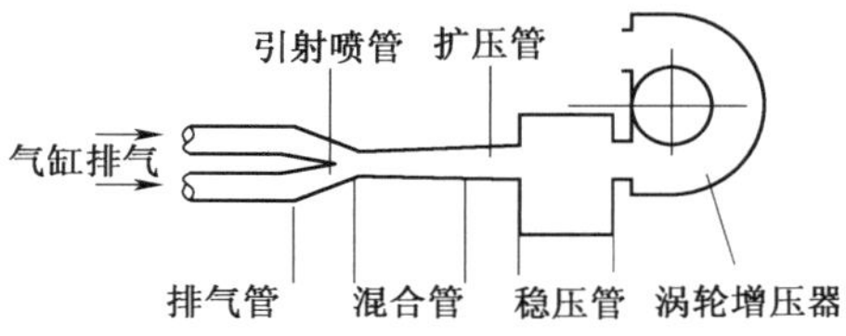

图 5-2-2　脉冲转换器

脉冲转换增压系统兼有脉冲及定压增压系统的优点，既能有效利用燃气的脉冲能量，又能保证以稳态气流进入涡轮，从而提高了涡轮效率。随着科技的发展，由于多脉冲转换涡轮增压系统的开发应用，对许多“不利”缸数的柴油机也具有广泛的适应性。

二、16V240ZJB 型柴油机的进、排气系统

16V240ZJB 型柴油机采用定压涡轮增压系统，进、排气管路皆布置在柴油机 V 形夹角中央的上方。排气系统包括排气支管、排气总管、涡轮机及排气烟道等件。进气系统包括空气滤清器、压气机、增压空气中间冷却器、进气稳压箱及进气支管等件。进、排气通路如下：

排气通路：气缸→排气门→气缸盖排气道→排气支管→排气总管→增压器的涡轮机→排气烟道→大气。

进气通路：大气→空气滤清器→增压器的压气机→扩散弯管→中冷器→收敛弯管→进气稳压箱→进气支管→气缸盖进气道→进气门→气缸。

排气总管连接所有气缸的排气支管，其两端还与增压器涡轮机连接。排气总管长 3 286 mm，由 9 节蠕虫状石墨铸铁管（图 5-2-3）组装连成，两端为锥形管，中间 7 节为圆柱形管。圆管内径为240 mm，与各缸连接的支管以顺气流方向成 60°角与总排气管同体铸造，以减

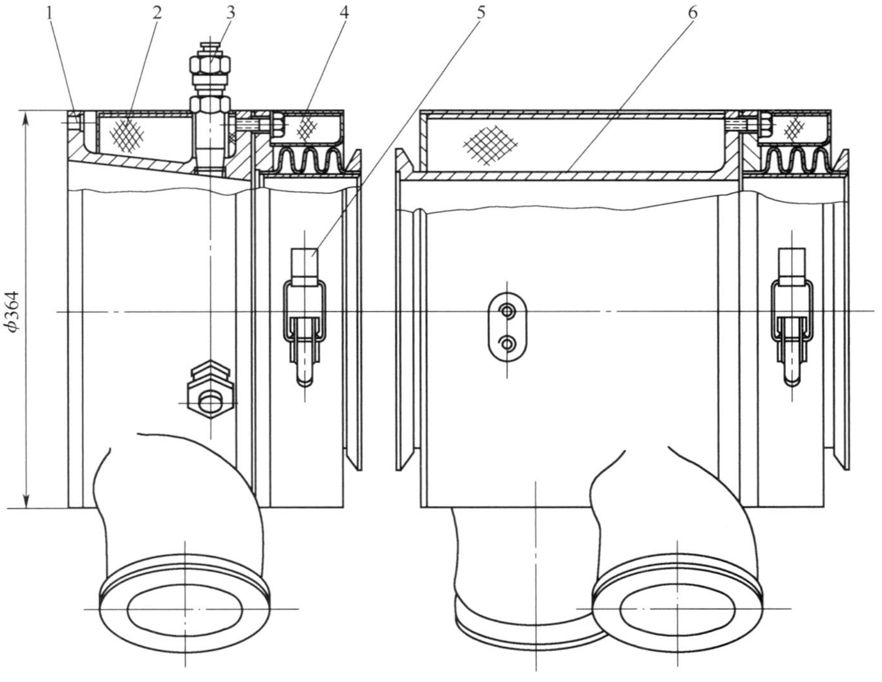

1—锥形排气管；2—隔热层；3—测量表座；4—波纹管；5—扣环；6—圆柱形排气管。

图 5-2-3　蠕虫状石墨铸铁排气管（单位：mm）

少燃气流动时的能量损失。每两节铸铁管之间用 1Cr18Ni9Ti 钢制成的大波纹管连接。为组装方便,铸铁管与大波纹管的锥面法兰用半圆形管卡固定。整个排气总管支承在 8 个支架上,支架固定在机体上,其安装螺钉孔为椭圆形,以调整各个支架的同轴度。这样,排气总管有较大的柔性,改善了受热后的受力状态。

16V240ZJB 型柴油机排气总管也有采用除法兰外,其内筒皆由 1Cr18Ni9Ti 不锈钢管组焊而成的形式。排气总管内径为240 mm,组焊的总管共两段,每段长 $164.2_{-1}^{\ 0}$ mm,每段中部组焊三节波纹管,使排气总管与增压器涡轮进气壳之间为弹性连接,以补偿受热变形。

排气支管由 ZG25Ⅱ铸钢制成(图 5-2-4),其内径为105 mm。为便于对中、装拆,减少振动和补偿热变形,在各排气支管与总管连接处设置小波纹管。小波纹管由法兰、衬筒及双层薄壁波纹管焊成,衬筒和波纹管均由 1Cr18Ni9Ti 耐热不锈钢制成,衬筒用来减小燃气对波纹管的传热,它必须顺气流方向安装。小波纹管与排气支管的连接法兰皆为锥面法兰,靠小波纹管的弹性变形使锥面法兰对中。为了减少燃气的热损失和减少排气管对柴油机其他机件的传热,在排气总管和各排气支管外面均敷设耐火纤维毡层,外面再包以无碱玻璃布,并用铁丝扎紧。

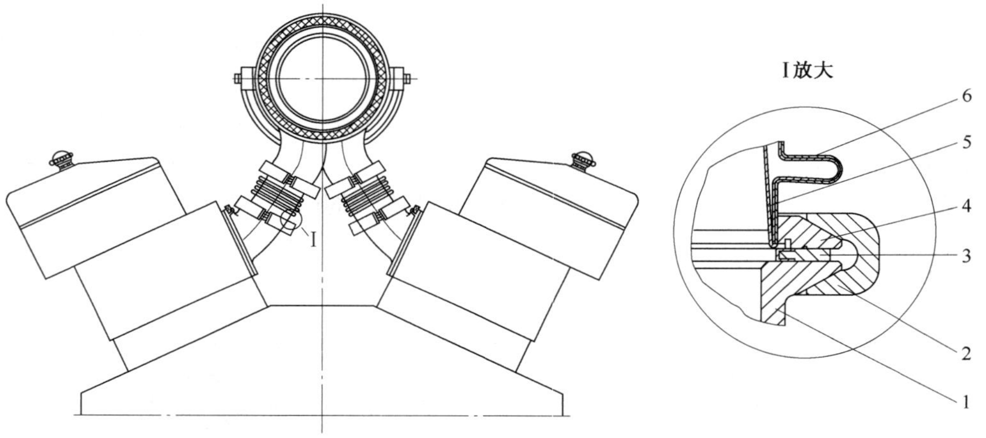

1—铸钢排气支管;2—管卡;3—排气支管垫;4—法兰;5—衬筒;6—小波纹管。

图 5-2-4 排气支管与波纹管的连接

16V240ZJB 型柴油机进气系统如图 5-2-5 所示。空气滤清器组(图 5-2-6)安装在机车动力室的左、右侧壁上部,通过弯管和帆布连接套分别与两台涡轮增压器的压气机进气道相接。前、后两台中冷器安装在前、后增压器的一侧。中冷器的进气道呈扩散管状,出气道呈收敛管状,用以减少流动损失。增压器出口处的弯管与扩散弯管之间设连接软管,以方便装拆和减小增压器对中冷器的振动干扰。进气稳压空间由机体中顶板上的铸铁稳压箱与机体 V 形夹角上部空间合成,其容积较大,用来减小增压空气的压力波动,稳定气缸进气压力以提高扫气质量,同时也有利于涡轮增压器工作稳定。铸铁稳压箱由两段连接而成,每段有 8 个支管,分别与 8 个气缸盖上的进气支管连接。进气支管与稳压箱采用无螺栓连接方式,橡胶密封圈放置在两个法兰的接口间,依靠进气压力使橡胶密封圈扩张与法兰贴紧而防漏,这样既便于安装又降低加工要求。

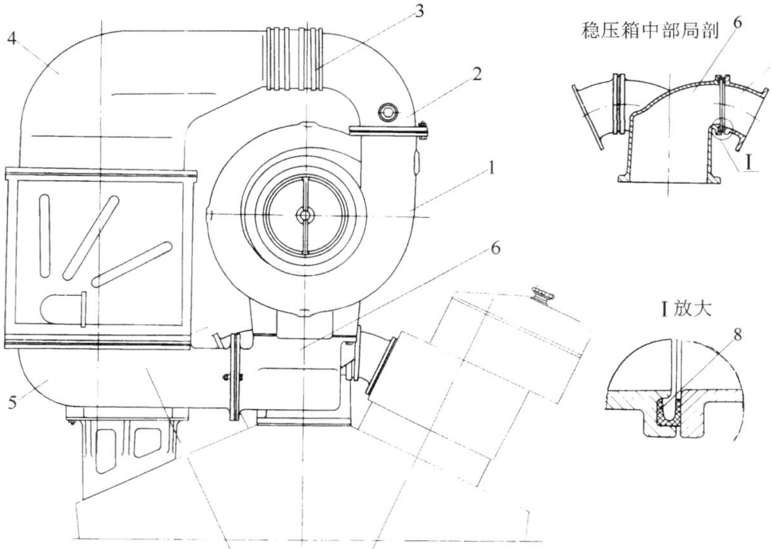

1—压气机蜗壳；2—弯管；
3—软接管；4—扩散弯管；
5—收敛弯管；6—进气稳压箱；
7—进气支管；8—橡胶密封圈。

图 5-2-5　16V240ZJB 型柴油机进气系统

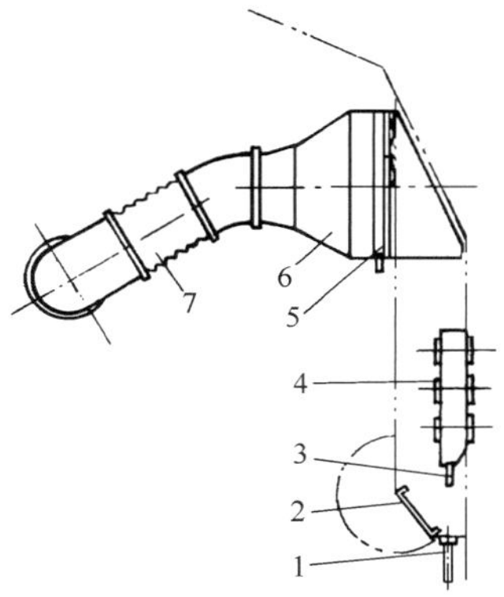

1—排水管；2—内进气及除尘活门；
3—弹性储尘袋；4—旋风过滤装置；
5—钢板网滤清器组；6—风道；
7—帆布连接套。

图 5-2-6　空气滤清器

第三节　空气滤清器

空气滤清器拦阻或去除进气中的灰尘和杂质，以减少气缸套、活塞环、活塞及气门等机件的磨损和故障，同时还可以减少对机油的污染。

机车用空气滤清器的形式有离心回旋式、叠纸滤芯式、金属板网式、泡沫塑料滤芯式、油浴式等基本形式，以及由上述基本形式组合成的复合滤清型结构。

尽管空滤器的形式多种多样，但其滤清原理基本上有三类：惯性法——引导气流高速旋转，利用离心作用把空气中所含的灰尘和杂质分离出来；油浴法——使空气快速掠过油（机油）面，利用机油的黏性，粘住气流中的杂质；拦阻法——滤芯的空隙密而细，当空气通过滤芯时，空气中的杂质被阻挡在滤芯外。

柴油机要求空气滤清器有高的滤清效率，对空气的流动阻力小，清洗保养前的连续使用期长，维修方便。

DF_4 型内燃机车采用离心回旋——金属板网复合式空气滤清装置。两套空气滤清装置分别安装在机车动力室的车体左、右侧壁上，担负着前、后两台增压器的进气滤清任务。柴油机工作时，外界空气先经离心回旋式过滤装置进行一级滤清，然后进入钢板网滤清装置进行二级滤清。清洁空气经风道及帆布连接套后进入压气机升压，压力空气经中冷器冷却后进入稳压箱。

离心回旋式（简称为旋风式）过滤装置如图 5-3-1(a)所示，每一侧壁上装有 2 组，每组安装有 21 个旋风筒[图 5-3-1(b)]。旋风筒由旋风筒体和出风口两部分组成,两部分皆采用聚酰胺树脂压注成形。旋风筒体上有 8 个扭曲的导向叶片。放风筒和出风口利用对称布置的 4 个凸耳分别卡紧在框架的前、后板上。每一组旋风过滤装置的下方有 4 个储尘袋。柴油机工作时,外界空气被吸入旋风筒,并沿 8 个导向叶片旋转前进,由于离心的作用,空气中的杂质被甩向筒壁碰落在框架底部,以后逐渐进入储尘袋暂存,而空气则经中央的出风口进入内部风道去进行二级滤清。橡胶制成的弹性储尘袋平时呈闭合状态,当需要除尘时,用手捏动下部,排尘口打开,排出灰尘杂质。

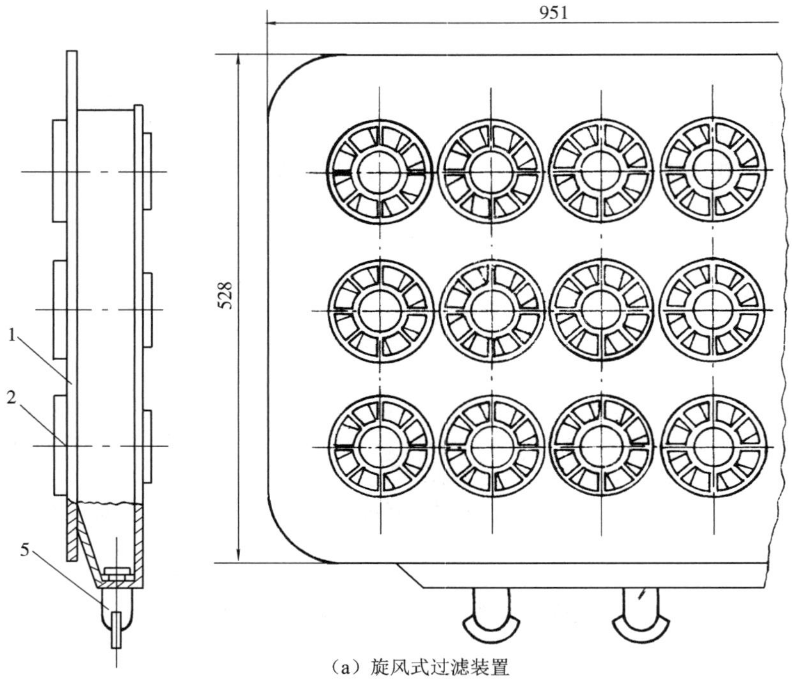

(a) 旋风式过滤装置

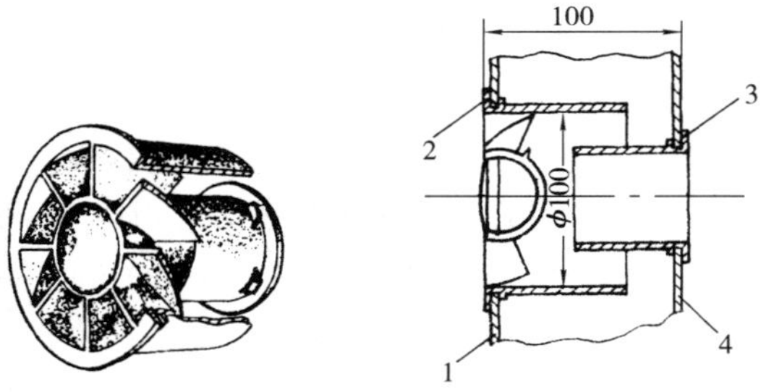

(b) 旋风筒

1—框架前板;2—旋风筒体;3—出风口;4—框架后板;5—弹性储尘袋。

图 5-3-1 旋风筒及旋风过滤装置(单位:mm)

在动力室每侧空滤器风道内并列装有 8 组钢板网滤清器组(图 5-3-2),每一组的滤芯安装在同一框架中。每组装有 4 个滤清元件,每个元件由 6 层钢板滤网叠成,中间 4 层为细滤网,外部 2 层为粗滤网。粗、细滤网是用薄钢板冲出不同尺寸的菱形网眼而区分,相邻 2 层板网上的网眼交错 180°角。网眼的边棱上储有机油,当空气流过 24 层钢板网时,交错的网眼使空气曲折流动,空气中的尘埃杂质被网眼边棱上的机油所黏附。每个框架上还装有拉手、弹簧和挂钩，弹簧用来把滤清器组压装在空滤器风道构架上。当机车途经多风沙、暴风雪及空气严重污染地区时，可打开空滤器下部的内进气活门，使压气机抽吸车体内的空气。在正常情况下，内进气活门仅用来清扫风道和除尘。

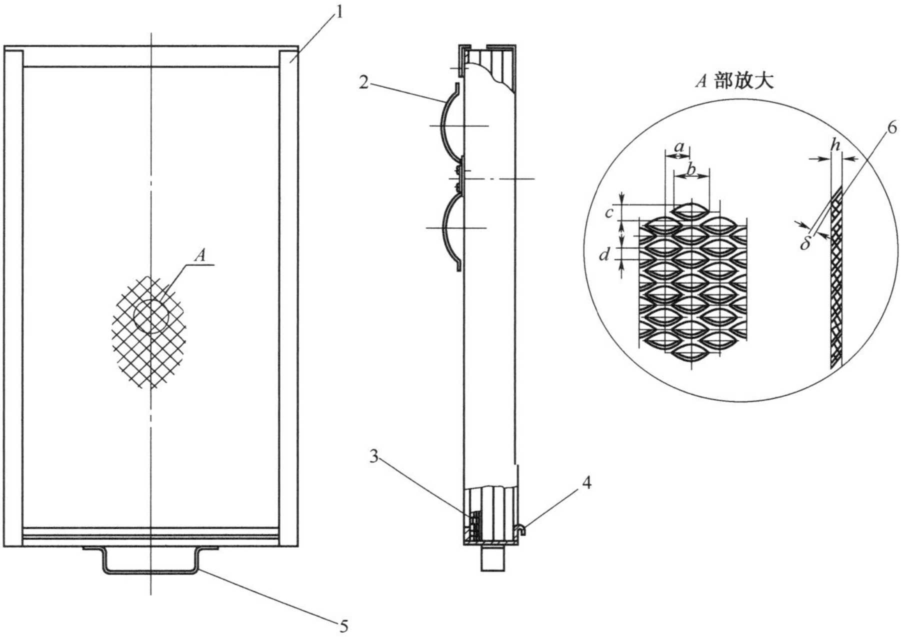

1—框架；2—弹簧；3—滤清元件；4—挂钩；5—拉手；6—滤网。

图 5-3-2　钢板网式滤清器组

要重视对空气滤清器的保养。旋风过滤装置要定期除尘，钢板网滤清元件要定期清洗，并要重新浸渍在干净的机油内，然后垂直提起滴干，重新装入风道。如长期不洗，则网眼阻塞或油膜干结，将会使进气真空度增大，气缸内充量不足，从而使柴油机的动力性和经济性下降。同时也可能由于大块尘埃掉入气缸而增加气缸套和活塞组的磨损。

第四节　涡轮增压器工作原理及性能参数

一、涡轮增压器工作原理

在涡轮增压柴油机上，涡轮机是一种动力机械，它把燃气的一部分能量变成机械能。压气机是一种工作机械，它把涡轮机传来的机械能变成空气的压力能。机车上的涡轮增压器大多采用单级轴流式涡轮机和单级离心式压气机。

1. 单级轴流式涡轮机工作原理

单级轴流式涡轮机由燃气进气壳、喷嘴环、涡轮及燃气出气壳等组成。喷嘴环是由一圈喷嘴叶片（叶栅）组成的圆环，它与燃气进气壳一起固定静止不动，它处于燃气进气壳与涡轮之间。喷嘴叶片间形成燃气的流道，用以对燃气导向和使之加速流动，因此喷嘴环叶片又称导向叶片。涡轮由转轴、轮盘及一圈叶片组成，涡轮转轴支承在燃气出气壳中，燃气在涡轮叶片间的流道内流过,迫使涡轮转动产生机械功,因此涡轮叶片又称为工作叶片。柴油机气缸排出的燃气经排气管进入燃气进气壳,先经导向叶片,再入工作叶片,最后由燃气出气壳排入大气。

图 5-4-1 是燃气在涡轮机流道内的状态变化图。导向叶片间的流道呈渐缩形,燃气从中流动时继续膨胀,压力从 p_T 降到 p_1,温度由 T_T 降到 T_1,流速由 c_T 升高到 c_1。根据能量守恒定律,在导向叶片中,燃气的一部分压力能和热能转换成动能。工作叶片间的流道也呈渐缩形,燃气流经工作叶片时进一步膨胀,压力由 p_1 降到 p_2,气温由 T_1 降到 T_2,压力能和热能继续转换成动能。燃气的相对速度(燃气相对于工作叶片的流速)由 w_1 升高到 w_2,高速的燃气在弯曲的工作叶片间流动时被迫改变方向而产生离心作用,使得凹面的压力大于凸面的压力,叶片凹凸面间形成压力差(图 5-4-2)。作用在每个叶片凹凸面上压力差的合力对涡轮轴产生转矩,涡轮在这个转矩的作用下旋转而输出机械功。可见,机械功是由燃气的动能转换而来,所以燃气流过工作叶片时,燃气的绝对速度由 c_1 降到 c_2。

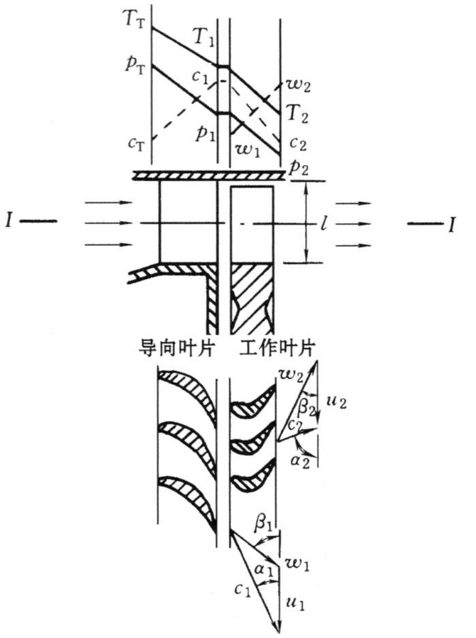

图 5-4-1 涡轮机流道内的燃气状态

综上所述,燃气在涡轮机中流动时,首先通过喷嘴环流道将部分压力能和热能转化成动能,然后在涡轮流道中又把动能转换成涡轮的机械能。

一圈导向叶片和一圈工作叶片组成涡轮的一个"级"。只有一个级的涡轮机称为单级涡轮机;有两个或两个以上级的涡轮机称为双级或多级涡轮机。燃气流动的方向与涡轮转轴轴线平行的涡轮机称为轴流式涡轮机;燃气流动方向与涡轮轴线垂直的涡轮机称为径流式涡轮机。

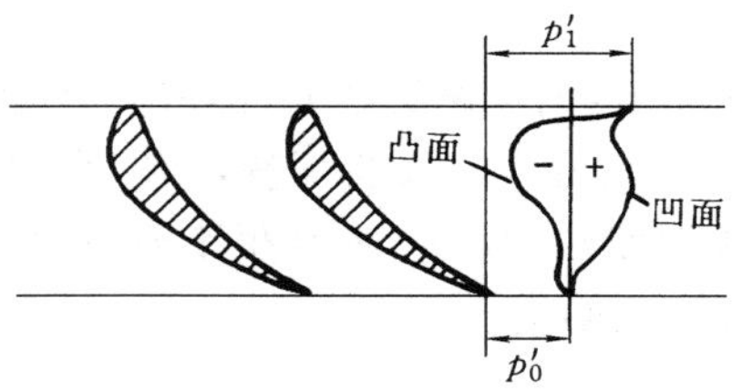

图 5-4-2 沿涡轮工作叶片表面的压力分布

2. 单级离心式压气机工作原理

单级离心式压气机的简图如图 5-4-3 所示,它主要由导流壳、叶轮罩、压气机叶轮、扩压器及蜗壳等组成。叶轮是压气机的主要部件,它与涡轮安装在同一转轴上。压气机叶轮上有一组径向叶片,叶片的前部呈弯曲形,后部为直叶片。扩压器在压气机叶轮的外缘,它是固定在机壳上的一个圆环状叶栅,叶片间形成渐扩形空气流道。

压气机叶轮在涡轮的驱动下高速旋转,由于离心作用,叶轮流道中的空气被甩向轮外缘,空气的压力和流速皆提高,气温也随之上升,这就使输入压气机叶轮的机械功转化为空气的压能、动能及热能。与此同时,叶轮芯部入口处形成局部真空,因此外界空气沿进气道连续不断地吸入压气机。由于进入叶轮的空气也随叶轮一起做圆周运动,所以原来在进气道内沿轴向运动的气流,在进入叶轮时的相对速度 w_1 并不与轴平行,而是与转轴以某一交角进入。如果这时叶轮前部的叶片是径向直叶片的话,则进气气流会与叶片产生冲击损失;如果叶轮前部叶

片朝相对速度 w_1 方向弯曲，则叶片可以引导进气气流的运动，这就是为什么叶轮前部叶片总是顺着转动方向扭弯一个角度的原因。由于制造工艺的方便，通常将叶轮分成两部分，前部具有扭曲叶片的部分称为导风轮，后部称为工作轮。

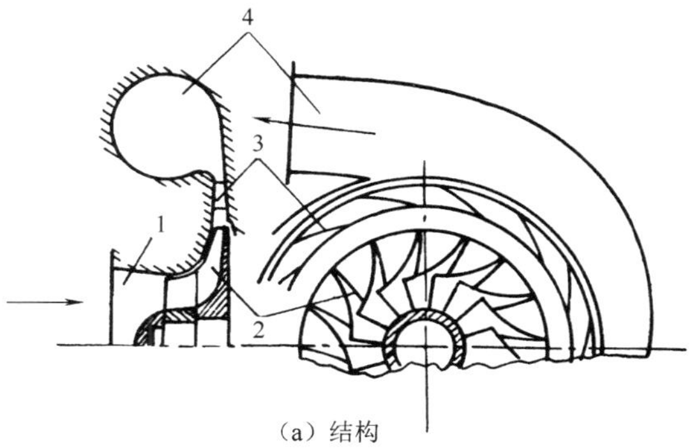

（a）结构

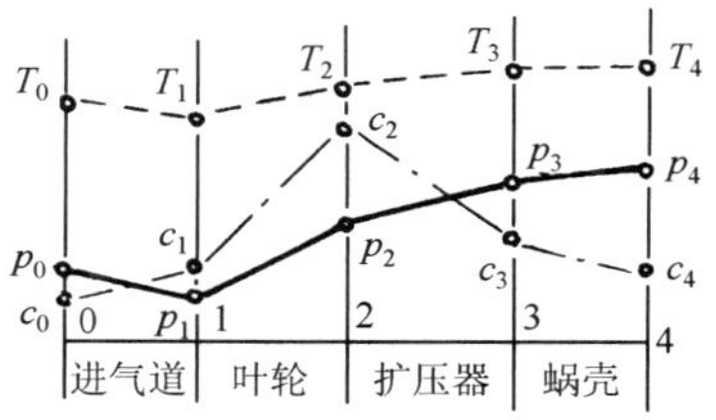

（b）流道内气流状态变化

1—进气道；2—压气机叶轮；3—扩压器；4—蜗壳。

图 5-4-3　离心式压气机

从压气机叶轮中甩出的高速气流进入扩压器。由于扩压器流道呈渐扩形，根据能量守恒原理，空气流经扩压器时流速降低，压力增加，温度升高，空气的动能一部分转化成压能。扩压器流出的空气汇集在蜗壳内，蜗壳的流道容积也是不断扩大，所以空气流速继续下降，气流继续扩压，动能继续向压力能转换。

由此可知，输入离心式压气机的大部分机械功，首先经过压气机叶轮转换成空气的动能和压能，然后在扩压器和蜗壳中部分动能继续地转换成压能。

在压气机中，如果气流靠高速离心作用沿径向流动者，则称为离心式压气机。增压器用的压气机除离心式外，还有转子式（容积式）和轴流式。离心式压气机也有单级和多级之分。一个叶轮加一个扩压器组成压气机的一个级，在涡轮增压器中大多采用单级离心式压气机。

二、涡轮增压器主要性能参数

表征涡轮增压器性能的主要参数名称、意义及符号如下：

（1）增压空气压力 p_K 及增压比 π_K。压气机蜗壳出口的空气压力 p_K 称为增压压力。p_K 与压气机空气进口压力 p_0 之比称为增压比 π_K，$\pi_K=\dfrac{p_K}{p_0}$。

（2）空气流量 G_K 或 V_0。单位时间内流过压气机的空气重量称为空气流量 G_K；或者进口状态下，单位时间内流过压气机的空气容积称为空气流量 V_0。

（3）增压器的转速 n_{TK}。增压器转轴每分钟的转数。

（4）涡轮进口处的燃气压力 p_T。

（5）涡轮进口处的燃气温度 T_T。

（6）涡轮背压 p_2，即燃气出涡轮后的压力。

（7）压气机的绝热效率 η_K，即压气机绝热压缩功与实际压缩功之比。

（8）涡轮的有效效率 η_T，即涡轮转子的有用功与燃气可用能量之比。

(9)涡轮增压器的总效率 η_{TK},即压缩空气的绝热压缩功与燃气可用能量的比值。

三、涡轮增压器的型号编制规则

早期按国家标准(GB 727)规定,涡轮增压器的型号由阿拉伯数字及汉语拼音字母组成,其表示方法及意义如下:

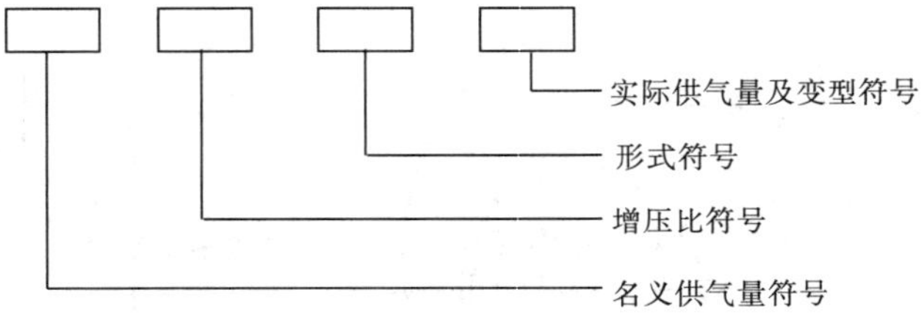

(1)名义供气量表示增压器在低压比时在标准大气状况下压气机接近最佳效率区工作时的供气量,以100 m^3/h为单位,余数四舍五入。

(2)增压比符号以 D 表示低增压(压比在 1.4 以下);Z 表示中增压(压比在 1.4～2 之间);G 表示高增压(压比在 2 以上)。

(3)形式符号以 P 表示轴流式涡轮;J 表示径流式涡轮;S 表示多级式涡轮。

(4)实际供气量及变型符号,前面表示在标准大气状况下压气机在指定的压比下接近最佳效率区工作时的实际供气量,以100 m^3/h为单位,余数四舍五入;后部用数字或代号表示产品的变型情况。

例如,45GP802-1A 型,表示在低压比时压气机的名义供气量为4 500 m^3/h,在指定压比下压气机的实际供气量为8 000 m^3/h,高增压,单级轴流式涡轮,属于该系列第 2 种变型的改进型涡轮增压器。它的主要性能参数见表 5-4-1。

表 5-4-1　45GP802-1A 型涡轮增压器主要参数

参　数	数　值	参　数	数　值
增压比	2.55±0.05	p_K/p_r	1.25±0.02
增压空气流量/(kg/s)	2.35±0.07	涡轮背压/kPa	1.96
增压器标定转速/(r/min)	24 000 r	压气机进气真空度/kPa	2.45
涡轮前最高燃气温度/℃	<620	增压器总效率	≥56%

目前,按照《内燃机涡轮增压器　产品命名和型号编制方法》(GB/T 727—2003)规定,内燃机用废气涡轮增压器的产品型号由汉语拼音字母和阿拉伯数字组成。其型号依次包括下列三部分:

(1)首部:产品名称和结构特征符号。

(2)中部:以压气机叶轮外径尺寸表示的产品基本系列符号。

(3)尾部:变型符号。

型号具体表示方法如图 5-4-4 所示。

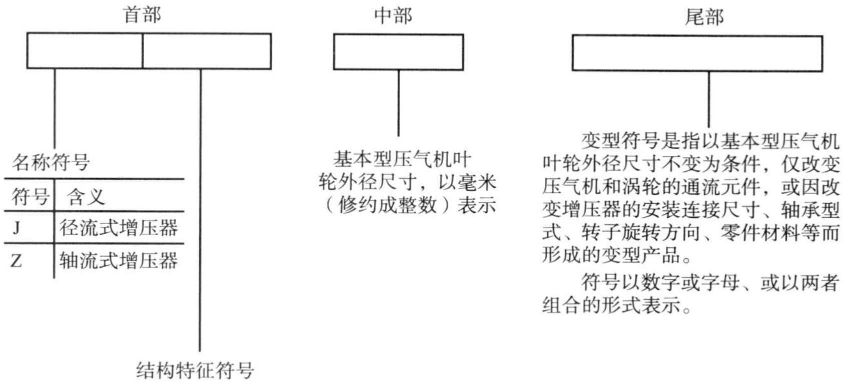

图 5-4-4　涡轮增压器型号表示方法

增压器结构特征符号及含义见表 5-4-2。

表 5-4-2　增压器结构特征符号及含义

符号	含　义
无符号	指径流式增压器通常型为内支承(轴承位于压气机和涡轮叶轮之间)、外供油(润滑油由增压器本体以外提供)、非水冷。 指轴流式增压器通常为外支承(轴承位于转轴的两端)、内供油(油池内润滑油借甩油盘飞溅或自备油泵强制润滑)、水冷(包括局部水冷)。
N	内支承、外供油
S	内支承、内供油
W	外支承、外供油
D	内外支承(压气机和涡轮叶轮中的一个位于轴承组外侧)、外供油
X	悬臂支承(压气机和涡轮叶轮外悬于轴承组的同一侧),外供油
L	悬臂支承、内供油
Q	指径流式增压器为水冷。 指轴流式增压器为非水冷
P	增压器本体带排放阀
F	增压器转子与其他器件有机械连接
K	可调涡轮喷嘴(增压器在运转中能进行调节)

说明:1. 表中符号 N～Q 用以表示区别于通常型的结构特征;符号 P～K 用以表示特定的结构特征。结构特征符号允许重叠标出。字母排列次序按表 5-4-2 顺序标出。
2. 两级增压具有同一外壳的增压器,以其第 1 级基本型压气机叶轮外径尺寸符号/第 2 级基本型压气机叶轮外径尺寸符号的形式标出。两级以上增压并具有同一外壳的增压器,按此表示法类推。
3. 变型符号允许制造单位自选,但变型符号的含义必须在产品说明书中阐明。
4. 产品型号不得因转产等原因而随意更改。
5. 由国外引进的增压器产品,若保持原结构性能不变,允许保留原产品型号。

示例如下：

1. 径流式增压器

J150-3 表示径流式增压器。内支承、外供油、非水冷。基本型压气机叶轮外径 150 mm。第 3 种变型。

2. 轴流式增压器

ZN300 表示轴流式增压器。内支承、外供油、水冷。基本型压气机叶轮外径 300 mm。

ZN560/450 表示轴流式增压器。内支承、外供油、水冷。二级增压,第 1 级、第 2 级基本型压气机叶轮外径分别为 560 mm、450 mm。

第五节　涡轮增压器的构造

16V240ZJB 型柴油机及以前的国产机车柴油机用涡轮增压器采用 45GP80 系列产品一度较多,其中有 45GP802、45GP803、45GP804 及 45GP805 四种变型产品,分别用于 16V240ZJ、16V200ZJ、12V180ZJ 及 12V240ZJ 四种型号的柴油机上,它们的构造基本相同,只在某些零部件的结构参数上有些改变。现在采用引进技术生产的和重新研制的增压器也正被大量装车使用。

45G802-1A 型涡轮增压器采用单级离心式压气机和单级轴流式涡轮机,内置式滑动轴承及水冷式壳体。图 5-5-1 是它的剖视图,图 5-5-2 为它的外形图。

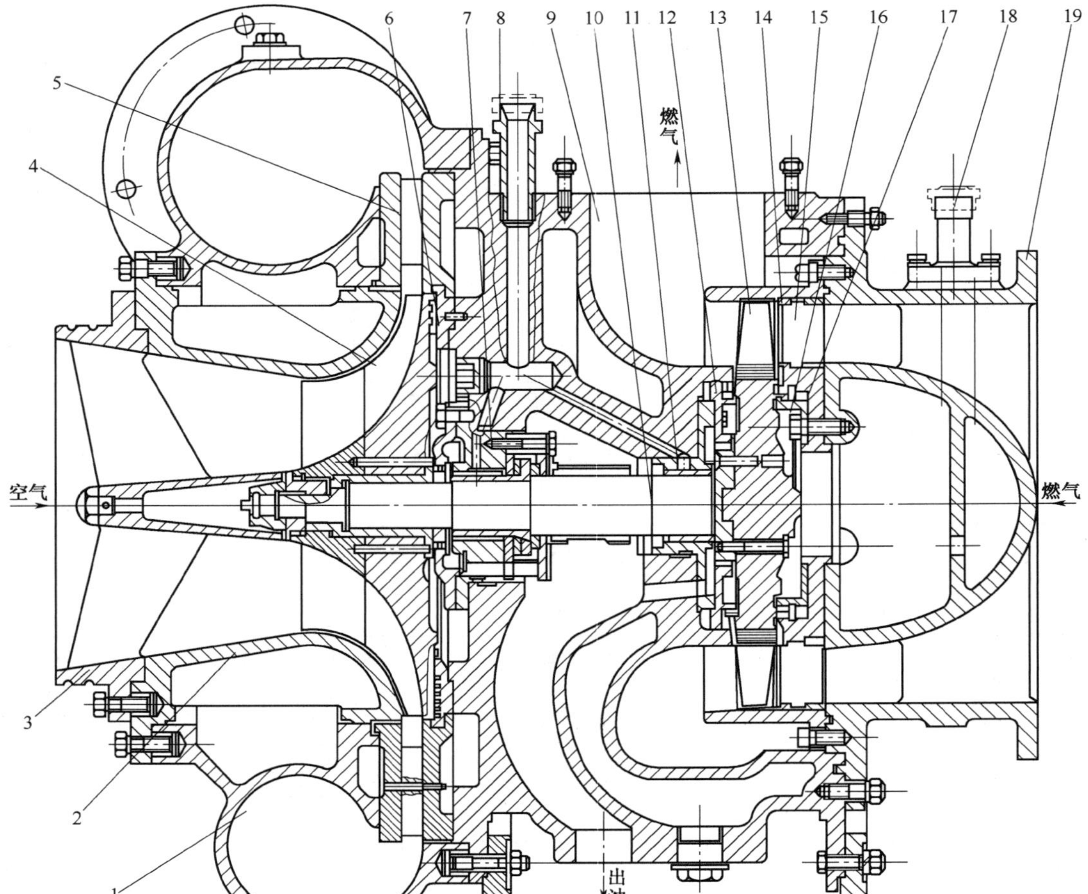

1—压气机蜗壳;2—叶轮罩;3—导流壳;4—压气机叶轮;5—扩压器;6—气封;7—压气机轴承座;8—进油接头;9—涡轮出气壳;10—主轴;11—径向轴承;12—涡轮气封圈;13—涡轮叶片;14—喷嘴环镶套;15—喷嘴环;16—喷嘴环气封圈;17—喷嘴环内圈;18—燃气引气接头;19—涡轮进气壳;20—支架。

图 5-5-1　45GP802-1A 型涡轮增压器

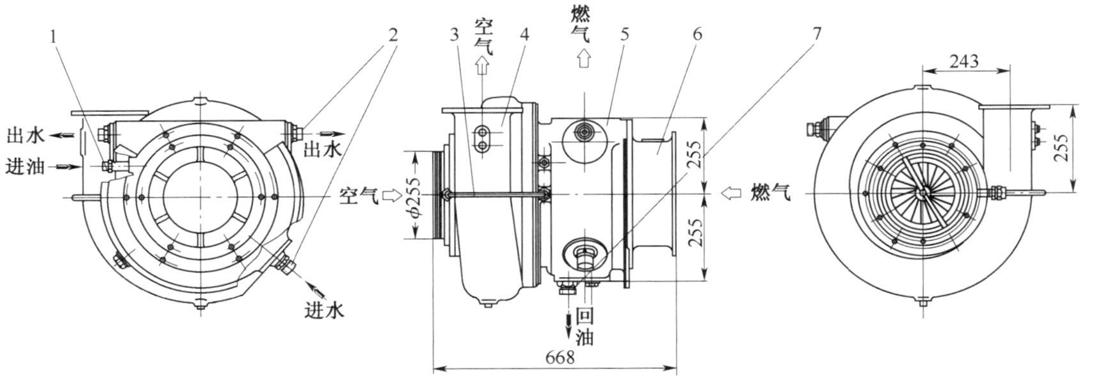

1—进油接头；2—水管接头；3—引气管；4—压气机蜗壳；5—涡轮出气壳；6—涡轮进气壳；7—回油接头。

图 5-5-2　45GP802-1A 型涡轮增压器外形(单位：mm)

一、涡轮增压器壳体

涡轮增压器壳体有压气机导流壳、叶轮罩、蜗壳、涡轮出气壳及涡轮进气壳等。涡轮出气壳是整个涡轮增压器的支承基础，它安装在增压器的中部，另一端与涡轮进气壳相接。

涡轮出气壳由合金铸铁制成，内部设置 2 个轴承座孔，体内有通向 2 个轴承座的机油通道，上部为长方形的废气排气口。为减少出气壳的受热变形及燃气对轴承的影响，涡轮出气壳体内铸有冷却水腔。涡轮出气壳的体外装有进油管接头和水管接头，底部还设有排油孔、排污堵和排水堵。

涡轮进气壳由球墨铸铁制成，对燃气的流动起引导作用。涡轮进气壳的外端法兰与排气总管紧固，里端法兰与出气壳紧固，其内部与喷嘴环组件相连接，芯部铸出凸球部，由铸筋与外筒壁相连。为排出泄入空心凸球内的燃气，在铸筋中钻有引气孔。

压气机蜗壳用以汇集和排出压缩空气，并使增压空气流动均匀和增大压力。蜗壳的芯部装有叶轮罩和导流壳，二者组成了压气机收缩形的进气流道。叶轮罩内表面与压气机叶轮相配合，叶片与叶轮罩之间的配合间隙为0.5～0.6 mm。蜗壳、导流壳及叶轮罩均由铝合金铸成。

二、扩压器和喷嘴环

扩压器位于压气机工作轮出口处，夹装在压气机蜗壳与涡轮出气壳之间。扩压器由体和盖板紧固而成。扩压器体上铣出 19 个三角形叶片(图 5-5-3)，叶片间构成截面渐扩的流道。从压气机工作轮出来的气流进入叶轮外围与扩压器叶片之间的环形空间，气流速度降低，压力上升，所以该环形空间也称为无叶扩压部。气流从无叶扩压部进入有叶扩压部，其叶片的入口角和入口截面积对压气机的性能有很大的影响。45GP802-1A 型涡轮增压器扩压器叶片入口角为 14°50′，入口截面积为48.55～49.45 cm^2。

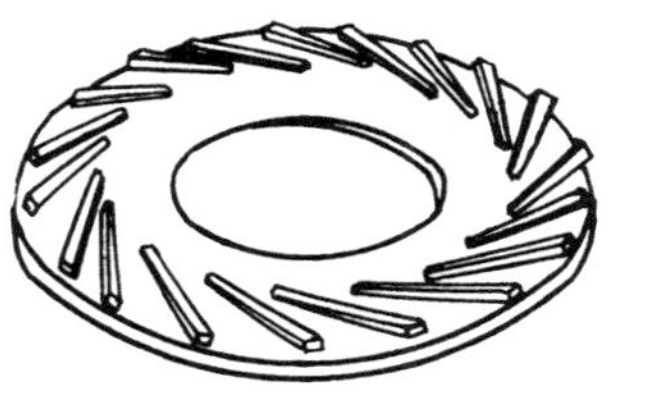

图 5-5-3　扩压器体

喷嘴环处于燃气入口一侧的涡轮之前，紧固于涡轮进气壳的内侧。喷嘴环组件由喷嘴环镶套、喷嘴环叶片、喷嘴环外圈、外圈镶套、喷嘴环内圈、内圈镶套及喷嘴环气封圈等组成(图 5-5-4)。28 个用 2Cr13 耐热不锈钢制成的喷嘴环叶片靠两端的榫头按一定角度镶嵌在喷嘴环内圈和喷嘴环镶套之间，并用内圈镶套及外圈镶套等件卡紧。喷嘴环内圈及喷嘴环镶套均由螺钉紧固在涡轮进气壳上。喷嘴环内圈上还紧固有喷嘴环气封圈。喷嘴环流道出口截面积的大小对涡轮机的性能和涡轮增压器与柴油机的匹配有较大影响，45GP802-1A 型涡轮增压器的喷嘴环出口截面积为(92±1)cm^2。

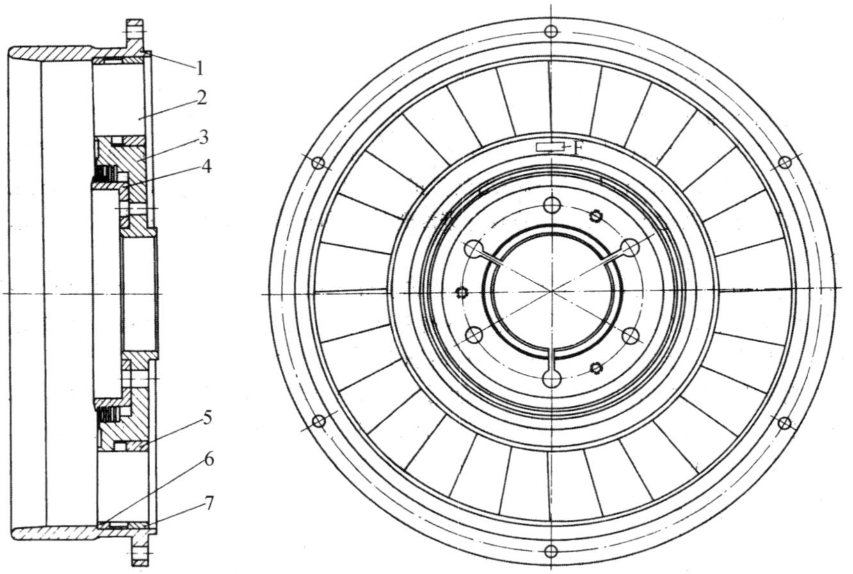

1—喷嘴环镶套;2—喷嘴环叶片;3—喷嘴环内圈;4—喷嘴环气封圈;5—内圈镶套;
6—外圈镶套;7—喷嘴环外圈;F—喷嘴环流道出口面积值打印处。
图 5-5-4 喷嘴环组件

三、涡轮增压器的转子

转子是涡轮增压器的重要部件,用以实现能量的转换和机械功的传递。转子由涡轮盘、涡轮叶片、导风轮、压气机工作轮、叶轮衬套、油封、甩油盘及轴承套等组成(图 5-5-5)。

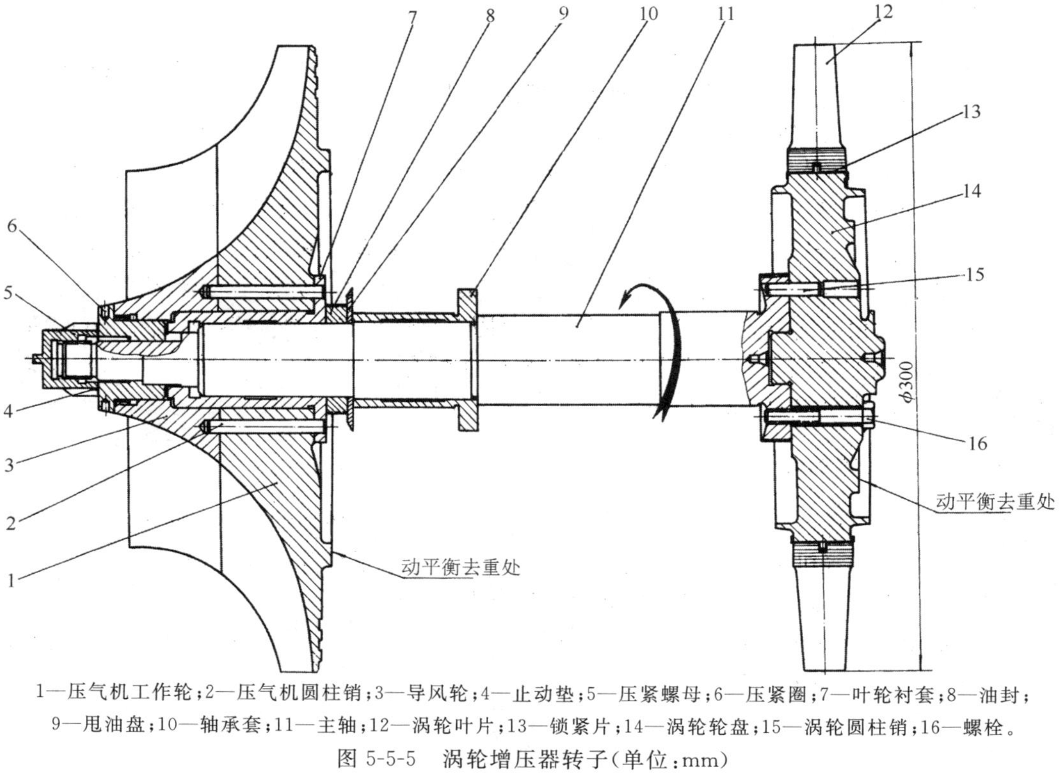

1—压气机工作轮;2—压气机圆柱销;3—导风轮;4—止动垫;5—压紧螺母;6—压紧圈;7—叶轮衬套;8—油封;
9—甩油盘;10—轴承套;11—主轴;12—涡轮叶片;13—锁紧片;14—涡轮轮盘;15—涡轮圆柱销;16—螺栓。
图 5-5-5 涡轮增压器转子(单位:mm)

主轴由 42CrMo 钢制成，一端安装涡轮，另一端安装压气机。轴承套处于轴的中部，轴承套代替了轴颈，其外圆面与轴承配合，内圆面与主轴间有0.000～0.012 mm的安装间隙。它的一端具有止推凸肩，并有油封及甩油盘。

压气机导风轮和工作轮皆由铝合金 LD5 制成，表面进行阳极氧化处理。工作轮和导风轮的内圆孔与叶轮衬套过盈配合，再用 2 个长圆柱销和 2 个短圆柱销将此三件连接并铆紧。叶轮衬套与主轴的配合间隙为0.000～0.012 mm。叶轮衬套的前部开有键槽，组装时压紧圈的键部插入槽内，再用止动垫和压紧螺母紧固防松。压气机叶轮呈半开式，叶轮上布置有 20 个径向叶片。

涡轮盘以芯部凸肩与主轴定位，用 3 个圆柱销及 3 个螺钉与主轴法兰相连。为防止螺钉松动，拧紧后用不锈钢焊条点焊螺钉头部，使主轴与涡轮盘成为不可拆卸的组件。涡轮盘的外缘榫接有 34 个空间扭曲的涡轮叶片(图 5-5-6)，叶片具有枞树形叶根，与轮盘镶嵌时在叶根底部装入锁紧片，以防叶片松动。涡轮叶片的高度为49 mm，组装后涡轮外径为300 mm，涡轮叶片间出口截面积为(129±2)cm^2。由于长期在高温和高速条件下工作，涡轮叶片和涡轮轮盘分别用 GH132 和 GH34 耐热合金钢制成。

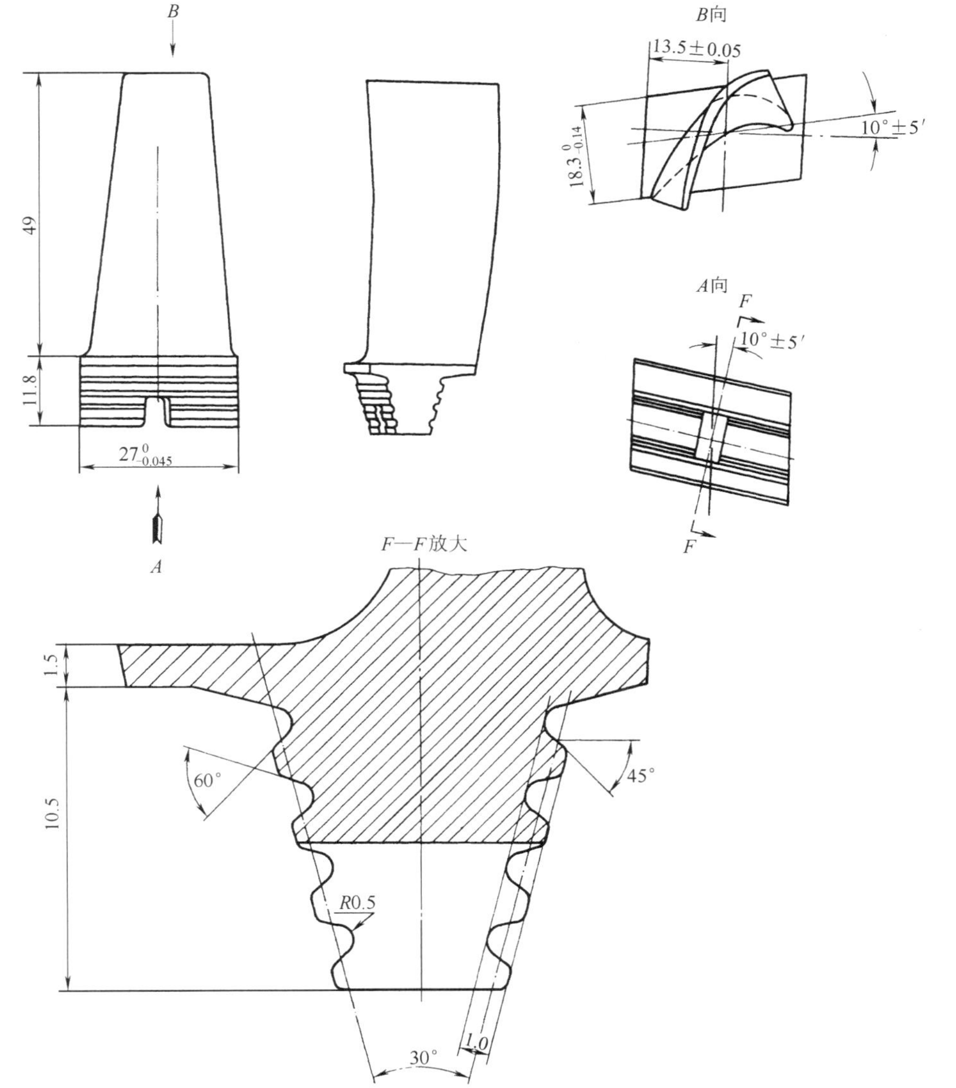

图 5-5-6 涡轮叶片(单位:mm)

涡轮增压器工作时,转子旋转的动力传递路线为:燃气→涡轮叶片→涡轮轮盘→涡轮圆柱销及螺钉→主轴→压紧螺母→压紧圈→叶轮衬套及圆柱销→压气机叶轮。

为防止涡轮增压器转子强烈振动和确保轴承工作可靠,转子组需进行动平衡试验,其不平衡量不大于 2.94×10^{-4} N·m,检修中凡转子上零件更换或零件安装位置变更,必须重做动平衡试验。

四、涡轮增压器轴承

45GP802-1A 型涡轮增压器上设置径向轴承和止推轴承。涡轮增压器采用构造简单、价格低廉、使用可靠及吸振性好的滑动轴承。

径向轴承为整体套式结构(图 5-5-7),它以过渡配合安装在轴承座内,背面用销钉定位。径向轴承起着支承涡轮增压器转子的作用。径向轴承采用钢背 20 高锡铝合金,圆周均布有 3 个椭圆形进油孔,在油孔内表面的一侧铣出油楔,故称三油楔径向轴承,使轴承内表面容易建立油膜且油膜均匀,利于改善高速零件的润滑。为防机油大量散失,每侧的挡油边(油楔边与轴承边之间距离)增大到5 mm。涡轮侧的径向轴承与主轴轴颈直接配合,压气机侧的径向轴承与轴承套相配合,其间配合间隙均为0.12~0.15 mm。由于油楔具有单一的方向,为保证轴承工作油膜的形成,在组装时应注意油楔方向与主轴转动方向相一致。

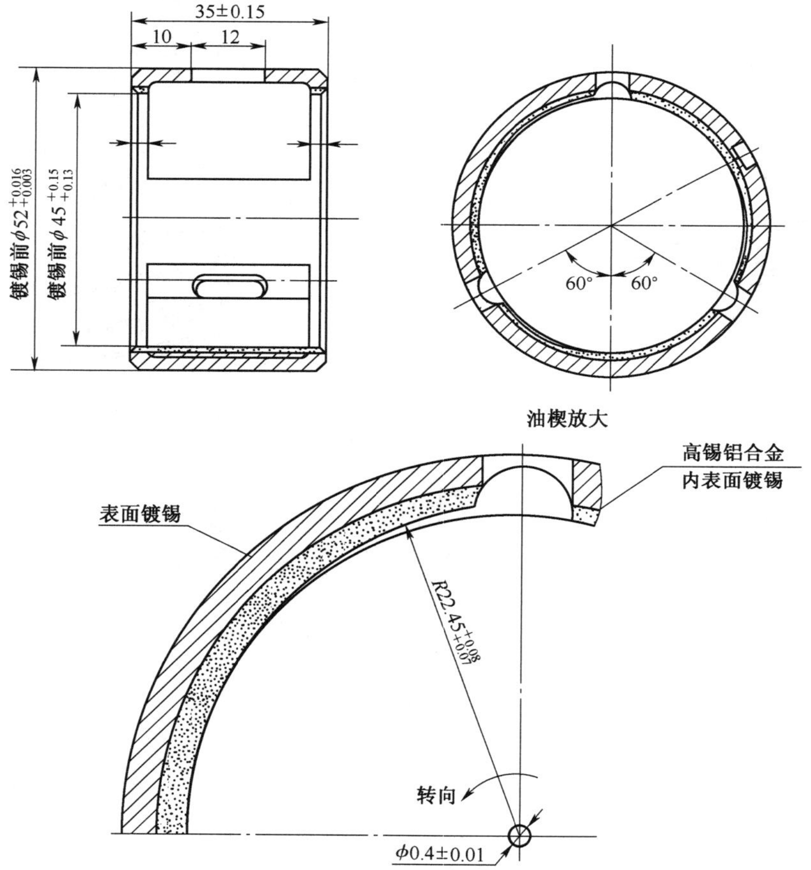

图 5-5-7 径向轴承(单位:mm)

转子在运转工况下会出现轴向推力,转子的主工作推力由涡轮指向压气机端,在某种条件下轴向推力又会由压气机指向涡轮端,止推轴承为承受转子的轴向推力而设。45GP802-1A

型涡轮增压器的止推轴承组件设置在压气机端内侧，它由压气机轴承座、止推垫板、止推轴承体、推力轴承、辅助推力轴承、推力轴承端板及导油罩等组成(图 5-5-8 及图 5-5-9)，与涡轮出气壳的轴承座孔用螺钉紧固。

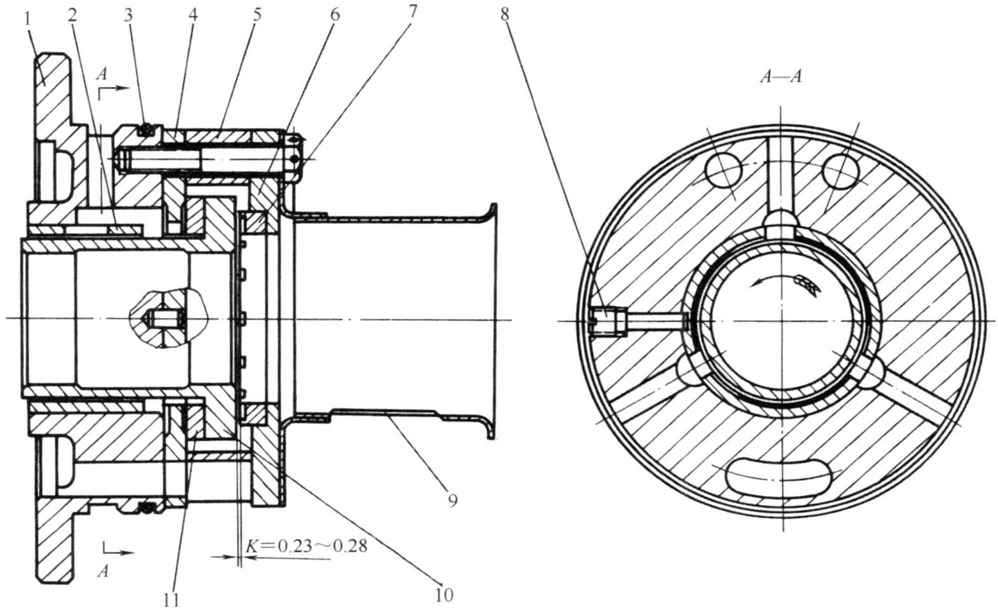

1—压气机轴承座；2—径向轴承；3—密封圈；4—止推垫板；5—止推轴承体；6—推力轴承端板；7—辅助推力轴承；8—定位销钉；9—导油罩；10—轴承套；11—推力轴承。

图 5-5-8　止推轴承组件(单位：mm)

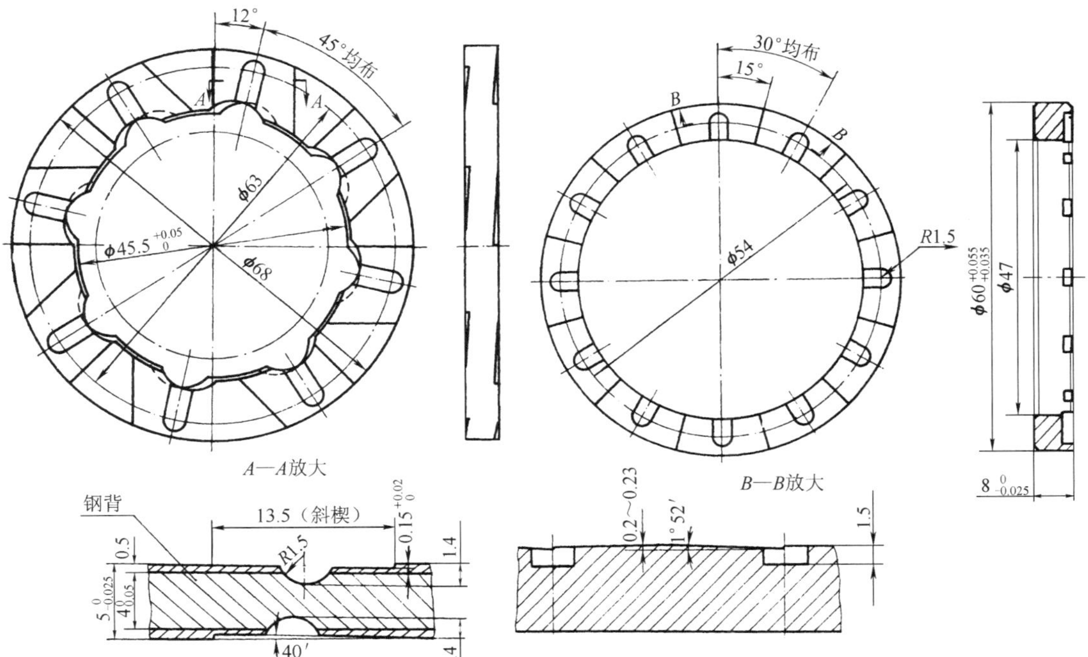

(a) 推力轴承　　(b) 辅助推力轴承

图 5-5-9　推力轴承及辅助推力轴承(单位：mm)

推力轴承为浮动环式结构。钢质的基体上轧制有 20 高锡铝合金,圆环两侧均为止推面,面上有 8 个均布的油槽和油楔。辅助推力轴承由 ZQSn6-6-3 铸造锡青铜制成,嵌装在推力轴承端板上,它只有一个止推面,止推面上有 12 个均布的油槽和油楔。推力轴承和辅助推力轴承分置于轴承套凸肩的两侧。轴承套凸肩与推力轴承及辅助推力轴承之间的总间隙为止推间隙,其设计原形值为0.23～0.28 mm,可通过推力轴承体厚度的改变来调节止推间隙。

当涡轮增压器工作时,转子的主推力的传递路线为:主轴→轴承套凸肩→推力轴承→止推垫板→压气机端轴承座→涡轮出气壳等机件;辅工作推力的传递路线为:主轴→轴承套凸肩→辅助推力轴承→推力轴承端板→螺钉→压气机端轴承座→增压器壳体。

45GP802-1A 型涡轮增压器转子两侧的轴承布置在压气机和涡轮的内侧,称为内置式轴承,它区别于将轴承布置于压气机及涡轮外侧的外置式轴承。前者能使转子长度缩短,转动惯量减小,自振频率提高,但轴承拆装复杂,工作时受热严重,油、水和气的密封较困难。

五、气封和油封

设置气封的目的是减少燃气或压缩空气的泄漏,从而降低功率损失和减小转子轴向推力,并减少燃气对机油的污染和降低机油的温升。45GP802-1A 型增压器在涡轮轮盘两侧设置气封以密封燃气[图 5-5-10(a)、(b)];在压气机叶轮背侧的气封阻挡压缩空气的泄漏[图 5-5-10(c)]。这些气封的工作原理大致相同,气封圈上设有多道气封槽,气封圈与轮盘或压气机叶轮之间有较小的径向或轴向组装间隙。燃气或压缩空气从前一道气封槽向后一道槽泄漏时,经过很小的间隙通道而产生节流与膨胀现象。节流能降低气流的压力,膨胀进一步降压并减慢流速。泄漏的气体经多次节流与膨胀后,逐渐消减其压力和流速,从而达到阻挡气流泄漏的作用。

为了防止机油窜入空气流道或燃气空间,减少空气及叶片表面的污染,减少气封槽和燃气流道内的积碳,在涡轮增压器两个轴承的外侧设置油封,图 5-5-10(d)是压气机端油封的结构图。甩油盘和油封固定在转子轴上,油封盖与轴承座一起固定在涡轮出气壳上。甩油盘随转子旋转,它能阻挡和甩回部分泄漏的机油。油封外圆上有梯形螺纹槽,由于机油的黏性,漏入螺纹槽的机油随转子的旋转而沿槽回流,因而减少了机油外泄量。在涡轮侧,主轴法兰外圆面

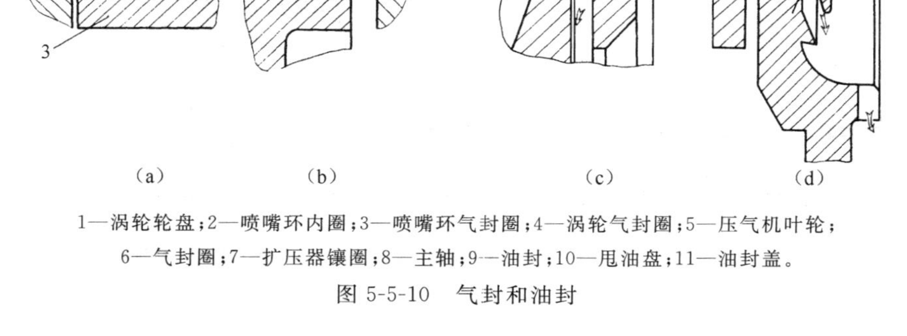

1—涡轮轮盘;2—喷嘴环内圈;3—喷嘴环气封圈;4—涡轮气封圈;5—压气机叶轮;
6—气封圈;7—扩压器镶圈;8—主轴;9—油封;10—甩油盘;11—油封盖。

图 5-5-10　气封和油封

上加工有另一旋向的梯形螺旋槽，此面与涡轮气封内圆组成油封，使外泄的机油旋回油腔内。

此外，在 45GP802-1A 型涡轮增压器还采用气障封油封气法。由于压气机叶轮背后泄入的压缩空气压力大于轴承中外泄的油压，所以压缩空气从油封盖与油封的间隙中吹入，封闭了机油的外泄通路。另一部分压缩空气由涡轮出气壳内部通道引到涡轮气封圈与涡轮轮盘之间，压缩空气吹向涡轮端油封间隙，同时又吹向涡轮气封槽，因而既阻挡机油外泄，也阻挡燃气泄入油腔。但是在柴油机高负荷工况下，泄入压气机叶轮背后的气压较高，超过了气障封油的需要，同时也使转子的主推力增大，因此设置引气管将一部分空气抽回到导流壳的进气道。

六、冷却水通道及机油通道

45GP802-1A 型涡轮增压器的冷却水来自机车柴油机的高温水系，其进水管与柴油机冷却水管并联。由高温水泵供给的冷却水由涡轮出气壳下方接头处引入，在涡轮出气壳水腔中流动，经壳体上部两侧 2 个出水口导出。

涡轮增压器与柴油机共用一个机油系统。压力油从柴油机 V 形夹角中的主机油道经油管引入涡轮增压器。进油口设在涡轮出气壳中部，然后分两路进入转子两端轴承，工作后机油从涡轮出气壳底部出油口流回柴油机曲轴箱。为防止进入增压器的机油压力过高而造成窜油，影响增压器及柴油机的正常工作，特在进油管上设置一个减压阀，当油压超过245 kPa时使部分机油旁通流回柴油机曲轴箱。为了提高机油的滤清效果，确保增压器轴承的可靠工作，在涡轮增压器的进油管路上设置机油精滤器。

第六节　中　冷　器

在增压柴油机上装设中冷器，不但可以进一步提高增压效果，而且还能提高柴油机的经济性和工作可靠性。实践表明，增压空气每降低温度10 ℃，柴油机的功率可提高2%～3%，燃油消耗率可降低 1.5%左右，并由于柴油机排气温度降低，使涡轮增压器和柴油机受热机件的工作状况得到改善。

机车柴油机的中冷器大都采用管片式水-空冷却器，用低温水流过冷却管来降低管外增压空气的温度。常见的冷却管有扁管、椭圆管及圆管等多种，它们大都采用铜质管材制造。新型的中冷器采用铝质板翅式空-空冷却器，其材料价格低廉、工艺简单。

16V240ZJB 型柴油机有 2 台扁管-肋片式水-空中冷器（图 5-6-1），分别安装在柴油机前、后端的上方。中冷器由进水管、出水管、端盖、壳体及冷却组等组成。壳体由钢板焊成，6 个冷却组（冷却单节）安装在壳体内的隔板间。冷却组（图 5-6-2）由管

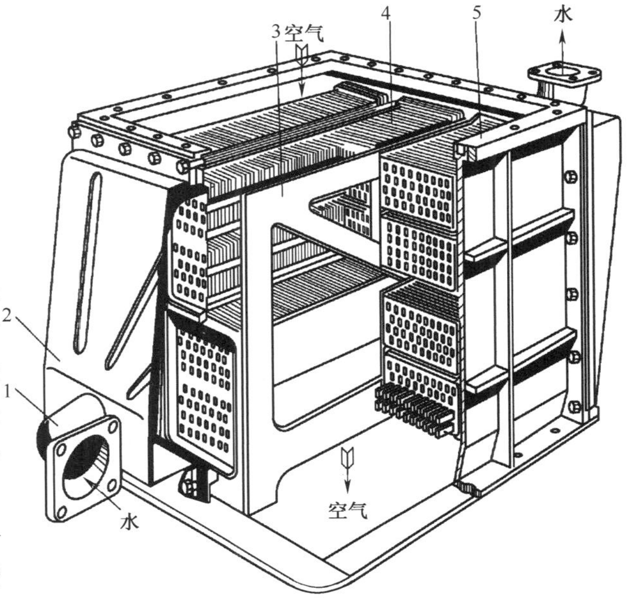

1—水管弯头；2—端盖；3—隔板；4—冷却组；5—壳体。

图 5-6-1　中冷器外形

板、补强板、支撑管、冷却片及侧护板等组成。每个冷却组有 68 根黄铜制成的扁管，其外形尺寸为18.5 mm×2.5 mm×545 mm，厚度为0.5 mm。扁管按棋盘形布置，紫铜冷却片串在扁管上，以增大传热面积。每一冷却片包容 34 根冷却管，冷却片厚0.1 mm，两片间距为2.07 mm。

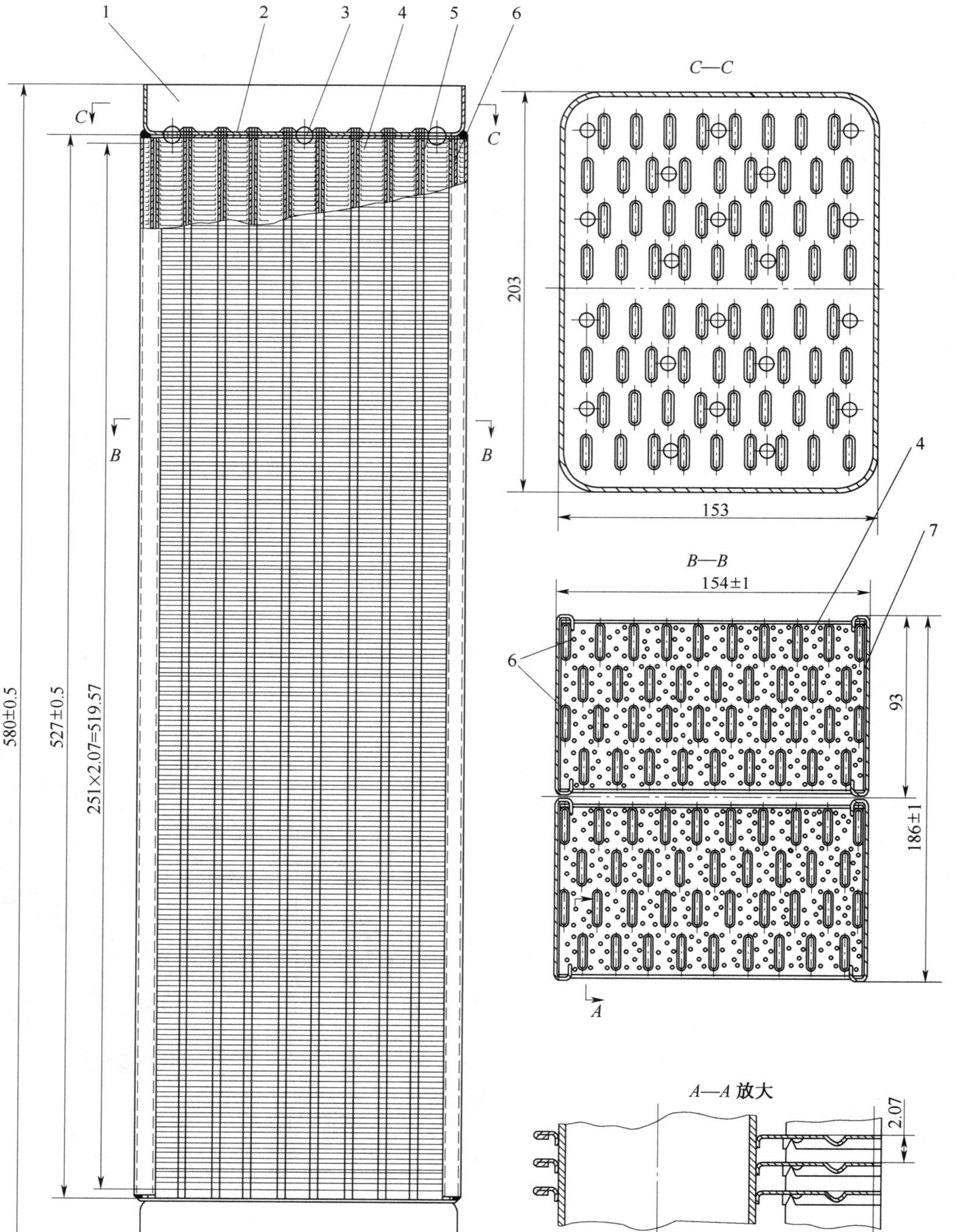

1—管板；2—补强板；3—铜铆钉；4—冷却片；5—冷却管；6—支撑管；7—侧护板。

图 5-6-2　中冷器冷却组(单位：mm)

一个冷却组共有 251×2 个冷却片，为增强冷却效果，在冷却片上冲压出许多小凸球，以增大气流的扰动。冷却管钎焊在两端的管板上，为增大冷却组的刚度，用 2 块补强板分别与管板铆接，并和 8 个支撑管相焊。

中冷器由柴油机低温水系统供水，冷却水从端盖上的进水管流入，在 6 个冷却组的扁管中单程流动，从另一端盖上的出水管流出。由压气机送来的压缩空气经扩散弯管从上方进入中冷器，在扁管外冷却片间流过，经下方的收敛弯管进入空气稳压箱。冷却水在管内流动，增压空气在管外流动，水、气交叉流动进行热交换。中冷器的冷却总面积约70 m²。在柴油机装车功率下，当大气温度为20 ℃，冷却水的进口温度为45 ℃时，中冷器能使145 ℃的增压空气温度降到65 ℃以下。

第七节　涡轮增压系统运用中的几个问题

柴油机的涡轮增压系统在运用中可能出现一些异常现象，严重时可能造成故障，这不但影响柴油机的动力性、经济性和运转的平稳性，严重时还会使增压器损坏，甚至使柴油机无法运转。

一、离心式压气机的喘振

喘振是离心式压气机在运用中出现的一种工作不稳定现象。

在一定转速下，压气机的增压比和效率随流量而变化的关系称为流量特性。如图 5-7-1 所示，离心式压气机的转速不同，则增压比和流量也不同。如压气机转速一定，随着流量减少，增压比和效率先是提高，到某一流量时效率达最高。当流量继续减少时，离心式压气机的增压比和效率开始下降。这种特性主要在于当流量变化时，气流进入导风轮叶片的相对流动的方向及进入扩压器叶片流道的方向发生改变，气流对叶片的冲击损失和涡流损失增加，因而造成效率降低和增压比减小。当空气流量减小到某一极限值时，离心式压气机就会出现工作不稳定现象。此时，空气的压力和流速周期性强烈脉动，压气机内部空气的正常流动被破坏，叶轮和扩压器强烈振动，同时伴随着特殊的音响，这种工作不稳定现象就是压气机的喘振。喘振现象不但使压气效率降低和供气不稳定，甚至会损坏压气机。在离心式压气机流量特性曲线上，每一转速下都会有发生喘振现象的喘振点。连接不同转速下的喘振点，即得到压气机的喘振线。在喘振线的右侧为压气机的稳定工作区，喘振线左侧为压气机的不稳定工作区（喘振区）。

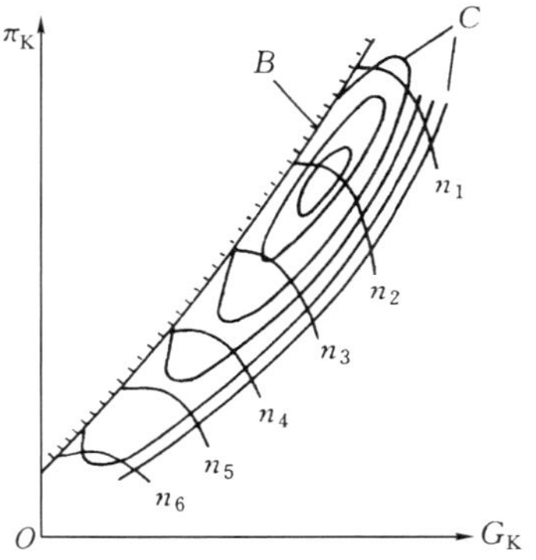

B—喘振线；C—等效率曲线；
n—等转速曲线。

图 5-7-1　离心式压气机的流量特性

离心式压气机的流量减小到一定限度时，为什么会发生喘振现象呢？下面对一定转速下，流量变化导致压气机叶轮中气流变化的情况作一分析。图 5-7-2 画出了导风轮进口处的速度三角形，c_1 表示气流进入导风轮时的绝对速度，u_1 表示气流受叶轮带动的圆周速度（牵连速度），w_1 表示气流在叶片流道中的相对速度。压气机在设计工况（设计流量）时，气流在叶片流道内的相对速度与流道中心线平行，这时气流对叶片的冲击损失最少，工作效率最高，压气机稳定工作[图 5-7-2(a)]。当流量增大时,压气机转速一定(即圆周速度不变),由于气流的绝对速度增加,所以 w_1 角度相对偏移而气流冲向叶片凸面,在叶片凹面出现气-面分离和旋涡。但是由于气流被叶轮带动旋转而产生离心作用,因此气流的分离和旋涡得到抑制,旋涡区仅局限于导风轮叶片的进口边缘,冲击损失稍有增大,对压气机的工作稳定性无大影响。与此相反,当流量减小(即绝对速度减小)时,由于圆周速度不变,气流在叶片流道内的相对速度冲向叶片凹面,而在叶片凸面产生气-面分离旋涡,也由于气流随叶轮旋转的离心作用,使气流挤向叶片凹面而离开凸面,所以加剧了气-面分离现象,严重时旋涡区扩大到叶片流道内部。

由于流量减小,不仅压气机叶轮内发生气流与叶片的低压分离现象,而且在扩压器中同样也会出现气流与叶片低压分离现象。当压气机的流量减小到一定限度时,压气机叶轮和扩压器流道的低压旋涡区连通,部分高压气体周期性地向外倒流,因而使进气道或储气室内气流强烈脉动,妨碍了柴油机换气过程的正常进行,使柴油机也难以工作稳定。因此,在压气机流量小于设计流量很多时,叶轮进口与扩压器叶片流道内出现强烈的气-面分离是压气机喘振的内因。

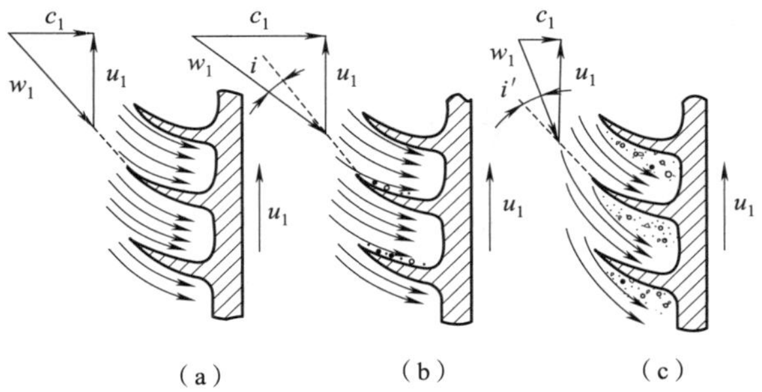

图 5-7-2 流量变化时对压气机叶轮内气流运动的影响

涡轮增压器与柴油机匹配不当,离心式压气机处于喘振区工作时就出现工作不稳定现象,因此柴油机和增压器要经调整和配套试验。在正常工况下,压气机应处于稳定区工作,既不能离喘振线太近,又不能离喘振线太远。

匹配好的增压器在运转条件变化时,仍可能出现喘振现象。空气滤清器、中冷器、压气机叶轮叶片和扩压器叶片、喷嘴环叶片和涡轮叶片等如果沾污和堵塞,或柴油机气门和气道积碳时,也都会造成增压器流量减小,很可能诱发喘振。因此,应经常保持空气流道和燃气流道的清洁和畅通,按时检查和修理。当柴油机突然卸载或转速急剧降低时,气缸内所需的空气量大大减少,但由于增压器转子惯性运转的原因,一时压气机空气量供过于求,因而背压升高流量减小,也可能发生喘振。所以在机车运行过程中,司机手柄不能回得过急,并要尽量防止柴油机突然卸载。环境温度变化幅度过大、机车通过长大隧道或高原地区、中冷器水温过高或水量过小等都会改变增压器与柴油机的匹配关系,从而发生喘振。

二、增压压力不足

增压压力不足是指在同样柴油机负荷下,与正常情况相比出现增压压力比正常压力低10%以上的现象。增压压力不足会使柴油机的气缸充量减小,不但功率下降,而且在同样负荷下还会使燃烧过程恶化,造成柴油机燃油消耗率增加和排气温度上升。如柴油机排气温度升高过大,会直接影响柴油机和涡轮增压器的工作可靠性。

空气滤清器、压气机叶片和扩压器叶片等空气流道沾污或阻塞;压气机叶轮与叶轮罩或与气封间隙过大;压气机叶轮与上述壳体有碰擦现象使机械阻力增加,这一些因素都会使增压压力不足。因此,应根据使用条件定期清扫空气流道,并提高压气机的组装精度。

燃气流道沾污和积碳，涡轮背压升高或喷嘴环阻塞较严重；气封、油封不严，机油结渣，转子转动阻力增加；与柴油机匹配不当，喷嘴环出口截面较大等，也会造成增压压力不足。因此，应注意对喷嘴环及涡轮气封等的保养，定期进行检修和清扫流道。

此外，在涡轮增压器以外的压缩空气通道内气体漏泄，如中冷器进气道软接管橡胶老化或接口错位，气缸盖进气支管漏气等，也都会使增压压力降低。

三、增压器异常振动

涡轮增压器在运用过程中，有时会出现异常强烈的振动现象，不但加大了轴承和其他机件的机械负荷，缩短了轴承的使用寿命，而且还可能造成旋转件与固定件的碰擦及破损事故。产生异常振动的主要原因是增压器转子不平衡，零件脱落、破损、松动使安装位置变化，轴承损坏及转子严重积碳等。在检修过程中要保证转子的动平衡，必要时进行试验与调整。运用中如发现异常振动，应立即停机，防止事故扩大。

第八节 16V280ZJ型柴油机进、排气系统

16V280ZJ 型柴油机初期采用纯脉冲增压系统，用 320P 增压器配套。为了进一步提高增压比、工作效率和可靠性，先后配套过 320P-7、VTC254-13、ZN310-LSA、ZN290、VTC250-13G（即 VTC254-15）、TTC304-13、ZN290-1、TPL61-A30 等十余种增压器。后期主要采用 VTC254-13G、ZN310-LSA4 和 VTC254-13 三种增压器，个别采用 ZN290-1 和 TPL61-A30 高原增压器。

16V280ZJ 型柴油机增压系统由排气系统、废气涡轮增压器、中冷器、进气系统共四大部分构成，如图 5-8-1 所示。

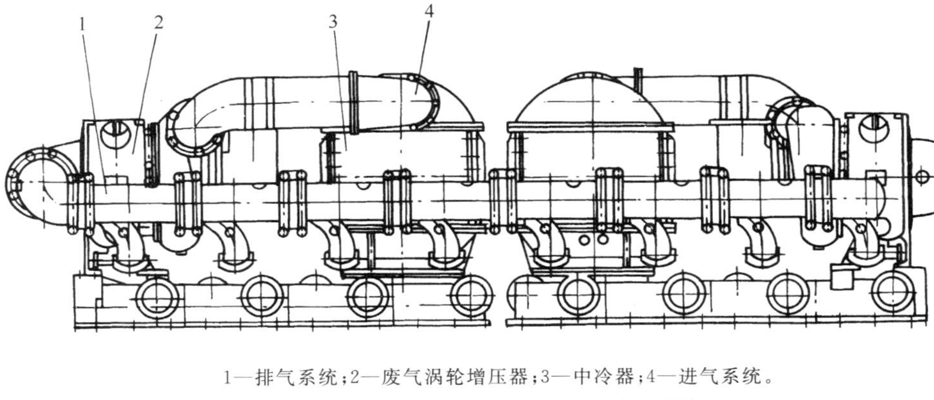

1—排气系统；2—废气涡轮增压器；3—中冷器；4—进气系统。

图 5-8-1 16V280ZJ 型柴油机增压系统

一、排气系统

16V280ZJ 型柴油机排气系统由排气管、波纹管、涡轮进气弯管、管卡等组成，分布于柴油机上部两侧。每侧气缸内废气经排气门进入各缸对应的排气管，经波纹管汇入涡轮进气弯管后，进入增压器的喷嘴环。

16V280ZJ 型柴油机开始研制时采用纯脉冲系统，每个涡轮有 4 个燃气进口，排气管直径较小。排气管与引射喷管之间采用活塞式膨胀节连接，以消除排气管因受热膨胀而产生的伸长量。后为提高增压器的涡轮效率，改为双脉冲转换系统，方法是：保持原纯脉冲排气支管不动，将增压器向两端分别外移，在增压器与排气支管间加入 2 个脉冲转换器。每个脉冲转换器为双进单出，两根排气支管汇总后，进入转换器的一个进口。这样，每个增压器涡轮为双进口，连接 2 个转换器，2 个转换器共 4 个进口，连接 8 根排气支管。对于 16 缸机来说，采用此结构与纯脉冲相比，解决了各缸排气间隔不均匀造成的气流波动大的问题，可使进入涡轮的废气更平稳，提高了涡轮效率，大大改善了气缸的扫气条件。

进入 20 世纪 80 年代中期，随着铁路运输的发展，需要更大功率的机车柴油机。因此，迫切需要一种与之匹配的高增压、高效率、有较好工作可靠性的增压器。于是，选用了按国外引进技术制造的 VTC254 型增压器来取代原 320P 型增压器。由于该类增压器的涡轮当量面积较小，而脉冲系统在压力波峰时要求涡轮的流通面积较大，因此又设计了 MPC 系统来与 VTC254 型增压器相配套。

MPC 系统就是将每个缸的排气管设计成相同的脉冲转换器，通过过渡管连接成一体，将气流引入增压器。它是一个准定压系统，具有定压系统的简单结构，又有脉冲系统的优点。采用 MPC 系统后，管路结构大大简化，组装也明显方便。由于从双脉冲系统转换到 MPC 系统时采用了高效的 VTC254-13 型增压器，因此实际油耗反而得到了全面的改善，在高负荷时更体现出 MPC 系统的优点，油耗下降尤为明显。同时，MPC 系统克服了双脉冲系统气流不均、气流对涡轮冲击大的缺点，大大改善了增压器的工作可靠性。

MPC 系统结构的关键参数为总管直径 D_m、支管引射角 α 和引射支管的喉口截面积 F_n。三者均有一个最佳值。D_m 过小，管内废气流动损失大，压力波动大，有用能传递效率低；D_m 过大，排气阀等处的节流损失也大。从能量损失角度看，α 应尽可能小；但过小的 α 值反过来使支管弯道阻力损失加大，且铸造工艺难度加大。F_n 小，可改善扫气效果，提高总管的动能；但 F_n 过小，却又会降低有用能传递效率。考虑各种因素，对上述三个主要参数进行了多方案的比较试验，最后确定了 16V280ZJ 型柴油机的 MPC 系统。因此，该系统具有耐高温、脉冲能量利用率高的特点。单个排气管段的结构如图 5-8-2 所示。

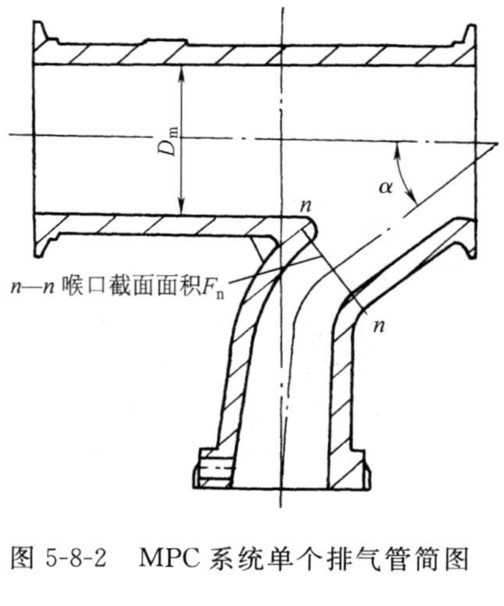

图 5-8-2 MPC 系统单个排气管简图

在排气管段间，采用波纹管连接，有效地解决了排气管的热膨胀与振动冲击，从而达到了保护增压器的目的。波纹管采用耐高温不锈钢材料，经氩弧焊焊接而成。内衬导流管与外波管焊成一体，以防止气流对内衬导流管的热冲击振动，不会导致内衬导流管脱落而损坏增压器。波纹管结构如图 5-8-3 所示。该波纹管的外波管由三层薄钢板构成，有较好的伸缩性和横向偏移补偿能力。内衬导流管由不锈钢板压制并焊接成形，耐热负荷、抗冲击性较好。

波纹管与排气管、涡轮进气弯管的连接采用管卡件，有效地解决了各段排气管装配时对中偏差的问题，并且拆装方便。

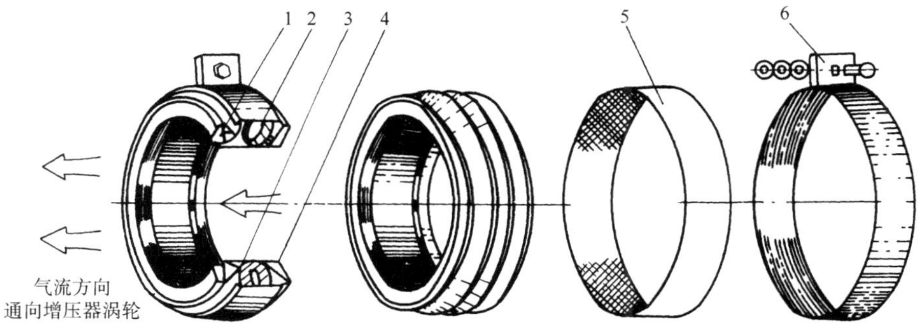

1—带脚法兰;2—外波管;3—内衬导流管;4—无脚法兰;5—隔热层;6—隔热罩。

图 5-8-3　16V280ZJ 型柴油机排气系统波纹管

二、进气系统

16V280ZJ 型柴油机由于在机车上使用,其空气滤清部分独立成空气滤清系统,分装于机车动力室的两侧壁上,每套有 2 个旋风式空气滤清器和 4 个铝板网空气滤清器构成。

16V280ZJ 型柴油机的进气系统由两套相互独立的进气弯管、软接管、进气直管、中冷器弯管、中冷器管接座、稳压箱等组成。柴油机两端的增压器涡轮受废气冲击和膨胀做功而高速旋转,带动同轴连接的压气机旋转,使压气机吸入并压缩新鲜空气,提高新鲜空气的密度和压力。空气从压气机进入各自对应的进气弯管,经进气直管、中冷器弯管进入中冷器,完成冷却后,经中冷器管接座流入稳压箱。

进气弯管与进气直管间用材料为夹布氟橡胶的软接管来连接,具有耐高温、不易老化的特点。采用软接管可解决进气弯管与进气直管间因受热变形及安装时两者偏差引起的不对中的问题。进气直管上装有超速保护装置。进气弯管、进气直管和中冷器管接座采用铸铝材料,以尽量减轻柴油机的重量。

稳压箱是进气系统中的重要零件。稳压箱分前后两个,固定在机体 V 形夹角间的顶部,与机体顶部的空腔共同构成储气稳压室。两股从增压器进来的独立的新鲜空气在此汇合成一股,加以稳定后流入气缸内。图 5-8-4 为 16V280ZJ 型柴油机后进气稳压箱。

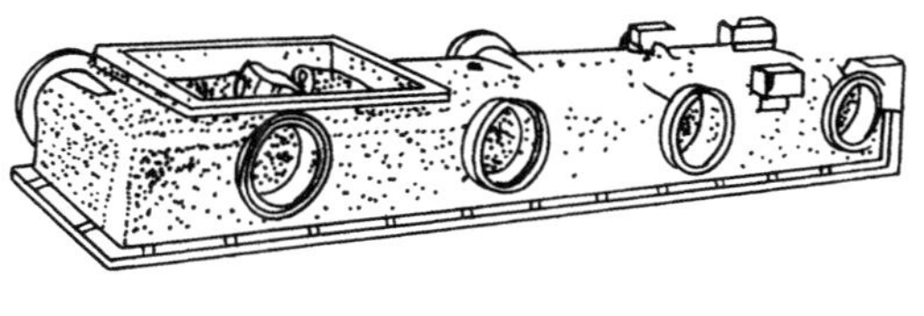

图 5-8-4　后进气稳压箱

两个稳压箱的 16 个出气口(各有一个卡槽,O 形圈就卡在槽中)与 16 个气缸盖的进气口一一对应。在安装气缸盖时,通过 O 形圈,稳压箱出气口自动地与气缸盖进气孔贴紧,保证了空气密封。

三、VTC254-13 型涡轮增压器

1. 技术参数及元件规格代号

(1)技术参数(表 5-8-1)

表 5-8-1　VTC254-13 型涡轮增压器主要技术参数

参　数	数　值	参　数	数　值
增压比	3.2	压气机进口真空度/kPa	≤2.45

续上表

参　　数	数　　值	参　　数	数　　值
增压空气额定容积流量/(m^3/s)	2.9	涡轮背压/kPa	≤2.94
增压空气额定质量流量/(kg/s)	4.68×(1±3%)	标定机油进口压力/MPa	0.25～0.4
增压器允许转速/(r/min)	28 600×(1±2%)	机油最大流量/(L/min)	25
增压器允许最高转速/(r/min)	29 400	冷却水最大流量/(L/s)	1.0
涡轮前允许温度/℃	600	净重/kg	465
涡轮前最高允许温度/℃	630	空间尺寸/mm	1 193.5×650×777.5

(2)铭牌型号规格说明

VTC 25 4 1 3

- 3——型号变更数，表示第3次改型
- 1——压气机叶轮材料，1代表铝合金
- 4——设计系列，表示为“4”系列
- 25——压气机型号
- VTC——形式，内置式轴承轴流式废气涡轮增压器。V代表压气机，T代表涡轮，C代表内置式轴承

2. VTC254-13 型涡轮增压器结构

VTC254-13 型涡轮增压器的结构如图 5-8-5 所示。

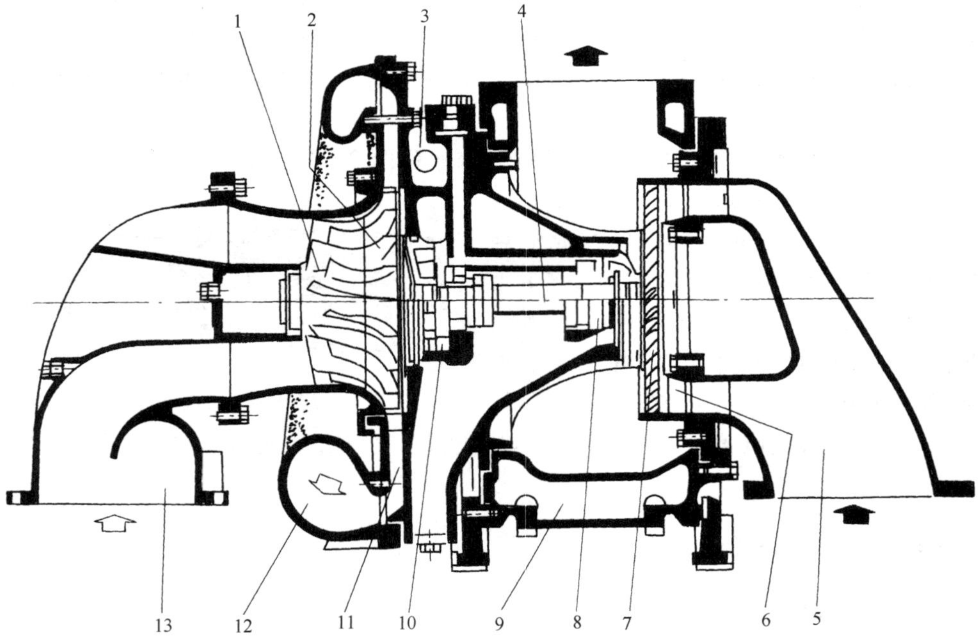

1—导风轮;2—压气叶轮;3—轴承座;4—转子轴;5—燃气进气壳;6—喷嘴环;7—涡轮叶轮;8—涡轮端轴承;9—燃气排气壳;10—压气机端轴承;11—扩压器;12—蜗壳;13—吸气弯头。

图 5-8-5　VTC254-13 型涡轮增压器

压气机为单级离心式，由吸气弯头 13、导风轮 1、压气叶轮 2(工作轮)、扩压器 11 和蜗壳 12 等组成。吸气弯头呈环形渐缩弯道。中间凹进去部分便于安装测速传感器。导风轮采用 10 片长叶片和 10 片短叶片间隔分布，以增大流量范围，避免气流在导风轮进口处发生堵塞。压气叶轮为半开式，叶型为后弯型，这使得它的反作用度大、出口马赫数低、气动性好、效率高。导风轮和压气叶轮均由锻铝件机加工成形。扩压器叶片部分为机翼形叶片，共有 19 片，采用球铁铸造并经机加工成形。机翼形叶片流动损失小，变工况性能好，因此它比直线形或圆弧形叶片具有更高的效率。

压气机端结构如图 5-8-6 所示，导风轮与压气叶轮部分如图 5-8-7 所示。

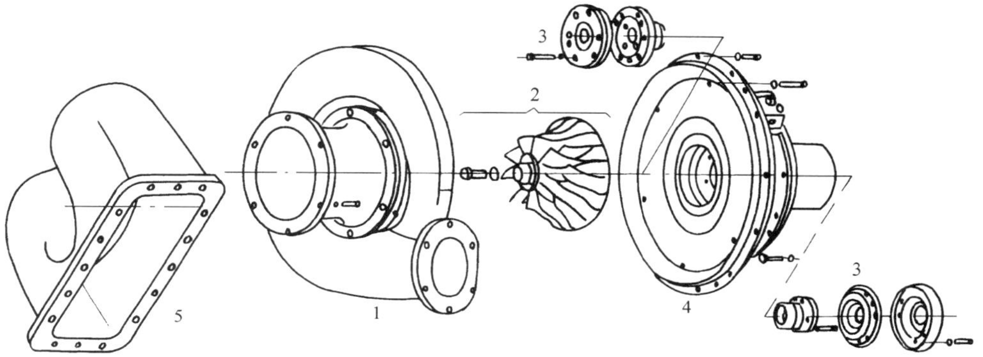

1—叶轮罩与蜗壳；2—导风轮与压气叶轮；3—压气机端轴承；4—轴承座；5—吸气弯头。

图 5-8-6　压气机端

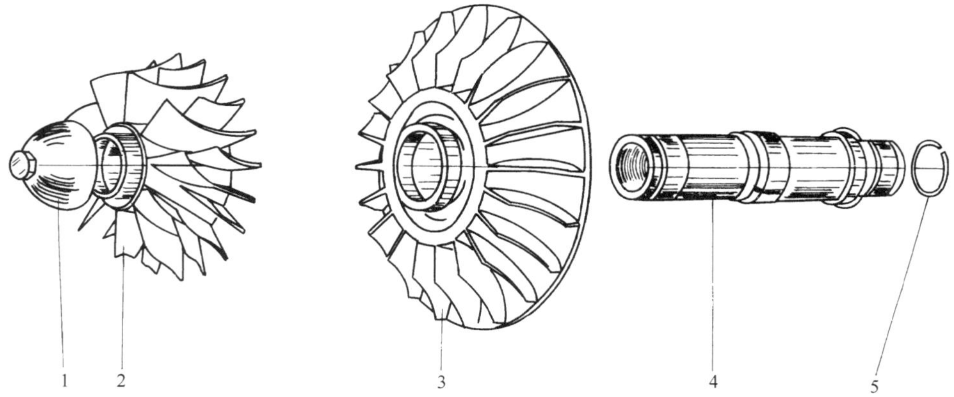

1—帽；2—导风轮；3—压气叶轮；4—叶轮衬套；5—迷宫式密封环。

图 5-8-7　导风轮与压气叶轮总成

涡轮为单级轴流式，由燃气进气壳、喷嘴环、涡轮叶轮、燃气排气壳等组成(图 5-8-8)。16V280ZJ 型柴油机排气系统为 MPC 系统，所以燃气进气壳为单进口，它与燃气排气壳法兰的连接可根据排气系统连接管的位置不同而调整角度，以减小废气在弯道的流动损失。进气壳出口处装有喷嘴环，如图 5-8-9 所示。喷嘴环采用耐高温不锈钢材料，整体精密浇铸成形。特点是：喷嘴叶片出口角误差小、精度高，通流面积和流道形状稳定，高温强度好，性能稳定，互换性强。涡轮叶片采用真空精密浇铸，由于承受相当高的热负荷和冲击负荷，其材料采用高强度镍基合金，叶根部分通过磨削使榫齿成形。叶片上的拉筋孔为带凸台的圆形孔结构(原结构为椭圆形孔结构),采用线切割加工而成。涡轮叶片与主轴轮盘靠齿形榫头连接而以锁紧垫片锁定。叶片间拉筋孔中穿接有拉筋丝,以防止叶片因自振引起的损害。拉筋丝由耐高温、耐锈蚀强的镍基合金制成。

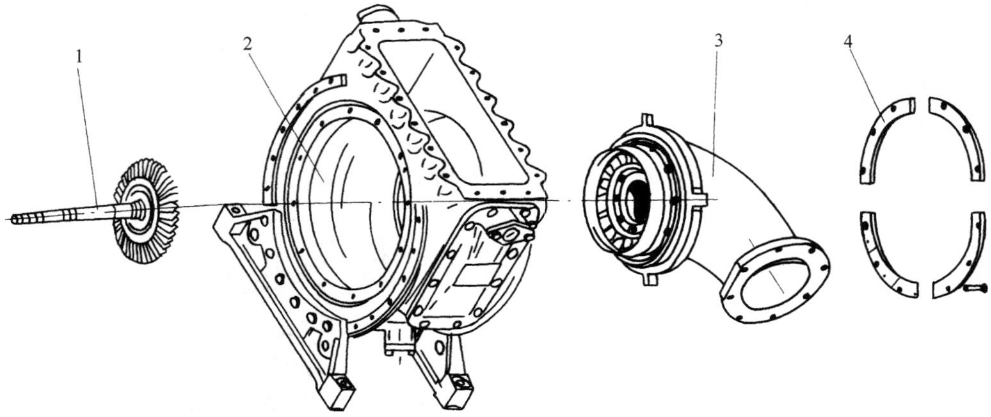

1—转子轴;2—燃气排气壳与支架;3—喷嘴环与燃气进气壳;4—扇块。

图 5-8-8 涡轮结构

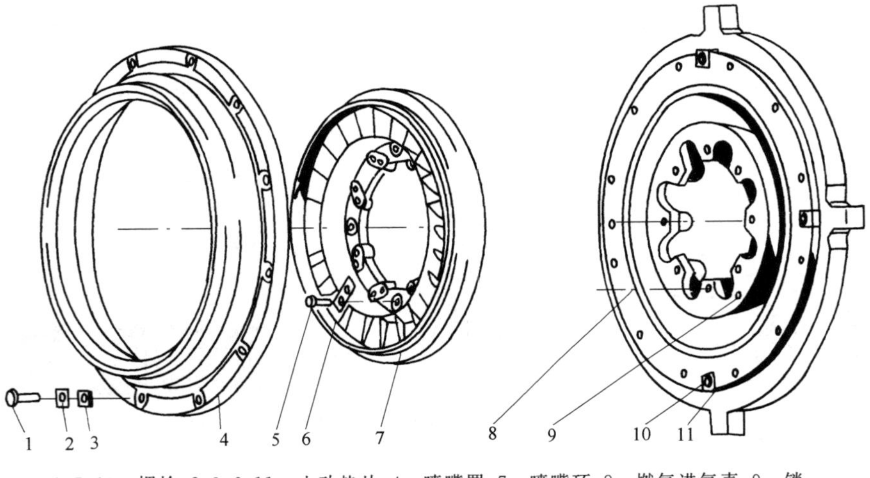

1、5、10—螺栓;2、3、6、11—止动垫片;4—喷嘴罩;7—喷嘴环;8—燃气进气壳;9—销。

图 5-8-9 喷嘴环与燃气进气壳

涡轮叶轮与光轴配合构成转子轴,如图 5-8-10 所示。

VTC254-13 型涡轮增压器采用内置式支承结构。压气机端轴承(图 5-8-11)由推力轴承和浮动轴承组成,涡轮端轴承(图 5-8-12)为单一的浮动轴承。这种结构可使工作转速达到 30 000 r/min以上,高速运行时平稳、噪声低,缺点是对转子的动平衡精度、轴承的精度和材料、润滑油的黏度,以及滤清精度和油压等要求极高。润滑油腔由中间壳体与转子轴、转子轴两端的轴承共同构成。两端的轴承分别带有油封环和油封盖,以保证油腔中的油不窜入压气机和涡轮两部分的气腔。油道从壳体上端进、下部出。为保证进油压力和流量,进油口采用节流孔结构,节流孔径为ϕ5.5 mm。

增压器的密封由气封和油封两部分构成。压气机端和涡轮端的气封为迷宫式密封环,分别装于压气叶轮衬套上和转子轴的涡轮端上。油封由两端的油封环承担,分别与轴承配合在一起。润滑油的密封由油封和气封共同承担，缺一不可。

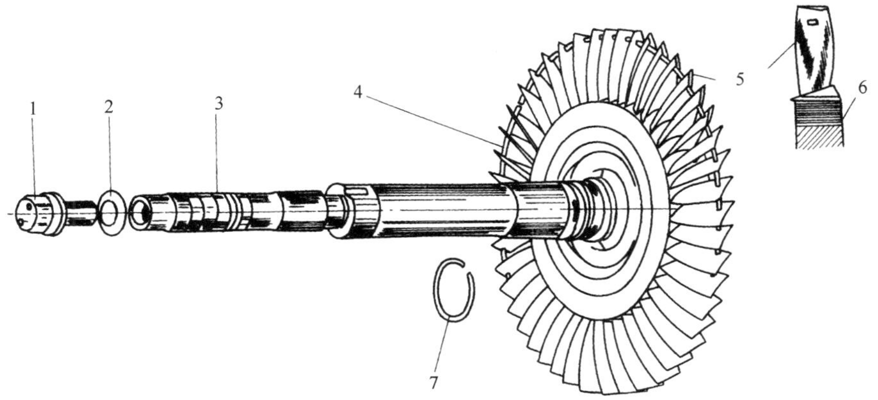

1—螺栓；2—弹簧垫片；3—光轴；4—拉筋丝；5—涡轮叶片；6—锁紧垫片；7—迷宫式密封环。

图 5-8-10　转子轴

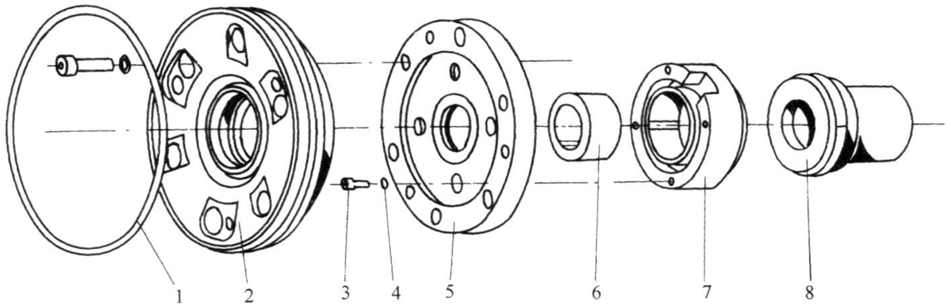

1—油封环；2—油封盖；3—螺栓；4—锁紧垫片；5—辅助轴承；6—浮动套；7—滑动轴承；8—推力轴承。

图 5-8-11　压气端轴承组成

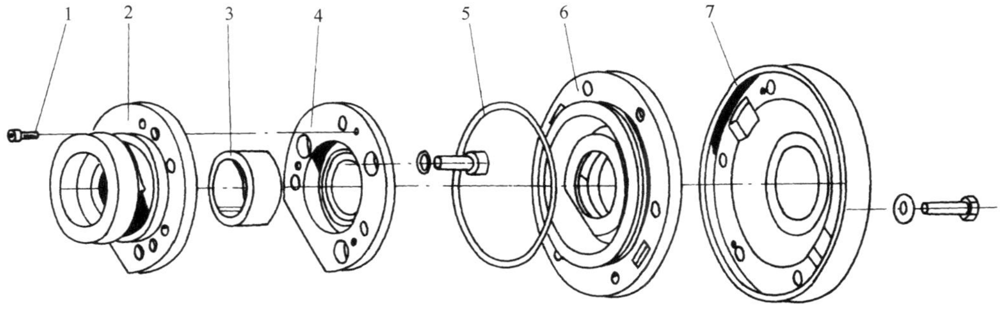

1—螺栓；2—轴承座；3—浮动套；4—垫圈；5—油封环；6—油封盖；7—端盖。

图 5-8-12　涡轮端轴承组成

VTC254-13 型涡轮增压器的冷却集中在燃气排气壳上。排气壳体带有冷却水腔，废气传给增压器的热量，少量由润滑油带走和增压器本身散热带走，大部分主要是靠冷却水冷却。为保证冷却水在水腔中的分布均匀，冷却水的流向为低进、高出。

3. VTC254-13 型增压器的使用要求

增压器使用过程中，必须严格按照有关规定和要求操作，否则易导致增压器的非正常损坏。

(1)使用的配套要求

与增压器连接的管道应防止增压器受附加应力,以避免工作时振动大引起疲劳破坏,造成漏气、漏水、漏油。例如,排气管与燃气进气壳间装有波纹管;发电用柴油机采用室外进、排气时,增压器的燃气排气壳和吸气弯头应分别用活动管或软管过渡;机油出油管、冷却水进水管用胶管过渡;增压器出水管端用法兰连接,另一端采用管接头连接。

增压器的冷却水应同柴油机一致,使用去离子水,以防止增压器水腔因积垢、积污而造成热交换不畅和水流堵塞。进水管一般在增压器底部,出水管在增压器两侧的上部,错接会造成无法冷却或不完全冷却。在柴油机标定转速时,冷却水进出口温差应控制在 8~12 ℃,以防因温差过大造成增压器冷却水腔产生不必要的应力与变形;出水温度应低于 95 ℃,以免冷却不足。

(2)供油要求

增压器润滑油要求有一定的工作压力范围。16V280ZJ 型柴油机的增压器机油管路(图 5-8-13)带有一套油压保护装置。机油从柴油机主油道出来,经增压器滤清器进入四通阀。四通阀的三个出口,一个接一组继电器,一个接压力表,一个接调压阀。油经调压阀进增压器进油口。由于进油口节流孔的限流,节流孔前的油压要高于节流孔后的油压。因此,图中的压力表的值在柴油机标定转速时要求在 0.25~0.40 MPa间。若表压值高于0.4 MPa,调压阀就旁通卸压。在任何工况下,增压器内的工作油压不允许低于下限0.06 MPa。因此,各工况的最低工作压力均要高于此值,解决方法由继电器来实现。继电器每组两个,一个控制柴油机油压最低值,另一个控制柴油机常用工况低限值。当柴油机转速达400 r/min时,表压若低于0.06 MPa,一个继电器动作,柴油机就停机;当柴油机负载,转速达720 r/min左右时,表压若低于0.2 MPa;另一个继电器动作,柴油机自动卸载降速。

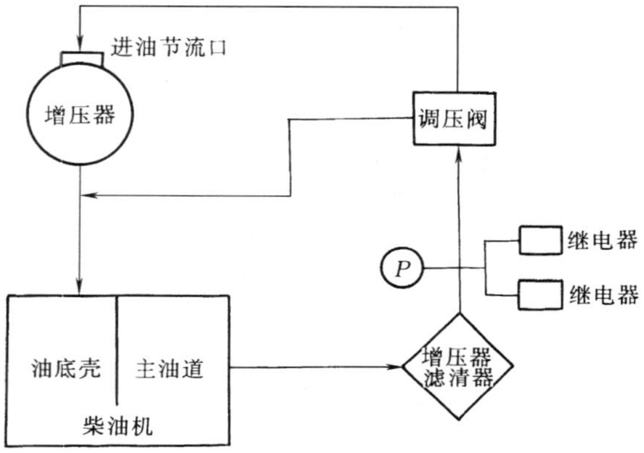

图 5-8-13　VTC254-13 型增压器润滑油路框图

对于润滑油,要求进增压器时其滤清精度小于20 μm,启动时温度高于10 ℃。

四、ZN310-LSA 型涡轮增压器

1. 主要技术参数(表 5-8-2)

表 5-8-2　ZN310-LSA 型涡轮增压器主要技术参数

参　　数	数　　值	参　　数	数　　值
最高转速/(r/min)	24 500	压气机吸气真空度/kPa	≤2.94
涡轮前最高允许温度/℃	650	排气背压/kPa	≤1.96
润滑油进口压力/MPa	0.25~0.4	转向(从压气机端看)	逆时针
润滑油出口温度/℃	≤100	外形尺寸/mm	长 1 194×宽 665×高 778
润滑油滤清精度/μm	15	质量/kg	≤600
冷却水出口温度/℃	≤80	—	—

2. ZN310-LSA 型涡轮增压器结构

ZN310-LSA 型涡轮增压器代号中 Z 表示轴流式涡轮增压器，N 表示内置支承，310 表示压气机叶轮外径约310 mm，LS 表示“连所”(即大连内燃机车研究所)，A 表示设计更改型号为第一次设计。它由一个单级轴流式涡轮和一个离心式压气机构成，采用内置式滑动轴承结构，外供冷却水和润滑油。图 5-8-14 为该增压器的结构简图。

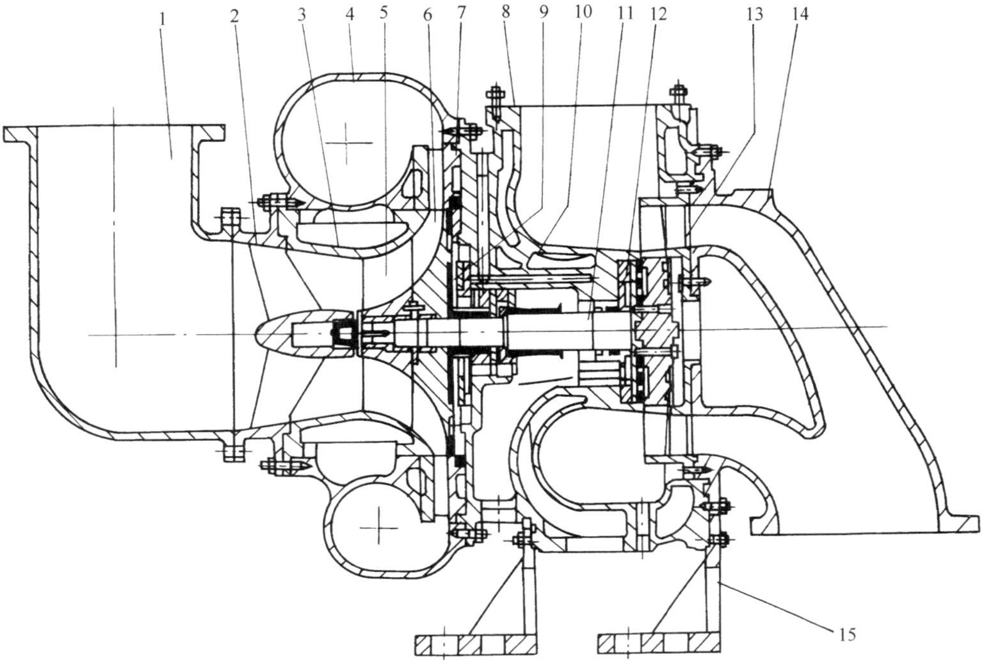

1—吸气弯头；2—导流管；3—叶轮罩壳；4—蜗壳；5—导风轮；6—压气机叶轮；7—扩压器；8—涡轮出气壳；9—压气机气封圈；10—压气机端轴承总成；11—转子；12—涡轮端轴承总成；13—喷嘴环；14—涡轮进气壳；15—支架。

图 5-8-14　ZN310-LSA 型涡轮增压器的结构简图

(1)压气机部分

压气机部分由吸气弯头、导流壳、叶轮罩壳、导风轮、压气叶轮、扩压器、蜗壳等构成。吸气弯头为铸铝件，引导空气轴向进气。导流壳、叶轮罩壳与蜗壳为铸铁件，分开设计制造，使得结构简单，检修转子、轴承时拆装方便。导风轮有 20 片长短叶片构成，特点是防堵塞效果好，在高压比、高转速时流量范围较大，效率高，冲击损失小。压气机叶轮为半开式直叶片，它与导风轮一样均由锻铝经铣削成形，并共同压在钢质衬套上，由销键定位，从而保证了整个组件的动平衡。有 19 片叶片的扩压器为铸铝合金，由仿型铣床加工成机翼型，它与扩压器盖板连接成一组件，便于组装与调整。整个扩压器流道具有高效区宽广的特点，尤其在部分负荷时。

(2)涡轮部分

涡轮部分由涡轮进气壳、喷嘴环、涡轮叶片、涡轮出气壳等构成。喷嘴环由耐高温强度较好的 2Cr13 合金钢整体精铸而成，靠 6 个耐热合金螺栓固定在进气壳上，并用耐热康铜丝锁住。喷嘴环镶套也紧固在进气壳上，以保护喷嘴环。涡轮动叶片由精密浇铸的 39 片单片构成，每片叶片采用大头厚叶形。叶根榫头为枞树形，经磨削成形，安装时镶在涡轮盘上，用锁紧片轴向锁定。涡轮进气壳与出气壳均为铸铁件，出气壳采用大排气腔结构，流场分布均匀，可大大降低余速损失。

涡轮部分的设计着重考虑了解决 16V280ZJ 型柴油机部分负荷时性能下降的问题,同时兼顾了高工况时的涡轮效率。在设计时,喷嘴入口到涡轮动叶片出口根部直径逐渐倾斜,沿叶高采用等密度流及等环量的径向扭曲,叶栅较大的正冲角增大了进口流道宽度和收敛度,减小了背叶外廓线的弯度。这样,气流在大焓降、高马赫数时,在进气参数大幅度变化时,其工作状态均能令人满意。试验表明,该增压器在变工况时,叶形损失较小且变化小,抗振强度和抗腐蚀性良好,涡轮效率较高。

(3)支承、密封与冷却

增压器的内置支承为悬臂式布置,转子支承在压气机端和涡轮端的两个径向轴承上。涡轮端轴承为单一的径向轴承,靠螺钉定位在轴承座上。压气机端由径向轴承和推力轴承组成,具体结构为:径向轴承由螺钉定位在轴承座上;止推垫板、推力轴承体、推力轴承端板和导油罩用螺栓固定在轴承座上;承受轴向力的主、辅止推轴承装于轴承座内侧的推力轴承端板与止推垫板间。这一结构具有紧凑、体积小、拆装方便的特点。

整个增压器由压气机端支架和涡轮端支架支撑。

增压器的油封采用活塞环结构。压气机端轴承的滑油密封由油封圈、安装在油封圈上的弹性密封圈和甩油盘构成。涡轮端轴承的机油密封由主轴的反螺纹油封槽与气封圈内圆面构成。

增压器的气封:压气机端由气封圈和压气叶轮背面所组成的径向迷宫式气封构成;涡轮端由气封圈的迷宫式气封槽与涡轮盘内侧凸肩构成。

增压器的冷却:涡轮的冷却由涡轮出气壳承担;出气壳为双层水冷结构,主要靠冷却水冷却,机油兼作轴承冷却。

五、中冷器

16V280ZJ 型柴油机用中冷器的主要技术参数见表 5-8-3。

表 5-8-3　16V280ZJ 型柴油机用中冷器主要技术参数

参　数	16V280ZJ	16V280ZJA	参　数	16V280ZJ	16V280ZJA
进气温度/℃	162	167	散热量/kW	360	394
进水温度/℃	50	50	迎风面积/m^2	0.232	0.232
水流量/(m^3/h)	50	50	水流通面积/m^2	0.016	0.016
传热系数/[W/(m^2·K)]	120	120	散热面积/m^2	80.8	80.8
冷却效率	90%	90%	安装尺寸/mm	618×522×454	618×522×454
空气阻力/kPa	4.7	4.7	—	—	—

16V280ZJ 型柴油机采用板翅式铝中冷器(图 5-8-15),它具有重量轻、结构紧凑、冷却效率高的优点。它由冷却芯子、法兰、横板、进出水盖板、垫等组合而成。冷却芯子由内外波片、大小的封条和水侧隔板等构成。其具体结构为:一层纵排的内波片,两侧旁有大封条;一层水侧隔板;一层横排的内波片,前后旁有小封条;一层水侧隔板。这样交替重叠,构成 31 层内波水道和 32 层外波气道。整个冷却芯子上下配有侧护板,起加强保护的作用,图 5-8-16 为冷却芯子局部结构。

内外波片经成形、剪切加工，与封条、隔板一起清洗、烘干后，用框架拼成冷却芯子，一同放入真空炉内。在真空炉内，水侧隔板上涂的焊料经高温熔化，使隔板与接触的波片、封条熔为一体。钎焊后的冷却芯子采用氩弧焊，将法兰、横板焊于侧护板上，构成中冷器体。

整个中冷器体的组成元件均采用防锈铝分别进行不同的处理加工。水盖板则采用铸铝件。

工作时，增压空气从上到下流过冷却芯子。冷却水从图 5-8-15 中的左侧进水盖板的左下角的法兰口流入，经过内波片，从右侧出水盖板的右上角法兰口流出。

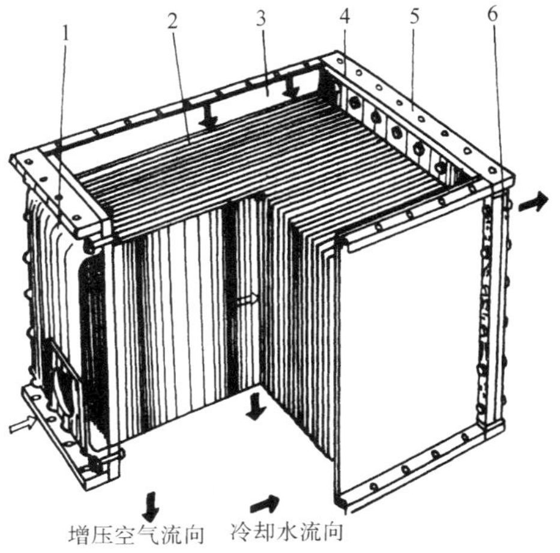

1—进水盖板；2—冷却芯子；3—侧扩板；4—横板；5—法兰；6—出水盖板。

图 5-8-15　板翅式铝中冷器

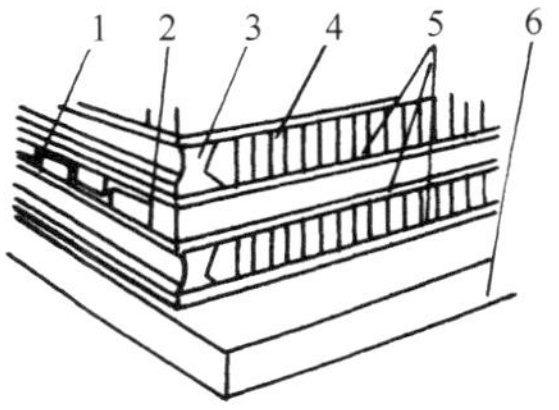

1—内波片；2—小封条；3—大封条；4—外波片；5—水侧隔板；6—侧护板。

图 5-8-16　冷却芯子内部结构

第九节　16V265H 型柴油机进、排气系统

16V265H 型柴油机进、排气系统采用定压增压方式，主要由增压器、中冷器、进气支管和排气总管等组成。柴油机左、右列气缸各自拥有独立的进、排气管路，零部件构成基本一致，但两侧管路互不连通（图 5-9-1）。

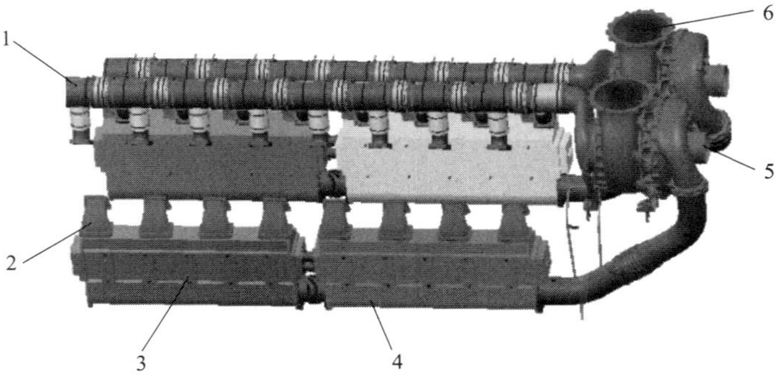

1—排气总管；2—进气支管；3—左侧中冷器；4—稳压箱；5—压气机进口；6—废气涡轮出口。

图 5-9-1　16V265H 型柴油机进排气系统布置图

一、进气系统

16V265H 型柴油机的进气系统包括增压器的压气机、中冷器及进气管路。两台 HA 型增压器分别用螺栓固定在机体输出端的左、右支座上,增压器压气机出口依次通过压气机出气管、橡胶波纹管、中冷器进气管后与中冷器下方的稳压箱相接。橡胶波纹管起隔振及消除装配误差作用;4 个中冷器的上下方均布置有稳压箱,用以消除高压空气的紊流;每个中冷器下方的进气总管对冷却后的高压空气同样具有稳压作用。各缸的进气支管(又称进气弯管)为铸铝合金材料,将经过冷却后的高压空气引入各气缸盖的进气道,并最终进入燃烧室。

进气通路为:大气→空气滤清系统→增压器的压气机→进气总管→下稳压箱→中冷器→上稳压箱→进气支管→气缸盖进气道→进气门→气缸燃烧室。

二、排气系统

16V265H 型柴油机有左、右两根各自独立的排气总管装配,由若干排气总管单节装配、波纹管装配,以及管卡组成,各零部件均采用耐热不锈钢材料。排气总管由各排气总管单节装配及波纹管装配串联构成。波纹管与单节的连接依靠 V 形不锈钢弹性管卡锁住,法兰之间的密封垫片由耐高温的蛭石制成。排气总管单节为 T 字形,与垂向的排气支管固接,总管前端(自由端)用端板焊接封死。单节外包裹隔热材料制成的隔热毯,外面再用不锈钢薄板包裹,并用卡带固定。但波纹管外面没有包裹隔热材料,只有不锈钢薄板包裹。

排气通路为:气缸燃烧室→排气门→气缸盖排气道→排气支管→排气总管→增压器的涡轮机→废气涡轮出口→排气烟道→大气。

三、增压器

16V265H 型柴油机装用 HA 型增压器(图 5-9-2)。HA 型增压器采用独特的小惯量叶轮设计,可有效减小涡轮滞后的影响,对柴油机转速和负荷的变化进行快速响应。涡轮转子和压气机叶轮分别装在增压器转子轴的两端,其转子设计为涡轮盘与叶片一体加工制造,转子轴与涡轮盘之间加装轴套,轴套加热后套装在涡轮盘上,两者之间为静配合(即过盈配合)。增压器转子采用内置式滑动轴承,止推轴承装在压气机端。

图 5-9-2 HA 型增压器

单级离心式压气机主要由压气机蜗壳、压气机叶轮及扩压器等组成;单级轴流式涡轮机主要由涡轮进、出气壳,喷嘴环和涡轮等组成。涡轮出气壳底部设有排水口,其作用是通过排水管将漏入机车烟囱的雨水等排出到机车底部。但 HA 增压器不是采用水冷却,而是依靠润滑机油进行冷却。柴油机启动前,辅助机油泵在给柴油机其他零部件供油的同时也向增压器提供机油,进行预润滑;柴油机停机后,辅助机油泵立即启动,对增压器进行"后润滑",且保持一段时间,以保护增压器。

四、中冷器

16V265H 型柴油机两侧共装有 4 台中冷器(图 5-9-3),除对外接口外,中冷器的内部结构基本一致。每侧的两台中冷器之间采用不锈钢波纹管将下部稳压箱连通。每个中冷器用10个螺栓固定在机体外侧，增压空气先进入下部稳压箱进行稳压，然后再进入中冷器进行冷却，以确保冷却效果。

图5-9-3　16V265H型柴油机中冷器

中冷器主要由壳体、冷却芯组和两端的水盖等组成。壳体为钢板焊成的矩形箱体结构，上、下各有起稳压作用的气道；壳体内有上、下两组冷却芯组。冷却芯组为管片式结构，冷却水管和翅片均为铜材质，水管与两端的管板采用胀管工艺固接。冷却水采用双流层方式进行循环，即冷却水从柴油机自由端先进入上部芯组铜管，经后端水盖再进入下部芯组，最后从出水孔流出进入机车冷却散热系统。而增压空气则从下部气道进入，先进入下芯组的水管外壁与翅片间的通道，再到上芯组翅片与水管壁间的通道流出，汇入上部气道继而进入各缸的进气支管。

五、空气滤清系统

HXN3型内燃机车空气滤清系统由三级滤清元件组成。第一级为多孔板压成的V形波浪网，第二级为两个惯性滤清器，分别安装在清洁空气室车体的侧墙上。第三级为柴油机空气滤清器，安装在主发电机上。柴油机运行时，清洁空气室的各个门均处于关闭状态，外界空气只能从惯性滤清器进入，然后再通过主发电机上的第三级柴油机进气滤清器进入到柴油机内部进气系统。

图5-9-4　多孔板V形波浪网

1. V形波浪网

装在清洁空气室车体侧墙上的V形波浪网(图5-9-4)主要用来阻挡直径较大的沙尘颗粒、树叶、废纸等进入后面的空气系统。

2. 惯性滤清器

HXN3型内燃机车清洁空气室的侧墙上配有两组惯性滤清器，机车每侧一个。电气室/除尘风机组件通装在该室的顶部，转向架/设备通风机及主发电机将该室封闭起来。其布置如图5-9-5所示。

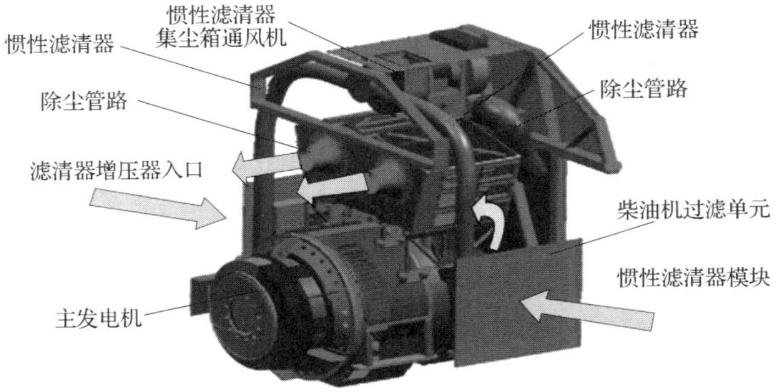

图片

图5-9-5

图5-9-5　惯性滤清器布置

惯性滤清器(图 5-9-6)是由一系列的管子组成,每个管中都有专门的叶片,可以在所吸入外界空气中引发旋转运动。当柴油机运行时,柴油机从清洁空气室抽取比较清洁的空气,在空气滤清间形成负压,这样有利于柴油机快速地从管中抽出空气。由于杂质和灰尘颗粒比空气重,会被甩到管的外壁并冲到抽气管道。除尘通风机可清除杂质颗粒,并从机车车顶排出。这样,空气与杂质分离出来,清洁的空气继续从管道直径较小的部分中流出,然后进入第二根管中。这样,空气再次被管内的叶片引出旋转,灰尘颗粒被带入到抽气管,清洁后的干净空气进入清洁空气室。在惯性滤清器的底部有排水管,可以排出滤清器中的雨水。

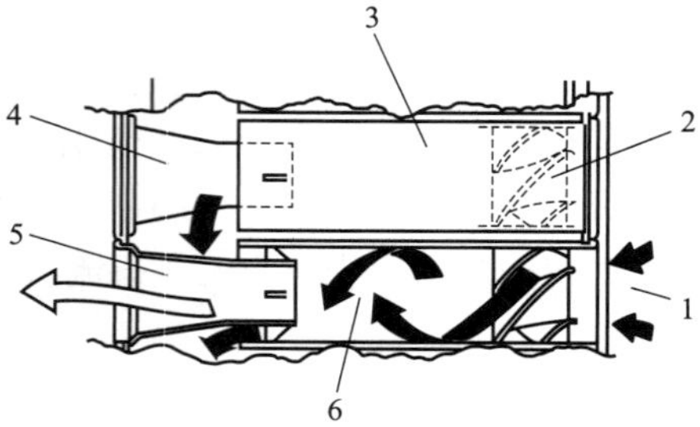

1—室外空气;2—叶片;3—管道;4—抽气管;5—新鲜空气流动;6—脏污空气流动。

图 5-9-6 惯性滤清器

3. 柴油机进气滤清器

柴油机进气滤清器安装在清洁空气室中主发电机后端的上方,在惯性过滤器出口和增压器的压气机入口之间。滤清器由壳体和滤芯构成,其特征是滤芯为袋式结构,滤袋由透气柔性材料制成,外部覆盖有网罩。具体结构如图 5-9-7 所示。

滤清器壳体由钢板焊接而成,中间有钢丝框、固定架,外面有固定滤芯的锁紧机构。壳体的一端还焊接了 2 个喇叭状进气口,与增压器进气口相连,如图 5-9-8 所示。为了防止油漆脱落进入增压器,壳体的内部没有喷漆而是涂有防锈油。壳体内部装有 6 个玻璃纤维袋式滤芯,每侧 3 个。进气滤清器工作原理示意如图 5-9-9 所示。

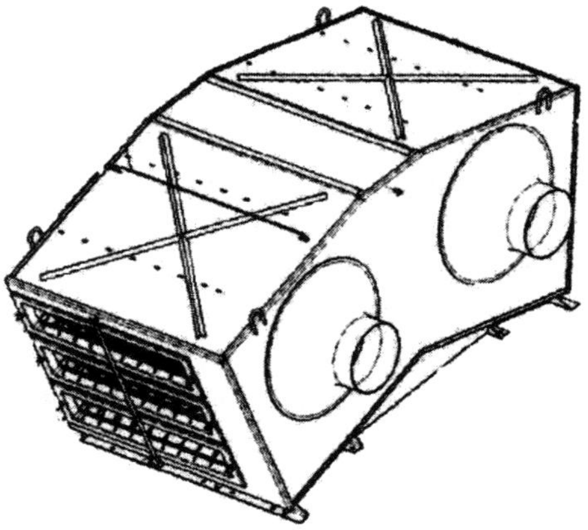

图 5-9-7 进气滤清器整体结构

为进一步加强密封结构和过滤效果,中车大连机车车辆有限公司于 2013 年对该滤清器进行了重大改进。将一次性玻璃纤维用线缝制成一大一小两个滤袋,玻璃纤维内表面进行浸油处理,浸油量适中,油为有黏性的无色胶状物,用于吸附灰尘。玻璃纤维的外表面安装尼龙网丝,以加大玻璃纤维的支撑强度。小滤袋装在大滤袋内部,两层袋子之间有一定的间隙,保证进气流量。两层滤袋外面设置一个刚性支撑架,将两层滤袋套在支撑架并固定于端盖上。大小滤袋的过滤精度不一样,小滤袋比大滤袋的过滤精度低一些,空气中的灰尘先经过小滤袋过滤后再进入大滤袋进行第二次滤清。这种空气滤清器大大增加了滤清器的过滤面积,过滤效率极高,容尘量大,更换周期长,能有效防止灰尘进入柴油机引起频繁拉缸的现象,适用于沙尘恶劣地区。

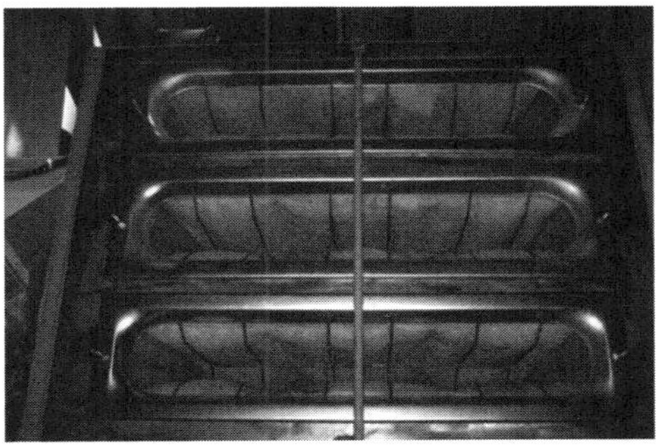

图 5-9-8 进气滤清器滤芯安装

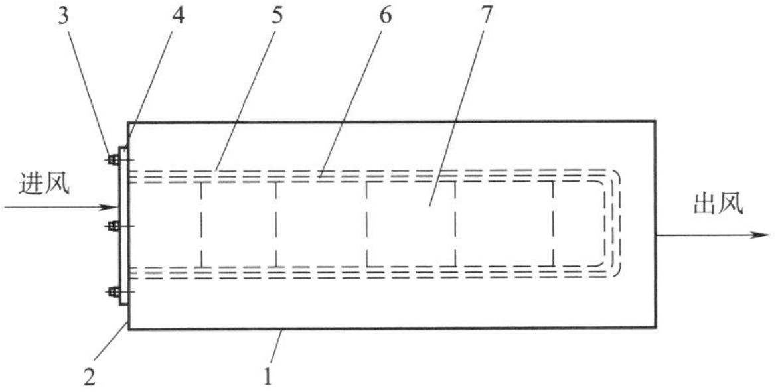

1—壳体;2—端盖;3—紧固件;4—密封垫;5—滤袋(大);6—滤袋(小);7—滤袋支撑架。

图 5-9-9 进气滤清器工作原理示意图

第十节 GEVO16 型柴油机进、排气系统

GEVO16 型柴油机的进、排气系统(图 5-10-1)主要由空气滤清器组件、进气管路、排气管路、废气涡轮增压器和中冷器等五部分组成。

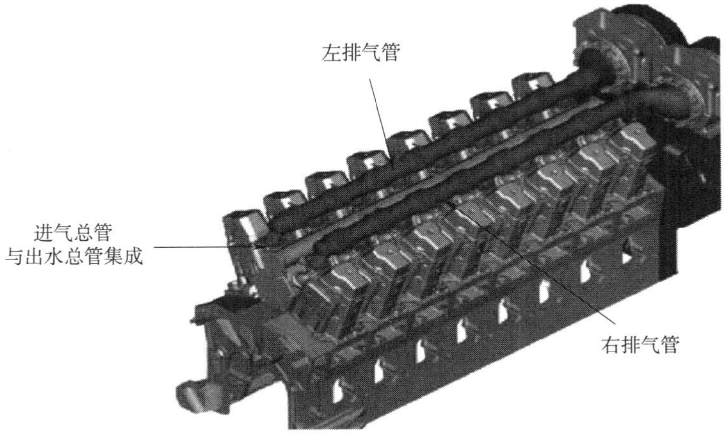

图 5-10-1 GEVO16 型柴油机进、排气系统

一、空气滤清器组件

HXN_5 型内燃机车空气滤清系统同 HXN_3 型内燃机车类似,也由三级滤清元件组成。第一级为 V 形滤网,第二级为惯性滤清器(也称旋风筒式滤清器或塑料空滤器栅),第三级为袋式滤清器(也称柴油机空气滤清器)。滤清后的清洁空气进入增压器,被压缩后再由中冷器冷却后经进气总管进入到柴油机内部进气系统。

空气滤清器组件(图 5-10-2)主要包括空气滤清器箱、进气 V 形滤网、10 个惯性滤清器、6 个袋式滤清器、2 个冬/夏转换门(手动)、排尘风机和连接软管等。

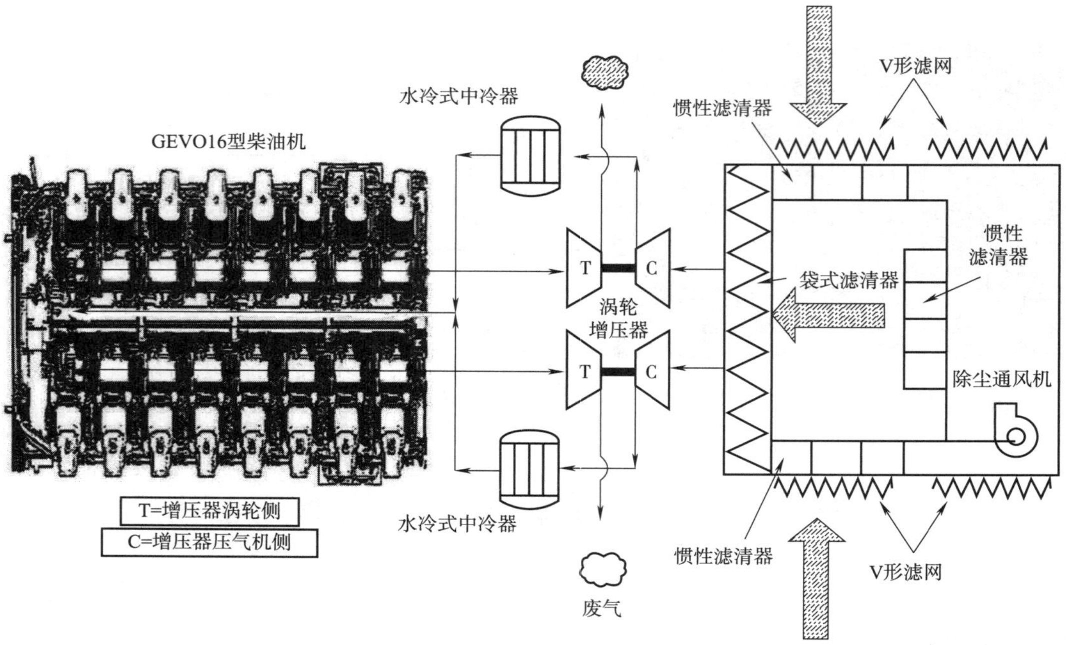

图 5-10-2　GEVO16 型柴油机空气滤清器组件

1. V 形滤网

V 形滤网位于冷却室(散热器室)两侧,形成 V 形可以增大空气进入的流通面积。它主要用来阻挡直径较大的沙尘颗粒、树叶、小树枝、废纸、垃圾废物等进入后面的空气系统。

2. 惯性滤清器

HXN_5 型内燃机车的惯性滤清器是应对空气中污染物的第二道防线,也是机车通风系统与柴油机空气过滤的共用滤清系统。如图 5-10-3 所示。

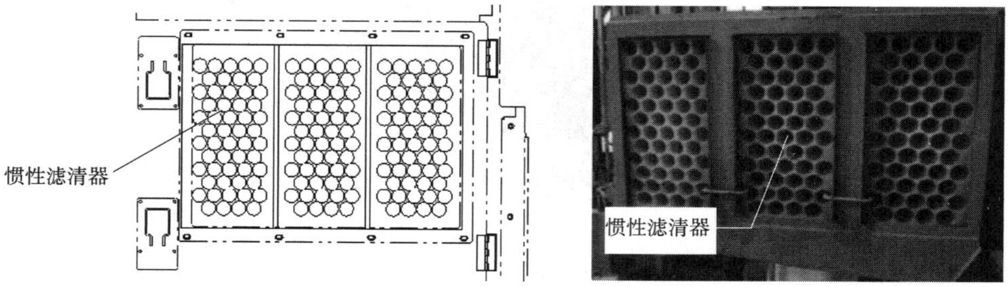

图 5-10-3　惯性滤清器

机车冷却室侧壁上安装有 10 个惯性滤清器(两侧各 3 个,靠冷却室端部 4 个),每一个滤清器包含 54 个独立的旋流管,管子布置有螺旋叶片,当空气流经管子时,使其产生旋流,旋流可迫使较重的尘粒处于气流的外侧,这样包含尘粒较多的“脏”空气在管子的出口处被分离出来,排放到排污管中。空气排污管上连接着除尘通风机,用来提供必要的抽吸力帮助旋风筒产生旋风作用。除尘通风机将“脏”空气送入冷却室,通过冷却室间壁门上的排污管排到机车体外部,气流中间部分的清洁空气进入前部风管然后流向袋式滤清器。其工作原理如图 5-10-4 所示。

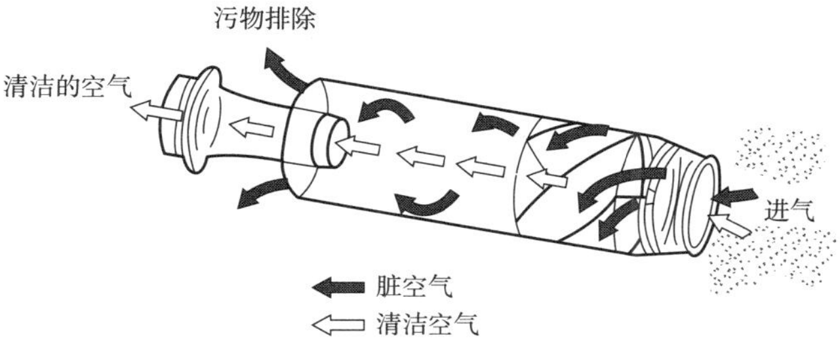

图 5-10-4　惯性滤清器工作原理

3. 袋式滤清器

袋式滤清器(图 5-10-5)的作用是清除来自惯性滤清器的清洁空气中的细小颗粒(大于 3 μm)。HXN5 型内燃机车共装有 6 个袋式滤清器。每个袋式滤清器由连续的细玻璃纤维介质构成,纤维上涂有胶体油,工作中用以黏附脏物。袋式滤清器安装在位于冷却室的空气滤清器箱内。通过空气滤清器箱两侧的门,可以接近这些袋式滤清器。

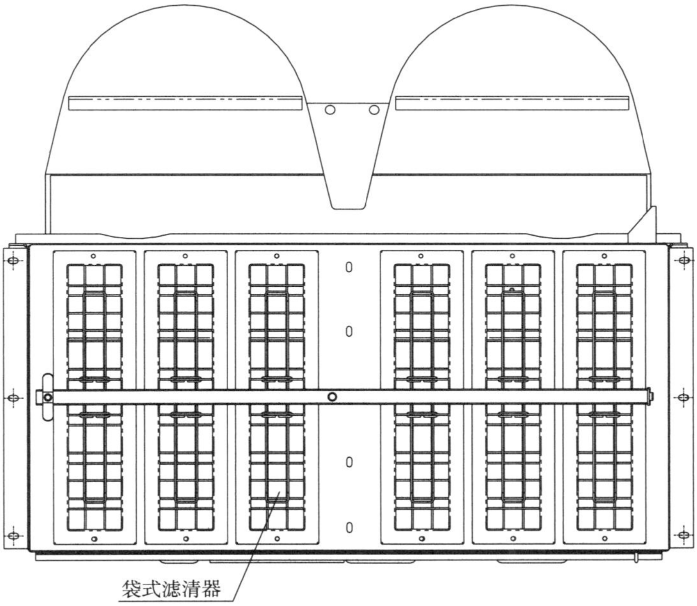

图 5-10-5　袋式滤清器

4. 冬/夏转换门

冬/夏转换门(图 5-10-6)的作用是为了在寒冷季节将动力室的暖空气与车外冷空气混合,防止冰晶堵塞袋式滤清器,以及使柴油机进气总管空气温度维持在较高温度。

冬/夏转换门位于冷却室的隔间中。根据机车使用季节不同,机车设置了两种工作方式,即采用冬/夏转换门进行转换,如果门不能在对应的气候下有正确的位置,机车性能可能会受到损失。在寒冷天气工作时,为了将动力室的暖空气与车外冷空气混合,防止冰晶堵塞袋式滤清器,以及使柴油机进气总管空气的温度维持在较高水平,每个门的位置应部分阻断从惯性滤清器来的空气通路。同时该位置将打开一条从动力室来的空气通路。在夏季工作时,每个门的位置应能阻断连通到动力室的空气通路,若门处在冬季位,燃烧空气可能被过分加热,这将导致燃油消耗量大,涡轮前温度高及缩短涡轮增压器寿命。

(a)冬/夏转换门的冬季位置

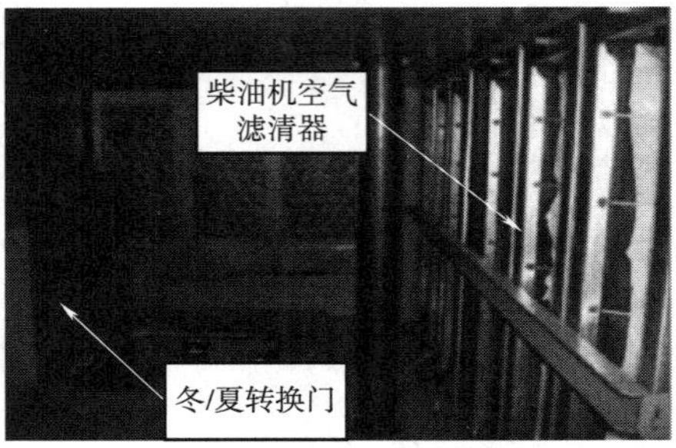

(b)冬/夏转换门与袋式滤清器位置图

图 5-10-6　冬/夏转换门

5. 空气滤清器箱

空气滤清器箱(图 5-10-7)为钢板焊接结构,内有篮筐式袋式滤清器安装架,其内安装 6 个袋式滤清器,采用篮筐压装形式,密封可靠、更换方便。整个空气滤清器箱体结构采用独立模块形式,大大减少了空气泄漏点的出现,使密封性得以保证。

图(5-10-7)中箭头所指处为环境真实温度(ATT 或 TIA)传感器。其作用是测量增压器的进口空气温度,并将此信息被发送给柴油机控制单元(ECU)。柴油机管理软件依据此温度信息计算空气密度,也用于负荷率的计算。

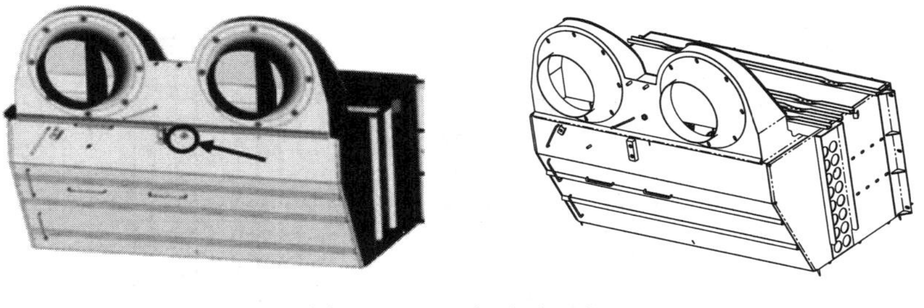

图 5-10-7　空气滤清器箱

6. 柴油机进气连接软管

空气滤清器箱与柴油机增压器通过柴油机进气连接软管(图 5-10-8)连接在一起。其采用符合标准的橡胶材料,能承受 $-40\sim+121$ ℃的环境温度及 6.8～10.2 kPa 的内压。它可用来调节空气滤清器箱与增压器间的相对位移,其允许横向错位量为 19 mm。

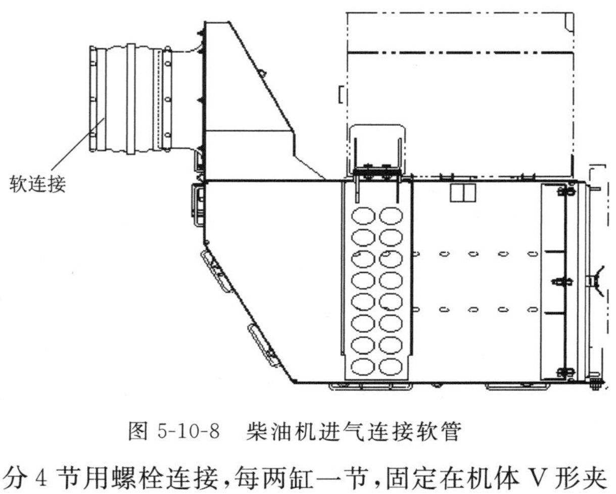

图 5-10-8　柴油机进气连接软管

二、进气管路

进气管道由左右独立的进气支管、安装中冷器的侧盖罩和位于柴油机的 V 形夹角内进气总管组成。进气总管(图 5-10-9)分 4 节用螺栓连接,每两缸一节,固定在机体 V 形夹角顶部，形成进气稳压室。由两台中冷器冷却后的压缩空气经过前端集成箱体(IFE)的通道混合后进入进气总管形成的进气稳压室，加以稳定后流入气缸内。进气支管与总管接口采用无螺栓连接的O形圈。

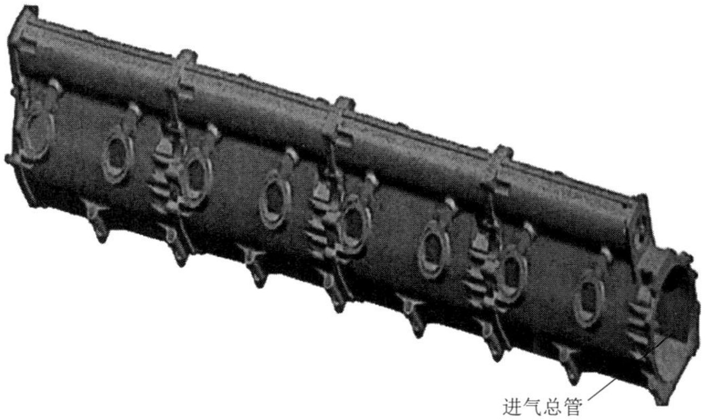

图 5-10-9　进气总管

三、排气管路

GEVO16型柴油机采用模块式脉冲转换系统MPC，左右列的气缸的废气经各自的排气支管分别进入左右两根排气总管，再进入左右各自的增压器涡轮机。每根排气总管由8节组成，每节对应一个气缸，各节之间采用卡箍连接，方便拆装。

图 5-10-10　单节排气管

柴油机的单缸(节)排气管(图5-10-10)采用不锈钢铸焊结构，本体材料选用耐热不锈钢，在排气管的前端焊接不锈钢波纹膨胀管。通过氩弧焊将铸造不锈钢体形成的内衬导流管与外波纹管焊成一体，以防止气流对内衬导流管的热冲击振动，避免了焊接式内衬导流管脱落而损坏增压器的质量故障。该波纹管由3层薄钢板构成，有较好的伸缩性和横向偏移补偿能力。

四、增压器

GEVO16型柴油机的增压器具有高效率、大流量、高压比的特点。不仅性能优越，而且重量轻、尺寸小、结构紧凑，另外该增压器可靠性高，能适用于不同环境的应用。两台增压器布置在柴油机自由端的IFE上，分左右对称布置。涡轮增压器(图5-10-11)由压气机、涡轮及中间支承体等构成，压气机叶轮和涡轮叶轮固定安装在同一根转子轴上，如图5-10-12所示。增压器底座采用8个螺栓固定在前端盖组件上，同时在蜗壳和安装座之间采用了马鞍型的过渡板加强连接，保证了产品的可靠应用。

增压器采用单级离心式压气机，由进气直管、导风轮、压气叶轮、扩压器、蜗壳等组成。导风轮和叶轮的设计具有满足大流量气流的要求，且气动性好、流动损失小、效率高、变工况性能好的特点。进气壳的法兰连接可沿增压器轴心方向周向旋转，能按照不同进气管路的要求调整角度，便于结构的布置。

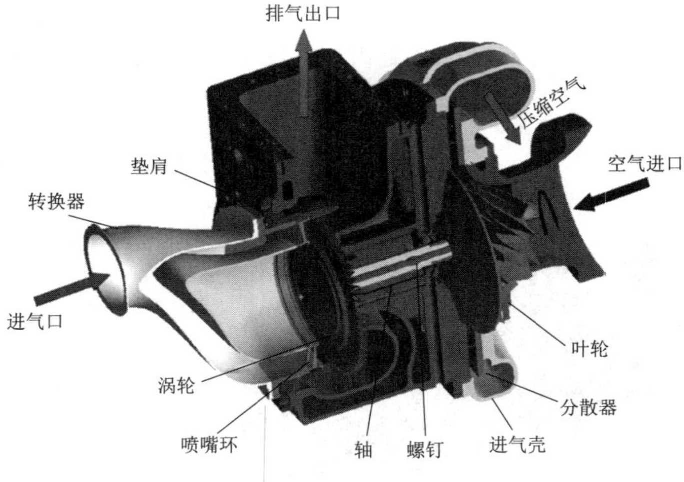

图 5-10-11　增压器结构原理

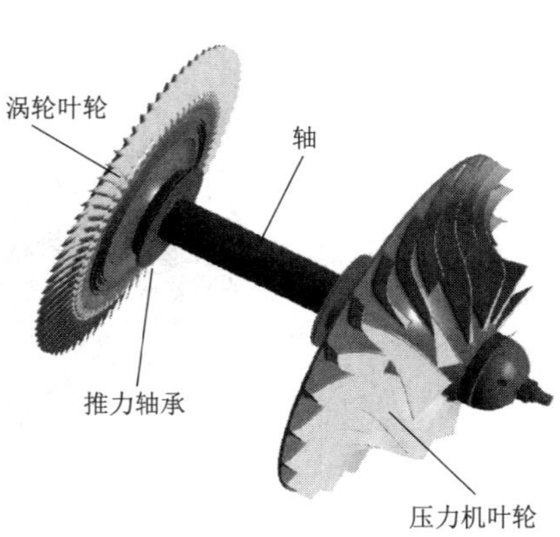

图 5-10-12　涡轮和压气机叶轮

增压器的涡轮为单级轴流式结构,由废气进气壳、喷嘴环、涡轮叶轮、废气排气壳等组成。增压器采用单进口废气进气壳。进气壳采用排气管过渡端型式,与排气壳法兰的连接可根据排气系统连接管的位置不同而调整角度。同样,在确定了两增压器中心距离后,通过调整废气进气壳的安装角度,使得左右排气总管与左右废气进气壳能对中安装。

增压器的废气壳体内设有冷却水腔,所用冷却水引自柴油机的冷却水,和柴油机的冷却用水要求一致。增压器的出水管与柴油机出水总管之间采用了软管连接,从而防止工作时的振动过大以引起滴漏等故障。

GEVO16 型柴油机增压器的突出优点是通过选配合适的进油节流孔,使得其所需润滑油工作压力与柴油机的机油工作压力一致。增压器要求的机油滤清精度为小于 30 μm,与柴油机所用润滑油的滤清精度一样,这样可以从主油道进口的 IFE 上直接引一路润滑油进入增压器,并通过前端集成箱体将增压器回油引向油底壳。

五、中冷器

GEVO16 型柴油机选用了冷却面积大、效率高的铜芯中冷器,采用板翅式结构和胀接工艺,即总管到支管和支管到肋片的装配通过胀管紧密连接。其中水处于各支管内,而空气则流动于肋片之间。

中冷器采用抽屉式安装方式,首先安装在 IFE 的铝制侧罩盖上,形成完整的冷却水循环并组成一个整体,像抽屉一样,然后将此整体插入到 IFE 的安装内腔中。这样中冷器铝罩盖为中冷器水管和进气管提供安装平面并将中冷器芯体悬挂在 IFE 内。

柴油机运转时,增压空气从铝罩盖与中冷器芯子形成的前气腔(IFE 的左右外侧)流向中冷器芯子,由左右中冷器冷却后的压缩空气在 IFE 中部汇合后进入柴油机的进气总管。冷却水通过装在铝罩盖下部的中冷器进出水集成箱(图 5-10-13)进出中冷器。

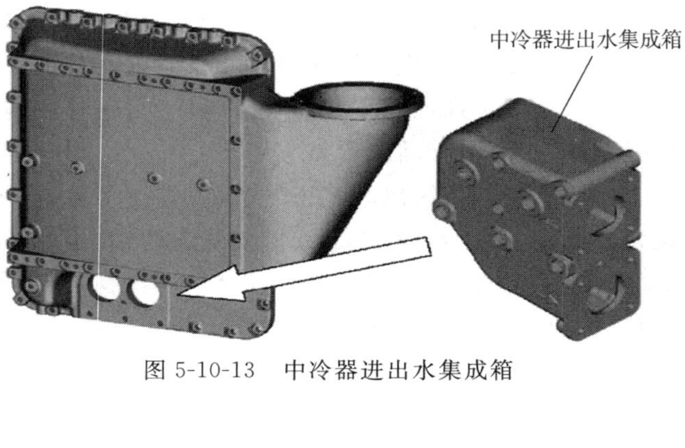

图 5-10-13　中冷器进出水集成箱

第十一节 12V265 型柴油机进、排气系统

12V265 型柴油机的进、排气系统采用定压增压方式，主要由增压器、中冷器、排气总管及其他管路部件组成，如图 5-11-1 所示。

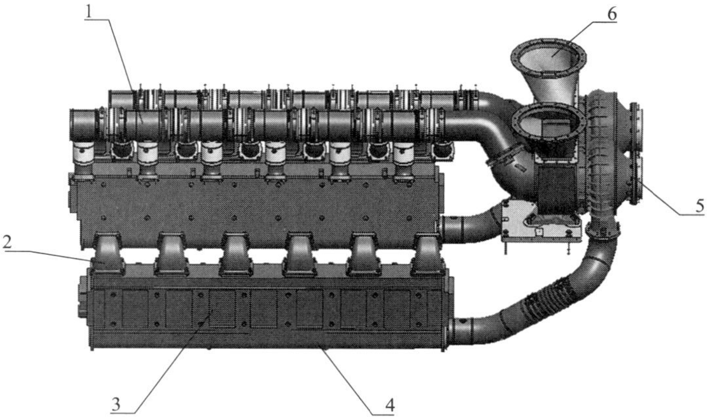

1—排气总管；2—进气支管；3—左侧中冷器；4—稳压箱；5—压气机进口；6—废气涡轮出口（烟囱）。

图 5-11-1 12V265 型柴油机进、排气系统

与其他国产机车柴油机不同，12V265 型柴油机左、右排气缸各自拥有独立的进、排气系统，无论是进气系统还是排气系统，两侧的管路没有连通处。在机车运行过程中，如有一侧的增压器损坏，则意味着该侧的 6 个气缸将严重缺少空气，应尽快停机处理，以免事故扩大。

一、进气系统

12V265 型柴油机的进气系统（图 5-11-2）主要包括增压器的压气机、中冷器及进气管路。左右两排气缸的进气系统各自独立，两套进气系统的零部件构成基本一致。

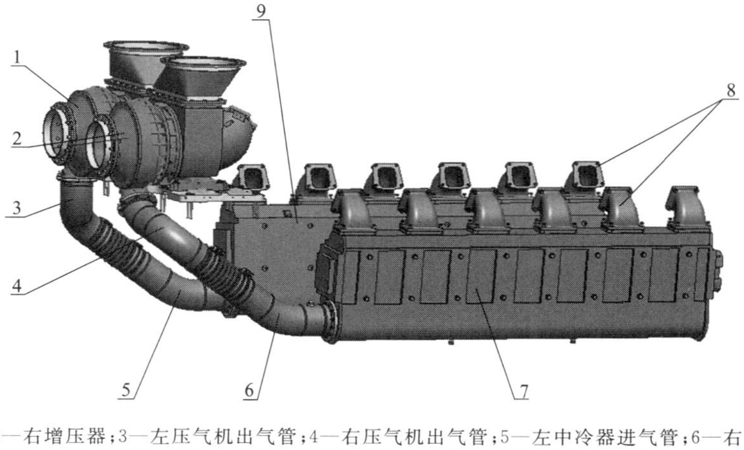

1—左增压器；2—右增压器；3—左压气机出气管；4—右压气机出气管；5—左中冷器进气管；6—右中冷器进气管；7—右中冷器装配；8—进气支管；9—左中冷器装配。

图 5-11-2 12V265 型柴油机进气系统

12V265 型柴油机采用 2 台 TPR56 型增压器，分别用螺栓固定在机体输出端支座上。增压器压气机出口依次通过压气机出气管、橡胶波纹管、中冷器进气管与中冷器下方的稳压箱相接。橡胶波纹管起到隔振及消除制造、组装误差的作用。

柴油机两侧共安装了 2 台中冷器，每个中冷器的上、下均设置了稳压箱。各缸的进气支管为铸铝合金材料，将经过冷却后的高压空气引入各气缸盖的进气道，并最终进入燃烧室。

二、排气系统

12V265 型柴油机左右两列气缸的排气系统也是各自独立的，构成部件也基本一致。此外，增压器的涡轮端部分也归入排气系统。

每侧排气总管由若干耐热不锈钢材料制成的排气总管单节装配、波纹管装配及管卡组成，如图 5-11-3 所示。各排气管单节装配串联构成，每两个单节之间都安装了一个波纹管，以缓解排气脉冲造成的振动、避免零部件因高温变形而产生热应力、抵消因制造和组装而形成的排气总管单节间的对中误差。波纹管与单节的连接依靠 V 形不锈钢弹性管卡锁住，法兰之间的密封垫片材料为片状蛭石。与普通材料相比，蛭石材料的耐温可达 900 ℃。

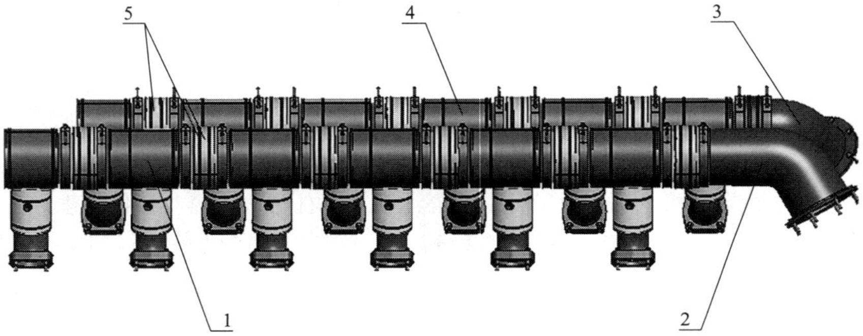

1—左排气管单节；2—左排气弯管；3—右排气弯管；4—右排气管单节；5—波纹管单节。

图 5-11-3　12V265 型柴油机排气系统

排气管单节(图 5-11-4)呈 T 字形，垂直方向为排气支管，水平方向为排气总管。它位于柴油机最前端的左右两侧单节，其总管前端用端板焊接封死。单节外部包裹了隔热材料支承的隔热毯，隔热毯的外部用不锈钢薄板包裹，并用卡带固定。波纹管的外部没有包裹隔热材料，仅用不锈钢薄板进行了封盖。

图 5-11-4　排气管单节

三、增压器

12V265 型柴油机采用 TPR56 型涡轮增压器，增压器叶轮采用整铸结构，轴承转子采用无水冷设计。如图 5-11-5 所示，两台增压器分别安装在机体输出端的增压器支座上。增压器主要由涡轮端、转子轴及轴承、压气机端三部分构成。增压器的转子在压气机端装有止推轴承。在废气出气壳体下部底座上设计有排水口，并通过排水管将漏入机车烟囱的雨水等排到机车底部。

12V265 型柴油机在 1 000 r/min、3 500 kW 工况时，增压器转速为 38 500～41 300 r/min，两侧增压器的转速差不得大于 1 000 r/min。在平原运用条件下，增压器最高允许转速为 42 500 r/min。机车微机控制系统随时监测该转速，超转速时将自动采取降载保护等措施。

1—涡轮机;2—压气机。

图 5-11-5　TPR56 型涡轮增压器

TPR56 型涡轮增压器采用无水冷设计,转子轴通过机油冷却润滑。柴油机启动前,安装在机车上的辅助机油泵在给柴油机其他零部件供油的同时也向增压器提供机油,进行“预润滑”。柴油机停机后,辅助机油泵将立即启动,单独向增压器提供机油,进行“后润滑”,并维持一段时间,以保护增压器。车载微机系统根据软件的设定自动执行上述辅助机油泵的逻辑控制。

四、中冷器

12V265 型柴油机共装有 2 台左右对称的中冷器,除对外接口外,中冷器的内部结构基本一致。中冷器的外形及横剖面如图 5-11-6 所示,每个中冷器采用 16 个螺栓固定在机体外侧。

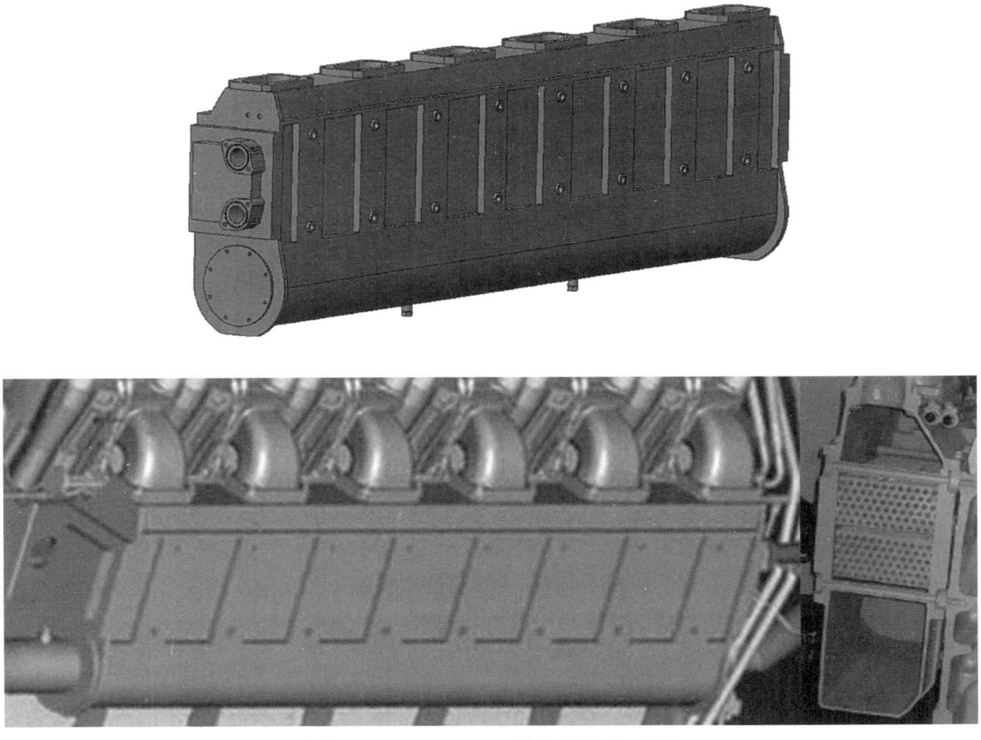

图 5-11-6　12V265 型柴油机中冷器

中冷器主要由壳体、冷却芯组和两端的水盖组成。壳体为钢板焊接的矩形箱体结构，上、下各有起稳压作用的气道。从中冷器的横截面可以看出，空气冷却的工作由上、下两组冷却芯组完成。冷却芯组为管片式结构，冷却水管和翅片均为铜材质，水管与芯组两端的管板采用胀管工艺固接。冷却水的循环采用双流层方式，冷却水由柴油机的自由端进入上部芯组的铜管内，然后流经后端的水盖再进入下部芯组，最后由自由端的出水口进入机车散热系统。来自增压器压气机的压缩空气由下部气道进入，依次流经下芯组、上芯组的水管外壁，并通过翅片完成热量交换后汇入上部气道，最终进入给各气缸的进气支管。

五、空气滤清系统

12V265 型柴油机空气滤清系统采用三级过滤形式，如图 5-11-7 所示。初级过滤多采用多孔板压成的 V 形波浪钢板网，二级过滤采用惯性过滤器，三级为高精度袋式滤清器，过滤后的洁净空气进入柴油机增压器。

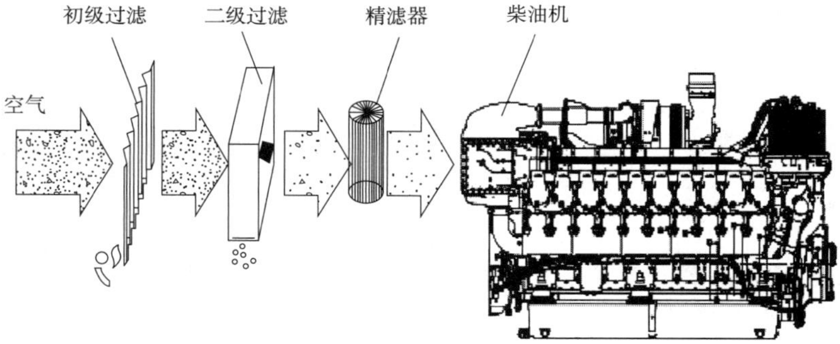

图 5-11-7　12V265 型柴油机空气过滤系统

1. 惯性过滤器

惯性过滤器由一系列的管组成，每个管中都有专门的叶片，可以使吸入的外界空气进行旋转运动。由于杂质和灰尘颗粒比空气重，会被甩到管的外壁并进入抽气管道。4 个惯性过滤器装配对称布置在机车两侧，共用一个除尘通风机。除尘通风机可清除杂质颗粒，并从机车车顶排出。

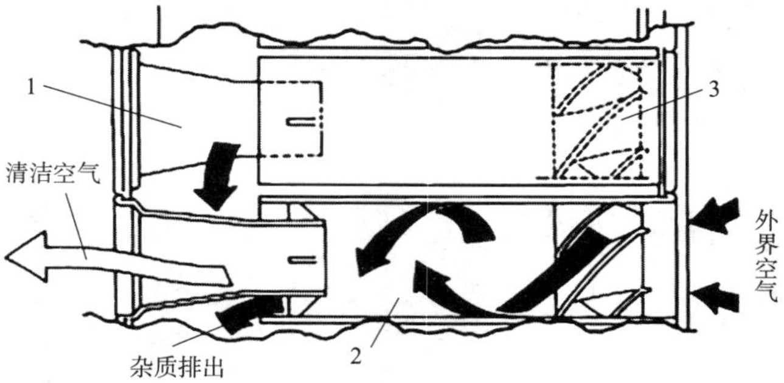

1—空气出口；2—旋流管；3—叶片。

图 5-11-8　惯性过滤器

2. 袋式滤清器

袋式滤清器的壳体(图 5-11-9)是由钢板焊接而成，中间有钢丝框、固定架，外面有固定滤芯的锁紧机构。壳体的一端还焊接了 2 个喇叭状进气口，与增压器进气口相连。每个壳体内部安装 3 个袋式滤清器，如图 5-11-10 所示。

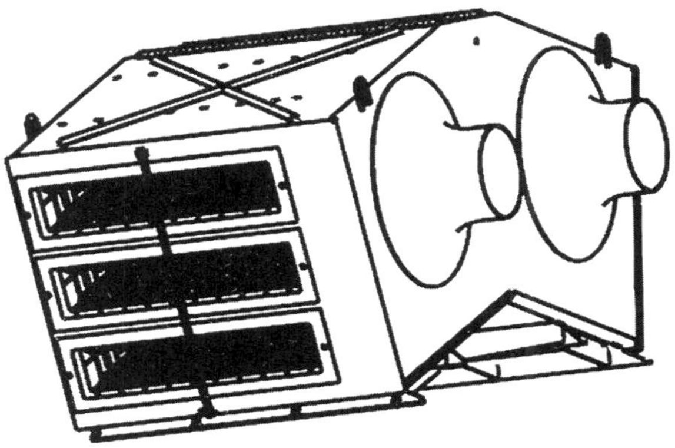

图 5-11-9　袋式滤清器壳体

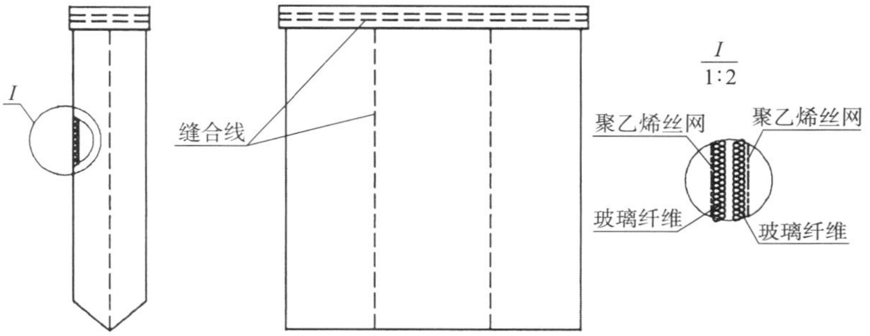

图 5-11-10　袋式空气滤清器

第十二节　R12V280ZJ 型柴油机进、排气系统

R12V280ZJ 型柴油机的进、排气系统由进气管、排气管、废气涡轮增压器、中冷器等组成。排气管路采用 MPC 系统(又称模块式串接脉冲转换器系统),结构简单、拆装方便、互换性好,如图 5-12-1 所示。

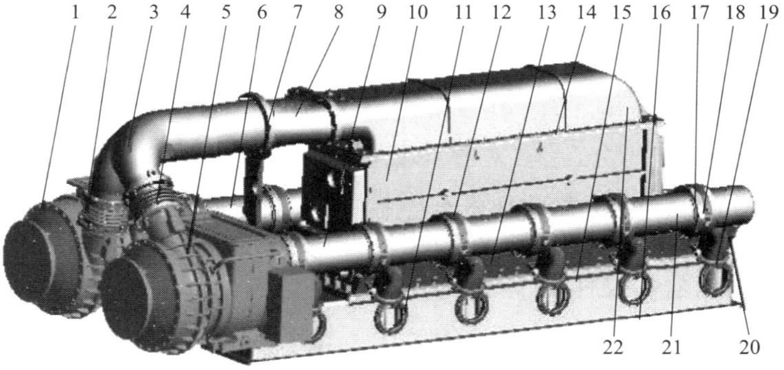

1—右增压器;2—进气膨胀节;3—压气机出口节流管;4—进气膨胀节垫片;5—左增压器;6—右排气管;7—管支撑;8—中冷器上盖连接管;9—左排气管;10—中冷器;11—气缸盖进气密封圈;12—排气管卡箍;13—中冷器座管;14—中冷器上下垫片;15—稳压箱;16—稳压箱垫片;17—波纹管组;18—排气总管垫片;19—排气支管垫片;20—中冷器座管水盖板;21—排气管隔热套;22—中冷器上盖。

图 5-12-1　R12V280ZJ 型柴油机进、排气系统

一、进、排气管路

R12V280ZJ 型柴油机的进气管路主要由进气稳压箱、左右压气机出口弯管(节流管)、进气膨胀节、进气集流管、中冷器上盖、中冷器管座、密封圈(连接气缸盖与进气稳压箱)等组成。整体铸造的稳压箱安装在机体上部 V 形夹角内,增压空气经中冷器上盖连接管进入中冷器,再经稳压箱送入气缸盖。同时在中冷器座管中集成了气缸盖出水管,取消了柴油机上部的高温出水支管,优化了管路设计。

排气管路主要由左右末端排气管、左右直段排气管、排气引射管、波纹管组等组成。在排气管段之间,采用耐高温不锈钢材料,经氩弧焊焊接而成的波纹管连接,有效地解决了排气管的热膨胀与冲击,同时达到了保护增压器的目的。波纹管(图 5-12-2)的内衬导流管与外波管焊成一体,以防止气流对内衬导流管的热冲击振动,不会导致内衬导流管脱落而损坏增压器。该波纹管由三层薄钢板构成,有较好的伸缩性和横向偏移补偿能力,如图 5-12-3 所示。

1—隔热罩;2—隔热带;3—波纹管。

图 5-12-2　波纹管

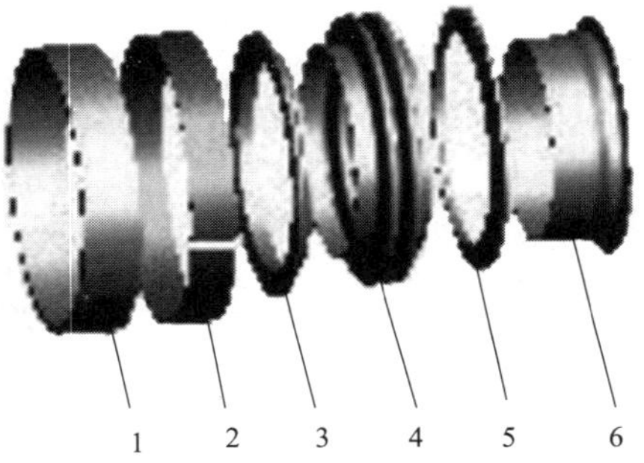

1—隔热罩;2—隔热带;3—出口法兰;4—波纹管;5—进口法兰;6—导流管。

图 5-12-3　波纹管组

二、增压器

R12V280ZJ 型柴油机采用 TPR56FV33 型增压器(图 5-12-4),两个增压器布置在柴油机自由端的集成式增压器支架上,左右对称布置。增压器采用可变涡轮增压技术,能够有效增加柴油机的输出功率和扭矩,具有高效率、大流量、高压比的特点。整个增压器不仅性能优越,而且重量轻、尺寸小、结构紧凑,可靠性高,能适用于不同环境。

TPR56FV33 型增压器由压气机、涡轮及中间支承体等构成(图 5-12-5)。压气机叶轮和涡轮叶轮固定安装在同一根转轴上。中间支承体则是起支承、密封、冷却和润滑的作用。

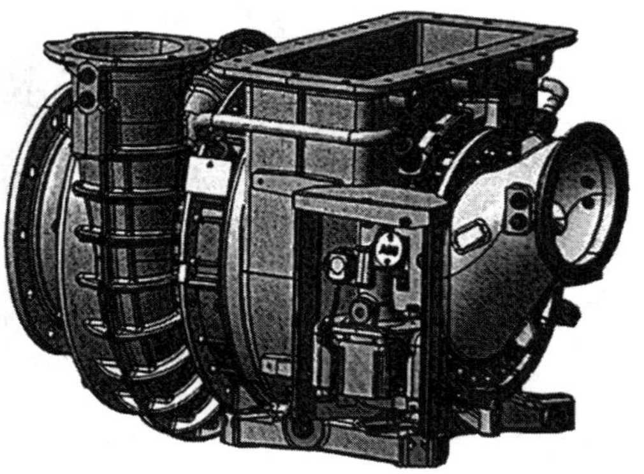

图 5-12-4　TPR56FV33 型增压器

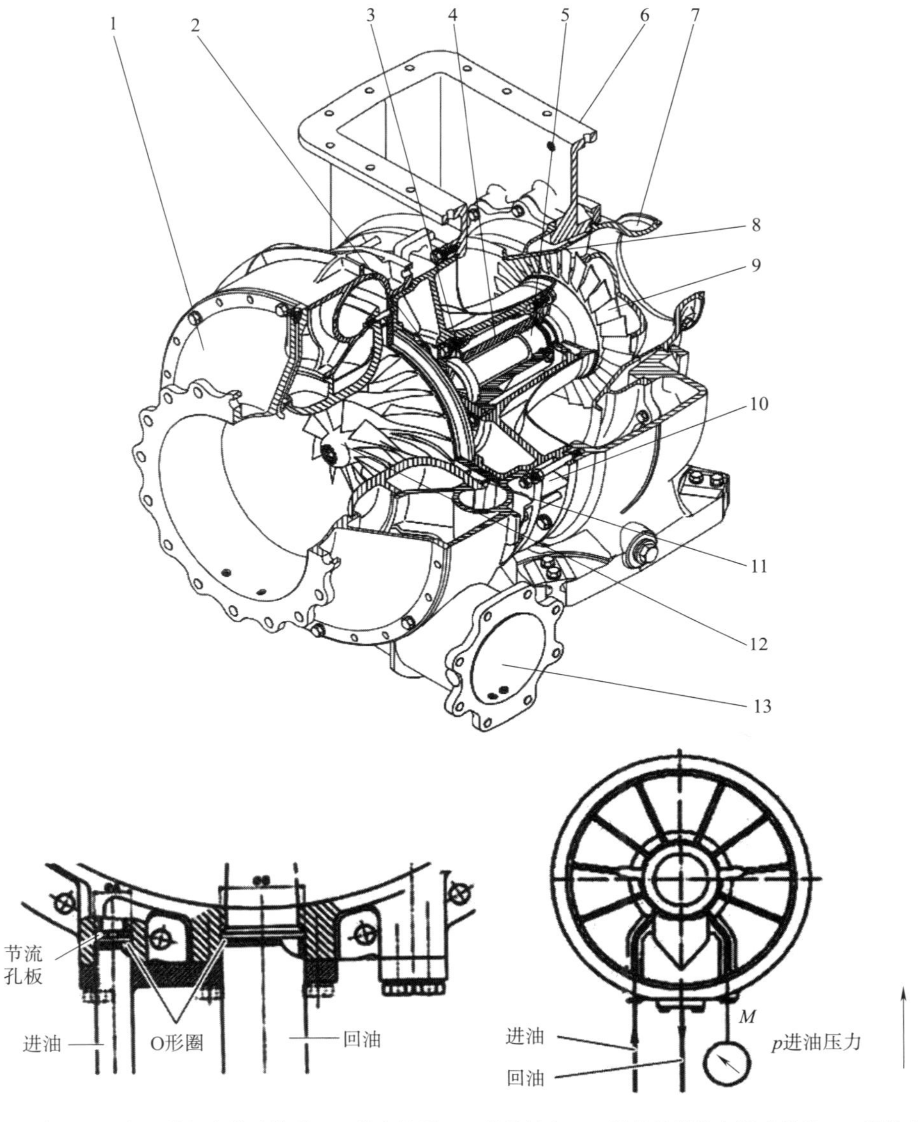

1—空气进气壳；2—压气机端径向滑动轴承；3—推力轴承；4—轴承衬套；5—涡轮机端径向滑动轴承；6—涡轮出气壳；7—涡轮进气壳；8—喷嘴环；9—涡轮叶轮；10—轴承体；11—扩压器；12—导风轮和压气机叶轮；13—空气出气壳。

图 5-12-5 TPR56FV33 型增压器内部结构及供油

柴油机的废气轴向进入涡轮进气壳和喷嘴环，驱动涡轮叶轮并带动与涡轮同轴上的压气叶轮和导风轮，吸入并压缩新鲜空气进入柴油机气缸。压气机中的空气经轴向进气壳进入导风轮和压气机叶轮，然后经扩压器并通过出气壳进入中冷器。轴向推力轴承在靠近压气机端空气出气壳侧的轴承体中。

滑动轴承与柴油机供油管相连接，供油管中的机油由柴油机直接供给，增压器无单独的机油滤清器，机油滤清精度与柴油机的机油滤清精度一致。进、出油口位于轴承壳体的最低点。进油口内含有进油节流孔板，节流孔径为 5.2 mm，该节流孔板的孔径根据增压器内部的运行压力要求确定，节流孔后测点 M 处所允许的油压范围具体见表 5-12-1，用户不得随意更改。

表 5-12-1 TPR56FV33 型增压器节流孔板后部测点 *M* 处所允许的油压范围

序号	运行状态	进油压力/MPa	安全保障允许油温/℃
1	允许、保证增压器正常运行的范围	0.10～0.25	30～95
2	允许、发动机预热期间的范围	0.10～0.50	30～95
3	允许、短时间运行的范围(<1 h)→警报	0.08～0.10	>95
4	不允许→紧急停机	0～0.08	>100,<30 时不允许加载
5	允许、预润滑和后润滑期间(发动机已停止运行)	0.02～0.25	30～95

1. 增压器主要技术参数(表 5-12-2)

表 5-12-2 TPR56FV33 型增压器主要技术参数

标定功率时配套增压压力/kPa	405
标定功率时配套空气流量/(kg/s)	2.95
涡轮前温度/℃	≤620
增压器最高允许转速/(r/s)	675(40 500 r/min)
进增压器机油压力(节流孔后)/MPa	0.10～0.25
进增压器机油温度/℃	30～95
机油滤清精度及过滤率	同柴油机
增压器本体外形尺寸(长×宽×高)/mm(不含控制单元、执行机构、电源)	865×610×737.6(左增压器) 865×705×593.5(右增压器)
增压器本体的净重/kg	365(不含控制单元、执行机构、电源)

2. 增压器控制系统

R12V280ZJ 型柴油机增压器采用 VTG 控制机构,组装到柴油机上,通过一系列的传感器、控制器等构成柴油机 VTG 控制系统,如图 5-12-6 所示。

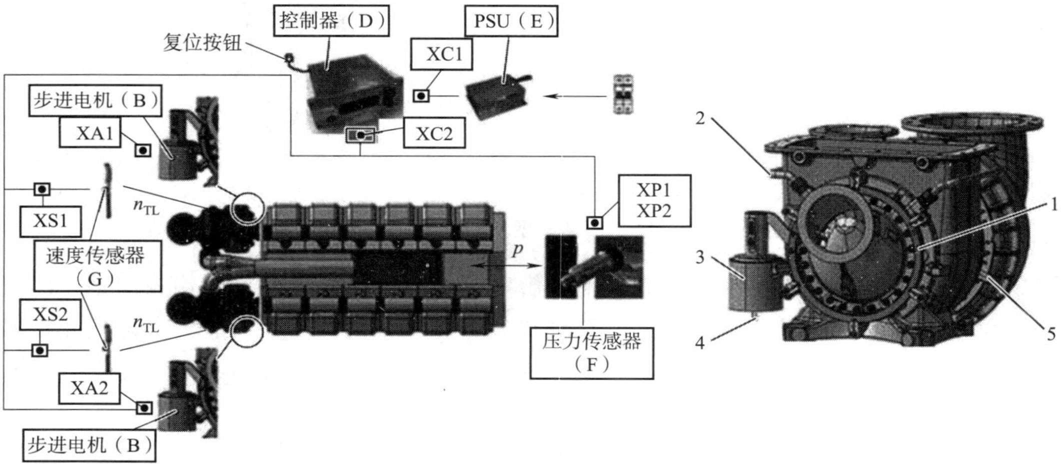

1—喷嘴环调整机构;2—空气密封管(A);3—步进电机(B);
4—步进电机连接头(XA1/XA2);5—增压器转速传感器(G)。

图 5-12-6 R12V280ZJ 型柴油机增压器 VTG 控制系统

VTG 控制系统分为两大部分，一部分为增压器本体上的喷嘴环调整机构、空气密封管、步进电机、步进电机连接头和增压器转速传感器；另一部分为安装在柴油机上的稳压箱压力传感器(F)，以及安置在柴油机外(内燃机车安装在电气室)的电源(E)和控制器(D)。根据柴油机的运行条件，通过步进电机(B)将可变涡轮截面增压器(VTG)的可调喷嘴环叶片移动至要求位置并固定在此位置，增压压力决定 VTG 的位置。发动机控制通过电源(E)向控制器(D)提供电气驱动电源。步进电机(B)和压力传感器(F)从控制器(D)处接收电源和控制信号。柴油机增压压力相关的数据及增压器转速(G)通过相应的连接电缆反馈给控制器。为了防止 VTG 漏气，从压端引入密封气(A)来为 VTG 密封。

VTG 增压器控制系统的电源(E,DC 54～154 V,250 W)来自机车控制系统或柴油机供电系统，通过插头连接 XC1 向控制器(D,DC 16.8～30 V,250 W)供电。

三、中冷器

R12V280ZJ 型柴油机采用 KLQ118 型管片式铜中冷器(圆管结构)。它主要由冷却芯子、侧板、进出水盖板及管板四部分组成，具有散热性能好、寿命长、易清洗的特点。侧板与管板之间、进出水盖板与管板之间采用无石棉橡胶板垫片，实现水、气两侧的密封。中冷器通过水盖板上的进、出水口法兰与冷却水管路相连，中冷器的进气侧法兰与增压器的出气道相连，出气侧法兰与中冷器管接座相连，如图 5-12-7 所示。

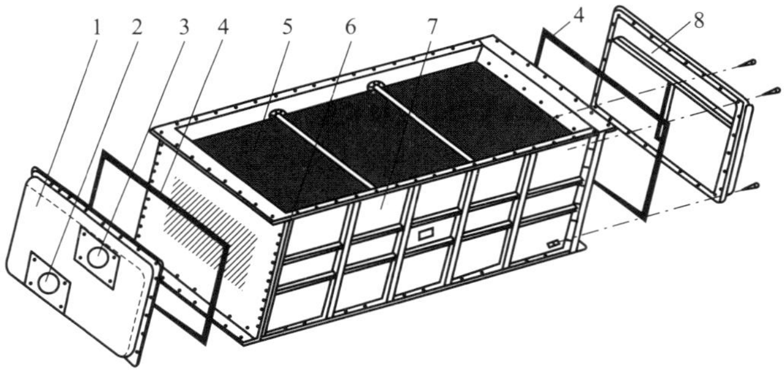

1—进出水盖板；2—中冷器进水口；3—中冷器出水口；4—端盖垫片；5—冷却芯子；6—管板；7—侧板；8—盖板。

图 5-12-7 R12V280ZJ 型柴油机中冷器

冷却芯子采用多管-片式冷却元件，在圆管(或扁管)外套有扰动破口的散热片，用于冷却增压空气。冷却水在管内流动、空气在管外流过翅片管束，增压空气的热量通过管内冷却水带走，达到冷却增压空气的目的。

冷却芯子由冷却芯管(圆管)和冲有破口的翅片构成。芯管和翅片通过胀接连接，再用胀管器把芯管两端胀紧在管板上。侧板与管板采用螺栓连接。进出水端盖与管板的连接也采用螺栓，中间加垫片密封。进出水端盖上带有隔板，隔板将水道隔成两流程。

R12V280ZJ 型柴油机中冷器在环境温度 25 ℃、大气压力 100 kPa、相对湿度 60%的大气条件下，主要技术参数见表 5-12-3。

表 5-12-3 R12V280ZJ 型柴油机中冷器主要技术参数

最高进气压力/kPa	350
最高进气温度/℃	220

续上表

最大空气流量/(kg/s)	7.2(25 920 kg/h)
冷却水最大流量/(m^3/h)	80
冷却水设定进口温度/℃	50
额定功率时出气温度/℃	≤65(环境温度不超过 35 ℃)
额定功率时空气压力损失/kPa	≤4
额定功率时冷却效率/%	≤91
外形尺寸(长×宽×高)/mm	1 745×480×454

四、空气滤清系统

HXN_{5B} 型内燃机车空气滤清系统与 HXN_5 型内燃机车基本一致,同样由三级滤清元件组成,如图 5-12-8 所示。第一级为 V 形滤网,第二级为惯性滤清器(又称旋风筒式滤清器),第三级为袋式滤清器(也称柴油机空气滤清器)。滤清后的空气进入增压器被压缩,再经中冷器冷却后通过进气总管进入各个气缸。

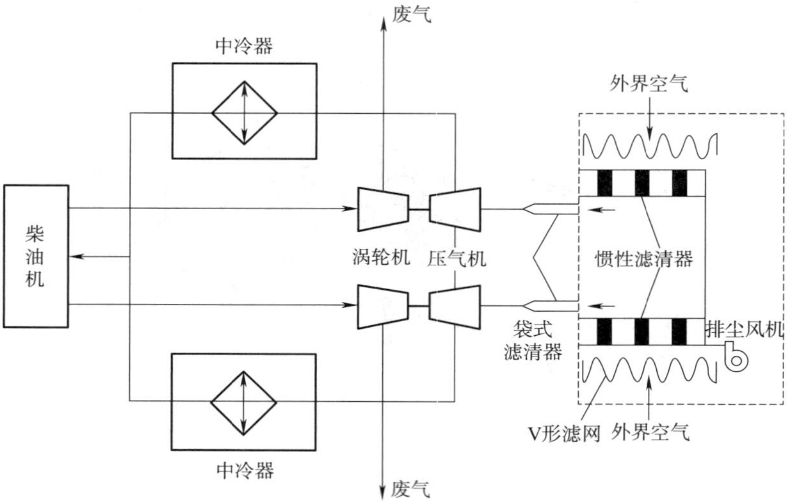

图 5-12-8 空气滤清系统示意图

空气滤清系统组件包括冬/夏转换门、空滤箱、进气 V 形滤网、8 个惯性式空气滤清器、6 个袋式滤清器、排尘风机和连接软管等。其中冬/夏转换门为手动控制,当放在"冬季"位时,便开启了通往动力室以引进暖空气的通路。打开两侧空气滤清器门(V 形滤网与惯性式空气滤清器组件),可以接近并更换袋式滤清器。

1. V 形滤网

位于冷却室两侧的 V 形滤网为多孔钢板网,制成 V 形可以增大空气进入的流通面积,阻挡废纸、树叶等进入空气系统。

2. 惯性滤清器

HXN_{5B} 型内燃机车的惯性滤清器如图 5-12-9 所示。

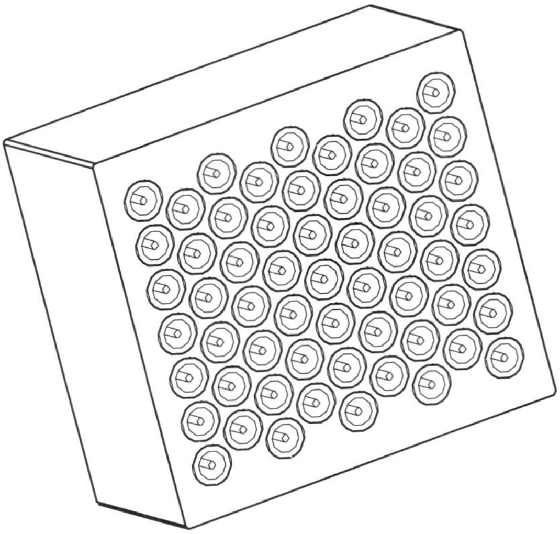

图 5-12-9　惯性滤清器

气流经过 8 个惯性滤清器(两侧各 4 个),每一个滤清器包含 46 个独立的旋流管,管子布置有螺旋叶片。当空气流经管子时,旋流迫使较重的尘粒处于气流的外侧,这样包含尘粒较多的"脏"空气在管子的出口处被分离出来,排放到排污管中。空气排污管上连接着排污通风机,用来提供必要的抽吸力帮助旋风筒产生旋风作用。排尘通风机将"脏"空气送入冷却室,通过冷却室的间壁排到机车外部。气流中间部分的清洁空气进入前部风管,然后流向袋式空气滤清器。

3. 袋式滤清器

HXN_{5B} 型内燃机车的袋式滤清器外观结构如图 5-12-10 所示。

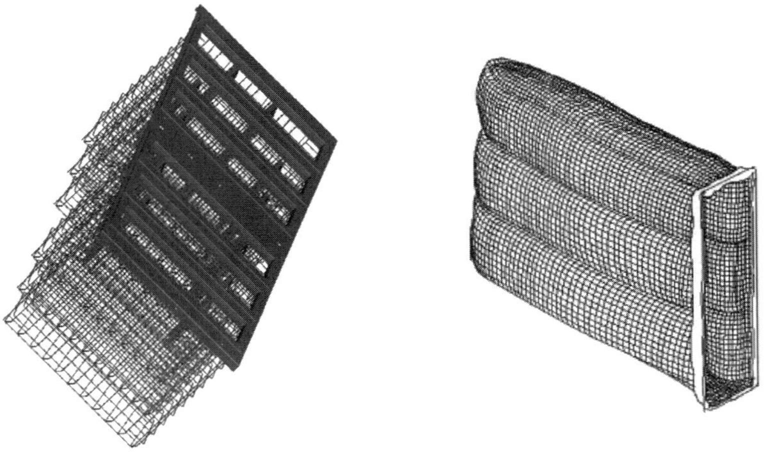

图 5-12-10　袋式滤清器

复习思考题

1. 什么是柴油机增压?为什么说增压是提高柴油机功率和经济性的有效措施?

2. 机车柴油机的进排气系统一般由哪些部分组成?

3. 试对比分析 16V240ZJB 型、16V280ZJ 型、16V265H 型、GEVO16 型、12V265 型、R12V280ZJ 型柴油机空气滤清系统的组成与特点。

4. 增压柴油机设置中冷器的目的何在?试对比分析 16V240ZJB 型、16V280ZJ 型、16V265H 型、GEVO16 型、12V265 型、R12V280ZJ 型柴油机中冷器的异同。

5. 什么是增压器的喘振?压气机发生喘振的内因是什么?运用中如何预防?

6. 试对比分析 16V240ZJB 型、16V280ZJ 型、16V265H 型、GEVO16 型、12V265 型、R12V280ZJ 型柴油机增压器结构和性能方面的异同点。

第六章

燃油的供给与燃烧

柴油机燃油燃烧过程的完善性，对柴油机的作功能力、经济性和运转可靠性等有较大的影响。燃烧前在极短的时间内气缸中形成了空气与燃油的混合气。直接喷射燃烧室式柴油机混合气的质量在很大程度上取决于燃油喷射雾化的情况。柴油机要求气缸内的燃烧过程在最佳的条件下进行，这就必须使燃油在所要求的时间内，在较高的压力下喷射入气缸，并雾化成许多微粒布散在空间。

燃油系统为柴油机的燃料供应部门，它同调节器及控制装置等共同配合，根据柴油机的运转工况，在最佳时机和预定时间向各缸喷射一定数量的雾化的燃油。

第一节　燃　油　系　统

一、燃油系统的一般组成

燃油系统包括低压输油系统及高压供油-喷射系统两个部分，其中低压输油系统包括燃油箱、燃油输送泵、粗滤及精滤器、燃油预热器、低压输油及回油管道等部件。高压喷射系统包括喷油泵、喷油器及高压油管等部件。

从各部件的安装位置来分，燃油系统还可分为机上和机外两部分，前者指安装于柴油机上的部分，如燃油精滤器、喷油泵及喷油器等，后者指装于柴油机之外的部分，如燃油箱、燃油输送泵及燃油粗滤器等件。

二、16V240ZJB 型柴油机燃油系统

1. 燃油管路

DF_{4B} 型内燃机车 16V240ZJB 型柴油机的燃油系统如图 6-1-1 所示，机上管路设备如图 6-1-2所示。

在柴油机右侧安装有燃油粗滤器、2 台并联的燃油输送泵、燃油预热器、安全阀及管路。牵引发电机右上侧装有调压阀。机车车架下吊挂有燃油箱及污油箱。柴油机的自由端安装有燃油精滤器、放气管及放气阀。在机体顶板上装有喷油泵，各气缸盖中央装有喷油器，喷油泵与喷油器之间通过高压油管相连通。

燃油从油箱中抽吸出来，先经粗滤器滤清，再在燃油输送泵中加压到 196～294 kPa。此低压油进入燃油精滤器过滤，而后送到左右燃油总管。每根燃油总管上并联安装有 8 组喷油泵及喷油器。为保持进入喷油泵的油压稳定，左右燃油总管的末端都连到同一调压阀（限压阀）。调压阀的回油管接到燃油预热器，当燃油总管内剩余油压达（118±9.8）kPa 时，阀顶开，

部分余油流向燃油预热器后返回燃油箱。当由于其他原因造成燃油总管油压过低时,调压阀紧闭回油通路,使总管内保压。

为显示管路油压而设置油压表,燃油精滤器前压力表安装在动力室仪表盘上,精滤器后压力表布置在两个司机室的操纵台上。

喷油器及喷油泵偶件有微量燃油漏泄,因而各有支管引出。由于从喷油泵下体泄出的是混有机油的污油,不宜直接回收燃用,故两者分别汇集到污油箱和回油箱内。

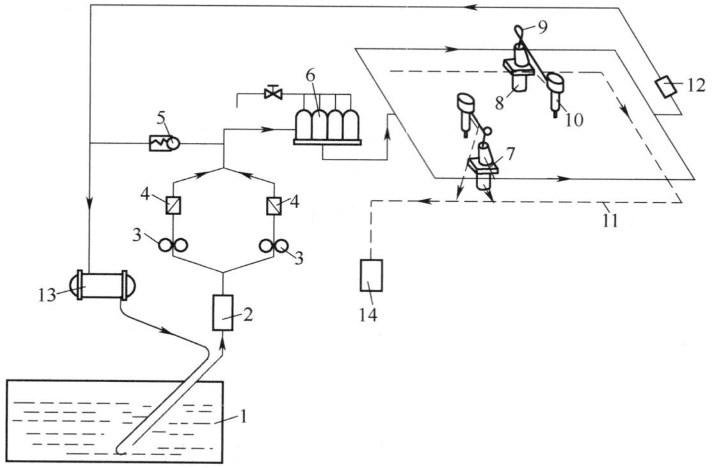

1—燃油箱;2—燃油粗滤器;3—燃油输送泵;4—逆止阀;5—安全阀;
6—燃油精滤器;7、8—左、右侧喷油泵;9—高压油管;10—喷油器;
11—污油回油总管;12—调压阀;13—燃油预热器;14—污油箱及回油箱。

图 6-1-1　16V240ZJ 型柴油机燃油系统

2. 燃油箱

机车燃油箱的容量通常可满足全负荷牵引800 km的里程。DF_{4B} 型内燃机车燃油箱的总容量为9 000 L,吊挂在机车车架下部两转向架之间。燃油箱内部焊有井字形纵横隔板,隔板中部开孔和切去四角,这可便于油的流动,又减轻油面波动的冲击力,增大了油箱刚度。燃油箱中部两侧设加油口,油箱左侧装有吸油筒(图 6-1-3)。吸油筒中插入回油管和吸油管,油管以 30°倾角斜置于箱下部。吸油管端呈喇叭形,回油管端为弯管,弯管口对准喇叭口,使回流的燃油直接进入燃油输送泵,以减小对箱底污物的搅动,并在冬季使热油直接喷入吸油管。燃油箱上部有检查孔盖,盖上有 2 个通气口。燃油箱底部有一排污阀。油箱外表敷聚氨酯泡沫塑料保温层。油箱两端设油位表,以指示箱内储油量。

油箱的清洁状态影响燃油的流通阻力,以及精密偶件的工作可靠性,应定期彻底清洗。

3. 燃油输送泵

燃油输送泵(图 6-1-4)简称为燃油泵,它是由0.6 kW的直流电动机驱动的齿轮油泵。电动机和齿轮油泵安装在同一底座上,由十字形橡胶联轴节连接,以达到缓冲和减少不同轴度的影响。

通常,燃油输送泵的总输油量为柴油机全功率运转所消耗油量的 3～5 倍,用充足的供油保证一定的余油压力,以减少燃油中气泡的发生,即减小燃油系统穴蚀的危害,同时又可增加燃油过滤和冬季循环加热次数。

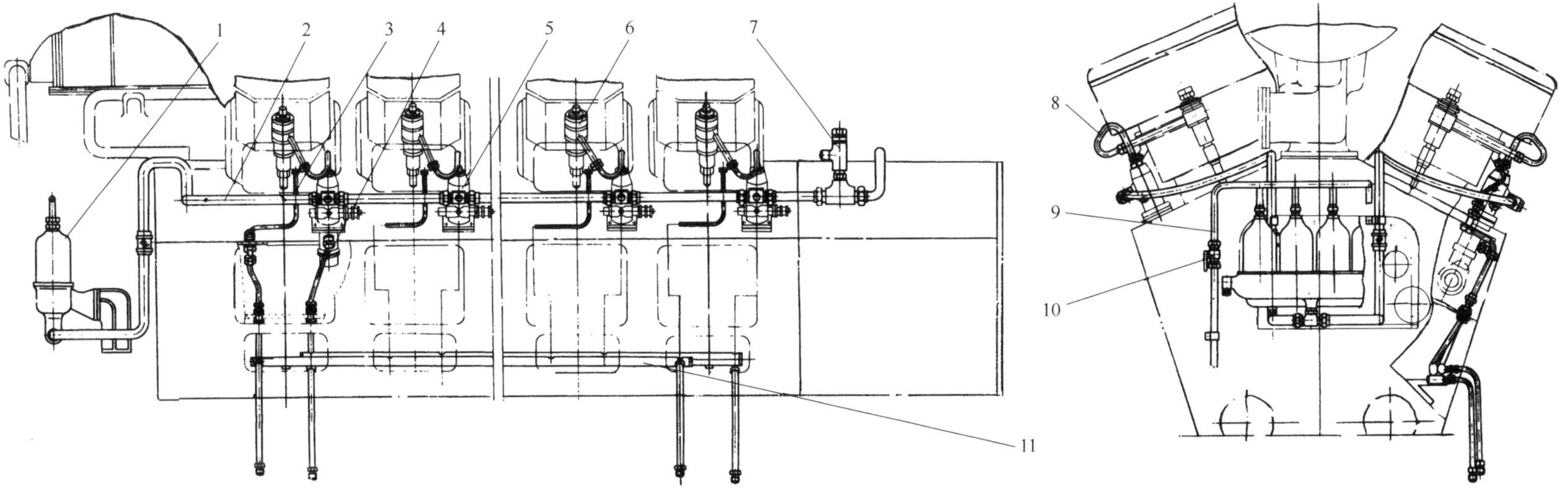

1—燃油精滤器;2—燃油总管;3—喷油器回油支管;4—喷油泵污油支管;5—喷油泵;6—喷油器;7—调压阀;
8—高压油管;9—放气管;10—放气阀;11—污油回油及泄油总管。

图 6-1-2　机上管路设备

燃油输送泵的指标为:当燃油温度为 10～35 ℃,电机转速为1 350 r/min,吸入真空度不高于13.3 kPa,出口压力为343 kPa时,燃油输送泵的供油量不少于27 L/min。要求燃油输送泵能长期灵活运转,允许有微量的渗漏,一般每分钟不多于 4 滴。超过时可拧转主动轴端的圆螺母,调整对橡胶密封圈的压紧状态来减少漏泄。

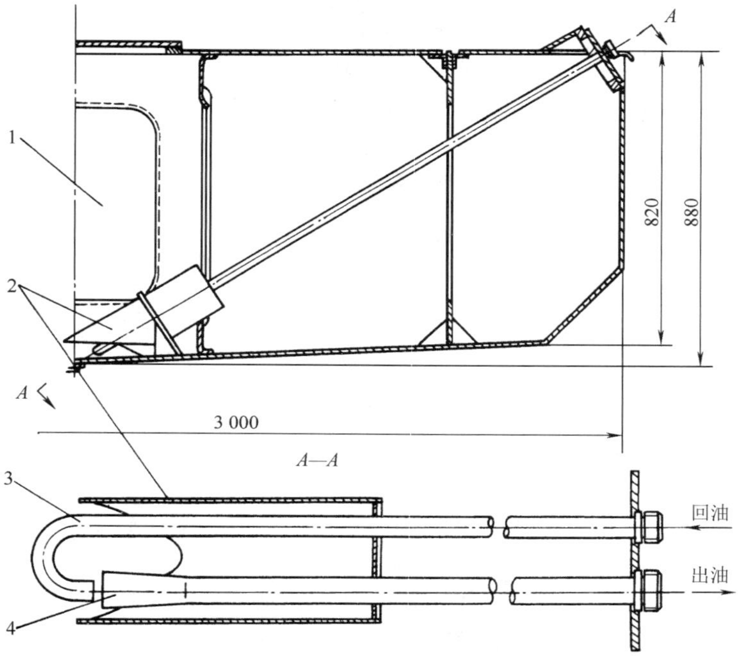

1—燃油箱;2—吸油筒;3—回油管;4—吸油管。

图 6-1-3　燃油箱和吸油筒(单位:mm)

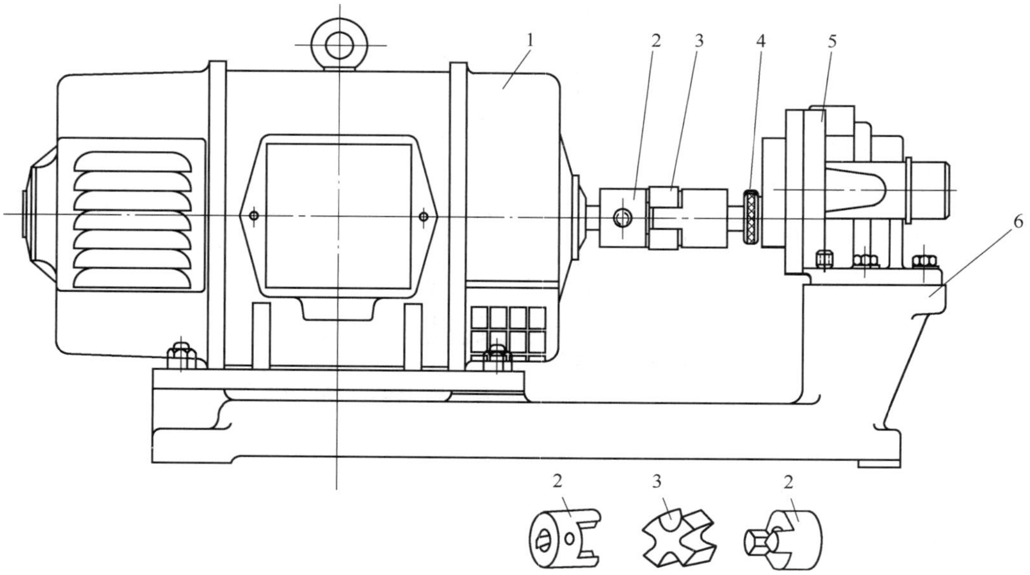

1—电动机;2—联轴套;3—十字形橡胶缓冲块;4—圆螺母;5—齿轮泵;6—底座。

图 6-1-4　燃油输送泵

4．燃油滤清器

燃油良好燃烧的关键之一在于高压喷油雾化，为此，高压系统中精密偶件具有较小的运动间隙。为了保证偶件能正常持续地工作，要求所供给的燃油非常洁净，否则污物易阻塞通路，使偶件卡滞、表面擦伤或间隙扩大，使喷油器喷雾不良，滴漏，甚至喷孔堵塞，同时使柴油机燃油消耗量增加和输出功率下降。柴油机对燃油的滤清要求是十分重视的，除在加油时用粗滤网过滤之外，通常在燃油箱和燃油输送泵之间采用粗滤器作为第一级过滤；在燃油输送泵与喷油泵之间用精滤器作为第二级过滤。有时还在喷油泵与喷油器针阀偶件之间设置缝隙式高压过滤器作为第三级过滤。

滤清器常用的滤芯材质有铜丝网、棉纱、毛毡、锯末、微孔滤纸及微孔烧结陶瓷管等。前两种常作为粗滤芯材质，后四种常作为精滤芯材质。通常将能滤除10 μm左右杂质的滤芯称为精滤芯。燃油系统要求滤芯的流通能力大，滤清阻力小，过滤效率高，工作稳定，使用寿命长，维护保养方便及价格低廉。

（1）燃油粗滤器

DF_{4B} 型内燃机车燃油系统用燃油粗滤器如图 6-1-5所示，它由 1 个滤芯组取代原 2 个并列的滤芯组工作。在滤清器体内带孔的芯杆上串联着 19～20 个盘形铜丝网滤清元件，每 2 个盘的压紧面间以橡皮垫圈隔开，并从芯杆的一端拧紧螺母，使橡皮垫圈压紧密封。芯杆的上端插在滤清器盖的座孔内，此座孔与燃油出油孔相通。芯杆的下端带有螺纹并伸出滤清器体外，用盖形螺母紧固。为使芯杆在体内的位置较为适当，在滤清器体与螺母间设有限位管。盘形滤清元件呈铁饼外形，其锥面由双层铜丝网覆盖在带孔的骨架上。脏污的燃油在盘的外周，通过锥面上铜丝网过滤后进入芯杆内孔，然后向上流动到滤清器盖。滤清器盖带有进、出油口，经滤清后的燃油从出油口通往燃油输油泵。与原来的棉纱滤清元件相比，这样的盘形铜网元件具有较小的外形尺寸和较大的流通面积，滤清阻力小，工作可靠稳定，保养方便。

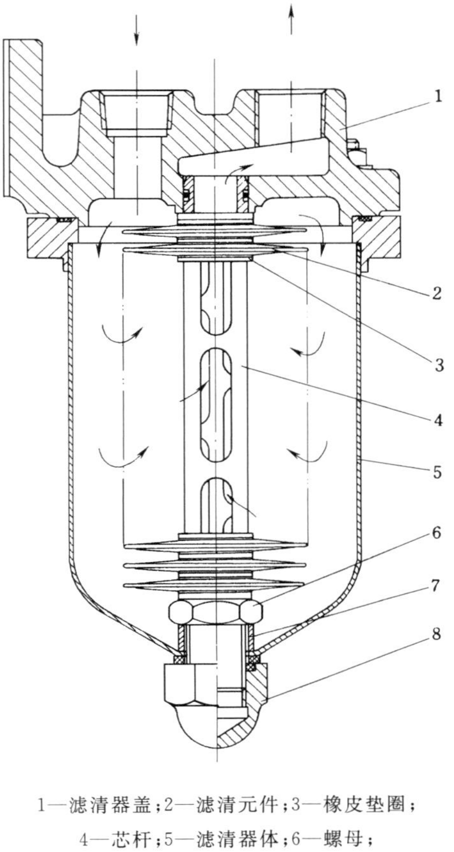

1—滤清器盖；2—滤清元件；3—橡皮垫圈；
4—芯杆；5—滤清器体；6—螺母；
7—限位管；8—盖形螺母。

图 6-1-5　燃油粗滤器

燃油粗滤器一般较易阻塞，需要及时清洗，在每次机车辅修及小修时进行清洗。如果在柴油机运转时发现动力室内燃油压力表指示值偏低，也应提前清洗粗滤器。

（2）燃油精滤器

DF_{4B} 型内燃机车的燃油精滤器安装在柴油机自由端，它具有 4 个并列的滤芯组、罩壳、公用的下体、进油接头、三通出油接头及引气管接头等件，如图 6-1-6 所示。

滤芯组采用微孔滤纸芯元件，它由外网、滤纸、内筒及上下盖等组成。波浪形折叠的滤纸芯具有较大的流通面积，滤清精度为 6～8 μm，过滤效率可达 95%，流动阻力小，拆换方便，使用寿命可达1 000 h以上，并可使喷油泵和喷油器延长工作寿命，因而纸质滤芯优于原先的毛毡滤芯。

下体的一端设进油接头，从低压输油泵来的油由此进入，由外周向内通过纸芯到内筒。内筒是带孔的金属圆筒，然后通过中空的下芯杆通向下体出油道，汇集 4 个滤芯组过滤后的油，经三通出油接头引到左右燃油总管。

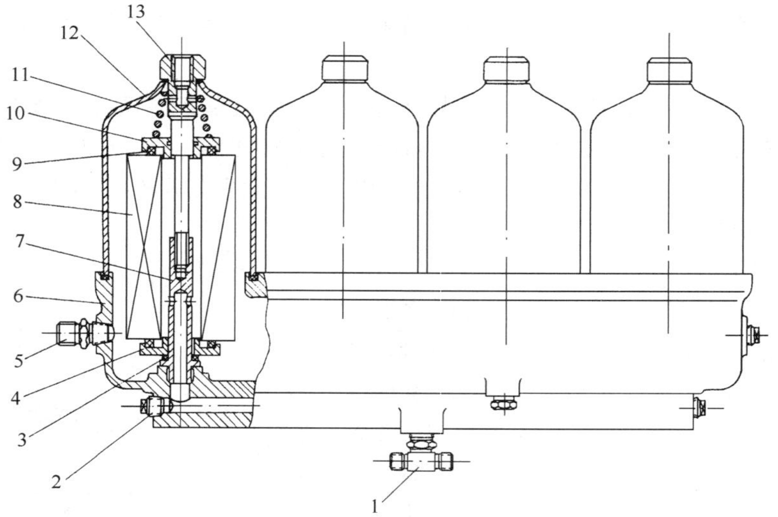

1—出油接头；2—堵；3—橡胶垫；4—下压盖；
5—进油管接头；6—滤清器下体；7—下芯杆；8—微孔滤纸芯；
9—橡胶垫；10—上压盖；11—锥形弹簧；12—罩壳；13—上芯杆。

图 6-1-6　燃油精滤器

滤芯组由上下压盖、锥形弹簧、罩壳及上芯杆等件组装压紧，上芯杆拧装在下芯杆的螺孔中，下芯杆拧装于下体上。罩壳与下体之间充满脏污的燃油。燃油内可能有空气，如空气泡进入喷油器，将使柴油机转速不稳，功率波动，甚至发生熄火现象，故必须将空气驱除。为此在精滤器上芯杆上部钻孔引气，通过 4 根并联支管及放气阀将空气排出。放气阀在柴油机正常运转时应关闭。

对燃油系统的设备要严格的密封，不允许有燃油渗漏及空气进入的情况。为此精、粗滤清器在组装后应经水压或气泡检验。

精滤器滤芯元件的流通阻力一般为 20～40 kPa，如压差过大就应更换。一般纸滤芯可在机车经 4～6 小轮修期时换新一次。

5. 燃油预热器

燃油预热器为管式水-油热交换器，体内棋盘形布置有 140 根紫铜管，管群的两端焊在两块管板上。前后盖分别焊有进水或出水管接头，体前后侧分别焊有出油及进油管接头。铜管外径为10 mm，壁厚为1 mm。由柴油机气缸盖排出的高温水通过开启的截止阀后引入进水管内，热水在预热器的铜管内单向流动，燃油在管外流动，通过管壁将水的热量传给燃油，冷却后的水返回高温水泵入口，加热后的燃油回到主燃油箱。在环境温度较高时，燃油可不必预热，截止阀关闭，但燃油仍通过此预热器到油箱。

第二节　喷油泵工作原理和结构

一、柴油机对高压喷射系统的要求

喷油泵、高压油管和喷油器等组成了高压喷射系统，三者之间的工作相互联系，互有影响。为使柴油机各缸在各种工况下得到一个比较良好的燃烧过程，提高燃油燃烧的经济性和零部件工作的可靠性，高压喷射系统应满足如下一些要求：

(1)在柴油机各种运转工况下，此系统都能提供足够的喷油压力，以保证喷油雾化，并具有适当的射程。

(2)根据柴油机运转工况的不同而有不同的喷油提前角，以获得各种工况下较为有利的燃烧始点。

(3)根据工况自动改变喷油量，并要有较好的喷油规律，以控制整个燃烧过程。

(4)多缸柴油机各缸的喷油装置应具有一致的供油始点、供油量、供油终点及喷射状态，以实现各缸工作的均衡。

(5)喷油及停油动作果断迅速。避免在柴油机空载运转时出现不稳定的喷射。尽量消除二次喷射及穴蚀破坏现象。

(6)结构简单，调整方便，有利节能，工作可靠，检修周期长。

二、喷油泵的作用、形式和组成

喷油泵又称为高压油泵，它是根据柴油机不同的运转工况，将燃油输送泵送来的低压油提升压力，在预定的时间内将相应的油量按一定规律压送到喷油器。

机车柴油机广泛采用螺旋槽柱塞式喷油泵。柱塞式喷油泵属于往复容积式油泵，在结构形式上有单体泵及组合泵之分。前者为单柱塞油泵，每一气缸旁安装一个，其优点是高压油管较短，对控制燃烧有利；后者相当于将几个单柱塞泵合成一体，故属多柱塞泵，通常供应柴油机全部气缸或一半气缸的用油，安装在柴油机的端部或中部，高压油管较长。一般，大中型柴油机采用单体泵，中小型高速柴油机采用组合泵。

柱塞式喷油泵通常分为传动机件、柱塞偶件、油量调节机构、出油阀偶件、泵体及其他附件等几部分。

16V240ZJB 型柴油机采用单体柱塞式喷油泵，如图 6-2-1 所示。从外观上喷油泵可分为上体组件和下体组件两部分，喷油泵下体组件即柱塞运动的传动机件，喷油泵上体组件包括泵体及附件、柱塞偶件、出油阀偶件、调节齿圈及齿条等部分。上体顶部输出高压油，侧面有低压油输入的进油管接头。

三、柱塞偶件的结构特点及工作原理

1. 柱塞偶件的结构特点

柱塞和柱塞套组成偶件（柱塞副），两者精密配合。偶件的公称直径为 d，实际尺寸为 $d\pm0.1$ mm，同组成对研配，故各对偶件直径并不相同，如其中一件损伤报废，则成对更换。

柱塞偶件采用优质材料，如滚动轴承钢 GCr15 或工具钢 CrWMn 等，表面淬硬，以增加其耐磨性和抗擦伤能力，延长工作寿命。对偶件要求有足够的强度和刚度，在较大的安装压力及

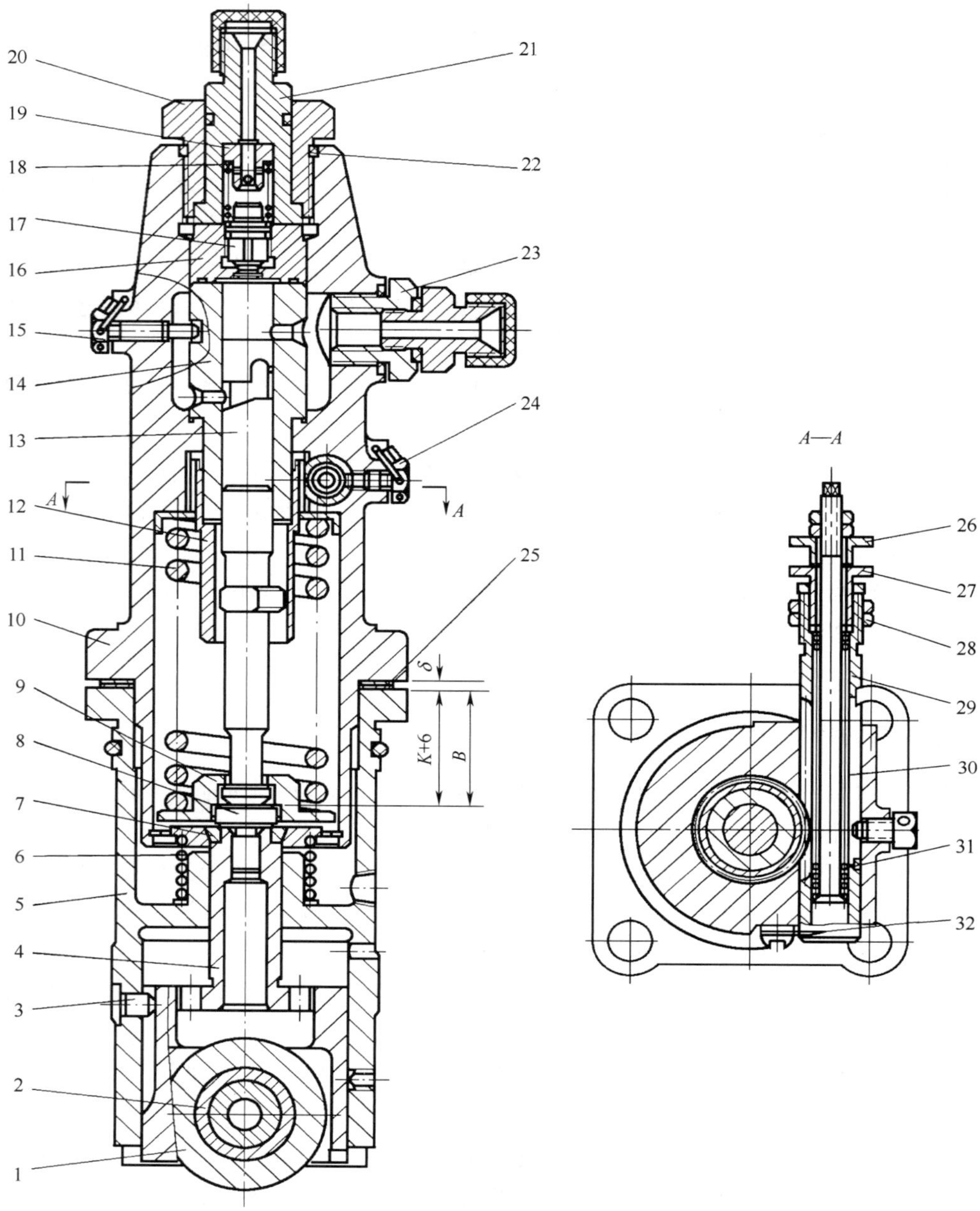

1—滚轮;2—滚轮衬套;3—导向销;4—挺柱;5—挺柱套;6—挺柱弹簧;7—锥面卡圈;8—挺柱头;9—柱塞弹簧下座;10—喷油泵上体;11—柱塞弹簧;12—调节齿圈;13—柱塞;14—柱塞套;15—定位螺钉;16—出油阀座;17—出油阀;18—出油阀弹簧;19—止挡;20—压紧螺套;21—出油阀接头;22—密封胶圈;23—进油管接头;24—导向螺钉;25—调整垫片;26—拨叉座;27—螺套;28—供油限制螺母;29—调整螺栓;30—齿条(调节齿杆);31—齿条弹簧;32—指针。

图 6-2-1　16V240ZJB 型柴油机喷油泵(单位:mm)

供油压力下有较小的变形。

柱塞采用圆柱滑阀式结构,具有固定的往复行程。柱塞偶件的导向面为十分精密的圆柱面,表面粗糙度 Ra 为 0.1～0.025 μm,不论柱塞转到任何圆周位置都应与柱塞套有良好的配合状态。偶件导向面的圆度和圆柱度公差通常十分微小，两者的配合间隙为 0.003～0.005 mm，这样可保证建立高的油压而只有微量的泄漏，同时又能使柱塞运动自如。

16V240ZJB 型柴油机喷油泵柱塞偶件的结构形式，以前采用双螺旋边柱塞副，现在采用单螺旋边柱塞副(图 6-2-2)。

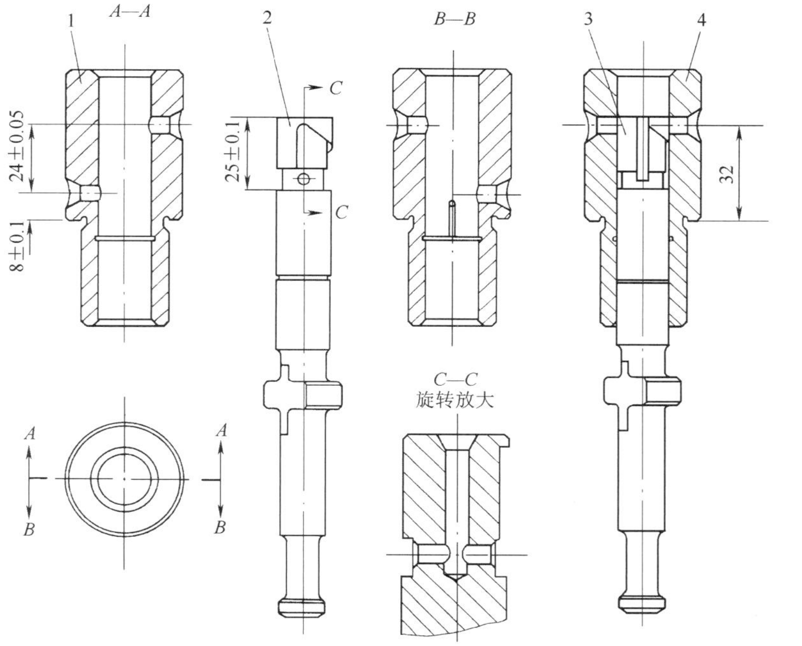

1—柱塞套；2—内顶孔单螺旋边式柱塞；3—外直槽单螺旋边式柱塞；4—柱塞套。

图 6-2-2　柱塞偶件(单位：mm)

内顶孔单螺旋边柱塞的导向圆柱面上有一条左旋方向的螺旋边，其螺旋角为 32°28′53″，螺距为36 mm。螺旋边下部为凹面槽，称为螺旋槽。螺旋槽下方有环形槽，环形槽的下水平边距顶面的距离精密控制为(25±0.1)mm。柱塞杆顶中央钻有垂直油孔，此孔与环形槽内水平油孔相通。柱塞套有 2 个直径不等的圆柱体，上圆柱体受力较大，故直径也较大，其顶面与出油阀座面接触。下圆柱体直径较小，大、小圆柱体分界处形成在泵体上安装支承之凸肩。柱塞套上部对向布置有上下通油孔各 1 个，孔距为(24±0.05)mm，通油孔的直径为$5^{+0.08}_{0}$ mm。此外，在上圆柱体表面还设有定位凹穴。柱塞顶与柱塞套之间构成油腔；柱塞套上下通油孔的外周与泵体之间构成了进油腔，通油孔既作为油液的入口，又作为油液的回泄口。柱塞螺旋边及环形槽的下水平边与柱塞套通油孔相配合，达到油通道的启闭。柱塞中部对称布置的凸块作为定位和导向滑键。柱塞尾部的凸肩作为扣挂柱塞弹簧下座之用，其底端面为挺柱推柱塞上行传力之处。柱塞弹簧安装在上下弹簧座之间，弹簧力顶着柱塞向下，使柱塞底端面紧压在挺柱头上，因而使柱塞的往复运动按供油凸轮外形的规律升降。为减少高压燃油向下泄出偶件，特在柱塞套内圆表面开有纵向及环形浅槽。纵向槽与外圆面之间钻有泄油小孔，使柱塞顶油腔沿导向面微小间隙下泄的部分高压油回到泵体进油腔。

双螺旋边柱塞的导向圆柱体上部有 2 条不同旋向的螺旋边，上面为左向螺旋边，螺旋角为 15°48′，螺距为16 mm。下面为右向螺旋边，螺旋角为 19°29′，螺距为20 mm，两螺旋边之间为螺旋槽和环形槽。柱塞顶部中央也有垂直孔，环形槽内也有水平孔。柱塞套与单螺旋边柱塞套通用。

外直槽单螺旋边式柱塞的导向圆柱面上也有一条螺旋边,其螺旋角和螺距与内顶孔单螺旋边柱塞相同。螺旋槽下部也有环形槽,但代替环形槽下水平边起控制作用的是顶面边棱,取代柱塞中垂直孔和水平孔作用的是导向面上的一条垂直槽。柱塞套上部设2个对向布置的通油孔,而取消下通油孔,这就使通油孔中心线与柱塞套支承凸肩之间的距离由8 mm增大到32 mm,从而提高了柱塞偶件的工作可靠性。

16V240ZJB型柴油机喷油泵柱塞偶件由GCr15钢制成。柱塞导向圆柱体的公称直径为18 mm,柱塞全行程为20 mm,全长(173.5±0.1)mm。

2. 柱塞式喷油泵的泵油过程

柱塞偶件与设置于其顶部的出油阀偶件一起控制柱塞泵油过程。出油阀实为具有一定开启条件的"逆止阀",在出油阀弹簧及高压油管剩余油压的联合作用下,控制通道的启闭。

16V240ZJB型柴油机喷油泵采用内顶孔单螺旋边柱塞偶件,当喷油泵挺柱组件的滚轮接触供油凸轮于基圆部位时,柱塞处于下止点位置,其顶面位于柱塞套的上通油孔之下,而下通油孔则处于柱塞的环形槽处。当喷油泵挺柱滚轮接触供油凸轮于最高圆弧面时,柱塞处于上止点位置,这时,柱塞套的上通油孔处于螺旋槽内,借助于水平孔与垂直孔使上通油孔与柱塞顶油腔沟通,下通油孔则被环形槽下部的导向圆柱面所遮盖。从柱塞的下止点到上止点间的行程称为柱塞的全行程。

柱塞自上止点向下止点方向移动时,起初由于柱塞套的上通油孔处于螺旋槽内,泵体进油腔内的低压燃油进入螺旋槽,通过水平孔和垂直孔进入柱塞顶油腔。随着柱塞的下移,柱塞的螺旋边逐渐关闭上通油孔,与此同时,柱塞环形槽的下水平边逐渐接近下通油孔,当此下水平边开启柱塞套下通油孔时,则泵体进油腔内的低压燃油又由此进入柱塞顶油腔。当柱塞继续下移到顶面开启上通油孔时,低压燃油可直通柱塞顶部油腔。以上过程就是柱塞的充油行程[图 6-2-3(a)]。

当柱塞自下止点向上移动时,柱塞顶油腔逐渐缩小,顶腔内燃油受压,但由于上部出油阀弹簧力及高压油管内剩余油压的合力使出油阀关闭着,柱塞顶腔内的一部分燃油则通过通油孔回泄入泵体进油腔。柱塞继续上移时,上通油孔首先被柱塞顶面所关闭,此时柱塞顶腔内的燃油尚能通过垂直孔、水平孔及下通油孔外泄,而后下通油孔很快被柱塞环形槽下水平边所关闭,柱塞顶腔燃油的回泄之路全被截断。因此,从柱塞自下止点上移到柱塞套下通油孔被环形槽下水平边关闭止,这段行程称为空行程[图 6-2-3(b)]。

空行程结束时,柱塞顶腔已无回泄之路,随着柱塞的继续上行,顶腔容积还要进一步缩小,使腔内基本不可压缩的燃油升压极快,其油压瞬间超过出油阀上部的合力而顶开出油阀,喷油泵开始向高压油管供油,此供油行程一直要继续到上螺旋边刚开启上通油孔时为止。通常将柱塞环形槽下水平边刚遮盖下通油孔时的位置称为几何供油始点[图 6-2-3(c)],此始点的相位超前于该气缸曲柄上止点的角度称为几何供油提前角。柱塞上螺旋边刚开启上通油孔的位置称为几何供油终点[图 6-2-3(d)],此时已位于活塞上止点后某一曲轴转角。从几何供油始点到几何供油终点止的柱塞供油行程称为有效行程,该行程所占的曲轴转角称为几何供油延续角。

在几何供油终点以后柱塞还在上行,上通油孔开启面积增大,高压油通过此孔迅速回流,柱塞顶油腔内油压迅速下降,出油阀在压差下迅速落座。

双螺旋边柱塞偶件与内顶孔单螺旋边柱塞偶件的泵油过程相似,前者的上下螺旋边分别对应于后者的上螺旋边及环形槽的下水平边。

直槽式单螺旋边柱塞偶件的顶边作为供油始点的控制边棱。当顶边刚关闭通油孔时为供油始点，当螺旋边刚开启通油孔时为供油终点。

3. 供油量的调节及供油提前角的改变

如果要柴油机转速提高和加大输出功率，则必须相应向气缸多供应燃油。供油凸轮的升程是固定不变的，即柱塞的行程不随工况的变化而变化。为了实现精确调节供油量的目的，特在柱塞导向圆柱面上精确地铣出螺旋边或水平边，由这些边棱来启闭通油孔。利用螺旋边的几何特性(旋向和螺旋角)，使柱塞相对于柱塞套旋转而改变通油孔相对于螺旋边的几何位置，即可得到不同的几何供油始点和终点，从而使供油行程得以调节。

对单螺旋边柱塞偶件而言，控制供油始点的边棱为水平边，不论柱塞向任何方向转动，供油始点始终不变。控制供油终点的边棱为左向螺旋边。如使柱塞顺时针方向(顶视)转动，转动后几何供油终点后延，因而柱塞的供油有效行程加大[图 6-2-3(e)中 h_g]，供油量增加。如使柱塞逆时针方向转动，则几何供油终点提前，供油的有效行程减小[图 6-2-3(e)中 h_f]，供油量减少。

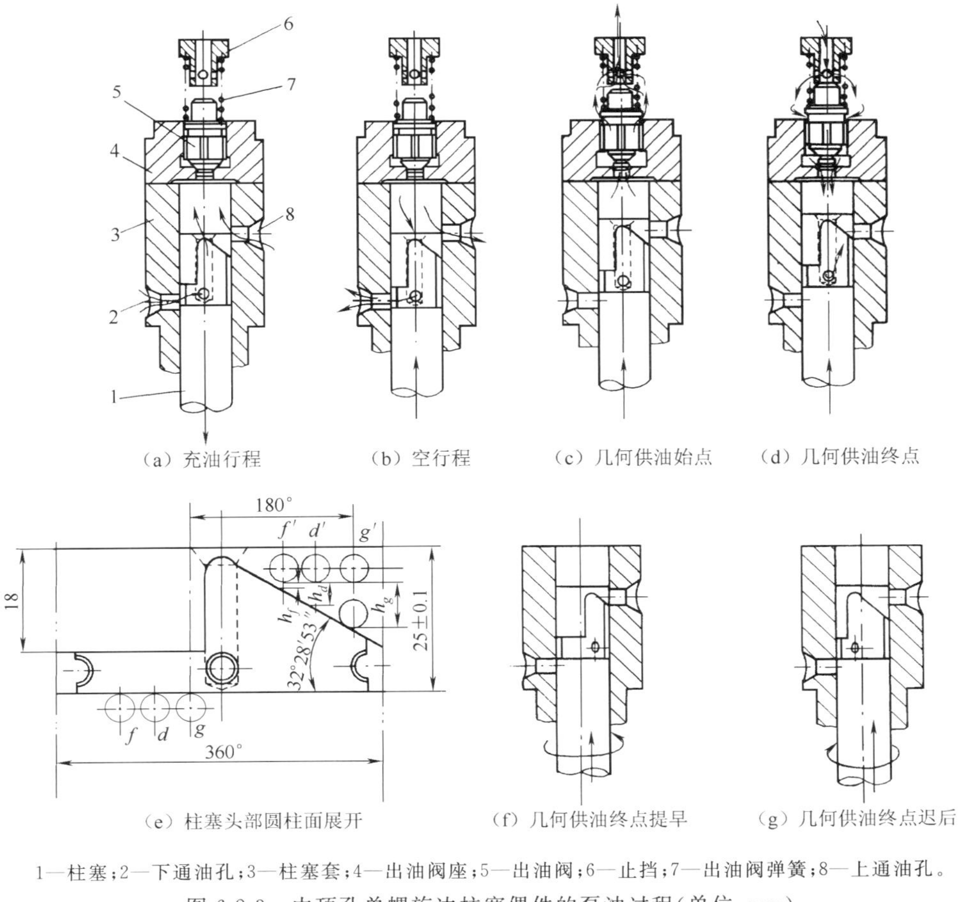

1—柱塞；2—下通油孔；3—柱塞套；4—出油阀座；5—出油阀；6—止挡；7—出油阀弹簧；8—上通油孔。

图 6-2-3　内顶孔单螺旋边柱塞偶件的泵油过程(单位：mm)

对双螺旋边柱塞偶件而言，由于下螺旋边为右旋方向，上螺旋边为左旋方向，柱塞顺时针转动后使几何供油始点提前，几何供油终点后延，因而供油有效行程加大，供油量增加；柱塞逆时针方向转动时所得的结果相反。

以上各柱塞方案在逆时针转动到螺旋槽的一端,即到半圆头槽或垂直槽时与通油孔位于同一纵向位,则不论柱塞移动到任何高度位置,上下通油孔中总有一个与柱塞顶腔相通,即柱塞的移动不会在顶油腔中建立高压供油条件,喷油泵不对外供应高压燃油。柱塞的这种非供油位还由此扩大到一定的角度范围。

使柱塞转动的机构普遍采用齿圈-齿条控制方式(图 6-2-4)。齿圈套装于柱塞套的下圆柱体,以柱塞套为转动中心。齿圈下部的筒体内开有键槽,键槽内嵌装有柱塞的滑键,这样使柱塞与齿圈发生联系。齿条呈中空杆状,又称为调节齿杆,它穿过泵体与齿圈啮合,拉动齿条即可转动齿圈和柱塞。因此,齿条相对于泵体的位置可决定柱塞的圆周位置。拉动齿条即可改变柱塞螺旋边相对于柱塞套通油孔的位置,也即改变了柱塞的供油状态。当齿条向右(按图 6-2-4)拉动时,柱塞顺时针转动,供油提前角增加(双螺旋边)或保持不变(单螺旋边),供油终点延迟,供油量增加。为了将喷油泵在此时的供油状况以数量表示出来,特在齿条的一端杆面上刻以长短刻线,泵体侧面装有指示针指示刻线的读数。因此,柴油机的每一工况都与一定的齿条刻线相对应。

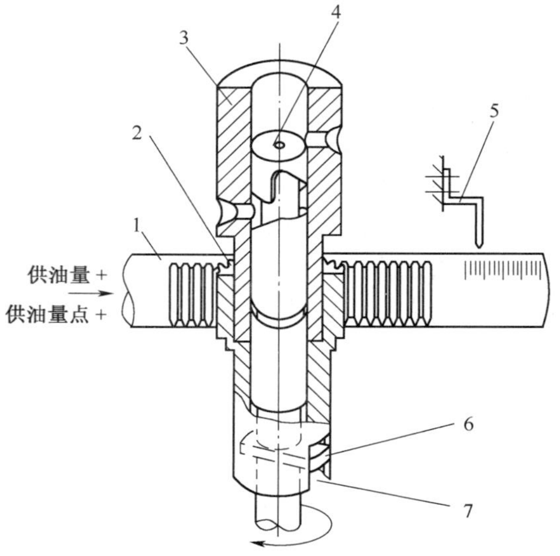

1—齿条;2—调节齿圈;3—柱塞套;4—柱塞;5—指针;6—滑键;7—切槽。

图 6-2-4　转动柱塞的机构

4. 柱塞螺旋边的不同形式

不同形式、不同位置及不同螺旋角的螺旋边有不同的供油定时及调节效果。

图 6-2-5(a)所示为外直槽式下左单螺旋边。这种柱塞偶件的结构特点和控制作用如前所述,即供油始点不随柴油机工况而变,供油终点随负荷的上升而相应后延。一般说来,这种偶件的供油定时必须兼顾各种负荷下的喷油燃烧。例如,要顾及柴油机满负荷下不太晚的供油终点,则对低速空转及部分负荷下的供油始点显得较早,气缸内爆发压力值高,工作比较粗暴。单螺旋边柱塞偶件在恰当选择供油始点、终点、柱塞直径及供油凸轮型面等参数,柴油机也能得到良好的经济性。

图 6-2-5(b)所示为外直槽式上右单螺旋边。上右螺旋边控制供油始点,环形槽的上水平边控制供油终点,供油终点不随负荷而改变。它可使柴油机在部分负荷下的供油提前角减小,气缸内燃烧柔和。

图 6-2-5(c)为外直槽式双螺旋边,其上螺旋边控制供油始点,下螺旋边控制供油终点,在柱塞转动时,供油始点和终点皆可变化。

图 6-2-5(d)为内顶孔式双螺旋边柱塞偶件,16V240ZJA 型柴油机喷油泵采用这种方案。由于内顶孔与外直槽不同充回油的区别,它的下螺旋边控制供油始点,上螺旋边控制供油终点。随着负荷提高,柱塞顺时针转动,供油始点提前,供油终点延后,供油量加大。

图 6-2-5(e)为外直槽式双螺旋边柱塞偶件。柱塞套上部具有对向布置的通油孔,柱塞导向圆柱面上布置有两组形状相同的螺旋边,上右螺旋边及顶面水平边一起控制供油始点,下右

螺旋边及下左螺旋边一起控制供油终点。它可看作两种控制螺旋边的组合，上右及下右螺旋边使供油始点随转速下降而延后，适于柴油机空负荷运转以改善燃烧经济性；顶面水平边及下左螺旋边，使柴油机的供油始点不随柴油机工况变化而变化，但能随负荷的提高而增加供油量，适于柴油机高负荷限止过高的爆发压力，以防零部件受力过大。

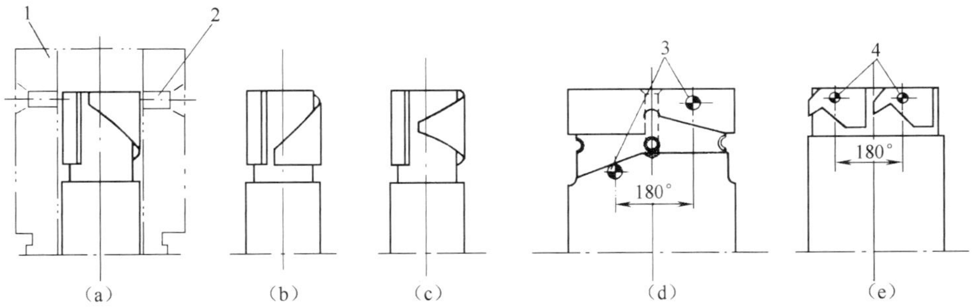

1—柱塞套；2—对向通油孔；3—上下通油孔(假想)；4—对向通油孔(假想)。

图 6-2-5 不同形式的柱塞螺旋边方案

四、出油阀组件的结构特点和工作原理

1. 结构特点

出油阀组件包括出油阀偶件、出油阀弹簧及出油阀止挡等零部件。出油阀偶件由出油阀及出油阀座组成，它们也是一对精密偶件，两者成对研配，不能单件更换。出油阀组件位于柱塞套顶面，它将柱塞顶部油腔与高压油管隔开，是起到特殊控制作用的一种逆止阀。出油阀组件与柱塞偶件两者配合，共同完成喷油泵向高压油管供油的任务，故出油阀偶件也对供油及喷射特性有较大的影响。

出油阀偶件的结构类型很多，机车柴油机普遍采用具有卸载作用的出油阀偶件，图 6-2-6 为常见的结构形式。

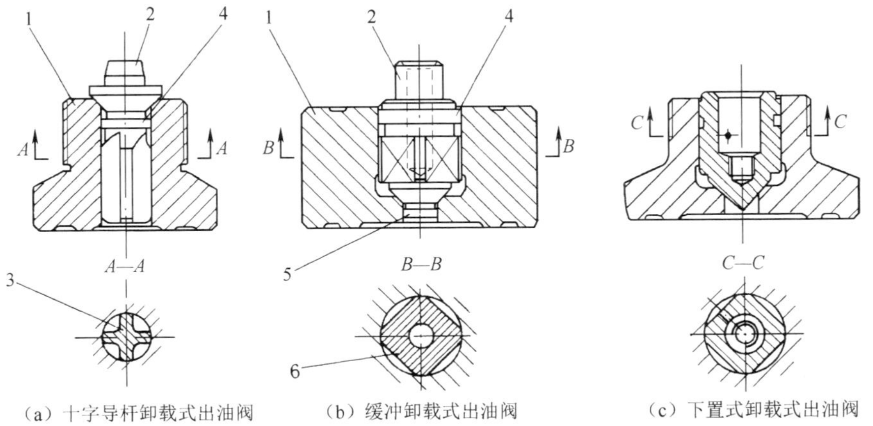

(a) 十字导杆卸载式出油阀　(b) 缓冲卸载式出油阀　(c) 下置式卸载式出油阀

1—出油阀座；2—出油阀；3—导杆断面；4—卸载凸缘；5—缓冲圆柱体；6—四方棱断面。

图 6-2-6 常见的出油阀偶件

出油阀座底面与柱塞套顶面刚性贴紧，两面的加工粗糙度很小，使贴紧面不渗漏或只有微量高压油渗漏。16V240ZJB 型柴油机喷油泵出油阀偶件采用图 6-2-6(b)的结构形式，出油阀

座的压紧力靠泵体上部的压紧螺套压住出油阀接头的凸肩传来。为阻止微量高压油泄出泵体,在压紧螺套与泵体之间及出油阀接头与压紧螺套之间设有密封胶圈。

缓冲卸载式出油阀在高度位置上可分5个区段:上部兼作出油阀弹簧座;与出油阀座口相配的圆柱面,起高压通路的开关及卸载等作用;中部四方圆棱面对出油阀运动导向并起到流通作用;下部锥面是阀与阀座接触密封面;底部为缓冲式圆柱体。上部的圆柱面称为卸载(减载)凸缘,它与阀座导向孔的配合间隙为0.005~0.015 mm,当它下落到阀座口时,即可认为燃油通路关闭。阀与阀座的密封锥面需共同研配,要求密封带圆周均匀连续不断,带的宽度在0.4~0.6 mm之间。为达到密封带一定的宽度和易于修理,通常使阀的锥面角较大($90^{\circ}{}^{+30'}_{0}$),阀座的锥面角较小($90^{\circ}{}^{0}_{-30'}$),使密封带位于阀座锥面的上部。缓冲圆柱体与阀座下部的圆柱孔相匹配,两者的配合间隙(缓冲间隙)为0.08~0.13 mm,此间隙的大小对缓冲及防穴蚀作用关系极大。

出油阀弹簧安装于出油阀的上部与止挡之间。止挡又称为减容器或出油阀升程限制器,使高压油路中的高压容积减少,同时又可调节弹簧的预紧力,限制出油阀的升程。出油阀从最低位上升到与止挡相碰时的距离称为出油阀最大升程。16V240ZJB型柴油机喷油泵出油阀的最大升程为(4.7±0.2)mm。出油阀弹簧的预紧力由止挡座面凸台的高度、出油阀接头凹坑深度及调整垫的厚度进行调节。安装状态下的弹簧预紧力约为45~50 N。出油阀弹簧的预紧力及出油阀升程对喷油泵的供油特性有很大影响,它们对控制出油阀的启闭时机,对高压油管中剩余油压及回油量均有影响。

图6-2-6(a)这种出油阀的密封锥面在上部阀座座口处,运动导向部分为十字形断面的导杆,阀座上部设有拆卸工艺螺纹。

图6-2-6(c)为16V240ZJA型柴油机早期采用的出油阀偶件形式,无缓冲圆柱体,回油速度高,油压波动大,易使喷油器针阀偶件产生穴蚀。

2. 缓冲卸载式出油阀的动作原理

当柱塞上螺旋边开启上通油孔时,柱塞顶腔的高压油迅速回流,出油阀下降,同时高压油管中的高压油也迅速回流,高压系统内的油压急剧降低,迫使喷油停止。在此过程中,出油阀的卸载凸缘和缓冲圆柱体同时进入上下座孔,阻止了高压系统继续失油,同时在出油阀内腔封闭了一部分燃油,缓冲间隙限制了此间燃油的流泄量。在出油阀继续下落的卸载行程中,由于内腔容积的逐渐缩小而使此间燃油升压,加上由于两个圆柱体上大下小的结构,升压的燃油给出油阀一个上托力,迫使出油阀减速运动,从而降低了出油阀的落座速度,实现了对阀座的缓冲作用。由于卸压动作的减缓,使高压系统缩小了降压幅度,瞬间最低油压不致降到燃油的汽化压力之下,这就避免或减轻了喷油器针阀偶件的穴蚀危害。

当柱塞上行关闭柱塞套下通油孔时,柱塞顶腔的油压升高。如油压作用于出油阀的升力大于出油阀上部弹簧力及高压系统内剩余油压的合力时,则出油阀开始上升。此时,阀的锥面首先脱离阀座密封面,但缓冲圆柱体及卸载凸缘均未脱离座孔,高压油从出油阀缓冲间隙中导入而使内腔燃油增压,同时降低了柱塞顶油腔的压力。当卸载凸缘及缓冲圆柱体脱离上下座孔时,出油阀内腔的燃油立刻输入高压系统,柱塞顶腔的高压油也进入高压油管,这就避免了供油中的吸空现象,降低了工作噪声,同时使高压系统迅速升压。

缓冲式出油阀缓冲与防穴蚀的效果,同缓冲间隙值的大小有密切关系。缓冲间隙愈小,则出油阀落座时封闭在阀内腔的燃油外泄愈慢,因而缓冲作用愈强,防穴蚀效果愈显著,但吸空现象严重,工作噪声增大。缓冲间隙过大,则出油阀起不到缓冲和防穴蚀的作用。试验表明,缓冲间隙有一个最佳的范围,必须严格控制。

从出油阀卸载凸缘开始进入座孔到出油阀完全落座时为止,这个行程称为卸载行程。在高压系统中,回路截断后卸载动作使系统的容积增大,剩余油压进一步下降,减少了喷油器二次喷射的可能性,并可供高压油管弹性收缩和燃油减压膨胀。卸载容积不宜过大或过小。卸载容积过大,使出油阀落座时高压系统内剩余油压过低,再一次升压到喷油的时间长,因此使实际喷油提前角减小;在低转速及低负荷情况下喷油雾化较差,在高转速及高负荷情况下喷油滞后,后燃增多。卸载容积过小,则高压系统内剩余油压较高,喷油器具有较长的自由喷射期,此时喷射雾化较差,断油动作缓慢,停喷后较易出现二次喷射现象,柴油机工作经济性差。对于每一不同类型的柴油机,高压喷射系统都有一个最佳的卸载容积范围。

出油阀弹簧的预紧力也不宜过大或过小。如预紧力大,则当喷油泵停止供油时出油阀落座迅速,因而高压系统中回流出去的油量较少,使高压油管内剩余油压较高,在下一个柱塞供油行程时,喷射滞后角小,燃油供油量有所增加。如预紧力小,则出油阀落座较缓慢,高压油管内剩余油压较低,喷射滞后角大,燃油供油量有所减少。

出油阀最大升程值也必须严格控制,如出油阀升程过大,则出油阀落座时间长,回流的油量多,高压油管内剩余油压低,影响实际喷油提前角和喷油量,同时使出油阀对阀座的撞击力增大。如升程过小,则高压油导入的通道过小,它对高压喷射系统的影响与前相反。

3 出油阀组件的作用

综合燃油高压系统供油及喷射特性的影响因素,可看到出油阀的结构参数与性能有密切关系。出油阀组件的作用如下:

(1)调节和控制高压系统内的剩余油压,控制其卸压速度。高压油回流时对卸压速度的控制,可以控制油压波动的幅度,消除或减轻针阀偶件的穴蚀现象。调节高压系统内剩余油压的大小,可抑制二次喷射现象及排除某些不正常的喷射现象。

(2)增加喷油泵对喷油器的供油量。在柱塞一定的供油有效行程下,虽然喷油泵向高压系统输入相同油量,但由于出油阀组件所控制的充油、回油条件的不同,实际上喷油泵供给高压系统的油量并不相同。喷油泵有出油阀组件与无出油阀组件相比,高压系统中的剩余油压高,实际喷油提前角大,喷油的持续时间长,因而高压系统对气缸喷油量就多。

(3)阻碍空气进入高压系统。

五、挺柱组件及供油凸轮

挺柱组件又称为油泵下体组件(俗称油泵推杆),安装于供油凸轮与喷油泵上体组件之间。它是喷油泵柱塞运动的传力机构,通过它将供油凸轮的回转运动转变成柱塞的往复运动。挺柱组件安装在机体挺柱箱内,其法兰支承面吊挂在箱的顶面。

挺柱组件由滚轮、滚轮衬套、滚轮销、挺柱、挺柱头、挺柱弹簧及挺柱套等组成。

挺柱套(又称推杆导筒)为铸铁导筒,筒体中由隔板分隔成上下两腔,下腔内圆面为挺柱往复运动的导向面,套的顶部为支承法兰面,套的外圆面上有 2 道与机体安装定位面,上定位面中的橡胶圈为防止机体内机油外泄之用。

挺柱由 20CrMnMo 钢制成,表面进行渗碳淬火。挺柱上部为空心细长杆,与挺柱套隔板芯孔相配,杆顶压装有硬质的挺柱头。挺柱下部大圆柱面与挺柱套下腔内圆面相配合,其内部安装有滚轮组件。为了保证滚轮在工作中只绕滚轮销转动,而不发生滚轮与凸轮面之间的平面滑移,必须使滚轮圆与凸轮轴轴线垂直,并且要求挺柱在挺柱套内只作往复运动而不转位,因此在挺柱外圆面上设有纵向导槽,挺柱套上安装导向销,导向销的一端插入导槽内。在挺柱套支承法兰的侧面有刻线,安装时挺柱套的刻线与挺柱箱顶面的划线对准。为了减小挺柱在往复运动时产生唧吸作用,在挺柱套中部隔板下有小孔与外界相通。

滚轮采用合金渗碳钢 15CrMnMo 材质。滚轮销为中空杆销,外表面渗碳淬火。滚轮销芯部轴孔为机油通道,中部 4 个小孔与外部相通。滚轮衬套由锡青铜材料制成,其内圆面与滚轮销外圆面相配,配合间隙为 0.04～0.093 mm,其外圆面与滚轮内孔相配合,配合间隙为 0.025～0.073mm。滚轮衬套的内外表面设有人字形油槽,内外槽间有油孔相通,机油通过专用油管从凸轮轴座引到挺柱套下部进油螺孔。在挺柱套内表面相应部位处铣有弧形油槽,当挺柱运动到一定位置时,滚轮销芯孔与弧形油槽连通,机油被引入滚轮销内,又通过 4 个小孔使机油引到滚轮衬套及滚轮内表面。这样的压力润滑改善了滚轮组件的工作条件,提高了工作可靠性和使用寿命。弧形油槽内机油还同时到达挺柱与挺柱套滑动面之间,建立了可靠的压力润滑条件(图 6-2-7)。

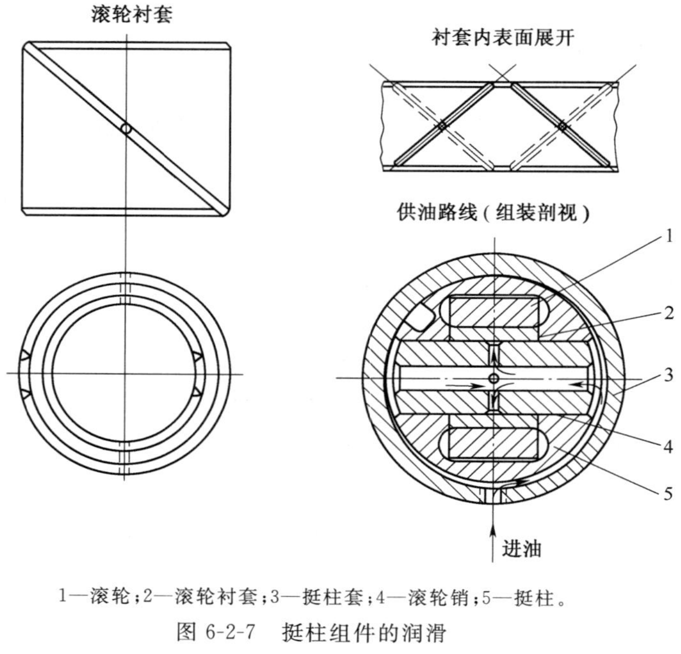

1—滚轮;2—滚轮衬套;3—挺柱套;4—滚轮销;5—挺柱。

图 6-2-7　挺柱组件的润滑

挺柱组件中安装有挺柱弹簧,2 个半瓣锥面卡圈卡装在挺柱头和空心杆的缩颈上,通过弹簧座使挺柱弹簧与挺柱发生联系。当柱塞卡住在柱塞套上部位置时,由于挺柱弹簧将挺柱滚轮吊挂到上方,可以减轻凸轮与滚轮间的敲击作用。

供油凸轮与进、排气凸轮同轴。供油凸轮的型面对高压燃油的供油及喷射特性有较大的影响,它直接影响到柱塞的供油速度,因而是供油规律最主要的决定因素。例如,凸轮外形对高压系统的瞬时最高油压、剩余油压、供油持续角、供油规律及二次喷射等有密切关系,同时也决定了零部件运动加速度和惯性力的大小。高压系统的油压作用于高压油管和柱塞,影响到零部件的工作可靠性,影响到凸轮和滚轮表面间接触应力的大小。因此,供油凸轮的外形也是影响到柴油机作功能力、工作经济性及零部件使用可靠性的重要因素。

16V240ZJB 型柴油机供油凸轮的主要工作型面为三圆弧连接的凹面外形(图 6-2-8),凸轮基圆半径为$45_{-0.05}^{\ 0}$ mm,凸轮最大升程为20 mm,全部升程作用角为 129°凸轮转角。供油始点位于凸轮的凹弧段，在小时功率工况下喷油泵几何供油始点时的凸轮回转角 α_i 为19°48′42″，几何供油终点位于柱塞运动降速的转折点附近，这时凸轮回转角 α_i 为 31°35′34″。表 6-2-1 所列为供油凸轮回转角 α_i 与滚轮升程 h_i 的关系表。

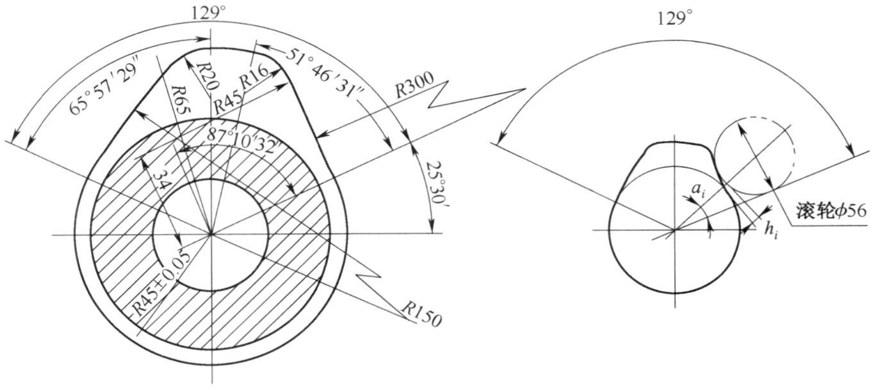

(a) 凸轮外形　　(b) a_i与h_i的关系

图 6-2-8　供油凸轮(单位:mm)

表 6-2-1　供油凸轮回转角与滚轮升程的关系

α_i	0°	3°	6°	9°	12°	15°	18°	19°48′42″	21°	24°
h_i/mm	0.00	0.13	0.51	1.16	2.09	3.32	4.88	6.00	6.78	8.74
α_i	27°	30°	31°35′34″	33°	36°	39°	42°	45°	48°	51°46′31″
h_i/mm	10.68	12.61	13.61	14.47	16.09	17.43	18.49	19.28	19.78	20.00
α_i	54°	57°	60	63°2′31″	66°	69°	72°	75°	78°	81°
h_i/mm	20.00	20.00	20.00	20.00	19.88	19.53	18.94	18.11	17.05	15.76
α_i	84°	87°	87°37′14″	90°	93°	96°	99°	102°	105°	108°
h_i/mm	14.24	12.51	12.12	10.68	9.01	7.50	6.15	4.94	3.88	2.95
α_i	111°	114°	117°	120°	123°	126°	129°	—	—	—
h_i/mm	2.16	1.49	0.95	0.53	0.24	0.06	0.00	—	—	—

六、喷油泵总成及几何供油提前角的调整

16V240ZJB 型柴油机喷油泵出油阀接头位于顶部，它与高压油管相连。出油阀接头的座面被压紧螺套紧压于出油阀座的顶面，压紧螺套与泵体间的拧紧力矩为 441～490 N·m。压紧力不宜过大或过小，过大会使出油阀座及柱塞套受力过大，局部地区产生应力集中及微量变形，影响到柱塞的往复运动。喷油泵进油管接头与低压输油总管相连。挺柱套中部锥螺孔连接燃油污油支管，下部螺孔连接机油进油支管。

柱塞套在上体内由定位螺钉定位，它的上通油孔对准进油管接头。柱塞插入柱塞套时，其上螺旋边须对准柱塞套的上通油孔位置。

齿条与齿圈间有一定的啮合关系，齿条的位置由指针刻线来表示。为使多缸柴油机每个单体喷油泵指针所指示的齿条刻线反映相同的供油情况，要求齿条、齿圈和柱塞滑键精确加工,并具有同一的安装定位措施。因此在结构上使齿条上第三齿槽不切出(连齿),齿圈上某特定位处多切去一齿(缺齿),组装时齿圈的缺齿对准齿条的连齿插入,这就保证齿条全行程移动及各泵齿条相互位置的一致性。

齿条中空,芯孔内装有调整螺栓及齿条弹簧,齿条的一端装有拨叉及螺套等零件。外力通过螺套刚性地推动齿条增加刻线;外力通过拨叉、调整螺栓及齿条弹簧等弹性地传动齿条减少刻线。多缸大功率柴油机的各单体式喷油泵通常采用同一或左、右各一根供油拉杆。如个别喷油泵柱塞偶件有卡滞现象,则由于该泵齿条弹簧能压缩,虽该泵齿条没有移动,但并不妨碍供油拉杆的移动,所以其余喷油泵齿条仍可移到减油位或停油位,这样就避免在柴油机卸负荷时因卡泵而造成的飞车事故。

喷油泵齿条刻线间的距离为2 mm,0 刻线表示喷油泵在停油位。为限制喷油泵的最大供油量,在齿条的一端设供油限制螺母,当齿条 0 刻线时,供油限制螺母的内侧面与泵体之间的距离是齿条所能移动的最大距离。

齿条的运动形态,只允许作往复运动而不允许转动,为此在齿条的背部开有轴向长槽,拧装在泵体上的导向螺钉的头部插入槽内,用以限制齿条的转动。

柱塞弹簧装在上、下弹簧座之间,下弹簧座扣挂在柱塞尾部缩颈处。柱塞弹簧使滚轮与凸轮在任何位置上都保持接触。柱塞弹簧在工作时承受高频脉动载荷,要求它有较高的疲劳强度、弹性极限及较高的自振频率,以避免在工作过程中出现残余变形、折断和产生共振。同时要求柱塞弹簧有一定的安装预紧力,以保证滚轮与凸轮间一定的压紧力。柱塞弹簧采用50CrV 抛光钢丝,表面经氮化处理以提高疲劳极限。弹簧的安装预紧力为(544±49)N,在最大压缩量下的弹簧复原力为(2 098±98)N。

为确保柱塞在工作时自由转动,柱塞尾端与柱塞弹簧下座支承肩之间留有间隙,但此间隙不大于0.24 mm。

为使各气缸内有相近的热力工作指标及动力均衡性,喷油泵在组装后应具有同一几何供油提前角。由于单体式喷油泵加工和组装误差的影响,不能保证各缸在规定的几何供油提前角时有相应的柱塞状态,因此必须对喷油泵进行个别调整。

16V240ZJB 型柴油机内顶孔单螺旋边柱塞式喷油泵在小时功率工况时的几何供油提前角为 21°,这时柱塞环形槽的下水平边刚全遮下通油孔,但这种状态难以测量,改用另一种易于测量的“当量”状态,即测定喷油泵的 B 尺寸。B 尺寸是指当柱塞顶面与上通油孔下边缘平齐时(此时离几何供油始点6 mm),柱塞尾端与泵体支承面间的距离。$(B-6)$是几何供油始点时喷油泵上体安装尺寸。挺柱组件安装在机体上,如果盘动曲轴使所测气缸的挺柱组件也处于几何供油始点时的位置,则测定挺柱头顶面到挺柱套支承法兰面间距离为 K 尺寸。两支承法兰面间的调整垫厚度 δ 由式(6-2-1)计算:

$$\delta=(B-6)-K \quad (\text{mm}) \tag{6-2-1}$$

根据 16V240ZJB 型柴油机各缸发火顺序,测量 K 尺寸时,相应的曲轴转角见表 6-2-2。

表 6-2-2　测量 K 尺寸时,相应的曲轴转角

气缸序号	1	14	3	10	7	12	5	9	8	11	6	15	2	13	4	16
曲轴转角/(°)	339*	19	69	109	159	199	249	289	339	19*	69*	109*	159*	199*	249*	289*

注:1. 以第 1 缸活塞压缩上止点为 0°开始,顺时针转动为第一圈。
2. 有 * 号的数字为曲轴盘转到第二圈的角度值。

对于内顶孔双螺旋边式柱塞喷油泵在柴油机小时功率工况时的几何供油提前角为 25°，B 尺寸和 K 尺寸的测量方法不变，调整垫片的厚度 δ 仍按公式(6-2-1)计算，但测量 K 尺寸时相应的曲轴转角见表 6-2-3。

表 6-2-3　双螺旋边喷油泵测量 *K* 尺寸时，相应的曲轴转角

气缸序号	1	14	3	10	7	12	5	9	8	11	6	15	2	13	4	16
曲轴转角/(°)	335*	15	65	105	155	195	245	285	335	15*	65*	105*	155*	195*	245*	285*

第三节　喷油器及高压油管

一、喷油器的作用和形式

喷油器控制燃油的喷射及雾化的质量，它靠自身及与喷油泵共同建立起来的高压条件，将一定数量的燃油通过喷射，雾化成细小雾粒布散到燃烧室内，以造就高质量的混合气，有利于燃油的发火和燃烧。

喷油器有开式和闭式两类。开式喷油器的高压油道与喷油器喷孔之间为常开式，即两者之间并无针阀偶件启闭油道，有的仅在喷孔前加装单向阀以防燃气进入油道。开式喷油器有严重的缺点，柴油机一般很少采用。机车柴油机广泛采用闭式喷油器。闭式喷油器在高压油道与喷孔之间设置针阀偶件，在非喷射期间由针阀偶件关闭油道。在喷油泵柱塞供油行程期间，当油管内升压到一定程度时，闭式喷油器针阀突升而射油，因而喷雾质量较高，停喷时也果断迅速，柴油机的工作经济性较好。

二、闭式喷油器的喷射原理(图 6-3-1)

闭式喷油器的主要工作元件有针阀偶件、调压弹簧、止挡及进油管等。针阀偶件是启闭高压燃油通往喷孔之“阀门”，它由针阀和针阀体两件配对组成。针阀呈细长针杆状，顶部有锥状针尖、缩颈的小圆柱针头或缩颈小圆锥针头等形式，上部圆柱杆与针阀体孔配合为运动导向部分。针阀体的头部一般具有多个喷孔，喷孔之前具有密封锥面封闭与高压油的通道。密封锥面以上针阀体与针阀间的空腔为高压油室，通过针阀体内部孔道将高压油引入油室。在针阀上部压着一个强力的调压弹簧，弹簧的预紧力 p_s 要求达到某一定值。在喷油泵柱塞供油行程之前，高压油管及针阀体油室中只有剩余油压 p_r，由于在油室处针阀杆径缩小，p_r 在针阀处作用有使其上升的压力，但此升力尚未超过调压弹簧的预紧力 p_s，即

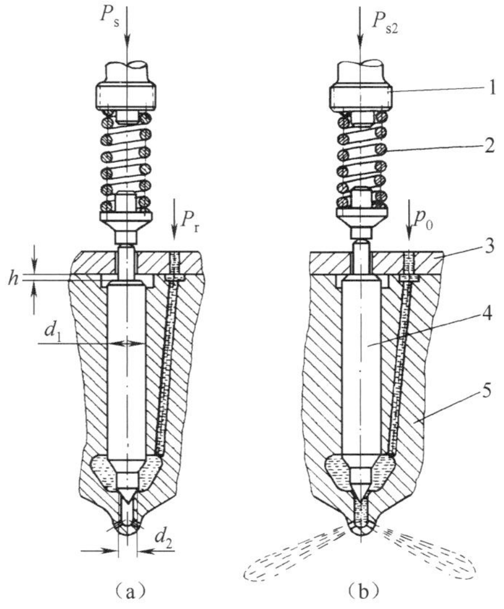

1—调压螺栓；2—调压弹簧；3—止挡；4—针阀；5—针阀体。

图 6-3-1　闭式喷油器工作原理

$$\frac{\pi}{4}(d_1^2-d_2^2)p_r<p_s \qquad (6\text{-}3\text{-}1)$$

式中 d_1——针阀导杆直径;

d_2——针阀体密封锥面处针阀压紧直径。

这时针阀偶件的锥面依然紧闭。在喷油泵柱塞供油行程开始之后,高压油管中的油压迅速提高,作用到针阀导杆部的上升力随之加大。当油压提高到 p_0 时,升力略大于 p_s,即

$$\frac{\pi}{4}(d_1^2-d_2^2)p_0>p_s \tag{6-3-2}$$

这时针阀开始上升,密封锥面脱离接触,喷孔开始射油。与此同时,因针阀受力面积突然增加到$\frac{\pi}{4}d_1^2$,使针阀上升动作断然加速,油室通往喷孔间的流通截面迅速扩大,喷雾质量提高。由于上述动作比较迅速,使喷孔的开启达到断然喷油的效果,减少了喷射初期的节流损失,防止了滴漏。

当柱塞供油行程结束后,高压油管内迅速降压。当油压降低到 p_c 时,此时作用到针阀上的升力已略小于 p_s,即

$$\frac{\pi}{4}d_1^2p_c<p_s \tag{6-3-3}$$

针阀开始下降,喷油还在继续,但由于高压系统燃油无后继补充,故油压下降速度极快,针阀很快落座。针阀的整个落座过程比较短促,所以闭式喷油器的断油停喷动作也比较果断。

油压 p_0 称为启阀压力或始喷压力,p_c 称为闭阀压力,两者皆取决于调压弹簧的预紧力 p_s、针阀导杆直径 d_1 和密封压紧直径 d_2。由于承压面积的不同,p_0 显然高于 p_c,p_c 又显然高于高压系统喷射结束后的 p_r。

选择不同的调压弹簧预紧力 p_s 可得到不同的启阀压力 p_0。为保证喷射雾化的高质量及保持可靠的工作,启阀压力 p_0 必须恰当选择。

三、喷油器的结构

1. 针阀偶件

机车柴油机常用的闭式喷油器针阀偶件有多孔式和轴针式两类,多孔式针阀偶件又有普通型(短型)、长型和液冷型等几种。

轴针式针阀偶件[图 6-3-2(a)]的轴针头部为缩颈细圆柱体或细圆锥体,针头伸出体外,单喷孔针阀体与轴针之间形成圆锥形的流动截面,轴针部的形状随燃烧室喷雾要求而定。喷孔在体中央,通常直径为 1～3 mm。由于轴针的升降活动,喷孔不易积碳,且有自行除碳的功效。轴针式针阀偶件用于喷雾要求较低及缸内空气涡流较强的预燃室或涡流燃烧室柴油机。

多孔式针阀偶件用在直喷式燃烧室。喷孔数量一般为 3～10,喷孔直径为 0.15～0.7 mm。多个喷孔既能保证一定的燃油流通截面,又能控制适宜的喷油持续期,同时以一定的方向及适中的射程,使油雾较均匀地布散于燃烧室空间。多孔式针阀偶件靠较高的油压来保证喷射雾化,其雾化的质量较高,这有利于混合气的形成和燃烧。

长型多孔式针阀偶件较普通型针阀偶件有更多的优点,前者的针阀导杆置于针阀体的上部而远离高温区,下部阀杆与体孔之间有较大的间隙,这段阀杆被燃油包围具有液冷的工作条件,同时由于针阀体头部缩小而减小受热面积,因而使偶件的热故障减少。早期的 16V240ZJA 型柴油机喷油器装用普通型多孔式针阀偶件[图 6-3-2(b)],16V240ZJB 型柴油机喷油器采用长型多孔式针阀偶件[图 6-3-2(c)]。长型多孔式针阀偶件针阀由 W18Cr4V 钢制

成，针阀体由 27SiMnMoV 钢制成。针阀导杆直径为7 mm，导杆与针阀体孔间的配合间隙为 0.001 5～0.004 mm，下部阀杆与针阀体孔之间的间隙为0.9 mm，针阀密封锥面角为 60°，针阀体锥面座角为 59°±10′，一定的锥面角度差使密封带位于锥面座上口附近。喷油器乳头部均匀钻有 8 个直径为0.45 mm的喷孔，喷孔间喷射夹角为 150°。

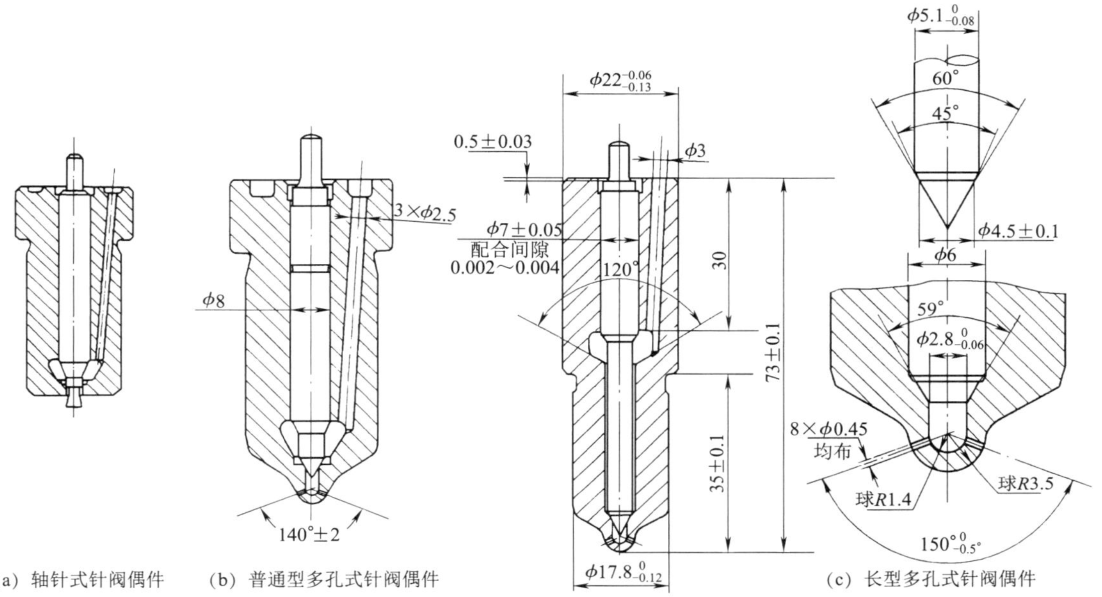

(a) 轴针式针阀偶件 (b) 普通型多孔式针阀偶件 (c) 长型多孔式针阀偶件

图 6-3-2 闭式喷油器常见的针阀偶件(单位：mm)

2. 喷油器总成

16V240ZJB 型柴油机的喷油器由喷油器体、调压螺栓、锁紧螺母、调压弹簧、进油管、喷油器滤芯、垫座、压紧螺母及针阀偶件等组成，如图 6-3-3 所示。喷油器安装在气缸盖中央，其针阀体的乳头部伸出气缸盖火力面下 6～6.5 mm，为防止燃气泄入气缸盖上部，在喷油器压紧螺母与气缸盖之间衬有紫铜垫，气缸盖顶面通过螺栓、压块及螺母等件压住喷油器。

进油管是高压系统的组成部分之一，实际上它也是一根高压油管。进油管的一端用螺纹连接拧装于喷油器体，端面处用紫铜垫压紧密封。进油管的另一端内孔装有喷油器滤芯(高压滤芯或缝隙式滤芯，现很多柴油机取消了该滤芯)，拧紧高压油管接头螺母，则高压油管球头、滤芯锥面及进油管口相互压紧。喷油器滤芯是一根钢制的芯轴，其外圆面上铣有 24 条三角槽，其中 12 条通高压油管端的进油道，另 12 条与喷油器体端的油道相通，两者相间隔配置，互不直接沟通，只靠滤芯外圆面与进油管内孔间 0.01～0.087 mm的间隙相流通。这样可阻拦高压油管内积垢及管壁波动穴蚀剥落的杂物，以减少针阀偶件卡滞、喷孔堵塞或喷孔磨耗等现象。

喷油器体内安装有调压螺栓、弹簧上座、调压弹簧及弹簧鞍等件。调压螺栓栽入体内的深度可调节，目的是控制一定的弹簧预紧力 p_s，以保证一定的始喷油压 p_0。调好后拧紧螺母防松。

弹簧鞍的底面与针阀尾杆相压紧，以使弹簧预紧力直接作用在针阀上。由于调压弹簧置于喷油器体的下部，并尽可能地靠近针阀，这就使针阀及其上部的往复运动质量减小，因而对针阀体密封锥面的冲击力也减小，这有利于针阀偶件延长寿命。

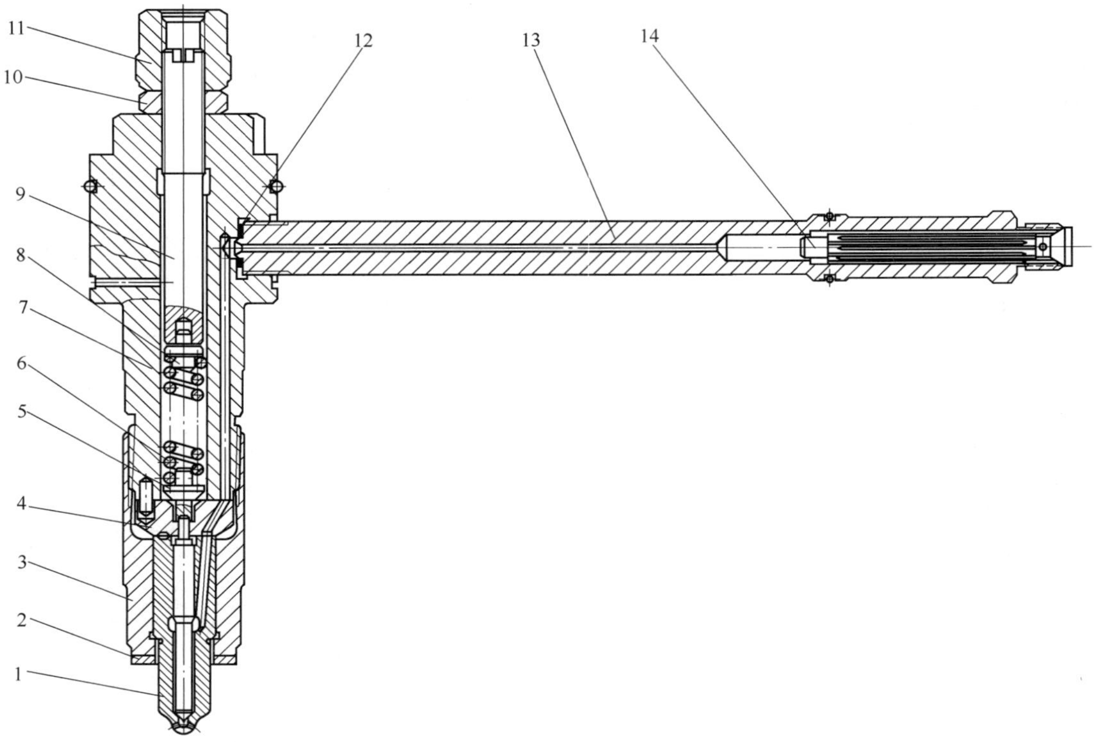

1—针阀偶件;2—垫圈;3—压紧螺母;4—垫座;5—弹簧鞍;6—调压弹簧;7—喷油器体;
8—弹簧上座;9—调压螺栓;10—锁紧螺母;11—保护帽;12—密封垫;13—进油管;14—喷油器滤芯。

图 6-3-3 喷油器

喷油器体的一侧钻有高压油通道,此通道与垫座内油道相接,高压油一直可引至针阀体内油室处。垫座安装在喷油器体及针阀偶件之间,为防止高压油泄漏,针阀体顶面与垫座的下平面及喷油器体与垫座的上平面之间为镜面密贴,并通过压紧螺母将三者紧固(紧固力矩为147~196 N·m)。少量燃油经针阀导杆的缝隙泄漏到调压弹簧腔,然后通过喷油器体泄油孔、气缸盖进油管孔及回油支管排出。垫座与喷油器体之间设定位销,垫座下平面开有环形油槽,油槽与针阀体油道相通。

针阀升程由针阀尾杆的凸肩与垫座下平面之间的距离决定。针阀升程的设计值为(0.5±0.03)mm。与出油阀升程相类似,针阀升程也不能过大或过小。针阀升起为高压油在喷射前提供必要的通道,如升程过大,则针阀落座时间延长,剩余油压降低,停喷前燃油喷射雾化不良;同时使针阀与针阀体间的撞击力增大,易损伤密封带而缩短使用寿命。如针阀升程过小,则导致喷油量不足,高压系统内最高瞬时油压值增大,喷油持续期延长,后燃加重。

喷油器的燃油启阀油压调整为$25\,500^{+490}_{0}$ kPa,要求在此压力下快喷或慢喷都应良好雾化,喷射声音清脆果断。

四、高压油管

喷油泵和喷油器之间的连接管称为高压油管。高压油管是燃油系统中的一个重要部件,管内容积是高压系统中高压容积的主要部分。

高压油管一般都采用厚壁无缝钢管,其外径通常为内径的 3 倍以上,以尽量减少油管的弹性胀缩及提高承压能力。高压油管的长短、内外直径及安装刚度等对燃油喷射规律和燃烧过程有一定的影响，但高压油管的长度一般随喷油泵的结构形式及位置而定，其最佳管径可由柴油机热工性能试验选定。

16V240ZJB 型柴油机采用厚壁无缝钢管，其内径和外径分别为3 mm和10 mm，管接头热镦成形，两头都有管接头螺母。

在柴油机工作过程中，高压油管承受着高频脉动油压的胀拉力和振动附加载荷，油压波动的幅度较大，管内最高瞬间油压可达98 000 kPa以上，16V240ZJB 型柴油机在小时功率工况下高压系统最高瞬时油压为77 224 kPa，剩余油压为5 684 kPa。高压油在升压时引起油管弹性扩张，在降压过程中又引起减压弹性收缩和振动，油压的升降伴随着压力波在管内的传播与反射，因而要求高压油管在最高油压下有一定的安全系数，并具有较高的耐振性和较小的弹性胀缩率，管内无积垢，外表面无裂纹、坑穴或其他明显的缺陷。同一柴油机各缸高压油管的长度应一致，管材规格相同，以使各缸喷油和燃烧规律的一致。对于采用较长高压油管的机型，必须将油管夹紧防振。

第四节　不完全燃烧及排气净化措施

气缸内燃油燃烧的有利时机是十分短促的，以转速1 000 r/min的中速柴油机为例，有利的燃烧时间不过 0.006～0.008 s，这对于喷雾油粒大小不一、混合气浓度分布不匀的现实状态而言，缸内的可燃成分往往难以及时、完全燃烧，汽油机、柴油机及其他工业排放的废气，特别是不完全燃烧时所排放的一些有害物质，严重地污染着人类的生存环境。

一、燃油的性能

燃油的品质对喷射、发火性、燃烧速度及燃烧残留物等有直接影响。机车柴油机采用GB 19147—2016所规定的 0～35 号轻柴油，其指标可查有关手册，以下仅从几项指标对柴油机的工作影响作定性说明。

1. 自燃温度和发火性能

燃油在没有外界引火条件下能燃烧的最低温度称为自燃温度。

柴油机为压燃式内燃机，即气缸内的工质温度经过压缩达到燃油的自燃温度以上，然后引起工质燃烧做功。燃油的自燃温度随气压的升高而有所降低(图 6-4-1)。

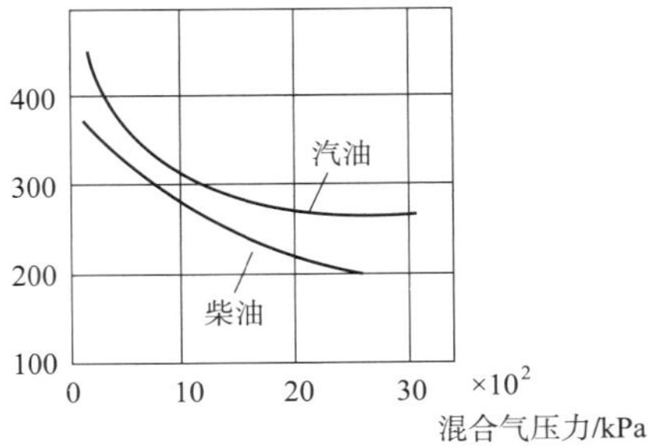

图 6-4-1　柴油自燃温度与空气压力的关系

在柴油机气缸内，即使混合气的气温超过燃油的自燃温度，喷入气缸的燃油也不能立即燃烧，而要滞后一段时间才着火。不同特性的燃油的发火性能是不同的，十六烷值是衡量燃油发火性能的主要指标。

正十六烷($C_{16}H_{34}$)具有最佳的发火性，α-甲基萘($C_{11}H_{10}$)具有最差的发火性能。如果它们按不同体积比例配制成混合油，此混合油的发火性能与所测试的燃油发火性能相同时，则此混合油的十六烷值含量，即认为是所测试燃油的十六烷值。

燃油的十六烷值低，不易发火，着火落后时间长，柴油机工作粗暴，敲缸声较大，如在低温下启动柴油机时敲击更严重。在一定范围内,燃油的十六烷值高,则着火快,柴油机运转平稳,燃烧噪声小。当然,十六烷值也不是愈高愈好,过高易使燃油在高温下裂化出游离碳,使排气带有较浓的烟色,柴油机工作经济性反而下降。通常,柴油机用油的十六烷值不超过 65,高速柴油机用油的十六烷值为 40～60,低速柴油机用油的十六烷值为 35～50。

2. 运动黏度

燃油流动时,分子之间具有摩擦阻滞现象,用运动黏度值来衡量这种阻滞的情况,运动黏度用 υ(m^2/s)来表示。运动黏度的大小对流动阻力和喷射雾化有较大的影响。

3. 凝点和冷凝点

在环境温度较低时,燃油失去流动性开始凝固的温度称为凝点,其直接影响低温启动和运行性能。

因此,冬季用燃油的冷凝点应比使用环境最低温度低 4～6 ℃,以避免蜡析现象。

4. 硫含量

燃油中的硫是有害物质,燃烧后生成 SO_2 和 SO_3,与金属接触会发生气态腐蚀。在气缸处于低温状态时,硫与水蒸气合成酸液,对气缸套、活塞组和气门等有腐蚀作用。硫的固态氧化物较硬,它沉积在碳烟中也能增加气缸套和活塞组的磨损。

二、排气烟色、成分及对环境的危害

柴油机气缸排出无色或浅灰色的废气是燃油及时燃烧和较完全燃烧的标志,排气呈较浓颜色的烟是不完全燃烧的象征。

当柴油机在低温启动时,由于气缸壁温低,燃油发火不良,使直径1 μm以上的未燃液体微粒大批排出缸外,从而出现了白色烟气。

在柴油机未预热及低负荷下运转时,产生浅蓝色带臭味的蓝烟,这是燃烧室壁温低,或油喷到壁面上,或燃烧室内空气涡流过强时,使直径在0.4 μm左右油粒未能完全燃烧而排出气缸,由于蓝色光折射显呈蓝烟。在排出的蓝烟同时还有一种化学反应的中间生成物——醛及过氧化物,因而散发出刺鼻的臭味。

在热机状态下正常负载运转时,出现白烟或蓝烟是由于水蒸气或机油的燃烧所致。

黑烟也是一种不完全燃烧的产物,常出现在高负荷工况。在燃油喷射不匀,油粒较大。喷射夹角不宜,射程过大,新鲜空气量不足及严重后燃等情况下形成黑烟。

在柴油机排气的成分中,水蒸气 H_2O、氧 O_2、二氧化碳 CO_2 及氮 N_2 等属无害成分,一氧化碳 CO、二氧化硫 SO_2、氮氧化合物 NO_x、碳氢化合物 HC、醛及某些致癌物质(如三、四-苯并比)等属有害成分。

CO_2 一般不作为有毒物质,但如过多则使人窒息。如大量残留在大气中,则对地球有明显的增温作用,从而影响到气候的变化。

CO 对人体有极大的危害作用,它对血液中的输氧体——血红素的亲和力比 O_2 强 210 倍,当它在空气中达到一定浓度时,人会感到头痛、晕眩及怠倦开始慢性中毒,并引起心脏、贫血及呼吸道病症的恶化。

SO_2 的危害性也不可忽视,它能刺激人体上呼吸道,损伤肺部组织,腐蚀金属和建筑物,并导致酸雨等现象的产生,威胁绿色植物及水生生物的生存。

光化学烟雾是指 HC 和 NO_2 在太阳光紫外线触发下所产生的化合物污染环境的事件,它刺激眼睛,损害视力,引起咳嗽,对鼻、气管和肺部有刺激作用。

乙醛是一种有机化合物，具有辛辣的刺激气味，能使人眼睛红肿。

三、废气中主要污染物的形成条件

CO 是不完全燃烧的产物，是燃油在气缸中 O_2 分子较少或燃烧条件较差时形成的。柴油机在低温下发火初期产生一种淡青色的冷焰，其化学反应的主要产物为醛及 CO。在燃料-空气比增大到超过某一限度时，CO 的成分急剧上升。

燃油经裂化成简单的烃类，由于空气不足或化学反应温度低使燃烧迟缓或后燃，在排气门打开时排出未燃的 HC 成分，因此 HC 也是不完全燃烧的产物。

氮虽是惰性气体，但在高温条件下也能生成少量氮氧化合物 NO_x，主要是 NO 和 NO_2。当室内燃烧反应的温度愈高，高温持续的时间愈长，燃料-空气比愈大，则排放的 NO_x 量也愈多。例如开式燃烧室要比预燃室柴油机排出的 NO_x 多 1～2 倍。

四、减少环境污染的一些措施

降低废气污染环境的一些措施如下：

(1)柴油机在冬季启动前应对机油和冷却水系统进行预热，提高柴油机体温，改善启动时的发火燃烧条件。

(2)减小空滤器阻力，排除增压器喷嘴环流道处的积碳堵塞，保证充分供应气缸内燃烧所需的空气量。

(3)检查和更换磨耗过度的活塞环和气缸套，特别注意活塞环密封边的宽度及与环槽的配合间隙，以减少机油窜入燃烧室。

(4)保持高质量的喷油雾化，尽量避免滴漏及不正常喷射。

(5)减小喷油提前角能减少 NO_x 的生成量，但过分减小喷油提前角，会严重降低工作经济性。

(6)预燃室式柴油机降低燃烧温度，能显著减少 NO_x 并使工作柔和；采用球形油膜燃烧室，也有少烟和轻声的作用。

(7)柴油机高负荷时，在燃油内适当掺水，能降低最高燃烧温度，因而能降低 NO_x、HC，同时还能节省部分燃油，但可能造成零件生锈和水窜入机油。

(8)改进柴油机的结构设计，适当加强燃烧室内气流运动，采用高效能的涡轮增压系统和增压空气中冷措施。实践证明，NO_x 的排放量随增压压力(带中冷器)的升高而降低。

第五节　16V280ZJ 型柴油机燃油系统

一、燃油系统的组成及通路

16V280ZJ 型柴油机燃油系统由进、回油管路，调压阀，燃油精滤器，喷油泵，喷油器和高压油管等组成(图 6-5-1)。燃油系统的燃油通路如图 6-5-2 所示。

燃油由燃油输送泵经粗滤器吸入管路，然后经燃油精滤器而送入柴油机，燃油送入柴油机后，一部分用于燃烧做功，一部分经喷油泵回油管回入油箱，再有一部分经喷油器回油管回入油箱。冬季运行时，为了使燃油箱内燃油保持一定温度，利用柴油机冷却水中的高温水把多余的燃油在预热器中进行加热，然后送回燃油箱。

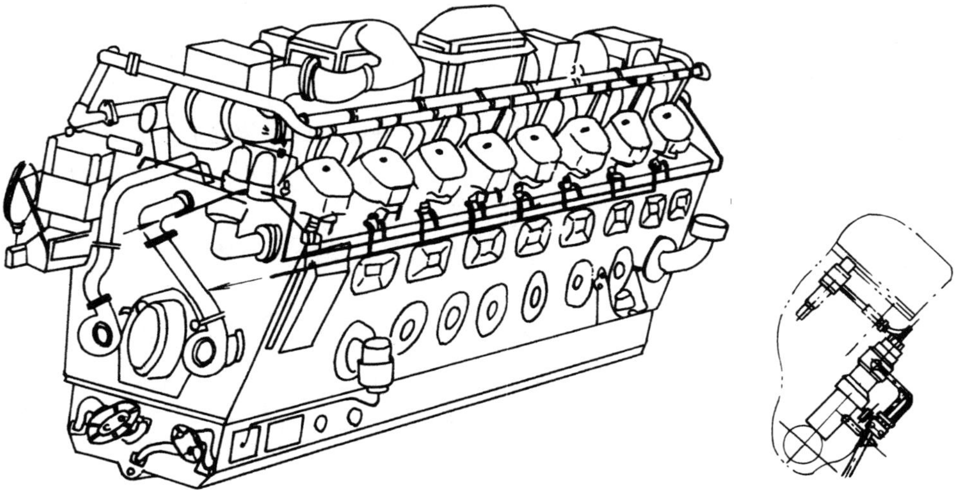

图 6-5-1　16V280ZJ 型柴油机燃油系统

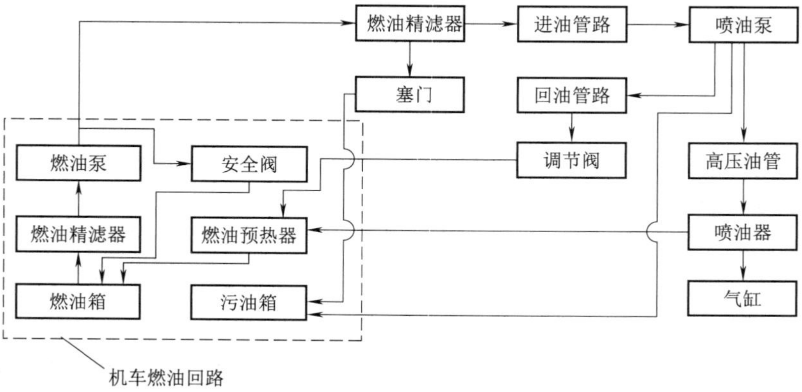

图 6-5-2　燃油通路框图

系统中并联设置了两组燃油泵电机组，泵前设有截止阀，泵后设有逆止阀，通过空气自动开关和截止阀的开闭，可使两个泵单独或同时工作，从而提高了系统工作的可靠性。

二、低压油路中主要零部件技术特性

低压油路主要由燃油精滤器和进、回油管路及调压阀等组成，它与机车燃油回路一道起着储油、供油、回油、滤清、预热和调节等辅助作用。

1. 燃油粗滤器

16V280ZJ 型柴油机燃油系统采用 RC-30W 型网片式滤清器，它主要由滤器体和滤清元件等组成。滤清元件中的网片滤芯为 200 目/英寸的铜丝网片，数量为 19～20 片。

2. 燃油精滤器

燃油精滤器由两组纸质滤芯、外壳和一个共同的滤清器体等组成，燃油从滤清器体中部的接口进入滤芯与外壳之间的空腔，≤0.012 mm的杂质被阻于滤芯外侧，纯净的燃油通过滤纸进入滤芯内侧，经滤清器体下部的两个通孔分别流向柴油机左右侧的进油总管。

3. 燃油输送泵电机组

(1)形式：齿轮式。

(2)流量:40 L/min(转速3 000 r/min,压力0.5 MPa,吸油真空度20 kPa)。

(3)数量:2 组。

(4)传动方式:1.1 kW直流电机单独驱动。

4. 燃油预热器

燃油预热器为管壳式结构,管内通热水,管外通燃油,从而进行热交换以加热燃油,为冬季机车运行使用。

5. 油箱

燃油箱为钢板焊连结构,燃油容量为6 000 L,燃油箱左右两侧设有蓄电池箱室,前后端上部各安装一只总风缸,油箱外部喷除 H98-2 隔热涂料,且装有外皮保护,燃油箱由靠近两端板的 4 块连接板和 4 个 M52 的螺杆吊装固定在车架底部的中间。

6. 调压阀

调压阀的作用压力为 120 kPa,其作用是使燃油的进油、回油管路保持一定压力,以保证喷油泵工作时有充分、稳定的燃油供应。

7. 250 kPa安全阀

安全阀设置在压力调节支路中,柴油机在局部负荷或定负荷运行时,如果燃油系统中的压力超过250 kPa,安全阀即开启,部分燃油旁流回燃油箱,从而使系统保持在允许压力下工作。

三、喷油泵和喷油器

16V280ZJ 型柴油机的喷油泵采用单体式喷油泵,其柱塞套壁厚和压紧法兰的厚度都选取得比较大,这为进一步强化留下了足够的余地。

16V280ZJ 型柴油机的低惯性、长针阀、多孔闭式的喷油器安装在气缸盖中部的喷油器套管内,利用冷却气缸盖的冷却水同时冷却喷油器,提高了喷油器的工作可靠性。16V280ZJ 型柴油机喷油器的启阀压力为 25.51～26 MPa。

第六节 16V265H 型柴油机燃油系统

16V265H 型柴油机燃油系统的组成部分主要包括:各缸的电子控制喷油泵、喷油器和高压油管,以及燃油输送泵、燃油分配器和其他系统管件。为保证柴油机的正常工作,尚有部分燃油系统部件安装在机车上,如燃油箱、离心式燃油粗滤器、燃油预热器、燃油精滤器、启动燃油泵、逆止阀(单向阀)、系统安全减压阀、紧急燃油切断开关、污油箱及燃油连接管路等。

一、16V265H 型柴油机燃油系统的组成与原理

1. 燃油管路系统

HXN_3 型内燃机车的燃油系统如图 6-6-1 所示。储存在燃油箱的燃油被燃油输送泵抽出后,首先经过粗滤器进行过滤,再经燃油精滤器进一步过滤后传输到柴油机上的燃油分配器,再被供应给柴油机两侧的集流管,之后送至每个气缸的燃油喷射泵。其中只有一小部分被加压后在电喷控制软件操纵下进入喷油器雾化喷入气缸内燃烧;剩余的燃油(其中一部分又参与冷却和润滑喷油泵)经回流管路返回至燃油分配器,在分配器内有回油逆止阀保证了合适的系统背压后,将多余的燃油送回燃油箱。

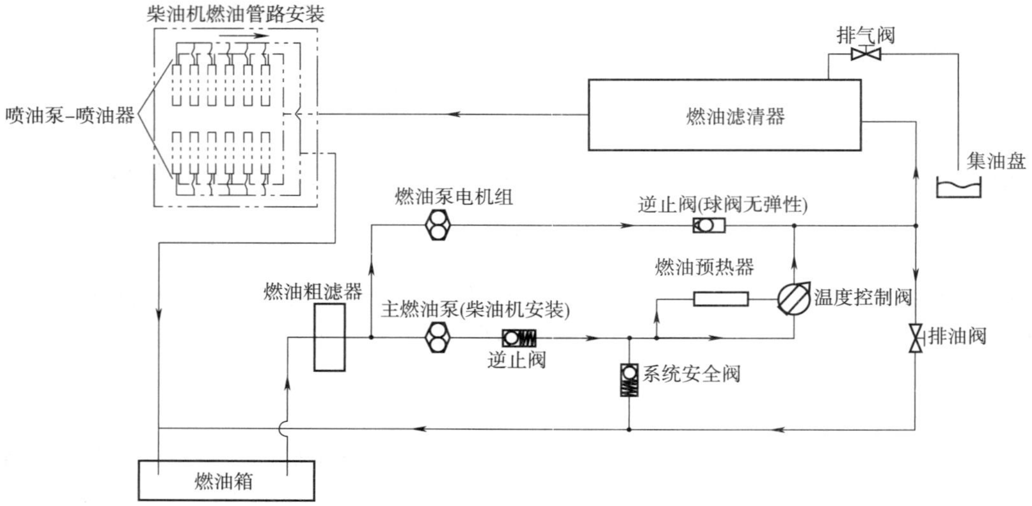

图 6-6-1　HXN3 型内燃机车燃油系统

燃油系统中装设两个燃油输送泵，一个安装在柴油机机体以外的启动泵(又称辅助燃油输送泵)由电机驱动，另一个安装在柴油机上的燃油输送泵，则由主机油泵的主动轴后端驱动，又被称为“机带泵”(即主燃油泵)。在司机控制器手柄 2 位(柴油机转速 550 r/min)及以上时，车载微机将停止启动泵的工作，燃油流量完全由机带泵提供。在冬季低温情况下，经过粗滤器后的燃油经预热器加温后再输出。

喷油泵和喷油器(也称“喷嘴”)分别制成两个单体，也是燃油系统的两大核心部件。喷油泵装在气缸盖上部右角摇臂轴箱内并直接受凸轮轴的驱动，由凸轮随动摇臂与短推杆机构来传递运动(图 6-6-2～图 6-6-4)。喷油泵柱塞室内油路由控制模块来控制其与供油系统的通断，具体由电喷控制系统的 24 V 电磁阀来实现。

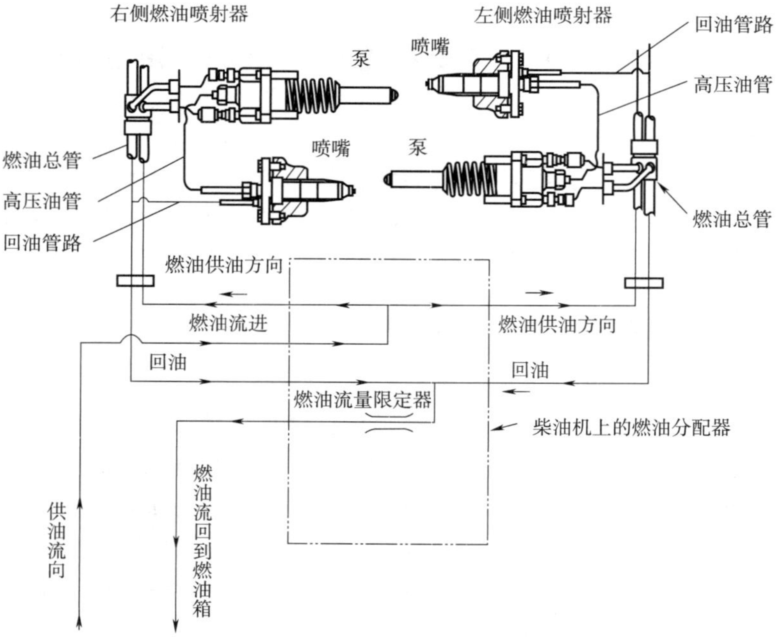

图 6-6-2　16V265H 型柴油机喷油泵和喷油器工作原理

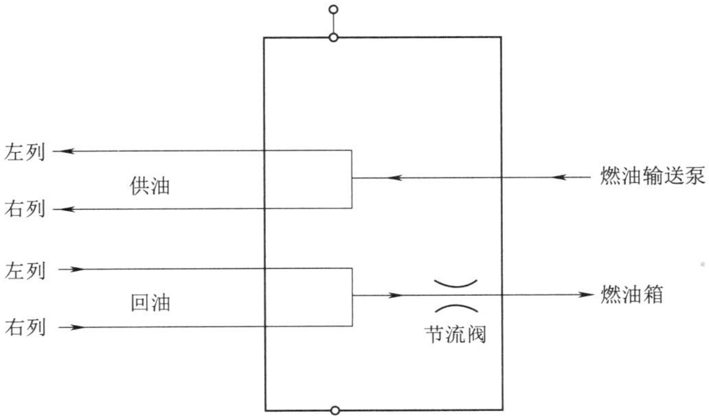

图 6-6-3　HXN3 型内燃机车柴油机燃油分配器原理

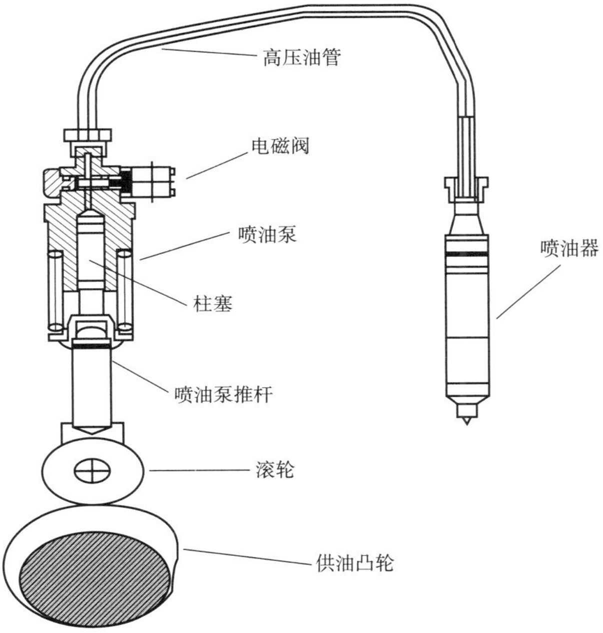

图 6-6-4　16V265H 型柴油机“泵-管-嘴”喷油原理

2. 喷油泵

16V265H 型柴油机采用单体式电子控制喷油泵(图 6-6-5),各缸喷油泵靠 4 个高强度的六角螺栓安装在摇臂轴箱内。16V265H 型柴油机喷油泵上部为电磁阀部分,下部为柱塞室。泵体上有 3 个燃油接口,从左向右依次为进油口、高压油出口和回油口。其喷射原理如图 6-6-6 所示。

这种电控喷油泵与普通的柱塞泵不同,取消了传统的柱塞头部螺旋槽、柱塞套和出油阀偶件,其结构如图 6-6-7 所示。柱塞在泵体内上下运动产生高压油,当电磁阀 12 通电后会吸住衔铁 16,衔铁 16 通过 M3 沉头螺栓 15 与空心阀芯 9 连接,衔铁 16 带动空心阀芯 9 与内套 10 闭合后进行供油。电控喷射系统创新性地采用了一种滚轮随动机构,通过滚轮随动机构上端摇摆两侧的滚轮连接供油凸轮与电控泵推杆,凸轮沿着升程曲线运转带动推杆上下运动,推杆带动柱塞在泵体内上下运动产生高压油。

图 6-6-5　16V265H 型柴油机喷油泵

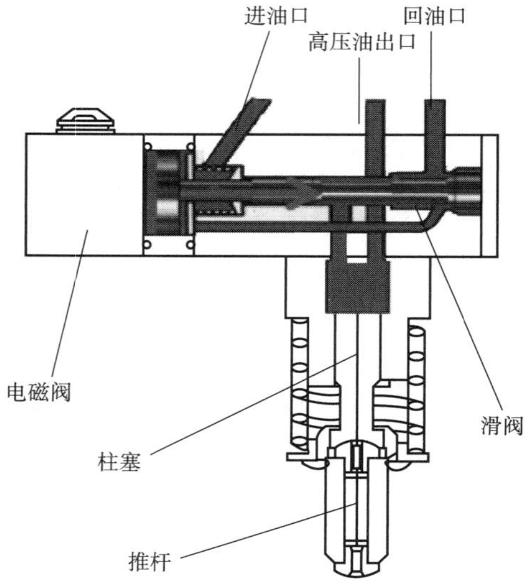

图 6-6-6　16V265H 型柴油机喷油泵喷射原理

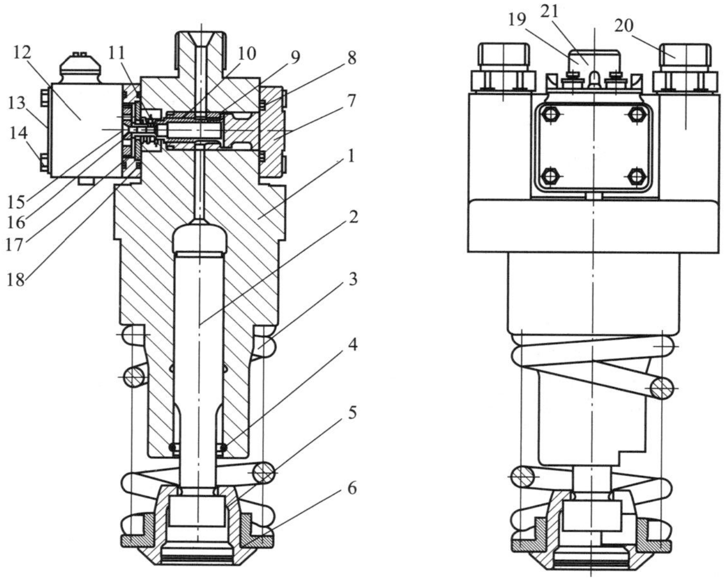

1—单体泵体；2—柱塞；3—柱塞弹簧；4—卡簧；5—调节套；6—弹簧座；7—限位端盖；8—O 形密封圈；9—空心阀芯；10—内套；11—电磁阀弹簧；12—电磁阀；13—标示牌；14—螺栓；15—M3 沉头螺钉；16—衔铁；17—挡片；18—矩形胶圈；19—进油管接头；20—高压油管接头；21—出油管接头。

图 6-6-7　16V265H 型柴油机喷油泵结构

喷油泵柱塞(图 6-6-8)与泵体内腔直接构成一对偶件，配合间隙可减小到 6 μm，且不需做密封试验，以利于加工维护及降低生产成本。柱塞采用高硬度的 Cr15 材料并对杆径表面进行渗氮化钛处理，提高其耐磨性；柱塞最下端加工成 ϕ25 mm 球形弧与喷油泵推杆上部结合，推杆上端 O 形圈使柱塞与推杆柔性相连。泵体用 20CrNi 材料，有良好的可加工性及抗疲劳性能。

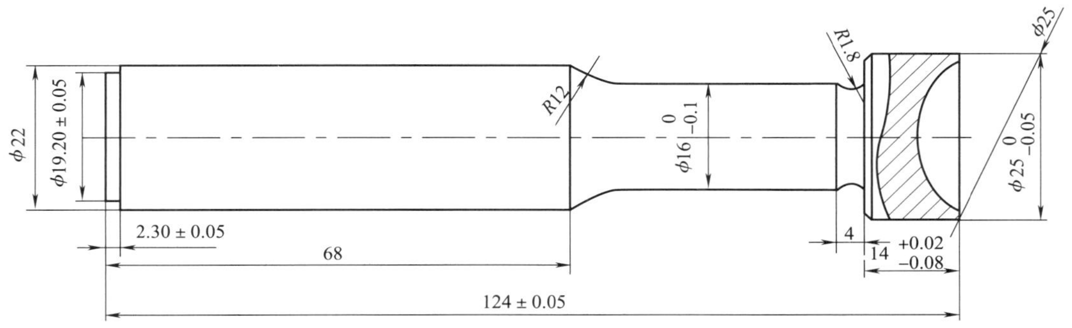

图 6-6-8　喷油泵柱塞结构(单位:mm)

该电控喷射系统中采用第二代电磁阀控制方式,电磁阀(图 6-6-9)主要由螺线管、衔铁、空心滑阀、滑阀弹簧和阀体等组成。空心滑阀表面涂覆钛合金层,衔铁通过 M3 沉头螺栓与空心滑阀连接,空心滑阀的升程为 0.30 mm,有利于快速关闭电磁阀。内套的结构设计为插入式形式,均匀平滑的旋转几何体外形使其具有良好的动平衡性;在保证中心孔、配合面及端面处圆度的同时,又保证了阀芯与内套配合面的良好密封性;两者之间的配合间隙仅为 2 μm。

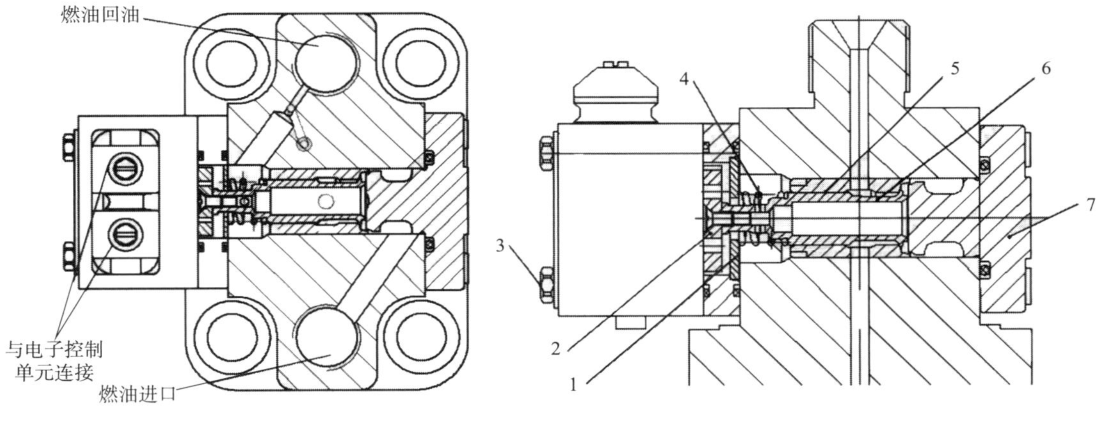

1—挡片;2—衔铁;3—电磁阀螺栓;4—电磁阀弹簧;5—内套;6—阀芯;7—限位端盖。

图 6-6-9　喷油泵电磁阀结构

电磁阀上的两个接线柱通过电缆与电喷控制系统内电喷控制单元相连,通过螺帽将线束固定。由于螺线管仅在得电时产生电磁力,所以两个接线柱没有正、负极之分。当电喷控制单元通过电缆向电磁阀供电时,螺线管产生的电磁力吸附住衔铁并向左运动(电磁阀方向为正视图时),衔铁带动空心滑阀与内套关闭回油通路。燃油输送泵通过进油管将燃油泵入到喷油泵的上端,电磁阀限位端盖腔被泵入的燃油充满。电磁阀在失电状态下,阀芯在回位弹簧预紧力作用下向右紧贴在限位端盖上,与内套之间的通道是打开的,而且与空心的阀芯腔、衔铁、磁阀弹簧及高压油管等是相通的,低压油被柱塞上升所产生的高压压入高压油管。

当电磁阀失电时,衔铁和空心滑阀在弹簧回弹力作用下向右运动,直至落座在滑阀座上,空心滑阀与内套连通高、低压油腔,燃油通过回油管道流回燃油箱。此时阀口被敞开。

另外该电磁阀独特的空心阀芯设计形成空心阀腔,有效减轻了电磁阀运动件的重量,对于提高阀芯开启和闭合的响应速度有很大的作用;同时空心的设计又可以使得燃油在流动过程中起到降温散热作用,改善了电磁阀的工作环境,提高了其使用寿命。

3. 喷油器

16V265H 型柴油机采用低惯性多孔闭式喷油器(图 6-6-10),喷油器采用传统的机械式结构、纵向进油方式,可有效降低高压燃油进入喷油器时的压力损失,而国产机车喷油器多采用横向进油方式(进油方向垂直于喷油器体),16 个喷油器各自用压块和螺栓紧固在气缸盖中心的喷油器护套中。

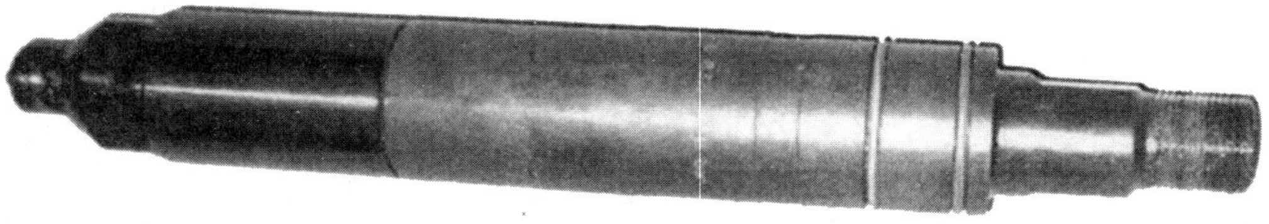

图 6-6-10 16V265H 型柴油机喷油器

喷油器由喷油器体、针阀偶件和针阀弹簧等组成(图 6-6-11),采用 T 形针阀偶件,偶件配合间隙 2.0～3.5 μm。针阀采用 W6Mo5Cr4V2 材料,针阀体材料为 27SiMnMoV,阀体头部均匀分布 9 个直径为 0.445 mm 的喷孔,喷孔长度 1.6 mm,针阀升程 0.5 mm。针阀启喷压力 35 MPa,一般情况下喷射压力为 110～124 MPa,最高喷射压力可达 160 MPa,喷射压力比国产机车高出很多,同时喷孔流通截面积也有了一定的减少,比较适合于弱涡流高强化直喷式机车柴油机。

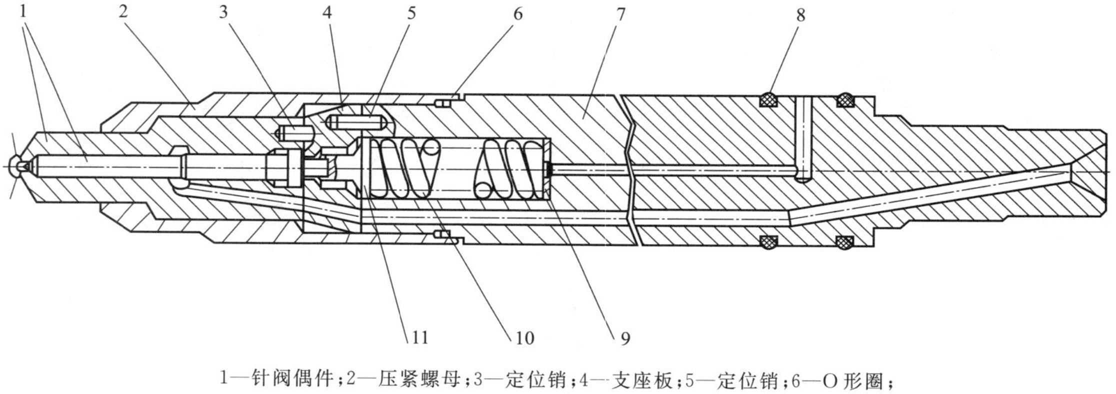

1—针阀偶件;2—压紧螺母;3—定位销;4—支座板;5—定位销;6—O 形圈;
7—喷油器体;8—O 形圈;9—调压垫片;10—调压弹簧;11—弹簧下座。

图 6-6-11 16V265H 型柴油机喷油器结构

喷油器上部设置了回油孔,将喷油器各部件间渗漏的高压燃油送回到燃油的回油管路中,其工作原理如图 6-6-12 所示。

二、柴油机电喷控制系统

16V265H 型柴油机电喷控制系统(图 6-6-13)简称 EMDEC(electro-motive diesel engine control)系统,为时间控制式电喷控制系统。它是通过电子脉冲信号来控制柴油机燃油喷射的电喷控制系统第二代产品。该系统经过多年的发展和完善,实用性和可靠性已得到充分验证,已在其他系列柴油机上广泛应用。

在机车运用情况下,EMDEC 系统的主要部件及功能如下:

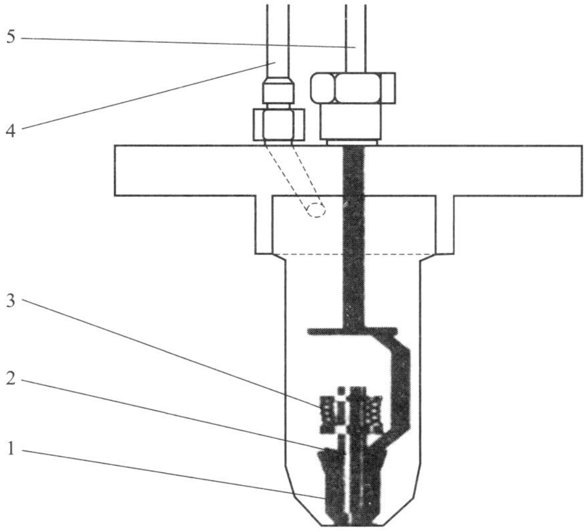

1—针阀室;2—针阀;3—针阀弹簧;4—回油管;5—高压油管。

图 6-6-12　16V265H 型柴油机喷油器工作原理

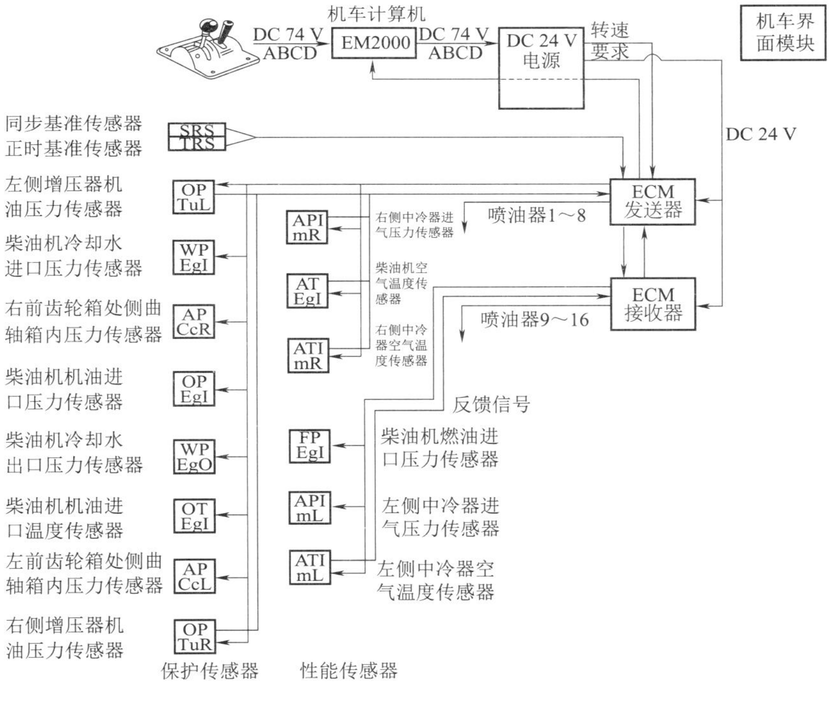

图 6-6-13　16V265H 型柴油机 EMDEC 系统

(1)电喷控制单元(electronic control modules,ECM)。亦称电喷控制模块,是 EMDEC 系统的核心部件,由于每个 ECM 最多只能控制 8 个气缸,因此 16V265H 型柴油机采用 2 个 ECM 电喷盒,分别被称为发送盒和接收盒,内置有微处理器,二者之间有通信。发送盒和接受盒的硬件结构完全一致,但输入的软件和担负的功能有区分。在柴油机运转过程中,控制信号在车载控制微机和两个电喷盒之间传送。其中起主导作用的 ECM 被命名为"发送盒",用以控制柴油机右侧第 1～8 号气缸的电磁阀;另一个起辅助作用的 ECM 则被称为“接收盒”,直接控制左侧第 9～16 号气缸电磁阀。

(2)电源和接口模块。两模块均安装在机车电气柜,电源模块的功能是将机车的 74 V 电源转换为稳定的 24 V 电源后提供给 ECM;接口模块则是将机车控制系统的信号翻译给 EMDEC 系统,同时将来自 EMEDC 系统的数据传递给机车控制系统。即实现司机控制器与 ECM 之间的信号转换和传递,例如将挡位信号转换为 ECM 可以识别的柴油机转速信号。

(3)单体式电子控制喷油泵和机械式喷油器。采用“泵-管-嘴”结构方式,两者之间由高压油管连接。

(4)传感器。EMDEC 系统通过磁电感应传感器检测曲轴的转速和相位;通过温度和压力传感器检测柴油机各辅助系统的运行参数。

(5)线束(电缆)。它包括传感器线束和电喷控制线束,负责 EMDEC 系统各硬件间的连接和通信。

EMDEC 系统的控制原理为:首先通过定时传感器(TRS)和同步传感器(SRS)两个电磁感应传感器,分别检测柴油机的转速和相位关系,并将信号提供给 ECM。TRS 固定在柴油机后端侧面,对准联轴节的定时盘。定时盘上等距设置有 36 个完全相同的方齿。曲轴每旋转一圈,就会在 TRS 中形成 36 个脉冲信号,相邻脉冲之间的间隔代表曲轴旋转了 10°,这些脉冲信号直接反映了曲轴的转速。SRS 固定于柴油机的前端,与安装在凸轮轴上的 SRS 信号指针位于同一圆周截面上。随着凸轮轴的旋转,当第 1 缸位于压缩上止点前 5°曲轴转角位置时,指针会通过 SRS 感应出一个被称为“同步信号”的脉冲电流。对于四冲程发动机,由于每个工作循环凸轮轴只旋转一圈,所以 ECM 可以把 SRS 反馈的同步信号作为每个循环的定时起点,利用 TRS 反馈的脉冲频率计算曲轴的转速和转角,以此在软件预设的参数或图谱中找出相应的控制参数。根据控制参数和发火顺序,ECM 依次向各喷油泵的电磁阀发送脉冲电流——发送始点决定了燃油的喷射始点,脉宽则决定了供油持续期。针对柴油机的不同挡位,设计人员以理论热计算和试验台的优化试验为基础,在软件中预设了相应的燃油喷射控制参数。但软件的逻辑程序也允许 EMDEC 系统根据柴油机运行环境的变化,如进气温度和燃油温度等参数的改变,对控制参数进行微调,以保证柴油机在最优的性能下运转。

操控者通过司控器发出的挡位信号经过车载微机和转换模块后,被转化为向 EMDEC 系统发出的转速要求值。EMDEC 系统会随时将要求值与 TRS 反馈的柴油机实际转速进行比对。如果实际转速低于要求值,系统将增加电流的脉宽,加大供油量;反之,则缩短脉宽,减少供油量。此外,EMDEC 系统还负有监测和保护柴油机的职能。EMDEC 系统将各种传感器收集的曲轴转速、增压器转速、曲轴箱压力、冷却水和机油的压力、温度等运行参数传输到车载微机显示屏,提供给操控者。同时,这些信息会在 ECM 中随时与预设的保护值进行比对,当参数出现异常时,EMDEC 系统将与车载微机配合,在发出报警信号的同时自动采取降载,甚至停机等保护措施。所有的故障信息都会自动储存在 EMDEC 系统微处理器中,供检修者用于事后的分析和处理。

三、燃油系统主要部件

1. 燃油箱

燃油系统配有 9 000 L 的燃油箱,并在燃油箱的侧面配有排污装置。燃油箱的加油口分布于燃油箱的两侧，每个加油口附近各配有一个燃油液位仪。燃油液位仪显示着从燃油箱顶部往下大约 114 mm 的液位。当给燃油箱加油时注意观察燃油液位仪以防止油满溢出。应当定期地检查燃油滤网与密封垫的状态。燃油箱加油口装配如图 6-6-14 所示。

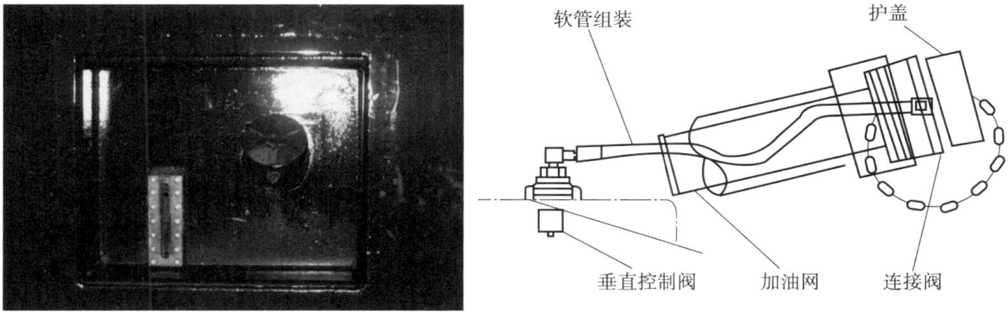

图 6-6-14　燃油箱加油口装配

在燃油箱的最底部安装了排水堵，燃油箱中的冷凝水要定期排放。在运行环境许可的情况下，还可以增加排放的次数。在排放中，机车应停在有斜坡的路段使燃油箱的放水部位面对下坡方向，这样就可以保证冷凝水收集到排水堵附近，能充分排水又不损失燃油。

2. 排污油箱

一个 378.5 L 的油箱安装在大燃油箱内，是为柴油机污油低位排污而设置的。利用为污油箱配套的排污管可以对污油箱进行排放。从管子组装的端部去掉塞子，连接到排放软管(如果使用的话)，然后打开管子组装部位的排放阀。污油箱排放之后关阀并重新装上塞子。

3. 辅助燃油输送泵(图 6-6-15)

辅助燃油输送泵(启动燃油泵)为内啮合齿轮泵，在柴油机启动前的预充油和柴油机启动过程中由机车蓄电池供电、直流电机直接驱动。当柴油机在怠速运行或第一手柄位运行时由辅助电源变流器供电。当柴油机高于第一手柄位运行时，将关闭辅助燃油输送泵。辅助燃油输送泵的最大出口压力为 275.79 kPa(40 psi)；最小流量为 30.2 L/min(8 gal/min)；最小输入电压 25 V；最大启动电流 30 A。

图 6-6-15　辅助燃油输送泵

4. 主燃油输送泵(图 6-6-16)

柴油机的启动依靠辅助燃油输送泵提供燃油。当柴油机运行在惰转(325 r/min)和第 1 挡位(400 r/min)时，燃油由辅助燃油输送泵和主燃油输送泵联合供给。当柴油机的运行在大于或等于第 2 挡位时(550 r/min)时，主燃油泵的流量足以支持柴油机的正常工作，此时车载控制微机将会按照软件设定自动停止启动燃油泵的工作。

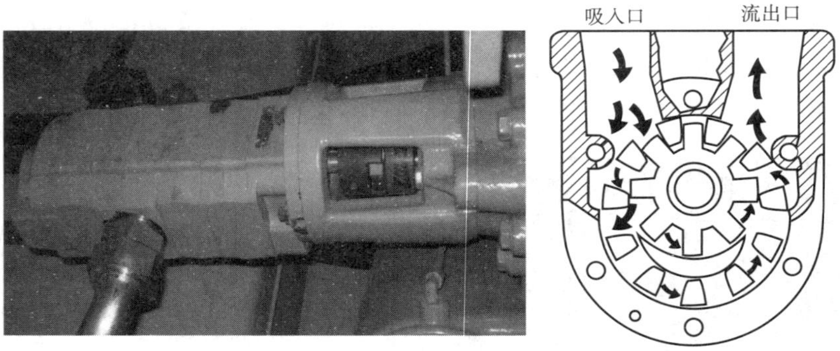

图 6-6-16　主燃油输送泵

主燃油输送泵安装在柴油机前端，主机油泵的端部，为偏心式内啮合齿轮泵。壳体通过螺栓固定在主机油泵的尾部，外齿轮的转子轴通过尼龙联轴器与机油泵的主动轴相连，并随主机油泵按同一转速旋转。随着内齿轮的旋转，左侧吸入口处的内、外轮齿随旋转呈渐分趋势，燃油被吸入轮齿间的空隙。在右侧，随着轮齿间的间隙不断减少燃油被从出口排出。与辅助燃油输送泵一样，在主燃油输送泵的出口处设置了一个逆止阀，以防止燃油倒流，其开启压力被设定为 34.5 kPa。同时为防止系统超压，在逆止阀后还并接了一个开启压力为 965.3 kPa 安全减压阀，当泵出口压力超过该值时，部分燃油将流回燃油箱。上述两个阀均安装在机车的系统管路中。柴油机额定转速 1 000 r/min 时，主燃油泵的转速为 1 375 r/min，流量为 75.7 L/min，最大出口压力为 965.3 kPa。

5. 燃油粗滤器(图 6-6-17)

燃油粗滤器安装在燃油系统的燃油箱与燃油输送泵之间，它的作用是清除燃油中的杂质，保护燃油输送泵的正常工作，供给柴油机比较清洁的燃油。燃油粗滤器的滤芯是由 30 目的不锈钢丝网制成的，需要定期清洗，滤芯使用 92 天需进行清洗。

6. 燃油精滤器(图 6-6-18)

燃油精滤器由壳体和纸制滤芯组成。壳体由筒体、端盖、芯轴、底座、O 形圈、放气管、截止阀及各紧固件组成。筒体由钢管加工而成，并且与端盖之间用 O 形圈密封。O 形圈的最短使用寿命为 184 天。在柴油机额定转速 1 000 r/min 时，能容纳 79.5 L/min 的流量。

图 6-6-17　燃油粗滤器

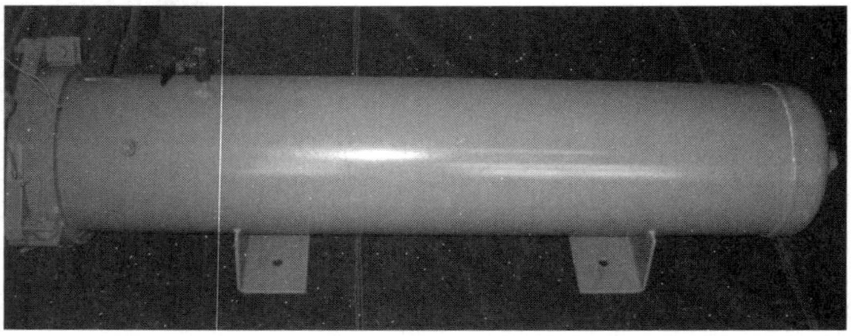

图 6-6-18　燃油精滤器

在精滤器顶部安装有放气管，中间安装排气阀，柴油机正常运转时排气阀处于关闭状态。精滤器在出厂前应做水压或油压试验，保证其密封性能良好，无泄漏。

燃油精滤器壳体里面装有 3 组过滤精度为 5 μm 的纸制滤芯，滤芯在使用过程中，由于过滤介质逐渐被污染物堵塞，压差逐渐增大。当压差达到 206.8 kPa 时，说明滤芯已经脏污，应立即更换。在机车上安装了压差指示表，可以测量显示精滤器进出口之间的压力差。如果滤芯使用超过 92 d，但压差还未到达 206.8 kPa，也需要进行更换。

7. 燃油预热器(图 6-6-19)

燃油预热器为管壳式油水换热装置，安装在机油滤清器的支架上，并且与水平方向成 30°角，保证燃油预热器中的冷却水在冬季寒冷天气时及时排出。燃油预热器是用机车的高温冷却水来给燃油预热。冷却水在管内流动，燃油在管外流动，通过管壁进行热交换。换热管为铜管，铜管与端板的连接方式为胀接式。

图 6-6-19　燃油预热器

在冬季或寒冷地区由于燃油的温度过低而造成无法启动柴油机，因此在柴油机的高温水系统里放置了燃油预热器。当燃油温度低于 24 ℃时，燃油经过燃油预热器被加热后进入柴油机。当燃油温度高于 24 ℃时，燃油不经过燃油预热器而直接进入柴油机，燃油是否经过燃油预热器是由温控阀来控制的。

燃油预热器的主要技术参数见表 6-6-1。

表 6-6-1　燃油预热器主要技术参数

水侧压力/kPa	103.42(约 15 psi)
油侧压力/kPa	103.42(约 15 psi)
额定功率油流量/(L/min)	30.28～45.42(8～12 gal/min)
额定功率水流量/(L/min)	71.92～79.49(19～21 gal/min)

8. 温度控制阀(图 6-6-20)

为了保证进入柴油机的燃油温度，在燃油系统中加入了温控阀，根据燃油的温度来控制燃油是否经过燃油预热器。温控阀的核心部件是恒温元件，恒温元件可以感应周围的环境温度变化而产生体积变化，带动调节阀芯产生位移，进而可以调节燃油的流量。

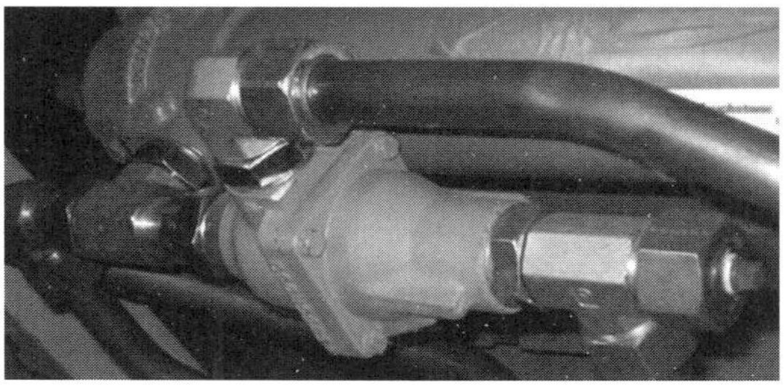

图 6-6-20　温度控制阀

9. 逆止阀与安全阀

在主燃油输送泵和辅助燃油输送泵的后面分别安装了一个 34.5 kPa(5 psi)的逆止阀。逆止阀的作用是防止燃油从另一个燃油输送泵流回燃油箱;在逆止阀的后面又安装一个 965.3 kPa (140 psi)的安全阀,燃油可以通过安全阀流回燃油箱。安全阀的作用是防止燃油输送泵超压过载,保证燃油输送泵和管路系统的工作可靠性,以免损坏。

第七节 GEVO16 型柴油机燃油系统

HXN5 型内燃机车的燃油系统是机车辅助系统的一个重要组成部分。机车辅助系统在柴油机上的部分主要由设备安装架、机车机油系统、机车燃油系统、机车冷却水系统、柴油机空气滤清系统和设备通风冷却系统等组成。

为了便于组装,HXN5 型内燃机车上的机油系统、燃油系统以及部分冷却水系统的部件集中安装在设备安装架上(图 6-7-1),组成设备安装架装配(图 6-7-2)。设备安装架安装在柴油机室和冷却室之间。

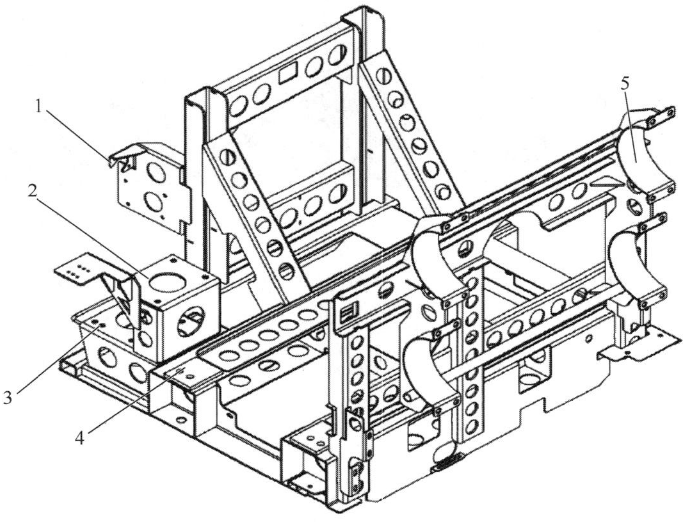

1—燃油加热器安装座;2—燃油泵电机组安装座;3—预润滑油泵电机组安装座;
4—润滑油滤清器安装座;5—燃油滤清器安装座。

图 6-7-1 设备安装架

GEVO16 型柴油机燃油系统主要由燃油箱、燃油输送泵、减压阀、燃油粗滤器、燃油加热器、温度调节阀、燃油滤清器、低压供油管、低压回油管、泄油总管和调压阀等组成。

一、燃油管路系统

HXN5 型内燃机车的燃油管路系统如图 6-7-3 所示。

燃油被燃油输送泵从燃油箱中抽出,经加热、滤清后由设在柴油机上的低压供油管输送给各缸电喷泵。各电喷泵多余的燃油经低压回油管流向调压阀。低压回油管处于低压供油管下边,与低压供油管平行。泄油总管在低压供油管和低压回油管的下边,接收从喷油器来的回油,靠重力排至燃油箱。

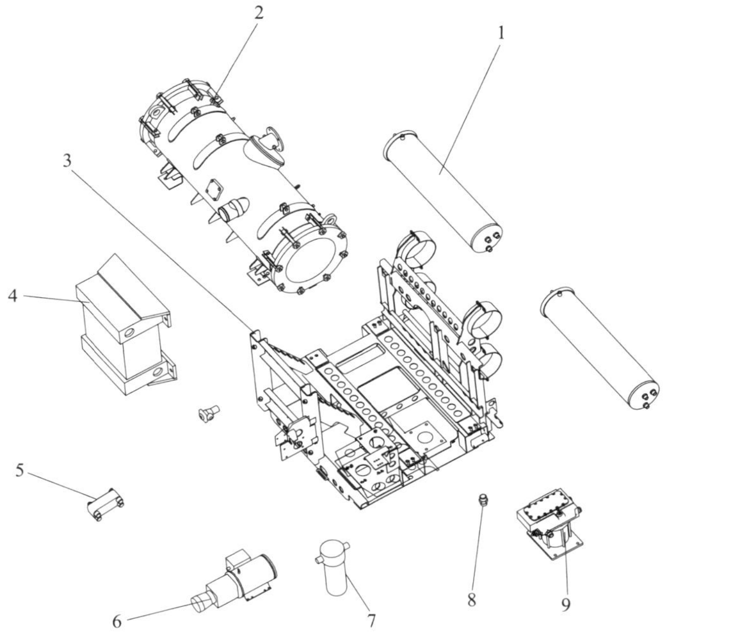

1—燃油滤清器；2—润滑油滤清器；3—设备安装架；4—润滑油冷却器；5—燃油加热器；6—预润滑油泵电机组；7—燃油粗滤器；8—单向阀；9—燃油泵电机组。

图 6-7-2 设备安装架上的部件装配示意

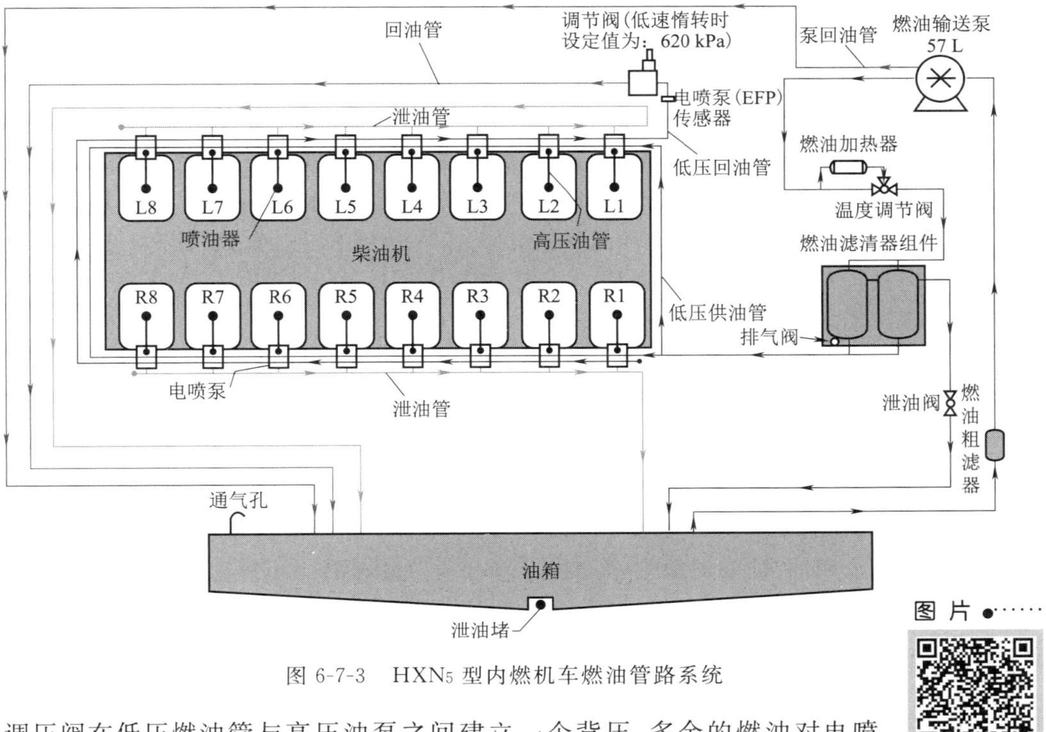

图 6-7-3 HXN5 型内燃机车燃油管路系统

图片

图6-7-3

调压阀在低压燃油管与高压油泵之间建立一个背压，多余的燃油对电喷泵有两个作用：一是以一定压力用于保证电喷泵足够的充盈，避免电喷泵产生穴蚀(当燃油突然流向喷油器时形成局部真空)；二是未被使用的多余燃油可对电喷泵部件进行冷却。从调压阀出来的燃油被排回燃油箱。

燃油系统由三个功能部分组成:吸油、低压供油和回油/泄油 3 个支路,其循环回路如图 6-7-4所示。

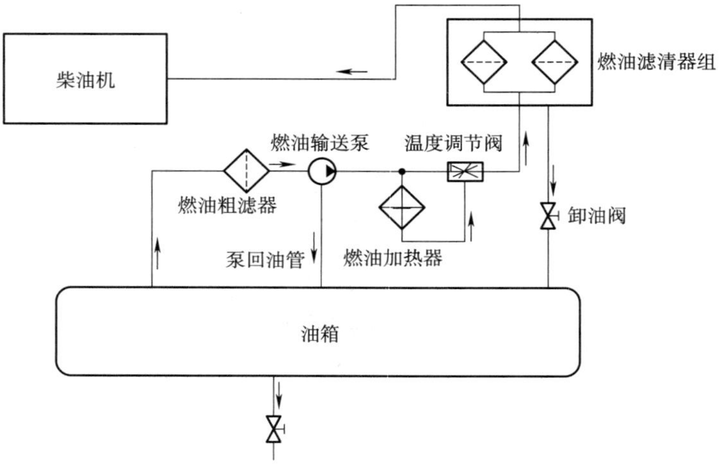

图 6-7-4 燃油系统循环回路

1. 吸油支路

该部分位于燃油箱和燃油输送泵之间。燃油输送泵在柴油机运行前启动,从燃油箱经燃油粗滤器吸入,为燃油系统加注燃油并加压。

2. 低压供油回路

正常工况下,燃油输送泵的流量为 57 L/min。从燃油输送泵出来的低压油输送到温度调节阀,由温度调节阀决定燃油是否输送到燃油加热器或燃油滤清器。在温度较低时燃油会结蜡(变稠和泥泞),HXN_5 型内燃机车上的燃油加热器利用双模式冷却水系统的水来加热燃油,并用温度调节阀调节出口的燃油温度。在主燃油流道温度达到 24 ℃之前,温度调节阀是常开的(燃油先经过燃油加热器,然后流经温度调节阀)。在达到 24 ℃时,该阀开始关闭,燃油箱来的冷油就与燃油加热器来的热油开始混合。当燃油温度达到 30 ℃时,该阀将全部关闭,允许所有燃油进入燃油滤清器。从燃油滤清器组件流出的燃油,经一个并联的低压供油总管分别流向柴油机两列气缸的每一个高压泵。燃油供油总管保证了燃油对每个高压泵的平均分配。

燃油输送泵电机组中装有安全阀,当在燃油滤清器元件污脏、堵塞等原因而使油输送泵出口压力超过 900 kPa 时,安全阀开启,允许部分燃油以 18～37 L/min 的流量返回燃油箱,形成回油通路。

3. 回油/泄油支路

柴油机有两个回油/泄油集流管,每侧各有一个,少量燃油流经每个高压喷油泵和喷油器去润滑和冷却内部零件,该燃油经过回油集流管,返回燃油箱。回油集流管端部有开口,能靠重力帮助泄油。

二、燃油系统主要部件

1. 燃油箱

HXN_5 型内燃机车的燃油箱位于两台转向架之间的机车车架中间,为钢板焊接结构,有效容积 9 000 L。端部有一个排污箱，容积约 200 L。

燃油箱与车架的双箱型梁集成在一起，为承载式燃油箱。燃油箱装配由左右箱型梁及中间主体部分组成，箱型梁上设有加油口，通过加油管从车架侧边加油口加入燃油；燃油箱左右两侧设有通气装置，用于控制燃油箱内部气压。燃油箱主体部分前后均设有检修孔盖，便于燃油箱内部的检修。燃油箱下部及两侧设有放油堵。整个燃油箱装配用较厚的钢板焊接而成，内部设置了一定数量的隔板用于增加强度，满足机车承载的需要。

2. 燃油泵电机组

燃油泵电机组（图 6-7-5）由容积式齿轮泵、无刷电动机、安全阀和止回阀组成。电动机功率为 1.86 kW，采用全封闭、无通风式结构，无须提供外部冷却。燃油泵工作时，由蓄电池给电动机供电，电动机带动燃油泵运行。燃油泵电机组的内部设有安全阀，用于避免燃油泵超负荷运行，例如燃油滤清器组件被堵塞等情况。安全阀的开启压力设定为 900 kPa。止回阀安装在安全阀出口处，避免通过安全阀和燃油泵的燃油产生回流。

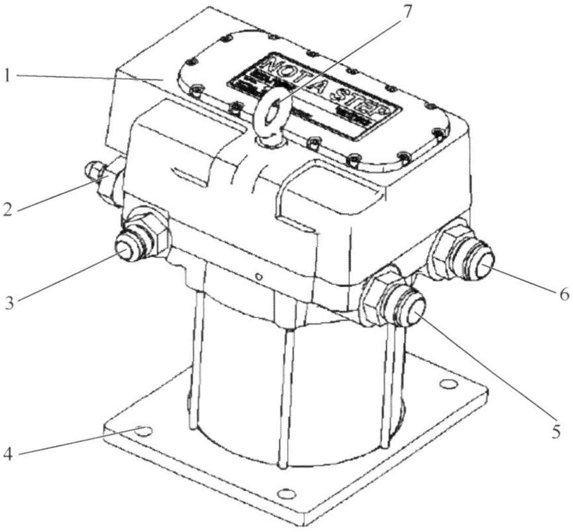

1—燃油泵电机组壳体；2—安全阀调整螺钉；
3—燃油旁通口；4—安装底座；
5—燃油进口；6—燃油出口；7—燃油泵起吊环。
图 6-7-5　燃油泵电机组

燃油泵电机组装配后需进行压力 0.62 MPa，持续时间为 5 min 的试验，应确保无外部泄漏。燃油泵的额定流量为 57 L/min，工作压力为(0.83±0.014)MPa。

3. 燃油加热系统

燃油的黏度对于柴油机气缸内混合气的形成与燃烧质量影响很大，为确保燃烧质量，在燃油系统中设置了由温度控制阀（图 6-7-6）和燃油加热器（图 6-7-7）共同组成燃油加热系统。以保证在寒冷季节，进入柴油机的燃油具有合适的温度和黏度。

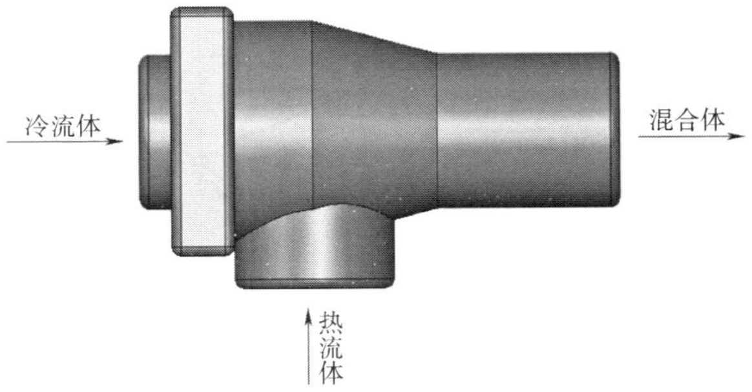

图 6-7-6　温度控制阀

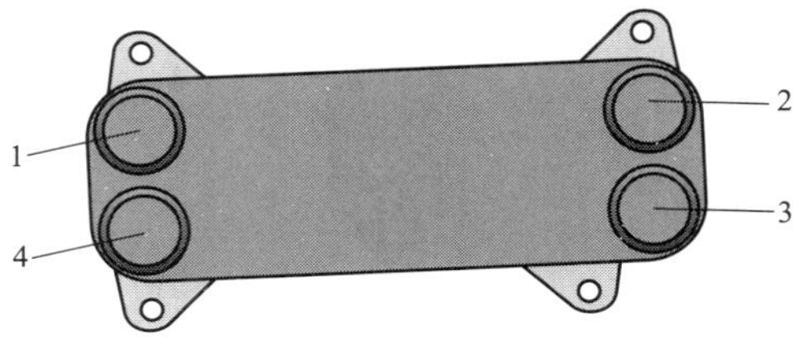

1—燃油进口；2—燃油出口；
3—冷却水进口；4—冷却水出口。
图 6-7-7　燃油加热器

温度控制阀（AMOT 阀）是一个恒温混合阀，该阀通过内部热敏元件的热胀冷缩调节各个接口的开度，从而达到控制燃油温度的目的（图 6-7-8）。在主管路燃油的温度达到约 24 ℃以前该阀是常开的，燃油先经燃油加热器加热后再经过温度控制阀。当主管路燃油的温度达到 24 ℃时，该阀开始关闭，从燃油箱来的冷油就与燃油加热器来的热油开始混合。当出口 A 燃油温度达到约 30 ℃时,该阀将完全关闭,燃油被旁通而不经过燃油加热器。

燃油加热器为铜焊板式热交换器结构,燃油加热器壳体内的金属板将油水隔开,使燃油从一个方向流过,而冷却水从另一方向流过。金属隔板不仅隔开两种流体,而且它们还构成燃油与冷却水之间的传热介质。燃油加热器安装在设备安装架上,与水平方向呈 6°的倾角,便于在检修时内部油水排出。

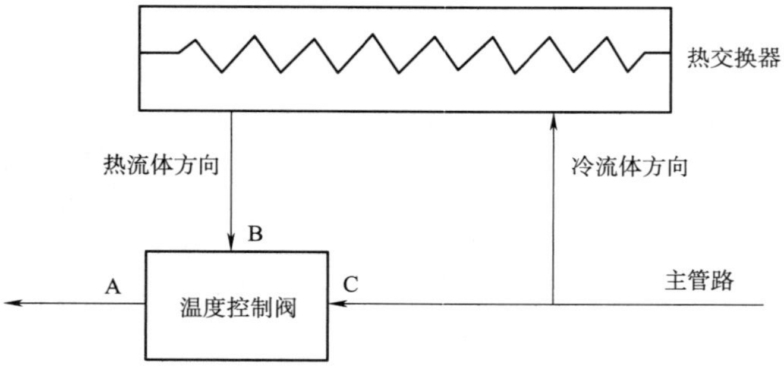

图 6-7-8 燃油加热系统原理

4. 燃油粗滤器

燃油粗滤器(图 6-7-9)的作用是滤掉燃油中颗粒较大的杂质,为燃油输送泵提供清洁的燃油。燃油粗滤器由端盖和滤清器体组成,为便于燃油粗滤器维护保养,粗滤器采用免拆洗滤芯。滤清器体为铝质,滤芯采用钢丝网结构。燃油粗滤器安装在设备安装架上,靠近燃油泵电机组及预润滑油泵电机组。

5. 燃油滤清器

燃油滤清器(图 6-7-10)即燃油精滤器,它的作用是过滤掉燃油中大于 5 μm 的杂质,主要保护喷油泵、喷油器等高压燃油设备。

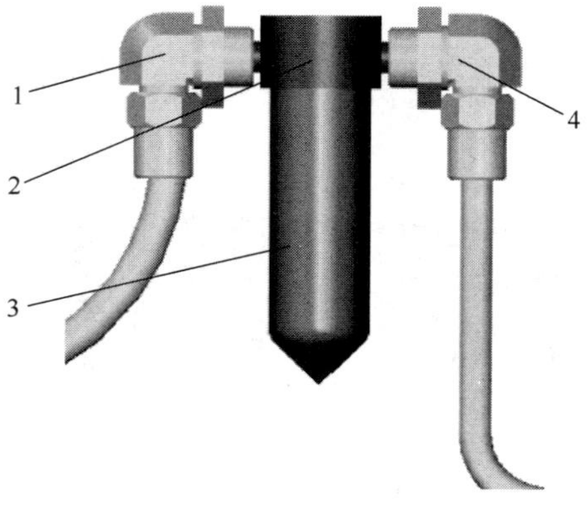

1—燃油粗滤器进口接头;2—燃油粗滤器端盖;
3—燃油粗滤清器体;4—燃油粗滤器出口接头。

图 6-7-9 燃油粗滤器

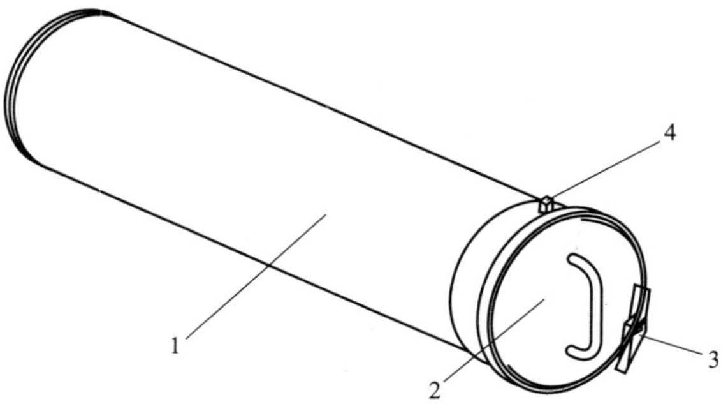

1—燃油滤清器体;2—滤清器端盖;
3—滤清器卡箍;4—滤清器放气接头。

图 6-7-10 燃油滤清器

燃油滤清器由滤清器体、滤清器端盖、卡箍及相应的接头、滤芯等组成。每台机车布置了 2 只滤清器,每只滤清器内部装有 3 个滤芯,滤芯被中间隔板分成两层,外层的滤清精度为 10~12 μm,内层的滤清精度为 5~7 μm。滤清器设有放油接头,当燃油滤芯需要更换时,维修人员可通过此接头将滤清器内的燃油排净。在滤清器上盖附近设置有进气阀,设置此阀的目的是当滤清器排油时,允许空气进入滤清器筒内。燃油滤清器的滤芯更换周期一般为 90 d。

三、柴油机电喷控制系统

GEVO16 型柴油机电喷控制系统(EFI)是被称为时间控制喷油模式的电控泵-管-嘴电控燃油喷射系统。该喷油模式可以实现更高的喷油压力和喷油规律精确度。它由燃油系统、高压燃油喷射装置、柴油机控制单元(ECU)和各类传感器组成。

1. 高压燃油喷射装置

GEVO16 型柴油机的每一个动力组配备 1 个电喷泵、1 根高压油管和 1 个喷油器组成高压燃油喷射装置。

电喷泵为电磁阀控制的柱塞式单体泵。该泵在供油凸轮的推动下将低压燃油急速升压。来自 ECU 信号控制电磁阀的通断时间与动作持续期,由此改变燃油的供应定时和供油量。

喷油器接收来自电喷泵的高压燃油,喷油器内的燃油达到预定压力后顶开针阀,直接将燃油喷入燃烧室。喷油器开启的频率和持续时间也由 ECU 决定。

2. ECU

ECU 是一种以微处理机为基础的控制系统(图 6-7-11)。ECU 的基本功能是调速功能,即通过控制供油量使柴油机稳定工作在规定转速,取代了机械式调速器的作用。ECU 通过控制电磁阀的开启时刻和开启持续时间来改变提供给各气缸的供油定时及燃油量。

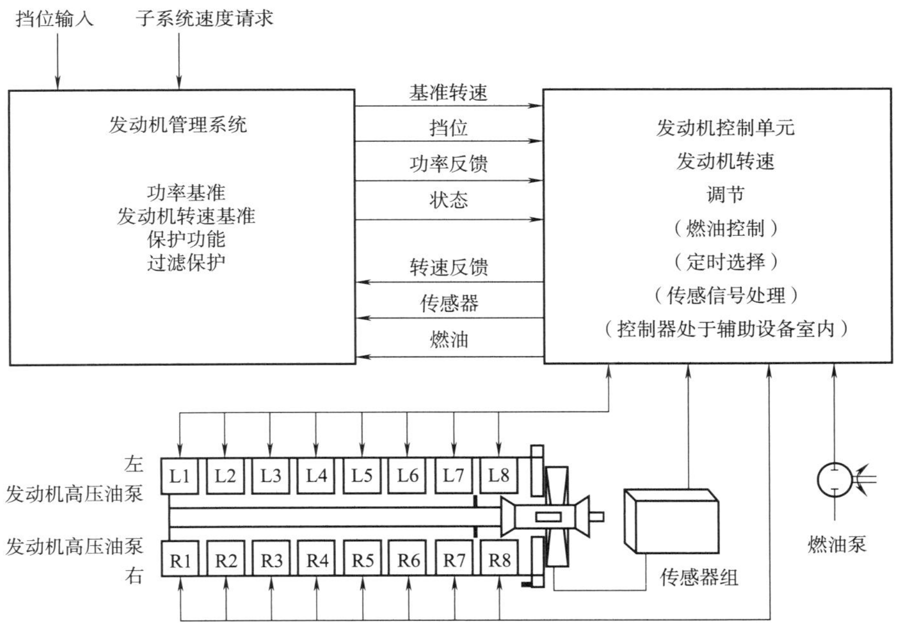

图 6-7-11 GEVO16 型柴油机控制单元

ECU 不仅仅是控制高压燃油喷射装置的定时、定量与定压,更重要的是全面监测柴油机运行状态,实施精确的反馈调控。具有柴油机转速控制、加减速率限制、最大燃油量限制、柴油机工作方式控制、柴油机保护与故障诊断等功能。通过对柴油机某些运行参数进行监控和识别,发现参数超出正常值范围时,会提醒车载微机系统采取降低柴油机转速、降低交流发电机负荷等措施。

3. 传感器

接入 ECU 的传感器总计 20 个,按类别共分 3 组。其中转速传感器 4 个,压力传感器 8 个,温度传感器 8 个,见表 6-7-1。

表 6-7-1　ECU 输入输出说明

组别	名称	功能	安装位置
转速传感器	EC1S 柴油机曲轴转速传感器 1	测量曲轴的转速/位置—基本传感器	柴油机曲轴输出端
	EC2S 柴油机曲轴转速传感器 2	测量曲轴的转速/位置—备用传感器	柴油机曲轴输出端
	TLS 涡轮左侧转速传感器	测量涡轮增压器转速	涡轮增压器上
	TRS 涡轮右侧转速传感器	测量涡轮增压器转速	涡轮增压器上
压力传感器	EWIL 柴油机水位传感器	检测冷却水系统的水位	水箱与柴油机之间的连接管上
	COP 曲轴箱压力	测量柴油机曲轴箱内压力	机体后部上方紧挨左排 6 个动力组之后
	MAP 进气总管空气压力	测量进气总管内空气压力	进气总管末端
	BPT 大气压力	测量周围环境大气压力	辅助电气室内
	EFP 柴油机燃油压力	测量低压供油管内的燃油压力	燃油调压阀油块上面
	EWIP 柴油进水压力	测量 L8 缸附近的进水压力	柴油机输出端靠近 L8 缸处
	ELIP 柴油机润滑油进口压力	测量 GEVO16 型柴油机 L9 凸轮轴承附近的润滑油压力	机体后部上方紧挨左排 6 个动力组之后
	ELSP 柴油机润滑油供油压力	测量进入柴油机的润滑油压力	机油滤清器壳体出口
温度传感器	ELIT 柴油机润滑油进口温度	测量进入柴油机的润滑油温度	IFE 盖中靠近润滑油管进口
	ELOT 柴油机润滑油出口温度	测量流出柴油机的润滑油温度	IFE 盖中靠近润滑油管出口
	PTRT 涡轮前右侧温度	测量进入增压器的右排气管气体温度	右排气总管与增压器的连接点
	PTLT 涡轮前左侧温度	测量进入增压器的左排气管气体温度	左排气总管与增压器的连接点
	TCMP 热电偶补偿板	补偿 PTRT 和 PTLP 终端板连接处的接点温度	涡轮增压器的左右排气管
	EWIT 柴油机进水温度	测量进入柴油机的水温度	冷却水泵出口
	EWOT 柴油机出水温度	测量离开柴油机的水温度	柴油机出水管路
	TIA 增压器进气温度	测量进入压气机的空气温度	增压器压气机进气管路入口
	MAT 进气总管空气温度	测量进入柴油机进气总管的空气温度	柴油机输出端进气稳压箱

第八节　12V265 型柴油机燃油系统

12V265 型柴油机燃油系统分为内循环系统和外循环系统,其中内循环系统由各缸电子控制的喷油泵、喷油器、高压油管,以及燃油输送泵、燃油分配器和其他燃油系统管件组成。外循环系统由燃油箱、离心式燃油粗滤器、燃油预热器、燃油精滤器、启动燃油泵、逆止阀(单向阀),以及系统安全减压阀等组成。

一、12V265 型柴油机燃油系统的组成与原理

1. 燃油管路系统

HXN_{3B} 型内燃机车燃油系统同 HXN_3 型内燃机车一样,也设置了 2 个燃油输送泵,其中一个布置在外循环的启动泵(辅助燃油输送泵)由电机驱动;另一个机带泵(主燃油输送泵)安装在柴油机上,由主机油泵的主动轴后端驱动,如图 6-8-1 所示。

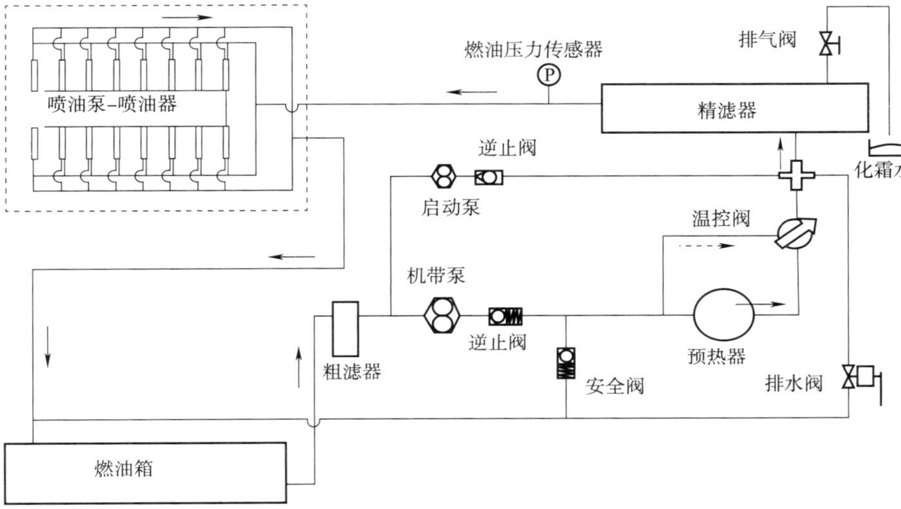

图 6-8-1 HXN_{3B} 型内燃机车燃油系统

当机车发出柴油机启动信号时,启动泵从燃油箱中抽取燃油,泵入燃油系统并经 30 μm 等级粗滤器和 5 μm 等级精滤器过滤后进入柴油机。当柴油机启动后,在低转速下运转时,机带泵的流量不足以满足柴油机的需要,此时由启动泵和机带泵联合提供燃油流量。在司机控制器手柄 2 位(柴油机转速 550 r/min)及以上时,车载微机将停止启动泵的工作,燃油流量完全由机带泵提供。在冬季低温情况下,经过粗滤器后的燃油还应在预热器中加温。

进入柴油机的燃油,首先经自由端的燃油分配器,被分别输送到柴油机两侧的燃油供油总管;再通过各缸的进油软管进入各缸的喷油泵、高压油管、喷油器,并在电喷控制系统电喷控制软件的调控下按喷油定时进入各缸燃烧室。未参与燃烧的大部分燃油将流回柴油机左、右两侧的燃油回油总管,然后汇入自由端的燃油分配器,最后经系统管路返回机车燃油箱。12V265 型柴油机的燃油喷射部件也是“泵-管-嘴”形式,如图 6-8-2 所示。

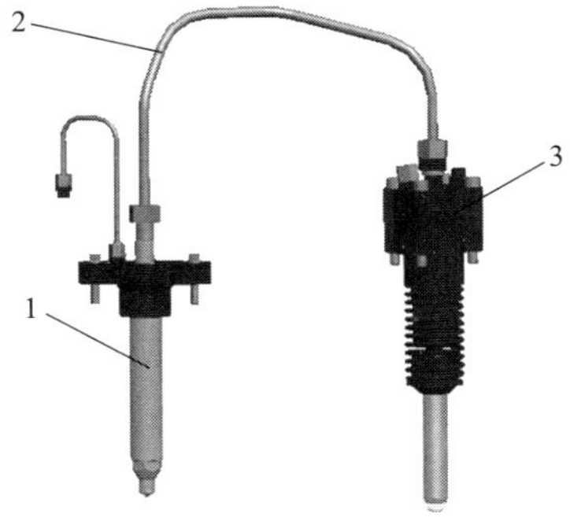

1—喷油器;2—高压油管;3—喷油泵。

图 6-8-2 12V265 型柴油机的喷油器、高压油管、喷油泵

2. 喷油泵和喷油器

12V265 型柴油机与 16V265H 型柴油机一样,采用 12 个单体式电喷泵和 12 个喷油器,具体内容参见前述 16V265H 型柴油机部分。

二、柴油机电喷控制系统

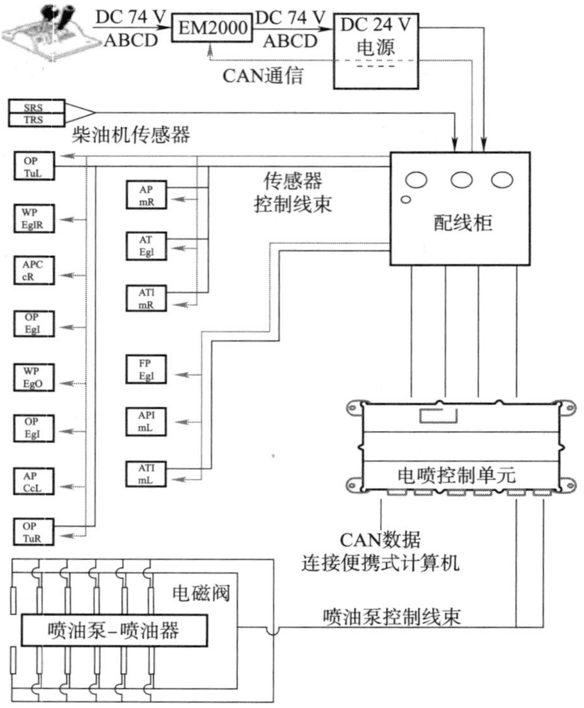

图 6-8-3　12V265 型柴油机电喷控制系统

12V265 型柴油机电喷控制系统(图 6-8-3)在 16V265H 型柴油机电喷控制系统技术平台上,基于传统的电喷控制系统,进行模块化、可视化等功能性扩展提高设计研制的新型电喷控制系统,简称 MVC 系统。该系统由 MVC 01-10/20 型电喷控制单元(MVC 电喷控制器)、配线柜、传感器、线束组成,主要功能包括柴油机燃油喷射和转速控制、柴油机运行状态监测及安保控制、车载微机协作。其基本结构组成及控制原理与 16V265H 型柴油机相同。

三、燃油系统主要部件

1. 燃油箱

HXN_{3B} 型内燃机车采用底架承载式燃油箱,燃油箱的可用燃油大于 7 500 L。加油口分布于燃油箱两侧,每个加油口附近各配有一个磁力燃油液位仪,应当定期检查加油口的燃油滤网与密封垫状态。在燃油箱的最底部安装了排水堵,燃油箱中的冷凝水要定期排放。在运行环境许可的情况下,还可增加排放次数。排放时,机车应停在有斜坡的路段使燃油箱的放水部位面对下坡方向,以保证冷凝水收集到排水堵附近,既能充分排水又不损失燃油。

2. 燃油输送泵

(1)启动泵

12V265 型柴油机的启动泵为内啮合齿轮油泵,靠机车蓄电池电源供电由交流电机直接驱动。柴油机的启动依靠启动泵提供燃油,当柴油机运行在惰转(325 r/min)和第 1 挡位(400 r/min)时,由启动泵和机带泵联合供给燃油。当柴油机的运转大于或等于第 2 挡位(550 r/min)、机带泵的流量足以维持柴油机正常运转时,车载控制微机控制系统将会按照软件的设定自动停止启动泵工作,切换为由机带泵进行供油。

12V265 型柴油机启动泵的工作流量为 26.5 L/min(DC 74 V,620 kPa),最大连续工作压力为 620 kPa。在启动泵的出口处设置了一个开启压力被设定为 34.5 kPa 的逆止阀,以防止燃油倒流。

(2)机带泵

12V265 型柴油机安装于自由端,由自身携带的燃油输送泵被称为机带泵(主燃油输送泵)。与启动泵一样,在机带泵的出口处设置了一个防止燃油倒流的逆止阀。同时还并了一个开启压力为 965.3 kPa 的安全减压阀,以防止系统超压,当泵出口压力超过该值时,部分燃油将流回燃油箱。其结构原理与 16V265H 型柴油机相同。

3. 燃油滤清器

(1)燃油粗滤器

12V265 型柴油机的燃油粗滤器(图 6-8-4)安装在燃油箱与燃油输送泵之间,其结构原理与 16V265H 型柴油机相同,具体内容参见 16V265H 型柴油机燃油粗滤器。

(2)燃油精滤器

12V265 型柴油机燃油精滤器(图 6-8-5)与 16V265H 型柴油机相同,具体内容参见 16V265H 型柴油机燃油精滤器。

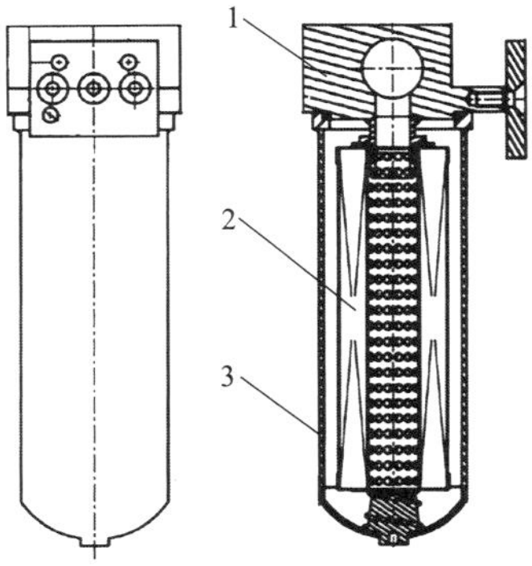

1—基座;2—滤芯;3—壳体。

图 6-8-4　燃油粗滤器

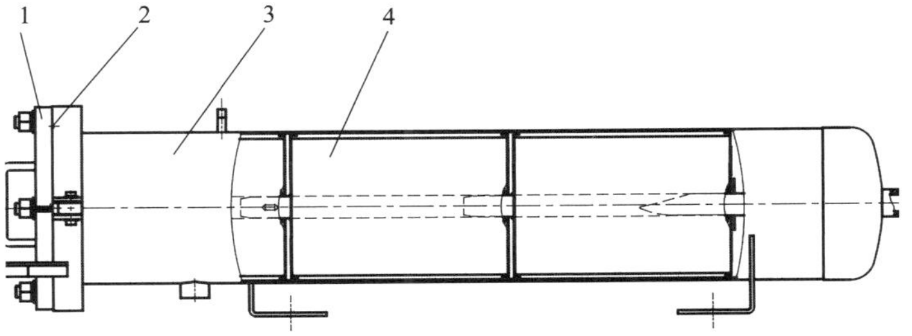

1—端盖;2—O 形圈;3—体;4—滤芯。

图 6-8-5　燃油精滤器

4. 燃油预热器

燃油预热器为管壳式油水换热装置,安装在燃油滤清器的支架上,并与水平方向呈 30°角。燃油预热器用机车的高温冷却水来给燃油预热,冷却水在管内流动,燃油在管外流动,通过管壁进行热交换。换热管为铜管,铜管与端板的连接方式为胀接式。

在冬季或寒冷地区由于燃油的温度过低而造成无法启动柴油机,因此在柴油机的高温水系统中设置了燃油预热器。当燃油温度低于 24 ℃时,燃油经过燃油预热器被加热后进入柴油机。当燃油温度高于 24 ℃时,燃油不经过燃油预热器而直接进入柴油机,燃油是否经过燃油预热器是由温控阀来控制的。

5. 温控阀、逆止阀和安全阀

12V265 型柴油机的温控阀、逆止阀和安全阀均与 16V265H 型柴油机相同,具体内容参见 16V265H 型柴油机有关部分。

为便于组装和检修,将燃油粗滤器、启动泵电机组、燃油精滤器、燃油预热器、温度控制阀、燃油滤芯压差表、逆止阀、安全阀、截止阀及管路集成在一个支架上,支架底部安装了 4 个减振器。支架与机车底架之间的弹性连接,大大降低了燃油系统部件及管路的振动情况,避免由于振动引起的管路泄漏和部件损坏。

第九节　R12V280ZJ 型柴油机燃油系统

一、柴油机燃油系统

R12V280ZJ 型柴油机燃油系统由燃油精滤器、喷油泵、喷油器、高压油管、燃油进回油管路及调压阀等组成,如图 6-9-1 所示。

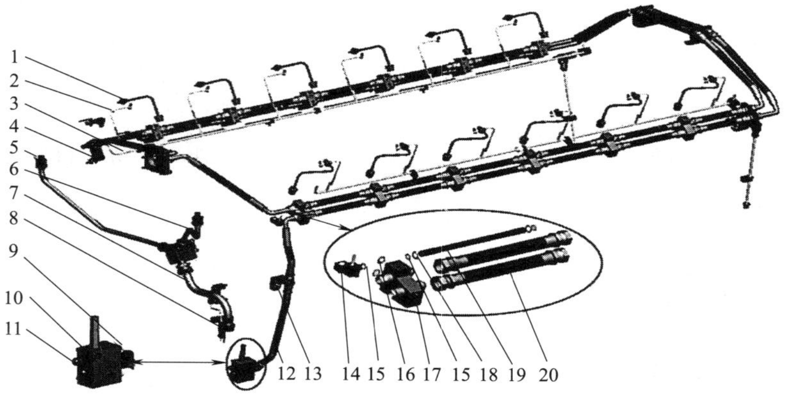

1—高压油管;2—喷油器回油管;3—喷油器回油总管;4、13—支架装配;5—右精滤器进油管;6—左精滤器进油管;7—燃油进油总管;8—放油管装配;9—调压阀进口;10—调压阀;11—调压阀出口;12—回油软管装配;14—喷油泵溢油管堵;15、16—O 形圈;17—进油管接头;18—挡圈;19—喷油泵溢油管;20—进回油软管。

图 6-9-1　R12V280ZJ 型柴油机燃油系统

二、燃油系统主要部件

1. 燃油箱

HXN5B 型内燃机车的燃油箱位于两转向架之间的机车车架中间,属于整体式燃油箱车架承载结构,有效容积大于 8 500 L。燃油箱由中间油箱装配和左右对称的承载鞍装配拼焊而成,承载鞍装配为类似“凸”字形截面的柱状体,中间油箱装配为梯形截面的柱状体,拼焊后的中部装配中心横向截面呈“凹”字形。油箱腔体内还有各种形式的隔板、筋板,用于增强油箱的强度,满足整体承载的需要。

2. 燃油输送泵、燃油加热系统与燃油粗滤器

HXN5B 型内燃机车的燃油输送泵、燃油加热系统及燃油粗滤器与 HXN5 型内燃机车相同,具体参见 HXN5 型内燃机车的有关内容。

3. 燃油精滤器

R12V280ZJ 型柴油机燃油精滤器由 2 组滤芯、2 个端盖和集成在增压器支架内的壳体组成,如图 6-9-2 所示。燃油从增压器支架滤清器安装孔下方的接口进入,充满在滤芯与壳体组成的外腔空间,滤芯采用抗倒伏能力强的复合纤维毡滤芯,滤清精度达到 10μm。经滤芯过滤后进入滤油芯轴,汇总到支架中部的油腔,再进入左右两根低压燃油管路。燃油精滤器的放气阀装配和放油管均设有塞门。更换滤芯时,要先打开放油管上的塞门,将油放掉,再拆开端盖,取下滤芯。更换滤芯后,在启动柴油机前,须打开放气阀装配上的塞门,泵油放净燃油中的空气,并关闭塞门,然后才可启动柴油机。否则会产生无法启动或燃油管路油压不稳定的现象。

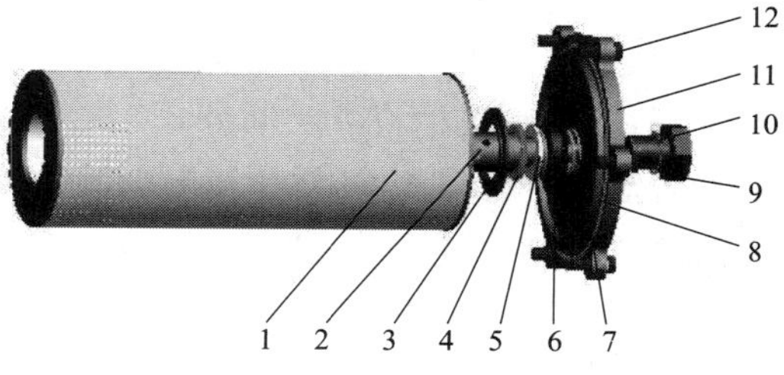

1—滤芯;2—滤油芯轴;3—密封座;4—下油封垫;5—弹簧座;6—下密封座;7—弹簧;8—O 形圈;9—紧固螺母;10—衬垫;11—端盖;12—螺栓。

图 6-9-2　R12V280ZJ 型柴油机燃油精滤器

4. 高压燃油喷射装置

R12V280ZJ 型柴油机每一气缸配有 1 个单体式电喷泵、1 根高压油管和 1 个喷油器。

(1)喷油泵

喷油泵(图 6-9-3)采用单体柱塞式电控泵,通过柴油机控制单元(ECU)控制电磁阀的通断时间与动作持续期,来控制供油定时和供油量。

电喷泵由凸轮轴的油泵凸轮驱动,油泵凸轮带动电喷泵的滚轮和柱塞上下运动,完成吸油、升压和泵油的工作过程。

(2)喷油器

喷油器(图 6-9-4)属闭式、多孔、非冷却型、低惯性结构型式,采用短 T 形喷嘴。它主要由喷油器体总成和喷嘴偶件组成。喷油器体总成包括喷油器体、弹簧座、调整垫片、调压弹簧、支座板、锁紧螺母、进油管组成。喷油器的启喷压力通过增减垫片厚度以改变调压弹簧的压缩量来调整。

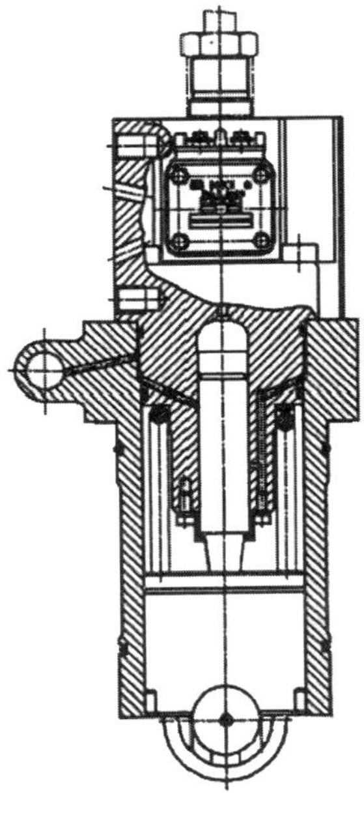

图 6-9-3　R12V280ZJ 型柴油机喷油泵

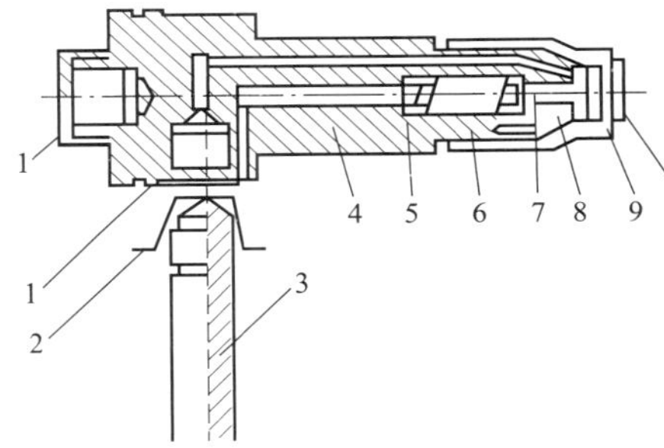

1、2、10—保护帽;3—进油接杆;4—喷油器体;5—调整垫片;6—调压弹簧;7—弹簧座;8—支座板;9—压紧螺母。

图 6-9-4　R12V280ZJ 型柴油机喷油器

喷油器的主要技术参数见表 6-9-1。

表 6-9-1　喷油器主要技术参数

针阀直径/mm	$\phi 7$
针阀升程/mm	$0.6^{+0.03}_{-0.02}$
针阀密封锥面角度/(°)	60
喷孔直径×孔数/mm	$\phi 0.47 \times 10$
喷孔间喷射夹角/(°)	154
喷油压力/MPa	35

(3)高压油管

喷油泵的高压燃油经高压油管送往喷油器。高压油管长期处于周期脉动变化的油压作用下，最高油压达 140 MPa，故要求它有高的疲劳强度和表面粗糙度，并避免会引起应力集中的表面缺陷。高压油管采用优质无缝钢管制作。

三、燃油电喷控制系统

R12V280ZJ 型柴油机采用泵-管-嘴电喷控制系统，主要由信号检测系统、连接电缆、电喷控制器组成。其系统结构组成如图 6-9-5 和图 6-9-6 所示。

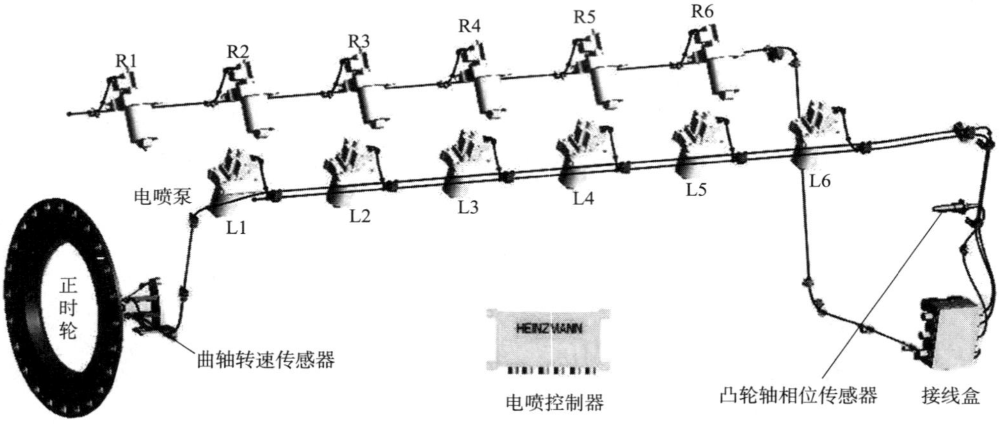

图 6-9-5 R12V280ZJ 型柴油机电喷控制系统

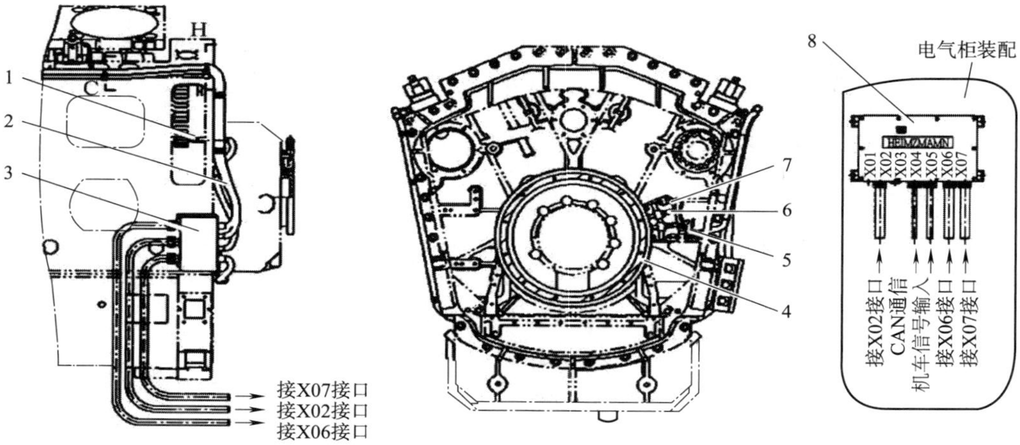

1—凸轮轴相位传感器；2—连接电缆；3—接线盒；4—正时轮；5、6—曲轴转速传感器；

7—传感器安装支架；8—电喷控制器。

图 6-9-6 R12V280ZJ 型柴油机电喷控制系统布置

1. 信号检测系统

信号检测系统主要包括凸轮轴相位传感器、曲轴转速传感器 1、曲轴转速传感器 2 和正时轮等。

传统的机械喷射系统，燃油喷射定时由喷油泵凸轮型线、柱塞螺旋线等共同控制，喷油量则由齿条位置来决定。电子喷射系统的燃油喷射定时由电信号来控制，通过信号检测系统检测柴油机转速及柴油机第 1 缸发火上止点位置，再结合柴油机各个缸的夹角关系及发火顺序计算出其余缸的发火上止点，再根据预先存储在控制器内的供油提前角计算出每个缸的供油始点，喷油量则由电控泵电磁阀开启的时间长短来确定。

信号检测系统的工作原理示意如图 6-9-7 所示。

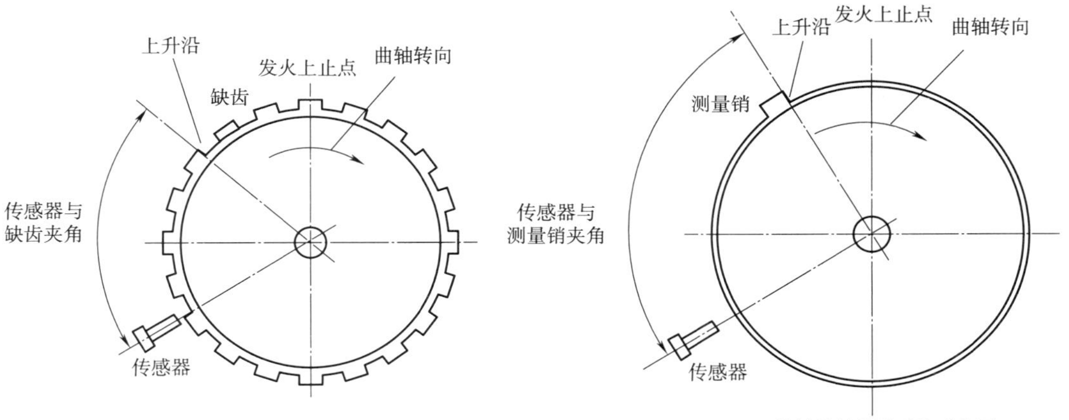

(a) 曲轴信号检测系统示意图　(b) 凸轮轴信号检测系统示意图

图 6-9-7　R12V280ZJ 型柴油机信号检测系统原理

如图 6-9-7(a)所示，在曲轴上装有一个测速齿盘(即正时轮)，测速齿盘上铣 60 个或 120 个齿，再铣掉一个齿，确定缺齿后面第一个齿的上升沿(顺着曲轴旋转方向)与曲轴上止点的夹角，以及转速传感器安装位置与曲轴上止点的夹角，并将这两个参数输入控制器内。柴油机运行时，转速传感器除了可以测出柴油机转速，还可以检测到缺齿处的信号变化，根据缺齿处的信号和缺齿后面第一个齿的上升沿与曲轴上止点的夹角，即可确定柴油机曲轴上止点的位置。为准确判断所测到的上止点是发火上止点还是排气上止点，在凸轮轴上设有另一个测量系统，测量装置上有一个单齿(也可以是凹槽、柱销或孔)，目的是使传感器在测量装置旋转一圈后，可以感受到一个脉冲信号，以确定出单齿上升沿与曲轴发火上止点的夹角，及凸轮轴位置传感器与曲轴发火上止点的夹角，并将这两个参数输入到控制器内，根据凸轮轴相位传感器测到的信号，可以最终确定出柴油机的发火上止点。

从图 6-9-6 可以看出，在柴油机自由端机体端面上装有凸轮轴相位传感器，传感器型号为 HIA34-125。而在输出端机体端面上装有曲轴转速传感器安装支架，支架上分别装有曲轴转速传感器 1 和曲轴转速传感器 2，传感器型号为 HIA31-76。新设计的正时轮外侧加工了 120 个齿，并铣掉了一个齿，以此作为曲轴上的测速齿盘。在右侧凸轮轴齿轮端面正对传感器的位置加工了一个 ϕ11 mm，深 10 mm 的测量孔，以此作为凸轮轴上的测量装置。

2. 电喷控制器

电喷控制器型号为 MVC01-20/24，是整个电喷控制系统的核心部件，其内核为 32 位高速微处理器，其外形如图 6-9-8 所示。电喷控制器接受外部的控制命令输入和传感器的信号，通过内部软件进行有关的计算与判断，输出控制电磁阀的信号，来完成燃油喷射的过程，如果柴油机运行过程出现异常，控制器也可以输出相关的报警信号和停机信号。

电喷控制器的外壳是一个全封闭的金属盒，金属盒下部有 7 个插座，从左至右分别是 X01～X07。

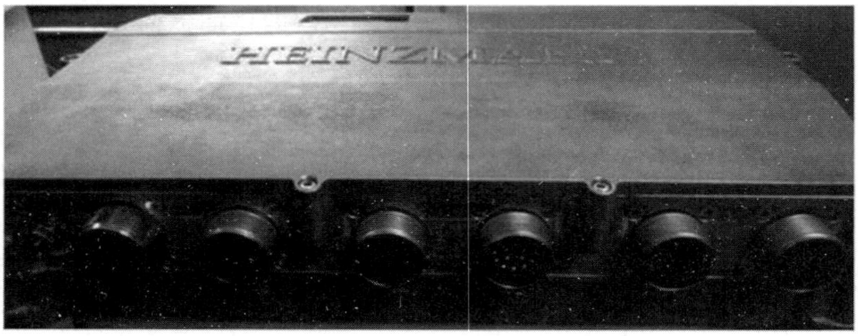

图 6-9-8　R12V280ZJ 型柴油机电喷控制器

X01 是与 PC 机通信的端口，电喷控制器通过一条专用通信线与 PC 机通信联络。

X02 是传感器信号输入端口，X03 暂未用到。

X04 是 CAN 通信总线，电喷控制器通过 CAN 总线与机车微机通信。电喷控制器可接收司机控制器发出的控制柴油机转速的挡位信号，以及柴油机的停机、怠速、故障复位及工作模式(油耗优先或者排放优先模式)切换信号。另外，机车微机采集的油、水、气等的温度和压力信号，也通过 CAN 总线传送给电喷控制器。电喷控制器中的柴油机实际转速、设定转速、喷油量、励磁信号、供油提前角、限制的供油量、柴油机当前运行阶段、同步信号、电喷控制器供电电源、喷油驱动电压和故障信息等通过 CAN 总线传送给机车微机控制系统及显示装置。

X05 是电源输入、故障复位信号输入和停车信号输入端口。由于电喷控制器的工作电压为 DC 24 V(可正常工作电压范围为 DC 18～32 V)，机车蓄电池供电为 DC 74 V 或者 DC 110 V，而且在机车起动瞬时下跌很厉害，因此需要在机车上设置一个宽域的 DC-DC 电源转换模块，给电喷控制器提供稳定的电源，以保证其正常工作。为了保证在 CAN 总线失效后仍能控制柴油机，停机和故障复位信号除了通过 CAN 总线传送外，在 X05 线束设置停机信号和故障复位信号的冗余线缆，使用电喷控制器的两个数字信号输入端口作为停机和故障复位备份。

X06 是柴油机右侧电控泵电磁阀控制信号输出端口，X07 是柴油机左侧电控泵电磁阀控制信号输出端口。

电喷控制器前面板上有一个透明的窗口，内部有两位数码管显示，正常工作时，数码管显示"00"，当电喷控制系统出现故障时，数码管会显示出故障代码，故障信息也可在司机室显示屏查阅。

司机控制器控制柴油机转速的挡位信号经过机车微机处理以后，以 4 个开关量通过 CAN 总线传送给电喷控制器，这 4 个开关量共有 16 个挡位，转速编码表见表 6-9-2。司机控制器 0 位编码与 1 位相同，转速也为 400 r/min。

3. 电喷工作过程

R12V280ZJ 型柴油机电喷控制系统的电路原理如图 6-9-9 所示。电喷控制系统工作过程简述如下：机车 74 V 或 110 V 直流电源经机车的"DC-DC"电源转换模块转换成 24 V 直流稳压电源为 MVC 提供电源，机车司机控制器的速度挡位信号经机车微机处理后通过 CAN 总线送入 MVC，MVC 根据预先存储在控制器的数据查出挡位对应的柴油机转速值；柴油机曲轴转速传感器和凸轮轴相位传感器测量的信号直接送入 MVC 控制器。控制器内部软件根据测量的信号、柴油机工作模式开关位置(油耗优先或者排放优先工作模式)和预先存储的参数计算出各个缸的供油始点和供油持续期，转换成控制电控泵电磁阀的电流信号输出到每个气缸的电控泵上；对于电传动机车，MVC 同时通过 CAN 总线输出 0～100%的励磁信号以实现恒功控制。柴油机正常停机或是油压保护、差动保护、水温高保护的停机信号均由机车发出经 CAN 总线输入到 MVC；

在 CAN 总线失效时，机车可通过 X05 的数字信号端口控制柴油机停机。

表 6-9-2　转速编码

挡位	转速/(r/min)	编码				挡位	转速/(r/min)	编码			
		4	3	2	1			4	3	2	1
1	400	0	0	0	0	9	720	1	1	0	0
2	440	0	0	0	1	10	760	1	1	0	1
3	480	0	0	1	1	11	800	1	1	1	1
4	520	0	0	1	0	12	840	1	1	1	0
5	560	0	1	1	0	13	880	1	0	1	0
6	600	0	1	1	1	14	920	1	0	1	1
7	640	0	1	0	1	15	960	1	0	0	1
8	680	0	1	0	0	16	1 000	1	0	0	0

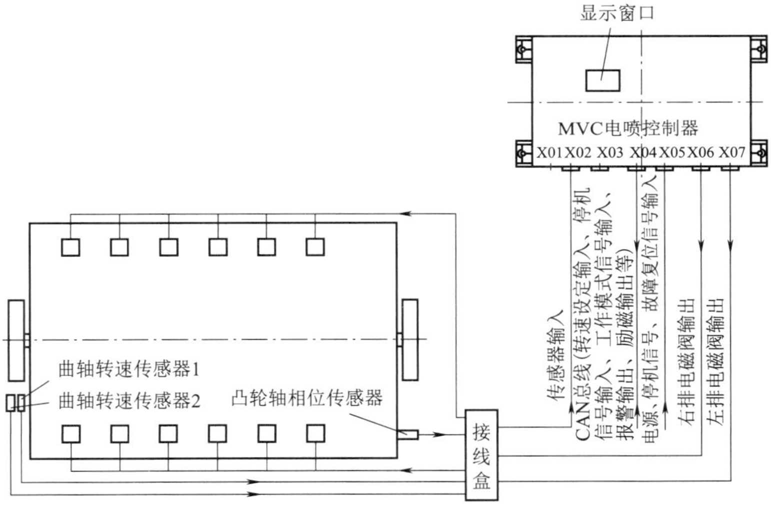

图 6-9-9　R12V280ZJ 型柴油机电喷控制系统电路原理

复习思考题

1. 试对比分析 16V240ZJB 型、16V280ZJ 型、16V265H 型、GEVO16 型、12V265 型、R12V280ZJ 型柴油机燃油系统的组成与通路。

2. 试述单体式柱塞泵的供油原理。

3. 单体式柱塞泵中的出油阀偶件有何作用？

4. 何谓 K 尺寸、B 尺寸？如何调节单螺旋柱塞泵的供油量和供油提前角？

5. 试述闭式喷油器的喷油原理。

6. 试对比分析 16V240ZJB 型、16V280ZJ 型、16V265H 型、GEVO16 型、12V265 型、R12V280ZJ 型柴油机高压供油喷射系统的异同。

第七章

柴油机的调节与控制

内燃机车柴油机必须设置调速器，因为它要根据机车外界情况的变化，调节燃油喷射量，以适应牵引运输的要求。

第一节　概　　述

一、机车柴油机设置调速器的必要性

内燃机车柴油机所输出的扭矩(动力矩)，大部分供机车主传动装置(如液力变速箱-车轴齿轮箱或牵引发电机-牵引电动机系统)牵引消耗，小部分维持辅助装置工作消耗，如 DF_{4B} 型内燃机车的柴油机还直接驱动启动变速箱和静液压变速箱等辅助装置。如果两部分消耗与柴油机输出动力矩相平衡，则柴油机就处于某一工况下稳定运转。曲轴输出动力的外部消耗，即加给曲轴的阻力矩，称为柴油机的负荷(负载)。

机车柴油机的负荷是经常发生变化的。当线路坡度、线路曲率、牵引吨位、运行速度、轨面状态、气候、风力及风向等方面变动时，牵引消耗随之变化。当风扇及空压机等间歇或变速工作时，辅助装置消耗也随之变化。外界负荷的瞬间变化，常使作用于曲轴的阻力矩与输出的动力矩不相平衡，因而导致柴油机转速不稳，如果不及时地调节气缸内的喷油量，则柴油机的转速就随外界负荷的瞬变而忽高忽低地波动。如图 7-1-1 所示，M_e 曲线为在喷油泵齿条位置不变时柴油机的输出扭矩特性曲线，M_{c1} 为某一瞬间柴油机外界阻力矩曲线，这时由柴油机输出的动力矩与从动装置的阻力矩相平衡于 A 点，曲轴保持在 n_1 下运转。若因某些原因使阻力矩瞬间增长如 M_{c2} 曲线所示，这时阻力矩大于动力矩，不平衡的动力矩迫使曲轴转速降低到 n_2。若某种原因使阻力矩瞬间减小如 M_{c3} 曲线所示，则动力矩大于阻力矩，剩余的动力矩使曲轴转速升高到 n_3。由于柴油机的输出扭矩相对于转速的特性曲线比较平缓，故阻力矩一有变化就使曲轴的转速波动幅度较大。

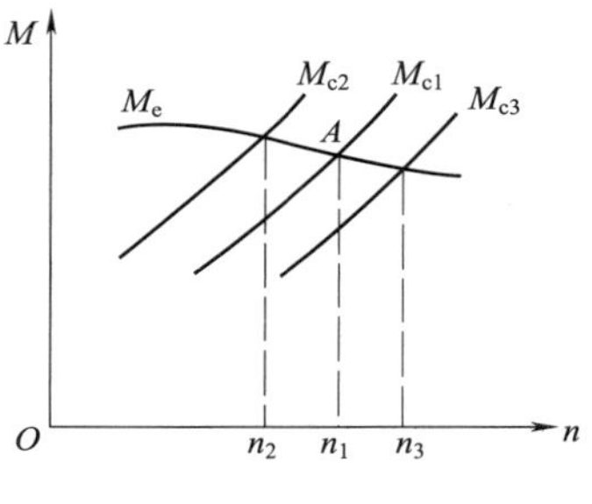

图 7-1-1　柴油机的转速波动

不装设喷油量自动调节设备的柴油机在下列情况工作时还会出现下述麻烦：

1. 空转不稳，可能熄火

柴油机空转时，内部阻力矩也并非稳定不变，加上机油和冷却水温低，每循环的燃油喷射量少，喷油雾化差，甚至出现间歇等不稳定喷油状态，因此柴油机发出的指示扭矩也不稳定。如机内阻力矩稍有增加或指示扭矩减少，则柴油机转速下降，严重时会导致气缸熄火停机。

2. 突卸负荷时可能导致飞车

柴油机原来在较大负荷及较高转速下工作，当机车遇紧急情况而突卸负荷，或机油压力过低或水温过高等保护装置动作而突卸负荷，或电机或电器故障而突卸负荷，此时，曲轴转速瞬间急速上升到“飞车”程度。所谓飞车，就是指转速失控急速上升而超过安全运转限度，使柴油机运动零部件在巨大惯性力作用下，出现裂损和飞离等机破事故。

3. 柴油机转速波动，会使柴油机时而欠载，时而超载，不利于正常工作

如果由司机手控人为调节气缸的喷油量，则由于负荷的多变易使司机劳累而反应不及，这样柴油机的运转仍处于不稳定状态。因此，柴油机必须装设自动调速装置，根据外界负荷的变化而自动调节喷油泵对气缸的供油量，使曲轴输出的动力矩与外界变动了的阻力矩迅速相平衡，从而防止柴油机超速或熄火，实现正常、安全和持久地运转。以上的自动调节转速的专门装置通常称为调速器。

二、调速器的类型

调速器的基本功能是调节柴油机的转速，按照调速工作效果可分为单程(单制)、两极(两制)、全程(全制)和极限调速器等；按照结构和工作特点可分为机械、液压、气动和电子调速器等形式。

单程调速器为用于控制恒定转速的自动调速装置，通常在柴油发电机组上运用。

两极调速器限制和稳定柴油机的最高和最低转速，其余中间转速值由人控或外界负荷决定，它用在汽车、船舶和某些液力传动内燃机车柴油机上。

全程调速器使柴油机在全部转速范围内有限级或无限级自动控制，它用于拖拉机、重型汽车、工程机械、船舶及内燃机车柴油机。

极限调速器是柴油机的安全保护设备之一，保证柴油机不超速运转。

现代大多数比较优良的调速器，除了能遥控柴油机转速以外，还兼有其他多种控制和调节功能，这种调速器泛指为调节器或联合调节器。

三、调控系统的基本组成

调速器把柴油机曲轴及燃油供-喷装置联系起来，形成了一个具有自动控制能力的回路系统，通常称之为调控系统。调控系统通过调控传动箱，将柴油机受外界负荷影响使转速变动的信息，及时“通知”调速器，借助于调控杠杆机构将调速器的控制动作不折不扣地传给喷油泵齿条(图 7-1-2)。

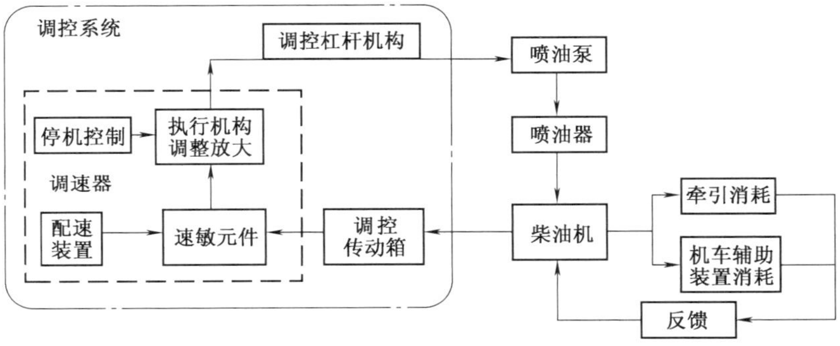

图 7-1-2　调速器转速调节的控制回路

调速器内部通常设置以下几个基本部分(图 7-1-3)：

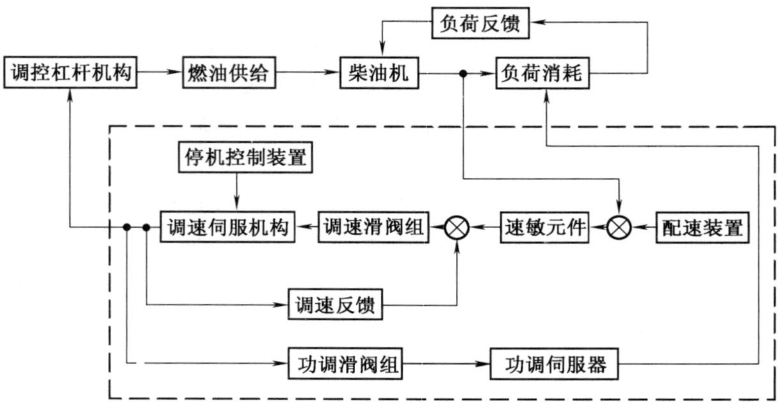

图 7-1-3　调速器的组成

(1)配速装置——根据司机操作要求按挡位自动给定转速。

(2)速敏元件——对柴油机转速变化作出相应反应的机件。

(3)调速滑阀组——根据转速变化发出动作信号。

(4)调速伺服机构(执行机构)——调节动作信号的实施。

(5)反馈装置——快速稳定调节的设施。

(6)柴油机自动控制停机装置。

作为多功能调节器的内部,通常还增设功调装置,根据挡位和负荷的变动作出相应的功调动作。

第二节　柴油机转速自动调节原理

一、转速的调节

1. 全程机械式调速器的转速调节

机械式调速器采用一对飞球或一对飞锤作为速敏元件,它的转速与曲轴转速成正比。图 7-2-1为全程机械式调速器的结构示意图。两个对称布置的飞锤通过销轴安装于座架上,飞锤的下部呈直角曲臂式,销轴孔位于直角线交点,飞锤一方面绕伸缩轴转动,另一方面还可绕销轴摆动。飞锤的曲臂趾部紧紧抵住伸缩轴的凸肩,伸缩轴的一端顶着调速杠杆,调速杠杆一端为杠杆摆动之铰支点,另一端连着喷油泵齿条拉杆,此外还与调速弹簧及挡位拉杆相连。由于调速弹簧的拉力,使调速杠杆以一定的预紧力压住伸缩轴,挡位高,压紧力也提高,挡位拉杆向右(图示方向),挡位则提高。可见,挡位拉杆及调速弹簧是调速器的配速装置,飞锤组为速敏元件,调速杠杆及齿条拉杆为调节动作的执行机构。

飞锤具有一定的质量 m,布置在距转动中心半径 R 的地方,因此在转动时产生离心力 $F_{离}$ 为

$$F_{离}=mR\omega_{P}^{2} \tag{7-2-1}$$

$$\omega_{P}=\frac{\pi n_{P}}{30} \tag{7-2-2}$$

式中　ω_P——飞锤转动角速度；

n_P——飞锤的转速。

两个对称配置的飞锤可使座架上作用力相平衡，而其离心力则使飞锤绕销轴摆动。当飞锤向外张开时，其趾部抵着伸缩轴克服弹簧预紧力向左移动；当飞锤向内收缩时，伸缩轴在弹簧预紧力压迫下向右移动。$F_{弹}$ 是弹簧通过调速杠杆作用于伸缩轴的弹簧力。作用在飞锤趾部上的力为 $F_{轴}$，它是 $F_{离}$ 的轴向分力，故也与飞锤的转速平方成正比。可见，在伸缩轴凸肩处作用着两个方向相反的力 $F_{轴}$ 和 $F_{弹}$。$F_{弹}$ 力图阻止飞锤的外张或力图恢复原有状况，因此又称为恢复力。$F_{轴}$ 由 $F_{离}$ 转化而来，又称为支持力。恢复力与支持力相抵即相互比较，其结果可能有三种：$F_{弹}=F_{轴}$；$F_{弹}<F_{轴}$；$F_{弹}>F_{轴}$。

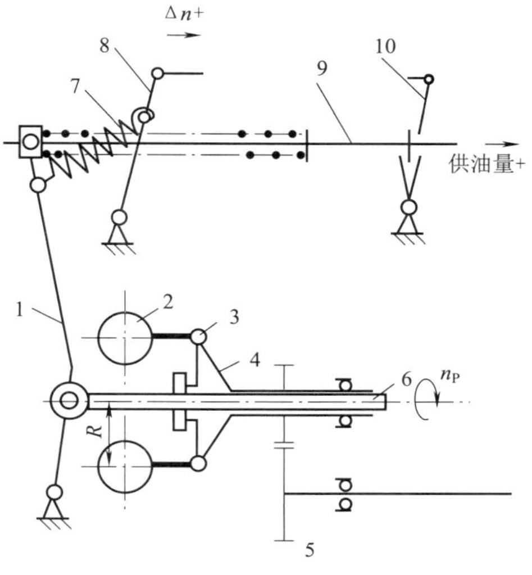

1—调速杠杆；2—飞锤；3—销轴；4—飞锤座架；
5—传动齿轮；6—伸缩轴；7—调速弹簧；
8—挡位拉杆；9—喷油泵齿条拉杆；10—停车手把。

图 7-2-1　全程机械式调速器

当司机挡位不变时，即 $F_{弹}$ 预定值不变。如 $F_{弹}=F_{轴}$，则伸缩轴被平衡在一定位置上，调速杠杆及齿条拉杆也处于某一位置，对气缸一定的供油量使柴油机输出一定的动力矩，它刚好与外界阻力矩相平衡，柴油机转速稳定，这个转速值就是按挡位预定的平衡转速 $n_{定}$。

挡位不变，如果外界负荷瞬时减小，则由于曲轴输出之动力矩大于外界阻力矩，柴油机转速瞬时上升，飞锤离心力的增量 $\Delta F_{离}\propto\Delta\omega_P^2$，出现了 $F_{轴}>F_{弹}$ 的情况，两力对比结果使飞锤外张，伸缩轴左移，喷油泵齿条运动减少气缸内的喷油量，抑制转速的增长，并使之回降，导致 $\Delta F_{离}$ 被迫减少，伸缩轴又逐渐回移，喷油泵供油量回升。直到对气缸的喷油减小量与负荷的减小量相适应，曲轴输出的新动力矩与阻力矩相平衡时才达到新的平衡转速 $n'_{新}$，这时 $F'_{轴}=F'_{弹}$。由于外界负荷较原来有所减小，齿条位置相应左移，调速弹簧预紧力 $F'_{弹}$ 有所增加，因此 $n'_{新}$ 略高于 $n_{定}$。

同理，在挡位不变负荷瞬间增大时，开始时曲轴转速下降，$F_{弹}>F_{轴}$，飞锤内收，伸缩轴右移，齿条向增加供油量方向移动，调速弹簧预紧力较原来有所降低，直到恢复平衡时 $n''_{新}$ 略低于 $n_{定}$。

挡位改变使给定的 $F_{弹}$ 起了变化，即两力的比较基准有变动，故调节的结果也相应变化。如挡位升高，即挡位拉杆右移，$F_{弹}$ 增大，在这一瞬间 $F_{弹}>F_{轴}$，结果使气缸内的喷油量增加，曲轴输出的动力矩增大，提高了 $F_{轴}$ 的值，即平衡转速 $n_{定}$ 上升。相反，如挡位降低，即 $F_{弹}$ 减小，结果使气缸内的喷油量减少，曲轴输出动力矩也相应减少，平衡转速 $n_{定}$ 随之下降。

可见，这类调速器有如下工作特点：

(1)每一挡位都有相应预定的调速弹簧预紧力 $F_{弹}$，这是调速器“思维”的基准，调速器所调节气缸内喷油量的大小决定于 $F_{弹}$ 和负荷的大小。调节过程完成时，调速弹簧的拉紧状态一定是符合或接近挡位要求的。

(2)在外界负荷瞬变时，调速过程是稳定的，转速波动逐渐收敛，但由于刚性调速杠杆的结构原因，在调速过程完成时，转速 $n'_{新}$ 或 $n''_{新}$ 总是回不到挡位原平衡转速 $n_{定}$，虽然比较接近，但总有差值。此外，调速器只对转速变动进行调节，并不对负荷变动进行调节。

(3)此类调速器结构简单，工作可靠，但推动喷油泵齿条的力量靠飞锤的 $F_{轴}$ 及调速杠杆处不大的杠杆比放大,因而其控制力量较小,只适用于中小功率且调速要求低的柴油机。

2. 全程液压式调节器的转速调节

液压式调节器一般也用飞锤组作转速速敏元件。调节器的执行机构并不靠飞锤组较小的机械力量去推动喷油泵齿条,而是在执行机构处应用液压放大技术,增大对齿条的推动力。液压供油系统由齿轮油泵、储油室及有关油路等组成。储油室又称蓄压室或稳压室,为考虑到减小漏泄影响、油泵转速变化及油温变化而设置,保证工作时油压之稳定。储油室由活塞及弹簧等组成。如油系统内油压过高时,则压力油克服弹簧反力推储油室活塞向下,储油室体上的外泄孔露出,一部分油外泄而使系统内降压,活塞返回向上关闭外泄孔。如系统内油压不足,则弹簧顶活塞向上,缩小油系统容积而保压。

图 7-2-2 所示为 16V240ZJB 型柴油机用联合调节器的转速调节部分示意。

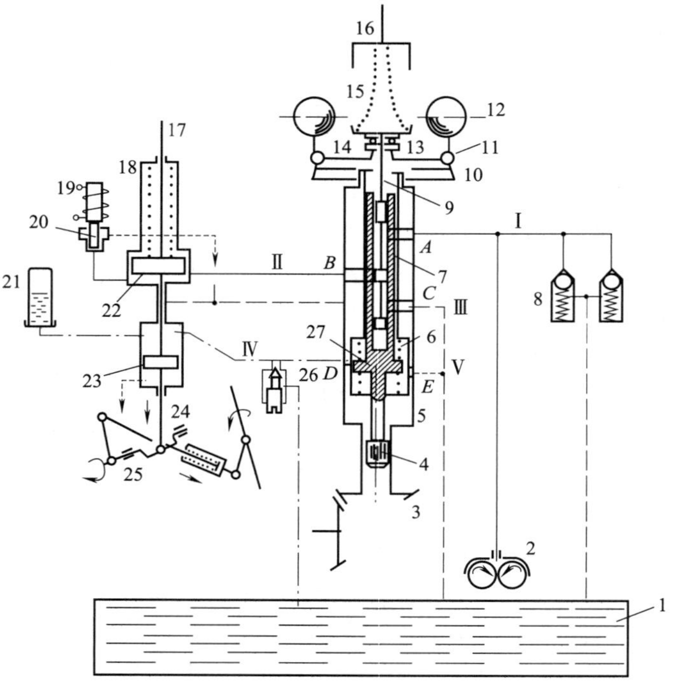

1—油池;2—齿轮油泵;3—传动锥齿轮对;4—传动轴;5—滑阀套座;6—缓冲弹簧;7—调速滑阀;8—储油室;9—柱塞;10—匀速盘;11—销轴;12—飞锤;13—推力轴承;14—弹簧盘;15—调速弹簧;16—配速活塞;17—动力活塞顶杆;18—动力活塞弹簧;19—停车电磁联锁;20—停车滑阀;21—储气筒;22—动力活塞;23—补偿活塞;24—动力活塞杆;25—传动装置;26—补偿针阀;27—随动阀盘。

图 7-2-2 联合调节器转速调节

飞锤的趾部抵着推力轴承及弹簧盘,弹簧盘与柱塞上端相联结,柱塞在调速滑阀中作上下运动。调速弹簧为一种变刚度的塔形弹簧,其预紧力由配速活塞的位置决定。调速滑阀自由浮装于由锥齿轮对带动旋转的滑阀套座中。滑阀和套座都带有通油孔。调速滑阀油孔的启闭由柱塞中部的工作盘(圆柱阀面)控制。

联合调节器的执行机构为伺服马达(图 7-2-3),它由动力活塞、动力活塞弹簧、动力活塞杆及传动装置等组成。动力活塞安装在动力缸内,其上部的弹簧具有一定的安装预紧力,来自调速滑阀和套座的压力油通过油道Ⅱ引到动力活塞的下方,由弹簧力和液压力来决定动力活塞移动的方向和行程大小。动力活塞杆将动力活塞的运动传递到传动装置。传动装置为一曲臂扭转机构,它主要由活塞杆头、连板、花键轴、曲臂及转销等组成。动力活塞杆与活塞杆头连接,当动力活塞向上时,花键轴逆时针扭转(面对花键轴),喷油泵齿条移向增油位;当动力活塞向下时,花键轴顺时针扭转,喷油泵齿条移向减油位。

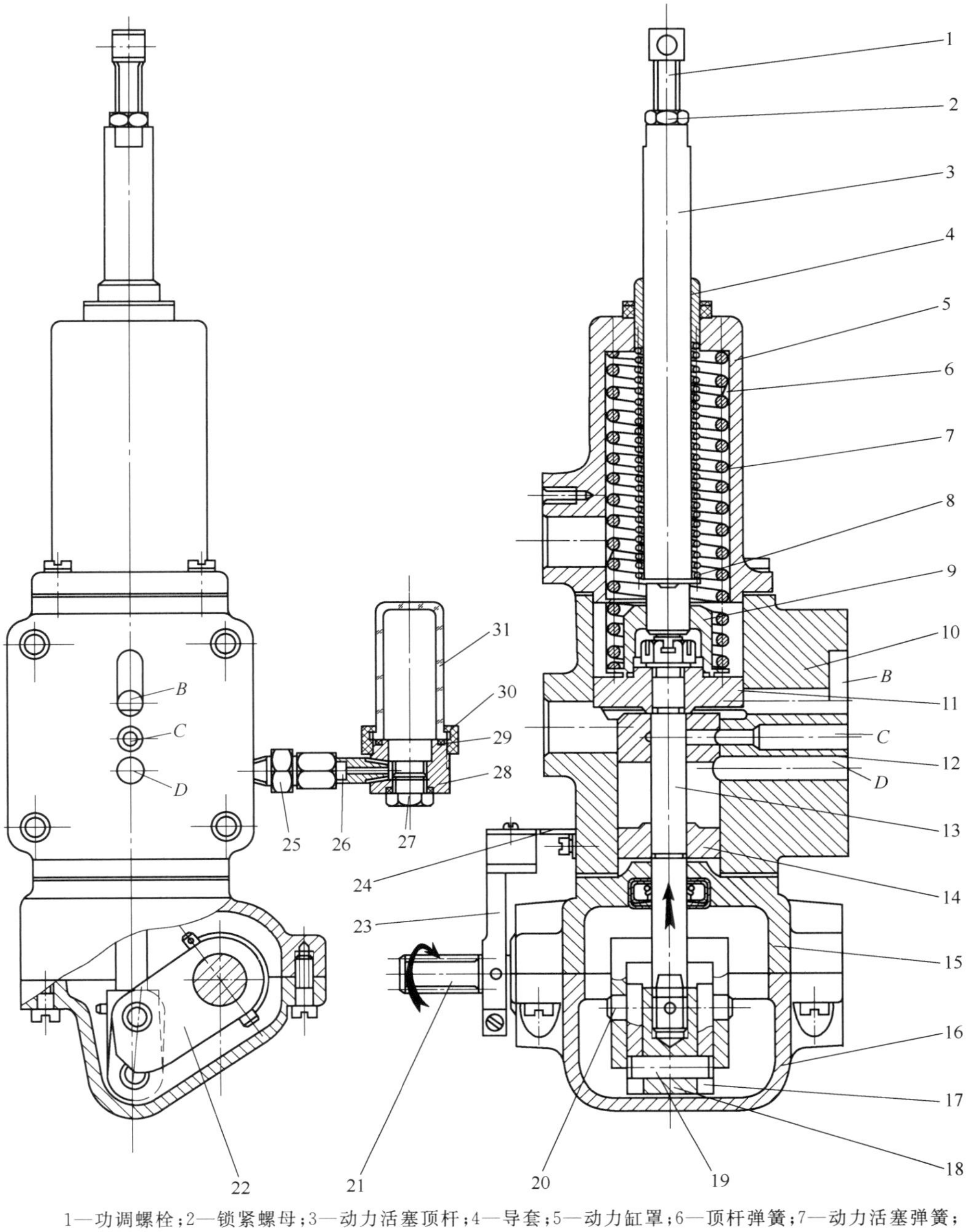

1—功调螺栓;2—锁紧螺母;3—动力活塞顶杆;4—导套;5—动力缸罩;6—顶杆弹簧;7—动力活塞弹簧;8—垫圈;9—弹簧座;10—动力缸体;11—动力活塞;12—动力缸底盖;13—动力活塞杆;14—补偿活塞;15—传动装置上盖;16—传动装置下盖;17—连板;18—活塞杆头;19—游销;20—转销;21—花键轴;22—曲臂;23—指示臂;24—指针;25—接头体;26—接头;27—螺堵;28—座;29—橡胶圈;30—压盖;31—筒。

图 7-2-3　伺服马达

从调节器的速敏元件到伺服马达之间,通过压力油道Ⅱ建立一种弹性联系,取代机械式调速器中调速杠杆的刚性联系。调节器的补偿系统由补偿活塞、储气筒组件、补偿油道Ⅳ、补偿针阀、缓冲弹簧及随动阀盘等组成。

调速系统内各部分的作用如下:

(1)柱塞的控制作用

柱塞的中下部有3个阀盘,最下部为导向盘,中间为工作盘,上面的为密封盘。调速滑阀上有不同高度的3组油孔,从上到下分别命名为 a、b 及 c 组孔,它们与调节器套座上的 A、B 及 C 孔相对应。其中 a 孔与油道Ⅰ相通,从储油室来的压力油由此进入内腔;b 孔与油道Ⅱ相通,与柱塞的工作盘相配合,在稳速运转时,工作盘全闭 b 孔;c 孔为泄油孔,与调节器油池相通(图7-2-4)。

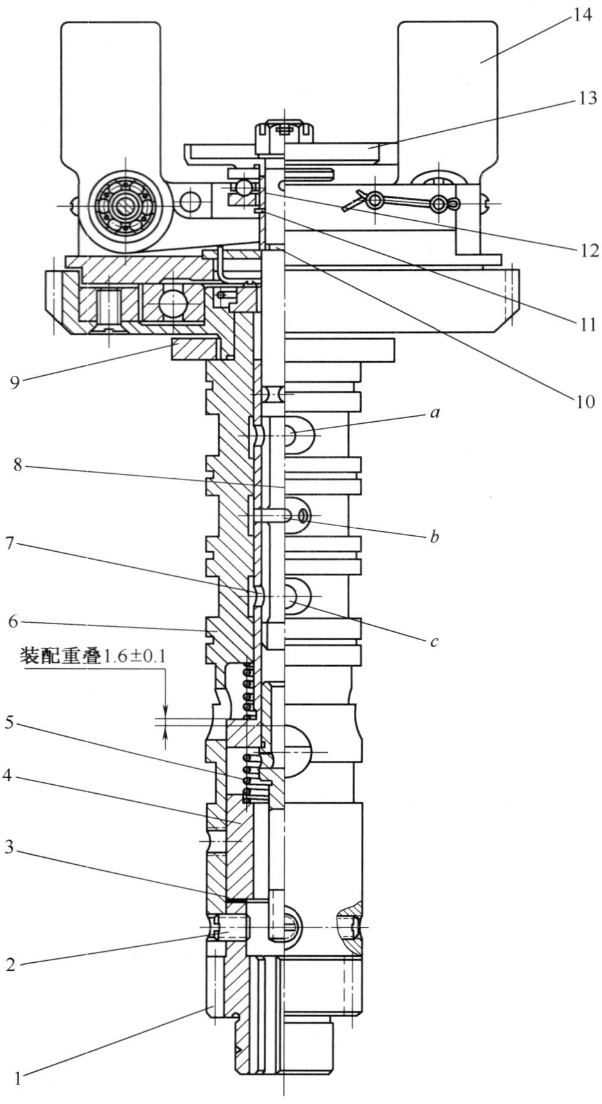

1—油泵主动齿轮;2—锥形螺钉;3—垫圈;4—衬套;5—缓冲弹簧;6—滑阀套座;7—调速滑阀;8—柱塞;9—法兰;10—隔套;11—调整垫;12—推力轴承;13—弹簧盘;14—匀速盘飞锤组。

图7-2-4 调速滑阀组件(单位:mm)

当飞锤作用到弹簧盘处的 $F_{轴}<F_{弹}$ 时,飞锤向内收拢,柱塞下移,柱塞工作盘开启调速滑阀 b 孔,从油道Ⅰ及 a 孔来的压力油通过 b 孔进入油道Ⅱ,动力活塞克服弹簧力而上行,动力活塞杆也上移,花键轴逆时针扭转,各喷油泵齿条移向增油位。反之,如 $F_{轴}>F_{弹}$ 时,飞锤向外张开,柱塞上行开启 b 孔,b 孔与 c 孔的油腔连通,动力活塞底腔一部分压力油通过油道Ⅱ回泄出 c 孔,这时动力活塞受弹簧压迫而向下,花键轴顺时针扭转,喷油泵齿条移向减油位。

柱塞工作盘关闭油孔 b 的位置是 $F_{轴}=F_{弹}$ 的平衡位置(中立位)。当柱塞工作盘离开中立位,开启 b 孔使动力活塞上行或下移,从而导致喷油泵齿条的移动,对转速进行调节。在调节过程完成时,由于转速调回原值,柱塞工作盘仍回中立位。只有在柱塞处于中立位时,柴油机转速才能稳定。

促使柱塞运动的力量是飞锤的 $F_{轴}$ 与调速弹簧 $F_{弹}$ 之差,由于柱塞精密加工及直径小,滑移阻力不大,因此飞锤和调速弹簧的尺寸不必很大。

(2)动力活塞及柴油机停机

飞锤的摆动只用以控制柱塞的运动,而并非用以拉动喷油泵齿条。对于采用单体式喷油泵的大中型柴油机,拉动齿条的力量要比较大,借助于动力活塞的液压放大作用即可实施。

动力活塞底腔充入压力机油，它的上抬力量决定于活塞直径和油压。动力活塞弹簧具有较大的刚度和预紧力，一旦动力活塞底腔油压降低时，即使齿条减油。当柴油机停止工作时，动力活塞则处于动力缸的下部位置，底部无压力油；当柴油机运转时，压力油就进入动力活塞下腔，使活塞及活塞杆上移。因此一定的动力活塞位置与一定的喷油泵齿条位置相对应（即气缸内具有一定的喷油量）。

在动力缸体的一侧设有柴油机自动停车装置，它由停车电磁联锁、停车滑阀和有关油道组成，如图 7-2-5 所示。

动力活塞底腔与停车滑阀下端的油道相通，停车滑阀上部的油道与动力活塞弹簧腔相通，动力缸罩上还有与油池相通的泄油孔。当柴油机处于正常运转时，DLS 电磁线圈有电，铁芯吸下，通过顶杆将停车滑阀压下，动力活塞下腔之泄油路封闭，这时一定的动力活塞高度保证正常的燃油供应量。如果 DLS 电磁线圈失电，则停车滑阀-铁芯等被压力油顶在上部，动力活塞底腔的压力油被迅速排掉，动力活塞及活塞杆被弹簧力推到燃油停油位，柴油机则迅速停机。

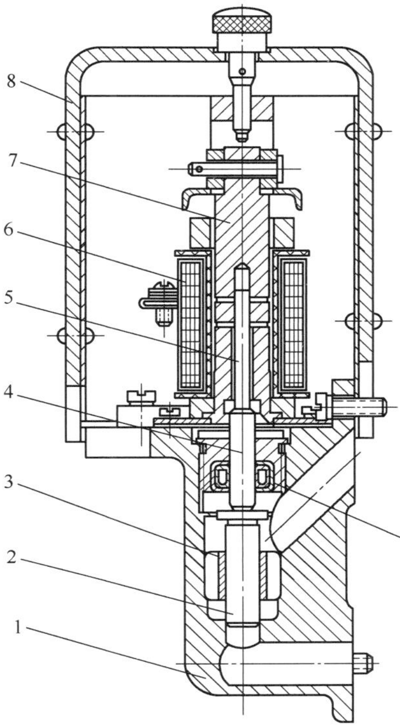

1—停车阀体；2—停车滑阀；3—导向环；4—顶杆；5—顶杆；6—DLS 电磁线圈；7—铁芯；8—罩壳；9—旋塞。

图 7-2-5　自动停车装置

(3)反馈

柱塞必须离开中立位开启 b 孔，才能使动力活塞移动而调节喷油泵齿条供油量。但随着动力活塞的移动，反过来又促使柱塞复位，而柱塞的复位又阻止动力活塞运动，使柴油机转速调回到平衡转速附近。由此可见，柱塞与动力活塞的运动是相互联系和相互制约的，甲方动作把讯息传递出去，乙方连锁反应，达到某种调节作用，然后将讯息返回控制起点（给甲方），并对以后的讯息再传递具有控制（放大或减弱）作用，使调节过程逐渐趋于稳定，这种现象称为反馈现象。

在联合调节器中的反馈现象较多，柱塞与动力活塞之间的讯息传递是靠压力油进行的，这是一种柔性（软）反馈。在机械式调速器中，伸缩轴与喷油泵齿条拉杆之间靠调速杠杆传递讯息，这是一种刚性（硬）反馈。

(4)调速滑阀的作用

带有通油孔的薄壁筒式调速滑阀安装于套座与柱塞之间，滑阀的外圆面与套座，滑阀的内圆面与柱塞之间有较小的配合间隙，两者分别为 0.04～0.06 mm和 0.03～0.04 mm，相互之间可以相对运动。

在稳速调节过程中，柱塞的运动导致动力活塞的运动。如果调速滑阀不能运动，则 b 孔的关闭要等柱塞的自然返回，而返回要靠曲轴“感觉”到燃烧的能量已有变化（开始有转速变化）后才开始。待柱塞全关 b 孔时，动力活塞又移动了一段行程，并由于这种“感觉”总滞后于喷油燃烧等原因,当 b 孔全闭时气缸内喷油量总已过调较多,从而出现长时间的转速波动。如果调速滑阀可以运动,它在动力活塞有一定的行程之后,不等柱塞完全返回,滑阀及时地跟随柱塞运动,在柱塞与滑阀的对动中较早地关闭 b 孔,减少了燃油过调量,使柴油机转速波动的幅度和次数减少,从而缩短了调节过程的稳定时间。总之,调速滑阀应追随柱塞运动,柱塞的行动在先,调速滑阀追随于后,两者之间的动作有一定的时间差。

(5)补偿系统

在调速滑阀下部有一个直径较大的阀盘,称为随动阀盘,阀盘的上下部各安装一个相同规格的缓冲弹簧。随动阀盘上腔与套座上的 D 孔、补偿油道Ⅳ、补偿活塞上腔及储气筒相通。储气筒的筒内具有一定高度的油面,油面上方为一个封闭的空气室,空气室的气压与一定高度的油面相平衡,空气室起到了一种暂存或暂借能量的气垫层作用。

调速滑阀运动的原动力来自补偿系统,补偿系统动作的动力来自动力活塞的运动。当柱塞向下使动力活塞上行时,动力活塞杆带补偿活塞同时向上,补偿活塞下油腔呈真空状态,通过泄油孔从油池中吸油,而补偿活塞上油腔则呈增压状态,将此压力油沿油道输送到以下各处:

- 储气筒——油面升高,气垫增压,以后逐渐地释放能量,油面重回平衡位。
- 油道Ⅳ——
  - 补偿针阀处部分油泄回油池。
  - 随动阀盘上腔,压调速滑阀向下,即追随柱塞向下,下缓冲弹簧受附加压缩,上缓冲弹簧放松。缓冲弹簧控制了滑阀追随的速度,因为燃油增加曲轴转速上升,飞锤张开,柱塞回升,在柱塞与滑阀的对动中提早关闭 b 孔。

相反,如果柱塞向上使动力活塞下移时,补偿活塞下油腔增压,部分油排入油池;补偿活塞上腔则呈真空状态,这时:

- 储气筒——油面降低,气垫降压,部分油暂时外借。
- 油道Ⅳ——
  - 补偿针阀处从油池吸油补充。
  - 随动阀盘上腔呈部分真空状态,调速滑阀上移,上缓冲簧受附加压缩。

可见,补偿活塞及调速滑阀也是一对柔性反馈偶件。

在补偿油道Ⅳ中设置了补偿针阀,造成了一处压力油外泄或真空状态补油的捷径,它使补偿油道中压力或真空度减小,增加了反馈动作的柔性,使补偿活塞运动阻力减小,这就可使动力活塞较快地调节气缸内的喷油量,同时也使调速滑阀的追随动作延缓一个时间差。

调整补偿针阀的开度可获得合适的调速过程。由于针阀开度的存在,调速滑阀追随柱塞运动的起始时间比刚性反馈有所延缓,追随速度有所降低,动力活塞对喷油量的调节稍为充分,转速波动程度受到抑制。补偿针阀开度的大小对调节过程的控制有重大影响,开度不能过大或过小。如果开度过小,则动力活塞运动阻力大,滑阀追随柱塞运动的起点早,对气缸内喷油量的调节不够充分,柴油机转速长时间波动不能稳定,调速动作显得迟钝。这种调速器在柴油机启动时会因动力活塞运动阻力大而出现困难,在柴油机突卸负荷时转速上升较快,在柴油机突加载荷时可能瞬时过载。如果开度过大,则动力活塞运动阻力小,调速滑阀追随柱塞运动的起始点延迟,追随速度慢动作幅度小,对气缸内的喷油量过调,柴油机转速波动幅度大,在柴油机空载工况时,转速游动极为显著。

影响柴油机转速稳定性的主要因素,除了补偿针阀的开度以外,还有缓冲弹簧的预紧力。缓冲弹簧也有延迟调速滑阀动作起始点及控制动作的速度的作用,使调速滑阀追随动作先快后慢,有利于减小转速波动。缓冲弹簧的预紧力也不宜过大或过小,过小或过大的后果与补偿针阀开度过小或过大类似。此外，储气筒有暂存能量和缓冲的作用，对于延缓调速滑阀追随动作也有一定作用。

(6)匀速盘

匀速盘安装在滑阀套座的顶端，它由驱动轮、从动盘、滚动轴承、阻尼块、扭簧、压盖及调整垫等组成，如图 7-2-6 所示。

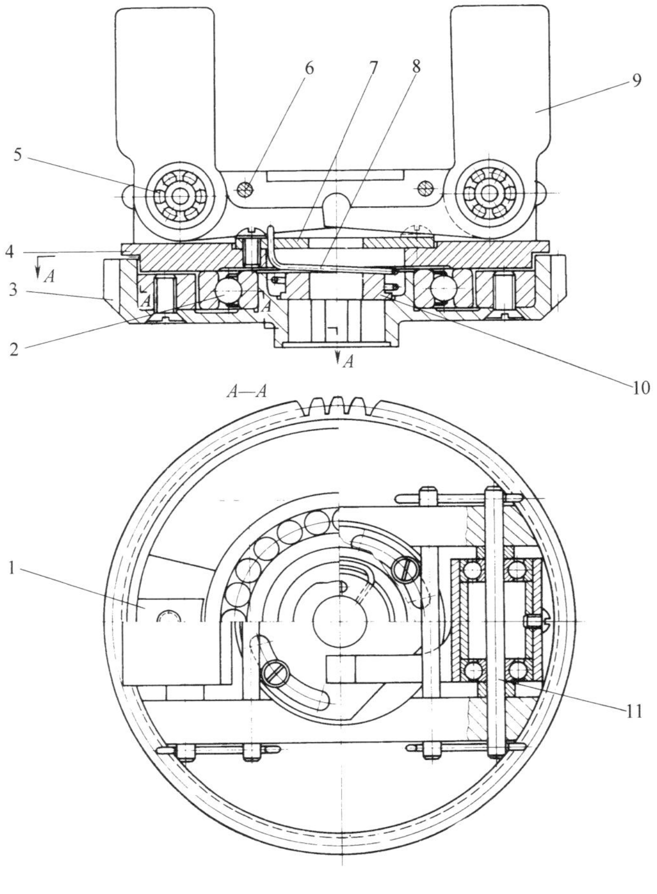

1—阻尼块；2—滚动轴承；3—驱动轮；4—从动盘；5—滚动轴承；6—挡杆；7—调整垫；8—扭簧；9—飞锤；10—压盖；11—销轴。

图 7-2-6　匀速盘及飞锤

从动盘上设飞锤座架，通过滚动轴承和销轴安装一对飞锤。驱动轮装在套座的凸肩上，借压盖螺钉紧固。在驱动轮的外圆面上铣有 68 个轮齿，早先曾用以驱动配速旋转套上的从动齿轮，现已取消或舍弃不用。在驱动轮与从动盘之间有扭簧传动，扭簧的下端串在压盖上，上端串在调整垫孔中。由于扭簧的扭转刚度较小，自振频率低，在转速突变时，扭簧会产生附加的变形而吸收较小的高频振动，使这种振动不传给从动盘。为防止扭簧因扭角太大而产生永久变形，特在驱动轮和从动盘之间设置阻尼块，并在间隙中充以机油，使两者相对运动时产生一定的阻尼。这样，匀速盘既能直接反映柴油机的转速变化，又能使曲轴通过齿轮系传来的高频振动不传给飞锤，即起到隔振装置的作用。

二、调速器的配速系统

按机车操纵要求,在柴油机工作转速范围内分成若干个挡位或无限个挡位。配速就是由司机给定挡位,调节器内部实现挡位要求的整个过程。如前所述,如果改变调速弹簧的预紧力,则飞锤就取得不同的平衡转速。配速系统就是按司机的挡位指令,自动改变调速弹簧预紧力的一套机构。

16V240ZJB 型柴油机的无级调速系统由电子箱、司机控制器及 C 型联合调节器(也称为联合调节器-C 型)等组成。C 型联合调节器的配速机构如图 7-2-7 所示,它由步进电机、传动锥齿轮对、导向套、螺杆(配速活塞)、调速弹簧、止挡、止挡螺钉、水平杠杆及最高转速调整螺钉等组成。

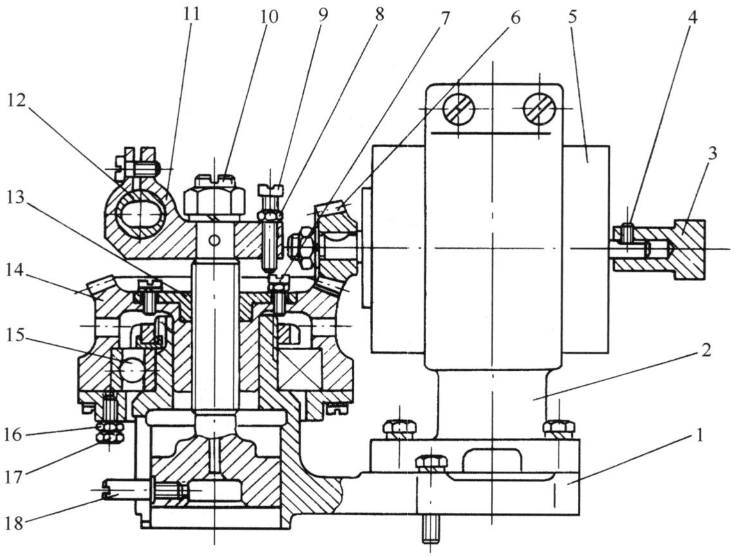

1—配速缸体;2—电机座架;3—手柄;4—紧定螺钉;5—步进电机;6—小锥齿轮;
7—止挡螺钉;8—锁紧螺母;9—最高转速调整螺钉;10—配速活塞;11—水平杠杆;
12—功率调整轮;13—导向套;14—大锥齿轮;15—滚动轴承;
16—锁紧螺母;17—止挡螺钉;18—止挡。

图 7-2-7 C 型联合调节器的配速机构

步进电机为 70BF3-3J 型三相六极电机,它根据司机操纵手柄发出的升速或降速电脉冲信号,逆时针或顺时针旋转(从电机后端向前看)。每一个电脉冲使步进电机转子轴转动 3°,在司机手柄置升速位时,步进电机的转速为70 r/min,即每秒 140 个电脉冲;在司机手柄置降速位,0 位及 1 位时,步进电机的转向相反,且转速为60 r/min,即每秒发出 120 个电脉冲。在司机手柄置保持位时,步进电机未得电脉冲,因此电机停转。

步进电机转子轴的前部安装小锥齿轮,轴的后部套装有手把(俗称小扭头),并用紧定螺钉固定在轴上,以便遇有故障时用手转动转子轴。

小锥齿轮驱动大锥齿轮。大锥齿轮通过滚动轴承水平安置在配速缸体上部,它在转动时的高度位置不变。大锥齿轮的中央安装有导向套和配速活塞的螺杆,当该齿轮顺时针转动时(顶视),螺杆就上升,反之则下降。螺杆与配速活塞同体,配速活塞压在调速弹簧的顶部。因此,螺杆的升降就直接改变调速弹簧的预紧力,这样就可调节柴油机的平衡转速值。

配速活塞的外圆面上插装有止挡，止挡只能沿配速缸体纵向槽上下移动。当配速活塞处于最高位时，止挡与大锥齿轮下部的止挡螺钉头侧面相碰，这时步进电机虽仍有转动的趋势，但大锥齿轮已受制于止挡而无法转动，此时所限制的柴油机平衡转速为最低工作转速430 r/min。螺杆上部与水平杠杆相紧固，杠杆的右方拧装着一调整螺钉，当配速活塞处于下部位置时，调整螺钉的下端部与导向套顶面止挡螺钉头的侧面相碰，这样配速活塞也无法进一步下降，因而此时所限的柴油机平衡转速为最高工作转速1 000 r/min。

第三节　调节器的功调系统及其他附加控制

为充分合理发挥设备潜力及获得预期的牵引性能，在电传动内燃机车柴油机上采用全制液压式转速-功率联合调节器。调速器只具有单一的调节转速的功能，当它在柴油机负荷变动而引起转速波动时，虽具有稳定转速之功能，但最后结果总是有欠载或超载的缺点。内燃机车柴油机处于负荷多变的环境中，采用转速-功率联合调节器的柴油机能自动卸除超载负荷或自动增补欠载负荷，即做到在每一挡位上有预定的转速、输出功率和燃油消耗量。

一、C 型联合调节器的功调系统

1. 概况

C 型联合调节器的功调系统由功率伺服器(油马达及变阻器)、功调滑阀组及联合杠杆等组成，其各部分的联系如图 7-3-1 所示，动作原理如图 7-3-2 所示，结构如图 7-3-3 所示。

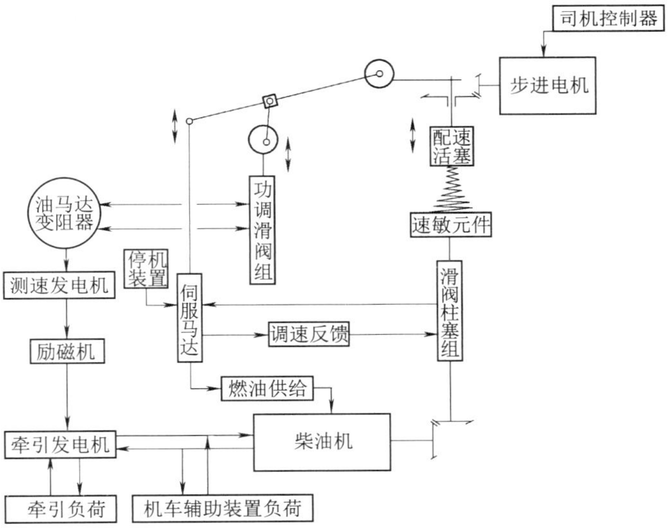

图 7-3-1　C 型联合调节器各部联系

柴油机负荷的瞬时变动引起转速的瞬时变化，在调速过程中动力活塞杆相应动作，因此以动力活塞的运动作为功调的讯息，通过功调滑阀组发出指令，由功率伺服器执行。功率伺服器调节测速发电机的励磁电阻，以改变励磁机的励磁电流值。励磁机输出的电流即牵引发电机的励磁电流，随励磁电流的改变，牵引发电机输出功率也相应改变。故柴油机外界负荷(牵引负荷及辅助负荷等)的变化，通过功率伺服器的调节作用，最终使柴油机的总负荷保持不变。

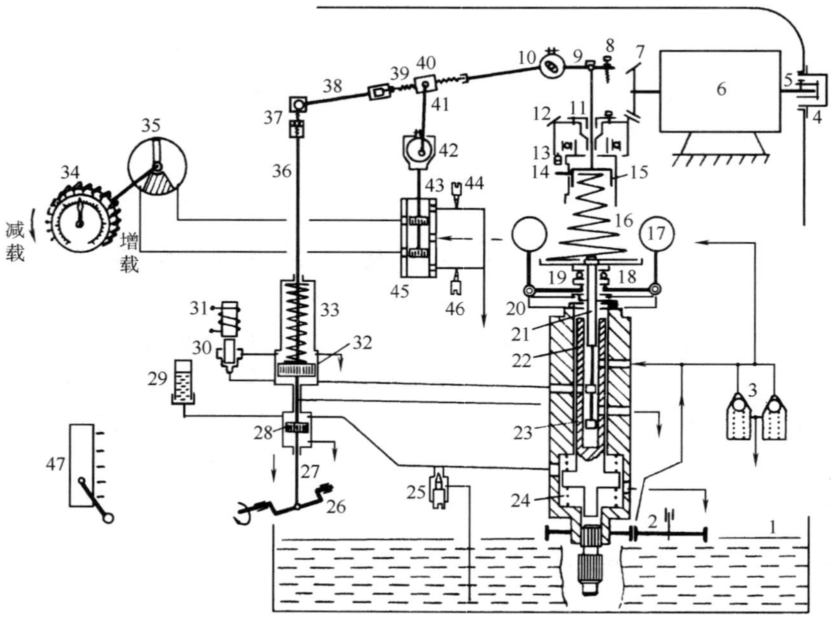

1—油池;2—齿轮油泵;3—储油室;4—螺套;5—手把;6—步进电机;7—小锥齿轮;
8—最高转速调整螺钉;9—水平杠杆;10—功率调整轮;11—导向套;12—大锥齿轮;13—止挡螺钉;
14—止挡;15—配速活塞;16—调速弹簧;17—飞锤;18—弹簧盘;19—推力轴承;20—匀速盘;
21—柱塞;22—滑阀套座;23—调速滑阀;24—缓冲弹簧;25—补偿针阀;26—传动装置;
27—动力活塞杆;28—补偿活塞;29—储气筒;30—停车滑阀;31—DLS电磁线圈;32—动力活塞;
33—动力活塞弹簧;34—变阻器;35—油马达;36—动力活塞顶杆;37—功调螺栓;38—联合杠杆;
39—螺杆;40—十字销;41—连板;42—偏心轮;43—功调滑阀;44—增载针阀;
45—功调滑阀套;46—减载针阀;47—司机操纵手柄。

图 7-3-2 C型联合调节器动作原理

2. 部件结构

(1)功率伺服器

功率伺服器是功调系统的执行机构,它由油马达和变阻器两部分组成,如图 7-3-4 所示。

油马达是一种回转式液压驱动装置,它由圆环形油缸、转轴、挡块、回转板及端盖等组成。油缸体设进、出油孔,当一孔通入压力油时,另一孔就变成出油孔。回转板安装在油缸中,由压力油通入而被推动旋转,它旋转的方向和幅度由板两边的油压差决定。

变阻器由转轴、指针、电刷、滑环组件及金属膜片电阻等组成。油马达的转轴穿到变阻器滑环组件的前方,电刷指针装在轴端。滑环组件由导电片与云母片组成。导电片间有云母绝缘片隔开,电阻焊在相邻两导电片的两端,使导电片前后串联,电刷动触头在导电片组端面(滑环面)滑行。导电片间所串联的总电阻值为492.9 Ω,顺时针转动(从观察窗看)时,电阻值减小,柴油机增载(图 7-3-5)。

(2)功调滑阀组

功调滑阀组用以控制油马达内压力油的进与出,即控制回转板的转向及转动幅度,以相应改变变阻器的电阻值。

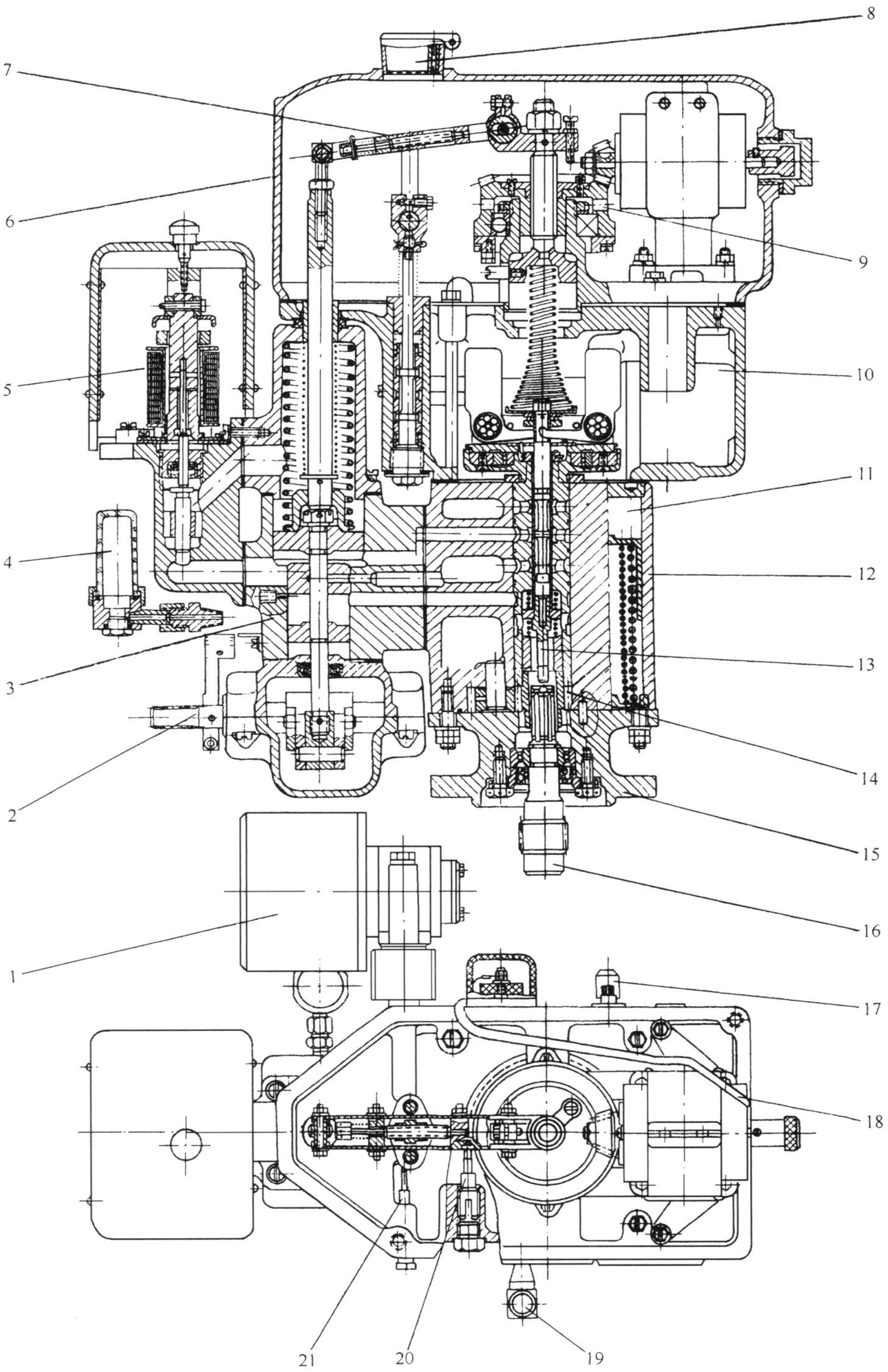

1—功率伺服器；2—传动装置输出轴；3—伺服马达；4—储气筒；5—自动停车装置；6—盖罩；7—联合杠杆和功调滑阀组；8—加油杯；9—配速机构；10—上体；11—储油室；12—中体；13—调速滑阀组；14—齿轮油泵；15—下体；16—传动轴；17—启动加速器来油接头；18—步进电机电源线；19—油位表；20—补偿针阀；21—增载针阀。

图 7-3-3　无级调速的 C 型联合调节器总成

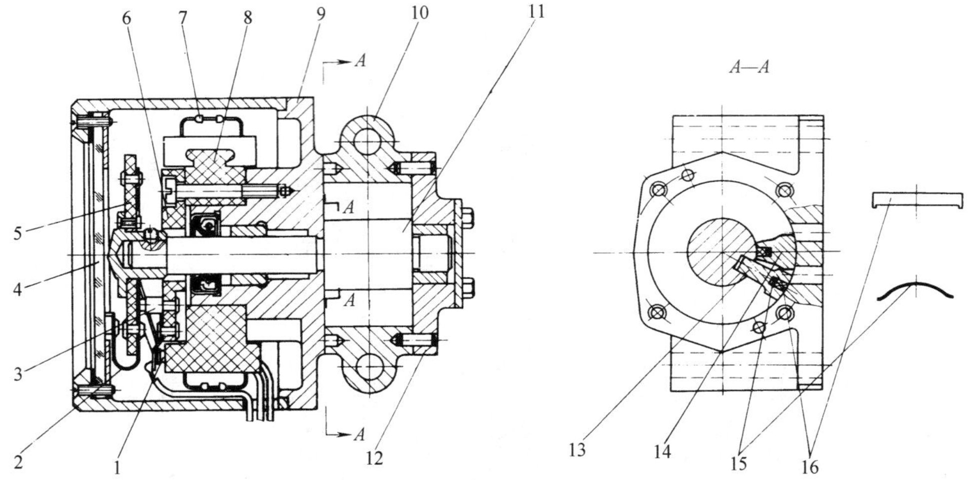

1—电刷;2—指针;3—定触头;4—观察窗;5—电刷组件;6—固定圆盘;7—金属膜片电阻;8—滑环组件;9—前盖;10—油缸体;11—转轴;12—端盖;13—回转板;14—挡块;15—弹簧片;16—涨片。

图 7-3-4 功率伺服器

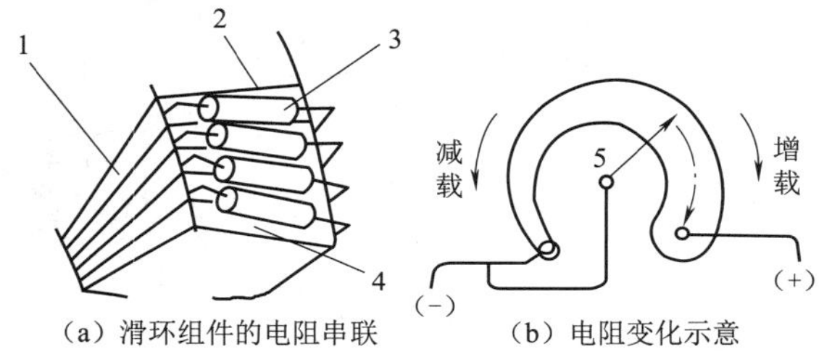

(a) 滑环组件的电阻串联　(b) 电阻变化示意

1—滑环面;2—云母片;3—金属膜片电阻;4—导电片;5—指针。

图 7-3-5 变阻器的电阻变化

功调滑阀组由功调滑阀、功调滑阀套、定位套、压盖、夹叉及偏心轮等组成,如图 7-3-6 所示。功调滑阀套上有 5 组油孔,中部第 3 组为压力油进油孔组,第 2 和第 4 组孔(从上到下命名)分别与油马达回转板两侧油腔相通,第 1 组和第 5 组孔为泄油用。功调滑阀安装在功调滑阀套内,它具有 2 个工作盘,工作盘与滑阀盘间有 0.03～0.04 mm的配合间隙。当两个工作盘关闭第 2、第 4 组油孔时,油马达回转板静止不动,这就是功调滑阀的平衡位或中立位。当功调滑阀离开中立位上移时,则压力油通过第 3、第 2 组油孔进入油马达,而第 4、第 5 组油孔则排出回转板另一侧油腔的部分油,回转板逆时针转动,柴油机减载。当功调滑阀离开中立位下移时,则压力油通过第 3、第 4 组油孔进入油马达,从第 2、第 1 组孔中排出部分油,回转板顺时针转动,柴油机增载。

为避免过快的负荷变动而出现较大的转速波动,必须使功调过程有高度的平稳性,这就是采用增减载针阀和微孔渐开的措施来调节和减缓进、排油的速度。增载针阀和减载针阀分别安装在上下泄油道上。功调滑阀套上第 4 组油孔设计成 4 个几乎衔接的微孔(孔径为 $0.5^{+0.02}_{0}$ mm),在功调滑阀离开中立位时,4 个微孔逐个开启,开启面积逐步增加。调节针阀的开度使柴油机增减载的速率与增压器升降速速率相协调。

(3)联合杠杆

联合杠杆连接伺服马达、配速活塞及功调滑阀组三部分,它由连接板、螺杆、十字销、连板、间隔套、间隔管及螺栓销等组成,如图 7-3-7 所示。联合杠杆的一端与动力活塞顶杆的功调螺栓铰接,另一端与水平杠杆的功率调整轮连接,螺杆横卧在联合杠杆的中央部,由两个螺栓销支承。螺杆中部套装十字销,十字销通过连板、偏心轮等与功调滑阀联系,拧转螺杆可变更十字销的位置,而十字销的位置与功调滑阀的位置有密切关系,故前者又称为悬挂点(或连挂点)。

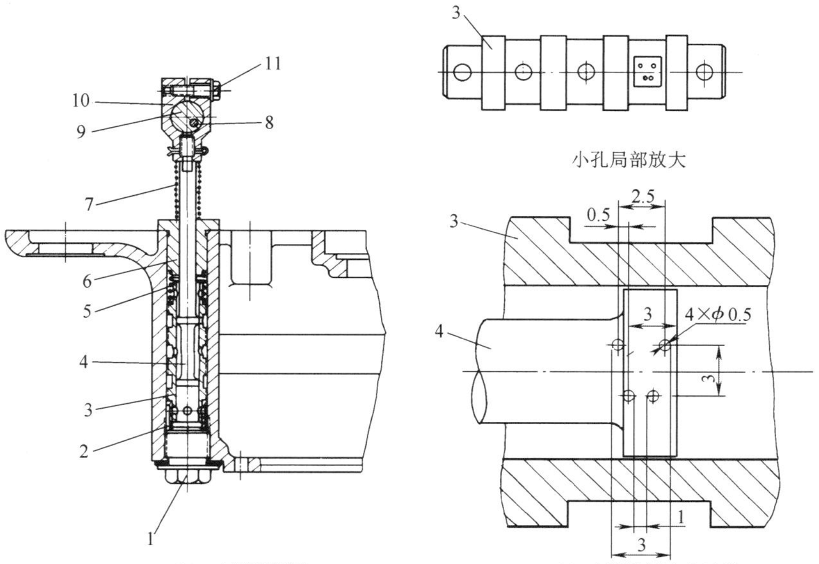

(a) 功调滑阀组　　(b) 功调滑阀套上油孔

1—螺塞;2—定位套;3—功调滑阀套;4—功调滑阀;5、7—弹簧;6—压盖;8—连接销;
9—偏心轮;10—夹叉;11—螺钉。

图 7-3-6　功调滑阀组(单位:mm)

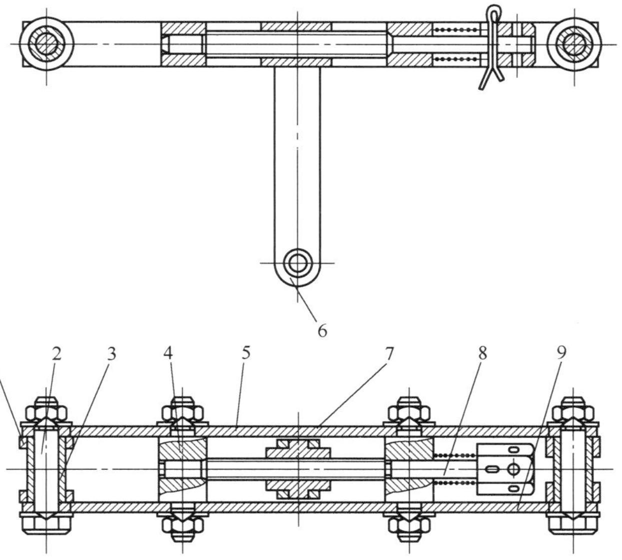

1—间隔套;2—螺栓销;3—间隔管;4—螺栓销;5—后连接板;
6—连板;7—十字销;8—螺杆;9—前连接板。

图 7-3-7　联合杠杆

联合杠杆的作用如下:

①将动力活塞或水平杠杆动作的信息传给功调滑阀,使滑阀相应开启油马达的出入油孔。

②在进行功调过程中起反馈作用,功调完成使转速和供油量复原时,联合杠杆使功调滑阀回中立位,油马达回转板停转。

③改变悬挂点的位置可改变功调滑阀相对于功调滑阀套的初始位置,从而起到对功率的微调作用。

(4)对功调有影响的结构因素

在调节器功调系统的结构方面,仍有调节部位存在,如功调螺栓的高度、悬挂点位置、偏心轮偏心孔的圆周位置及功率调整轮的圆周位置等。

功调螺栓栽在动力活塞顶杆的上端部,通过螺栓销等与联合杠杆铰接。如单独将功调螺栓的栽入深度减小,则功调滑阀离开中立位上移,油马达回转板逆时针转动,结果使柴油机输出功率相应减少,动力活塞降到比原先低的位置上。如将功调螺栓的栽入深度增加,结果使柴油机输出功率相应增大,动力活塞升到比原先高的位置上。功调螺栓栽入动力活塞顶杆的深度对柴油机输出功率的影响很大,如将功调螺栓拧转一圈,在标定转速下可使柴油机功率变化约80 kW。

悬挂点的位置对柴油机输出功率及输出特性也有相当影响。如使悬挂点朝配速活塞方向移动,可使柴油机功率输出特性曲线变陡;如使悬挂点朝伺服马达方向移动,可使柴油机功率输出特性曲线变化平缓。为得到合适的柴油机功率输出特性曲线,悬挂点与功调螺栓高度的调节必须相互协调,联合调节。由于偏心轮圆周位置对功调的影响较小,如无特殊情况,一般不另修整。

功率调整轮可在水平杠杆的座孔中选择一定位置,使柴油机的转速升到600 r/min时变阻器指针由减载极限位开始转动。当柴油机降速到500 r/min时,变阻器指针回复到减载极限位。

二、其他附加控制

C 型联合调节器对柴油机的保安措施有:

(1)差示压力计停机保护。当柴油机曲轴箱内气压较高而使差示压力计导电液接通金属导线时,通过中间继电器切断 DLS 电磁线圈电源和燃油输送泵电机电源,使柴油机迅速停机。

(2)低机油压力停机保护。当柴油机主机油道前、后端机油压力任一方低于 78.5～98 kPa时,停机油压继电器 1YJ 或 2YJ 常开触头断开,DLS 电磁线圈断电,柴油机迅速停机。

第四节　调节器的综合调节动作及性能指标

一、C 型联合调节器的综合调节动作

调节器的综合调节动作就是指在各种工况下配速、调速及功调各系统的动作过程。用无级调速的 C 型联合调节器,在各种工况下的综合调节动作如下:

1. 柴油机启动

由于在柴油机停机时飞锤处于收拢状态,柱塞处于最下方,柱塞工作盘在 b 孔之下,油道Ⅰ接通油道Ⅱ,为柴油机启动作好了准备。

当其他准备工作完成之后,按下司机操纵台上柴油机启动按钮,则启动机油泵开始工作。时间继电器得电,45 s后启动接触器得电,启动电机带柴油机曲轴转动,DLS 电磁线圈得电,停车滑阀关闭动力活塞下腔的泄油道;电空阀 1DF 得电,启动加速器动作(参见本章第五节)。从调节器齿轮油泵及启动加速器出来的压力油一起通过油道Ⅰ及油道Ⅱ,进入动力活塞下腔,

使动力活塞克服上部弹簧的阻力上抬，动力活塞杆同时上行，传动装置输出轴逆时针扭转（面对调节器输出轴），通过调控杠杆使喷油泵供油齿条移向增油位，喷油器向气缸喷油，气缸内开始发火燃烧。当柴油机曲轴能靠本身力量运转及由曲轴所驱动的机油泵泵油压力超过98 kPa时，柴油机启动完成，松开启动按钮。此时司机操纵手柄处于0位，配速活塞在最高位，调速弹簧预紧力最小。在柴油机启动之初，调速弹簧预紧力总是大于飞锤离心力的轴向分力，柱塞的工作盘总在 b 孔之下，因此动力活塞仍要上抬，向气缸的喷油量增加，曲轴转速进一步提高，直到柱塞的工作盘全闭 b 孔。当柴油机曲轴转速达430 r/min左右时，飞锤离心力的轴向分力才与调速弹簧的预紧力相平衡，曲轴才能稳定地运转。

2. 机车开始走车时的转速调节

在其他有关条件具备后，按下机车控制开关，司机操纵手柄从0位提升到1位，机车开始走车。

在手柄1位，调节器的配速活塞仍处于最高位置，止挡与止挡螺钉头部仍然接触。但由于柴油机瞬间被压上负荷而使曲轴转速瞬间下降，飞锤内收，柱塞从中立位下降。油道Ⅰ通油道Ⅱ，动力活塞上行，此时引起以下三方面动作：功调滑阀上移离开中立位，因结构关系，在低转速时油马达回转板不动作；喷油泵增加供油，曲轴转速回升，柱塞回升；补偿活塞上行，随动阀盘上腔油压升高，调速滑阀下行。由于柱塞已经回升，柱塞和滑阀在对向运动中逐渐关闭 b 孔，动力活塞及喷油泵齿条停住。由于喷油量过调，曲轴转速有所上升，柱塞工作盘进一步移到 b 孔之上，于是又引起微调动作。经过几次类似的微调过程，使燃油的过调量愈来愈小。最后达到喷油泵的供油量与柴油机所增加的负荷相适当，柴油机转速复原。

3. 手柄置升速位时的调节

司机操纵手柄从保持位提到升速位，步进电机得到升速脉冲，配速活塞下移，与此同时水平杠杆下行，联合杠杆摆动，功调滑阀离开中立位下移，油马达回转板转动，变阻器电阻减小，牵引发电机励磁电流增大，发电机加给柴油机的载荷增加，曲轴转速下降，飞锤内收，柱塞下降；调速弹簧预紧力增大，飞锤内收，柱塞下降。与前述柱塞下降的两个因素加在一起，动力活塞上行，又引起三方面联合动作：(1)动力活塞顶杆上移，联合杠杆以功率调整轮为支点摆动，功调滑阀逐渐上行关闭通油孔，油马达回转板逐渐停住；(2)动力活塞杆上行，气缸内喷油量增加，曲轴转速上升，飞锤逐渐回张，柱塞复升；(3)补偿活塞上行，活塞上腔加压。最终结果使柴油机转速、柴油机输出功率及喷油泵供油量相应增加。

4. 手柄置降速位时的调节

司机操纵手柄从保持位回到降速位，步进电机得到降速脉冲，配速活塞上移，其调节过程与手柄置升速位时相反，结果是使柴油机转速、喷油泵供油量及输出功率相应降低。

5. 手柄置保持位时的调节

司机手柄置于保持位，升、降速振荡器皆停振，步进电机停止转动，配速活塞保留在一定高度位置上，调速弹簧保持某一预紧力，柴油机在相应的平衡转速下运转。

如果柴油机的外界负荷瞬减，则曲轴转速上升，飞锤张开，柱塞上行，动力活塞下降，联合杠杆摆动，功调滑阀下行，油马达回转板顺时针转，牵引发电机加给柴油机的载荷加大，使曲轴转速回降，柱塞回降，动力活塞复升。最后调节的结果使功调滑阀及柱塞皆回中立位，动力活塞回原位，曲轴转速及缸内喷油量不变，油马达稳住在增载位，补回了瞬减的负荷，使柴油机输出功率不变；如果柴油机外界负荷瞬加，调节过程与上相对相反，调节的结果使油马达转到减载位，牵引电机卸除了瞬加的那部分功率，柴油机则保持转速、喷油量及输出功率三者不变。

6. 柴油机停机

司机应逐渐降速,并将手柄置于 0 位,使柴油机空转一段时间。当柴油机冷却水温及机油温度降低到规定值后,使燃油输送泵停止运转。同时,使 DLS 电磁线圈失电,电磁联锁释放停车滑阀,动力活塞下腔的压力油泄入油池,动力活塞被活塞弹簧压到底部,动力活塞杆下降,喷油泵齿条拉到零刻线,柴油机停机。

在柴油机运转中,当出现差示压力计液面上升过高,或主机油道末端油压过低,使停机油压继电器动作时,皆能使 DLS 电磁线圈失电,动力活塞杆下降,喷油泵齿条回零,柴油机被迫迅速停机。

二、调速器的性能指标

通常用静态特性和动态特性来衡量调速器性能的好坏。调速器的静态特性可用不均匀度 δ 或稳定调速率 δ_2 及不灵敏度 ε 的指标评价。

调速器的不均匀度 δ 表示在一定挡位下柴油机最高与最低转速之差与平均转速之比。如空负荷时调速器所控制的最高转速值为 n_2,全负荷时得到最低转速值为 n_1,则平均转速 n_{m} 为 $\frac{n_2+n_1}{2}$,故不均匀度 δ 为

$$\delta=\frac{n_2-n_1}{n_{\mathrm{m}}}\times 100\% \tag{7-4-1}$$

在实际工作中,通常用柴油机标定工况下突卸负荷的试验,求取稳定调速率来评价。在挡位不变的情况下,若原标定工况下的稳定转速为 n_1,负荷突卸后的稳定转速为 n_3,则稳定调速率 δ_2 为

$$\delta_2=\left|\frac{n_3-n_1}{n_{\mathrm{b}}}\right|\times 100\% \tag{7-4-2}$$

式中,n_{b} 为柴油机的标定转速值。

调速器的不灵敏度是由于运动机件存在摩擦阻力。当柴油机在一定挡位转速 n_1' 下运转时,由于外界负荷的变化而改变曲轴转速,这时调速器速敏元件的 $F_{轴}$ 虽有增减,但由于摩擦阻力抵制调节机件的运动,使飞锤并不立即张开或内收。只有当曲轴转速进一步变化到 $n_2'=n_1'+\Delta n'$ 时,飞锤才开始动作。因此,在曲轴转速从 n_1' 变化到 n_2' 时,调速器的调节机构并无反应,此即表示调速器不灵敏范围,以不灵敏度 ε 来度量。

不灵敏度 ε 表示柴油机在同一挡位下的转速差与平均转速之比值,即

$$\varepsilon=\left|\frac{n_2'-n_1'}{\frac{n_1'+n_2'}{2}}\right|\times 100\%=\frac{2\Delta n'}{n_1'+n_2'}\times 100\% \tag{7-4-3}$$

衡量调速器性能更主要的方面是动态特性。动态特性反映了调节过渡过程中转速瞬变性及稳定性,反映了调速器对变化的瞬间响应的性能。调速器的动态特性指标可用过渡时间 t_ω、瞬时调速率 δ_1 及转速波动率 ψ 等参数评价。

调速器的调节过渡过程是指柴油机挡位变化或负荷瞬变时,从速敏元件开始反应至调节稳定在新的平衡转速或回复原平衡转速时的整个进程。从转速开始变化至再次稳定所需的时间称为过渡时间或转速稳定时间 t_ω(图 7-4-1)。所谓稳速是指转速的波动率 ψ 满足规定值时的状态。

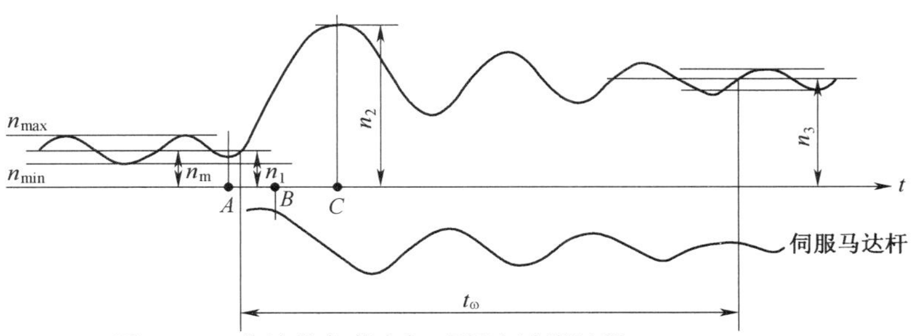

图 7-4-1　柴油机负荷突卸时调速过渡过程

柴油机在负荷不变的条件下运转时，在一定时间内测得的最大转速 n_{max} 或最小转速 n_{min} 和该时间内平均转速 n_m 之差与 n_m 之比值，称为转速波动率 ψ：

$$\psi=\left|\frac{n_{max}-n_m}{n_m}\right|\times 100\%=\left|\frac{n_m-n_{min}}{n_m}\right|\times 100\% \tag{7-4-4}$$

$$n_m=\frac{n_{max}+n_{min}}{2}$$

瞬时调速率 δ_1 一般以柴油机标定工况下突卸负荷时来计算，它表示过渡过程中转速急增的程度。

$$\delta_1=\left|\frac{n_2-n_1}{n_b}\right|\times 100\% \tag{7-4-5}$$

式中　n_2——突卸负荷后柴油机的最大瞬时转速；

n_1——突卸负荷前柴油机的稳定转速；

n_b——标定转速。

内燃机车柴油机对调速器的要求是：

(1)调节时转速波动是收敛式的，即转速的波动幅度随时间增长而逐渐衰减。

(2)通常要求转速波动不超过 3 次，或动力活塞杆上下不超过 3 个往复。过渡时间 $t_ω$ 对液压调速器不大于3 s，对机械式调速器不大于5 s。

(3)ε、δ_2、δ_1 及 ψ 值不应过大，否则柴油机调速时出现较大的惯性力，燃烧及传热过程恶化，运动机件磨损增加，不利于柴油机的工作。通常要求 $\varepsilon\leqslant 1.5\%\sim 2\%$(标定工况下)，$\psi\leqslant 0.5\%$。对液压式调速器 $\delta_2\leqslant 5\%$，$\delta_1\leqslant 8\%$，对机械式调速器 $\delta_2\leqslant 8\%$，$\delta_1\leqslant 10\%$。

第五节　启动加速器

通常，与柴油机机油系统分开的调节器(或调速器)，工作油系统并无专门的强制冷却措施，仅靠调节器本身的自然散热降温。柴油机热机启动时，由于调节器内工作油温较高，工作油黏度下降，加之启动时柴油机转速低，调节器齿轮油泵油压低，泄漏损失多，因而顶动力活塞上行的力量不足，使柴油机启动过程延长，蓄电池耗电过多。为此，在 B 型联合调节器及上安装启动加速器，协助柴油机的热机启动，而目前所用的 C 型联合调节器上则已取消了启动加速器。

启动加速器安装在调控传动箱的右侧，它由电空阀 1DF、风缸、油缸、球阀和进、出油管接头等组成，如图 7-5-1 所示。

风缸由风缸体、风动活塞、活塞杆及复原弹簧等组成。电空阀 1DF 安装在内缸体的后端，其下部的一条空气通道由机车的控制风缸引来压力空气，并储存在弹簧腔中。中部的一条空气通道将压力空气引入风缸体风动活塞的后部。电空阀的铁芯带一组联动阀，当电空阀有电时,铁芯及联动阀下移,将弹簧腔的通道开启,联动阀的上阀关闭上部的排气孔,于是压力空气可通入风缸体。当电空阀失电时,铁芯被弹簧顶着上移,弹簧腔的通道被联动阀下阀关闭,而上部的排气孔开启,风缸中的压力空气全被排出。

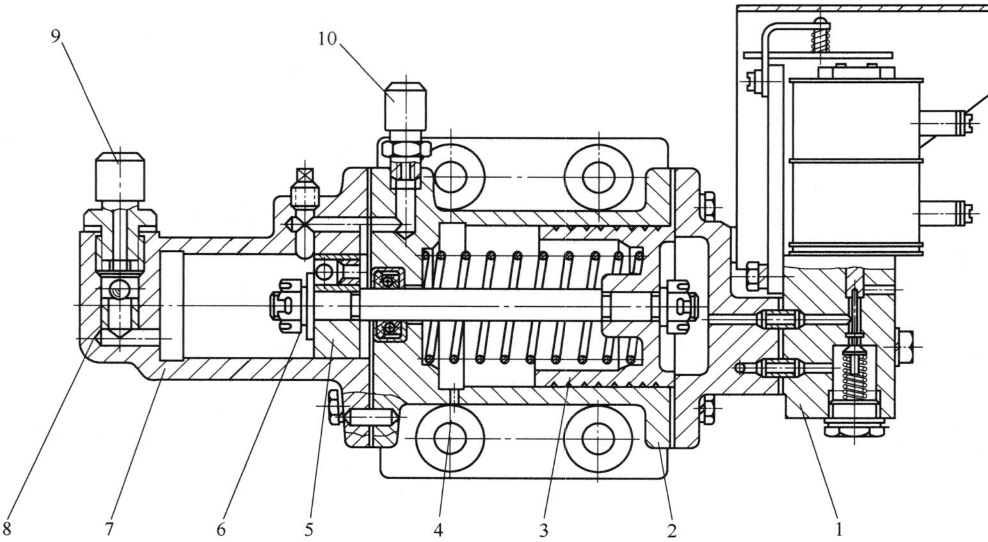

1—电空阀 1DF;2—风缸体;3—风动活塞;4—复原弹簧;5—油缸活塞;
6、8—球阀;7—油缸体;9—出油管接头;10—进油管接头。

图 7-5-1 启动加速器

风缸体的前部装有油缸,活塞杆的两端安装风动活塞及油缸活塞,两活塞同步运动。油缸活塞中间安装着球阀,油缸体的前端还装有出油球阀,前者靠油流的推动而关闭,靠自重下落而开启,后者靠压力推动而顶开,靠球自重和上方的油压而关闭。出油管接到调节器中体储油室上部油腔,进油管与中体油池相通。由于启动加速器位置低于调节器中体,因而在任何时候油缸中总充满工作油。在风缸与油缸之间设置密封环,以阻止工作油的外泄。

在柴油机启动时,电空阀 1DF 及 DLS 电磁线圈同时得电,调节器自动停机装置的停车滑阀关闭动力活塞下腔油道,而此电空阀铁芯带联动阀下行,使压力空气进入风动活塞后部。风动活塞、活塞杆及油缸活塞一起前移,油缸活塞中的球阀关闭,油缸中前油腔油压升高,压力油推开出油球阀而引入储油室,并通过 b 孔及油道Ⅱ进入动力活塞底腔,与调节器齿轮油泵所提供的压力油一起推动力活塞上移,柴油机气缸内得以正常发火燃烧。与此同时,油缸活塞后部由调节器中体油池补油。柴油机启动完成,电空阀失电,联动阀被弹簧顶回,风动活塞后腔通过排气孔排风,风动活塞及油缸活塞在复原弹簧作用下后移,出油球阀关闭。油缸活塞中球阀下落而沟通两侧油腔,前腔充油以备下次柴油机启动之用。

为减小风动活塞运动阻力,在风缸体前部设有通大气的通气孔。

第六节 控制机构

一、控制机构的作用、组成及要求

控制机构是实施调节器调节要求的中间执行机构,通过它将柴油机启动、挡位变换、负荷增减及正常停机等要求传达到喷油泵齿条，以保证在一定的工况下稳定运转。在紧急停机时，通过该机构迅速地将喷油泵齿条拉到停油位。在超速保护装置动作时，通过该机构实现最直接最快地停机，以防柴油机飞车的发生。

16V240ZJB 型柴油机的控制机构由调节杠杆系统、紧急停车拉杆系统及最大供油止挡等组成，如图 7-6-1 所示。控制机构动作示意如图 7-6-2 所示。

为使调控系统动作正确，灵活可靠，要求控制机构的运动阻力要小(其静阻力不应大于 49 N)，重量轻，刚度大，无挠曲变形，安装位置正确，关节的活动间隙不能过大，其各处总间隙不应大于0.15 mm。

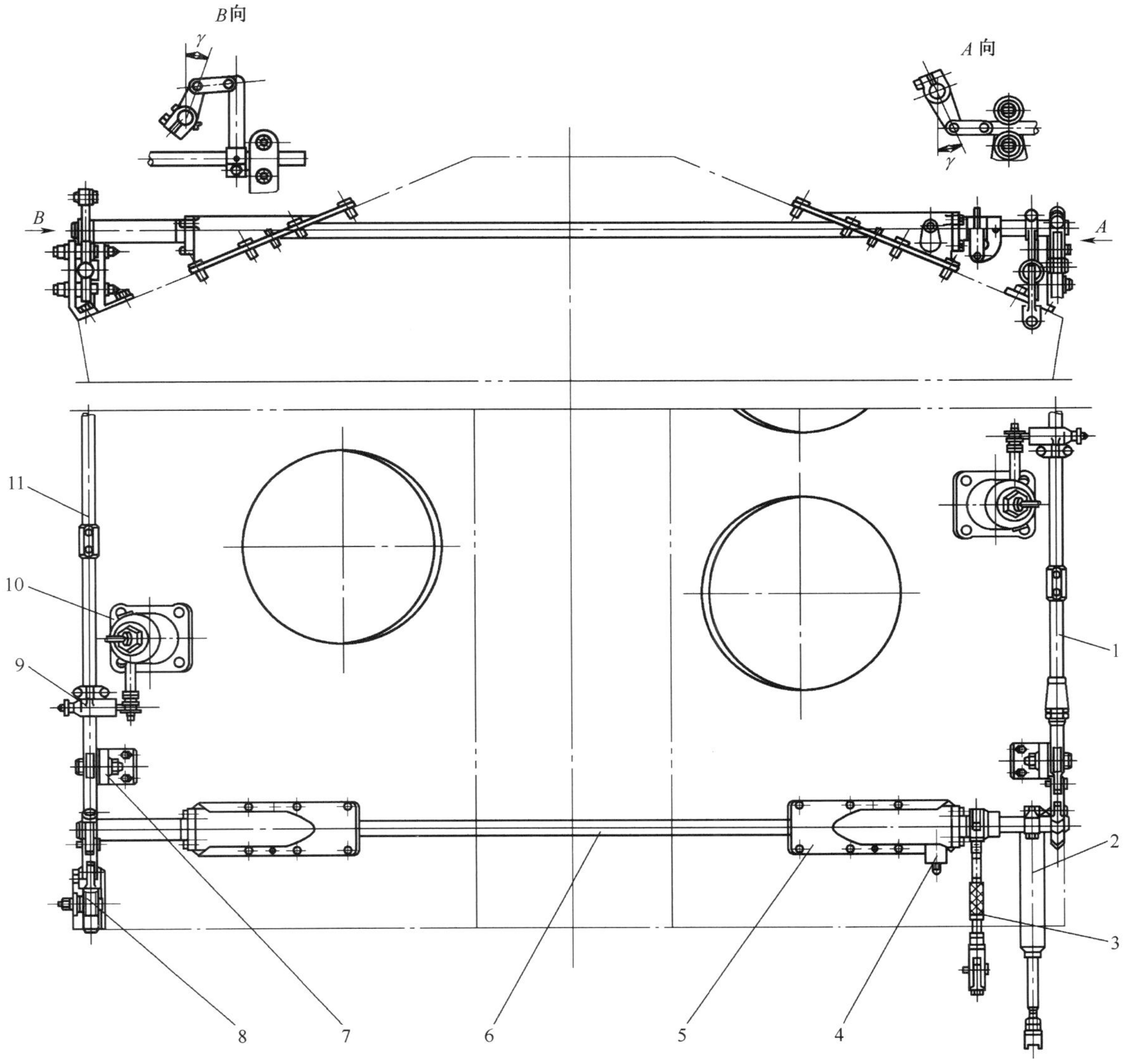

1—左供油拉杆；2—弹性连接杆；3—紧急停车拉杆；4—最大供油止挡；5—横轴安装座；6—横轴；7—支座；8—支座；9—喷油泵弹性夹头；10—喷油泵；11—右供油拉杆。

图 7-6-1　调控机构总布置

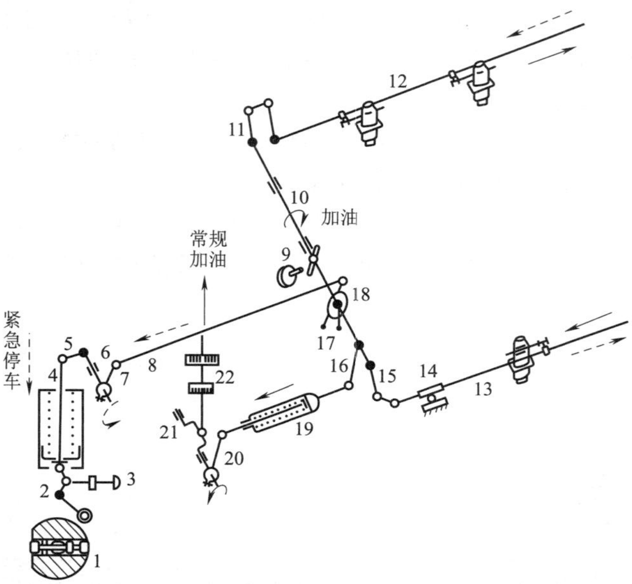

1—极限调速器飞快轮盘;2—拐臂;3—紧急停车按钮;4—停车拉杆;5—摇臂;6—停车传动轴;7—连接臂;
8—紧急停车拉杆;9—最大供油止挡;10—横轴;11—右臂;12—右供油拉杆;13—左供油拉杆;
14—油量开关;15—左臂;16—传动臂;17—固定碰头;18—停车摇臂;19—弹性连接杆;
20—传动臂;21—调节器传动装置输出轴;22—动力活塞杆。

图 7-6-2　控制机构动作

二、调节杠杆系统

调节杠杆系统由传动臂、弹性连接杆、横轴、左臂、右臂、油量开关、左右供油拉杆及喷油泵弹性夹头等组成。调节杠杆系统连接了调节器和喷油泵齿条。

弹性连接杆通过传动臂连接调节器和横轴,它的两头与两传动臂相铰接,而传动臂与调节器传动装置输出轴采用花键齿槽夹紧的方式相固接。因此弹性连接杆是联合调节器传输调节动作的重要机件。

弹性连接杆由叉头、导杆、导套、弹簧及调节螺母等组成,如图 7-6-3 所示。

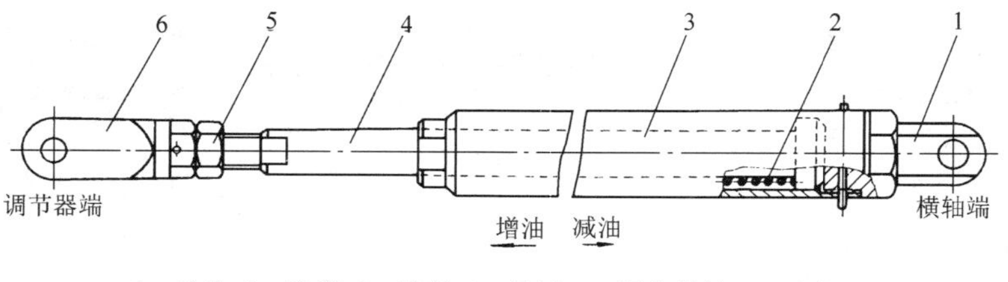

1—叉头;2—弹簧;3—导套;4—导杆;5—调节螺母;6—叉头。

图 7-6-3　弹性连接杆

弹性连接杆的导杆通过螺纹栽入叉头,可根据需要调整长度,调好后用调节螺母锁紧。弹簧安装在导杆与导套之间,导套与另一个叉头固接,当导杆的端头顶住该叉头时,弹簧的安装预紧力为(186±19.6)N。

当联合调节器动力活塞杆向下移动时,花键传动臂顺时针扭转(面对调节器输出轴),弹性连接杆由调节器端向横轴端方向运动，导杆的端头刚性地推动导套，并通过另一传动臂使横轴逆时针转动。当调节器动力活塞杆向上移动时，花键传动臂逆时针扭转，弹性连接杆向调节器端(柴油机自由端)方向运动，导杆的端头压弹簧，弹簧将力传给导套，因而拉力被弹性地传到横轴，使横轴顺时针转动。由于弹簧的预紧力大于调节杠杆系统的总阻力，所以此弹性传动力并不会使横轴动作打折扣。

横轴设置在柴油机自由端的上方，安装于机体顶面并穿过传动齿轮箱。横轴由轴、左臂、右臂、传动臂、停车摇臂、固定碰头及供油止挡等组成，如图 7-6-4 所示。

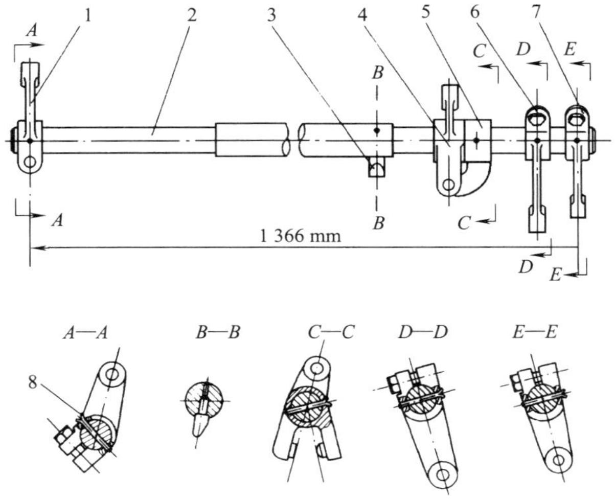

1—右臂；2—横轴；3—止挡；4—停车摇臂；5—固定碰头；
6—传动臂；7—左臂；8—圆锥销。

图 7-6-4　横轴

横轴的两端与左右臂用圆锥销固接。左臂和右臂分别与左右供油拉杆连接，为使柴油机左右两列喷油泵完全通用，左右供油拉杆的运动方向必须相反，因此使左臂朝下，右臂朝上。与弹性连接杆相连的传动臂位于左侧，此臂朝下并与横轴固接。当横轴顺时针转动时，齿条增大供油量，逆时针转动时，齿条减少供油量。横轴的圆周位置决定供油拉杆的轴向位置，因此横轴的圆周位置与齿条供油量有关。决定供油拉杆初始位置的是左右臂相对于横轴的安装位置，因此必须严格按规定调整。当供油拉杆处于使喷油泵齿条刻线为零时，左右臂中心线与横轴铅垂线的夹角 $\gamma=13.5°\pm20'$，调好后与横轴同钻铰圆锥销孔。

每一供油拉杆皆由 4 节钢管和 3 组杆套借铰孔螺栓紧固连接。为防止供油拉杆因长度较大而挠曲变形，特在机体顶面加设多个导向滚轮支座，座底面用垫片调节其支承高度，以保证各导向滚轮支座同一支承高度。

在较早的未装设电子油量开关的 DF_{4B} 型内燃机车上，柴油机在左供油拉杆的自由端(靠第 9 缸)设置有机电式的油量开关 UK(图 7-6-5)，它由锥形轴段及微动电器开关组成。当左供油拉杆向柴油机自由端方向移动齿条达 8 刻线时，微动开关闭合，通过中间继电器接通柴油机卸载油压继电器 3YJ 和 4YJ 的电路。这样一旦柴油机机油压力不足时，3YJ 或 4YJ 中任一个动作，则柴油机立即卸载。UK 在齿条 8 刻线及以上(相当于转速760 r/min及以上)起作用。

在左右供油拉杆的一定位置上，各夹装有 8 组弹性夹头。弹性夹头是供油拉杆与喷油泵齿

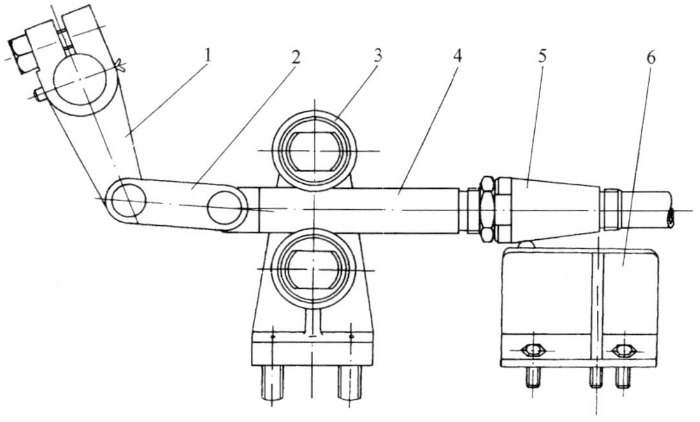

1—左臂;2—连板;3—导向滚轮座;4—左供油拉杆;5—锥形轴段;6—微动开关。

图 7-6-5 油量开关 UK

条之间的中间传动元件,它由夹头体、夹头销、弹簧、锁销及调整螺母等组成,如图 7-6-6 所示。

夹头销安装在夹头体内,后端的螺柱头上拧装调整螺母,前端呈扁平销形,销头插入喷油泵齿条拨叉座中,弹簧安装在夹头销与夹头体之间,当夹头销向后移时压缩弹簧,夹头销可退出齿条拨叉,使供油拉杆与该喷油泵脱离关系。夹头体上开有深槽和浅槽,锁销穿过夹头销和夹头体,并固接于夹头销中。此时如将夹头销拔出并转位 90°,使锁销从夹头体深槽转到浅槽,则供油拉杆与齿条脱离关系,然后将喷油泵齿条推到零刻线,这就人为地停止了该喷油泵的工作。锁销在浅槽中不会因振动而脱出,保证了工作的可靠性。

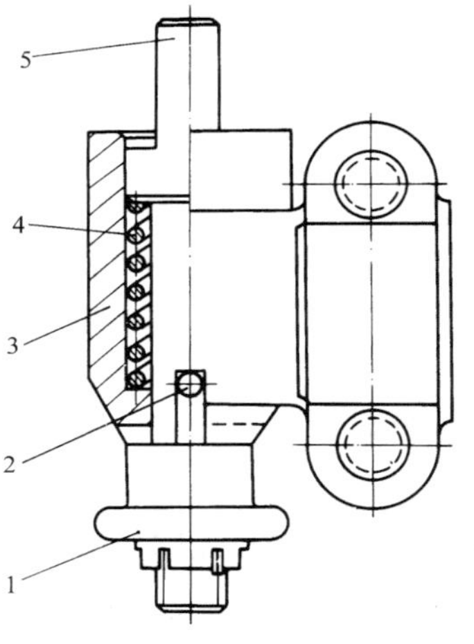

1—调整螺母;2—锁销;3—夹头体;4—弹簧;5—夹头销。

图 7-6-6 弹性夹头

三、紧急停车拉杆系统

紧急停车拉杆(事故停车拉杆)系统使停车器与横轴连接起来,它由连接臂、接头、调节杆及停车摇臂等组成,如图 7-6-7 所示。

拉杆由两个接头、杆部及锁紧螺母等组成。杆部两头具有正反向螺纹,螺纹段栽在接头中,转动杆部则可改变拉杆长度,以达到调整停车摇臂与横轴固定碰头之间的角度位置。调好后用螺母锁紧,以保持运用长度不变。连接臂的花键孔套在停车器花键传动轴端并夹紧,上部与拉杆铰接。停车摇臂又称为活动碰头,上部与拉杆铰接,中部圆孔套装在横轴上,并能以横轴为支点摆动,下部具有触头,这与固定碰头的触头相对应。两触头间的夹角在柴油机运转前为 $\alpha=27°$,在柴油机运转中此夹角缩小,但此夹角不会影响在柴油机最大燃油供油位时横轴的转动。

当停车器动作时,停车器花键传动轴使连接臂逆时针摆动,两个碰头的触点相压并一起逆时针转动一定角度,即横轴被停车摇臂强制逆时针转动,从而使喷油泵齿条移到停油位,柴油机迅速停机。

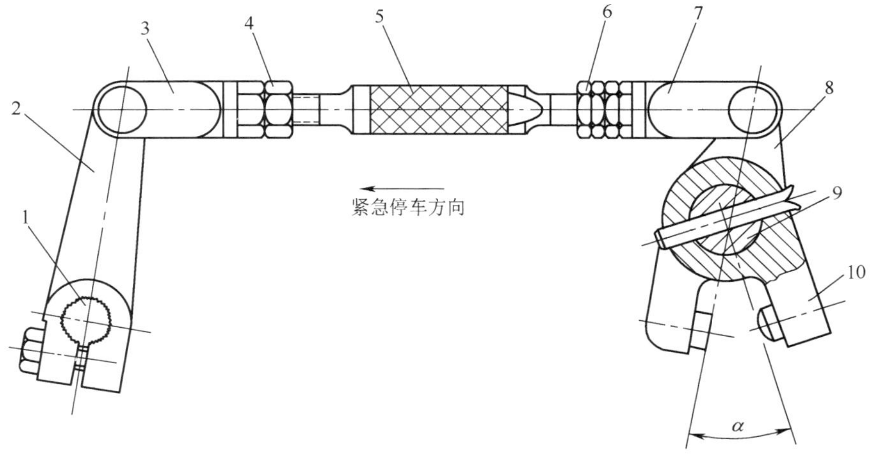

1—花键孔；2—连接臂；3、7—接头；4、6—螺母；5—调节杆；8—停车摇臂；9—横轴；10—固定碰头。

图 7-6-7　紧急停车拉杆系统

在柴油机正常运转时，紧急停车拉杆系统并不运动。柴油机紧急停车动作也不受联合调节器的约束，虽然调节器动力活塞仍处于油缸的上部位置，即处于正常的供油位，但由于弹性连接杆的存在，当横轴被停车摇臂强制逆时针转动时，弹性连接杆的导套被横轴带动后移，此时调节器动力活塞杆及弹性连接杆的导杆皆不动，所以弹簧受压缩，这样就使紧急停车动作与调节器工作无关，加快了停车速度。

四、最大供油止挡

设置最大供油止挡是为了防止柴油机超负荷运转，控制喷油泵齿条最大供油量。

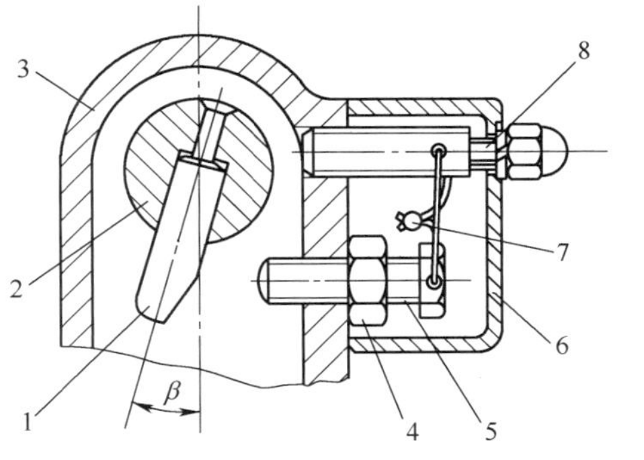

1—止挡；2—横轴；3—横轴安装座；
4—锁紧螺母；5—调节螺钉；
6—罩壳；7—铅封；8—钉柱。

图 7-6-8　最大供油止挡

最大供油止挡（图 7-6-8）安装在横轴左安装座内，止挡斜插于横轴中，止挡的中心线与横轴的铅垂线间夹角 β 为 17°。在安装座外有罩壳，罩壳中还装有钉柱、铅封及调节螺钉。调节螺钉头伸进安装座，它与止挡间的距离限制了横轴顺时针转动的最大幅度，即限制了喷油泵齿条的最大供油量。16V240ZJB 型柴油机喷油泵齿条的最大供油位在试验时确定，即在标准大气状态及柴油机标定转速（$n=$ 1 000 r/min）下，柴油机输出功率2 515 kW（略大于装车功率）工况时，拧转调节螺钉使与止挡相接触。调节螺钉用螺母锁紧，并加铅封以防任意变动调节螺钉位置。

第七节　调控传动装置

16V240ZJB型柴油机调控传动装置安装于自由端左前侧，它包括调节器传动箱、转速表传动装置、超速停车装置及紧急停车装置四个组成部分，如图 7-7-1 所示。调控传动装置使曲轴和调节器联系起来,向调节器传递柴油机转速变化的信息,同时使柴油机在超速运转时得到自动保护,在发生意外时可实现手动紧急停机。

一、调节器传动箱

调节器传动箱包括从动齿轮、传动箱主轴、传动锥齿轮、调节器空心传动轴及轴承箱等零部件。从动齿轮在传动箱体外主轴轴端,它由柴油机左凸轮轴前端之调节器驱动齿轮带动,传动锥齿轮安装在主轴上,由它传动另一个锥齿轮,后者即垂直安装的空心传动轴。空心传动轴悬挂在轴承箱中,它的上部具有花键内孔,联合调节器的花键传动轴插在此孔中。轴承箱用螺钉紧固在传动箱体上,它与传动箱体间的垫片厚度可调整锥齿轮对的啮合间隙。轴承箱顶面的螺栓为紧固调节器下体法兰用。

二、转速表传动装置

转速表传动装置位于传动箱体的前端,传动箱主轴通过接轴传到水平轴,水平轴由轴承支承,由一对锥齿轮传到垂直轴,然后通过挠性轴传到转速表。

三、超速停车装置

柴油机不允许超速(高于标定转速)运转。在超速运转时有如下后果:

(1)超速运转往往是一种不稳定的失控状态,转速在瞬间飞快上升,运动零部件在过大的惯性力下受力,某些部位往往超过设计安全限度,如曲轴组、连杆组、增压器转子及电机转子等可能裂损或飞离,随后还引起其他机件的破损。

(2)超速运转引起摩擦发热和磨损加剧,油膜厚度减薄,机件受热膨胀,原有的配合间隙变化,常常出现拉缸和轴瓦烧损等事故。

(3)超速运转导致进气充量不足,燃烧过程恶化,排气温度增高,排气冒黑烟等。由于单位时间内受热次数增加,加上燃烧和摩擦等因素使机件体温急剧上升,活塞第一气环槽内机油结胶积碳增多。同时还造成柴油机机油及水的温度升高,机油黏度下降,油压降低,油膜变薄,活塞冷却不良。

(4)柴油机超速导致涡轮增压器超速运转;机车启动变速箱及静液压变速箱超速,会发生转向架牵引电动机通风机叶轮被打烂等故障。

柴油机超速的原因在于调控系统失控或其他因素,使在柴油机外界负荷减少或卸载时气缸内燃油量相对过多,例如因调节器内工作油污秽使机件卡滞或油孔堵塞;调节器内部故障;供油拉杆挠曲,支座高度不当,滚轮别劲或发热卡滞;喷油泵柱塞偶件卡滞或齿条卡滞;喷油泵弹性夹头销虽已拔出,但未锁住,夹头销因振动而弹出在泵体与螺套间,妨碍其他各泵齿条向减油位移动等。

由于柴油机超速现象过程短促,人们往往反应不及而机破人伤,故设置了超速停车装置。超速停车装置由极限调速器及停车器两部分组成。

1. 极限调速器

极限转速所限制的最高转速,通常为柴油机标定转速的110%左右。在正常运转状况下,柴油机转速被控制在 n_{min} 到 n_b 之间,标定转速 n_b 是柴油机正常运转的最高工作转速,如一旦失控,则柴油机转速在短期内飞升,当达到极限转速时,极限调速器动作而停机。

极限调速器安装于传动箱体主轴中部,它由飞块轮盘、飞块弹簧及调节螺母等组成。飞块轮盘套装于主轴上，采用平键传动，轮盘的中央径向地安装着飞块。飞块的外形呈干字形，它的尾杆穿过主轴，尾杆后部装有飞块弹簧及调节螺母，飞块弹簧的预紧力使飞块头部压紧在主轴上，因此飞块与传动箱主轴及飞块轮盘同速旋转。当飞块的离心力大于飞块弹簧预紧力时，飞块头伸出轮盘而实现停机动作。16V240ZJB型柴油机 $n_b=1\ 000$ r/min时的极限转速为1 120～1 150 r/min。极限转速值在专用试验台上调整测定，在机车水阻试验台上进行校验。

2. 停车器

停车器安装于调控传动箱体后部，它由停车器体、停车弹簧、弹簧座、停车拉杆、摇臂、停车传动轴、连接臂、拐臂及滚轮等组成。拐臂的角部为臂的摆动支点，臂的下端装有滚轮，滚轮位于飞块轮盘的外缘，两者间隙 $a=0.4\sim0.6$ mm，臂的上端与连接臂铰接。连接臂的另一端与停车拉杆下部铰接，停车拉杆上部有停车弹簧。在正常情况下，停车拉杆被拐臂支撑在上部位置，为了使支撑稳定，拐臂的上臂与连接臂铰接点偏置，并由按钮的顶杆顶住而维持偏心 $b=0.6$ mm。停车拉杆的上部与摇臂相连，摇臂的另一端与停车传动轴固接。

当柴油机达到极限转速时，飞块伸出轮盘而撞击滚轮，使拐臂上部的偏心状态变更而倒向另一边，这时由于对停车拉杆的支撑力消失，停车弹簧压迫弹簧座使停车拉杆迅速下移，拉杆上部的摇臂顺时针摆动（图视方向），停车传动轴逆时针转动（面对传动轴端），通过紧急停车拉杆系统实现柴油机紧急停机。

为使紧急停车动作无误，必须保证尺寸 a 和 b。尺寸 a 可通过停车器体与传动箱体间的垫片（图 7-7-1）厚度予以调整。

四、紧急停车装置

1. 紧急停车按钮

如果柴油机及辅助装置在运转中被发现有异状、异音或异味时，可迅速敲击紧急停车按钮。紧急停车按钮由按钮、推杆、顶杆、复原弹簧、推杆座及推杆体等组成。复原弹簧置于顶杆与推杆体之间，由于弹簧反力使推杆与顶杆相压紧，而推杆的轴向位置由推杆座及推杆体与箱体间的垫片厚度决定。敲击按钮时，推杆及顶杆向里伸，弹簧受压缩，顶杆头推倒拐臂上部，停车拉杆与拐臂的原支撑自锁状态破坏，因而柴油机迅速停机。

2. 复原手柄

紧急停车动作以后，柴油机左右喷油泵齿条被停车器弹簧力锁在停油位，操作人员必须首先检查及排除故障，然后在再次启动柴油机之前应人为地释放供油拉杆，这就必须借助于复原手柄。

复原手柄由手柄、复原传动臂、滚轮、传动轴及弹簧等组成（参见图 7-7-1）。在柴油机紧急停车动作后，拐臂与停车拉杆的连接臂的铰接点倒在复原传动臂的滚轮上。当复原手柄向上提时，复原传动臂推此铰接点向原位摆动过去，停车拉杆被迫上移，压缩停车弹簧，铰接点靠在顶杆端面维持原偏心 b，这就使横轴停车摇臂脱离固定碰头 α 角，左右供油拉杆与联合调节器联系而不受紧急停车拉杆系统的影响。当复原手柄放下时，复原传动臂的滚轮搁置于箱体右侧的调节螺钉上。调节螺钉伸入箱内的距离可限制铰接点倒伏的幅度，即控制停车拉杆下移的行程，因而使左右供油拉杆达到一定的移动量。为了能使柴油机紧急停机时喷油泵齿条拉到零刻线，可调整调节螺钉头的位置，保证停车拉杆的行程不小于13 mm，并用锁紧螺母防松。

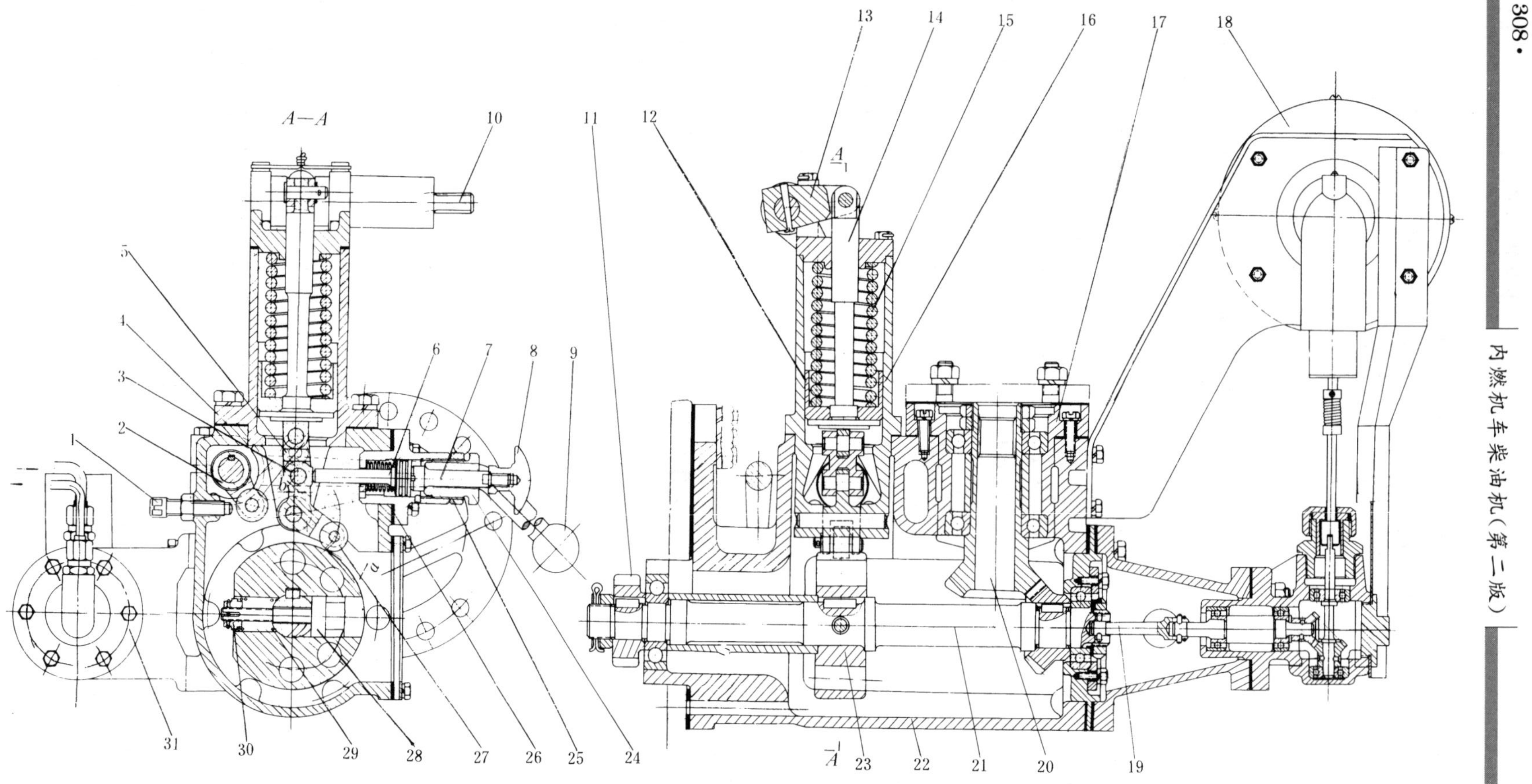

1—调节螺钉;2—复原传动臂;3—拐臂;4—调整垫;5—连接臂;6—顶杆;7—推杆;8—按钮;9—复原手柄;10—停车传动轴;11—从动齿轮;12—弹簧座;13—摇臂;14—停车拉杆;15—停车弹簧;16—停车器体;17—轴承箱;18—转速表;19—转速表传动装置;20—空心传动轴;21—传动箱主轴;22—传动箱体;23—飞块轮盘;24—推杆座;25—锁紧螺母;26—推杆体;27—滚轮;28—飞块;29—飞块弹簧;30—调节螺母;31—启动加速器。

图 7-7-1　调控传动装置

第八节　调节器的运用知识

一、液压调节器工作油

品质不良或污秽的工作油是大多数调节器出现故障的根源，因而必须引起足够的重视。

1. 按要求选用合适的工作油

液压调节器靠压力油来推动执行机构工作或传递反馈信号的，如所用工作油的黏度过小，则控制机件及执行机件外泄油量增加，工作油压不稳，较多的微调动作造成转速波动。如工作油黏度过大，则运动阻滞，调节动作灵敏性差。

工作油要清净杂质少，否则机件运动卡滞，调节动作失去时机，转速波动大，且机件磨损增大，长期工作会使调节器性能恶化。油的泡沫化倾向要小。含水的油易使机件锈蚀，形成泡沫，使机件的调节动作受到影响。

工作油要有较高的热稳定性，长期工作不析出浮游胶状物，对机件的腐蚀小，不损坏油封及油漆。工作油的凝点应低于最低环境温度。

C 型联合调节器选用 GB 440—1977(1988)中 20 号航空机油或铁路内燃机车调速器油。

不能使用不同油种的混合油，也不能采用混有清洗剂的低黏度油。如调节器与柴油机采用同一机油系统，则应在机油进入调节器前注意滤清。为保持调节器内油的清洁，调节器上部的盖罩不宜敞开。

2. 加油和换油

机车上存放调节器工作油的容器要清洁，平时注意防止尘埃杂物进入，加油时用绸布过滤。加油要缓慢，油道内要驱除空气，让油全部充满油道，最后的油位在油位表中线附近不超过2 mm处。油位不能过高或过低，油位过高会引启机件搅动损失，产生泡沫，甚至导致游车；油位过低会引起工作油过热，调节性能变差。

工作油运用一段时间后油色逐渐变暗，出现浮游物或沉淀物，滤清器污秽，这就说明油的品质逐渐变差，通常应该换油。在正常使用时调节器的换油周期为半年到一年，或为6 000～8 000 km机车里程。

由于新制或大修后的调节器，内部机件磨合不足或箱内清洗不净等因素，应缩短换油期，例如在初用 1～2 个月后换第一次油，再经 2～3 个月换第二次，以后可根据污秽程度适当延长，逐渐过渡到正常换油状态。

换油清洗内部机件是处理一般不稳定调节故障的最常用方法。首先打开放油堵排尽污油，倒入低黏度洗涤剂，带调节器运转，松开补偿针阀使柴油机空转游车数分钟，洗涤剂在油道内反复流动冲洗，然后停机排出洗涤剂。注入新工作油，重复上述清洗工作 1～2 次。最后缓慢注入新工作油到油位表中线上下5 mm范围内，使调节器空转游车驱气数分钟，拧紧补偿针阀，停机，工作油补加到标准油面。

如果清洗换油后仍不能排除故障，外部并无其他异状，则应拆检调节器内部机件。

二、液压调节器的补偿调整

虽然在调节器操纵模拟试验台上可初调补偿系统，但参数的正确调整必须在实机试验时进行。在工作条件不同的地区，补偿系统的调整应有所不同。

补偿针阀开度和补偿弹簧的预紧力对柴油机的转速稳定性有重大影响。如补偿弹簧的刚度或预紧力不当,则柴油机转速会出现波动或游车。如补偿针阀的开度不当,柴油机转速的波动会更为敏感。为避免柴油机调速反应迟钝,在不妨碍平稳运转的条件下,补偿针阀的开度应尽可能大些。对不同的环境温度和不同黏度的工作油,补偿针阀的开度也不应相同,环境温度较高或工作油黏度较小时,补偿针阀的开度应小,反之开度应大。对于柴油机转速快速波动,如调节器无其他内部机件不良因素,可将补偿针阀的开度调小,也可换用黏度大一等级的工作油。对于经常慢速波动的调节器可将补偿针阀的开度调大,也可换用黏度小一等的工作油。以上所指仅在调节器试验台或柴油机实机试验时进行的调整,调完后由铅封封闭针阀位置,此后不许随意变动。

储气筒的空气垫对补偿系统的弹性大小有一定影响,它改善了调节工作的稳定性,但它容易漏油和漏气,造成转速波动。储气筒油面高度有一最佳区,空气垫的高度应为(30±15)mm。

第九节　16V280ZJ 型柴油机调控系统

16V280ZJ 型柴油机采用 C 型联合调节器,与用于 16V240ZJB 型柴油机上的是基本一致的,它们的区别仅在于:一是由于该调速器安装在柴油机前端右侧,所以在原补偿针阀孔的对面另设置了针阀调节孔;二是为了提高调速器的工作能力和稳定性,将齿轮泵的出口油压提高至 0.75～0.80 MPa。

用于 16V280ZJ 型柴油机的 C 型联合调速器的主要技术参数见表 7-9-1。

表 7-9-1　C 型联合调速器(用于 16V280ZJ 柴油机)主要技术参数

型式		全制、液压式
转速范围/(r/min)		300～1 200
转速调节方式		无级调节
步进电机	型号	70BF3-3J
	电压/V	30
	电流/A	0.4
齿轮油泵流量(110 r/min时)/(L/min)		约 0.42
工作油压/MPa		0.64～0.69
伺服马达工作行程/mm		25
工作能力/(N·m)		20.2
停车电磁联锁		直流110 V
停车电磁联锁3 mm行程吸力/N		176.5
功率调节电阻/Ω		493
功率伺服马达转角		300°
功率调节电阻允许使用总功率/kW		36.5
稳定调速率		<1.5%
转速波动率		<0.5%
瞬时调速率		<10%

续上表

启动特性	启动时间/s	5～7
	转速超调/(r/min)	<100
升降速特性		400～1 000 r/min 连续升速过渡时间约 15 s 1 000～400 r/min 连续降速过渡时间约 18 s
升降速的转速超调/(r/min)		50
伺服马达杆抖动量/mm		<0.3
伺服马达杆拉动量/mm		<0.2
恒功稳定时间/s		3～25
停机时间/s		<3

复习思考题

1. 机车柴油机为什么要设置调节器(调速器)?
2. C 型联合调节器由哪几部分组成? 每个部分各起什么作用?
3. 超速停车装置是怎样起作用的? 它与超速保护装置是怎样的工作关系?
4. 在柴油机运转工作时,如何切断某一缸喷油泵的供油进行甩缸?

第八章

机 油 系 统

第一节 概 述

柴油机运转时，一些零部件之间发生相对运动，如轴颈在轴瓦中转动，活塞环对缸壁的滑动等，使相对运动的零件表面间产生摩擦和磨损。为了保证柴油机各运动零部件可靠地运转，延长使用寿命，必须使其在工作时具有良好的润滑条件，因而设置机油系统。机油系统的任务是把清洁的、具有一定压力和适当温度范围的机油输送到各摩擦面，并使之循环使用。为了满足上述要求，机油系统设置以下几部分：为维持机油合适的工作温度设置机油冷却装置（通常还兼顾冬季预热）；为不断地清除机油中的杂质而设置滤清装置；采用机油泵保证一定的供油压力和供油量。

循环流动的机油具有如下的作用：

(1)减磨作用。在各运动件摩擦面间形成油膜，将摩擦表面隔开，减少零件磨损和功率消耗，从而提高了柴油机的机械效率和使用寿命。

(2)清洗作用。循环流动的机油可带走摩擦表面的磨损颗粒和其他杂质，避免零件进一步磨损，从而延长使用寿命。

(3)冷却作用。循环流动的机油带走摩擦产生的热量，降低零件工作温度，保证正常的配合间隙。此外，机油常作为冷却活塞的冷却介质。

(4)密封作用。柴油机工作时，充填在活塞环和气缸壁之间的油膜起密封作用，阻止活塞顶部的气体泄入曲轴箱。

(5)防锈作用。柴油机内工作零件表面沾有一层机油，使金属表面与空气隔开，可防止表面锈蚀。

此外，机油充填在两零件间还有缓和冲击及减少噪声等作用，在控制系统中还有液压增力及某种控制作用。

根据柴油机零件不同的工作条件，通常采用三种润滑供油方式：

(1)飞溅供油润滑。它是靠运动零件将机油溅落或甩到摩擦表面进行润滑。此种供油方式比较简单，不需要专门设备，它适用于相对运动速度低、负荷小或不易采用其他供油方式的处所，如变速箱内的齿轮和轴承；柴油机气缸内表面；凸轮型面及部分传动齿轮等。

(2)手工添加供油润滑。对于运动速度低、间歇工作、摩擦发热温度不高等工作面可采用手工添加供油润滑，即将润滑剂（一般为润滑脂）直接注入摩擦表面，如盘车机构、万向十字联轴节等。

(3)压力供油润滑。由机油泵将具有一定压力、一定温度和足量的机油通过管路输送到各摩擦面。为了机油循环流动和重复使用，需对机油循环冷却和滤清。此种供油方式比较可靠，因而柴油机中重要零部件都采用压力润滑。

第二节 机油的品质与检验

机油，即柴油机的润滑油、也称滑油，被誉为柴油机的“血液”。随着现代机车柴油机的功率越来越大、强化度也越来越高，随之带来的机械负荷和热负荷也有很大提高，因此机车柴油机对燃油质量的要求越来越低，却对机油质量的要求越来越高。然而对大修期的要求以及对零部件磨损的要求非但没有放松，反而更加严格。铁路输的特点造成了机车柴油机的部分负荷和空转时间相对较长，负荷变换频繁，起动停机次数繁多。且使用的燃油中含硫量有的也越来越高，容易造成燃烧不良、积碳甚至形成油泥。所以，现代机车柴油机要求机油有较高的高温清净性与热安定性，有高的抗摩、抗擦伤性能，有高碳值与碱性保持性、氧化安定性、分散性等。

中华人民共和国铁道行业标准《铁路内燃机车柴油机油》(TB/T 2956—2009)规定了由石蜡基基础油和多种添加剂调制成的铁路内燃机车柴油机油(含锌油)的技术要求和试验方法、检验规则、标志、包装、运输和贮存等。铁路内燃机车柴油机油的理化性能和模拟性能要求见下表 8-2-1，铁路内燃机车柴油机油的台架试验要求见下表 8-2-2。

表 8-2-1 铁路内燃机车柴油机油理化性能和模拟性能要求

项目		质量指标					试验方法
		三代油	单级四代油	多级四代油	单级五代油	多级五代油	
运动黏度(100 ℃)/(mm²/s)		14.0～16.0					GB/T 265
黏度指数		≥90	≥90	—	≥90	—	GB/T 1995 或 CB/T 2541[a]
低温动力黏度(−10 ℃)/(MPa·s)		—	—	≤4 500	—	≤4 500	GB/T 6538
倾点/℃		≤−3	≤−3	≤−18	≤−3	≤−18	GB/T 3535
闪点(开口)/℃		≥220	≥220	≥216	≥220	≥216	GB/T 3536
机械杂质(质量分数)/%		≤0.01					GB/T 511
水分(质量分数)/%		痕迹					CB/T 260
总碱值/(mgKOH/g)		≥9.0	≥12.0	≥12.0	≥15.0	≥15.0	TB/T 2545
钙含量(质量分类)/%		≥0.34	≥0.42	≥0.45	≥0.50	≥0.50	附录 A[a] 或光谱法
锌含量(质量分类)/%		≥0.10	≥0.12	≥0.10	≥0.12	≥0.12	或光谱法
泡沫性(泡沫倾向性/泡沫稳定性)	24 ℃	≤25 mL/0 mL					GB/T 12579
	93.5 ℃	≤150 mL/0 mL					
	后 24 ℃	≤250 mL/0 mL					
边界泵送温度/℃		—	—	≤−15	—	≤−15	GB/T 9171
高温摩擦磨损试验(B法)综合评价值		≤0.20					SH/T 0577

续上表

项目		质量指标					试验方法
		三代油	单级四代油	多级四代油	单级五代油	多级五代油	
氧化安定性试验(强化法)总分		≤5.0	≤5.0	≤5.0	—	—	附录 B(a 法)
		—	—	—	≤10.0	≤10.0	附录 B(b 法)
曲轴箱模拟试验	评级级	<4.0	<4.0	<4.0	<4.0	<4.0	附录 C
	胶重/mg	≤15.0	≤15.0	≤25.0	≤15.0	≤25.0	
红外光谱　相关系数		≥0.985					GB/T 6040

表 8-2-2　铁路内燃机车柴油机油台架试验要求

项目		质量指标					试验方法
		三代油	单级四代油	多级四代油	单级五代油	多级五代油	
高温清净性(开特皮勒 1 G_2 法)	总缺点加权总评分	≤300					GB/T 9933
	顶环槽充碳(体积分数)/%	≤80					
高温氧化和轴瓦腐蚀性(L-38 发动机试验)	轴瓦腐蚀失重/mg	≤50					SH/T 0265
	活塞裙部漆膜评分	≥9.0					
	剪切安定性(10 h 后取样 100 ℃运动黏度)/(mm^2/s)	—	—	≥12.5	—	≥12.5	

铁路内燃机车柴油机油的检验分为出厂检验和型式检验。

一、出厂检验

每批出厂检验项目包括:运动黏度、黏度指数(只检单级油)、低温动力黏度(只检多级油)、倾点、闪点、机械杂质、水分、总碱值、钙含量、锌含量、泡沫性。

二、型式检验

有下列情况之一发生时,应进行表 8-2-1 技术要求规定的项目检验:

(1)基础油、添加剂无变化时,每 6 个月至少检验一次;

(2)基础油、添加剂等原材料来源或质量发生变化时;

(3)生产设备或生产工艺发生变化时;

(4)新厂家投产或停产 6 个月以上,恢复生产时;

(5)用户在使用过程中发现异常时。

有下列两种或两种以上情况同时发生时，应进行表 1 和表 2 技术要求规定的所有检验项目：

(1)对表表 8-2-1 技术要求规定的项目检验发生争议时；

(2)出厂检验结果与上次型式检验有较大差异时；

(3)质量技术管理部门提出型式检验要求时。

三、判定规则

出厂检验和型式检验结果符合技术要求的规定时，则判定该产品合格；若其中有一项不符合技术要求规定，则判定该批产品为不合格。

第三节　内燃机车的机油系统

机油系统包括装在柴油机上的和装在机车上的两部分。一般内燃机车装在柴油机上的有主机油泵、机油离心式精滤器等；装在机车上的有机油热交换器、机油粗滤器、启动机油泵、辅助机油泵及相应管道等，如图 8-3-1 所示。

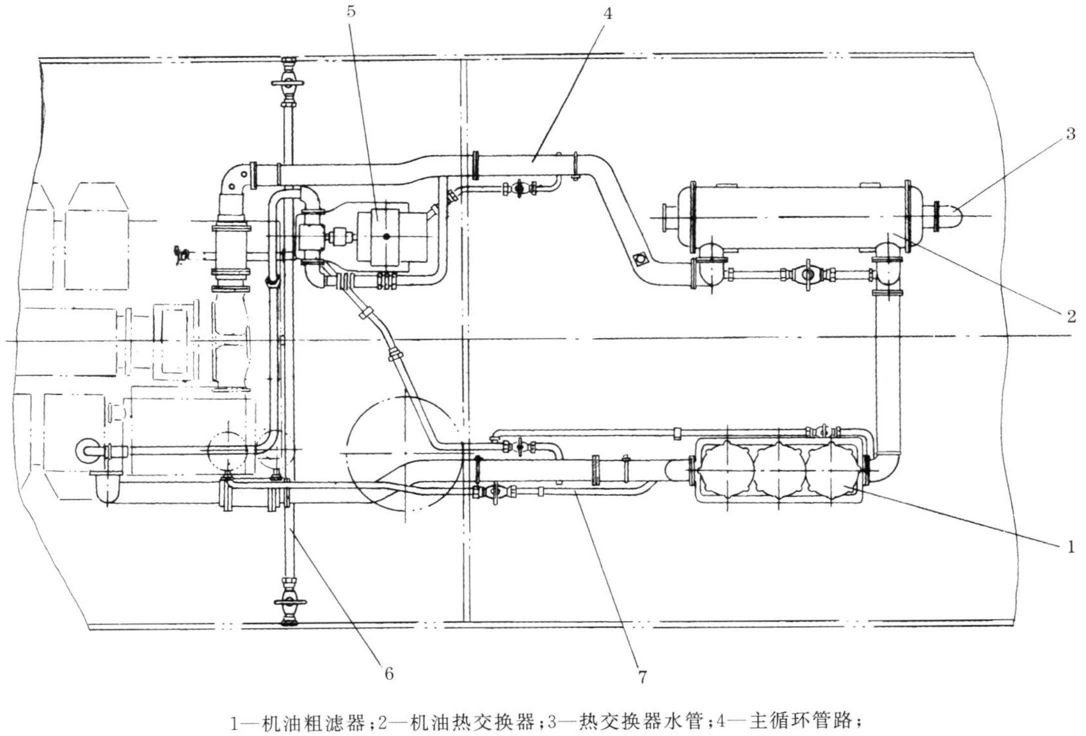

1—机油粗滤器；2—机油热交换器；3—热交换器水管；4—主循环管路；
5—启动机油泵电机；6—上(排)油管路；7—机油精滤器管路。

图 8-3-1　内燃机车机油系统

一、16V240ZJB 型柴油机机内循环油路

16V240ZJB 型柴油机机油储量约1 200 kg，其中约$\frac{2}{3}$的机油存于柴油机油底壳中，其余部

分存于热交换器、粗滤器及管道之中。柴油机工作时,由曲轴带动主机油泵从油底壳底部抽吸机油,泵出一定压力的机油流经热交换器后分成 2 路:一路经机油粗滤器到柴油机总进油道;另一路约以 13%的机油流量送到机油离心式精滤器,经精滤后单独回流入柴油机油底壳。机油在总进油道处又分 4 条支路:第 1 支路进入机体 V 形夹角的主机油道;第 2 支路穿过机体第一垂直板用油管引到左右凸轮轴第一凸轮轴承座;第 3 支路穿过机体侧顶板用油管引到左右两列气缸盖摇臂轴箱、前涡轮增压器及油压继电器;第 4 支路供柴油机前端各传动齿轮、水泵轴承和调控传动箱内润滑。进入第 1 支路的流量最多,机油在此区并列地进入九挡主轴承座润滑,除了轴瓦两侧局部外泄外,通过主轴颈上进油孔进入曲轴内部油腔、连杆轴瓦、连杆小头衬套及活塞内顶面喷射冷却、活塞销、活塞销座及活塞内油道。主机油道末端还有油管接到两列气缸盖摇臂轴箱、后增压器及后部的油压继电器。由第一凸轮轴承座通过轴中心油道输送到各挡凸轮轴瓦及喷油泵挺柱。所有在各处冷却及润滑后的机油均回落入油底壳。16V240ZJB 型柴油机机油系统流程如图 8-3-2 所示。

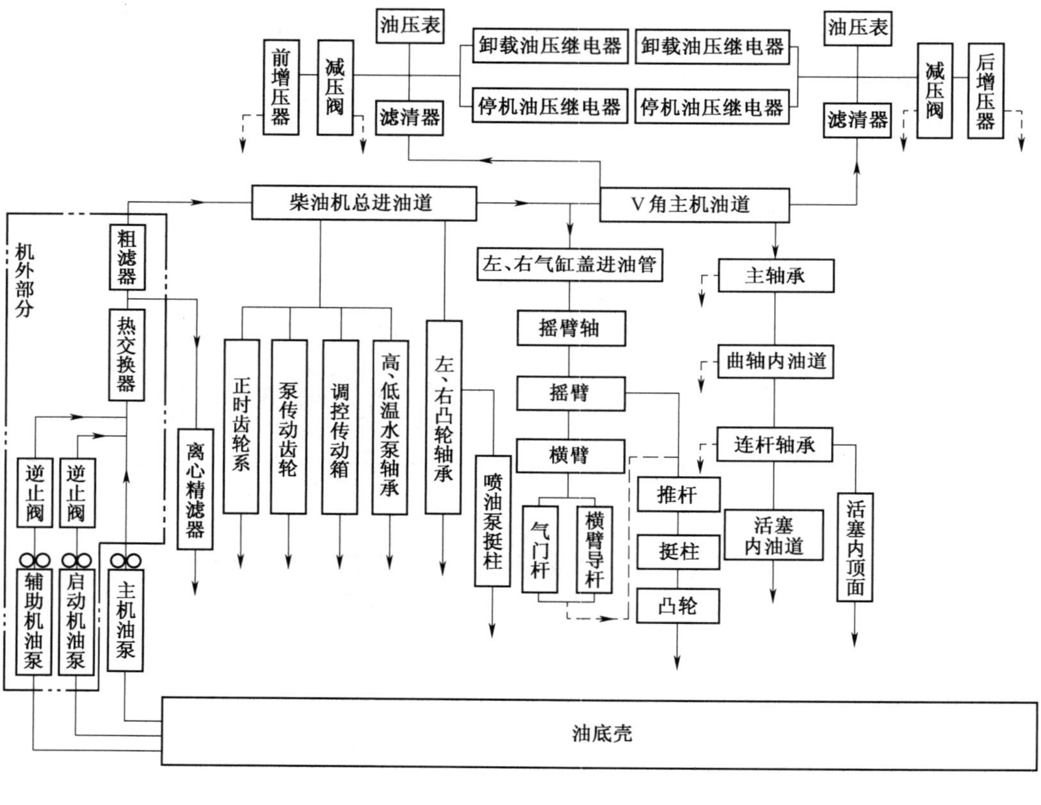

图 8-3-2　16V240ZJB 型柴油机机油系统流程

二、16V240ZJB 型柴油机机外循环油路

16V240ZJB 型柴油机机外循环油路由启动、预热及工作主循环等油路组成。

1. 柴油机启动油路

柴油机启动前,由于主机油泵尚未运转,为避免启动时运动机件干摩擦,在机车上设有启动机油泵。柴油机启动时，由电动机单独拖动的启动机油泵从油底壳右前侧油管中抽吸机油，加压后经逆止阀进入工作主循环油路。柴油机启动油路的流程为：

柴油机油底壳→启动机油泵→逆止阀→机油热交换器→机油粗滤器→柴油机机内油路→柴油机油底壳。

当完成准备工作按下柴油机启动按钮后，启动机油泵首先开始工作，经 45～60 s延时后曲轴开始转动。这时所有管路、油道和摩擦面都充满机油，待机油压力达到 90～118 kPa时，可松开启动按钮，柴油机启动完成。

2. 机油预热油路

在冬季柴油机启动前或停机需保温时，可通过辅助机油泵从油底壳左前侧吸油管抽吸机油，经逆止阀进入机油热交换器，从预热锅炉来的热水在交换器内与冷的机油进行热交换，然后再送至总进油道进入柴油机内循环预热。机油预热油路的流程为：

柴油机油底壳→辅助机油泵→逆止阀→机油热交换器→机油粗滤器→柴油机机内油路→柴油机油底壳。

3. 柴油机主工作循环油路

柴油机启动后，启动机油泵停止工作，由柴油机曲轴驱动的主机油泵投入工作。柴油机主工作循环油路的流程为：

柴油机油底壳→主机油泵→机油热交换器→机油粗滤器→柴油机机内油路→柴油机油底壳。

在主机油泵出口处的弯管上设有机油压力及温度传感器。在机油粗滤器后的管路上设有机油温度表接头。

4. 加油及排油的油路

在机车车架两侧均设有油管，通到油底壳放油口，由截止阀控制，供柴油机加油或排油之用。油底壳的油位应保持在油尺两刻线之间。少量补油可从柴油机左、右侧的曲轴箱加油口处补充，但需注意过滤。柴油机需要少量补油的原因如下：

(1)机油通过活塞环的泵油作用或从气门导管等处窜入燃烧室被烧掉。

(2)机油通过增压器泄入气道内被带走。

(3)机油在曲轴箱内雾化、蒸发，并通过曲轴箱油封及检查孔盖等处泄出机外。

(4)由于机外管道或橡胶管破裂而泄漏。

所以 16V240ZJB 型柴油机日常要少量补油，其机油消耗率不超过3.4 g/(kW·h)。

在机车架修、大修或其他需要时，为了彻底排净管道内的机油，在机油粗滤器前、后设有辅助回油管，机油热交换器前也设有回油管，由截止阀控制。当需要向油底壳回油时，将截止阀打开即可利用重力回油。在柴油机运转时，上述管路上的截止阀都必须关闭。

16V240ZJB 型柴油机输出端及自由端的机油管路如图 8-3-3、图 8-3-4 所示。B 型和 A 型机车上机油系统的区别，主要是启动机油泵与机油粗滤器交换了位置，解决了因柴油机自由端的强烈高频振动而使机油粗滤器箱体及管路开焊等故障。

为防止机油压力过高而损坏滤清器，引起窜油漏油，在主机油泵油路中设置调压阀(限压阀)。为防止在柴油机正常工作时机油从其他管路回流，造成供油压力波动，在启动机油泵和辅助机油泵的输油管道上装设逆止阀。

当增压器进油管的机油压力超过245 kPa时，减压阀开启，使机油通过回油管回到油底壳，以防止油压过高引起增压器内部窜油，造成积碳。

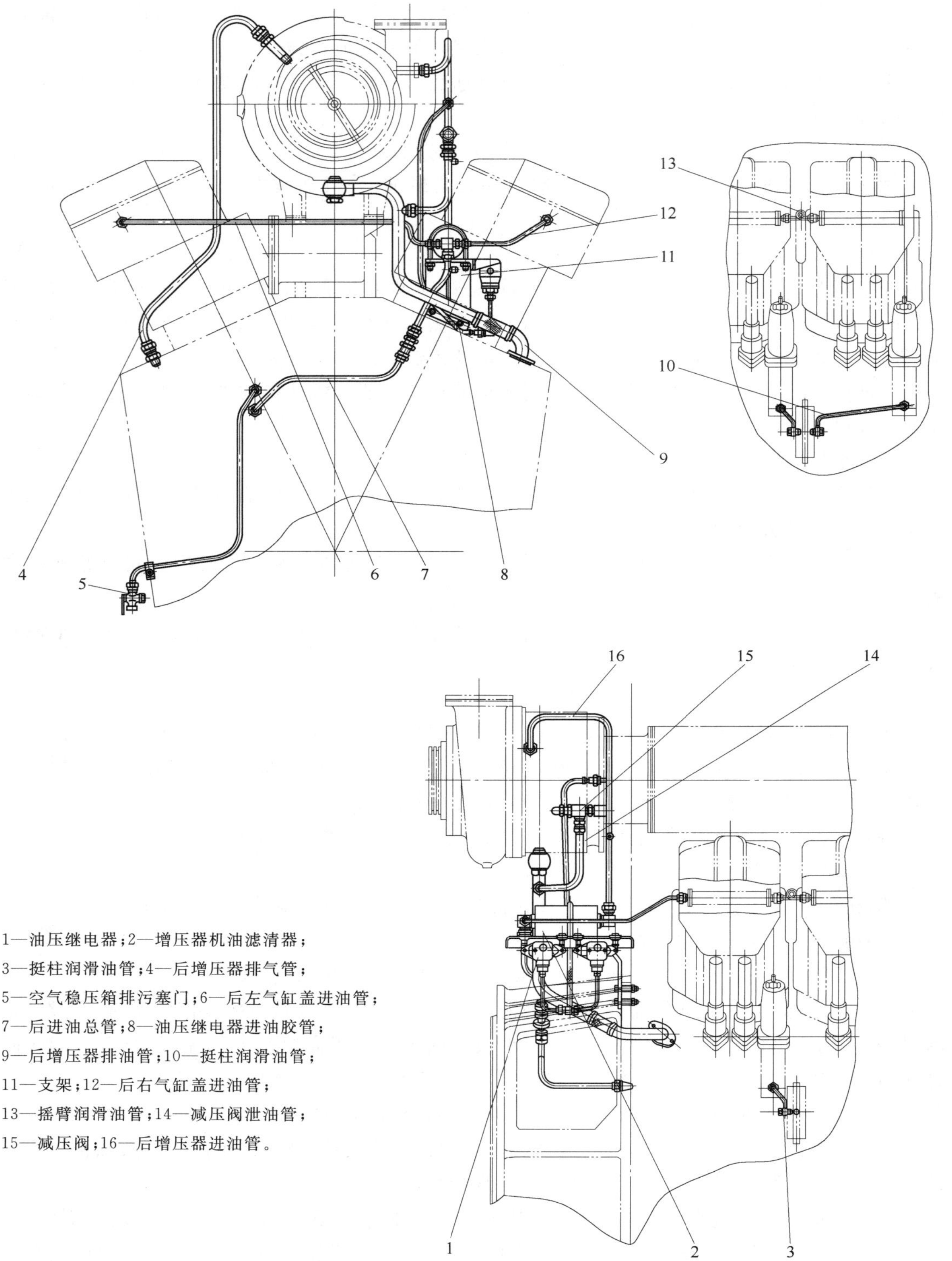

1—油压继电器;2—增压器机油滤清器;
3—挺柱润滑油管;4—后增压器排气管;
5—空气稳压箱排污塞门;6—后左气缸盖进油管;
7—后进油总管;8—油压继电器进油胶管;
9—后增压器排油管;10—挺柱润滑油管;
11—支架;12—后右气缸盖进油管;
13—摇臂润滑油管;14—减压阀泄油管;
15—减压阀;16—后增压器进油管。

图 8-3-3　16V240ZJB 型柴油机输出端及两侧的机油管路

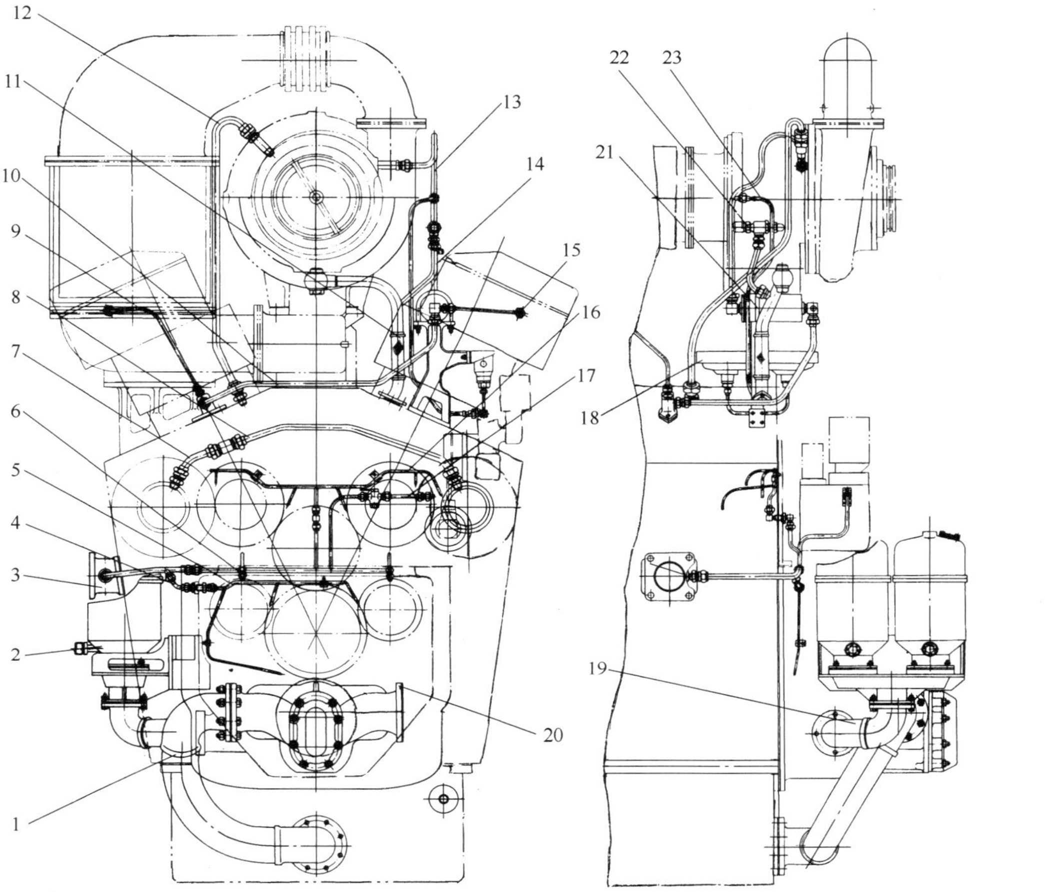

1—主机油泵进油管；2—离心式机油精滤器；3—机油总进油管；4—分油支管；5—泵传动装置润滑管；6—分油总管；7—右凸轮轴进油管；8—左凸轮轴进油管；9—前右气缸盖进油管；10—前增压器进油管(滤清器前)；11—前增压器排油管；12—前增压器排气管；13—前增压器进油管(滤清器后)；14—减压阀泄油管；15—前左气缸盖进油管；16—定时齿轮润滑管系；17—调控传动箱进油管；18—油压继电器；19—离心式精滤器回油管；20—主机油泵；21—增压器机油滤清器；22—减压阀；23—油压继电器进油胶管。

图 8-3-4　16V240ZJB 型柴油机自由端机油管路

柴油机全负荷时，主油道末端压力应不低于294 kPa。当柴油机转速在760 r/min及以上工作时，如主机油道压力低于157 kPa时，通过主机油道两端卸载油压继电器，切断牵引发电机励磁，使柴油机卸载。在柴油机各转速下，如机油压力低于 78～98 kPa时，通过主机油道两端停机油压继电器，切断调节器电磁联锁线圈的电路，使柴油机停机。在正常情况下，机油粗滤器进出口压力差为 49～98 kPa，若压力差大于 245～264.8 kPa，滤清器太脏，机油将不经滤芯而直接进入柴油机内。

为了保证一定的机油工作温度，在静液压油路上设置温度控制阀，并将其感温元件安装在进入热交换器前的主循环油管中，由该阀操纵低温风扇运转。当柴油机机油温度低于55 ℃时，冷却风扇停止转动，当柴油机机油温度高于65 ℃时，冷却风扇全速运转。为保证一定的机油压力，柴油机机油的最高温度不应该超过88 ℃。

第四节　16V240ZJB型柴油机机油系统主要部件构造

一、机油泵及泵传动装置

1. 齿轮油泵的一般工作原理

主机油泵、启动机油泵及辅助机油泵等均为齿轮油泵。齿轮油泵结构简单、工作可靠、供油均匀，齿轮油泵工作原理如图8-4-1所示。在齿轮油泵泵体内有2个相互啮合的齿轮，主动齿轮带动从动齿轮，两者转向相反，转动着的轮齿不断将一侧油腔中的机油沿箭头的路线带走，于是不断造成该油腔瞬时局部真空，使机油从外面不断地补充进来，故这一侧油腔被称为吸油腔。在油腔另一侧，由于两轮不断送来机油，使该油腔内压力升高，机油则不断地压送到输油管中，故此腔被称为压油腔。

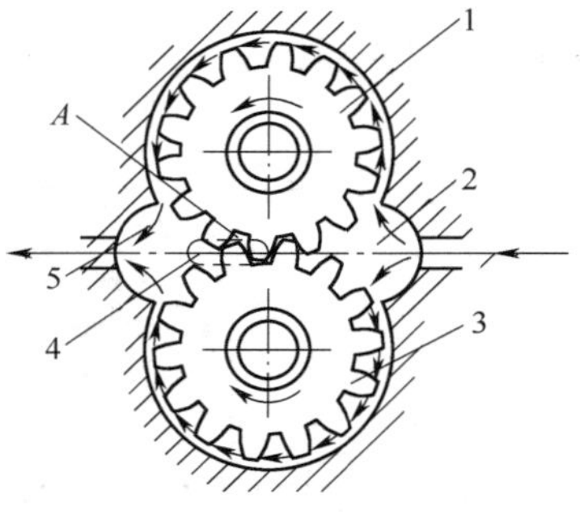

1—主动齿轮；2—吸油腔；3—从动齿轮；
4—卸压槽；5—压油腔。
图8-4-1　齿轮油泵工作原理

封闭在两啮合轮齿A处的机油由于容积缩小而受挤压，产生很大反压力作用在齿轮轴上，使轴承加剧磨损及影响油泵的正常工作。为避免此种现象，在油泵轴承座板上铣出卸压槽，受挤压的机油沿此槽进入压油腔。

齿轮泵的供油量和齿轮直径、齿宽、转速、齿轮与泵体的径向及轴向间隙大小等有关。齿轮各部分的间隙对齿轮泵工作影响较大。间隙过大，则机油泄漏严重，泵油压力及泵油量降低，甚至不能供油；反之，间隙过小，则油泵也不能正常工作。

2. 主机油泵

主机油泵安装在泵支承箱的下方，由曲轴通过泵传动装置驱动。

主机油泵为人字齿轮泵，其从动人字齿轮不与主动人字齿轮直接啮合，而是由同步齿轮对带动从动齿轮轴。人字齿轮可以使轴承不承受轴向力，并避免因轮齿磨损间隙增大引起供油量的波动。

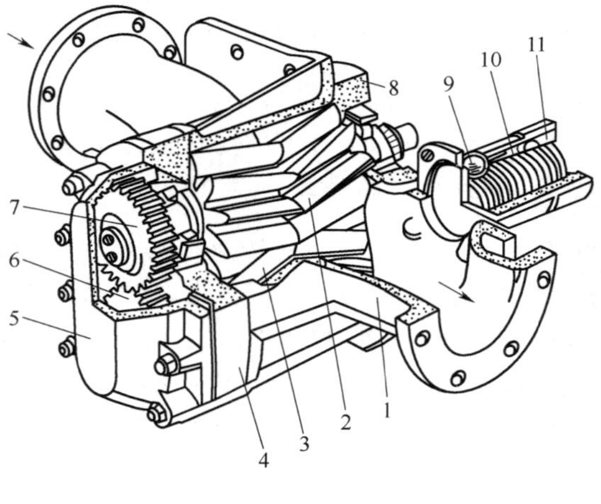

1—泵体；2—主动人字齿轮；3—从动人字齿轮；
4—外轴承座板；5—泵盖；6—从动同步齿轮；
7—主动同步齿轮；8—内轴承座板；9—调压阀；
10—调压阀内、外弹簧；11—调压阀体。
图8-4-2　主机油泵外观

主机油泵如图8-4-2、图8-4-3所示，由泵体、驱动齿轮、主动人字齿轮、从动人字齿轮、主动同步齿轮、从动同步齿轮、主动轴、从动轴、滚动轴承、轴承座板、调压阀及体、调压阀弹簧、压紧螺母和泵盖等组成。

驱动齿轮装于主动轴的一端，借键与主动轴相连，它与泵传动装置中连接齿套相啮合。在主、从动轴中部各对称地安装着一对尺寸相同、螺旋方向相反的斜齿轮，每个斜齿轮由销与轴铆合固接，由此构成人字形齿轮组件。斜齿轮由45钢制成，齿轮外径为120 mm，端面模数为

9.75 mm，法向模数为9.5 mm，齿数为 10，螺旋角为 13°0′10″。主动轴和从动轴支承在单列向心短圆柱滚柱轴承上，轴承外圈安装在铸铁制成的轴承座板上。在主动轴后端借键装有主动同步齿轮。在从动轴后端借键装有齿轮套，由 4 个定位销与从动同步齿轮连接。同步齿轮为直齿圆柱齿轮，由20Cr钢制成，齿面渗碳，渗碳层深度为0.8～1.2 mm。同步齿轮的模数为3.25 mm，齿数为 30。同步齿轮由压板和螺钉压紧在轴的后端。

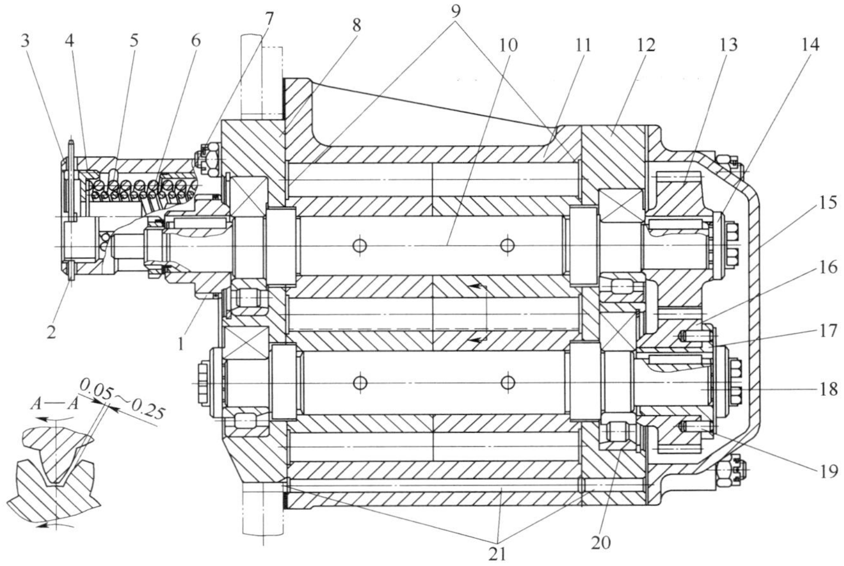

1—驱动齿轮；2—开口销；3—调压阀体；4—压紧螺母；5—调压阀外弹簧；6—调压阀内弹簧；7—调压阀；8—轴承内座板；9—丝线或电话纸；10—主动人字齿轮组件；11—泵体；12—轴承外座板；13—主动同步齿轮；14—压板；15—泵盖；16—从动同步齿轮；17—齿轮套；18—从动人字齿轮组件；19—定位销；20—滚动轴承；21—回油孔。

图 8-4-3　主机油泵(单位：mm)

泵体由铸铁制成，其内腔为人字齿轮对工作腔，左侧铸有进油口法兰，右侧铸有出油口法兰，在出油道内设有调压阀安装座。泵体及轴承外座板的下方钻有回油孔，从轴承流经泵盖的机油可通过此回油孔掉落到油底壳。内、外轴承座板用螺栓与泵体端面相压紧，两面之间用密封胶及电话纸(或丝线)密封，并借以调整人字齿轮与轴承座板之间的端面间隙，两端面间隙之和应为 0.251～0.338 mm。在内、外轴承座板与泵体接触的一侧均铣有卸压槽，开有供轴承润滑的油沟。通过选配人字齿轮以保持齿泵与泵体内壁之间的径向间隙为 0.20～0.25 mm。人字齿轮对的齿侧总间隙为 0.57～0.72 mm，与主动轴旋转逆向一侧的齿侧间隙为 0.05～0.25 mm。同步齿轮对的齿隙为 0.03～0.15 mm，轮齿啮合面积在齿高上不少于 65%，在齿长上不少于 70%。

调压阀(又称限压阀或安全阀)以螺栓紧固在泵体内侧的出油道上，它由调压阀体、调压阀、调压阀弹簧和压紧螺母等组成。调压阀体内装有直径为60 mm的杯形调压阀，阀与阀体为锥面环形接触，接触面宽不小于0.5 mm，调压阀底面和油泵出油道相通，调压阀体壁面设有通曲轴箱的铸孔，铸孔由调压阀杯体遮盖，当调压阀被顶起一定距离时才开通铸孔。调压阀杯体凹面上压着调压弹簧，用压紧螺母来调整弹簧的预紧力，以控制主机油泵的输出油压。调压阀的开启油压控制在 539～559 kPa。

柴油机最高工作转速时,主机油泵的输油压力为 490～539 kPa。输油压力过低,则影响柴油机零部件的工作;输油压力过高,则易使主机油泵传动轴折断,滤清器损坏,还引起漏油。

装配好的主机油泵应在试验台上进行磨合、密封性能和工作性能试验。在进行工作性能试验时,机油温度为 70～80 ℃,主机油泵转速规定为1 510 r/min,出口油压为539 kPa,吸油真空度为33 kPa的条件下,供油量不低于95 m^3/h。

3.泵传动装置

主机油泵由曲轴通过泵传动装置(图 8-4-4)来驱动。

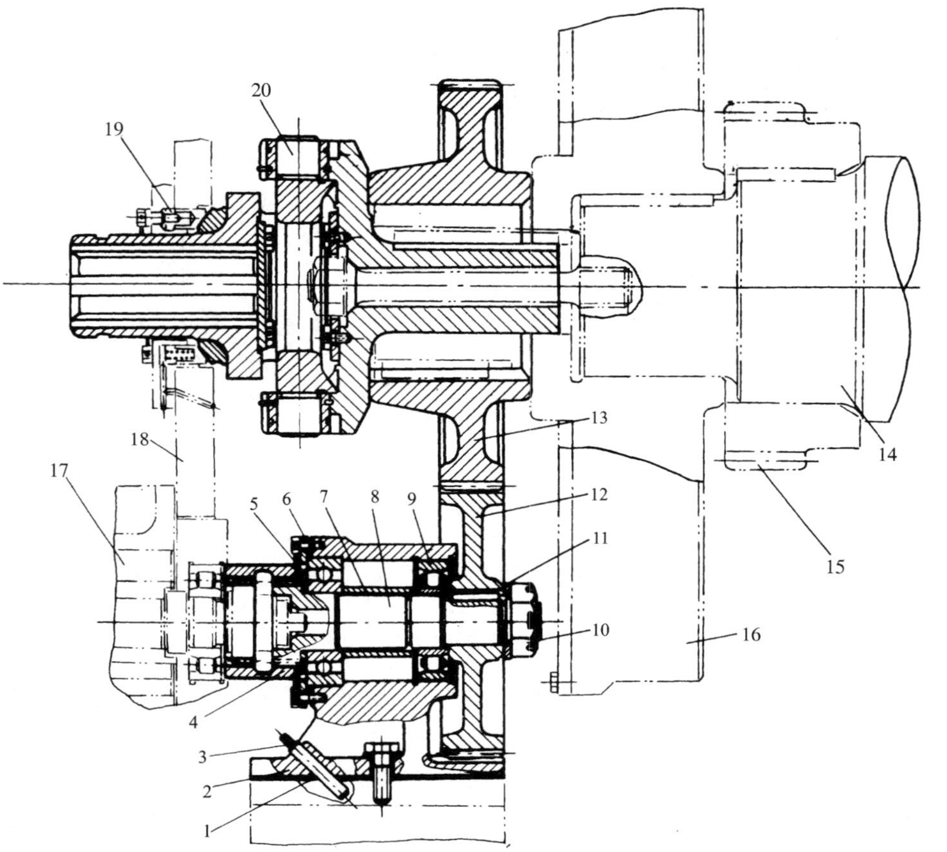

1—调整垫;2—支座;3—定位销;4—连接齿套;5—挡盘;6—压紧法兰;7—间隔套筒;8—泵传动轴;9—滚动轴承;10—螺母;11—垫圈;12—泵传动从动齿轮;13—泵传动主动齿轮;14—曲轴自由端;15—曲轴齿轮;16—减振器;17—主机油泵;18—泵支承箱;19—前油封;20—万向十字节。

图 8-4-4 泵传动装置

泵传动主动齿轮用键并以一定过盈量套装在减振器体轮毂的外圆面上,套装前该齿轮先在油中加热到150 ℃。泵传动主动齿轮的左右两侧分别与高低温水泵传动齿轮啮合;下方与泵传动从动齿轮啮合,由此驱动主机油泵。传动齿轮皆由 42CrMo 钢制成,齿轮的法面模数为3.75 mm,端面模数为4.25 mm,螺旋角为 28°4′21″,泵传动主动齿轮的螺旋方向为右旋,泵传动从动齿轮为左旋,齿数分别为 80 和 59,齿轮传动比为 1.356,当柴油机曲轴转速为1 000 r/min时,主机油泵传动从动齿轮的转速为1 356 r/min。为提高齿轮的工作耐久性,轮齿表面进行氮化，氮化层深度为 0.3～0.5 mm。

泵传动从动齿轮由键并以一定过盈量安装在传动轴的一端。传动轴中部由滚动轴承支承，安装在支座内，轴的另一端铣出连体连接齿，通过连接齿套使传动轴与主机油泵主动轴相接，使两轴之间允许一定量的轴向错位及微量的不同轴度。由于两轴之间的不同轴度会使连接齿套在转动中产生轴向窜动，因此在连接齿套的两端与滚动轴承之间设置挡圈，以防止连接齿套窜动时与轴承端面产生摩擦。传动轴与连接齿套用 42CrMo 钢制成，连接齿轮的模数为 2.5 mm，齿数为 26。在传动轴的连接齿上开有两个缺口槽，并在连接齿套外圆面上钻有油孔，机油可进入连接齿套内润滑。

旧式的传动轴支座由 4 个螺栓和 2 个圆锥销固定在泵支承箱内，后改为支座与泵支承箱同铸一体。泵传动主动齿轮与从动齿轮的侧隙为 0.2～0.4 mm。

4. 启动机油泵和辅助机油泵

启动机油泵安装在动力室内，由4.2 kW的直流电动机驱动，油泵与电机之间以齿形联轴节相连。

启动机油泵由泵体，泵盖，主、从动齿轮轴，轴承衬套，油封及紧固件等组成，如图 8-4-5 所示。

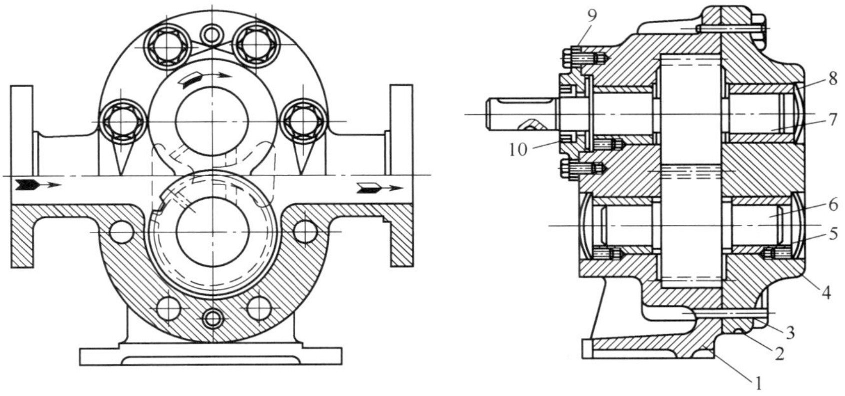

1—泵体；2—泵盖；3—定位销；4—定位螺钉；5—端盖；
6—从动齿轮轴；7—主动齿轮轴；8—衬套；9—油封座；10—油封。

图 8-4-5　启动机油泵

铸铁的泵体和泵盖分别压入 2 个衬套作轴承，衬套为铸造青铜，借定位螺钉固定。泵体的两侧设进、出油口。泵盖用螺栓和定位销固定在泵体上。在泵体及泵盖上开有卸压油沟，油泵内的机油可通过此油沟润滑衬套。齿轮端部和泵体及泵盖间总间隙为 0.10～0.175 mm，齿轮与泵体间径向间隙为 0.13～0.205 mm，轴和衬套间隙为 0.06～0.09 mm。

主动轴伸出端处设有油封座，油封座用螺栓固定在泵体上，座内装有油封和弹簧，以防止主动轴伸出端漏油。其他轴端都有端盖压紧。

启动机油泵组装后在试验台上进行试验：当油温为 70～80 ℃、吸入真空度为26.6 kPa、油压为245 kPa，转速为2 200 r/min，泵的供油量不少于12 m^3/h。

辅助机油泵的结构与燃油泵相同，由0.6 kW的直流电动机驱动，当转速为1 450 r/min、油温为 70～80 ℃、吸入真空度为26.6 kPa、油压为343 kPa时，供油量不少于27 L/min。

二、机油滤清器

机油滤清器有粗滤和精滤两种。粗滤器的滤芯有网式、刮片缝隙式和绕线式等类型，它们的滤精细度较低，只能滤去 0.05～0.1 mm以上的杂质，但流通阻力较小，机油流量较大，因此可串联在柴油机主工作循环油路中。精滤器的滤芯有离心式、锯末、微孔滤纸及金属粉末烧结滤芯等类型，可滤去 0.005～0.03 mm以上的杂质及部分胶状物质，其流通阻力较大，机油流量小。离心式精滤器只与主工作循环油路并联，精滤后的机油直接流回油底壳。

1. 机油粗滤器

DF_{4B} 型内燃机车的机油滤清器安装在机车冷却室左侧。在 1991 年前采用的是绕线缝隙式和铜网滤芯复合的机油粗滤器，其后则全部换成化纤毡机油滤清器，但仍沿用原来的滤清器体和缝隙滤芯的部分零件。

缝隙-铜网式机油粗滤器主要由滤清器体、滤芯组、旁通阀及下盖等组成，如图 8-4-6 所示。

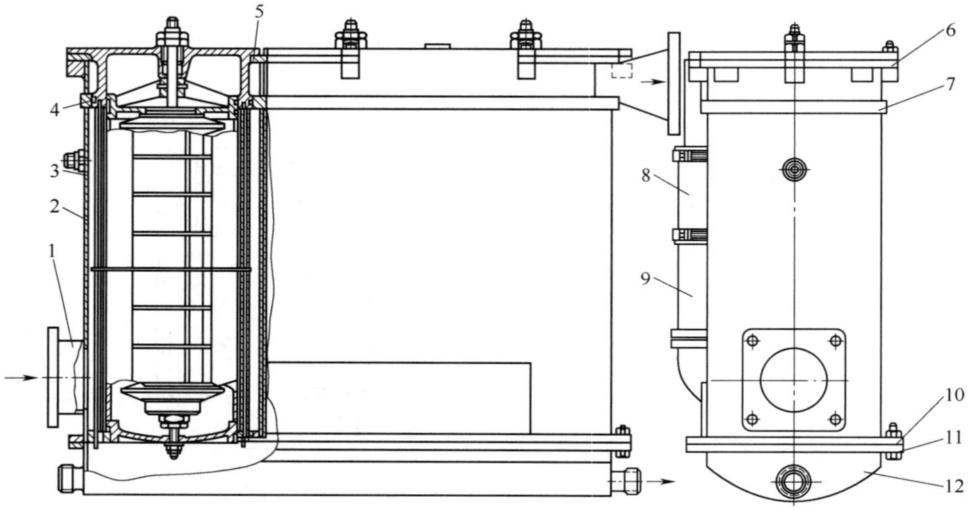

1—进油管；2—滤清器体；3—滤芯组；4—密封圈；5—密封垫；6—上法兰；
7—中间法兰；8—软管；9—旁通阀；10—下法兰；11—下盖法兰；12—下盖。

图 8-4-6 机油粗滤器

化纤毡机油滤清器结构如图 8-4-7 所示。以下介绍皆以该种滤清器为例。

(1)滤清器体及下盖

滤清器体由 3 个圆筒、上下法兰及中间法兰等焊接而成，中间法兰将体分为上下两腔。当滤芯组装入体内后，构成滤前和滤后油腔，滤前油腔(下腔)与进油道相通，滤后油腔(上腔)与出油道相通，为防止过滤时机油“短路”，在中间法兰与滤芯组之间的接触面处采用橡胶圈密封。在滤清器体上设有进、出口油压表接头，油压表安装在动力室侧壁仪表盘上。

下盖采用钢板焊接并用螺栓紧固于体底面，两者之间采用石棉橡胶垫密封。下盖两端还焊有 2 个机油管接头，接通离心式机油清滤器和排油油路。

(2)滤芯组

化纤毡滤芯是用一定线径、一定长度的化纤加工成一定厚度并有一定比重的毡状物体，经过特定的处理后，制成一定形状的滤芯。用耐机油的黏结剂将内、外筒及端盖和滤芯牢固地连接在一起。

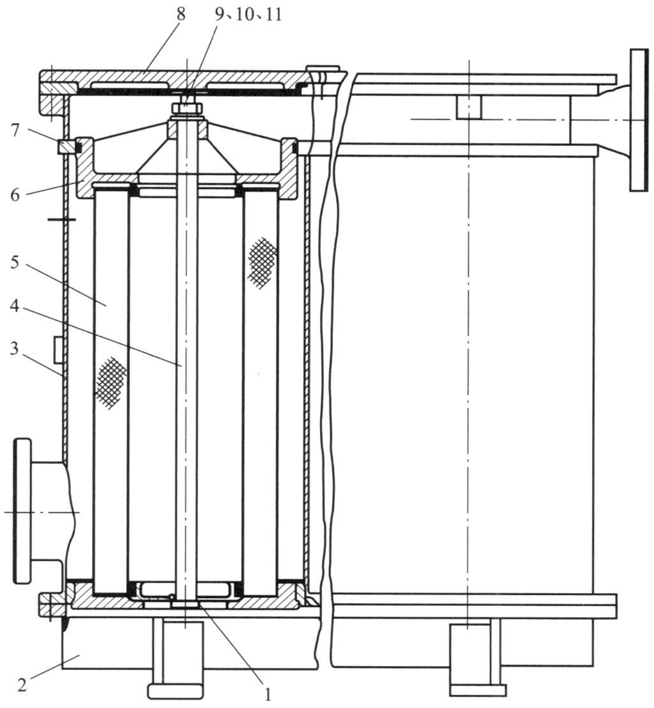

1、7—O 形圈；2—下盖；3—体；4—芯轴；5—滤芯；
6—压芯盖；8—盖；9、10、11—紧固件。
图 8-4-7　化纤毡机油滤清器

机油以一定的压力进入滤清器下腔后，在通过化纤毡滤芯时得到滤清，滤清后的机油从内筒流向上腔，然后由出油口送出。

化纤毡滤芯在性能上有如下优点：①过滤精度可达 15 μm，不仅满足了大功率高增压柴油机的要求，而且可以提高柴油机的耐久性、可靠性，为延长内燃机车大修里程奠定了基础；②过滤阻力小，在柴油机工作范围内阻力变化甚微，这对保持柴油机机油压力稳定，保证可靠的润滑是十分有利的；③由于兼有表面过滤和深式过滤的优点，化纤毡滤芯纳污能力强，寿命长，可使用很长时间而不用更换。

化纤滤芯除性能优良外，还具有结构简单、重量轻、生产成本及运用费用低等优点。

(3)旁通阀

为了防止在滤芯堵塞时柴油机得不到充足的机油，因此在上下腔间装有联通管和旁通阀。旁通阀由铸铁体、铜阀、弹簧及堵等组成，如图 8-4-8 所示。当阀的上下方(进、出油腔)油压差大于 245～265 kPa时，阀被下方的机油顶开，机油便不流经滤芯而直接进入柴油机的主机油道。这虽然对柴油机润滑不

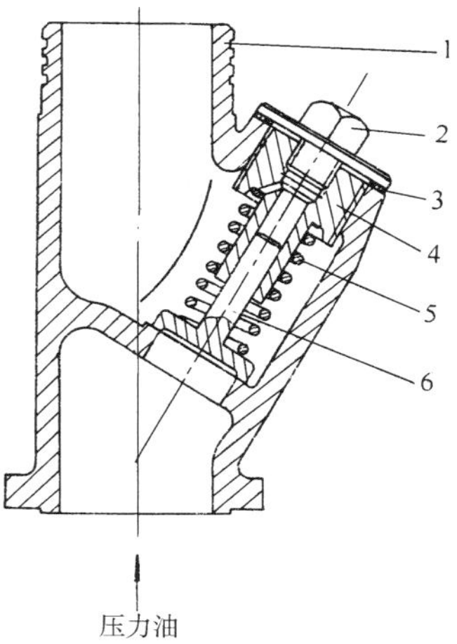

1—阀体；2—盖；3—垫片；
4—堵；5—弹簧；6—阀。
图 8-4-8　旁通阀

利,但这是机油系统中必要的应急措施。

机油滤清器在机油温度为 80～90 ℃时,当流量为95 m^3/h下,其阻力小于或等于20 kPa。当其阻力等于或超过100 kPa时,应更换滤芯。

2. 离心式机油精滤器

离心式机油精滤器安装在泵支承箱的右侧。从主油道处分流进入精滤器,允许机油的流动阻力较大,这样可以达到较高的滤清细度。由于机油流经精滤器后压力损失较大,不宜再入主油道,故只能返回曲轴箱。采用机油分流滤清的主要目的是不断更新机油,以逐步改善进入主油道的机油质量。

(1)构造

为保证一定的滤清油量,离心式精滤器采用 2 个并联的滤清组,并列地安装在同一支架上。离心式精滤器由转子、转子轴、上下轴承衬套、喷嘴、衬纸、滤清器外体、外盖等组成,如图 8-4-9所示。

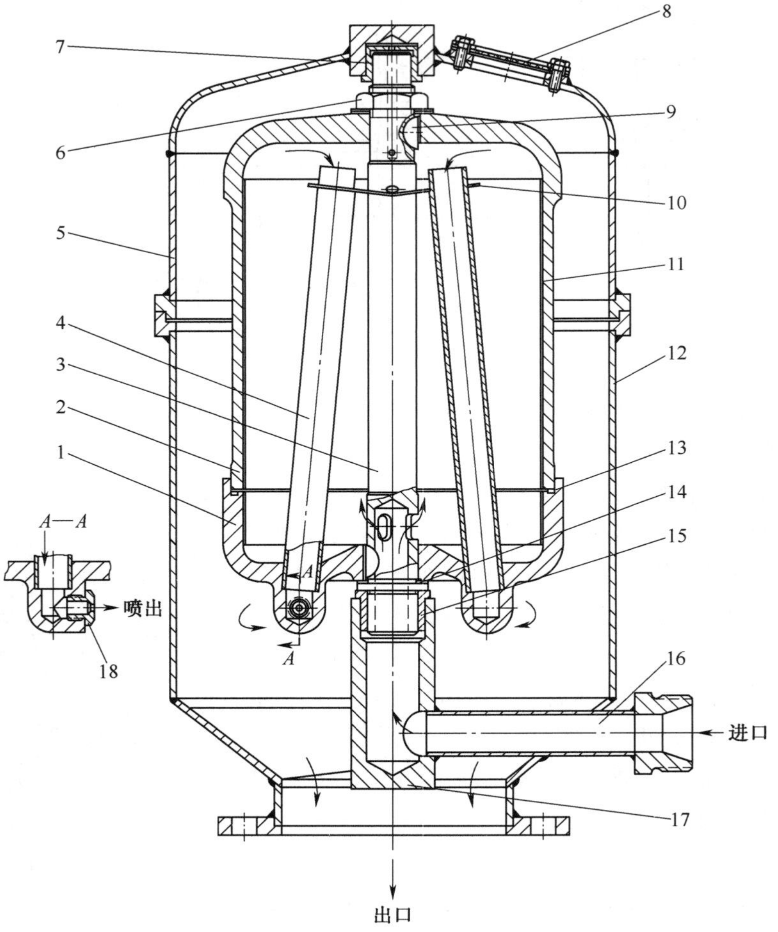

1—转子体;2—转子盖;3—转子轴;4—集油管;5—外盖;6—压紧螺母;7—上轴承衬套;8—玻璃观察孔盖;9—半圆键;10—固定片;11—衬纸;12—外体;13—密封圈;14—垫片;15—下轴承衬套;16—进油管;17—轴承座;18—喷嘴。

图 8-4-9　离心式机油精滤器

①转子

转子由转子体、转子轴、转子盖、集油管及衬纸等组成。转子的内径为160 mm。为了减轻转子的运动质量，以便于在启动时加速转动，转子体和盖采用铸铝材质。转子盖装在转子体的支承凸肩上，借转子轴上的螺母压紧。转子体和盖的内壁上贴有衬纸，衬纸的粗糙表面使杂质微粒易于黏附，并在转子低转速时也不会落入机油中。

集油管的下端插装在转子体的喷嘴座内，上端用弹簧固定片和转子轴联系，起定位和减振的作用。为了提高机油的滤清细度，集油管倾斜 5°靠向转子轴，使其进油口离转子内壁稍远而喷油口离中心较远，以减少杂质微粒混入上部集油管口，同时又可得到较大的旋转力矩。

2 个喷嘴借螺纹固定在转子体的喷嘴座上。喷嘴对称于转子轴线，且沿水平方向布置，2 个喷口的方向相反。喷嘴的喷孔直径为3.5 mm，2 个喷孔相距102 mm。喷孔的大小对喷油速度及推力有较大影响，为避免 2 个喷嘴的推力不同而造成附加的振动和磨损，以及转子转速的过高或过低，应注意两喷孔的尺寸和圆度的变化。

转子体与转子盖通过半圆键传动转子轴，轴与转子体盖同速旋转，转子轴下部呈空心管状，空心管部有 3 个径向孔，该孔道使进油管和转子内互通，这使机油在进入转子后有一定的回转速度，因而可以减少机油涡流，有利于提高机油的滤清效果。转子轴两轴颈安装在滤清器外体和外盖的轴承衬套内，轴颈进行淬火处理。转子轴上方管部钻有小孔为引至上轴承的油道。

为防转子本身质量不平衡引起强烈振动，对装配好的转子必须进行动平衡试验，其不平衡力矩不超过 4.9×10^{-4} N·m。在拆装时须严格按零件记号对号装配，以免破坏原来的平衡。

②外体和外盖

外体和外盖之间用螺栓连接并加有石棉垫。在外体的下部焊有出油孔连接法兰；内部焊有转子支承座和进油管。在外盖上有转子轴承座和检查孔盖。

上下轴承衬套由铸造锡青铜制成，分别压装在外盖和外体内。为使转子在工作时处于悬浮状态，以尽量减小转动阻力，故使下轴承衬套的内径大于上轴承衬套的内径。转子轴颈与上下轴承衬套的配合间隙为 0.04～0.093 mm。

(2)滤清原理

利用机油和杂质的比重不同，在高速旋转时产生离心分离作用将杂质分离出来，这种分离作用是通过高速回转的转子实现的。

在柴油机运转时，主机油泵供给离心式精滤器一部分具有一定压力的机油，从进油管经过转子轴下方的 3 个径向孔进入转子，自下而上地到达转子上部进入集油管内，并在管内自上而下地经 2 个喷油嘴以相反方向高速喷出。由于转子受喷油流反作用力的推动高速转动，转子内的机油也因此随之高速旋转，使机油中杂质被甩出，并黏附在转子内壁的衬纸上。转子芯部净化的机油，则不断地进入集油管并通过喷嘴喷出，然后从回油道流进油底壳。

离心式精滤器的工作能力(即滤清细度和滤清油量)与转子的转速、喷孔直径、喷嘴距离、供油压力、温度，以及黏附条件等因素有关，并具有容污量大、清洗周期长和清洗方法简单等特点，其清洗里程为10 000～15 000 km。DF_{4B} 型内燃机车上的离心式精滤器在油温80 ℃、进油压力为637.4 kPa时，转子的转速大于5 000 r/min，每个滤清油量不少于35 L/min。

3. 增压器机油滤清器

涡轮增压器的转子在高转速下工作，转子轴颈与油楔轴承的配合间隙较小，要求机油更好地滤清。由于增压器与柴油机使用同一机油管系，因而在机油进入增压器前再通过机油精滤器,使机油进一步得到滤清。

增压器机油精滤器由焊有进油接头座的筒体、出油盖、滤芯及芯杆等组成,如图 8-4-10 所示。

滤芯由 20 个盘形滤芯组成。两滤芯之间设有薄钢垫圈,芯杆为一个空心的长螺杆,杆身上铣出连通内外的扁圆形孔,借螺母将盘形滤芯及垫圈压紧在滤清器盖的接头座内。

从主油道引出的机油进入增压器机油精滤器,经铜丝滤网滤清后,通过芯杆内孔后由出油口经管路送入增压器。

当油温为(80±5)℃,油压为 294～343 kPa,流量为45 L/min时,进出口油压降不得大于19.6 kPa。

增压器机油精滤器清洗里程为10 000～15 000 km。

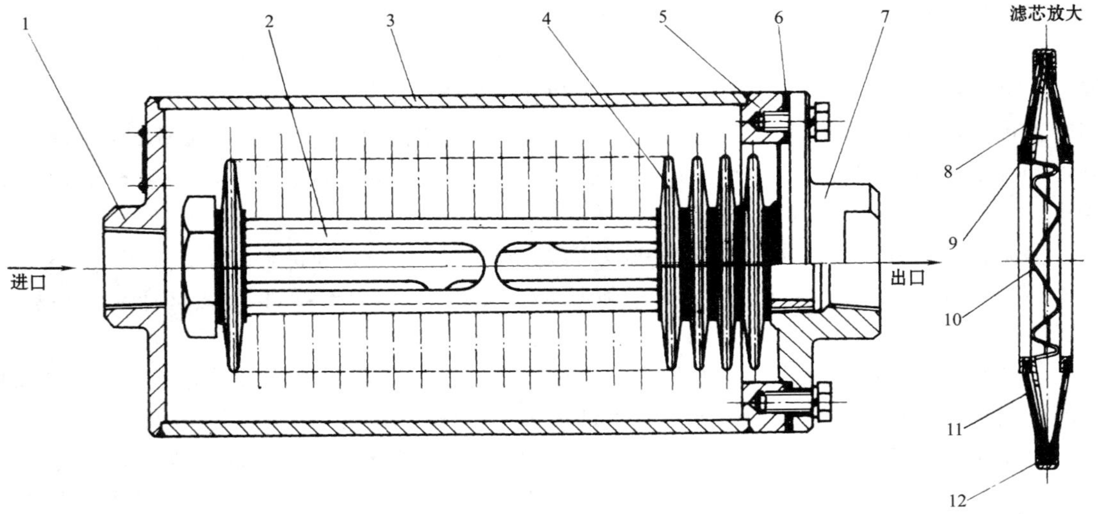

1—接头座;2—芯杆;3—圆筒;4—滤芯;5—法兰;6—橡胶石棉垫;
7—盖;8—支承网;9—内环;10—中间支承;11—滤网;12—外包圈。

图 8-4-10 增压器机油精滤器

三、机油热交换器

柴油机运转时有 6.3%～8.25%的热量被机油带走,因而机油温度不断上升,如不及时冷却,则机油黏度将迅速下降,机油容易氧化变质,油膜减薄,零部件摩擦磨损增大,所以采用热交换器使机油降温,在冬季还可以对机油进行预热。

DF_{4B} 型内燃机车有 2 个构造相同的热交换器安装在机车冷却室内右侧,2 个热交换器的水管路采用串联连接,而机油管路采用并联连接。热交换器为密排水管换热式机油冷却器,冷却水在管内流动,机油在管外流动,通过管壁进行热交换,冷却水由柴油机低温水系统提供。

热交换器主要由进水盖、出水盖、体、活动管板、固定管板、大隔板、小隔板、铜管及密封圈等组成,如图 8-4-11 所示。

热交换器体两端焊有法兰,分别与进、出水盖相紧固。在体侧壁上焊有进、出油口,上方设有放气阀。进、出水盖上分别焊有进、出水口,放水阀接头及检查堵。体底部设有放油管及放油阀。

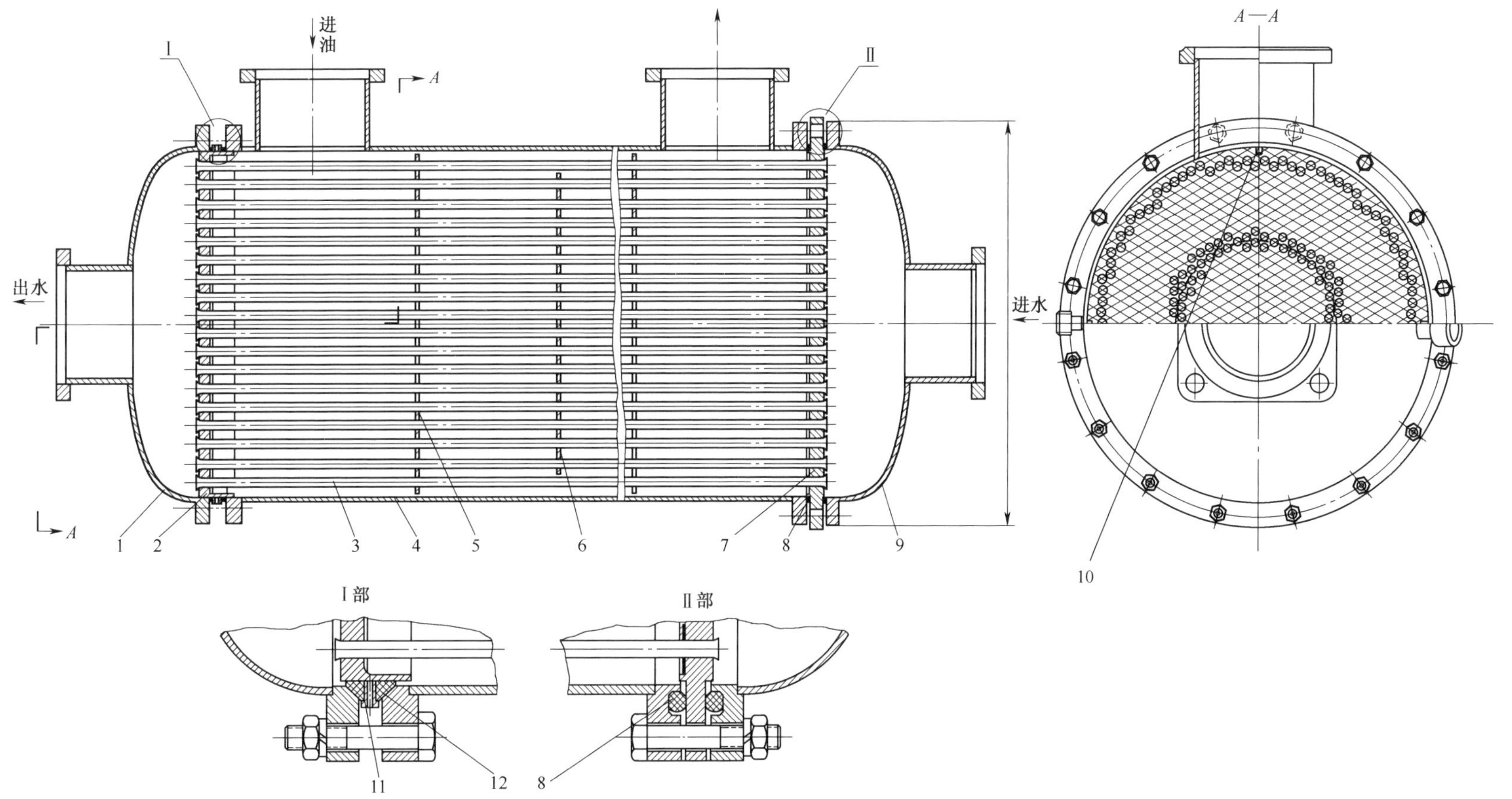

1—出水盖;2—活动管板;3—冷却铜管;4—体;5—大隔板;6—小隔板;7—固定管板;8、12—O 形圈;9—进水盖;10—隔条;11—压环。

图 8-4-11　机油热交换器

热交换器的芯部装有呈三角形排列的 868 根铜管，其直径为8 mm，壁厚为0.75 mm，长度为1 150 mm，管中心距为10 mm。铜管端部经扩口后锡焊在两端管板上。与进水盖固定的体管板称为固定管板。装在出水盖端体内孔中的管板可以自由伸缩，称为活动管板，以补偿体和管组受热后不同的膨胀量。在两管板之间布置有 7 块隔板，其中 4 块隔板为大隔板(中部有通孔)，3 块为小隔板(边缘留有通道)，大小隔板间隔布置。隔板作为管组的中间支撑，并造成机油的迂回运动，用以控制机油的流速，增加热交换器的传热系数。

为防止热交换器内油水互窜，在活动管板外圆两道 O 形圈中间装有压环，一旦密封圈失效，油或水即可从压环上 24 个径向孔流出，以及时发现和采取措施。

第五节 16V280ZJ 型柴油机机油系统

一、机油系统的回路

16V280ZJ 型柴油机机油系统由机油泵、机油离心式滤清器、机油滤清器、增压器滤清器、机油热交换器、启动机油泵组、辅助机油泵、安全阀、调压阀、仪表和机油管路等组成(图 8-5-1 和图 8-5-2)。机车在不同工况时，系统将按不同的系统工作回路工作。

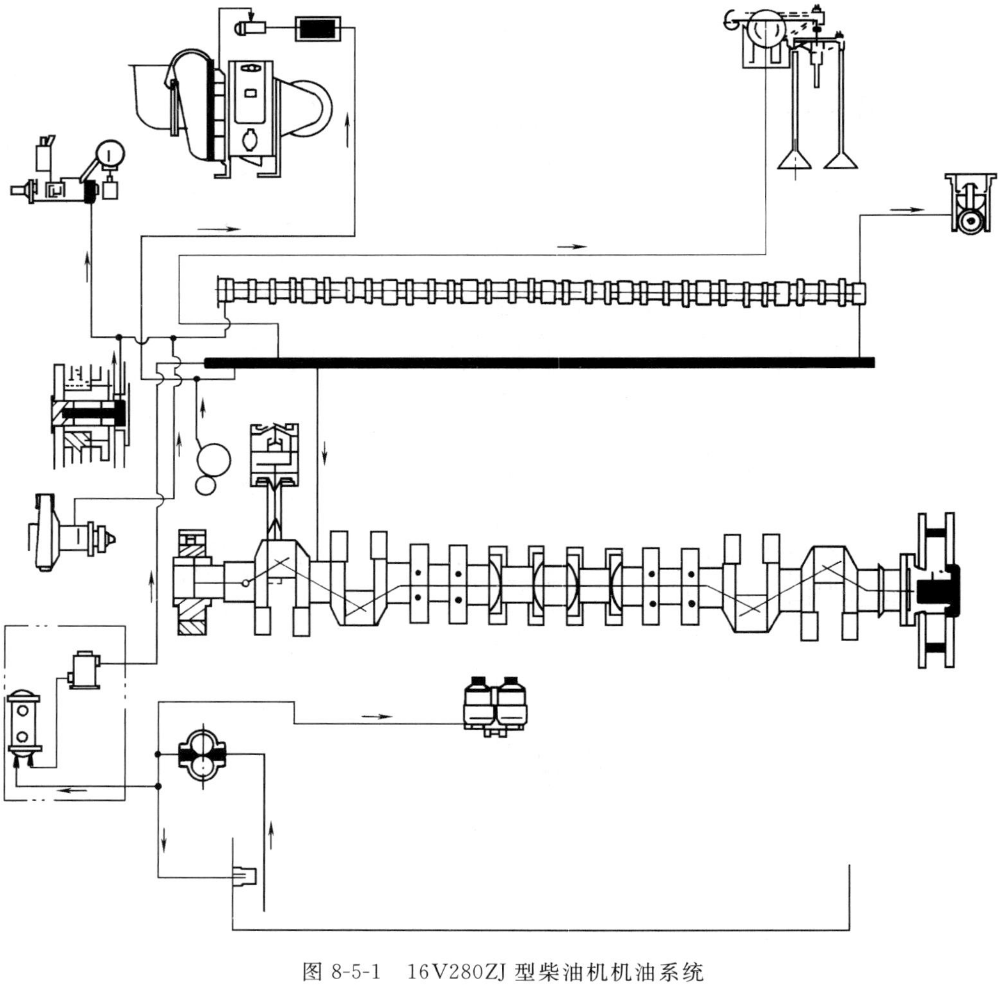

图 8-5-1 16V280ZJ 型柴油机机油系统

两个机油泵将油底壳里的机油经滤网和吸油道吸入，然后泵入设在油底壳前端板内的出油腔。安全阀安装在与出油腔相通的油底壳前端板内壁，当机油泵出口压力超过0.785 MPa时，安全阀开启，以保护机油泵和出油管路。4组离心式滤清器分别装在左右侧靠前端的第一个曲轴箱观察孔盖上，部分机油从油底壳出油腔的左右侧分别接入离心式滤清器，滤清后的机油落入油底壳。从机油泵出来的大部分机油，经油底壳出油腔的右侧出口进入机车的机油回路。机油经机油粗滤器、机油热交换器和机油精滤器(后改为机油进机油热交换器后再进入机油滤清器)，再从柴油机前端进入机体主油道。

在柴油机油底壳左侧设有启动机油泵的吸油口，机车的机油管路从吸油口接入启动机油泵的进口。柴油机启动前，启动机油泵泵出机油，经机油粗滤器、机油热交换器和机油精滤器(或经机油热交换器、机油滤清器)进入柴油机机体主油道，再送往各润滑点。为适应冬季运行的需要，机车上设有预热系统，依靠辅助油泵使机油预热回路中循环加热。

机油从主油道经机体各立板钻孔进入主轴承，由曲轴油道进入卷簧减振器、弹性联轴节和连杆大头轴承，由连杆杆身油孔进入连杆小头轴承，经由活塞销内孔进入活塞的活塞销座孔，再进入活塞冷却油腔。机油吸收活塞顶的热量后，从活塞体中部油孔流出，落入油底壳。

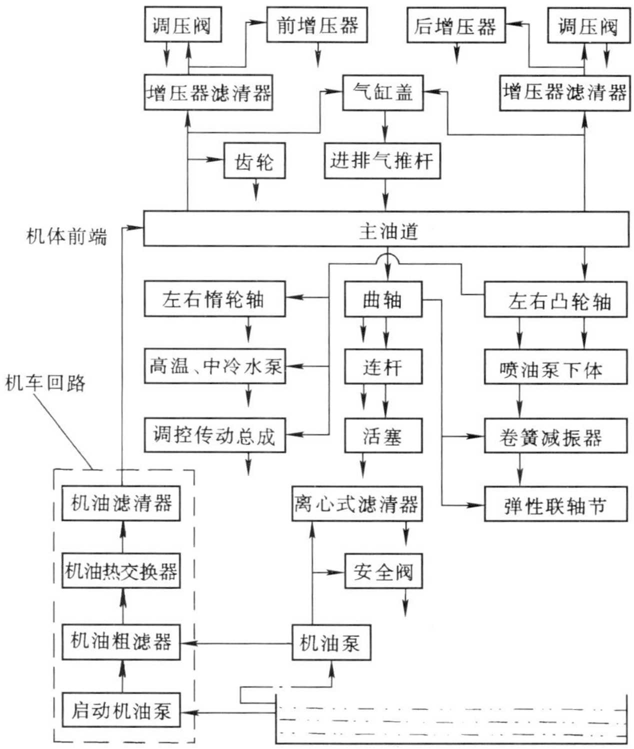

图 8-5-2 16V280ZJ 型柴油机机油系统框图

靠后端的机体左右凸轮轴孔，由机体内铸入的钢管与主油道相通，机油沿钢管内孔进入凸轮轴轴承，并进入凸轮轴中空油道，再进入各凸轮轴轴承。

靠后端的机体左右凸轮轴孔，由机体上的钻孔与喷油泵下体进油总管相通，机油从凸轮轴孔经该孔、总管和各支管进入各喷油泵下体，去润滑滚轮等运动件。

靠前端的机体左右凸轮轴孔与机体侧面的一个钻孔相通，机油从凸轮轴孔经该孔引出。右侧分出3路，分别接入调控传动总成的轴承、中冷水泵轴承和经机体侧面钻孔进入右侧配气惰轮轴承；左侧分出2路，分别接入高温水泵轴承和经机体侧面钻孔进入左侧配气惰轮轴承。

由一根带有接头体的油管从主油道后端盖板上引出3路机油，其中一路进入后增压器进油管路；另两路分别进入左右列气缸盖进油总管。

主油道前端由机体前端板顶面的钻孔与分油器接通。机油从分油器分出4路，其中一路由管子接到机体齿轮箱左侧顶面的螺孔，机油由此孔喷入齿轮箱，用以润滑各传动齿轮的齿面；另一路进入前增压器进油管路；剩余两路分别进入左右列气缸盖进油总管。

综上所述，主油道的前后端均引出2路机油分别送入左右列气缸盖进油总管，再由各支管接到各缸盖外侧,去润滑摇臂、摇臂轴等摩擦面。由摇臂油孔经其头部出来的一路机油,顺推杆中空内孔流入配气挺柱,去润滑挺柱各摩擦面和凸轮表面,再经机体流入油底壳。

前后增压器进油管路均设有增压器滤清器、调压阀和油压继电器,以保证供给增压器的机油满足规定的压力和过滤精度,当机油压力低于规定值时,还迫使柴油机卸载、停机,以保护增压器的可靠运转。增压器的回油,由增压器底部经油管从机体顶面接入机体内,再流入油底壳。

为保证柴油机在正常机油压力下运行,在调控系统的控制拉杆装置中,设有油压保护机构。为保证增压器在正常机油压力下运转,从 $DF_8$0110 号内燃机车及和 DF_{11} 型内燃机车开始,柴油机还设置了 2 个油压继电器。

柴油机启动后,机油系统进入正常的工作回路,柴油机机油泵从油底壳吸油,将机油泵入主机油道,经机油热交换器和机油滤清器进入柴油机机油系统,并至各运动部位润滑后回入油底壳。

二、机油系统的主要部件

1. 机油热交换器

机油热交换器(图 8-5-3)为管壳式结构,由筒体、端盖、管板、铜管、隔板、密封件等组成。冷却水在管内流动,机油在管外沿隔板迂回流动,通过铜管壁进行热交换,达到冷却机油的目的。在冬季启动柴油机前,可作为加热机油用。

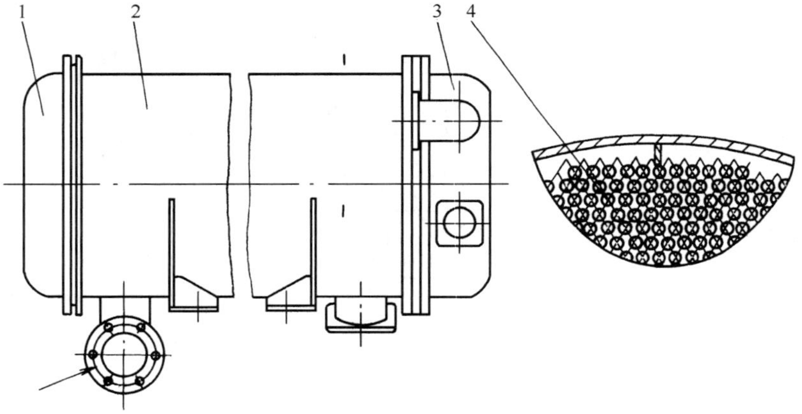

1—盖(Ⅰ)装配;2—筒体装配;3—盖(Ⅱ)装配;4—管板装配。

图 8-5-3　机油热交换器

机油热交换器的主要性能参数见表 8-5-1。

表 8-5-1　机油热交换器的主要性能参数

铜管尺寸/mm	铜管数量	筒体内径/mm	流量/(m^3/h)		传热系数/[W/(m^3·h)]	散热量/kW
			油	水		
φ6×0.5	2 362	462	90	100	740	575.7

2. 机油滤清器

机油滤清器(图 8-5-4)主要由压盖、中盖、边盖、滤清器壳体、化纤滤芯、磁钢、轴、双针压力表,以及相应的管路、接头、紧固件、O 形圈等组成。该滤清器有 3 个相同的化纤滤芯并联安装，与一般的化纤机油滤清器相比，它增加了12个磁钢，用于吸附机油中存在的铁磁性金属磨粒。机油滤清器装配前，应对滤清器壳体进行压力试验，试验压力为1.2 MPa，保压10 min，不允许有任何渗漏现象和明显的变形。滤清器装配完毕以后，还必须进行密封性能试验，试验的压力为1 MPa，所有密封面应无油液渗漏。

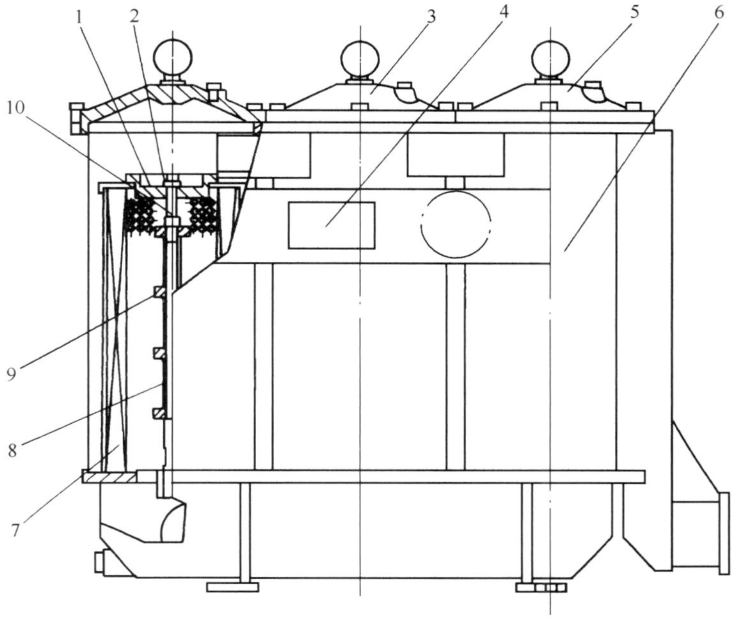

1—压盖；2—补偿垫圈；3—中盖；4—标牌；5—边盖；6—滤清器壳体；
7—化纤滤芯；8—隔套；9—磁钢；10—轴。

图 8-5-4 机油滤清器

机油滤清器在额定流量为120 m^3/h、油温为75 ℃、油压为0.7 MPa时，滤清器的原始总成压差小于0.04 MPa。当其阻力超过0.1 MPa时，应更换新的滤芯。

3. 主机油泵

主机油泵装在油底壳前端面，主要由泵体、主从动齿轮、轴承座板、轴套和端盖等组成，如图 8-5-5 所示。齿轮式主机油泵的排量由机油散热量来确定，因柴油机功率大，要求机油散热量大，因而其排量要大，故采用两个机油泵，并且采用大模数、高线速度、大齿宽、小端面和小径向间隙的主、从动齿轮。这种油泵结构简单、使用可靠、重量轻、供油均匀，便于制造与维修。当一个泵出现故障时，另一个泵仍然可以维持柴油机正常运行。

主、从动齿轮由合金钢制成，齿面氮化处理。主动齿轮端通过花键轴插入驱动机油泵工作的传动齿轮轴的花键槽内，主从动齿轮轴两端支承在由铸造青铜制成的滑动轴承上，滑动轴承分别设置在泵体和轴承座板中。

在轴承座板和泵体与齿轮配合的端面设有卸压槽，卸压槽将啮合点与泵的输出油腔连通，以避免齿轮啮合处的机油因被挤压产生的高压使齿轮和轴承受到很大的负荷而产生过快磨损和损伤。

4. 机油离心式滤清器

机油离心式滤清器有4组，分别装在机体左、右侧的曲轴箱观察孔盖上，其结构与16V240ZJB型柴油机的离心式精滤器类似，主要由转子、外罩壳、滤清器座和转子轴组成。

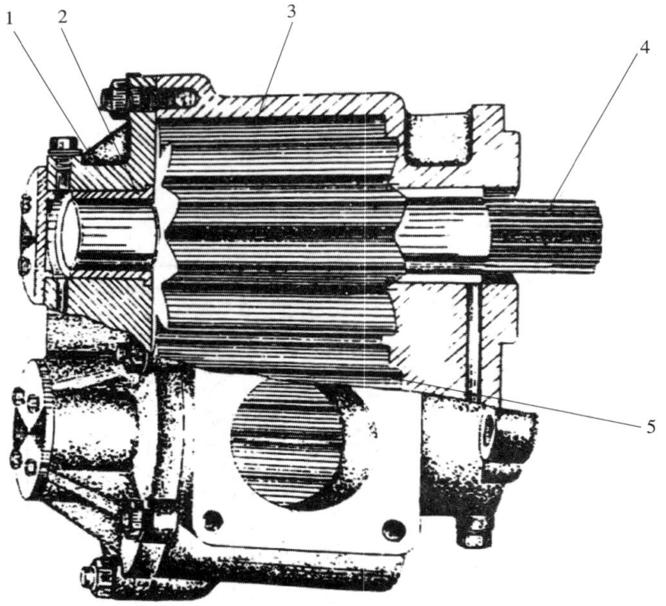

1—轴承座板;2—轴套;3—泵体;4—主动齿轮;5—从动齿轮。

图 8-5-5 主机油泵

其主要技术要求为:当机油压力为 0.736～0.785 MPa,油温为 75～85 ℃时,转子的转速应大于 4 500 r/min,流量不小于 36 L/min。

5.增压器机油滤清器

增压器机油滤清器曾采用过铜网元件(铜网规格为 500 目)叠合而成的滤芯,滤清精度为 36 μm,其外壳是一个圆筒,圆筒两端的螺纹接头分别为进出油口。

后来采用不锈钢网滤芯,滤清精度为 20 μm,其外壳是一个圆筒,圆筒两端的螺纹接头与原滤清器一样。机油从圆筒一端的接头进入滤芯与外壳之间的空腔,杂质被阻于不锈钢滤网外面,清洁的机油通过滤网进入滤芯内孔,经圆筒的另一端接头流出。

其主要技术要求为:在流量 45 L/min 时,初始阻力不大于 20 kPa;当压差达 80 kPa 时应清洗滤芯,应先在三氯乙烯溶剂中清洗,然后在超声波清洗液中清洗 1 min;滤芯设计寿命压差为 0.1 MPa,滤芯累计工作 5 000 h 及发生滤芯严重变形或滤网破损时,应更换滤芯。

第六节 16V265H 型柴油机机油系统

HXN_3 型内燃机车机油系统(或称柴油机外部机油系统)与柴油机内部机油系统连接为一体,共同构成完整的机油循环系统,对柴油机运动部件发挥润滑、冷却、清洗、密封及防锈等作用。

机车机油系统主要由启动机油泵电机组、主机油泵、机油粗滤器、机油精滤器、增压器滤清器、机油热交换器、逆止阀、截止阀及管路管件组成。它主要分为三个分系统:柴油机预润滑系统、柴油机主润滑系统、柴油机后润滑系统。

16V265H 型柴油机机油系统主要由粗滤器、主机油泵、减压阀、增压器进油逆止阀等部件组成。此外,尚有部分辅助零部件安装在机车系统中,如辅助机油泵、辅助机油泵滤清器、机油冷却器(简称油冷器)、机油滤清器及系统管件等。

一、柴油机预润滑系统

预润滑系统是在柴油机启动之前,通过启动机油泵从油底壳吸取机油,再将这些机油注入柴油机的主机油系统中,使机油充满管路,对柴油机的所有部件进行预润滑。在柴油机启机前,预润滑功能要由操作者人工选择。在某些应用中,通过电气系统的改进,可以通过计算机软件启动预润滑或后润滑功能。

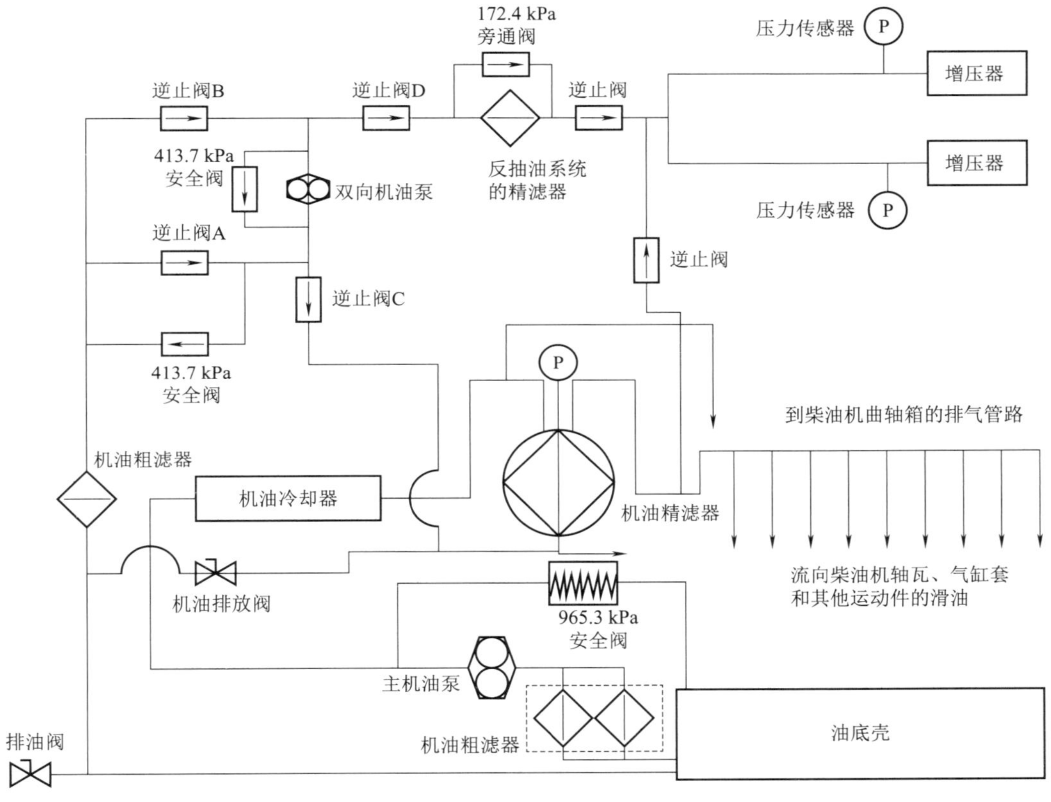

图 8-6-1　HXN3 型内燃机车机油系统机外循环原理

当柴油机更换机油、大修、更换进油精滤器滤芯或停机一天以上时,启动柴油机前必须对柴油机进行预润滑。不进行预润滑将导致柴油机轴承、气缸套和活塞等摩擦副的损坏。还有需要注意的是:每次更换机油和滤芯后,启机前应执行两次“预润滑”循环,首先使机油系统管路、机油冷却器和机油滤清器体内充满机油,然后再对柴油机进行预润滑。

1. 柴油机启动油路

在 EM2000 微机显示屏上选择预润滑指令时,EM2000 将操纵启动机油泵(也称双向机油泵,内置 413.7 kPa 安全阀,以防止油压过高而损坏)以逆时针方向旋转(电机则顺时针方向旋转),经过逆止阀 B(也称止回阀)从油底壳吸取机油。从启动机油泵出来的压力油,其分流压迫逆止阀 A 关闭,再经逆止阀 C 将机油输送到机油精滤器(也称机油滤清器)中,使滤清器壳体和油路充满机油。此时,通往增压器的油路,由于压力不足以打开逆止阀 D,故无法进入增压器。预润滑将持续 30 min,油压达到最低的限定值 141 kPa。如果启动机油泵有故障,在启动的 60 s 内将提示“柴油机无启动油压”。

2. 柴油机预热油路

柴油机启动前,双向机油泵同样通过逆止阀 B 经机油粗滤器从油底壳抽出机油,再经逆止阀 C 流向机油精滤器排油接口,在机油热交换器(也称机油冷却器)中被加热。机油精滤器体为立管结构,并且它的进口和出口都位于腔体的顶端,这样柴油机不工作时,机油的存储总可保持满载状态,以排除每次机油预热系统启动前补油的需要。

二、柴油机主润滑系统

如图 8-6-2 所示,主机油泵通过安装在柴油机前部的粗滤器将机油从油底壳内抽出来,被直接送到机车后部的精滤器。再被输送到机油热交换器与高温水进行热交换后,通过柴油机前面中心部位的主油道进入柴油机。主油道贯穿整个柴油机的纵向长度,并向各个分支油道供油。

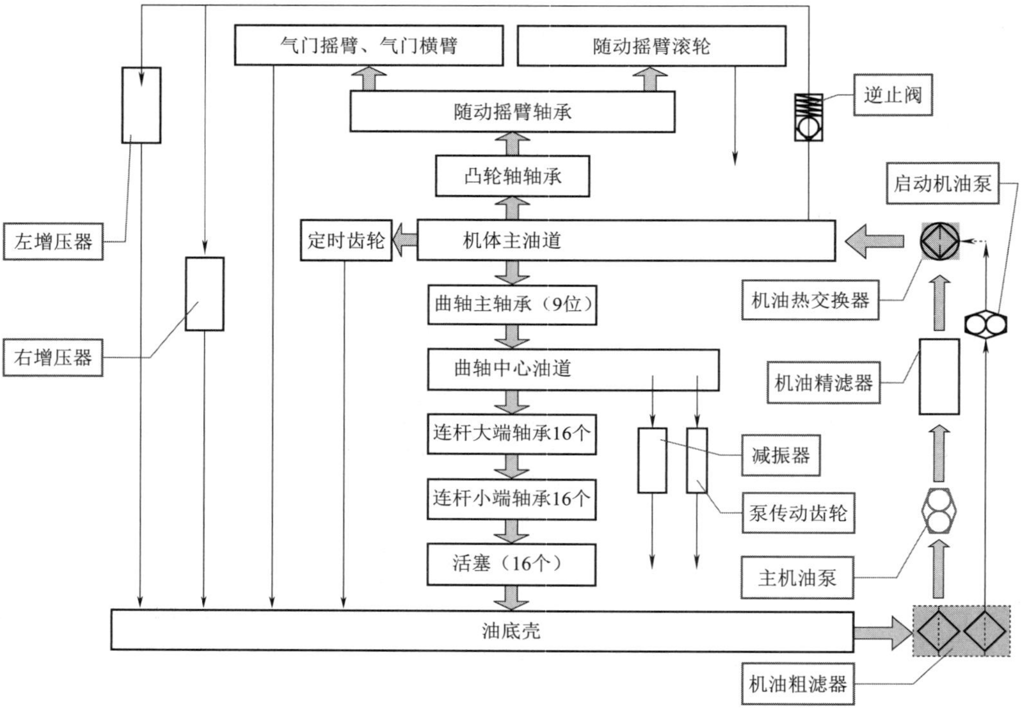

图 8-6-2 HXN3 型内燃机车机油系统机内循环原理

在辅助传动箱的正上方有一个连接座,将主机油道和从机油热交换器来的机油管连接起来,机体主机油道在每个轴承位置嵌入一根直立管,其作用是减小机油的扰动和尽量减少污物进入主轴承,保护主轴瓦防止拉伤。机油沿直立管向下流到主轴瓦和轴颈处。机油通过曲轴内部的钻孔从主轴颈进入连杆轴颈,然后分别进入每个连杆体内部的钻孔。机油沿着连杆钻孔往上,经连杆小端轴承进入活塞销。再通过活塞销内的钻孔,将机油供应到活塞装配的活塞销轴套内。机油经过轴套后,从活塞裙内部通道进入活塞顶部的油腔,冷却活塞顶部后,流回到柴油机油底壳。

在机体主油道的上部,由油道将机油引入凸轮轴轴承座为凸轮轴轴承提供润滑,然后通过凸轮轴轴瓦将机油引入随动轴轴承座。经轴瓦进入随动轴,再从随动轴内部的钻孔提供给随动摇臂、随动滚轮和顶杆。机油流经中空的顶杆为顶部的阀系机构供应机油。来自随动摇臂的机油经顶杆向上进入摇臂,通过内部钻孔进入摇臂衬套和横臂,进入横臂的机油被提供给自动气门间隙调整器。从气阀机构返回的机油依次流经气缸盖及机体顶部的油道回到油底壳。

两个增压器的正常润滑和冷却直接由主机油系统分出的一条支路供油。增压器使用的机油是由柴油机进油管处供出。首先通过一个逆止阀,再经两个机油支路,分别进入增压器后部下面的机油总管。在润滑和冷却了增压器的轴承后,流入增压器底部的回油总管,然后经增压器支撑箱后返回油底壳。

此外,在柴油机机体后部安装有惰轮支架。该部件作为后部齿轮系的机油道,将来自主油道的机油提供给两个齿轮轴套。

三、柴油机后润滑系统

在柴油机停机瞬间,后润滑功能由计算机自动启动,EM2000 微机控制启动机油泵与预润滑功能时相反的方向旋转(启动机油泵顺时针旋转,电机逆时针旋转),经过逆止阀 A 从柴油机的油底壳抽取机油,然后将机油输送到增压器滤清器。滤清后的机油进入两侧增压器的两条管路中,对增压器进行润滑大约持续 15 min。

如图 8-6-1 所示,当后润滑功能被启动时,双向机油泵从油底壳吸出的机油经过逆止阀 A,其分流关闭逆止阀 C,进入双向机油泵。压力油从双向机油泵流出,其分流迫使逆止阀 B 关闭,并流过逆止阀 D,进入通往(后润滑)增压器滤清器的管路。然后为增压器轴承提供机油。泄油和回油依靠重力从增压器流回到油底壳。

四、增压器润滑系统

16V265H 型柴油机增压器润滑系统的设计是非常规的,这个系统既作为增压器的润滑(后润滑)系统,又作为柴油机的预润滑系统。

增压器润滑系统由 1 个双向交流电机驱动的泵、1 个旋转式机油滤清器,以及含有 4 个逆止阀的连接管路等组成(图 8-6-3)。泵布置在主机油滤清器附近,旋转式机油滤清器布置在增压器附近。逆止阀与双向机油泵的联合作用,可使该润滑系统执行两种不同的功能。一是在柴油机启动前对柴油机的预润滑功能;二是在柴油机停机后对增压器进行后润滑。

作为一个润滑源,双向机油泵与主机油泵分开安装。在柴油机停机瞬间,后润滑功能由计算机自动启动,双向机油泵经逆止阀 A 和 D 为系统提供机油,将增压器的残余热量带走。这个过程中逆止阀 B 和 C 均为关闭状态。而在柴油机启机前,预润滑功能要由操作者人工选择,双向机油泵电机以相反方向旋转,提供油压对柴油机进行预润滑,逆止阀 D 处于关闭状态,增压器得不到机油,也不需要进行润滑。

在柴油机启动完成后正常运转情况下,主机油泵从油底壳抽出的机油经机油粗滤器、精滤器过滤后,从柴油机进口处分离出来一个分支,经图 8-6-3 中的逆止阀 E(34.5 kPa)分别流入增压器两侧的油管。在柴油机额定工况(额定功率和额定转速)下,增压器进油孔限制机油流量为 56.8 L/min(15 gal/min)。由于机油已经过机油粗滤器和精滤器的过滤,所以无须再附加单独的过滤系统。

此外,EMEDC 系统还随时监控主机油道进口处的机油温度值和左、右侧增压器机油进口处的压力值。当这些参数值超过系统软件中所设定的限值范围时,EMDEC 系统将和车载微机系统联合,对柴油机进行相应的降载或停机保护措施。

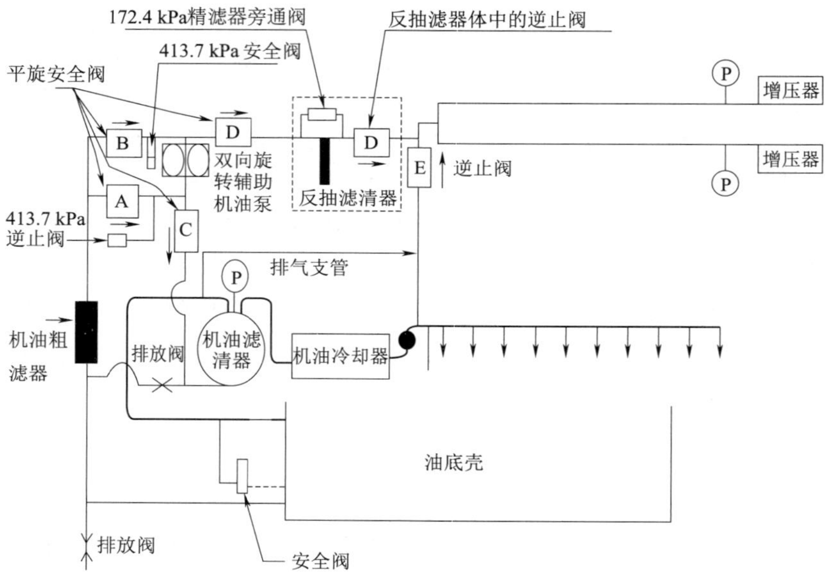

图 8-6-3　增压器润滑系统原理

机油压力值与柴油机转速有关,表 8-6-1 为增压器机油进口压力停机保护值。

表 8-6-1　16V265H 型柴油机增压器机油进口压力停机保护值

转速/(r/min)	增压器进油压力下限/kPa	增压器进油压力上限/kPa
70	0.00	879.50
140	0.00	879.50
210	15.52	879.50
280	32.76	879.50
350	43.10	879.50
420	50.00	879.50
490	56.89	879.50
560	65.51	879.50
630	72.41	879.50
700	79.30	879.50
770	86.20	879.50
840	94.82	879.50
910	103.44	879.50
980	110.34	879.50
1 050	117.23	879.50
1 120	117.23	879.50
1 190	117.23	879.50

五、机油系统主要部件

1. 启动机油泵

启动机油泵型号为 GPV-0782-26。在启动机油泵的出口处设置一个安全阀,用于柴油机预润滑阶段,防止管路堵塞时对机油泵本身或其他部件造成损坏。启动机油泵电机(图 8-6-4)按照进口的功能进行了国产化,在电机的尾部装有散热器。启动机油泵与电机采用联轴节连接,联轴节之间的橡胶垫需要定期更换。

在柴油机进行预润滑和后润滑吸取机油时用的都是同一个启动机油泵电机组(也称双向机油泵),该泵和电机均可双向旋转。当机油泵逆时针旋转时,是在柴油机启动前对柴油机进行预润滑;当机油泵顺时针旋转时,是在柴油机停机时对增压器进行后润滑。当进行预润滑时,启动机油泵在柴油机启机前运行 15 min,额定流量为 30.3 L/min(8 gal/min),压力为 137.8 kPa(20 psi);当进行后润滑时,在柴油机停机后运行 30 min,额定流量为 15.15 L/min (4 gal/min),压力为 275.6 kPa(40 psi)。

2. 主机油泵

主机油泵(图 8-6-5)安装在柴油机前端的泵支承箱(又称辅助传动箱)的左下侧,由辅助传动齿轮(泵传动齿轮)驱动。在壳体后端,固定着柴油机的机带燃油输送泵,主机油泵主动轴的后端通过十字联轴器与机带燃油输送泵转子轴相连,在柴油机泵传动齿轮的驱动下和机带燃油输送泵按同一转速运转。

主机油泵为正压输送的斜齿轮泵,泵体内有相互啮合的一对齿轮。其主动齿轮用键安装在主动轴上,从动轴被定位螺钉固定在泵体上,从动齿轮的内孔中压入轴承套,与从动齿轮一起围绕从动轴转动。主动轴在压入泵体的轴套中旋转,轴套带有翻边止推环,略微突出泵体,用来承受主动齿轮的轴向力。在额定转速下,主机油泵输出流量为 2 168 L/min(130 m^3/h)。

图 8-6-4　启动机油泵电机

图 8-6-5　主机油泵

3. 安全阀

机油系统安全阀的主要作用是:在某些情况下,例如,机油因温度过低、黏度升高等而造成系统压力超过安全值时,安全阀被打开,将主机油泵出口的机油直接排入油底壳,以减少系统中机油流量的方式来降低压力负荷,保护柴油机的安全。

16V265H 型柴油机机油系统的安全阀(也称减压阀、泄压阀,如图 8-6-6 所示)安装在泵支承箱内左前侧的法兰上,通过泵支承箱的窗口,可以对其进行检查和维护。安全阀中弹簧的预压缩量决定了阀的开启压力,即机油泵出口的最大油压。在出厂时安全阀的开启压力被设定为 965.3 kPa,当油压大于该值时,安全阀的阀口将开启至最大面积。

4. 机油粗滤器

机油粗滤器(图 8-6-7)外形呈扁筒状,安装在泵支撑箱上。铸件的粗滤器壳体内装有不锈钢的网状滤芯,滤芯是一个刚性的多孔金属网,滤网孔直径 0.5 mm。在粗滤器滤芯装入壳体后,通过把紧盖上的螺栓来固定滤芯。粗滤器的特点是不易变形且容易清洗。滤网的清洗时间为 92 d。

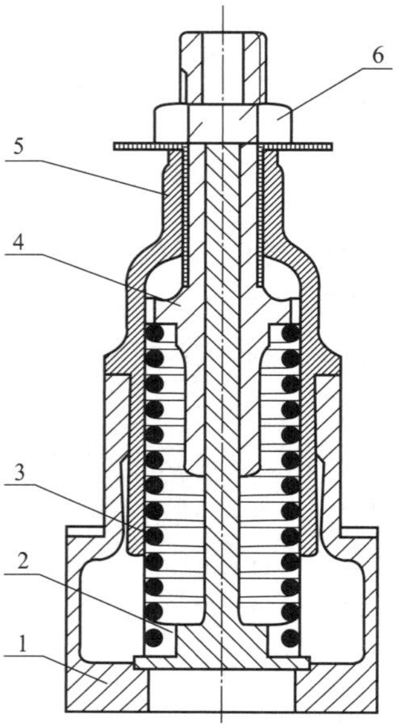

1—下阀体;2—上阀体;3—导套;
4—阀;5—弹簧;6—锁紧螺母。

图 8-6-6　安全阀

图 8-6-7　机油粗滤器

5. 机油精滤器

机油精滤器(也称机油滤清器)的容积比较大,能合理匹配 16V265H 型柴油机机油流量的增加和压力的变化。其主要功能是及时清除机油工作中产生的机械颗粒杂质和氧化胶质物,使机油保持一定的清洁度。保证柴油机各运动件运转的可靠性和耐久性,从而提高机车运行的经济性。

机油精滤器(图 8-6-8)的主体为焊接钢结构,其壳体由主体、端盖、挡板、芯轴、底座、O 形圈、油管及各紧固件组成。主体与端盖用联轴节和螺栓连接,并用 O 形圈密封。O 形圈的最短使用寿命为 184 d。在机油温度为 57 ℃时,能容纳 1 892 L/min(500 gal/min)的流量。精滤器壳体上没有安装旁通阀,如果精滤器发生了堵塞,机油系统内的油压则会增加,当压力超过 413.7 kPa 时,系统中的安全阀打开使机油流回油底壳。这样就降低了柴油机内机油的实际压力。

机油滤清器壳体里面(图 8-6-9)安装有 7 组滤芯,每组滤芯有 2 个滤芯单元。每个滤芯单元的主要技术参数见表 8-6-2。

表 8-6-2　滤芯单元主要技术参数

长度/mm	365±2
直径/mm	350±2
材质	纸质
流量/(L/min)	152
过滤精度/μm	13
极限压差/kPa	206.84(约 30 psi)
使用寿命/d	92

图 8-6-8　机油精滤器

图 8-6-9　机油精滤器内部结构

在使用过程中，由于滤芯（图 8-6-10）的过滤介质逐渐被污染物堵塞，压差逐渐增大。当压差达到 206.8 kPa(30 psi)时，说明滤芯已经脏污，应立即更换。在机车上安装了压差指示表，可以测量显示机油精滤器进出口之间的压力差。如果滤芯使用超过 92 d，但压差还未到达 206.8 kPa，也需要进行更换。

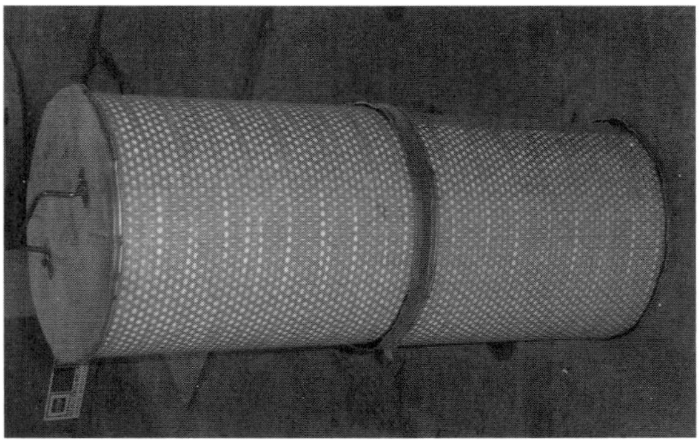

图 8-6-10　机油精滤器滤芯

6. 增压器滤清器

在柴油机停机后，启动机油泵继续工作从油底壳吸取机油，经过增压器滤清器，再为增压器润滑 15 min。增压器滤清器是由滤器块和滤器罐组成的，如图 8-6-11 所示。在滤器块中有机油的进出油口，内部还安装了安全阀，防止管路压力过高对滤清器造成损坏。在滤器块与滤器罐之间装有密封圈，防止机油泄漏。滤器罐的进油口为 8 个，中间的孔为出油口，即过滤完之后的机油从此口排出，如图 8-6-12 所示。在滤器罐的内部装有滤芯，如图 8-6-13 所示。当压差达到 172.2 kPa (25 psi)时，说明滤芯已经脏污，应立即更换。如果滤芯使用超过 92 d，但压差还未到达 172.2 kPa(25 psi)，也需要进行更换。

图 8-6-11　增压器滤清器

图 8-6-12　增压器滤清器进出油口

图 8-6-13　增压器滤清器滤芯

滤器罐的主要技术参数见表 8-6-3。

表 8-6-3　滤器罐主要技术参数

长度/mm	181±2
直径/mm	91±2
材质	纸质
流量/(L/min)	15
过滤精度/μm	30
极限压差/kPa	172.2(约 25 psi)
使用寿命/d	92

7. 机油热交换器

机油热交换器(也称机油冷却器,如图 8-6-14 所示)为新型高容积的管束型(另称管片式)结构,可满足较高的系统压力和流量。机油热交换器安放于高温冷却水系统中,冷却水在管内流动,机油在管外流动,流动方向为逆流,通过管壁进行热交换。

图 8-6-14　机油热交换器

机油热交换器主要是由壳体、芯体、法兰、端盖、安全阀、压环、O 形圈、支架、管路及紧固件组成。壳体由钢管加工而成，前后端盖由钢板压制而成，上面分别焊有进出水管，其中进水管为2根，出水管为1根。芯体装有624根直径为6.35 mm的铜换热管。为防止机油热交换器内油水间互相渗漏，在活动板端部除了装有O形圈外，还设有压环，一旦密封圈失效，油或水可从压环上的径向孔中流出来，以便及时采取措施。机油热交换器壳体设有放油和放水阀。在组焊以后水侧进行0.9 MPa的水压试验，油侧进行1.65 MPa的油压试验，以检查焊接质量。表面经酸洗磷化防腐处理并涂以防锈油漆。

一般热交换器的换热管与管板的连接方式分为胀接和焊接两种。胀接就是利用胀管器使伸到管板孔中的管子端部直径扩大产生塑性变形，而管板只是弹性变形。胀接后管板与管子间因产生挤压力而紧贴在一起，达到密封与紧固连接的目的。胀接一般用在铜、碳素钢换热管与碳素钢、低合金钢管板之间，设计压力不超过4 MPa，温度在300 ℃以下。采用胀接时，管板的硬度应比管端硬度高，以保证胀接质量。焊接方式应用比较广泛，由于粗糙度要求不高，管子端部不需退火和磨光，因此制造加工比较简便。焊接结构强度高，抗拉脱力强，当焊接部分泄露时可以补焊，如需调换管子，能采用专用刀具拆卸焊接破漏管，比拆卸胀管方便。但由于焊接方式存在焊接变形，残余应力大。因此HXN_3型内燃机车机油热交换器采用的是胀接方式。

管板与管壳的连接方式分为可拆卸连接和不可拆卸连接。HXN_3型内燃机车进口的机油热交换器的管板与管壳采用焊接方式即固定管板式。这种结构比较简单，造价较低，相对其他方式其管板最薄，并且管外清洗非常困难，管壳间有温差应力存在。国产化的机油热交换器的管板与管壳采用了螺栓连接，即一端管板固定，另一端管板可在壳体内移动，管壳间不产生温差应力，芯体可抽出，便于清洗。

HXN_3型内燃机车机油热交换器为单管程换热器，即冷却水在管程内只通过一次；为了提高壳体内机油的流速，在壳体中间位置安装了一个与换热管束相垂直的折流挡板即隔板，这样可使机油横向流过管束，提高管间对流传热系数。此隔板为缺圆形，起折流和支撑的作用，把壳程分为两个流程，机油进入壳程以后穿过管束，通过隔板的缺口处流进隔板的另一侧即第二个流程，再穿过管束流到机油出口。为了防止壳体内机油阻塞造成压力过大，在隔板中间壳体外面安装了一个安全阀，当壳体中机油压力增加到234 kPa(34 psi)时，安全阀开启，把隔板进行短路，使机油从进口直接流到出口处，这样确保了芯体免受损伤，从而保证了机车的正常运行。

机油热交换器的主要技术参数见表8-6-4。

表8-6-4 机油热交换器主要技术参数

进口油温/℃	107.7
进口水温/℃	85.9
出口油温/℃	93.3
出口水温/℃	88.2
油的流量/(m^3/h)	107.9
水的流量/(m^3/h)	272.6
散热量/kW	704.4
冷却水工作压力/kPa	0～517.1(约0～75 psi)
机油工作压力/kPa	0～1 034.2(约0～150 psi)

第七节　GEVO16 型柴油机机油系统

HXN_5 型内燃机车的机油系统采用全流式系统，即所有润滑油必须通过润滑油滤清器循环。一旦滤清器堵塞，不允许未经滤清的润滑油通过其他通道进入系统循环，从而可以防止未经滤清的润滑油及其所含的有害杂质损害柴油机及其零部件。

一、机油管路系统

HXN_5 型内燃机车的机油管路系统包括机车机油系统(机外循环油路)和柴油机机油系统(机内循环油路)两部分。

1. 机车机油系统

机车机油系统主要由机油热交换器(润滑油冷却器)、润滑油滤清器、预润滑油泵及相应的管路、阀类等组成。

机油油路分为四种：预润滑油路(柴油机启动循环回路)、主工作循环油路(柴油机运行油路)、油气分离器油路、放油回路。机油系统还设有柴油机加油管路、排油管路，仅在注入、更换润滑油时使用。

(1)预润滑油路(图 8-7-1)

柴油机启动前，由机车蓄电池供电的直流电动机直接驱动预润滑油泵(启动机油泵)，预润滑油泵从柴油机油底壳吸油，压力油经过带节流孔的单向阀后进入主润滑油管路，经过润滑油滤清器滤清后，进入柴油机主润滑油道，为柴油机提供压力油，直至达到柴油机规定的启动油压，柴油机便可启动。

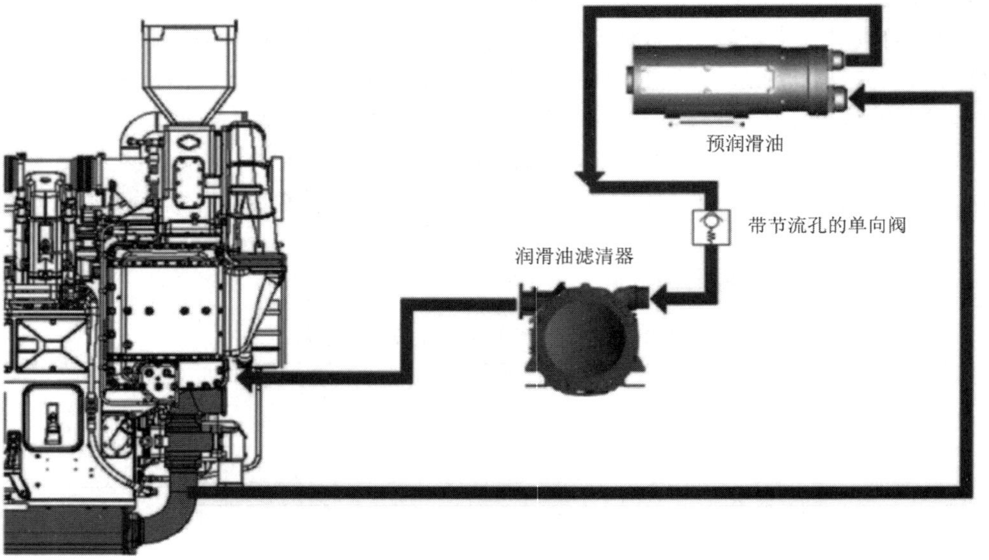

图 8-7-1　预润滑油路

(2)主工作循环油路(图 8-7-2)

当柴油机启动以后，由柴油机曲轴经齿轮带动润滑油泵，润滑油泵从油底壳吸油，将润滑油泵入机油热交换器进行冷却，然后进入润滑油滤清器进行滤清，最后进入柴油机前端盖，并分配到柴油机机体内的各个油道，对柴油机各运动部件进行润滑和冷却，从各运动部件出来的润滑油流回柴油机油底壳，完成循环过程。

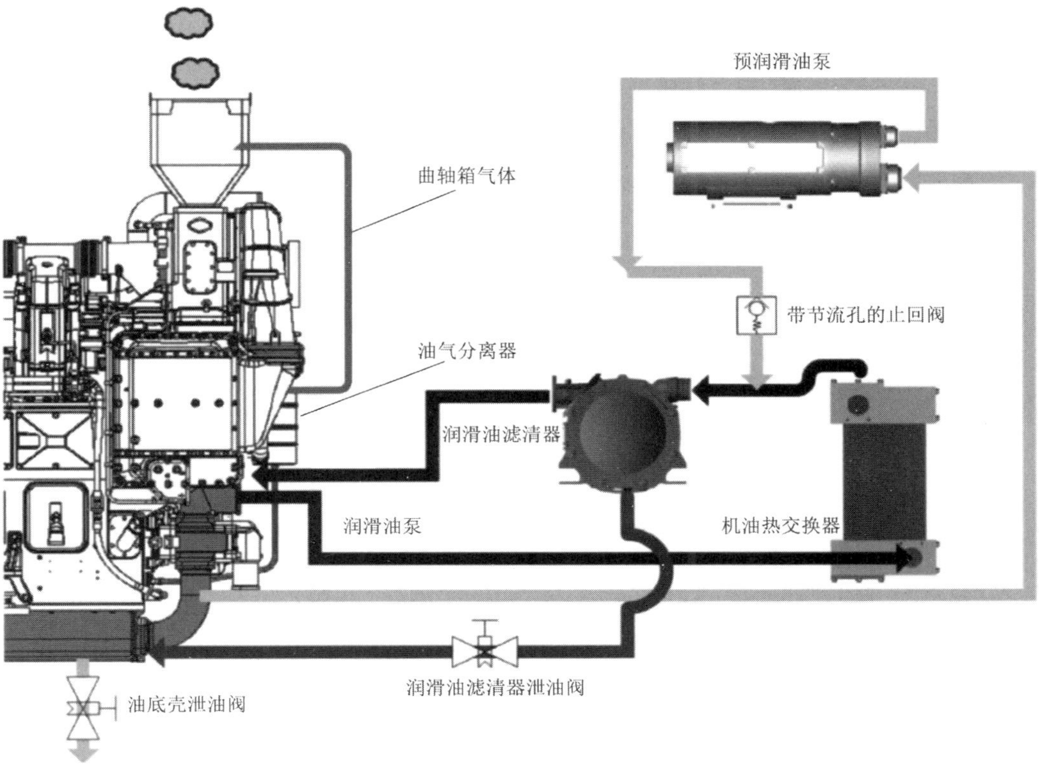

图 8-7-2 主工作循环油路

(3)油气分离器油路

在柴油机运转工况下，柴油机曲轴箱（负压状态）中的油雾经整体式前端盖被吸入到油气分离器。在油气分离器中，气体通过一个滤网芯，该滤网芯可除去气体中的机油成分。被分离出来的机油经连接在油气分离器与整体式前端盖之间的软管流回机油底壳。被滤出的气体经另一软管被导入排气烟囱。

(4)放油回路

在润滑油滤清器最低位置处，还设有通向油底壳的放油管及相应的截止阀，在检修、维护保养时可将机油系统管路及各部件内的机油回流到油底壳放出，保证了机油系统的正常使用。

2. 柴油机机油系统

柴油机工作过程中油底壳中的润滑油经过滤网由润滑油泵吸入，然后再泵入机车机油系统中的机油热交换器和润滑油滤清器，最后进入柴油机前端集成箱体，在此分几路分别流向左、右凸轮轴及涡轮增压器。

润滑油流过凸轮轴润滑凸轮轴轴承，从凸轮轴轴承出来的润滑油，在机体内分成 3 路送往各润滑点。机油系统循环原理如图 8-7-3 所示。

第 1 路机油通向曲轴主轴承，并通过曲轴内的斜钻孔流向曲柄销和连杆轴承。然后，通过连杆内油孔到达活塞销，再由此流经活塞销座到达活塞顶并对其冷却，然后返回曲轴箱。曲轴自由端的一个钻孔与曲轴内的斜油孔相通,将机油引入装在曲轴自由端法兰上的减振器内油腔。

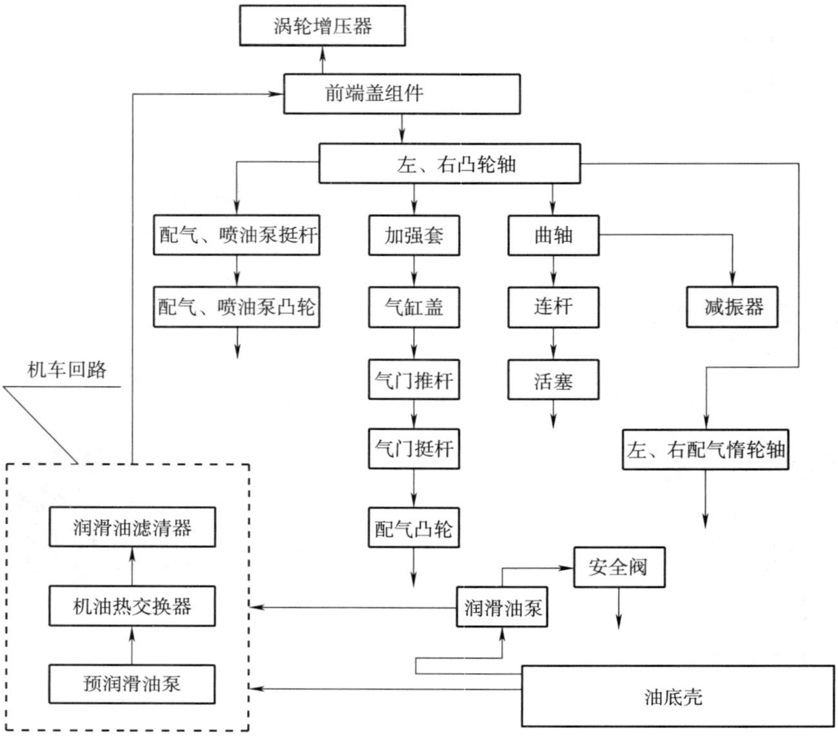

图 8-7-3 机油系统循环原理

第 2 路机油从凸轮轴承的位置开始,向上流经机体内的钻孔进入加强套。在加强套里,机油一路进入配气及喷油泵挺杆孔,去润滑配气机构及喷油泵挺杆的各摩擦面和凸轮表面;另一路再由此穿过气缸盖内的钻孔,进入摇臂轴安装支架。然后,机油从摇臂轴安装支架进入摇臂轴,并流经摇臂去润滑横臂。摇臂中余下的油向下流经中空推杆以润滑配气挺杆滚轮和凸轮,最后返回曲轴箱。

第 3 路机油通过凸轮轴孔,流经机体内的钻孔后,进入机体后端的左右配气惰轮轴,再经惰轮轴的轴向和径向油孔去润滑配气惰轮轴承。

另外,处于柴油机自由端的泵传动装置的齿轮和柴油机输出端的凸轮轴传动装置的齿轮依靠飞溅润滑。

二、机油系统保护措施

HXN_5 型内燃机车在机油系统、燃油系统、冷却水系统等都设置了较为完善的保护措施,这些保护功能对柴油机在极端运行范围或不正常条件下运行可能造成的损坏起保护作用,必要时会采取适当的降功率或限制运行的方式。尤其是在机油系统设置了比其他机车柴油机更完善的保护措施,主要有以下八个方面:

1. 润滑油低压保护

柴油机达到 180 r/min 并持续 20 s 后,柴油机控制单元(ECU)将由柴油机润滑油进口压力(ELIP)传感器读取的柴油机润滑油进口压力与定义了最小润滑油压力值进行比较，若润滑油压力降到低于最小压力值，ECU 发出信号给柴油机管理系统(EMS)软件以采取适当措施。

如果在 N8(第 8 手柄位)、N7(第 7 手柄位)或 N6(第 6 手柄位)柴油机转速下润滑油的压力低于最小限制值达 1 s，柴油机转速将减至 N5(第 5 手柄位)。若润滑油的压力持续停留在限制值以下，则每过 10 s 柴油机手柄位转速会降低一挡，直至柴油机怠速运转。

如果在某一点，润滑油压力上升到限值以上并持续 5 min，柴油机手柄位转速会上升一个挡位。只要柴油机润滑油压力停留在限值以上，手柄位转速就将每 10 min 上升一个挡位，直至柴油机转速返回到当前由功率手柄选定的手柄位转速。表 8-7-1 列出了按柴油机输入转速规定的润滑油压力限制值。

表 8-7-1　柴油机转速及润滑油压力

柴油机转速/(r/min)	润滑油压力(对于 ELIT≤85 ℃)/kPa	润滑油压力(对于 ELIT≤110 ℃)/kPa
440	116	116
580	176.5	176.5
888	389.5	341.5
925	429	367
995	466.5	392
1 050	482.5	413

注：ELIT 为柴油机润滑油进口温度。

2. 润滑油压力极低保护

柴油机运行时，ECU 会将由 ELIP 传感器读出的柴油机润滑油进口压力与极低润滑油压力停机值(对于给定的柴油机转速)的表进行比较。如果润滑油压力降到停机值，EMS 软件会将柴油机停机。表 8-7-2 列出各典型柴油机手柄位转速的极低润滑油压力停机值。

表 8-7-2　柴油机转速对应的极低润滑油压力停机值

柴油机转速/(r/min)	ELIP/kPa
440	57.5
580	86.5
888	152
925	159.5
995	174.5
1 050	185

3. 低油压计数保护

该项保护用于统计一个周期(14 d)内所发生低油压事件的次数，若等于或多于 5 次，则将柴油机限制在 N2(第 2 手柄位)，如果要解除该限制，则要求具有相关资质的人员进行人工复位。

4. 柴油机低温保护

柴油机低温保护策略根据润滑油进口温度对柴油机进行转速限制。当柴油机处于低温(ELIT＜75 ℃)状态，例如刚启动并在寒冷环境温度下，柴油机转速会因柴油机润滑油进口温度(由 ELIT 传感器读出)而受到限制。该限制可保护柴油机的润滑油泵及外部油管免受损坏。冷启动时柴油机转速与柴油机润滑油进口温度的关系见表 8-7-3 和图 8-7-4。

表 8-7-3 冷启动期间柴油机转速与柴油机润滑油进口温度的关系

ELIT/℃	<36	36~47	47~52	52~58	58~64	64~69
转速/(r/min)	440	620	705	795	705	585

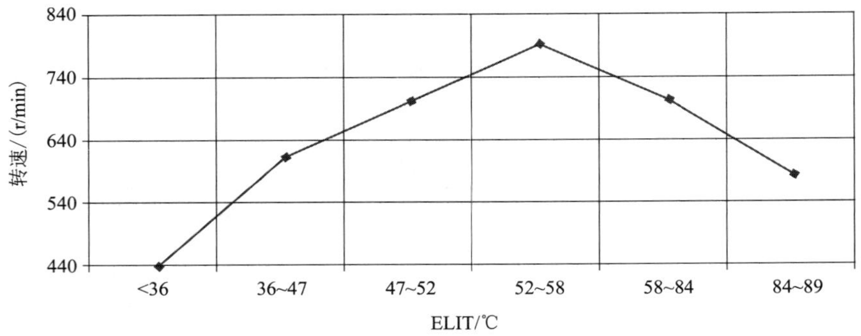

图 8-7-4 冷启动期间柴油机转速与润滑油进口温度的关系

5. 润滑油高温保护

该保护措施可保护柴油机不会因为隧道运行、冷却水系统失灵，以及其他有可能提高柴油机润滑油进口温度等因素而造成过热，润滑油进口目标温度通常控制在 82 ℃或以下。具体有两种控制方式：

(1)标准控制方式

标准控制方式为改变散热器风扇转速，控制冷却水温度。

如果 ELIT≥88 ℃，柴油机转速将根据希望的柴油机转速而进行调整。柴油机转速调整可优化流过柴油机的润滑油流量。柴油机以三种转速(580 r/min、888 r/min 或 1 050 r/min)中的一种运转。通常，若所希望的柴油机转速在 580 r/min 以下，柴油机将达到 580 r/min；若所希望值为 580～888 r/min，柴油机将达到 888 r/min；若所希望值为 888 r/min 以上，柴油机将达到 1 050 r/min。不过，若 ELIT 值在给定转速级别上持续升高，则柴油机转速将升到下一个级别，直至达到 1 050 r/min。

(2)高润滑油温度控制方式

①若 ELIT 值达到 91 ℃(又称高润滑油温度设定点)，则降低可用功率以避免柴油机损坏。

②在任何情况下，ELIT 值达到 110 ℃，柴油机转速降到怠速运转。

③若 ELIT 值升至 115 ℃以上，柴油机将停机，锁闭 2 h(这将要求 3 级复位)。

为进一步保护柴油机，对于限定的时间和条件(包括隧道内、高温环境及冷却水系统有故障)，柴油机只能在 ELIT 值高于 85 ℃情况下运行，EMS 软件利用高润滑油温度设定值来帮助实现这种功能。

如果机车的冷却水系统非正常运行一个星期，高润滑油温度设定点将降低 10 ℃。当发生这种情况，智能显示器将给出一个故障显示，并且高润滑油温度设定点将保留在 85 ℃，该故障的复位将要求对智能显示器进行 3 级访问。

下述条件用于确定冷却水系统处于正常状态：

①机车运行在第 8 手柄位。

②环境温度≤32 ℃。

③平均 ELIT>85 ℃。

④上述所有条件持续运行达 24 h(第 8 手柄位负荷循环一个周期为 24 h)。

为启用 24 h 定时器功能,机车必须处于第 8 手柄位,环境温度必须低于 32 ℃。当功能启用时,且当 ELIT 值大于 85 ℃时,定时器将递增;小于 85 ℃时将递减。

6. 隧道运行

当涡轮增压器进口空气温度(由环境温度传感器 ATT 读数)等于或大于 65.5 ℃,隧道运行生效。当 ATT<63 ℃和 ELIT<91 ℃或机车在隧道持续运行历时 30 min 时,隧道运行模式解除。

7. 高润滑油压力保护

润滑油温度较低时黏度会变大,从而增大系统内的润滑油压力,高润滑油压力保护的目的是当柴油机冷机时避免柴油机的润滑油压力过高(在所有柴油机转速下 ELIP≤1 000 kPa),避免柴油机、润滑油泵和外部润滑油管损坏。由 ECU 监视 ELIP、ELIT 和转速,以确定柴油机最高转速。

8. 柴油机润滑油温度传感器失效保护

(1)一只润滑油温度传感器失效情况

如果两只传感器有其中一只失效,ECU 将利用正常传感器的检测数值为失效的传感器提供适当的模拟值。如果 ELIT 传感器失效,ECU 利用润滑油出口温度(ELOT)传感器的数值模拟润滑油进口温度,即 ELIT=ELOT−8.3 ℃。如果 ELOT 传感器失效,ECU 利用 ELIT 传感器的数值模拟润滑油出口温度,即 ELOT=ELIT+8.3 ℃。

(2)两只润滑油温度传感器失效情况

如果进出柴油机的两只润滑油温度传感器全部失效,则柴油机将以怠速运行。

正常情况下进出柴油机的润滑油温度和压力关系见表 8-7-4。表 8-7-5 为机油热交换器和润滑油滤清器正常压降及不合格值。

表 8-7-4　正常润滑油温度和压力

手柄位	柴油机转速/(r/min)	正常温度(ELIT)/℃	正常压力(ELIP)/kPa
怠速(空转)	440	73～85	180～268
N8	1050	73～85	620～689

注:表中所示范围数值对下述条件适用;大气压力传感器(BAP)值为 14.7～14.1(相当于海拔高度 0～304.8 m)和环境温度为−28.3～+40.6 ℃。

表 8-7-5　压力变化量及不合格限值

手柄位	柴油机转速/(r/min)	机油热交换器压降值/kPa		润滑油滤清器压降值/kPa	
		正常范围	不合格限值	正常范围	不合格限值
N8	1 050	55～75	103～145	14～21	172

注:1. 机油热交换器压降值=机油热交换器进口测试口读数−润滑油滤清器出口测试口读数。

2. 润滑油滤清器压降值=润滑油滤清器进口测试口读数−润滑油滤清器出口管测试口读数。

三、机油系统主要部件

1. 预润滑油泵电机组

预润滑油泵电机组用于柴油机启动前预先润滑柴油机部件。预润滑油泵电机组由无刷直流电机通过齿形联轴节直接驱动预润滑油泵,该泵是容积式齿轮泵。预润滑油泵的相关参数见表 8-7-6。

表 8-7-6 预润滑油泵相关参数

额定流量/(L/min)	工作压力/MPa	吸入真空度/MPa
113.55	1.03	0.051

HXN5 型内燃机车的预润滑油泵主要由泵体、泵盖、主动齿轮、从动齿轮及密封件等组成。预润滑油泵与电机固定在设备安装架上组成预润滑油泵电机组(图 8-7-5)。预润滑油泵电机组位于机车右侧的冷却室内,润滑油滤清器后面,紧靠燃油泵电机组。

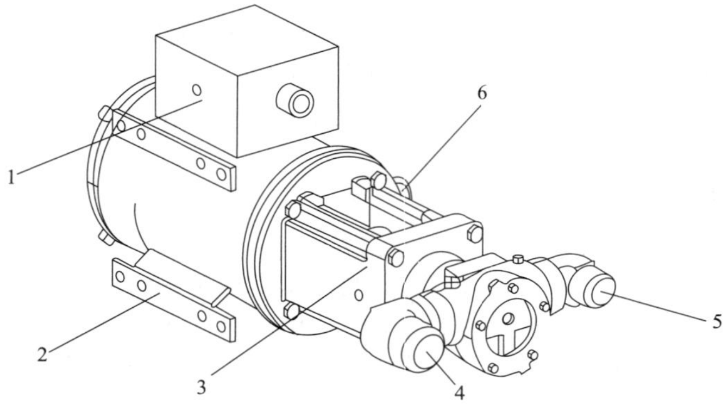

1—接线盒;2—安装座;3—联轴节;4—泵进口;5—泵出口;6—起吊环。

图 8-7-5 预润滑油泵电机组

2. 机油热交换器

机油热交换器(润滑油冷却器)的作用是利用冷却水系统中的水与柴油机润滑油进行热交换,使柴油机润滑油的温度保持在规定的范围内,保证柴油机的正常工作。HXN5 型内燃机车的机油热交换器为板式热交换器。机油热交换器壳体内的金属板把以一个方向流动的润滑油和以相反方向流动的冷却水隔开,金属板不仅隔开两种流体,而且还充当润滑油与冷却水之间传热的介质。

机油热交换器(图 8-7-6)位于机车冷却室内,安装在设备安装架上,紧靠润滑油滤清器尾部。机油热交换器的主要技术参数见表 8-7-7。

表 8-7-7 机油热交换器主要技术参数

满负荷条件下的换热量/kW	470.7
润滑油流量/(m^3/h)	104.5～107.9
润滑油进口温度/℃	93.3
水侧的流量/(m^3/h)	34.1～36.4
冷却水进口温度/℃	71.1
环境温度/℃	42.2
水侧压力范围/kPa	0～0.34 在 34.1 m^3/h,71.1 ℃时水侧最大压降 6.9
油侧压力范围/kPa	0～1.03 在 105.6 m^3/h,93.3 ℃时油侧最大压降为 75.84 在冷启动时(油温 4.4 ℃)油侧压力可达到 1 380

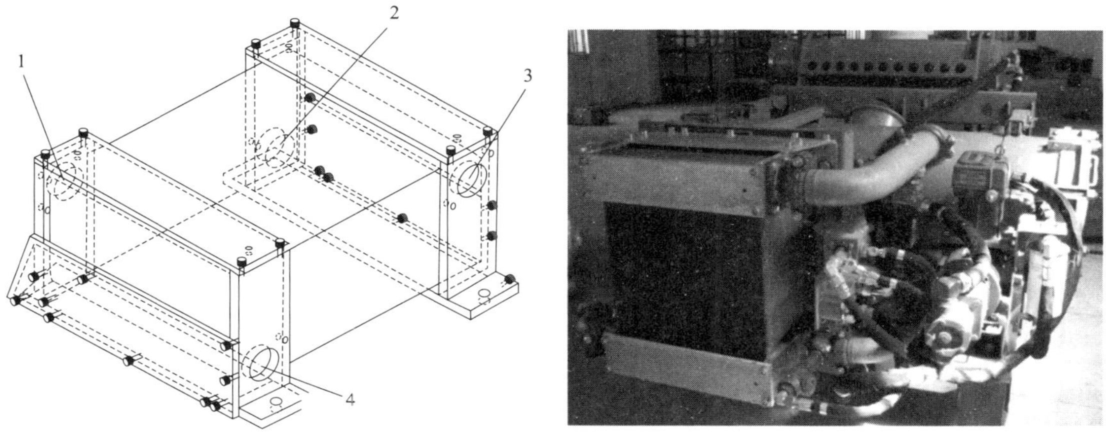

1—润滑油进口；2—冷却水出口；3—润滑油出口；4—冷却水进口。

图 8-7-6　机油热交换器

3. 润滑油滤清器

柴油机在工作过程中，会产生一些磨屑、碳粒等杂质，柴油机使用的润滑油会混入一些杂质，润滑油由于受热也会产生一些胶状物，这些都会加剧柴油机的磨损，甚至产生固体胶结，堵塞油路。润滑油滤清器的作用就是滤除掉润滑油中的有害杂质。由于机油系统为全流式，即所有进入柴油机的润滑油都必须经过润滑油滤清器进行过滤，保证柴油机的可靠运行。

润滑油滤清器（图 8-7-7）主要由端盖、体、铰链、吊耳、支承座、滤清元件及相应的管路、接头、紧固件、O 形圈等组成。滤清器内部分成两个滤清腔室，每个腔室装有 7 个滤清元件，滤清精度为 27～30 μm。为防止润滑油直接流入滤清元件，在润滑油进口处布置了分配槽，将润滑油平均分配到两个滤腔中。每个滤室端部设有外开式带铰链的回转盖，在回转盖内侧设有压板来支撑滤清元件，并在过滤腔室进口处密封滤清元件。回转盖采用 O 形圈密封，将 O 形圈放置在相应的槽中，当盖关闭并用螺栓压紧时，O 形圈被压紧从而达到密封的效果。

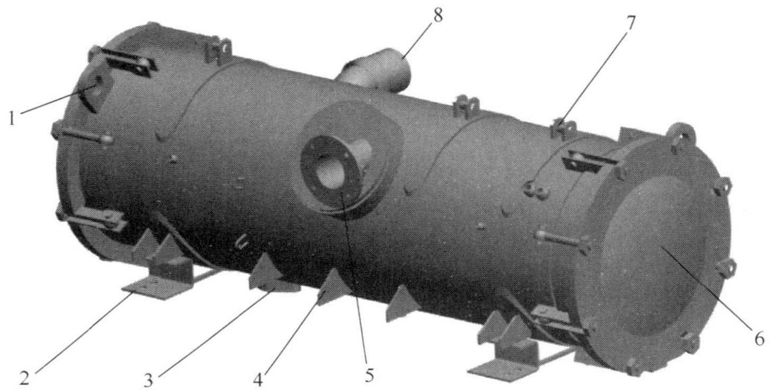

1—吊耳；2—安装座；3—放油接头；4—加强筋；

5—润滑油出口；6—端盖；7—支承座；8—润滑油进口。

图 8-7-7　润滑油滤清器

润滑油滤清器组件安装在设备安装架的中部，位于机车柴油机间左侧，紧挨柴油机。滤清器滤清元件的更换周期建议一般为 90 d。滤清器的额定流量为 131.72 m^3/h，工作压力为

(0.86±0.034)MPa。

滤清器装配完毕以后,须进行密封性能试验,试验压力为 1.72 MPa,所有密封面应无渗漏。清洁的油腔进行单独的密封测试,测试压力为 0.35 MPa,无渗漏。

4. 止回阀

在机车机油系统中设有止回阀,安装在润滑油滤清器和预润滑油泵管路之间的机油热交换器出口,位于柴油机室与冷却室之间。止回阀(图 8-7-8)主要由阀体及安装在阀体内部的滑阀组成。

当柴油机启动后,预润滑油泵停止工作,止回阀用于防止润滑油经预润滑泵产生过量的从出口至进口的反向流动(回流)。为了防止轴承产生“剥蚀”,在止回阀上设有 3.5 mm 的节流孔,允许少量的润滑油回流,此回流可带动预润滑油泵和电机旋转,从而达到对预润滑油泵的保护作用。止回阀的主要性能参数如下:

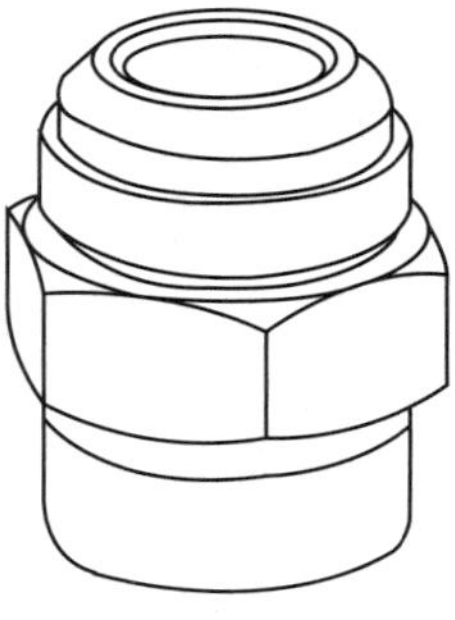

图 8-7-8　止回阀

(1)当预润滑油泵工作时,油压在 0～0.48 MPa 时流量为 5.45～7.95 m^3/h。

(2)当油温为 4.4 ℃、流量为 6.81 m^3/h 时压降小于 0.062 MPa。

(3)当柴油机工作时,油压在 0.55～1.31 MPa 时反向流量为 0.28～1.14 m^3/h,压降为 0.138 MPa。

5. Victaulic 管卡

机车机油系统主要部件之间的管路由 Victaulic 管卡连接在一起。Victaulic 管卡可吸收管路的振动并容许管路之间的微小错位,从而可减少管路间的应力。Victaulic 管卡拆装方便,管卡由两个半圆形外壳体组成,两者用螺栓和密封垫圈固定在一起。与 Victaulic 管卡连接的管路端部经机械加工以后与密封垫圈的密封面配合密封。Victaulic 管卡的密封方式及安装方式如图 8-7-9 所示。

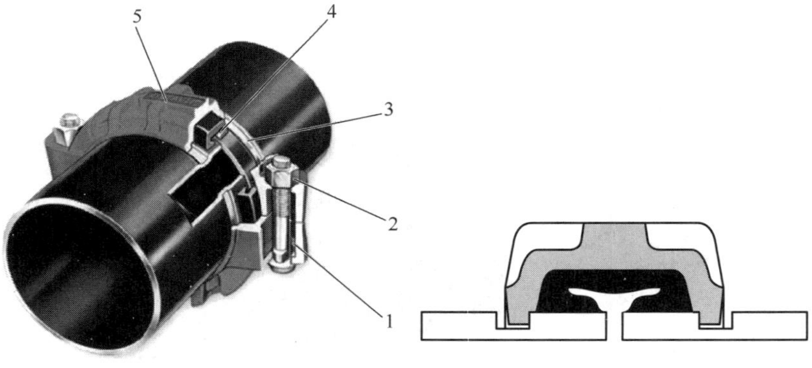

1—螺栓;2—螺母;3—沟槽;4—密封垫圈;5—壳体。

图 8-7-9　Victaulic 管卡

第八节　12V265 型柴油机机油系统

HXN_{3B} 型内燃机车以柴油机主机油道进口为界,将机油系统分为机车机油系统与柴油机机油系统两部分,两部分连接为一体,共同构成完整的机油循环系统,对柴油机运动部件发挥润滑、冷却、清洗、密封及防锈等作用。

机车机油系统主要由预润滑系统、主润滑系统、后润滑系统三个分系统组成。

一、机车机油系统

机车机油系统主要由启动机油泵电机组、主机油泵、机油粗滤器、机油滤清器、增压器滤清器、机油热交换器、逆止阀、截止阀及管路管件组成，如图 8-8-1 所示。

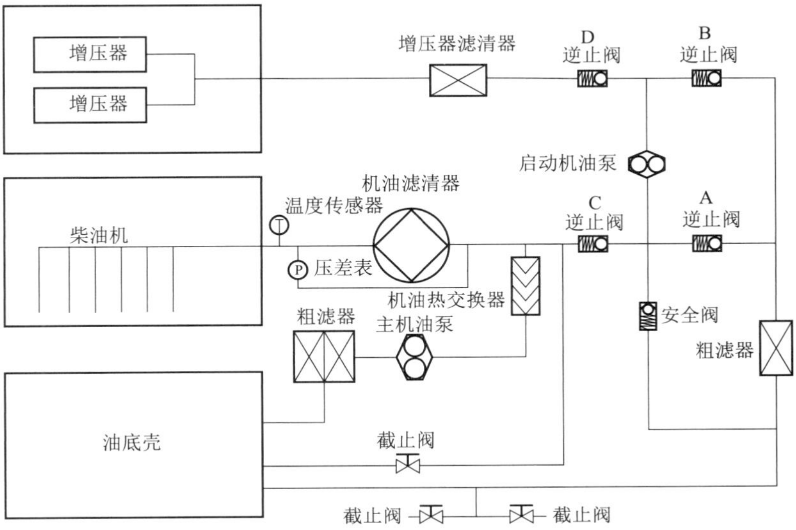

图 8-8-1　HXN3B 型内燃机车机油系统原理

预润滑系统是在柴油机启动之前，启动机油泵以逆时针方向旋转(电机以顺时针方向旋转)，经过逆止阀 B 从油底壳吸取机油，再经过逆止阀 C 将机油输送到机油精滤器中，使机油滤清器壳体充满机油，对柴油机的所有部件进行预润滑。

主润滑系统是主机油泵从油底壳吸取机油，机油先经过粗滤器进行过滤，然后被主机油泵输送到机油热交换器，流向柴油机的机油和从散热器流回的水在机油热交换器中进行热交换，可以降低流入柴油机的机油温度。机油经过机油热交换器后，被输送到机油滤清器进行进一步的过滤后进入柴油机。

后润滑系统是在柴油机停机后，启动机油泵以顺时针方向旋转(电机以逆时针方向旋转)，经过逆止阀 A 从柴油机的油底壳抽取机油，再经过逆止阀 D 然后将机油输送到增压器滤清器。滤清后的机油进入两侧增压器的两条管路中，对增压器进行润滑 15 min。

二、柴油机内部机油系统

12V265 型柴油机的机油系统主要由机油粗滤器、主机油泵、减压阀、增压器进油逆止阀等部件组成。

在柴油机主油道的进口处，机油被分流为 2 个流向：大部分机油进入机体中部的主机油道；另一部分流经主油道侧面并接的增压器进油逆止阀，分别进入固定在柴油机两侧的管路后，进入左、右增压器，为增压器提供润滑和冷却，然后再经增压器下部的回油管路进入机体后部的定时齿轮腔，并流回油底壳。

在12V265型柴油机的机体中部铸造时预先埋设了一根无缝钢管,纵向贯穿整个机体,由此构成柴油机的主机油道。进入主机油道的机油又被分成3个支路,同时向柴油机各个部分的零部件输送机油,以提供润滑和冷却(图8-8-2所示深色部分)。

第1支路:机油沿主机油道被输送到柴油机后端的定时齿轮系,然后通过齿轮轴内部的油孔进入各轴承间隙,为齿轮轴的旋转提供润滑和冷却后流回油底壳。各定时齿轮的齿面啮合润滑主要靠曲轴箱中油雾和飞溅的机油。

在12V265型柴油机的7挡主轴承中,对应每一位主轴承座的中间位置上,以主机油道为中心各自分别向上、下钻有垂直的油孔(油孔中均套入钢管),使机油沿油孔内的油管分别向上、下。下行的机油称为第2支路,上行的机油称为第3支路。

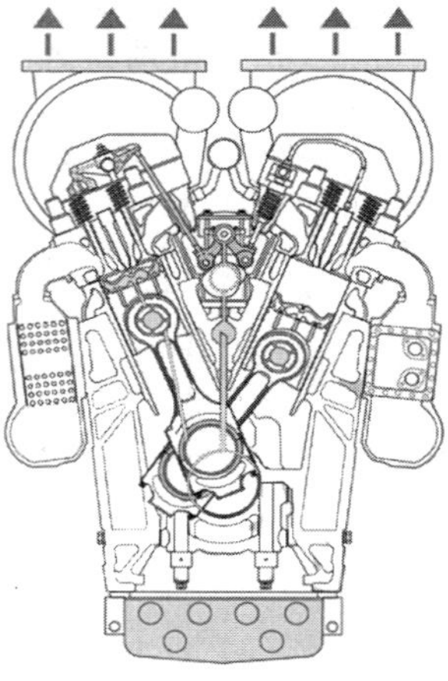

图8-8-2　12V265型柴油机机油系统内部循环横截面

第2支路:机油同时沿7个下行钢管分别进入对应位置的主轴承间隙中。其中,小部分机油在完成主轴承的润滑和冷却后流回油底壳,而大部分机油则通过与曲轴主轴颈垂直的油孔沿斜向油孔进入连杆大端的轴承间隙。与主轴承间隙中的机油类似,小部分在完成润滑和冷却后流回油底壳,大部分机油会沿连杆中的油孔上行至连杆小端轴承的间隙,在完成小端轴套的润滑和冷却后,沿着活塞销中的油道进入活塞销座轴承中,然后沿活塞内部油孔进入顶部的内腔,并随活塞的运动对活塞钢顶进行振荡冷却,最后沿回油孔靠重力流回油底壳。当然,在此过程中,同样会有部分机油在完成连杆小端轴承、活塞销座轴承的润滑和冷却后,沿轴承间隙流回油底壳。

图片

图8-8-2

第3支路:机油沿着7个上行油管依次进入各个凸轮轴轴承和随动摇臂轴承,并沿随动摇臂中的油孔进入滚轮和顶杆球座;机油沿着每个中空钢管制成的进、排气顶杆和喷油泵顶杆中间空腔继续上行。沿喷油泵顶杆上行的机油用于润滑顶杆上部与喷油泵柱塞下部之间球关节;而沿进、排气顶杆上行的机油用于润滑各缸的进、排气摇臂和横臂,同时进入每个气阀顶部的气门间隙调整器,以补偿因气门下陷和阀头磨损形成的气门间隙。同第2路机油一样,第3路机油在上行过程中同样有一部分机油在完成各轴承和运动关节的润滑后直接流入油底壳。而进入气缸盖顶部的机油将会汇集到气缸盖顶面的集油槽,然后在重力作用下依次沿气缸盖、缸套和机体中的回油孔流回油底壳。

三、机油系统的保护功能

在柴油机的各辅助系统中,机油系统的重要性处于首要位置,一旦因缺少机油造成运动件的"干摩擦"或产生过热的情况,将引起柴油机的重大损坏。因此,对机油压力进行监控则成为柴油机必备的保护措施。HXN$_{3B}$型内燃机车通过压力传感器对主机油道进口处的机油压力进行监控,并在软件中对应柴油机各挡位的转速值设定了最低压力保护值。如果油压低于此数值,燃油电喷控制系统将通过切断各缸的燃油喷射迫使柴油机停机。最低油压设定值见表8-8-1。

此外,还随时监控主机油道进口处的机油温度值和左、右侧增压器机油进口处的压力值。同样,当这些参数值超过系统软件中所设定的限值范围时,燃油电喷控制系统将和车载微机系统联合,对柴油机进行相应的降载或停机保护措施。

四、机油系统主要部件

表 8-8-1　12V265 型柴油机主机油道进口压力停机保护值

工况	转速/(r/min)	压力/kPa
0	325	92.62
1	400	127.1
2	550	208.88
3	750	301.5
4	900	364.56
5	1 000	407.91
6	1 000	407.91
7	1 000	407.91
8	1 000	407.91

1. 启动机油泵

12V265 型柴油机采用与 16V265H 型柴油机相同的启动机油泵，具体内容参见前述 16V265H 型柴油机启动机油泵的有关内容。

2. 主机油泵

主机油泵(图 8-8-3)是一个正压输送的斜齿轮泵，泵体内有相互啮合的一对齿轮。主动泵齿轮用键安装在主动轴上。从动轴被定位螺钉固定在泵体上，从动泵齿轮的内孔中有压入的轴承套，与从动齿轮一起围绕从动轴转动。主动轴在压入泵体的轴套中旋转，轴套带有翻边止推环，略微突出泵体，用来承受主动齿轮的轴向力。机油泵安装在柴油机前端的泵支承箱(又称辅助传动箱)的左下侧，由辅助传动齿轮驱动。在壳体后端，固定着柴油机的机带燃油泵，机油泵主动轴的后端通过联轴器与燃油泵转子轴相连，在柴油机泵传动齿轮的驱动下，机油泵和燃油泵按同一转速运转。在额定转速下，机油泵输出流量为 110 m^3/h。

1—燃油泵；2—机油泵；3—机油粗滤器。

图 8-8-3　12V265 型柴油机主机油泵

3. 减压阀

12V265 型柴油机机油系统减压阀(图 8-8-4)与 16V265H 型柴油机通用，具体内容参见前述 16V265H 型柴油机的有关内容。

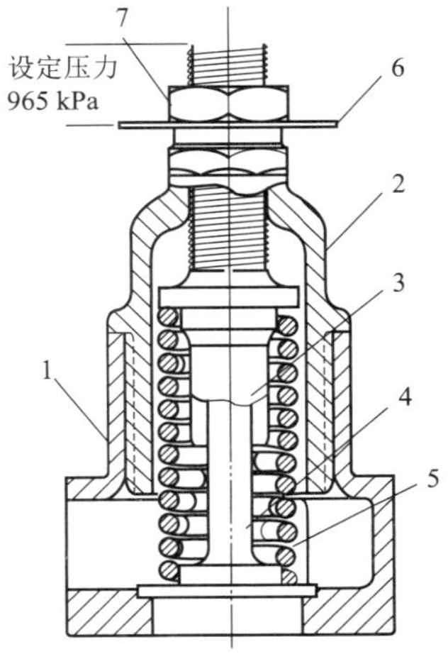

1—下阀体；2—上阀体；3—导套；4—阀；5—弹簧；6—警示牌；7—锁紧螺母。

图 8-8-4　12V265 型柴油机减压阀

4. 机油粗滤器

机油粗滤器安装在泵支撑箱上,预润滑和后润滑时都经过机油粗滤器。机油粗滤器(图 8-8-5)壳体为扁筒状的铸铁件,内部为不锈钢网状滤芯,滤网由 0.5 mm 直径的孔组成。其特点是不易变形且容易清洗。

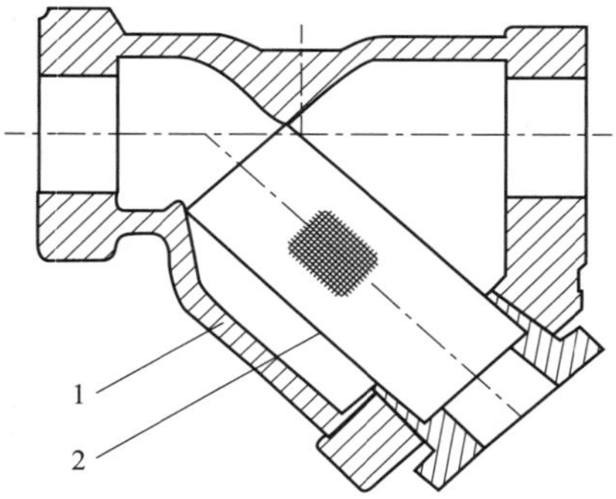

1—壳体;2—滤芯。

图 8-8-5 机油粗滤器

机油粗滤器主要技术参数见表 8-8-2。

表 8-8-2 机油粗滤器主要技术参数

工作温度/℃	10～124
过滤精度	20 目
壳体材质	HT250
滤芯材质	不锈钢 304

5. 机油滤清器

12V265 型柴油机与 16V265H 型柴油机的机油滤清器结构基本相同,如图 8-8-6 所示,只是工作参数不同。其壳体由体、端盖、O 形圈等组成,体与端盖采用活节螺栓连接,并且用 O 形圈密封。机油滤清器壳体里面装有 4 组滤芯,每组滤芯有 2 个滤芯单元。

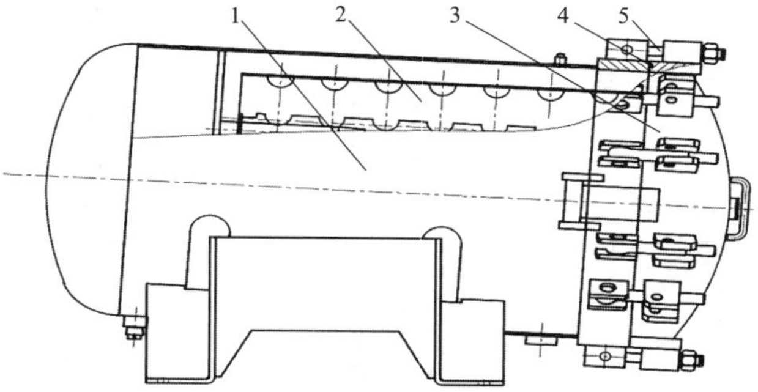

1—体;2—滤芯;3—端盖;4—O 形圈;5—活节螺栓。

图 8-8-6 机油滤清器

滤芯单元的主要技术参数见表 8-8-3。

表 8-8-3　滤芯单元主要技术参数

工作温度/℃	10～124
额定流量/(L/min)	235
过滤精度/μm	13
最大压降/kPa	≥200
滤芯材质	纸质

6. 机油热交换器

12V265 型柴油机的机油热交换器是在 16V265H 型柴油机国产化设计基础上改进的单管程换热器。两者结构基本一致，但参数略有不同。

机油热交换器主要参数见表 8-8-4。

表 8-8-4　机油热交换器主要参数

冷却水最高温度/℃	102
冷却水最大工作压力/MPa	0.42
冷却水流量/(m^3/h)	159
机油最高温度/℃	124
机油工作压力/MPa	0.96
机油流量/(m^3/h)	108
水侧压降/kPa	55.2(约 8 psi)
油侧压降/kPa	69.0(约 10 psi)
散热量/kW	590(全新)

五、机油的品质

12V265 型柴油机采用 SAE40 单级五代机油，该油品在 80～90 ℃下仍具备良好的使用性能，可满足柴油机长期高温运行的要求。四代机油通常在较高温度长期运用时，机油润滑性能下降，寿命降低。SAE40 五代机油的基础油性能、清净分散性、抗凝性、抗泡性、抗氧化性、抗磨性经长期测试验证，对柴油机轴系润滑、油膜建立、积碳缓解、油耗降低、矿物盐中和具有积极作用。

为了保证柴油机的正常运转，应按照相关规定，定期更换油底壳及机车管路、滤清器内的全部机油，并清洗机油粗滤器滤网和更换机油滤清器滤芯。在更换机油前，一定要检查机油的黏度，确认机油是否被柴油机稀释。如发现柴油泄漏，必须在加入新油前进行处理。在加入新机油前，还应对油底壳进行清洁，应特别关注油底壳机油吸口与油底壳底面之间缝隙处。

为了更好地维护和保养柴油机，应定期(每周)检查柴油机机油油样。此外，还应定期检测并比较机油在同一温度下的黏度，这是一项用来判断机油能否继续使用的重要指标。应注意的是，黏度的限制值与采用的检测方法和手段直接相关。黏度的非正常下降意味着机油被过度稀释，而黏度的非正常上升则意味着机油被过度氧化。

注意：每次更换机油和滤芯后，启机前应执行两次“预润滑”循环。

第九节　R12V280ZJ 型柴油机机油系统

HXN_{5B} 型内燃机车的机油系统同 HXN_5 型内燃机车一样，也采用全流式系统；也是分为机车机油系统与柴油机内部机油系统两部分。

一、机车机油系统

机车机油系统(图 8-9-1)主要由机油热交换器、机油滤清器、启动机油泵及相应的管路、阀类等组成。机车的机油油路分为三种:柴油机启动循环回路、工作回路和其他回路。

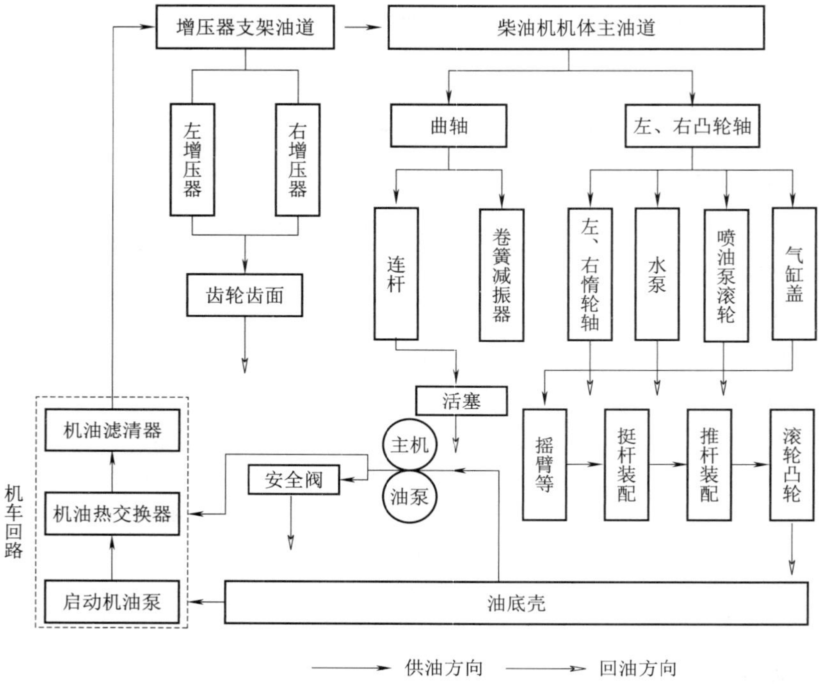

图 8-9-1 HXN5B 型内燃机车机油系统原理

1. 柴油机启动循环回路

柴油机启动前,由机车蓄电池给启动机油泵供电,启动机油泵从柴油机油底壳吸油,压力油经过带节流孔的单向阀后进入主机油管路,经过机油滤清器滤清后,进入柴油机主机油道,为柴油机提供压力油,直至达到柴油机规定的启动油压,柴油机便可启动。

2. 工作回路

当柴油机启动以后,由柴油机曲轴经齿轮带动主机油泵从油底壳吸油,将机油泵入机油热交换器进行冷却,然后进入机油滤清器进行滤清,最后进入柴油机前端盖,并分配到柴油机机体内的各个油道,对柴油机各运动部件进行润滑和冷却,从各运动部件出来的机油流回油底壳,完成循环过程。

3. 其他回路

机油系统还设有柴油机加油管路、排油管路,仅在注入、更换机油时使用。为了方便检查和修理,在各段管路上还设置了通向油底壳的放油管及相应的截止阀。

二、柴油机机油系统

R12V280ZJ 型柴油机的主机油泵将油底壳里的机油抽出,泵入装在机车上的机油热交换器、机油滤清器等机车回路零部件后,通过进油弯道进入柴油机增压器支架机油道,然后进入柴油机机体主油道润滑和冷却各运动部件。主要路径如下所述。

机油由主机油泵从油底壳抽出，进入增压器支架内铸出的机油道，分成3个支路，其中两个支路分别进入左、右增压器润滑冷却转子轴承，然后经机体上的回油孔进入齿轮箱润滑齿轮齿面。另一支路则进入柴油机机体主油道，之后再被分流为2个流向：

大部分机油经机体各挡立板上的油孔进入曲轴主轴承，由曲轴油道进入卷簧减振器和连杆大端轴承，再由连杆杆身上的油孔进入连杆小端轴承，经活塞销进入活塞冷却油腔。机油吸收活塞顶及活塞环的热量后，从活塞裙中部油孔流出，落入油底壳。机油还从活塞流向油环以润滑气缸套，再靠重力回到油底壳。曲轴自由端的一个钻孔与曲轴内斜油孔相通，将机油引入装在曲轴自由端法兰上的减振器内油腔。

另一路流向则通过主机油道进入凸轮轴输出端轴颈油槽，通过油槽上的油孔进入凸轮轴中心油孔。之后又再次分为2路：一路通过各节轴颈油孔分别润滑凸轮轴轴承，通过机体油腔进入喷油泵下体润滑油泵滚轮；另一路通过凸轮轴轴颈油孔进入机体斜油孔，由连接钢管进入缸头油孔，通过摇臂轴座润滑摇臂轴，之后进入挺杆，推杆装配润滑滚轮。经过机体前端加工的油孔从左、右第一凸轮轴承孔处引机油润滑左右配气惰轮轴，并且引出油路润滑高低温水泵。

处于柴油机自由端的泵传动装置的齿轮和柴油机输出端的凸轮轴传动装置的齿轮依靠飞溅润滑。

三、柴油机机油系统主要部件

1. 主机油泵(图8-9-2)

R12V280ZJ型柴油机采用两只齿轮式主机油泵，由曲轴齿轮通过机油泵惰轮传动，用双头螺柱安装于油底壳自由端板上，由耐油垫片密封。

主机油泵由泵体、主从动齿轮轴、轴承座板、轴套和端盖等零部件组成。

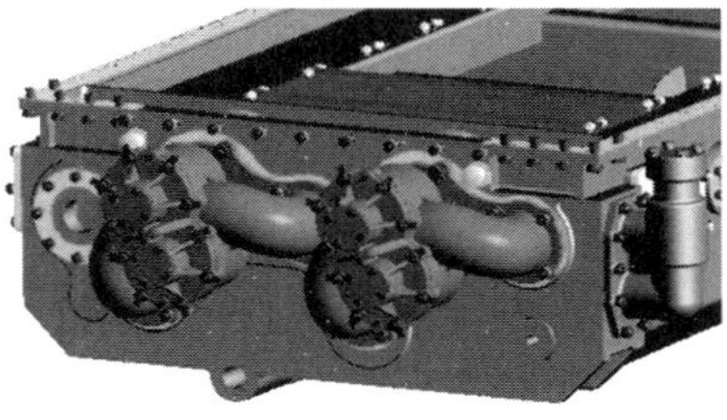

(a) 主机油泵安装示意图

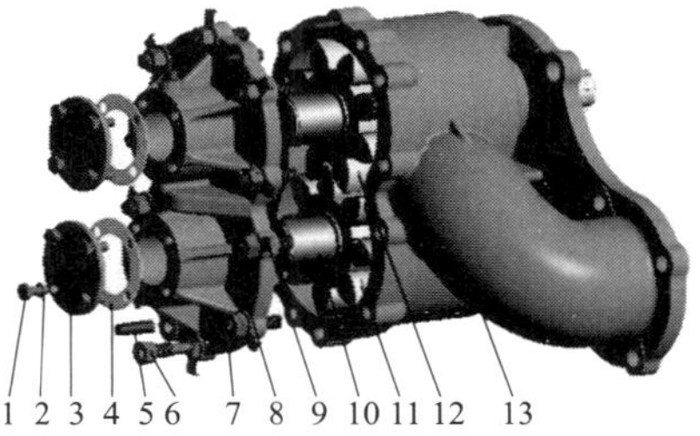

(b) 主机油泵结构示意图

1—螺栓M8×18 mm；2—垫圈；3—机油泵端盖；4—垫片；5—定位销10 mm×35 mm；6—螺母M12；7—螺柱M12×30 mm；8—轴承座板；9—止动垫圈；10—机油泵轴套；11—从动齿轮轴；13—泵体。

图8-9-2　R12V280ZJ型柴油机主机油泵

R12V280ZJ型柴油机主机油泵的流量由机油散热量来确定，最大流量为58 m^3/h，采用大模数，高线速度，大齿宽，小端面和小径向间隙的主、从动齿轮。

2. 安全阀

在机油温度相对较低时，机油泵在同样的转速时，出口的机油压力较高，对管路系统和柴油机机油系统的密封不利。而在机油温度相对较高时，在同样的转速下，机油泵出口的机油压力较低。为保证柴油机在各工况下能正常工作，在机油管路中设置了一个减压阀(又称安全阀)。当机油泵的机油出口压力达到0.8～0.85 MPa时，减压阀开启，反之关闭。从而保证柴油机在高负荷、高转速下，机油进入柴油机主油道的压力值>0.5 MPa。

3. 启动机油泵、机油热交换器、止回阀

HXN_{5B} 型内燃机车的启动机油泵、机油热交换器、止回阀与 HXN_5 型内燃机车的预润滑油泵、机油热交换器、止回阀采用相同的结构方式，在工作原理及性能参数方面也完全相同，具体内容参见 HXN_5 型内燃机车部分的有关内容。

4. 机油滤清器

机油滤清器为自清式滤清器(图 8-9-3)，主要用于滤除工作过程中产生的磨屑、碳粒及受热产生的胶状物或固体胶结等有害杂质，其过滤精度为 35 μm，滤清元件一旦被堵塞，将不允许未经滤清的机油在系统中循环，以保证柴油机的可靠运行。滤清器正常维护周期为两年。

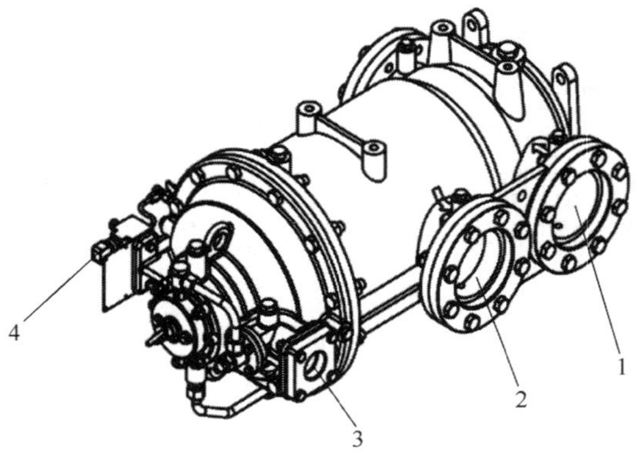

1—机油进口；2—机油出口；3—排污口；4—压差表。

图 8-9-3　机油滤清器

机油滤清器组件安装在支持系统安装架的尾部，其额定流量为 130 m^3/h，最大工作压力为 1.2 MPa。

5. 离心滤清器

离心滤清器利用离心力分离机油中的颗粒物，以及机油在应用中因加热而老化、变质形成的胶状物，实现滤清效果。它对密度大体积小的微粒有较强的滤清能力，且其阻力较小，在使用中阻力不会增加。

离心滤清器(图 8-9-4)安装在自清式机油滤清器排污回油管处，主要由转子组成、外罩壳组成、滤清器座和转子轴等构成。

通常情况下，在机车运用达 2～4 个月时，需清理污物，清洗滤油网，更换滤纸进行保养。当机油温度达到 50 ℃以上、油压达到 0.75～0.8 MPa 时，其转速可达 5 000 r/min 以上，所产生的离心力约为重力的 2 500倍，因而该滤清器具有很强的滤清能力。

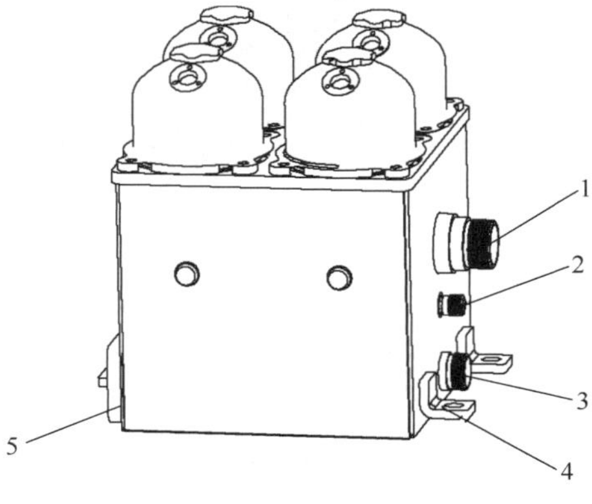

1—进油口；2—液压马达回油口(需要时接)；3—机油管路回油口；4—滤清器座；5—出油口。

图 8-9-4　离心滤清器

四、机油系统的保护功能

为防止柴油机在极端运行范围或非正常条件下运行可能造成损坏，必要时，采取适当的降低功率或限制运行的措施以对柴油机起到保护作用。

1. 机油低压保护

(1)当柴油机转速 $n \geqslant 250$ r/min 时,若柴油机机油进口压力 $P<100$ kPa,则延时 2 s,若在 2 s 内始终 $P<100$ kPa。

动作:机车卸载;柴油机停机;微机报警。

(2)当柴油机转速 $n \geqslant 990$ r/min 时,若柴油机机油进口压力 $P<500$ kPa,则延时 2 s,若在 2 s 内始终 $P<500$ kPa。

动作:机车卸载;微机报警。

2. 机油高温保护

柴油机运转过程中,可能会因长时间隧道运行、冷却水失灵、机油油量不足或液面过高、机油泵故障等因素造成机油过热,当柴油机转速 $n \geqslant 390$ r/min,若柴油机机油出口温度范围为 90 ℃$\leqslant T \leqslant$92 ℃,则柴油机功率从 100%线性下降为 0。

动作:机车降功。

复习思考题

1. 机油的作用是什么? 柴油机常用的润滑供油方式有哪几种?

2. 试对比分析 16V240ZJB 型、16V280ZJ 型、16V265H 型、GEVO16 型、12V265 型、R12V280ZJ 型柴油机机油系统的循环通路。

3. 试对比分析 16V240ZJB 型、16V280ZJ 型、16V265H 型、GEVO16 型、12V265 型、R12V280ZJ 型柴油机机油热交换器的异同。

4. 试对比分析 DF_{4B}、DF_8、HXN_3、HXN_5、HXN_{3B}、HXN_{5B} 型内燃机车机油系统保护措施的异同。

第九章

冷却水及预热系统

内燃机车柴油机的冷却普遍以液体作为中间冷却剂，带走受热零部件的部分热量，然后输送到机车散热装置中用空-液冷却的方式将热量散逸入大气。柴油机通常用水及机油作中间冷却剂，机油主要用于活塞、轴承、齿轮及各运动摩擦面间的冷却和润滑；水主要用于气缸套、气缸盖、增压器、中冷器及机油热交换器等处直接冷却，用于气门、活塞等处间接冷却。中间冷却剂在管系内强制流动，循环使用。柴油机冷却系统通常是指以水作中间冷却剂的冷却水系统。

第一节　概　　述

燃油在气缸内燃烧，使柴油机内部与高温燃气接触的零部件强烈地受热，如受热零部件不进行冷却，则高温将使零部件机械强度降低；机油过早老化变质，压力下降，润滑条件恶化，零部件摩擦和磨损加剧；活塞头部胀大，活塞环传热困难；活塞环槽结胶，活塞顶面发生热裂或烧损，甚至产生拉缸；空气充量系数降低，进气量减少等。所以必须对柴油机进行冷却。但也不宜冷却过度，这将增加散热损失，使混合气的形成条件变差，燃烧粗暴，机油黏度过大，柴油机机械效率降低，各零部件冲击及噪声增大；在燃用高硫分柴油时，还会使气缸壁产生腐蚀磨损等。所以对柴油机要进行适当冷却，控制最佳范围的冷却液温度。

机车柴油机的冷却水系统通常有两种形式：常温、开式循环冷却及高温、闭式循环冷却。

常温、开式循环冷却是使循环冷却水管系与大气相通，为使循环水不出现汽化现象，其最高工作水温应低于100 ℃，并且还留有一定余地。

高温、闭式循环冷却的水管系为封闭式，在最高水位处作用高于一个大气压的压力空气，在这种条件下的工作水沸点通常在120～140 ℃左右，因此冷却水能在超过100 ℃的条件下工作。当高温、闭式循环的冷却水在机车散热器中降温时与大气有较大温差，因而有较佳的散热效果，使机车散热器散热面积显著减小，而且还降低了冷却风扇的功率消耗，缩短了机车的长度和重量。所以高温、闭式循环冷却是解决机车冷却系统散热能力不足的一个有效途径。通常，柴油机的最高工作水温在110～130 ℃范围内，所作用的绝对气压为205～345 kPa。但是随着水温增高，机油温度也有所提高，同时气缸套和气缸盖等处的橡胶密封圈容易老化失效。因而必须采用黏度稍大的机油、适当的零件配合间隙及耐高温的橡胶密封圈。

内燃机车柴油机冷却水采用经过净化的软水，以减少结垢、电化腐蚀及气泡穴蚀等弊病，同时可提高散热效果和延长机件的工作寿命。

我国内燃机车用冷却水及其处理经历了三个阶段：

第一阶段采用软化水加重铬酸钾、亚硝酸钠等复合软化防腐剂，其防垢及缓蚀效果良好，管系内基本无水垢，且在金属表面形成一层保护膜。但是该冷却液对人体有致癌性，严重污染环境，因此在1972年左右停用。

第二阶段采用自来水加NL型乳化防锈油的冷却液，操作简单，但使用一段时间后发现析油析皂严重，缸套表面及管系内沉积油泥，散热器性能下降，缸套穴蚀，橡胶密封圈溶胀造成泄漏，且成本较高，故已于1986年停止使用。

第三阶段在各机务段探索冷却液新配方的基础上，推广1号、2号硅系复合缓蚀剂，试验结果良好，水系内清洁，缸套穴蚀大大减少，且成本降低，但是还存在对焊锡及铝质水泵的电化腐蚀问题。现执行铁道行业标准TB/T 1750—2006，使用防腐蚀、阻垢添加剂3号、4号配方冷却液。

16V240ZJB型柴油机采用2号硅系复合缓蚀剂，去离子水（包括去离子交换水、电渗析法预处理，再经离子交换的水及蒸馏水等）配制的冷却液达到的指标见表9-1-1。

表9-1-1　柴油机冷却液工作指标

项　目	基　础　水（去离子水）	冷　却　液	
		新配	机车使用中
总硬度/(mgeq/L)	≤0.05	≤0.05	≤0.05
氯离子/(mg/L)	≤5	≤5	≤20
二氧化硅/(mg/L)	—	≥200	≥150
硼砂/(mg/L)	—	≥2 500	2 500～3 500
亚硝酸钠/(mg/L)	—	≥2 000	1 400～2 600
pH值	6.5～7	8～9	7.5～9
外观	清晰无色透明	清晰无色透明	基本无色，清晰

在机车使用过程中，不允许添加不含2号硅系复合缓蚀剂的自来水或其他水质。如迫不得已补充了这类冷却水时，机车到机务段后应及时检验水质和补充药剂或更换冷却水。通常在机车辅修及小修时检验水质。取水样应在柴油机运转时，打开高温散热器放气塞门，取0.5 kg的水作为样品。

第二节　16V240ZJB型柴油机冷却水系统

DF_{4B}型机车16V240ZJB型柴油机的冷却水系统为常温、开式循环系统，它主要由高低温冷却水泵、膨胀水箱、冷却风扇、散热器及各种阀门、仪表、管路等组成，如图9-2-1所示。

在柴油机工作时，曲轴通过泵传动装置带动水泵运转，将冷却水送入柴油机气缸套、气缸盖和前后增压器内进行循环冷却，其工作水温达65～80 ℃，一般称为高温水系统。为了增加气缸内的空气充量，增压空气也用水冷却，其工作水温约为40～60 ℃，一般称为低温水系统或中冷水系统。考虑到机车上散热器的布置，使高低温水系统的散热量基本平衡，因此将机油热交换器、静液压油热交换器等串联在低温水系统中，这也为机油的散热创造了良好条件，有利于提高柴油机的可靠性。

冷却水循环通路如图9-2-2和图9-2-3所示。

冬季司机室需要取暖时，打开相应的截止阀，使柴油机出水总管中的热水沿取暖管路进入热风机放热。

冷却水系通过膨胀水箱与大气相通，为不使管系中水液汽化蒸发积聚在死角，以致造成机件局部过热,要求高温水系统的出口水温不超过88 ℃。一旦水温超过88 ℃,则由水温继电器控制,柴油机自动卸载。在司机操纵台上还设有高温出水处的水温表,便于随时监视水温变化。为了提高柴油机的机械效率,同时又不会使各受热机件温度过分上升,高温水系的进口水温应控制在70～78 ℃之间。柴油机不宜在高水温下停机,因为机器内各机件散热条件的恶化,会引起各机件局部过热及机油加速老化,因此要求在高温冷却水降到60 ℃以下才停机。为增大柴油机功率及降低排气温度,低温水系统的工作水温也有所限制,在标准状态下中冷器的进口水温不大于45 ℃,在最高环境气温40 ℃时进口水温不超过64 ℃。

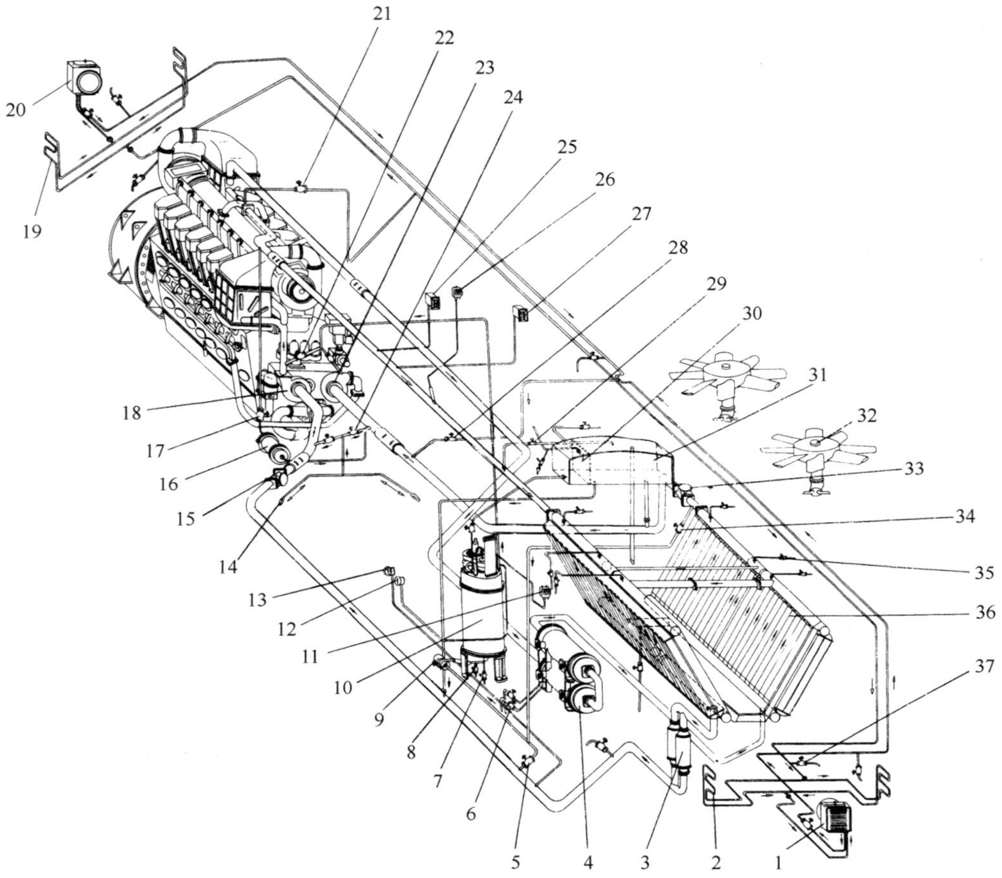

1—Ⅱ端司机室热风机;2—Ⅱ端司机室暖水管;3—静液压工作油热交换器;4—机油热交换器;
5—预热锅炉进水截止阀;6—机油热交换器放水阀;7—预热锅炉排污塞门;8—放水塞门;
9—预热锅炉循环水泵组;10—预热锅炉;11—预热锅炉水温继电器;12—预热锅炉出口水压表;
13—预热锅炉进口水温表;14—上(或排)水阀;15—逆止阀;16—燃油预热器;17—截止阀;
18—低温水泵;19—Ⅰ端司机室暖水管;20—Ⅰ端司机室热风机;21—截止阀;
22—预热锅炉出水截止阀;23—高温水泵;24—上水(或排水)截止阀;
25—Ⅰ端司机室出口水温表;26—柴油机出口水温继电器;27—Ⅱ端司机室出口水温表;
28—截止阀;29—放气截止阀;30—预热锅炉燃油箱;31—膨胀水箱;32—冷却风扇;
33—逆止阀;34—预热锅炉进水截止阀;35—放气塞门;36—散热器;37—放水阀。

图 9-2-1　DF4B 型内燃机车冷却水系统

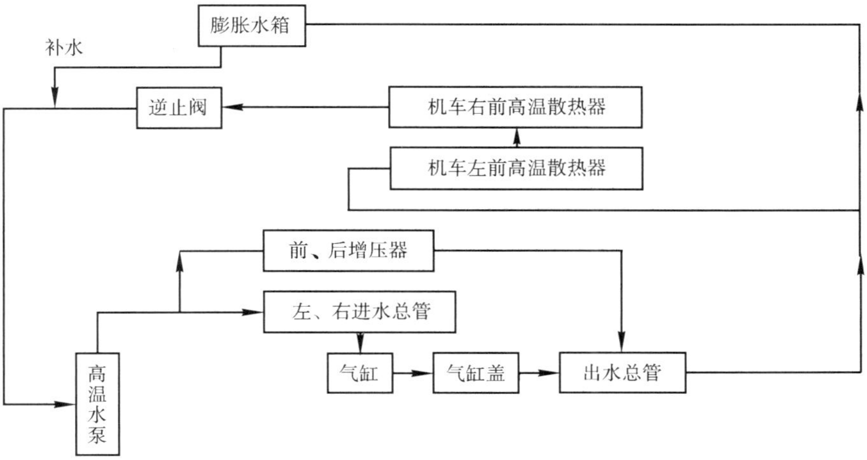

图 9-2-2　高温冷却水循环通路

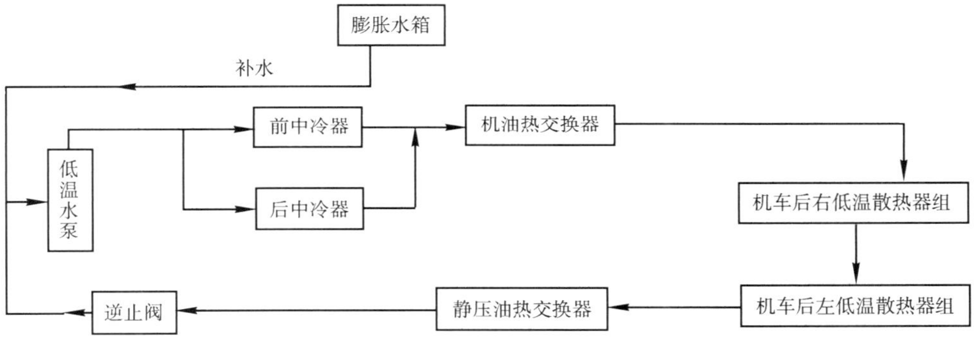

图 9-2-3　低温冷却水循环通路

少量补水可以从膨胀水箱顶部的加水口注入，大量上水则由上水设备在车架下部两侧的上水阀处加入。此时应打开散热器上部的放气塞门和上水截止阀，以排净系统内的空气，到适量水位时关闭上水截止阀和塞门。

当柴油机需要彻底排水时，应将冷却水管路上的放气塞门、排水截止阀、机油热交换器的放水阀、预热锅炉的放水塞门、高低温冷却水泵的放水堵和涡轮增压器的放水堵打开。

第三节　16V240ZJB 型柴油机冷却水系统主要部件构造及工作原理

一、冷却水泵

16V240ZJB 型柴油机采用离心式水泵。离心式水泵具有结构简单、工作可靠、压头与流量均能满足需要等优点。水泵叶轮高速旋转，使由从芯部进入的水被叶轮带动旋转而获得动能，水被离心甩到叶轮外缘，并以一定方向及流速冲入蜗壳流道，水流在变截面的蜗壳流道内逐渐减速，使其一部分动能逐渐转化为压能，提高压力而进入循环水管。同时，由于叶轮芯部的水被离心甩出，进水道内形成局部真空，使冷却水从吸水口不断被抽吸进入叶轮芯部。

高低温冷却水泵安装在泵支承箱的上部，它们由曲轴的泵传动主动齿轮驱动。高低温水泵均由叶轮、蜗壳、吸水盖、水泵体、水泵轴、驱动齿轮、油封和水封装置等组成，如图 9-3-1 所示。两个水泵除了叶轮、泵体和吸水盖的几何尺寸不同外,其他零部件均相同。

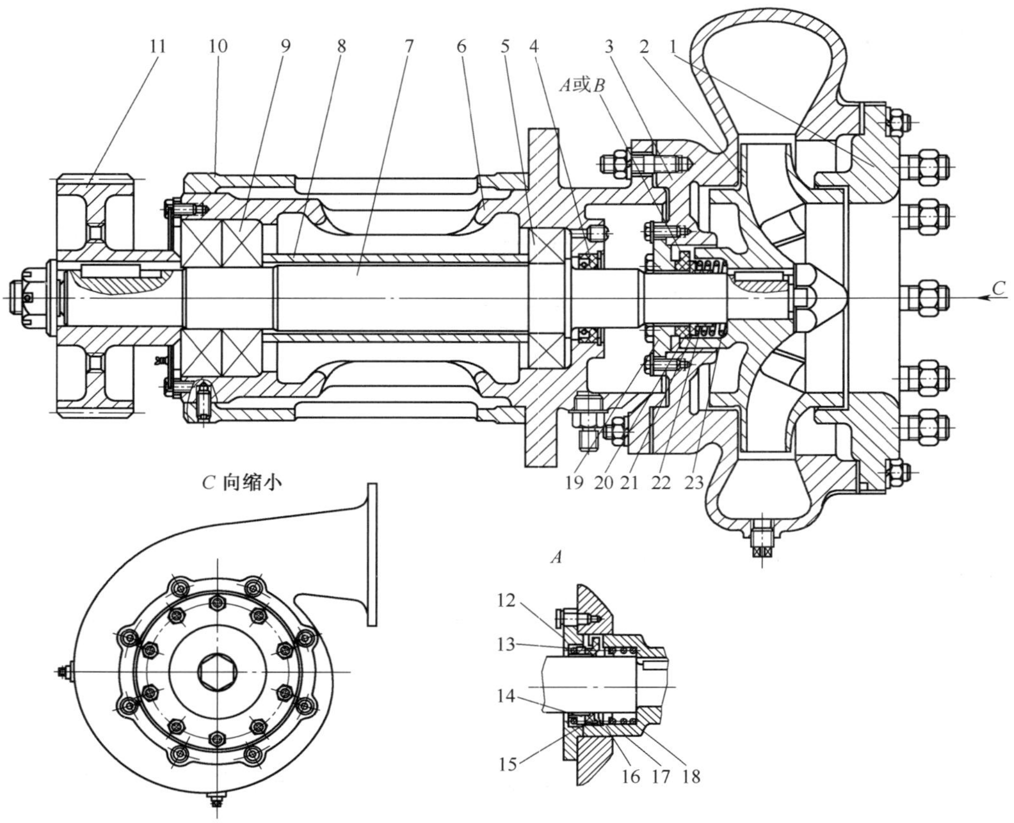

1—吸水盖;2—叶轮;3—蜗壳;4、13、20—密封环;5、9—滚动轴承;6—水泵体;7—水泵轴;8—中间套筒;
10—水泵体套;11—驱动齿轮;12、19—密封座;14—静环;15—动环;16—轴封环;17—弹簧座;
18、23—弹簧;21—橡胶密封圈;22—调整垫。

图 9-3-1 16V240ZJB 型柴油机冷却水泵

蜗壳由铸铁整体铸成,它的两端分别与吸水盖及水泵体用双头螺栓连接在一起。水泵轴由 2Cr13 钢制成。水泵轴的一端装有驱动齿轮,另一端安装水泵叶轮。驱动齿轮由 42CrMo 制成,齿轮法面模数3.75 mm,端面模数为4.25 mm,螺旋角 28°4′21″,螺旋方向左旋,齿数为 39。轮齿进行氮化处理,氮化层深0.2～0.4 mm。水泵驱动齿轮与曲轴的泵传动主动齿轮的传动比为 2.05,因此,在柴油机转速为1 000 r/min时,水泵叶轮转速为2 051 r/min。

水泵叶轮为灰铸铁。叶轮用键传动并借盖形螺母(左螺纹)和止动垫压紧防松。7 个空间扭曲叶片均匀分布在叶轮壁上,在叶轮壁上还设有平衡水孔,以减少水压对叶轮的轴向力。

水泵轴支承在 3 个滚轮轴承上,在靠齿轮一端的泵体处装有 2 个 408 型滚动轴承,靠叶轮一端的泵体处装 1309 型滚动轴承。齿轮和两端之轴承由泵体凸肩、中间套筒及轴端螺母紧固定位。靠蜗壳的轴承座处设密封环,以使水泵叶轮后部的泄水腔与轴承油腔隔离。

为进一步阻止叶轮后部的水沿轴向流到水泵泄水腔,在蜗壳后部设有水封装置。老式的机械弹力水封装置一般有如图 9-3-1 所示的 A 和 B 方案。其中 A 方案由动环、静环、轴封环、弹簧座及水封弹簧等组成,动环采用石墨浸渍呋喃树脂,静环由 9Cr18 钢制成。B 方案的动环由布质酚醛压板制成，静环即密封座由 2Cr13 钢制成。动环套装在水泵轴上，其外缘设 2 个凹槽，叶轮轮毂上设 2 个凸块插入，两者同速转动。静环在动环的后部，具有硬度较高的光滑表面。静环和动环由不锈钢弹簧的弹力而压紧，并在水泵轴上套以橡胶环防止芯部泄水。在静环与动环的接触面间允许有微量的渗水，因这可在两面间保留一层水膜，对两摩擦表面进行润滑和冷却。泄出的水通过泵体泄水腔下部管接头排出。

经过改进的水封装置如图 9-3-2 所示，它由静环、动环、连接套圈、弹簧及密封圈等组成。钢质静环通过密封圈嵌装在水泵密封座内，由橡胶密封圈封闭外周的泄漏通道。动环密封圈套装于水泵的轴上，起封住沿水泵轴泄漏水道的作用。同时通过弹簧夹圈、弹簧及连接套圈等将轴的扭矩传给动环。弹簧使石墨动环以一定的密封压力压向静环，构成了一对摩擦副，实现了轴向水封的作用。新结构水封装置摩擦副间磨损较小，检修周期较长。

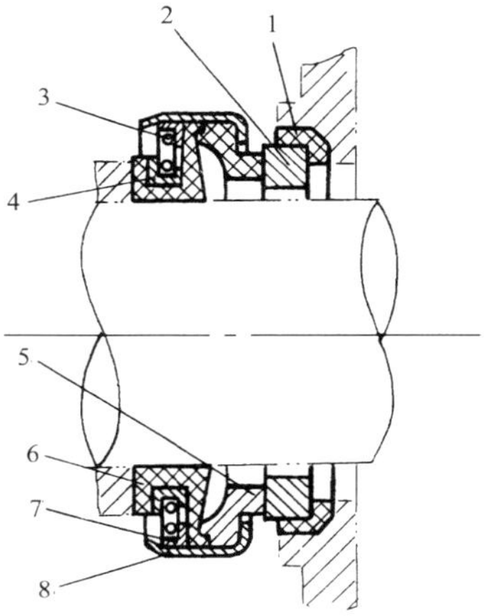

1—静环密封圈；2—静环；3—弹簧；
4—弹簧夹圈；5—动环；6—动环密封圈；
7—压圈；8—连接套圈。

图 9-3-2　经过改进的水封装置

蜗壳、吸水盖与叶轮共同组成水流通道。为限制水流旁通，叶轮凸肩、蜗壳及吸水盖之间的轴向间隙为 (2±0.5)mm，径向间隙为 0.68～1.085 mm。叶轮与蜗壳及叶轮与吸水盖间的轴向间隙，通过蜗壳与泵体及蜗壳与吸水盖之间的垫片进行调整。驱动齿轮和泵传动齿轮之间的侧隙，可用移动泵体法兰和泵支承箱的位置进行调整。

水泵性能检验指标：高温水泵在转速为2 150 r/min，水温为60～80 ℃时，进水真空度为20～21.3 kPa，出水压力为245 kPa，出水量不小于147 m^3/h。低温水泵在转速为1 965 r/min，水温为60～80 ℃时，进水真空度为19.3～20 kPa，出水压力为176 kPa，出水量不小于100 m^3/h。

二、水箱

为了使系统的冷却水有热胀冷缩的余地，并为日常添水、加入缓蚀剂及管路内微量泄漏的冷却水能不断得到补充，在冷却系统的最高处，机车动力室后墙上部安装膨胀水箱。膨胀水箱由钢板焊接而成，其左侧隔出一间作为预热锅炉的燃油箱。膨胀水箱上连通着排气管、补水管、通气管和溢水管。溢水管插入水箱内的高度决定了最高水位。膨胀水箱的前面装有玻璃水表，运用时的正常水位应为水表的 2/3 以上，最低水位一般距表底不低于30 mm。

三、DF_{4B} 型内燃机车的冷却室、冷却风扇及散热器

1. 冷却室

冷却室位于动力室与Ⅱ端司机室之间。在冷却室内装有整体吊装的 V 形散热装置，其上方安装有 2 个规格相同的冷却风扇，其下方装有静液压油箱、静液压变速箱、牵引电动机通风机、2 个卧置串联的机油热交换器、2 个直立并联的静液压油热交换器、机油粗滤器及有关油、水管路。机车车体两侧设有侧百叶窗，上面一排为自动百叶窗，其开关由静液压系统的温度控制阀控制。下面一排为手动百叶窗，根据需要由人工操纵。冷却室的顶部设有顶百叶窗，借叶片自重关闭，在冷却风扇工作时由空气压力开启。

有关试验表明，柴油机高温水约带走总发热量的10%～11.4%，中冷器冷却水约带走总热量的6%，机油及静液压工作油约带走总热量的5.2%～8%，这些热量均需通过散热装置进行散热冷却。

散热器采用水与空气而不是采用油与空气热交换的形式，这是因为后者传热系数低，所需要的散热面积大，消耗冷却风扇功率多。所以即使在机油系统中也是采用油与水热交换器，而不是采用油与空气散热器的形式。

散热装置主要由散热器、冷却风扇、顶百叶窗及作为安装基础的钢结构框架组成，如图 9-3-3所示。

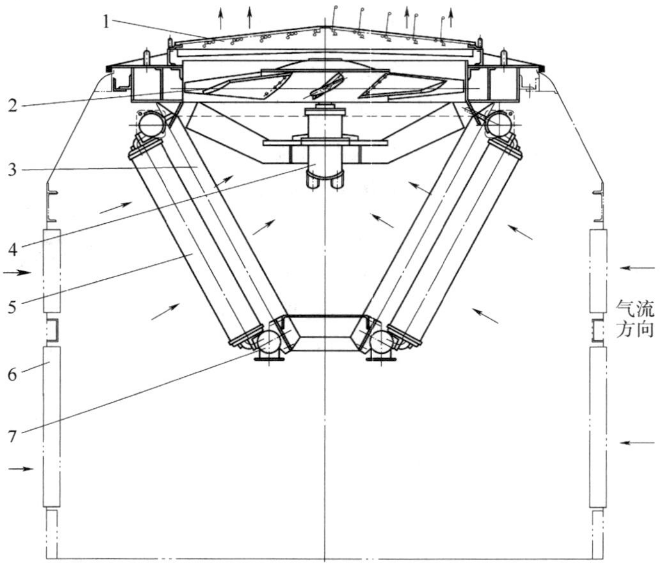

1—顶百叶窗；2—风扇；3—钢结构框架；4—静液压马达；
5—散热器；6—侧百叶窗；7—集流管。

图 9-3-3 散热装置

两个冷却水系统的散热器分置于装置的前后部，前部安装高温散热器，左右各12组(即24个单节)，后部安装低温散热器左右各16组(即32个单节)。在前部左右下集流管之间设置联络管，联络管上设有放水管和放水塞门。在后部左右上集流管间设置联络管、放气管及放气塞门。由于低温散热器的前部左右各2组与后部各14组间的下集流管不相连通，因此增设小弯管使前后水道相通，并将此2组与高温散热器12组之间的下集流管用隔板分开。

钢结构框架上部有2个风扇导流筒，导流筒内安装静液压马达，冷却风扇安装在马达上。左右各28个散热器组以50°夹角斜置于钢结构框架上。上下集流管与散热器上下端的连接箱紧固，并在接触面之间用橡胶圈密封。为保证由风扇抽吸的气流集中流过各散热器组，冷却装置的底面及两端面采用封闭结构。在钢结构框架前、后端面设有玻璃窥视孔，可观察风扇及静液压马达的运转情况。在冷却装置底部设有2扇小门，必要时可进入内部作业。

2. 冷却风扇

冷却风扇为加强散热器通风冷却而设，可提高流经散热器的空气流速，增大散热器的传热系数，减少散热面积，并在一定的环境温度下，用改变风扇转速的方法控制机油温度和冷却水温度。冷却风扇为轴流式风扇，由轮毂和叶片两部分组成(图 9-3-4)。8 个空间扭曲空心叶片用薄钢板冲压成型，焊在轮毂上，同一风扇上的叶片质量差不大于0.025 kg，相互对置的两叶片质量差不大于0.015 kg。轮毂由上下辐板、外圈、轮心及支撑柱等组焊而成。静液压马达的主轴与轮心相配装，其配合锥面由螺母紧固，并用平键传动。风扇的外径为1 600 mm，最大转速为1 150 r/min，风量为36 m^3/s，消耗功率约为45 kW。

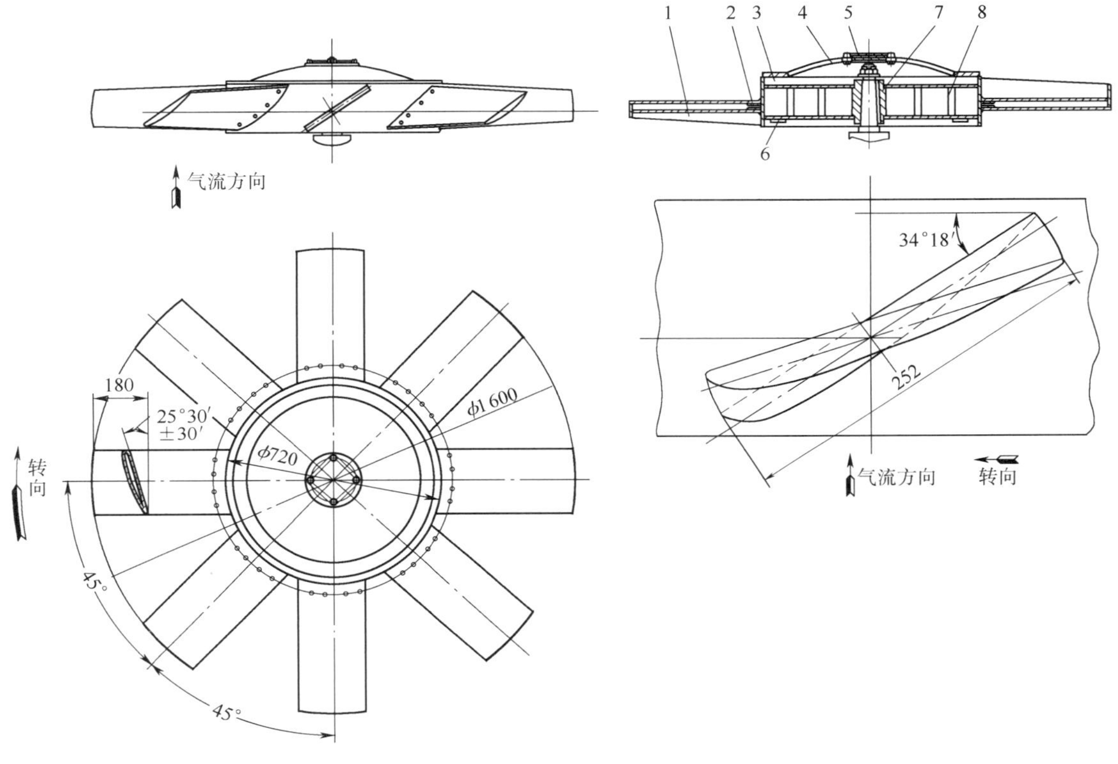

1—叶片；2—支架；3—轮毂；4—流线罩；5—盖；6—平衡块；7—轮心；8—辐板。

图 9-3-4　冷却风扇(单位：mm)

由于风扇直径大、转速高，所以转动惯量较大，如质量分布不均匀，在快速启动和停机过程中受力和振动较大。因此，在装车前风扇需进行静平衡试验，并在下辐板处增设平衡块，使风扇的不平衡度不大于0.019 6 N·m。

3. 散热器组

散热器冷却单节采用长为1 360 mm、深为204 mm、宽为154 mm的管片式结构，质量为32.3 kg。散热器组由上下铸钢连接箱、紫铜管板、散热片及扁铜散热器等组成。散热管呈棋盘形布置，沿空气流动方向布置扁铜管 8 排，扁管有效冷却长度为1 150 mm，壁厚为0.3 mm，外形为18.5 mm×2.5 mm。在每半组散热器的四角有支撑管各 1 根，支撑管的规格与散热管相同。每个散热器组共有 68 根散热管，它们伸出管板外，并用 LCuP-3 焊料焊接。支撑管焊在上下补强板之间，用以增强散热器的刚度。散热片由厚度0.08 mm的紫铜片制成，每片包容 34 根散热管，经冲压后穿在散热管和支撑管上。为增加空气流动的紊流程度，提高传热系数，在强化散热片上交错冲出许多菱形小孔。散热片与散热管采用铅锡热熔焊接，每组散热管焊有 980 片散热片。为增加管板的刚度，散热器采用铜铆钉将补强板与管板紧固在一起。侧护板布置于散热器的两侧,并插入散热片的缺口内,使散热片不易撞坏及折角。上下连接箱用锌铜焊料与管板相互焊接,连接箱与管板之间形成散热器的上下水腔。在连接箱安装法兰上有2个安装孔,由双头螺栓将集流管和连接箱紧固。

散热器组在组装后必须进行水压试验和流量试验。流量试验要求将0.11 m^3的水从2.3～2.4 m高处流经单节的时间不大于50 s。

第四节　16V240ZJB型柴油机预热系统

为了使16V240ZJB型柴油机良好而持久地工作,DF_{4B}型内燃机车保养细则规定:当油、水温度低于20 ℃时,柴油机不准启动;当油、水温度低于40 ℃时,柴油机不准上负载;冬季柴油机停机保温时,油、水温度不得低于20 ℃。为此在机车上设有预热装置,以便在外界气温较低时,对机车进行停机保温和柴油机启动前对机油及水预热。在冬季对燃油进行预热能提高喷油的雾化质量,改善气缸内的燃烧过程,因而有利于柴油机经济性的提高。

预热系统由预热锅炉、燃油预热器、管系及保护设施等部分组成。预热锅炉自备风机、水泵、燃油泵及喷油点火装置,利用机车96 V蓄电池电源,也可用220 V外接电源独立工作。

一、预热水循环通路

由预热锅炉循环水泵从柴油机高、低温水系统中抽水,通过预热锅炉将水温提高后分别压入两个水系统,对相应的部件进行预热,最后又回至预热锅炉,如此不断循环加热流动。机油系统的循环加热由柴油机低温水系统通过机油热交换器进行,机油的流动由辅助机油泵强制进行。

预热水循环流程如图9-4-1所示。

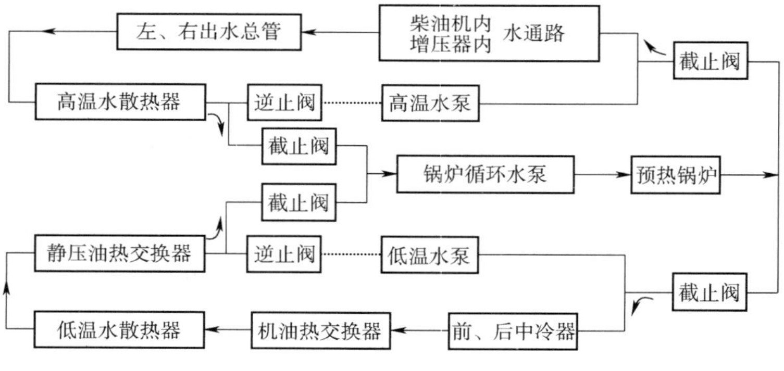

图9-4-1　预热水循环通路

燃油预热由柴油机高温水通过燃油预热器实现。水加热燃油后回到柴油机高温水泵进口。燃油预热水流程为柴油机出水总管→截止阀→燃油预热器→高温水泵进水管。

二、预热锅炉

预热锅炉为燃烧柴油、电火花点火的四排螺旋水管立式锅炉。它由炉体、管组、燃烧室、喷油点火装置、通风机组、燃油泵和燃油箱、循环水泵组等组成,如图9-4-2所示。

1. 炉体及管组

炉体为上法兰、下法兰、内筒体和外筒体构成的双层焊接圆筒,在内筒体上压有4条凸筋,用以补偿炉体热胀冷缩。在内外筒体之间充有循环水冷却，使内层圆筒得到冷却。冷却水由下法兰边3个管接头引进，再由上法兰外缘4个小孔引到上水箱。在炉底的中部设有用耐热材料制成的出灰筒和底盖。

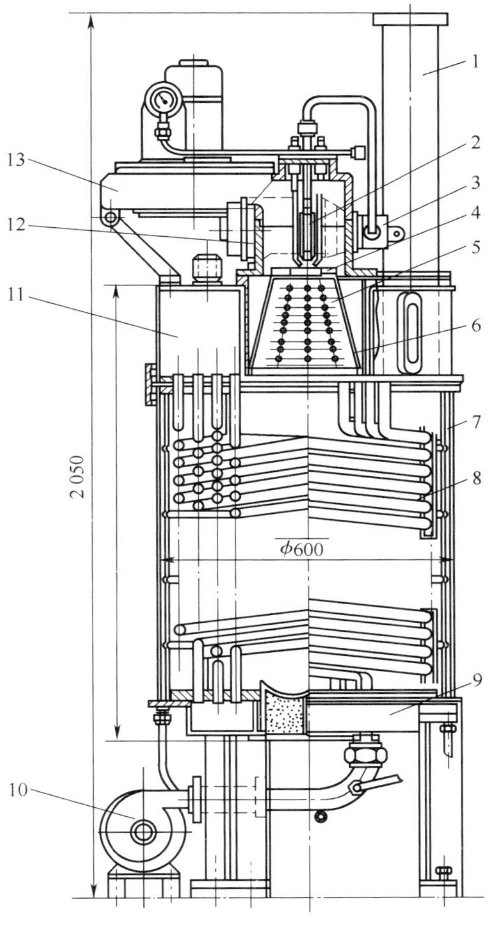

1—烟囱；2—喷油点火装置；3—燃油泵组；4—涡流器；
5—燃烧室；6—燃烧室体；7—炉体；8—管组；
9—下水箱；10—循环水泵组；11—上水箱；
12—导风筒；13—风机组。

图 9-4-2 预热锅炉(单位：mm)

管组是锅炉的主要传热元件，由上水箱、下水箱及4排不同位置的螺旋管组成。上水箱由内筒、外筒、上盖及上管板焊接而成。下水箱由内筒、外筒、下盖及下管板焊接而成，它环绕在出灰筒周围。上盖还焊有出水管接头，由此将热水引出。上水箱设有玻璃水位表，以便检视水位。内外不同直径的4排螺旋管均以无缝钢管绕制而成，螺旋管使上下水箱沟通。为了便于制造和增大水的通流截面，每排由螺距相同的3根螺旋管组成，第二排管子上下相叠无间隙，以阻止燃气横向流动。在炉顶热水管接头的另一侧设有椭圆形的烟囱。

2. 燃烧室

燃烧室安装于上水箱内筒中央，它由导风筒、涡流器、燃烧室体等组成。导风筒与燃烧室体均用1Cr18Ni9Ti耐热合金钢制成,锥形燃烧室的薄筒壁上钻有88个直径为3 mm的通风孔。锥形燃烧室的上方安装着具有8个叶片的涡流器,8个叶片按轴向45°焊在芯盘上。从通风机组通过导风筒来的空气大部分经涡流器形成涡流,与雾状燃油充分混合燃烧。一小部分经过燃烧室体上的通风小孔进入锥形筒体内部,与雾状燃油多次混合,使燃烧更加充分。

3. 喷油点火装置

喷油点火装置位于燃烧室涡流器的上方,用螺栓紧固于通风机的风道罩上。喷油点火装置主要由电子火炬发生器、电极及喷油器组成,如图9-4-3所示。电子火炬发生器在接通电源后产生瞬时高电压,火炬发生器的电极尖端放电引起电火花,使喷油器喷出的雾状燃油点火。喷油器由喷油器体、喷嘴、涡流塞、弹簧、钢球、套及滤油器等组成,如图9-4-4所示。喷油器体通过螺纹拧装在套的下端,它的内部装有滤油器。滤油器由滤油器体、滤网、弹簧及钢球等组成。滤油器体为一空心圆筒,内部孔道与滤网相通,孔的中部具有锥面座,通过弹簧将钢球压紧,喷嘴和涡流塞装于喷油器体的下部。喷嘴和涡流塞之间的座面同时研磨,其配合面的锥角为116°,上部座面为95°夹角的锥面,在此面上开有4条与中心线成7.5°夹角、宽为0.5 mm、深度为0.7 mm的油沟,喷嘴上具有直径为0.6 mm的单喷孔。从涡流塞上部小孔进入的燃油,经过锥面油沟的引导,形成涡流流动,然后从喷孔中喷出。钢球与弹簧组成了一个油压控制阀,通过调节滤油器体拧装深度而调整弹力,使燃油推开钢球的油压为(245±19.6)kPa。

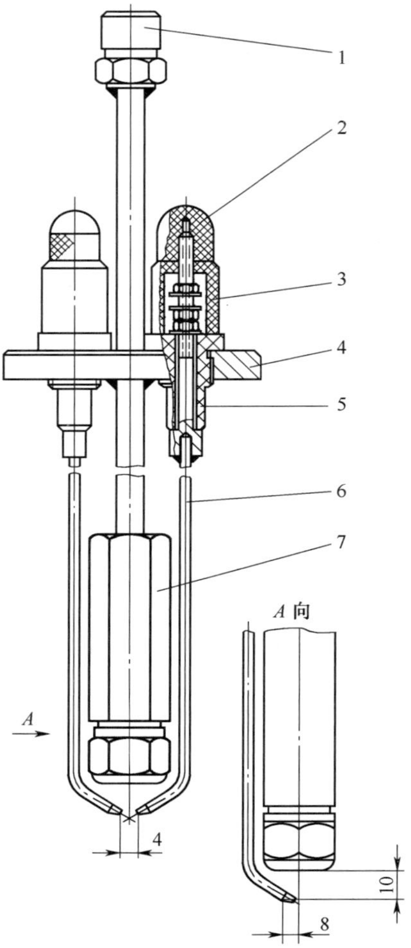

1—接头;2—帽;3—护套;4—座;
5—电极座;6—电极;7—喷油器。
图9-4-3　喷油点火装置(单位:mm)

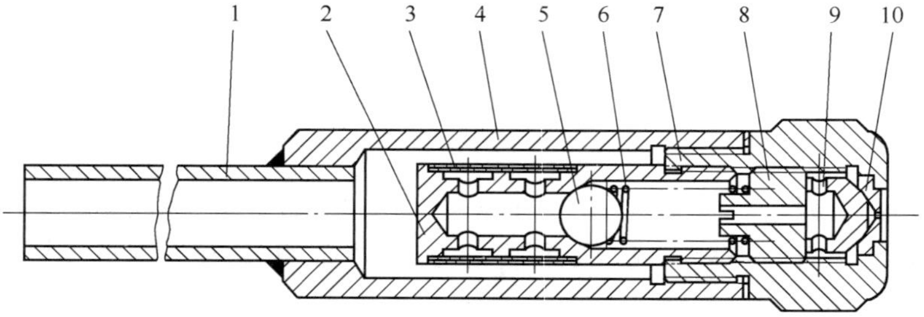

1—管;2—滤油器;3—滤网;4—套;5—钢球;6—弹簧;
7—喷油器体;8—压紧螺钉;9—涡流塞;10—喷嘴。
图9-4-4　喷油器

喷油器及2个电极安装在同一座上,三者呈三角形布置。两电极间距离为4 mm,电极与喷油器底面之轴向距离为10 mm,电极与喷油器中心之径向距离为8 mm。可根据点火试验对两电极的位置做些调整，但要求能发出强有力电火花而又不破坏燃油雾化。喷油器在组装后应达到以下指标：当喷油压力为981 kPa时，喷油量不大于17 kg/h；喷油压力为1 470 kPa时，喷油量不小于17 kg/h，否则应修整喷孔及油沟之尺寸。在喷油压力为588～1 568 kPa时，喷油器均应雾化良好；在1 176 kPa时，其喷油角应在45°～60°范围内。

4. 通风机组

通风机组安装于预热锅炉上水箱顶部，由直流电动机、叶轮、壳体、支架及节流装置等组成，如图 9-4-5 所示。

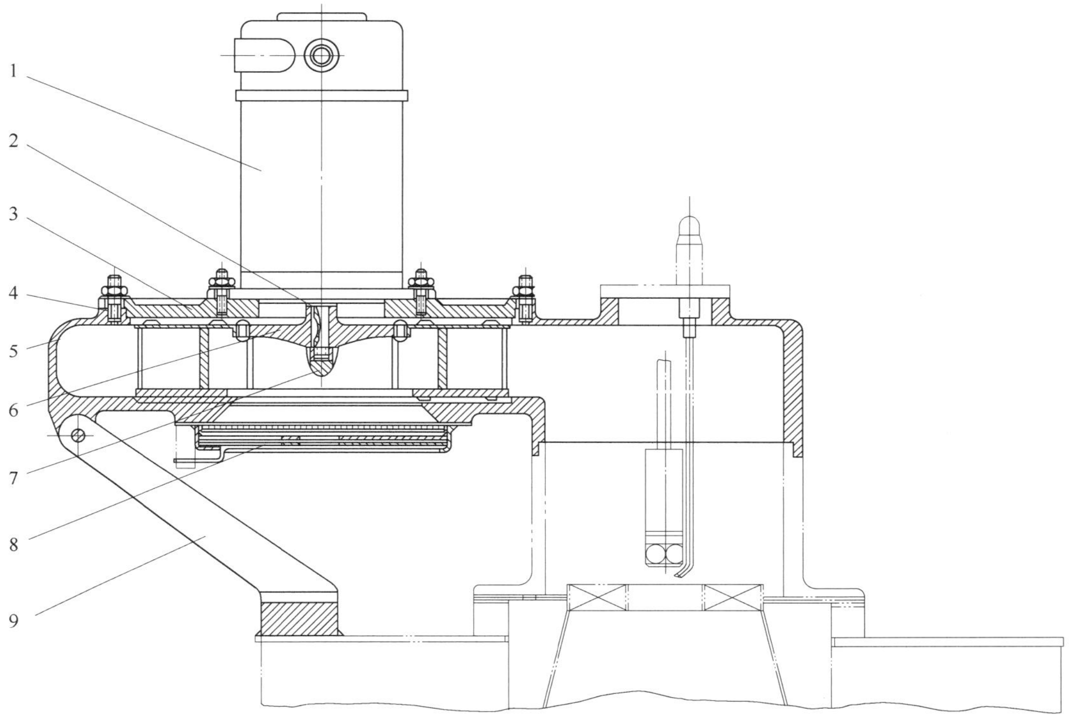

1—直流电动机；2—调整垫；3—后盖；4—调整垫；5—壳体；6—叶轮；7—叶轮帽；8—节流装置；9—支座。

图 9-4-5　通风机组

通风机为离心式，由直流电动机驱动。当转速为3 000 r/min时，供风量为420～450 m^3/h，风压为0.78～0.98 kPa。叶轮上的 16 个后向叶片铆接在前、后辐板上，后辐板与轮毂相铆接。叶轮外径为250 mm。组装后应进行动平衡试验。叶轮通过半圆键与电机轴相连。叶轮与通风机壳之间的轴向间隙由调整垫进行调整。

通风机壳体铸成蜗壳，蜗壳的截面为方形。蜗壳的进风口设有风量调节装置，它由固定节流板、活动节流板、钢丝网和法兰组成。节流板上冲有缺口，当两块节流板缺口对齐时，通风面积最大；当活动节流板转过 36°时，通风面积最小。通风机组工作时，转动节流板可以调节风量，使预热锅炉燃烧良好。

5. 燃油泵和燃油箱

燃油泵为直齿齿轮油泵，由直流电动机驱动，安装于上水箱的顶面。当转速为3 000 r/min时，出口压力为1 470 kPa时，吸入真空度为20 kPa，其流量为3 L/min。

燃油箱置于膨胀水箱左侧，燃油由机车燃油泵泵入。由于燃油箱对预热锅炉燃油泵有一定高度差,使燃油泵进油时稳定可靠。燃油箱的储油量为60 kg,由玻璃油位表指示油位。

6. 循环水泵组

预热锅炉循环水泵为离心式叶轮泵,安装在预热锅炉的座架下方,由直流电动机通过尼龙联轴节驱动。当水温为70～80 ℃,转速为3 000 r/min,出口压力为98 kPa时,流量不少于8 m^3/h。

预热锅炉装配后,应进行392 kPa的水压试验,历时5 min,各处不得有泄漏。同时,预热锅炉与各机组及电控设备等还应进行综合试验,在机车蓄电池电压为96 V,喷油压力为981～1 470 kPa时,连续进行 5 次点火试验,每次点火均应成功,否则应重新调整电极位置并再次试验。另外,在1 568 kPa喷油压力下的发热量应为(50.24～58.62)$\times 10^4$ kJ/h,其排烟温度不大于450 ℃,效率不低于 70%。

预热锅炉必须按照一定程序进行操作:

(1)在工作前,先检查风机、泵、电源、电路、燃油箱等各部分状态是否正常。

(2)打开预热锅炉下部排污堵,放掉炉内污物后关闭。

(3)打开两个水系统的进、出水截止阀。打开燃油箱的供油截止阀。

(4)待上水箱玻璃水位表达到一定水位时,开动锅炉循环水泵和辅助机油泵,使水、油对流循环。水泵工作后,水位表应指示满水位。

(5)开动通风机,对炉膛和烟囱进行吹扫和通风。

(6)开动锅炉燃油泵,当油压表指示588 kPa时按下点火按钮。一次点火的时间应小于10 s,连续点火不多于 2～3 次。若点火不成功,应排除故障后再行点火。燃油在炉体内燃烧,炽热的燃气在通风机强制吹扫下,由炉膛中央自上而下地流动,然后由下部折返向上,最后从烟囱排出。冷水由螺旋管下部向上流动,通过管壁进行热交换。

(7)根据锅炉的排烟状况调整通风机进风口节流板的开度,必要时可调节供油压力,改变通风机吸入的空气量和喷油压力,以达到炉内良好的燃烧状态。

(8)调节两个水系统的进、出水截止阀的开度,使两个冷却系统预热速度保持一致。

(9)在循环机油、水的温度达到一定预热值后,设置在预热锅炉出水管上的水温继电器动作,切断燃油泵电机的电源,同时显示红色信号。稍后人工切断通风机电源,最后使循环水泵及辅助机油泵停止工作。

(10)关闭从两个冷却系统进、出水截止阀,关闭燃油泵供油截止阀。

在冬季当柴油机水温降到35 ℃时,应使预热锅炉投入工作。长期停机时,应打开锅炉下部进水管的排水阀及炉底排污堵,放净积水和污物。定期清扫烟囱及炉膛,清除管外烟灰,以保持良好传热效果。

第五节　16V280ZJ 型柴油机冷却水系统

16V280ZJ 型柴油机冷却水系统由水泵、冷却装置、中冷器、膨胀水箱、阀类、仪表等组成。由于柴油机工作时,各部分温度不一样,因此,为了各系统的有效工作及机车的合理布置,冷却水系统分为高温、低温两个冷却水系统及预热系统(图 9-5-1 和图 9-5-2)。柴油机采用半封闭式压力循环的冷却水系统,对各受热零件进行冷却,消耗和泄漏的冷却水通过膨胀水箱储水补充,并与大气相通,以排出水中的少量空气,完成对柴油机、增压器、增压空气及柴油机机油的冷却作用。

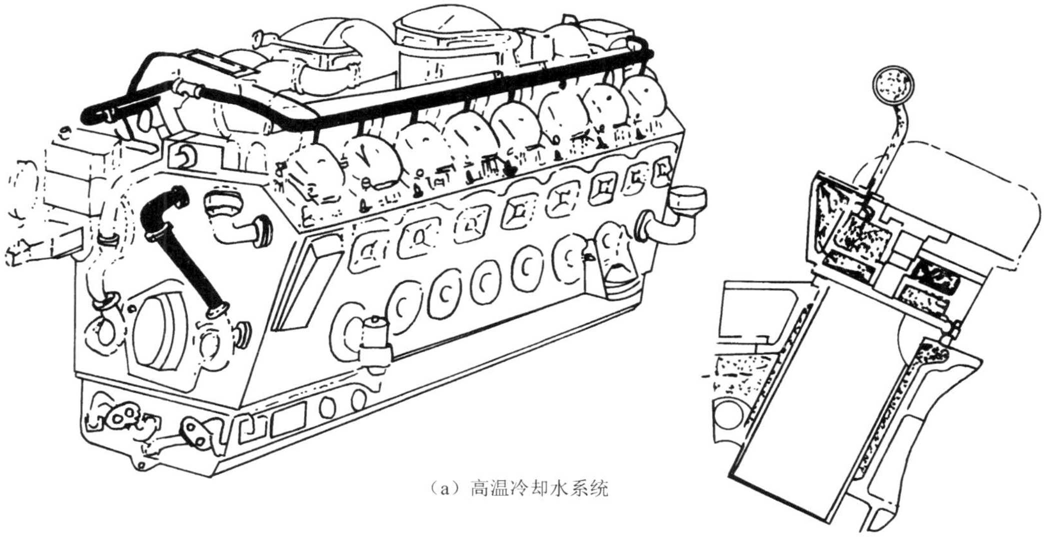

（a）高温冷却水系统

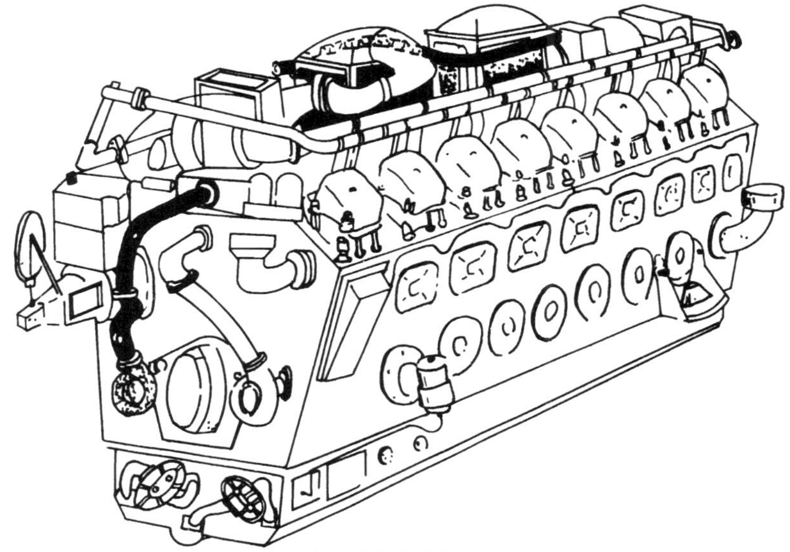

（b）低温冷却水系统

图 9-5-1　冷却水系统

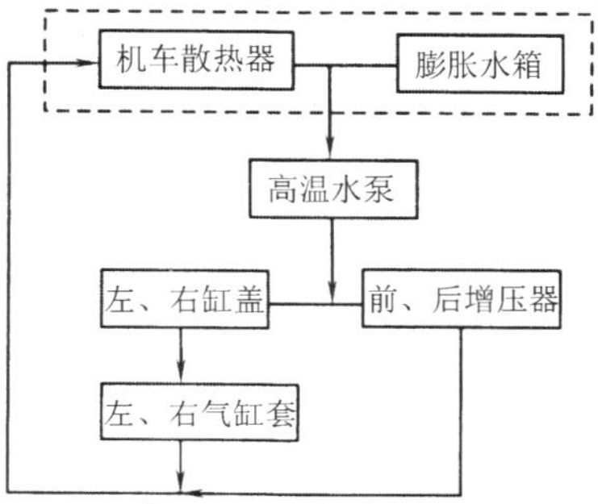

（a）高温冷却水系统框图

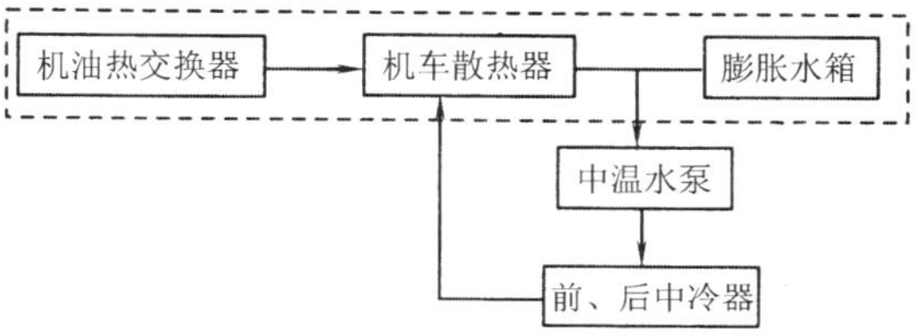

（b）低温冷却水系统框图

图 9-5-2　冷却水系统框图

一、高温冷却水系统

高温冷却水系统是冷却气缸套、气缸盖和增压器的循环系统。

高温冷却水系统工作时,冷却水由高温水泵吸入,泵入位于机体V形夹角内的冷却水腔。水腔两侧对应各个气缸开有进水孔,对左右两排的各个气缸进行强制冷却,然后通过机体上的4个出水孔,经由导管进入气缸盖进行冷却。高温水由气缸盖出水孔汇集到气缸盖上方的两排出水总水管,再通过总出水管送到机车的冷却装置进行散热冷却。在柴油机的前后端还有两条支管,分别将冷却水引接到前后增压器,对其进行冷却。通过增压器的冷却水也分别汇入两侧气缸盖出水总管。在增压器出水管的最高部位,接有一条放气管路,在机车上它与膨胀水箱接通。此外,在机体的后端面上,位于第8、16气缸底部钻有两个放水孔并装上塞门,以便在冬季停车存放时,将柴油机内的水排出,防止冻坏柴油机。

二、低温冷却水系统

低温冷却水系统是冷却增压空气及柴油机机油的循环系统。

低温冷却水系统工作时,低温(中冷)水泵从主管道及补水管中吸入冷却水,泵入铸在前稳压箱内的水道中,通过一个分路接头,分别进入前后中冷器,对增压空气进行冷却。从两个中冷器出来的水汇集于一根总管后,进入机车上机油热交换器,再送到冷却装置,把热量散发给冷却空气。温度降低后的冷却水,经逆止阀回到低温水泵,继续进行循环。

三、柴油机预热

柴油机高低温水和机油的预热依靠机车的预热系统,其作用是:满足柴油机启动时的最低油、水温度的要求;停机时保温,防止在高寒环境下造成油水管(腔)冻裂。

四、冷却装置

冷却装置设于机车冷却室。以DF_{11}型内燃机车为例,其冷却装置为吸风、双回路开式结构,由V形钢结构、双流道散热器、双腔集流管、组合式冷却风扇及顶百叶窗等组成。冷却装置经16个橡胶缓冲垫固定在车体冷却室的车顶盖上。V形钢结构中间有一横隔板,将其分隔成前后两部分。每一部分左右两侧面均有上下2根双腔集流管(共8根),双流道散热器则固定在上下双腔集热管之间,单独形成一个冷却风腔。前后两个风腔顶部各装有一个组合式冷却风扇,从车体侧百叶窗吸入冷却空气,经双流道散热器、冷却风腔、冷却风扇,然后由顶百叶窗吹出,完成与冷却水的热交换。

冷却装置共装有48组双流道管带式铜散热器。两侧分别为24组,每侧又分成前后各12组。双流道散热器在外观上除进出水口与单流道散热器不一样外,其余部分完全一样。双流道散热器的每个连接箱都有2个进出水接口,冷却芯子在迎风侧和出风侧为前后两部分形成2个独立水通道。散热器单节前部4排冷却管(迎风侧)通低温冷却水,后部3排冷却管(出风侧)通高温冷却水。冷却风扇从车体侧百叶窗吸入的冷却空气先经过前部低温冷却芯子,与低温水进行热交换,然后再流经后部高温冷却芯子,与高温水进行热交换。这样的结构布置保证了高低温水与冷却空气间均有较大的温差,也提高了冷却风扇出口的平均温度,从而使冷却空气进一步得到利用。使之能与冷却水充分进行热交换,提高了散热器的传热效率,同时减少了散热器单节数,缩小了冷却装置体积,并降低了冷却风的冷却耗功。

高温冷却水在冷却装置内的流程(图 9-5-3)是:从柴油机来的高温水先进入左侧 24 组散热器的高温水腔道,再流经右侧 24 组散热器的高温水腔道回高温水泵进口,即高温水在冷却装置中的流程为两个并联组的串联(并联数为 24 组)。

低温冷却水在冷却装置内的流程(图 9-5-4)是:从机油热交换器出来的低温冷却水分 2 路。一路流经左侧散热器前 12 组的后 6 组的低温水腔道,折返后从前 6 组流出再经右侧散热器前 12 组的前 6 组低温水腔道,折返后从后 6 组流出。另一路流经左侧散热器后 12 组的前 6 组低温水腔道,折返后从后 6 组流出再流经右侧 12 组的后 6 组低温水腔道,折返后从前 6 组流出,两路水汇合后进低温水泵进口。即低温水在冷却装置中的流程为 4 个并联组的串联(并联数为 6 组)。

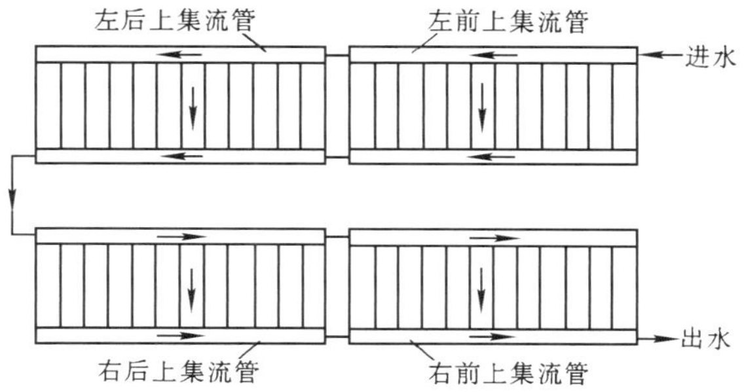

图 9-5-3　高温冷却水系统散热器内流程示意

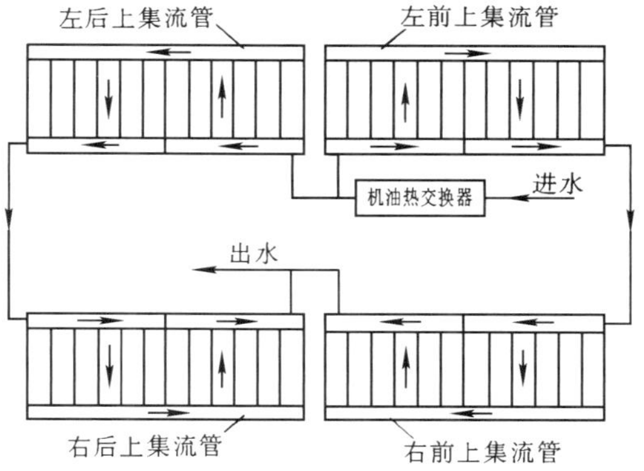

图 9-5-4　低温冷却水系统散热器内流程示意

双流道管带式铜散热器主要结构如图 9-5-5。

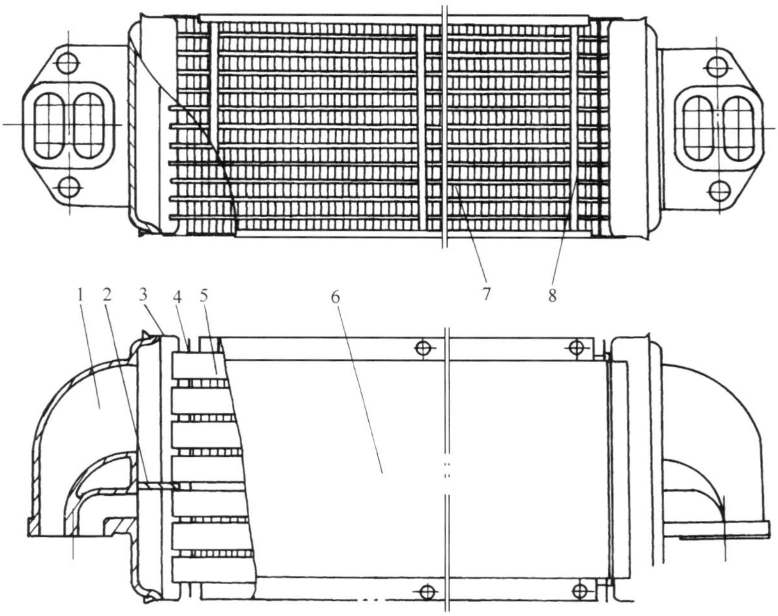

1—连接箱;2—隔板;3—管板;4—补强板;5—冷却管;6—侧护板;
7—散热片;8—拉筋。

图 9-5-5　双流道管带式铜散热器

双流道管带式铜散热器主要结构参数见表 9-5-1。

表 9-5-1　双流道管带式铜散热器主要结构参数

形式	传热面积/m^2		空气流通面积/m^2		水流通面积/m^2		单节质量/kg
	高温	低温	高温	低温	高温	低温	
七排铜管式	11.436	16.856	0.132 8	0.132 2	0.001 097	0.001 462	31

8 根双腔集流管横截面为“L”形,有两个独立水腔道。高低温水分别在各自的水腔道内流动,互不串流。4 根上集流管的高低温水腔分别设有 1 个放气接头,供接上补水放气管用,并均设有前后集流管高温水腔道连接法兰,其中 2 根前上集流管还分别设有高温水进出口连接法兰。2 根后下集流管上分别设有左右侧高低温水流道连接法兰,2 根前下集流管设有左右侧低温水流道连接法兰,在左右侧连接管上均设置了放水阀,以便必要时放尽冷却装置高低温水腔内的冷却水。4 根下集流管还各设有低温水进出口连接法兰。

冷却风扇系直径为1 600 mm轴流式组合风扇,叶型为6 A(W)$_2$,风扇结构采用组装形式,即叶片由轮毂里面穿出来用螺栓紧固在轮毂上。轮毂采用钢板焊接结构。叶片采用铝合金低压铸造成形。这种结构的优点是:①叶片可选用复杂形面的高性能叶型;②叶片是低压铸造成形,叶片的刚度大,强度高;③可以清除叶片开焊裂纹等弊病;④风扇叶片维修方便。

冷却风扇主要结构参数见表 9-5-2。

表 9-5-2　冷却风扇主要结构参数

叶型	风扇直径/mm	轮毂直径/mm	叶片数	风扇转速/(r/min)	质量/kg
6 A(W)$_2$	1 600	700	14	1 200	64.4

由于散热器采用了双流道散热器,一个冷却风扇吸入的冷却空气既与低温水进行热交换,也要与高温水进行热交换,所以没有高低温风扇之分。因此冷却风扇的转速同时影响高低温水的温度。冷却风扇采用静液压系统驱动,其转速的调节由该系统中的恒温阀控制,由静液压泵输入静液压马达流量的大小来完成。两套静液压系统中的两个恒温阀的感温元件均设置在低温水系统机油热交换器出口处,即两个冷却风扇的工作均受该处水温的控制。

双流道散热器状态应保持良好。散热片不得严重折损和阻塞,若发生侧片和阻塞应及时修复和清洗;高低温水腔道之间不得相互窜水,若发生有窜水现象则必须予以更换。更换散热器时须同时更换散热器垫片,以便较好地密封。运行时要时常注意冷却风扇的工作状况,发生异常现象应及时处理。

第六节　16V265H 型柴油机冷却水系统

16V265H 型柴油机根据所需冷却的零部件、机油及增压空气的不同要求,将冷却水系统分为高温冷却水系统和低温冷却水系统两个相对独立的系统。高温冷却水系统(或称冷却水系统)主要为柴油机燃烧室的包容件提供冷却,如气缸盖、气缸套等。同时,高温水在进入柴油机前,在机车的系统管路中还流经机油热交换器,以冷却润滑油。低温冷却水系统(或称中冷水系统)的主要任务是通过柴油机的 4 个空气冷却器(中冷器),为增压器压气机出口的高温高压空气进行冷却,以进一步提高燃烧室的进气充量。

HXN$_3$ 型内燃机车的冷却水系统原理如图 9-6-1 所示。两个系统中的冷却水分别由安装在柴油机上的高低温冷却水泵推动循环。除共用一个封闭式的膨胀水箱外，两个系统相对独立。膨胀水箱为冷却水提供热胀冷缩的空间，柴油机运转过程中随着工作温度的上升，冷却水的体积会逐渐膨胀，同时压力也会增大，容易导致冷却水的沸点增高，水沸腾后还会有少量的水损失。因此在膨胀水箱上安装了 138 kPa(20 psi)压力阀，以限制冷却水系统的运行压力，使冷却水工作温度控制在最高允许范围内(一般不超过 96 ℃)，冷却水被冷却后体积就会收缩，使得系统压力下降并会产生空隙，从而使水箱中溢流出来的冷却水重新填满水系统的管路，有效避免了穴蚀的产生。

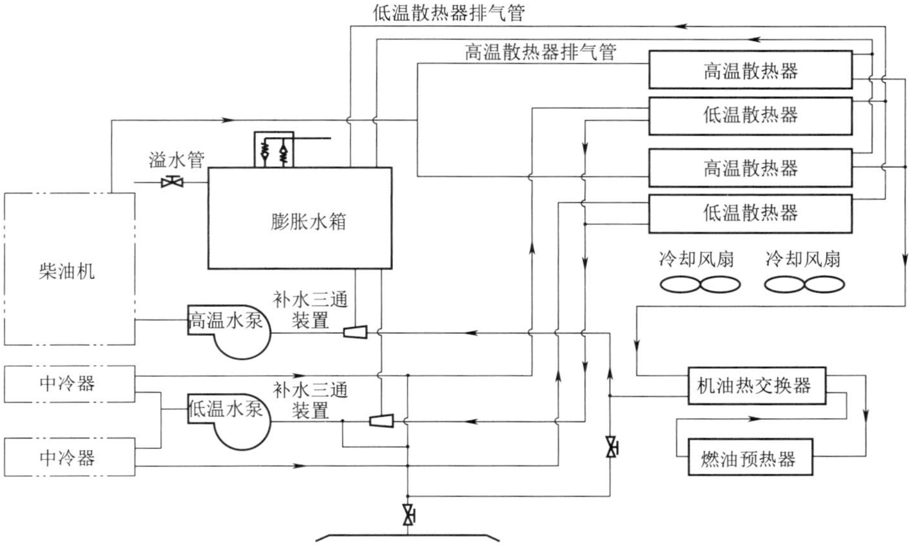

图 9-6-1　HXN_3 型内燃机车冷却水系统原理

柴油机上部的出水总管由 2 根钢管串联而成。16 个出水支管既作为各气缸盖向出水总管的输水管路，又作为出水总管的支承。流经高温冷却水系统的冷却水从出水总管的前端流向机车散热器。

冷却水系统的主要部件大都安装在机车冷却室内。冷却室侧面为气动百叶窗，散热器安装于顶部的冷却室钢结构中，冷却风扇安装于散热器的底部，膨胀水箱安装于动力室与冷却室的隔墙上。

一、高温冷却水系统

柴油机启动完成后，右侧的高温水泵将冷却水吸入并压入一个分流器(水泵出口三通)，冷却水在此被分流到左、右两侧机体内部水道的进口处。机体两侧铸有贯穿整个长度的水道，在机体左、右两侧气缸顶板上各钻有 8 个水孔(每个气缸一个)与下方的水道相通。冷却水在压力作用下，由上述各水孔分别进入 16 个动力组。冷却水在动力组中的流动线路依次为：气缸套的上部冷却水腔——气缸盖的下水腔——气缸盖的上水腔——动力组出水支管。最后，高温水将汇集到柴油机上部的出水总管，并流向机车冷却间顶部的散热器组，由高温冷却风扇进行冷却。流经高温散热器冷却后的冷却水，流进机油热交换器，对机油进行冷却，冷却水继续升温后，流回高温水泵，这样不断地往复循环，如图 9-6-2 所示。

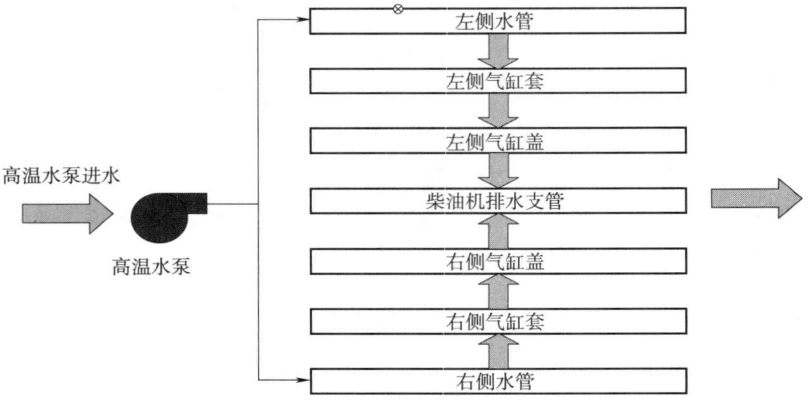

图 9-6-2 16V265H 型柴油机高温冷却水循环示意

二、低温冷却水系统

在柴油机启动运转时,低温水泵也随之运转,冷却水在低温水泵出口处也被分流到柴油机两侧,并送入中冷器前端上部的入口处。冷却水沿中冷器上部冷却芯组的铜管流向后端,经过后端水盖后沿中冷器的下部芯组流向中冷器前端的出口。吸收增压空气热量后的冷却水从中冷器流出,流进低温散热器从而使冷却水的温度降下来,然后流回低温水泵从而形成反复的冷却循环,如图 9-6-3 所示。

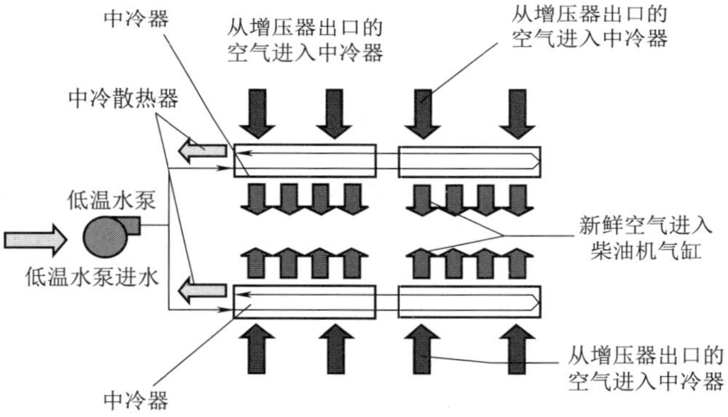

图 9-6-3 16V265H 型柴油机低温冷却水循环示意

三、冷却系统的加水与排水

在机车底架的一侧设有加水管路及接头,它与膨胀水箱相连。运用中根据加水量多少及装备作业条件的具体情况,可采用电机驱动的水泵向整个冷却水系统进行加水;若少量补水,则可以打开水箱上面的压力阀,从此处进行补水。

在采用电机驱动水泵加水时,应首先连接好加水接头,再开启水管上的截止阀,最后开启机械加水设备。水加满后,先停电机驱动水泵设备,再关闭截止阀,最后拆开加水接头。放净截止阀到防尘堵管内的剩余水。

在冷却水系统最低管路上安装有自动排水阀和手动排水阀,当系统水温过低时,自动排水阀开启将系统中冷却水排出,防止设备及管路冻裂。当需要手动排水时,可以将手动排水的截止阀打开，即可排净冷却水。

四、冷却系统主要部件

1. 冷却水泵

16V265H 型柴油机高低温冷却水泵均为自排式离心泵，旋转方向与柴油机曲轴转向相反。两者结构基本相同，只是高温冷却水泵流量略高，现场习惯把高容量的高温冷却水泵称为"G"泵（图 9-6-4），而把标准容量的低温冷却水泵称为"D"泵（图 9-6-5）。水泵壳体下方设有排水孔，在水封失效时，泄漏的冷却水会从该孔排出而不会进入柴油机内部，内部轴承采用油脂润滑。

另外，高温冷却水泵中还有一部分冷却水被送到空气压缩机和燃油预热器，此管路中没有截止阀，只在柴油机运行时才会进行空气压缩机冷却和燃油预热。

图 9-6-4　高温冷却水泵

图 9-6-5　低温冷却水泵

2. 膨胀水箱

膨胀水箱（图 9-6-6）由钢板压型焊接而成，安装于冷却间与动力间的隔墙上。膨胀水箱上面有 2 根放气管，与散热器相连，当柴油机停机时，散热器中的冷却水靠重力作用自动流回膨胀水箱，防止在温度过低时冻坏散热器的铜管。膨胀水箱的底下有两根补水管，分别与高低温冷却水泵进口前的三通装置相连，随时可以为系统补充冷却水。膨胀水箱前面安装有显示水位的液位仪（玻璃水位表），旁边有最高水位和最低水位的显示标牌。膨胀水箱的端面装有压力阀，当系统压力超过 138 kPa(20 psi)时，压力阀自动打开，与外界大气相通，防止由于系统压力增大损坏其他部件。

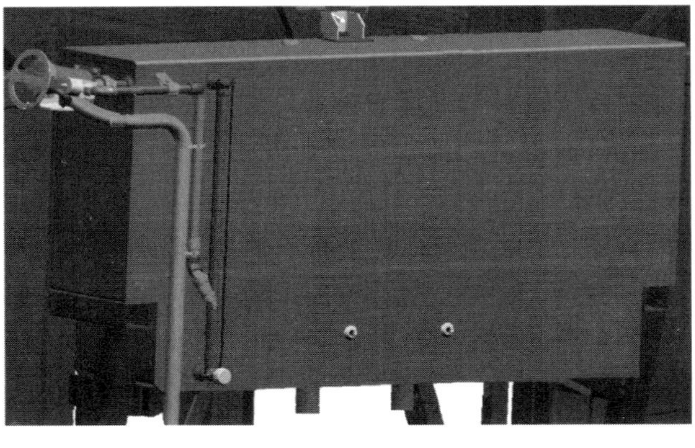

图 9-6-6　膨胀水箱

3. 三通装置

在高低温水泵进口处分别安装了2个铸造的三通装置(图 9-6-7),膨胀水箱的补水管与其相连。三通装置的作用是在柴油机启动后提高补充冷却水的能力及提高水泵进口的压力和减少气穴。在三通装置上安装了温度传感器,可以监测柴油机高低温冷却水泵进口冷却水的温度。

图 9-6-7　三通装置

4. 冷却室钢结构

在机车冷却间布置了散热器的支撑结构,即冷却室钢结构(图 9-6-8)。冷却室钢结构分为上下两部分,底下部分为车体钢结构。

在车体钢结构的上面安装了一个模块化装置(图 9-6-9),里面包含了高低温散热器、放气管路、进出水管路及顶部防护网等部件。

图 9-6-8　车体钢结构

图 9-6-9　模块化的冷却室钢结构

5. 散热器

散热器(图 9-6-10)分为左右两组,每组由高温散热器和低温散热器连接而成。靠近动力间的是高温散热器,靠近司机室的是低温散热器。每组散热器长 4 868 mm,宽 1 254 mm,高 292 mm。散热器的铜管与端板采用机械胀接式,在高低温进水口处都安装了过滤网,网孔直径为 1. 6 mm。

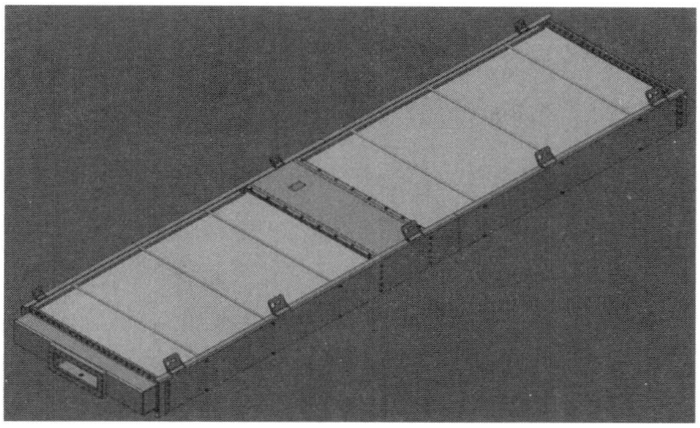

图 9-6-10　散热器

额定工况下散热器的主要性能参数如下：

(1)在额定功率时,高温水系统的流量为 4 458.7 L/min,低温水系统的流量为 1 105 L/min。

(2)环境温度为 32 ℃,高温散热器的进水温度为 90.9 ℃,出水温度为 85.9 ℃时,柴油机高温水系统和机油管路产生的散热量为 1 520 kW。

(3)环境温度为 40.6 ℃,低温散热器的进水温度为 77.7 ℃,出水温度为 62.6 ℃时,柴油机低温水系统产生的散热量为 1 142 kW。

6. 百叶窗

在机车冷却间的两侧分别布置了散热器百叶窗(图 9-6-11),用于控制进入冷却间空气的流量。当冷却风扇关闭时,也可以保持散热器内的热量。百叶窗的外面是防护网,可以阻挡一些杂质进入损坏叶片。百叶窗的开启是靠自身带的小风缸来驱动的,小风缸的动作由电磁阀来控制,风源来自机车的总风缸,所以百叶窗与冷却风扇一样,完全是自动控制开关的。需要强调的是,百叶窗和冷却风扇的控制并不是关联的,因此当冷却风扇正在运行时,百叶窗有可能是关闭的。

图 9-6-11　百叶窗

在机车出现故障时,百叶窗为开启状态。百叶窗的开启条件是:

(1)至少有 1 个冷却风扇开启。

(2)环境温度为 0 ℃以上且机车电阻制动或加载状态。

(3)环境温度大于 15 ℃且空压机开启状态。

7. 冷却风扇

HXN_3 型内燃机车装有 2 个同样的冷却风扇(图 9-6-12),其中靠近司机室的为 1 号低温冷却风扇,靠近动力间的是2号高温冷却风扇。两个风扇中间安装了风扇隔板,这样就把气流分成了两个独立的部分。两个独立运行的冷却风扇分别安装在高低温散热器下面,冷却风扇从侧面的百叶窗吸入空气,然后向上吹向散热器,通过散热器的散热管对柴油机冷却水进行通风冷却。

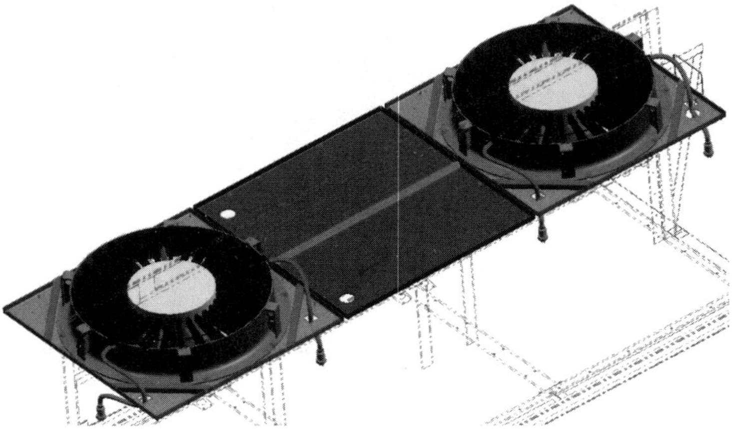

图9-6-12　冷却风扇

每个冷却风扇由双速交流电机驱动,电机由交流发电机供电。双速冷却风扇系统包括2个全速接触器、1个慢速接触器及百叶窗电磁阀,由计算机自动控制冷却风扇以半速(柴油机转速)或全速(2倍于柴油机转速)运转。

在柴油机高低温冷却水泵进口处安装有温度传感器,传感器与微机EM2000相连,随时可以监控冷却水的温度。随着柴油机冷却水温度的不断升高,两个冷却风扇会连续打开;而当柴油机冷却水的温度下降时,两个冷却风扇会逐个关闭。EM2000会控制冷却风扇按顺序循环工作,以保证冷却风扇和电流接触器的使用寿命。高温冷却风扇将维持柴油机高温冷却水的进口温度在+76.66～+82.22 ℃范围内;低温冷却风扇将维持柴油机中冷水进口温度在环境温度−40～+32.22 ℃时的冷却水温在+26.66～+62.77 ℃范围内,在环境温度+32.22～+48.88 ℃时的冷却水温在+62.77～+82.22 ℃范围内。

冷却风扇的主要技术参数见表9-6-1。

表9-6-1　冷却风扇主要技术参数

风扇类型	Q型冷却风扇
风扇直径/mm	1 320(52英寸)
叶片数量	11片(9片)
材质	铝
风扇转速/(r/min)	半速990,全速1 980
功率/kW	60

五、冷却系统的保护

在柴油机高低温冷却水泵进口处的三通装置上装有温度传感器,可以监测柴油机高低温冷却水进口的温度。当温度过高时,柴油机将会降低转速和功率。当环境温度低于40 ℃且柴油机进口冷却水温度超过 96 ℃时，柴油机将降低转速和功率；当环境温度高于 40 ℃且柴油机进口冷却水温度超过 99 ℃时，柴油机将降低转速和功率；当柴油机进口冷却水温度超过 102 ℃时，柴油机手柄将退到 6 位。由于机油热交换器放置在高温冷却水系统中，因此高温冷却水温度的高低直接影响到机油的温度。当柴油机机油进口的温度超过 107 ℃时，柴油机手柄将退到 6 位，降低柴油机的功率和速度；当柴油机机油进口的温度超过 113 ℃时，柴油机手柄将退到 2 位，降低柴油机的功率和速度；当柴油机机油进口的温度超过 124 ℃时，柴油机停机。

第七节 GEVO16 型柴油机冷却水系统

HXN_5 型内燃机车的冷却水系统采用密封加压冷却方式，由机车冷却水系统和柴油机冷却水系统两部分组成，只设置一台水泵用来输送柴油机冷却水和机油冷却水。机车冷却水系统主要由散热器、膨胀水箱、机油热交换器(润滑油冷却器)、流向控制阀、燃油加热器，以及相应的管路、阀门等组成。

冷却水系统及其零部件安装在柴油机室和冷却室的不同区域内。冷却水还对空气压缩机及压缩后的空气进行冷却，并通过燃油加热系统对燃油进行加热。

一、机车冷却水系统的冷却模式及循环回路

为了优化机车的排放、功率及燃油效率，HXN_5 型内燃机车在冷却水系统中加装了流向控制阀，以控制冷却水系统的冷却模式。冷却模式分为排放模式、热机模式。排放模式(模式 1)下，冷却水系统为优化排放而对中冷器提供最大冷却能力。热机模式(模式 2)下，冷却水系统为优化功率和燃油效率而对柴油机提供最大冷却能力。根据冷却水的设置点温度、歧管空气温度及柴油机润滑油温度，机车冷却控制系统将冷却水系统转换到排放模式或者热机模式下运行。冷却水设置点的温度设置可确保最大程度保护柴油机，同时使模式间的循环操作最小化。

1. 排放模式及循环回路

在排放模式中，从散热器出来的最低温度的冷却水被输往安装于柴油机前部的中冷器以调节进气歧管空气温度(MAT)。当需要提高柴油机功率时，因为涡轮增压器压缩了更多的空气，歧管空气温度升高，这样虽然有利于提高燃油效率，但不利于排放，因此，采用较低温度的冷却水冷却歧管空气温度，从而达到排放标准。当柴油机惰转时，较低的歧管空气温度并不是最佳工况，较高的歧管空气温度将保证较高的燃油效率，在惰转或低挡位工况条件下，水温有助于提高歧管空气温度，取得更高的燃油效率。

综上所述，对机车及环境来说，歧管空气温度有不同的调整值:机车惰转时较高的歧管空气温度最佳;当机车加载时，较低的歧管空气温度将降低排放，改变燃烧特性以达到功率最优化。

排放模式中冷却水系统的工作回路如图 9-7-1 和图 9-7-2 所示。一台单级离心式水泵由柴油机曲轴通过齿轮直接驱动。柴油机冷却水泵出来的冷却水进入柴油机，经过对柴油机冷却后一部分水直接回到水泵前再次进入柴油机循环，另一部分冷却水则进入主散热器，从散热器主芯子出来的冷却水进入子散热器 1。经过子散热器 1 进一步冷却后，一部分水通过管路、流向控制阀进入燃油加热器及机油热交换器，然后进入水泵；一部分水进入子散热器 2，得到进一步冷却的冷却水用来冷却两台中冷器，降低流过中冷器的空气(也称为柴油机燃烧空气或进气空气)温度，从而达到降低柴油机排放和增强涡轮增压器的喘振极限，冷却水从中冷器出

来后与机油冷却器方向来的冷却水汇合进入水泵。

在空气滤清器箱上方装有2个膨胀水箱,膨胀水箱提供散热器的排气、冷却水的膨胀和柴油机冷却水系统的补水。当柴油机停机时,散热器中的水全部排回膨胀水箱。

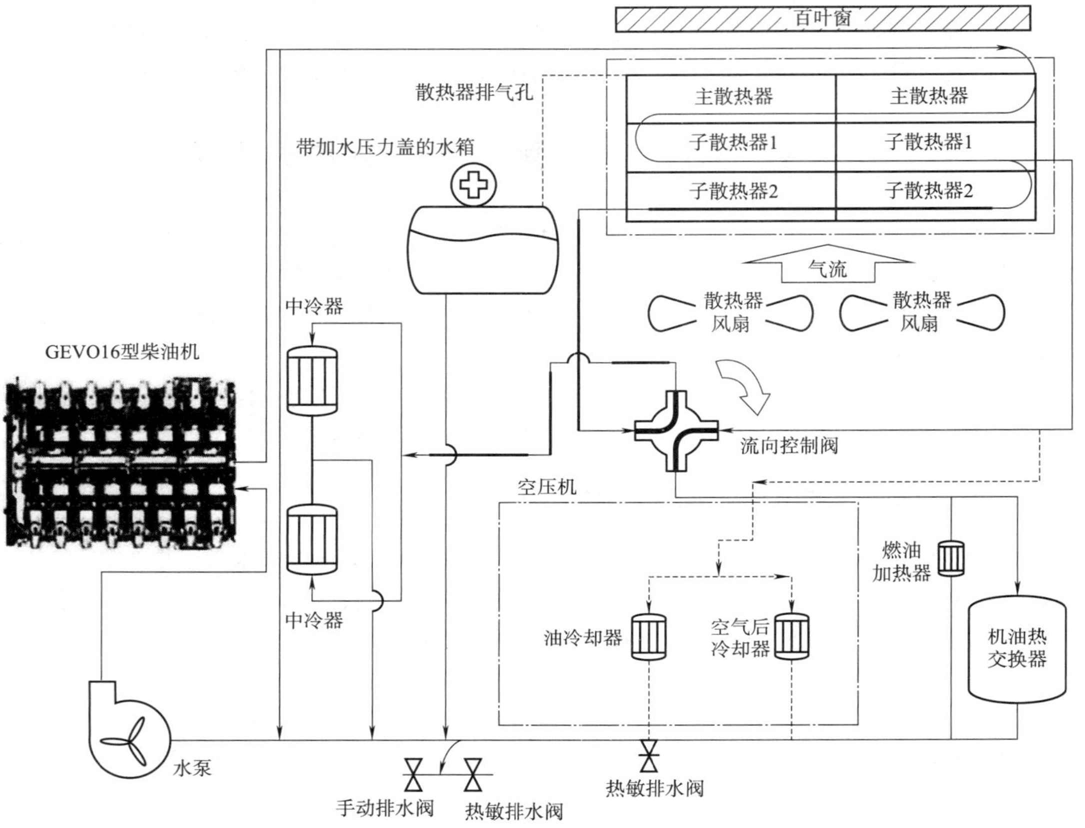

图 9-7-1　排放模式及循环回路

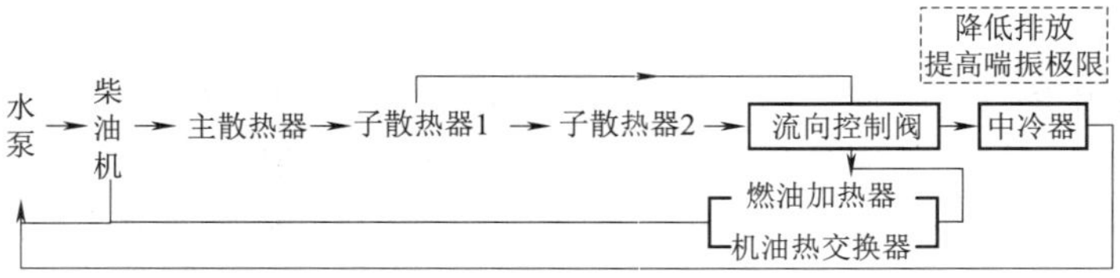

图 9-7-2　排放模式的循环水路

2. 热机模式及循环回路

热机模式将最低温度的冷却水(从子散热器2出来的水)输送至机油热交换器,对机油进行强力冷却,油温越低,柴油机零部件冷却得越快,从而达到防止柴油机过热的目的。

热机模式的工作回路如图9-7-3和图9-7-4所示,与排放模式相比,热机模式中,从子散热器1出来的冷却水通过流向控制阀进入了柴油机中冷器,而从子散热器2出来的最低温度冷却水通过流向控制阀进入了燃油加热器及机油热交换器,从而达到对机油的强劲冷却,起到热机模式下保护柴油机安全运行的作用。

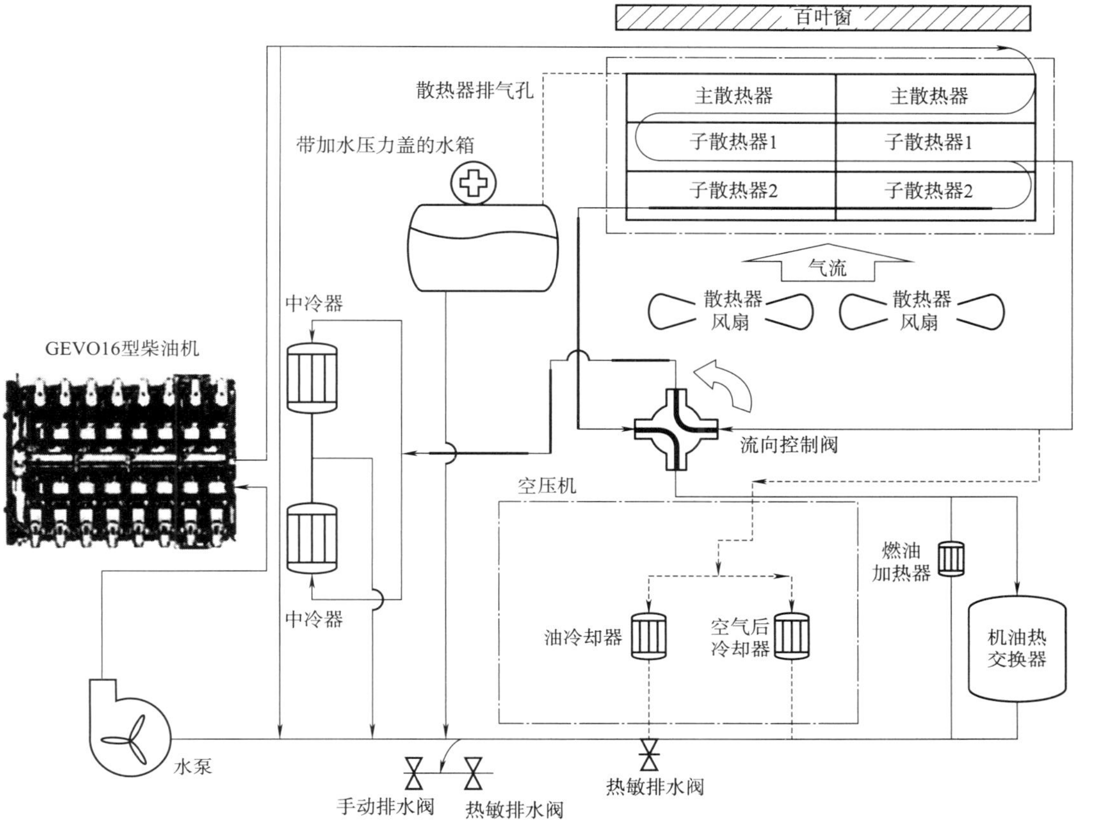

图 9-7-3 热机模式及循环回路

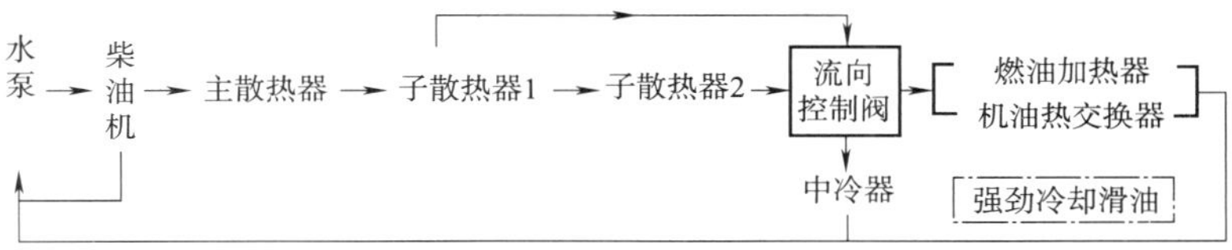

图 9-7-4 热机模式的循环水路

二、柴油机冷却水系统

GEVO16 型柴油机冷却水系统由水泵和相关管路等组成。

柴油机内冷却水的流向是:从水泵出来的冷却水流经前端集成箱体(IFE)后分成 2 路,一路进入机体 V 形角内纵向通长的冷却水腔,通过机体各气缸的出水口经加强套流入气缸水腔。冷却气缸套后再向上去冷却气缸盖,然后由各个气缸盖上部的出水口过渡接管汇入柴油机出水总管。另一路进入增压器,对增压器进行冷却后进入柴油机出水总管。由此,返回机车冷却水系统。相关流程如图 9-7-5 所示。

三、冷却系统主要部件

1. 冷却水泵

GEVO16 型柴油机冷却水泵(图 9-7-6)为单吸、单级、闭式低压离心泵,结构简单、工作可靠,可满足柴油机对冷却水的压力和流量要求。它主要由叶轮、泵体、蜗壳、轴、轴承、齿轮、油封和水封等组成。

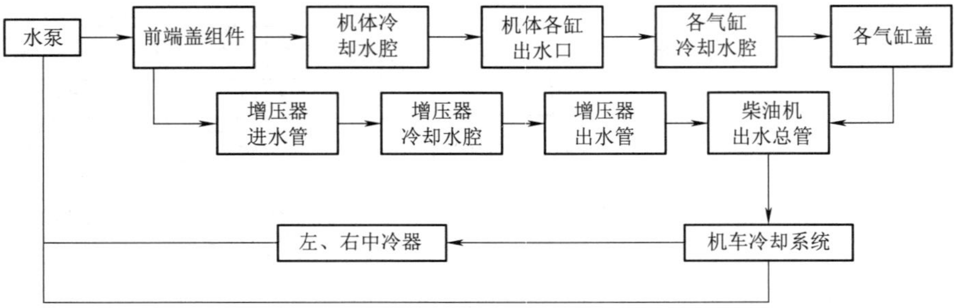

图 9-7-5　GEVO16 型柴油机冷却水系统流程

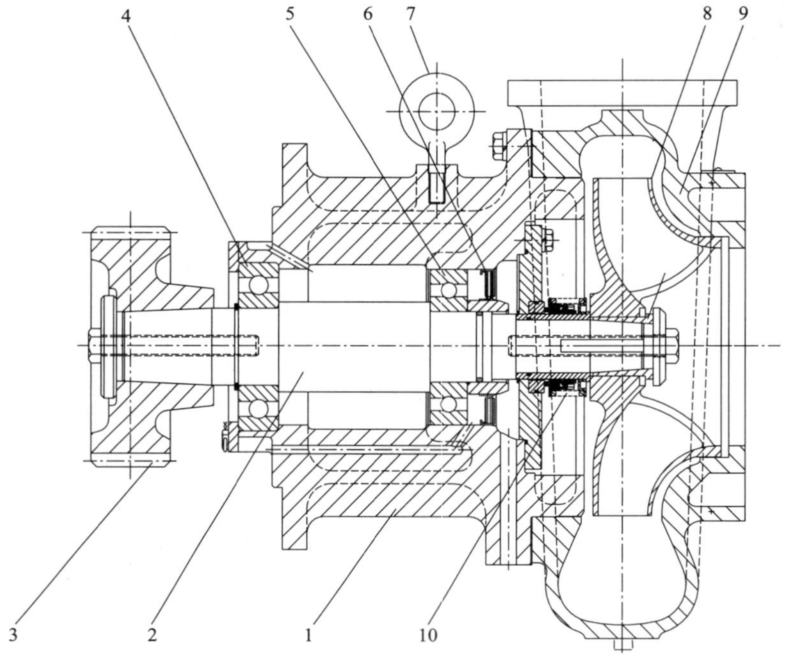

1—泵体;2—轴;3—水泵齿轮;4、5—滚珠轴承;
6—油封;7—吊耳;8—叶轮;9—蜗壳体;10—水封。

图 9-7-6　冷却水泵

离心式水泵安装在柴油机的前端盖上,由曲轴前端辅助驱动齿轮驱动。在柴油机额定转速时,流量约为 2 270 L/min(136.2 m^3/h),压力 290 kPa。水泵采用泵体和蜗壳分开的结构设计,分别加工后再用定位凸台定位,通过螺栓连接。水泵叶轮采用双扭后弯叶片,使水流在叶片通道中各截面处的流速一致,因此效率高、功耗少、流量和压力也比较稳定。水封组件由水封板、轴套和水封等零件组成。水封装在轴套上,轴套与轴过盈配合。轴套上安装了一个 O 形圈,防止水从轴与轴套之间的间隙泄漏。水封板用螺栓和垫片紧固在壳体上,并用 O 形圈密封。油封组件由油封、油封轴套和 O 形圈等零件组成。为防止轴与轴套之间润滑油的泄漏,轴上安装了一个 O 形圈。

水泵中部的底面有一个警示孔,水或油从各密封处泄漏出来以后由此孔排出。从排出的油或水的数量，可以判断油封和水封的工作状态。

2. 膨胀水箱

HXN5 型内燃机车上安装了两个通过连接管路连接的膨胀水箱。膨胀水箱总容量 1 125 L，整个冷却水系统容量为 1 550 L。膨胀水箱安装于冷却室前部、空气滤清器箱的上部。膨胀水箱内部的水位高于柴油机水泵的吸水口位置，通过补水管路可以随时补充因泄漏、汽化而减少的水。由于膨胀水箱内的水位低于散热器的水位，所以柴油机停机后散热器内部的冷却水全部流回膨胀水箱，这样可起到减少散热，保温的作用，并且在寒冷季节，起到防止散热器冻坏的作用。

在膨胀水箱的端部装有水位表，以显示膨胀水箱内部的水位。上部安装有压力/真空安全阀。用于排出因水的汽化而产生的压力，减压阀在 75.8 kPa 的压力下开启，以释放膨胀水箱中过高的压力。当系统大量补水时，可以打开压力/真空安全阀用作上水口。膨胀水箱的外形及安装如图 9-7-7 所示。

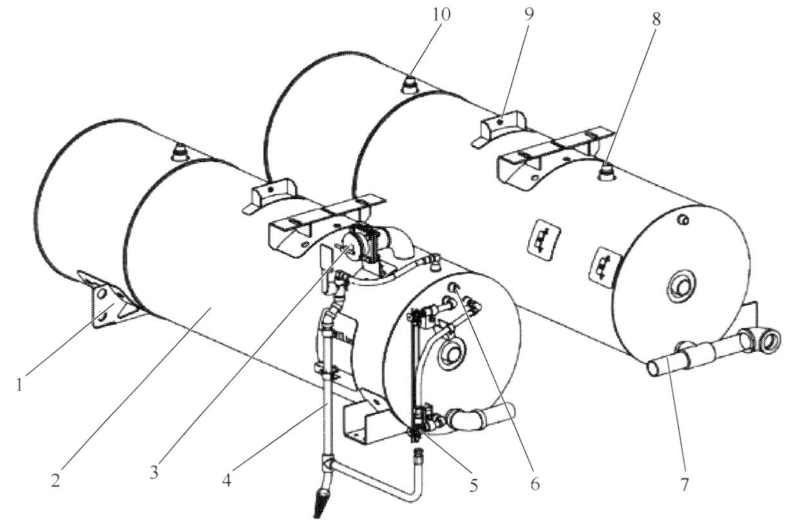

1—安装座；2—水箱体；3—压力/真空安全阀；4—加水管；5—水位表；6—放气连通接头；
7—冷却水系统补水管路；8—放气接头；9—四通阀安装座；10—散热器放气接头。

图 9-7-7　膨胀水箱

3. 散热器

HXN5 型内燃机车的散热器为机械胀接式铜散热器，共有 2 块，一块安装在冷却室左侧，另一块安装在冷却室右侧。每块散热器由第一流程(4 排主散热器)、第二流程(3 排子散热器 1)和第三流程(3 排子散热器 2)组成。主散热器与子散热器之间有 6.35 mm 的间隔，中间的空气间隙起隔热作用，在当风扇停转而顶百叶窗关闭时，可防止子散热器从主散热器回路吸收热量。

散热器安装时以夹角为 27.5°装在冷却室顶部，每个挡板及端部箱体均有足够的排水孔，可确保柴油机停机时散热器中的水能通过重力有效地将水排到膨胀水箱。机车在水平轨道上时，散热器可在 90 s 内排空；在 3%坡度的轨道上，散热器可在 300 s 内排空。散热器还提供内部排气用的排气管(膨胀水箱端部的顶部接口)，这些排气管通过软管与膨胀水箱连通，可将散热器内部的气体随时排入膨胀水箱。

4. 冷却风扇电机组

HXN5 型内燃机车设有 2 个 90 kW 的冷却风扇电机组(图 9-7-8)，每个冷却风扇电机组由

1 台交流电机和 1 个直径为 1 829 mm 的风扇叶轮组成,由一个固态调节器控制,用于控制风扇转速(关,1/4,1/2 或全速)。由进水温度(EWIT)传感器检测柴油机冷却水温度信号来控制冷却风扇转速的最初输入。

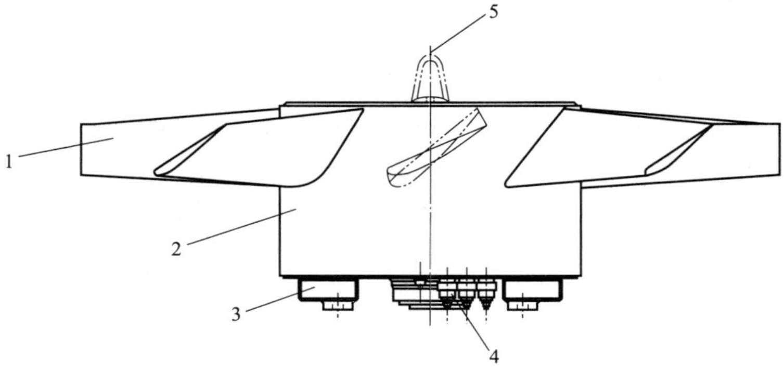

1—风扇叶片;2—风扇电机;3—风扇安装架;4—风扇接线端子;5—风扇起吊环。

图 9-7-8　冷却风扇

表 9-7-1 为两个冷却风扇组成的速度组合。由于散热器风扇动力由辅助交流发电机提供,所以冷却风扇转速与柴油机转速成正比。

表 9-7-1　风扇速度要求

软件确定的风扇要求	风扇 A	风扇 B
0	关	关
1	1/4 速度	关
2	1/2 速度	关
3	1/2 速度	1/4 速度
4	1/2 速度	1/2 速度
5	全速	1/4 速度
6	全速	1/2 速度
7	全速	全速

注意:没有 3/4 风扇转速控制,是由于周波跳跃运行造成的,周波跳跃把风扇电机的频率减半,故导致没有 3/4 转速。

5. 百叶窗

散热器顶百叶窗(图 9-7-9)用于调节流向散热器的空气流量,在低环境温度下,机车惰转时,冷却风扇不工作。百叶窗关闭以阻止自由对流的气流通过散热器,避免散热器管内的水冻结,对散热器起保温作用。

百叶窗叶片由轴衬支持,叶片组通过与联动气缸相连的控制杆机构驱动。通过使用适当的节流来控制顶百叶窗的开启及关闭速度,保证顶百叶窗装配开启及关闭无碰击声,以避免叶片间发生碰停,顶百叶窗可在 3 s 内实现开启及关闭。在顶百叶窗装配的外面装有格栅(栅网/滤网),可防止碎片掉在顶百叶窗的叶片上。

顶百叶窗的启闭主要由柴油机进水温度控制,当传感器监测到的柴油机进水温度高于 78 ℃时顶百叶窗打开,当柴油机进水温度低于 75 ℃时顶百叶窗关闭。同时,顶百叶窗提供了手动操作机构，以方便百叶窗的手动操作。

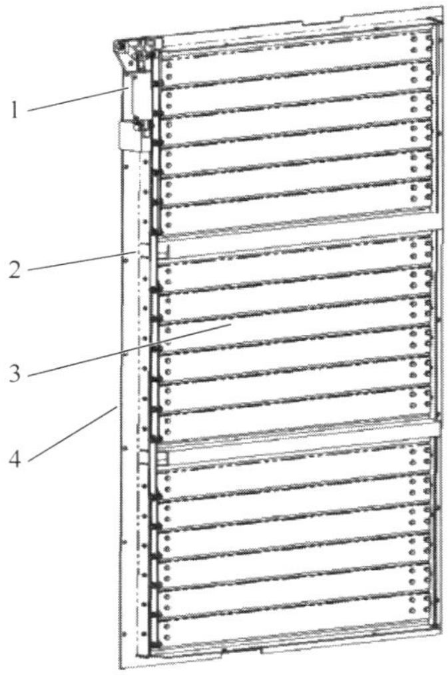

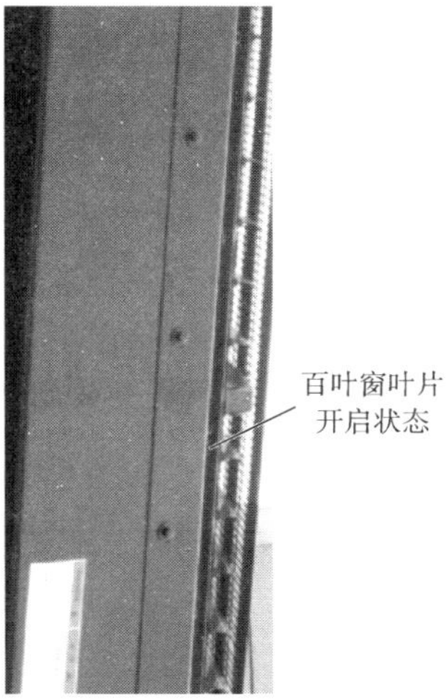

1—开启气缸；2—推杆；3—顶百叶窗叶片；4—顶百叶窗安装架。

图 9-7-9　顶百叶窗

6. 流向控制阀

为了使冷却水系统能够在排放模式和热机模式下转换，在冷却室内部，膨胀水箱的上部设置了流向控制阀，具体结构及管路接口如图 9-7-10 和图 9-7-11 所示。

流向控制阀为直径 63.5 mm(2.5 英寸)的两位四通阀，阀的结构为 LL 型式，该阀用气动机构控制，用于控制冷却水系统中水的流向。在排放模式中，流向控制阀控制最低温度的冷却水流向柴油机的中冷器，以迅速降低进气歧管空气温度，有利于排放控制。在热机模式中，流向控制阀控制最低温度的冷却水流向机油热交换器，有助于快速冷却润滑油，从而有效降低柴油机的温度。

图 9-7-10　流向控制阀

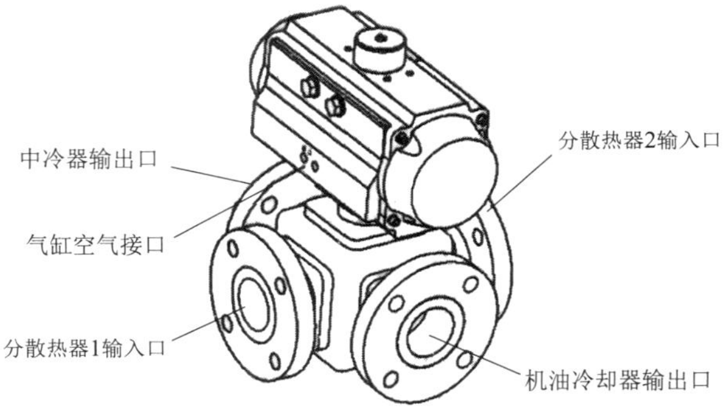

图 9-7-11　流向控制阀接口(安装方向)

7. 排水阀

HXN5 型内燃机车上设有自动排水阀和手动排水阀(图 9-7-12)。自动排水阀的作用是保护柴油机冷却水系统，防止冷却水冻结。如果温度降到 4.4 ℃(40 ℉)，又当柴油机自动启动系统故障、固定电源故障或操作人员启动系统故障等原因而不能工作时，冷却水将自动排至排污箱。

自动排水阀的工作原理是利用热敏元件的热胀冷缩来控制阀上的一个弹簧承载活塞运动,从而达到自动排水功能。

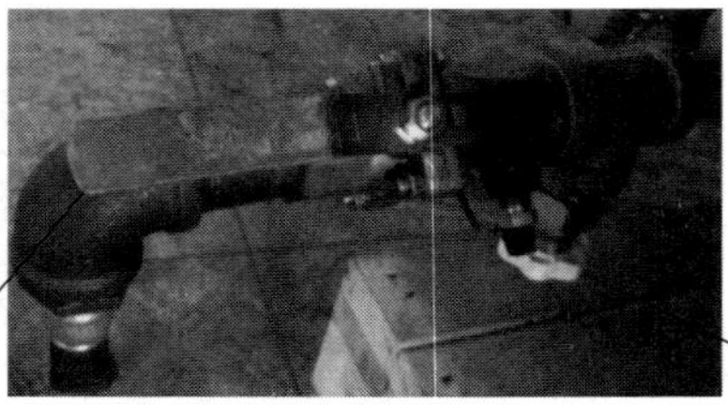

图 9-7-12　自动排水阀与手动排水阀

手动排水阀是通过人工方式将冷却水系统中的水排掉。自动放水阀和手动放水阀一起安装在设备安装架上,位于机车的冷却室前部与柴油机室之间。

四、冷却水系统的保护

为了防止柴油机在极端的运行范围或非正常运行条件下的损坏,HXN_5 型内燃机车冷却水系统设置了以下保护措施。

1. 低水压保护措施

为防止低水压对柴油机造成的损坏,柴油机管理系统软件(EMS)利用柴油机进水压力(EWIP)传感器提供的水压信息,在给定的柴油机挡位速度下,如果水压低于极限值持续时间达到 10 s,将开启一个 20 s 计时器。如果水压低于极限值的持续时间超过 20 s,则柴油机转速降低一挡,该动作每 20 s 执行一次,直至柴油机惰转运行。反之,如果在某一转速下水压增加,超过极限值,且持续时间达到 10 s,则解除柴油机的转速限制。

表 9-7-2 为对应每一柴油机转速下的水压极限值。为防止出现损害性故障,当柴油机转速低于 400 r/min 时,不采取低水压防护措施。

表 9-7-2　柴油机转速下的水压极限值

柴油机转速/(r/min)	水压限制/kPa
335	不动作
440	25.72
580	37.09
888	62.05
925	65.08
995	70.74
1 050	75.22

2. 高水温保护措施

柴油机冷却水系统的水温由进水水温(EWIT)传感器监测,并通过改变两台冷却风扇的转速和顶百叶窗的开关来控制。当柴油机进水温度超过 110 ℃且持续时间达 2 s 时,EWIT 传感器启动程序并降低柴油机有效功率;同时柴油机转速将升至 1 050 r/min,使冷却风扇以最高转速运行,以达到尽可能高的冷却能力,使柴油机保持进水温度处于 110 ℃以下以避免其损环。如果柴油机有效功率已降低至 80%或水温 110 ℃以下且持续时间少于 1 min，则进入降功程序。如果上述控温措施失效，并且有效功率降至 0%的持续时间达到 5 min，将启动停机程序，使柴油机停机。

同时，EWIT 传感器也用于监测机车在隧道中运行和其他异常高温环境下运行的水温。当柴油机水温过高达到 110 ℃时，柴油机将降功率运行；若水温继续上升达到 115.6 ℃时，柴油机将怠速运行。

3. 冷却失效保护措施

在冷却水系统出现冷却风扇不转、散热器散热不良等相关部件故障时，柴油机会被限制在 2 挡以下运行，可预先防止柴油机过热。

第八节 12V265 型柴油机冷却水系统

12V265 型柴油机冷却水系统与 16V265H 型柴油机基本相同，也分为高温冷却水系统和低温冷却水系统两个相对独立的系统。高温冷却水系统主要为柴油机燃烧室的包容件提供冷却，如气缸盖、气缸套等；同时在进入柴油机前还流经机油热交换器，以冷却润滑油。低温冷却水系统（中冷水系统）主要是通过 4 个中冷器来冷却增压空气，提高进气充量。两个系统的冷却水分别由安装在柴油机上的高、低温冷却水泵推动循环。除共用一个封闭式的膨胀水箱外，两个系统相对独立。

HXN_{3B} 型内燃机车冷却水系统（图 9-8-1）主要由散热器、冷却风扇、柴油机冷却水系统（包括高温水泵、低温水泵、三通装置、膨胀水箱、自动排水阀、手动排水阀，以及一些管路、接头等）组成。此外，机车系统中尚有机油冷却器、燃油预热器、散热器、冷却风扇及其他系统管件等。

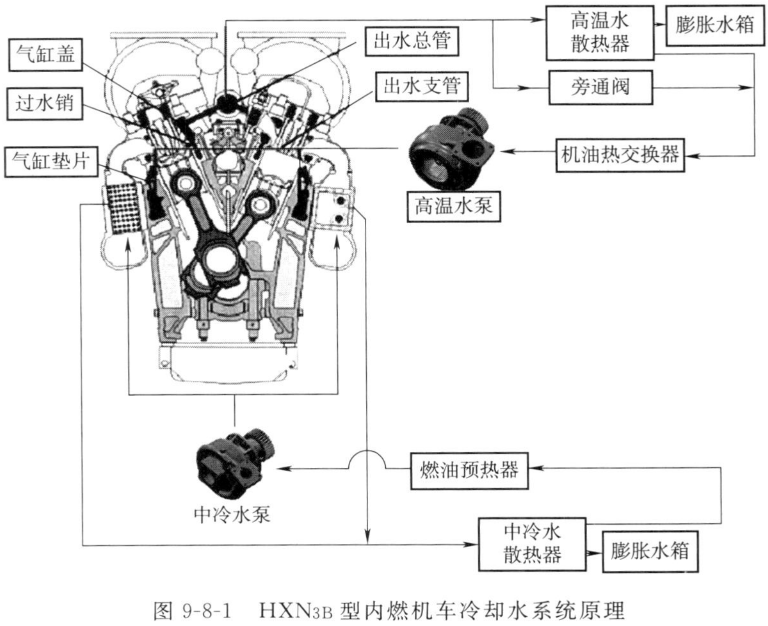

图 9-8-1 HXN_{3B} 型内燃机车冷却水系统原理

一、高温冷却水系统

柴油机启动后,右侧的高温水泵将冷却水吸入,经分流器输入到左右两侧机体内部水道的进口处,沿着机体两侧铸出的水道,分别到左右两侧气缸顶板上对应每个气缸的进水孔,再分别进入 12 个动力组。冷却水在动力组中的流动线路依次为:气缸套的上部冷却水腔—气缸盖的下水腔—气缸盖的上水腔—动力组出水支管。最后,高温水将汇集到柴油机上部的出水总管,并流向机车冷却间顶部的散热器组,由高温冷却风扇进行冷却。流经高温散热器冷却后的冷却水,流进机油热交换器,对机油进行冷却,冷却水继续升温后,流回高温水泵,这样不断地往复循环。部分高温冷却水被送到燃油预热器。燃油是否需要被高温冷却水预热由温控阀控制。

二、低温冷却水系统

柴油机启动后,冷却水在低温水泵出口处也被分流到柴油机两侧,并送入中冷器前端上部的入口处,沿着双流层中冷器上部冷却芯组的铜管流向后端,经后端水盖进入下部芯组流向中冷器前端出口,沿机车系统管路进入低温散热器,经冷却风扇冷却后流回低温水泵。由此实现中冷器对增压空气的冷却。

高低温冷却水系统原理如图 9-8-2 所示。

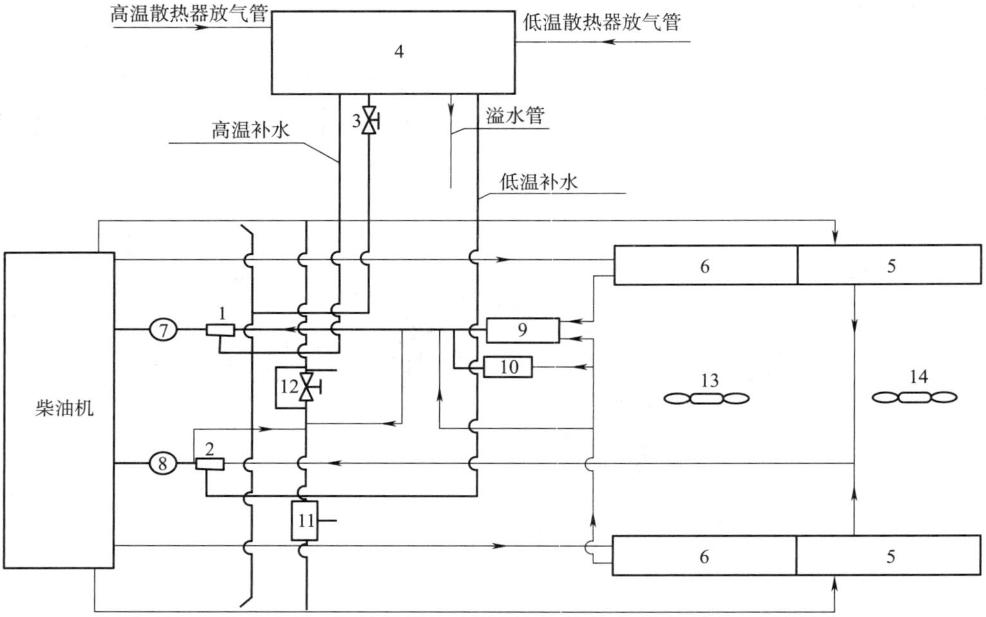

1—高温水三通;2—低温水三通;3—拉接塞门;4—膨胀水箱;5—低温散热器;
6—高温散热器;7—高温水泵;8—低温水泵;9—机油热交换器;10—燃油预热器;
11—自动排水阀;12—手动排水阀;13—高温冷却风扇;14—低温冷却风扇。

图 9-8-2 12V265 型柴油机高低温冷却水系统原理

三、冷却系统及其保护

12V265 型柴油机冷却水系统主要部件及保护系统均与 16V265H 型柴油机相同,具体内容见 16V265H 型柴油机。

第九节　R12V280ZJ 型柴油机冷却水系统

R12V280ZJ 型柴油机冷却水系统采用双水泵设计，高低温冷却水系统各自独立冷却的双水回路冷却系统。冷却水系统主要由散热器、膨胀水箱及相应的管路、阀、管卡安装等模块组成。整个冷却水系统的原理如图 9-9-1 所示。

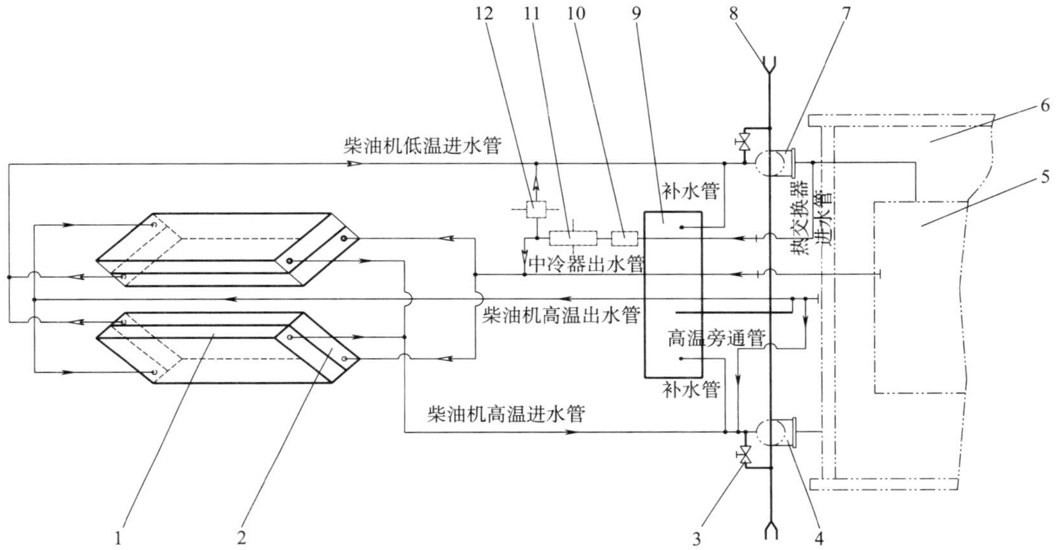

1—高温散热器；2—低温散热器；3—截止阀；4—高温水泵；5—中冷器；6—柴油机；7—低温水泵；8—上排水接口；9—膨胀水箱；10—温控阀；11—机油热交换器；12—燃油预热器。

图 9-9-1　HXN5B 型内燃机车冷却水系统原理

一、冷却水循环水路

R12V280ZJ 型柴油机高低温冷却水系统原理如图 9-9-2 所示。

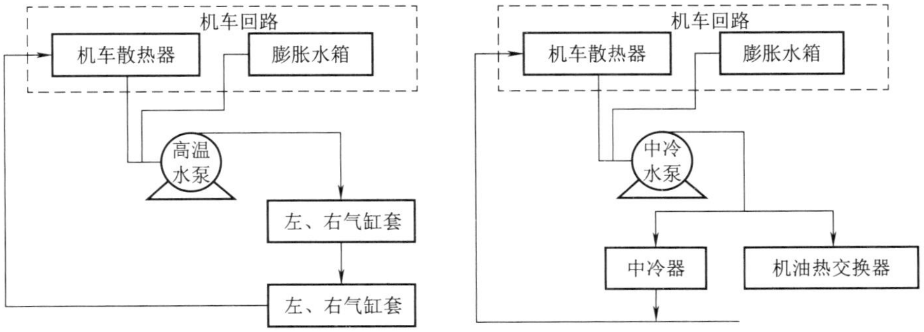

图 9-9-2　R12V280ZJ 型柴油机高低温冷却水系统原理

高温冷却水系统的功能主要是通过对柴油机的强制冷却，将各受热零件的温度控制在允许的范围内，降低柴油机的热负荷。低温冷却水系统的功能是降低压气机出口的空气温度,增加进入气缸内的空气密度和质量,以提高柴油机的输出功率和获得较好的柴油机经济性。

1. 高温冷却水系统

高温冷却水系统主要用于冷却气缸套和气缸盖。柴油机工作时,高温水泵从散热器高温出水口、膨胀水箱补水管及高温旁通管中吸入冷却水,通过高温水泵出水管泵入位于机体前端的增压器支架的高温水腔内,然后进入机体V形夹角内的冷却水腔,通过水腔两侧对应各个气缸开设的进水孔,对左右两排的各个气缸进行强制冷却。然后,通过机体顶板上的4个出水孔经导管流入气缸盖进行冷却。高温水由气缸盖出水孔通过缸头出水软管汇集到中冷器座管和冷却系统管接座的水腔内,汇总后经由高温出水总管送到机车高温冷却单节进行散热冷却。在机体的后端板位于两侧气缸水腔的最低位各设有放水孔,由管子接到连接箱两侧,装上塞门,以便在冬季停用时放水。

2. 低温冷却水系统

低温冷却水系统主要用于冷却由增压器压气机出来的增压空气。柴油机工作时,冷却水由低温水泵(又称中冷水泵)吸入,一部分经由中冷水泵出水管泵入位于机体前端的增压器支架的低温水腔内,然后进入机体的低温冷却水腔内,通过中冷器进水管进入中冷器,对增压空气进行冷却;另一部分经由中冷水泵出水管的旁通部分泵入机油热交换器与机油进行热交换;两部分出来的冷却水汇合后进入低温散热器,由低温散热器散热片把热量散发给冷却空气。温度降低后的冷却水经低温水泵吸入,继续进行循环。

二、冷却水系统主要部件

1. 冷却水泵

冷却水泵为单吸、单级、封闭式叶轮的低压离心泵(图9-9-3),主要由叶轮、泵体、泵体前盖、水泵轴、齿轮、油封和水封组成。高、低温水泵安装在柴油机的自由端,位于前油封罩壳的两侧,由曲轴齿轮分别通过惰轮传动。除泵体、泵体前盖和叶轮不同外,其余零件均相同。

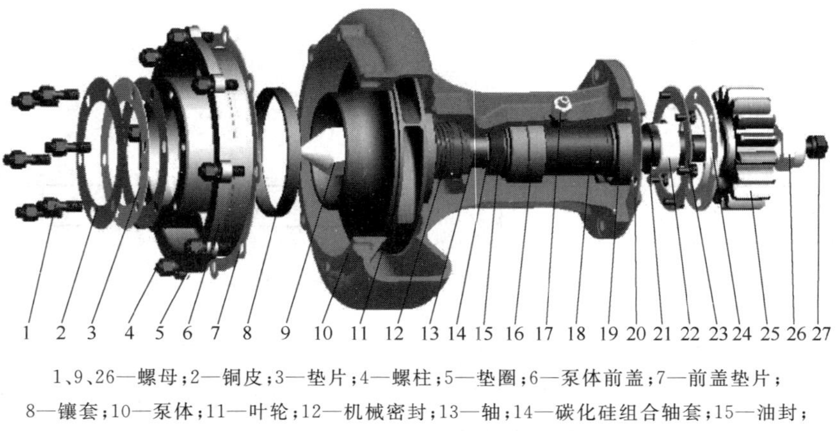

1,9、26—螺母;2—铜皮;3—垫片;4—螺柱;5—垫圈;6—泵体前盖;7—前盖垫片;
8—镶套;10—泵体;11—叶轮;12—机械密封;13—轴;14—碳化硅组合轴套;15—油封;
16、19—滚动轴承;17—接头体;18—轴套(一);20—水泵垫片;21—垫片;22—轴套(二);
23—压盖调整垫片;24—压盖;25—水泵齿轮;27—螺栓。

图9-9-3 冷却水泵

水泵叶轮设计成有6个工作叶片的封闭式叶轮,当叶轮转动时,充满在叶轮中的水在离心力的作用下,自叶轮中心经叶片间通道向叶轮外缘甩出,由于作用半径的增大,水的运动速度也越来越大。在到达叶轮外缘出口端时，水流以一定流速和作用再进入泵体蜗壳。与此同时，在叶轮叶片进口端形成低压区，在吸入水压作用下，水不断进入叶轮重复上述过程。

蜗壳流道为螺旋形，其流道截面沿出口方向逐渐扩大形成一扩压管，使叶轮中流出的水以最小损失集中到出口，将部分动能转变成压力能。通过叶轮和蜗壳形状设计达到要求的扬程和流量。

2. 膨胀水箱

膨胀水箱的主体由不同规格的钢板压型焊接而成，中间用隔板分成多个水腔，隔板的上部和下部均开有较大的通水口，以保证水流畅通。在膨胀水箱的端部装有水位表，用以方便机车运用中及时观察与监视内部水位。膨胀水箱上部安装有压力/真空安全阀，开启压力为25 kPa，用于排出因水的汽化而产生的压力，当系统大量补水时，可以打开压力/真空安全阀用作上水口。膨胀水箱的结构如图 9-9-4 所示。

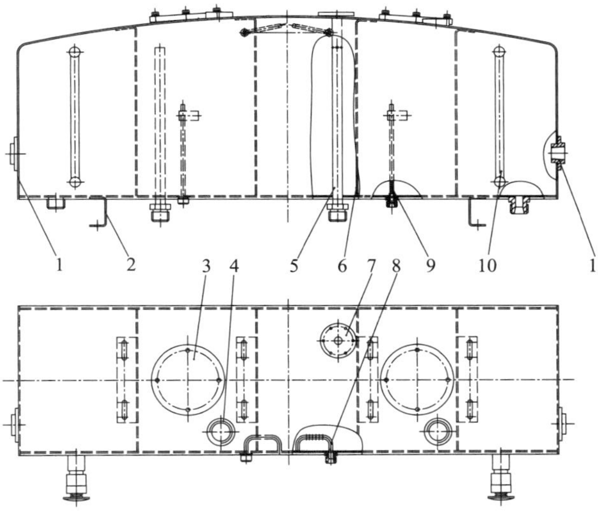

1—上腹板；2—安装座；3—检查孔盖；4—加水口；5—溢水管；6—隔板；
7—安全阀；8—散热器放气管；9—主管路放气管；10—液位指示器；11—液位开关座。

图 9-9-4　膨胀水箱

由于膨胀水箱内的水位低于散热器的水位，所以柴油机停机后散热器内的冷却水全部流回膨胀水箱，这样既可起到减少散热，保温的作用，也可在寒冷季节防止散热器冻坏。另外，膨胀水箱还对冷却水系统的热胀冷缩起到调节作用。

3. 冷却室装配

冷却室装配（图 9-9-5）主要由散热器、冷却风扇电机组、顶百叶窗及为上述部件提供支撑的冷却室钢结构等部分组成。

（1）散热器（图 9-9-6）

HXN_{5B} 型内燃机车的散热器为机械胀接式铜散热器，机车共装有两大块散热器，每块均由高低温系统组成，分布在冷却室左右侧，与水平成 25°八字形布置。机械胀接式散热器经特殊设计，能最大限度地将冷却水中的热量传给环境空气，热量传递可以通过自然对流或强迫对流完成。柴油机停机时，散热器中的水由于重力作用自动流回膨胀水箱。

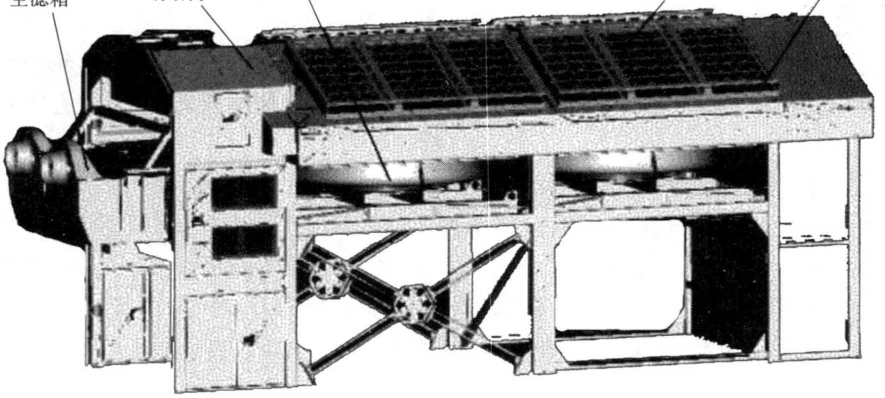

图 9-9-5 冷却室装配

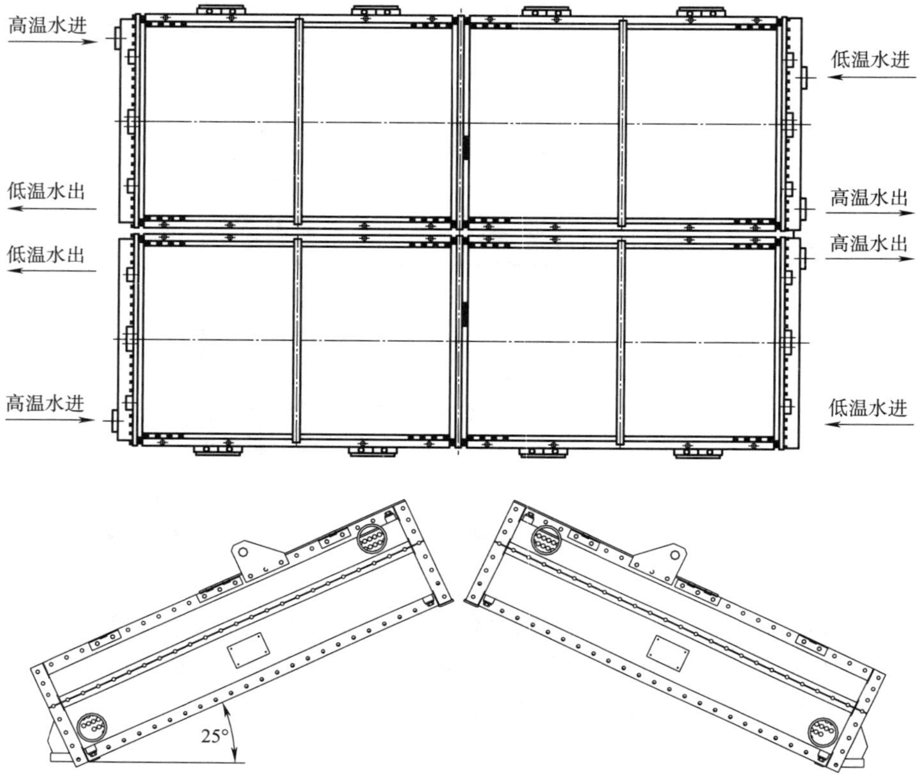

图 9-9-6 散热器

(2)冷却风扇电机组(图 9-9-7)

HXN5B 型内燃机车设有 2 个冷却风扇电机组,每个冷却风扇电机组由一台交流电机和一个直径为 1 600 mm 的风扇叶轮组成,由一个逆变器控制,用于控制冷却风扇的转速。柴油机高温出水温度传感器及柴油机出口机油温度传感器分别检测的油水温度是用来控制冷却风扇转速的最初输入。在低环境温度下,机车惰行时,冷却风扇不工作。

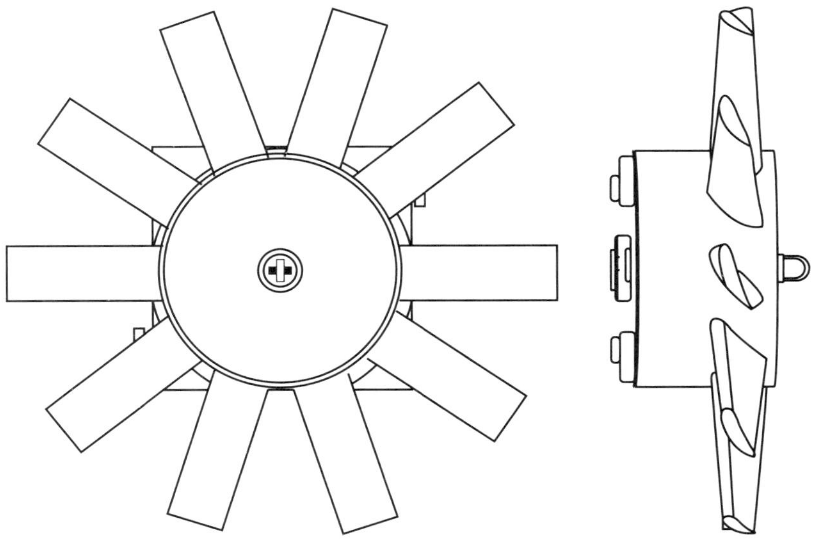

图 9-9-7　冷却风扇电机组

(3)顶百叶窗

HXN_{5B} 型内燃机车顶百叶窗采用气动控制，4 个气缸分别控制 4 扇百叶窗的开启和关闭。实际工作时，顶百叶窗处于全开或者全闭状态。机车柴油机启动后，油水温度达到一定要求时，百叶窗开启；机车柴油机停机时，百叶窗关闭。

(4)温控阀(图 9-9-8)

温控阀根据实时检测的机油温度，控制流向机油热交换器的冷却水流量。当机油温度低于设定温度时，温控阀阀口开度最小，阀口冷却水流量约为 10 m^3/h；当机油温度升高到超过设定温度时，温控阀阀口开度逐渐增大，冷却水流量增大，直至温控阀全部打开，从而保持机油要求温度的恒定。此外，当电机停电或失效时，也可由人工手动调节温控阀阀口大小并锁定，以保证温控阀的正常运行。

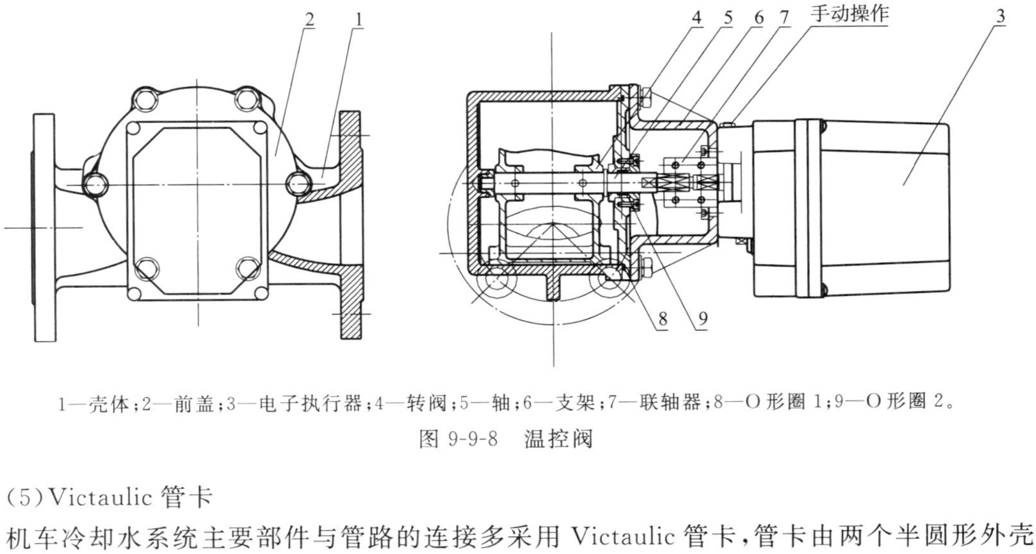

1—壳体；2—前盖；3—电子执行器；4—转阀；5—轴；6—支架；7—联轴器；8—O 形圈 1；9—O 形圈 2。

图 9-9-8　温控阀

(5)Victaulic 管卡

机车冷却水系统主要部件与管路的连接多采用 Victaulic 管卡，管卡由两个半圆形外壳体组成,两者用螺栓和密封垫圈固定在一起,其连接的管路端部经机械加工后与密封垫圈的密封面配合密封。Victaulic 管卡可吸收管路的振动并容许管路之间的微小错位,从而可以减少管路间的应力集中。

复习思考题

1. 机车柴油机的强制循环冷却水系统主要分哪几种形式?各有何特点?

2. 试对比分析 16V240ZJB 型、16V280ZJ 型、16V265H 型、GEVO16 型、12V265 型、R12V280ZJ 型柴油机冷却水系统的循环通路。

3. 冷却水系统的膨胀水箱有何作用?运用中要注意什么?

4. 试对比分析 16V240ZJB 型、16V280ZJ 型、16V265H 型、GEVO16 型、12V265 型、R12V280ZJ 型柴油机冷却室的布置。

参 考 文 献

[1]李晓村.内燃机车柴油机[M].北京:中国铁道出版社,2008.
[2]大连机车车辆工厂.东风4型内燃机车[M].大连:大连理工大学出版社,1993.
[3]戚墅堰机车车辆工厂.16V280柴油机[M].北京:中国铁道出版社,1996.
[4]"和谐型交流传动机车技术丛书"编委会.HXN_3型内燃机车[M].北京:中国铁道出版社有限公司,2022.
[5]"和谐型交流传动机车技术丛书"编委会.HXN_{3B}型内燃机车[M].北京:中国铁道出版社有限公司,2021.
[6]"和谐型交流传动机车技术丛书"编委会.HXN_5型内燃机车[M].北京:中国铁道出版社有限公司,2019.
[7]"和谐型交流传动机车技术丛书"编委会.HXN_{5B}型内燃机车[M].北京:中国铁道出版社有限公司,2020.
[8]铁道部运输局机务部.HXN_3型内燃机车[M].北京:中国铁道出版社,2012.
[9]铁道部运输局机务部.HXN_5型内燃机车[M].北京:中国铁道出版社,2012.
[10]北京铁路局.HXN_3型内燃机车原理与操作[M].北京:中国铁道出版社,2014.
[11]黄凤军.HXN_3型内燃机车维护与保养[M].北京:中国铁道出版社,2011.

附录 A 几种柴油机的主要技术参数表

型号	16V240ZJB	16V280ZJ	16V265H	12V265	GEVO16	R12V280ZJ
缸径×行程	240 mm×275 mm	280 mm×285 mm	265 mm×300 mm	265 mm×300 mm	250 mm×320 mm	280 mm×300 mm
气缸排列及夹角	V形16缸、50°夹角	V形16缸、50°夹角	V形16缸、45°夹角	V形12缸、45°夹角	V形16缸、45°夹角	V形12缸、50°夹角
气缸排量	12.44×16=199.05 L	17.55×16=280.8 L	16.55×16=264.8 L	16.55×16=198.69 L	15.7×16=251.3 L	18.47×12=221.6 L
几何压缩比	12.5	12.5	15.4	15.4	16.8	13
标定转速	1 000 r/min	1 000 r/min	1 000 r/min	1 000 r/min	1 050 r/min	1 000 r/min
怠速转速	430 r/min	400 r/min	最低空载转速 325 r/min 最低工作转速 400 r/min	最低空载转速 325 r/min 最低工作转速 400 r/min	最低空载转速 330 r/min 最低工作转速 440 r/min	最低空载转速 330 r/min 最低工作转速 400 r/min
曲轴转向	面对输出端顺时针	面对输出端顺时针	面对输出端逆时针	面对输出端逆时针	面对输出端逆时针	面对输出端顺时针
发火顺序	间隔发火 1—14—3—10—7—12—5—9—8—11—6—15—2—13—4—16	间隔发火 1—12—5—10—7—14—3—9—8—13—4—15—2—11—6—16	连续发火 1—9—3—11—7—15—5—13—8—16—6—14—2—10—4—12	连续发火 B1—A1—B5—A5—B3—A3—B6—A6—B2—A2—B4—A4	间隔发火 1—14—3—10—7—12—5—9—8—11—6—15—2—13—4—16	间隔发火 R1—L2—R5—L4—R3—L1—R6—L5—R2—L3—R4—L6
配气相位：进气门开 进气门关 排气门开 排气门关	上止点前 42°20′ 下止点后 42°20′ 下止点前 42°20′ 上止点后 42°20′	上止点前 59° 下止点后 44° 下止点前 69° 上止点后 64°	上止点前 47° 下止点后 39.3° 下止点前 55.6° 上止点后 60.7°	上止点前 51.00° 下止点后 35.30° 下止点前 59.60° 上止点后 56.70°	上止点前 7° 下止点后 9.3° 下止点前 5.6° 上止点后 0.7°	上止点前 49° 下止点后 40° 下止点前 68° 上止点后 54°
几何供油提前角	单螺旋柱塞 21°	22°	18°	18°	18°	16°
平均有效压力	1.595 8 MPa	1.571 MPa	2.13 MPa	2.13 MPa	2.12 MPa	1.91 MPa
活塞平均速度	9.167 m/s	9.5 m/s	10 m/s	10 m/s	11.2 m/s	10 m/s
UIC 标称功率	1 985 kW（额定功率 2 647 kW）	3 675 kW	4 660 kW	3 500 kW	4 660 kW	3 530 kW

续上表

型号	16V240ZJB	16V280ZJ	16V265H	12V265	GEVO16	R12V280ZJ
燃油消耗率	额定功率下 $210.8^{+6.6}_{0}$ g/(kW·h)	标定功率下 211～218 g/(kW·h)	油耗优先 EPA Tier0 排放 199×(1±3%) g/(kW·h)	油耗优先 EPA Tier0 排放 199×(1±3%) g/(kW·h)	油耗优先 EPA Tier0 排放 200×(1±3%) g/(kW·h)	≤198×(1±3%) g/(kW·h)
			排放优先 EPA Tier2 排放 209×(1±3%) g/(kW·h)	排放优先 EPA Tier2 排放 209×(1±3%) g/(kW·h)	排放优先 EPA Tier2 排放 214×(1±3%) g/(kW·h)	≤214×(1±3%) g/(kW·h)
机油消耗率	≤3.4 g/(kW·h)	≤2.04 g/(kW·h)	≤燃油消耗率的 0.3%	≤燃油消耗率的 0.3%	≤燃油消耗率的 0.35%	≤燃油消耗率的 0.5%
启动方式	电机启动	电机启动	空气马达启动	空气马达启动	蓄电池逆变交流电牵引主发电机启动	电机启动
柴油机外形尺寸长×宽×高	5 849 mm×1 790 mm×2 993.5 mm	4 630 mm×1 710 mm×2 670 mm	5 890 mm×1 780 mm×2 760 mm	5 010 mm×1 780 mm×2 500 mm	5 105 mm×1 771 mm×2 603 mm	4 122 mm×1 804 mm×3 098 mm
柴油机质量(净重)	22 670 ×(1±2%)kg	24 500 kg	25 200 kg	20 500×(1±2%)kg	24 857 kg	23 000 kg